Zum Abschluss noch ein wichtiger Tipp: Die meisten von euch haben das Buch nur ausgeliehen und dürfen nicht hineinschreiben. Besorgt euch deshalb eine Schreibfolie und schneidet sie so zurecht, dass sie in das Buch passt und ihr sie auf die Seiten legen könnt. Wenn ihr nun mit wasserlöslichen Folienstiften arbeitet, könnt ihr eure Folie das ganze Jahr über verwenden.

Viel Spaß beim Lernen, Lesen, Arbeiten und Üben!

REGEL

Vor allem wenn es um das richtige Schreiben geht, kommt es darauf an, bestimmte Regeln zu lernen und anzuwenden. Diese Regeln findet ihr in solchen Regelkästen.

Dieses Zeichen zeigt euch, wo ihr etwas nachschlagen könnt, das ihr gerade für das Lernen benötigt.

Durchstarten! So könnt ihr weiterarbeiten:

Es ist selbstverständlich, dass nicht immer alle Schülerinnen und Schüler eurer Klasse im gleichen Tempo arbeiten und die gleichen Interessen haben. Deshalb findet ihr innerhalb der Kapitel immer wieder diesen Hinweis. Wer mit einer Aufgabe fertig ist, erhält hier Ideen, wie er allein oder mit einem Partner weiterarbeiten kann.
Oft stehen auch am Ende eines Kapitels Vorschläge, wie ihr allein, zu zweit oder als Gruppe an dem Thema selbstständig weiterarbeiten könnt.

P.A.U.L. D.

Persönliches Arbeits- und Lesebuch *Deutsch*

8

Herausgegeben von:
Johannes Diekhans und Michael Fuchs

Erarbeitet von:
Markus Apel, Thomas Bartoldus,
Johannes Diekhans, Michael Fuchs,
Sandra Greiff-Lüchow, Dietrich Herrmann,
Frank Radke, Siegfried G. Rojahn,
Luzia Schünemann, Timotheus Schwake,
Achim Sigge, Martin Zurwehme

Schöningh

www.schoeningh-schulbuch.de
Schöningh Verlag, Jühenplatz 1–3, 33098 Paderborn

Druck 5 4 3 2 / Jahr 2018 17 16 15
Die letzte Zahl bezeichnet das Jahr dieses Druckes.

Umschlaggestaltung: Nora Krull, Bielefeld; Fotos: PhotoAlto/images.de, Coverpicture/Erwin Wodicka, © Marie C. Fields/shutterstock
Druck und Bindung: westermann druck GmbH, Braunschweig

ISBN 978-3-14-028023-5

Inhaltsverzeichnis

Stimmungen – In Gedichten sich selbst aussprechen 38

Wirklich, möglich, nur gedacht, gewünscht ... – Der Modus einer Aussage 204

Unterschiedliche Ausdrucksweisen und Wirkungsabsichten von sprachlichen Äußerungen vergleichen, unterscheiden und anwenden

Gutenberg und die Folgen 222

Einem literarischen Text Informationen zu einer historischen Persönlichkeit entnehmen/die Charakterisierung der historischen Persönlichkeit mit einem zeichnerischen Porträt vergleichen

Kennzeichen eines literarischen Textes untersuchen/den Aufbau eines Textes untersuchen/**einen Vorgang beschreiben**

Verschiedenen Sachtexten wesentliche Informationen entnehmen und diese zusammenstellen/einen Sachtext verfassen/**ein Porträt einer historischen Persönlichkeit verfassen**

„Dahinter steckt ein kluger Kopf“ – Zeitungsleser wissen mehr 242

Der Sturz des Ikarus – Ein literarisches Motiv 290

Die deutsche Sprache und ihre europäischen Verwandten – Aus Sprachvergleichen lernen 304

„Kopfkino“ – Hörspiele untersuchen, verstehen, produzieren 326

Anhang 400

Rafik Schami – erzähler und Brückenbauer

In diesem Kapitel geht es um den Autor Rafik Schami und seine Bücher. Er wurde 1946 in Syrien geboren und lebt seit 1971 in Deutschland. In Syrien wurde Rafik Schami von dem dortigen Regime verfolgt, weil er im Untergrund eine politische Wandzeitung herausgegeben hatte, mit der er die Regierung kritisierte und gegen die Ungerechtigkeit in Syrien protestierte. Um sich vor Verhaftung und drohender Folter zu retten, wanderte er nach Deutschland aus. Rafik Schami schreibt seine Bücher in deutscher Sprache, sie wurden bisher in 21 Sprachen übersetzt.
In diesem Kapitel könnt ihr Auszüge aus den Erfolgsromanen des Autors „Eine Hand voller Sterne" und „Erzähler der Nacht" lesen. Ihr lernt, wie man eine literarische Figur charakterisiert, und könnt euch über Syrien, die Heimat Rafik Schamis, informieren. Am Schluss erhaltet ihr einige Projektvorschläge zur Weiterarbeit.

Rafik Schamis Märchen scheuen die Kritik nicht
Rafik Schami. Das Schaf im Wolfspelz – Märchen und Fabeln
(Der Patriot, 7.4.1989)

Erinnerung an eine Kindheit in Syrien
Rafik Schami: Der Fliegenmelker und andere Erzählungen
(Berliner Morgenpost, 6.8.1989)

Rafik Schami: Das millionste Taschenbuch. Lesung anlässlich eines ungewöhnlichen Erfolges
(Gasteig Monatsprogrammheft November 2005; Lesung am 11.11.2005)

orientalischer Geschichten-zwischen den Welten

Wüste im Herzen
Der Orient fasziniert und schreckt die Deutschen zugleich – Der Schriftsteller Rafik Schami sagt, woher die Klischees kommen.
(Die Zeit, 8.2.2001)

Märchenhaftes aus einer anderen Welt
Rafik Schami: Der Fliegenmelker
(Thüringer Allgemeine, 2.11.1993)

Geschichten sind wie Freunde
Mit märchenhaften Erzählungen aus Damaskus verführt Rafik Schami zu einem offenen Dialog zwischen Orient und Okzident.
(Deutsches Sonntagsblatt online, 9.2.1995)

Das Gute sehen – aber nicht idealisieren
Rafik Schami: ein Brückenbauer zwischen den Welten
Kürzlich erschien von Rafik Schami: Mit fremden Augen. Tagebuch über den 11. September, den Palästinenserkonflikt und die arabische Welt.
(Neue Züricher Zeitung, 15.1.2003)

1 Was erfahrt ihr auf dieser Doppelseite über den Autor Rafik Schami? Tauscht euch über eure Eindrücke aus, was die besonderen Interessen Rafik Schamis sein könnten und was typisch für ihn ist.

2 Tragt zusammen, was ihr mit dem Begriff „Orient“ verbindet.

Eine Hand voller Sterne – Der Sohn eines Bäckers aus Damaskus erzählt

■ Rafik Schamis Jugendroman „Eine Hand voller Sterne“ erschien 1987. Er wurde mit vielen Preisen ausgezeichnet und in über zwanzig Sprachen übersetzt. Der Jugendroman ist in Form eines Tagebuchs geschrieben. Der Ich-Erzähler ist ein vierzehnjähriger Junge, der mit seiner Familie in den 50er-Jahren in der Altstadt von Damaskus, der Hauptstadt Syriens, lebt. Eines Tages beklagt sich sein Onkel Salim bei ihm, dass er nicht schreiben und so nicht seine Erinnerungen aufbewahren könne. Dies gibt dem Vierzehnjährigen zu denken und er beginnt, Tagebuch zu führen. Über einen Zeitraum von ungefähr dreieinhalb Jahren begleitet der Leser den Bäckerssohn dabei, wie er in Damaskus aufwächst und erwachsen wird. ■

Altstadt von Damaskus

Der Streit

25.1.
Ich will kurz festhalten, wie unser Viertel hier aussieht. Dreimal sind meine Eltern seit meiner Geburt in Damaskus umgezogen, und ich weiß nicht mehr genau, wie die früheren Häuser aussahen. Unsere Straße ist ziemlich schmal. Sie liegt im Ostteil der Stadt Damaskus. In der Nähe meines Hauses ist die Paulus-Kirche. Viele Tou-

risten besuchen die Stelle, von wo aus Paulus[1] abgehauen und nach Europa gegangen ist. Die Häuser sind aus Lehm gebaut. In jedem leben mehrere Familien, und jedes Haus hat einen Innenhof, der allen Nachbarn gehört, sie zusammenbringt und streiten lässt. Das Leben der Erwachsenen findet in den Innenhöfen statt. Die Straße gehört uns Kindern, den Bettlern und fliegenden Händlern. Die Dächer sind flach und fast gleich hoch (alle Häuser haben zwei Stockwerke), so kann man ohne Mühe von einem Dach zum anderen wandern. [...]

10.2.

Drei Freunde habe ich: Onkel Salim ist fünfundsiebzig Jahre alt, Mahmud ist fünfzehn, und Josef ist genauso alt wie ich. Onkel Salim ist lange Zeit seines Lebens Kutscher gewesen und erzählt die besten Geschichten von Räubern, Königen und Feen. Er hat viel gesehen und mehrere berühmte Räuber und Könige, ja, vielleicht Feen überlebt.

Onkel Salim, Mahmud und ich wohnen im selben Haus. Josefs Haus liegt genau gegenüber [...]

30.3.

Onkel Salim hört sich jeden Tag die Nachrichten an, und wenn er mit gespanntem Gesicht vor seinem alten Radiokasten hockt, dürfen seine Besucher nicht einmal husten. Er weiß besser als unsere Lehrer Bescheid über alles, was in der Welt passiert.

Heute war er in fröhlicher Stimmung, als ich zu ihm kam. Ein englischer Journalist hatte nach jahrelanger Arbeit einen Mord aufgeklärt. Zwei Minister und ein Bankdirektor waren in den Fall verwickelt, der am Anfang als Selbstmord gegolten hatte. Der Ermordete wusste zu viel. Eine grausige Geschichte. Schlimmer als ein amerikanischer Krimi.

„Bei uns“, sagte Onkel Salim, „bei uns wäre der Journalist schon lange tot.“

„Was ist eigentlich ein Journalist?“, frage ich, da ich nur wusste, dass diese Leute irgendwie eine Zeitung machen.

„Oh, ein Journalist“, stöhnte Onkel Salim. „Das ist ein kluger und mutiger Mensch. Er hat nur ein Stück Papier und einen Bleistift, und damit macht er einer Regierung mit ihrer Armee und der Polizei Angst.“

„Mit Bleistift und Papier?“, staunte ich, denn jeder Schüler besitzt das, und wir schinden damit nicht einmal beim Pförtner in der Schule Eindruck.

„Ja, er macht der Regierung Angst, weil er immer auf der Suche nach der Wahrheit ist, und alle Regierungen bemühen sich, sie zu verstecken. Er ist ein freier Mensch wie ein Kutscher und lebt genau wie dieser in Gefahr.“

Das wäre schön, wenn ich Journalist werden könnte! [...]

Samstag, den 1.6.

Gegen neun Uhr trat der Schulleiter in unsere Klasse. Jedes Jahr übergibt er uns persönlich die Abschlusszeugnisse. Ich wusste schon, dass ich gute Noten haben würde, aber nie hätte ich gedacht, dass ich der Klassenbeste sein würde. Der Schulleiter lobte mich über den grünen Klee und betonte, dass ich am Anfang noch ziemlich mittelmäßig gewesen sei und jetzt ein Vorbild für die ganze Klasse sein könnte. Die aus meiner Klasse hörten ihm wie jedes Jahr ungeduldig zu, sie wollten nach Hause, die Schultaschen in die Ecke knallen und raus zum Spielen. Schließlich war ja Ferienanfang.

Aber ich konnte nicht genug von seiner sonst so langweiligen Rede hören. Ich, der Sohn des Bäckers, bin Klassenbester! Die ganze Welt könnte ich umarmen!!! Als ich jubelnd in unseren Hof stürmte, wäre ich fast über Mutters Freundinnen gestolpert, die mit ihr im Schatten des Bau-

[1] **Paulus:** Paulus wurde um 10 n. Chr. mit dem Namen Saul (lat. Saulus) geboren. Er stammte aus einer jüdischen Familie. Als Anhänger der Pharisäer, einer besonders strenggläubigen Gruppe des Judentums, bekämpfte er zunächst das junge Christentum. Um 30 n. Chr. hatte Saul in der Nähe von Damaskus eine Christusvision. Aufgrund dieser Vision wurde er Christ und nannte sich seitdem Paulus. Er wurde Apostel und sorgte auf weiten Missionsreisen dafür, dass das Christentum sich in Kleinasien und Griechenland ausbreitete.

mes Kaffee tranken. Meine Mutter küsste mich stolz und nahm zufrieden die Glückwünsche ihrer Nachbarinnen entgegen.

Ich konnte es kaum erwarten, meinem Vater mein tolles Zeugnis zu zeigen. Denn ich dachte, jetzt könnte ich ihm beweisen, dass es richtig ist, weiter zur Schule zu gehen.

In der Bäckerei schlängelte ich mich zwischen den Leuten hindurch und rief meinem Vater über alle Köpfe hinweg die Neuigkeit zu. Aber er achtete nicht auf mich, sosehr ich auch versuchte, mich bemerkbar zu machen. Er kümmerte sich nur um die Kunden und sein Geld, und dann fauchte er mich auch noch an: „Was stehst du da rum? Hilf doch diesem blöden Mustafa! Die Brote türmen sich vor ihm auf, und er schleift seine Füße über den Boden wie eine fußkranke Schildkröte, dabei ist das Regal leer."

Ich weiß genau, er wollte mir nicht zuhören. Er mag die Schule nicht. Wütend schnappte ich einige Brote und knallte sie ins Regal. Nach ein paar Stunden in dieser Hitze klebten mir meine verstaubten Kleider am Leib.

Erst auf dem Weg nach Hause, kurz vor unserer Haustür, meinte er: „Du bist der Erste? Das ist gut, aber die Bäckerei ist eine Goldgrube"

Er schwafelte wieder lang und breit von den Kunden, die ihn um Brot bitten, obwohl er keine so großartige Schule hinter sich hat. Warum habe ich ihm nicht ins Gesicht geschrien, dass ich seine Bäckerei hasse?

Meine Mutter bemerkte natürlich gleich meine schlechte Laune, und während des ganzen Abendessens erzählte sie von den Nachbarn, die ihr gratuliert haben.

Mein Vater wollte aber wie immer das letzte Wort haben: „Was verstehen diese blöden Beamten vom Leben? Er wird Bäcker, und damit Schluss!"

Ich hielt das nicht mehr aus. Ohne noch gute Nacht zu sagen, rannte ich in mein Zimmer. Ich will kein Bäcker werden! Ich will nicht lebendig in einer Bäckerei begraben sein! Ich will reisen und schreiben! Journalist will ich werden, jawohl, jetzt weiß ich es, das ist mein Beruf! Ich schwöre bei Gott, jetzt um 21 Uhr, Samstag, den 1. Juni, dass ich niemals Bäcker werde. Nie! [...]

18.9.

Wahrscheinlich werde ich die Schule nie wiedersehen. Mein Alter hat beim Abendessen gesagt, er schafft es nicht mehr allein und wozu er schließlich einen Jungen in die Welt gesetzt hat, wenn dieser ihm nicht hilft. Ich will aber nicht in die Bäckerei, koste es, was es wolle.

Als mein Vater dann laut wurde, kam Onkel Salim zu uns hoch. [...]

1 Was erfahrt ihr in den Romanauszügen über den Ich-Erzähler? Erklärt, warum er sich wünscht, Journalist zu werden, und worin der Konflikt mit seinem Vater besteht.

2 Beurteilt den Streit zwischen Vater und Sohn. Wie bewertet ihr die Vorstellungen und Haltungen der beiden?

Bäckerei in Damaskus

3 Untersuche den Textauszug. Konzentriere dich dabei auf die Figur des Bäckerjungen: Halte die Ergebnisse deiner Textarbeit in Form einer Mindmap fest. Übernimm dazu die angefangene Mindmap in dein Heft und vervollständige sie.

Tipp:

Benutze dazu eine Doppelseite in deinem Heft. So kannst du die Mindmap später ergänzen, wenn du noch andere Auszüge aus dem Jugendroman kennengelernt hast.

Eine ähnliche Möglichkeit, eine Mindmap zu erstellen, findest du auf S. 343.

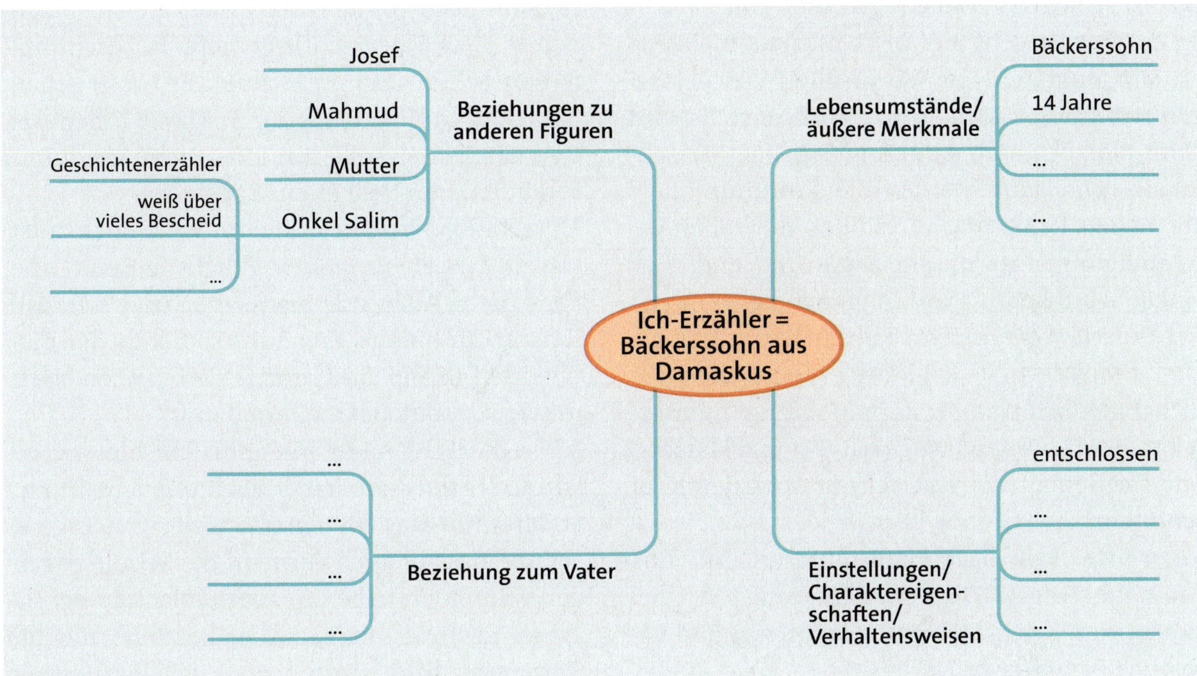

4 **Durchstarten! So könnt ihr weiterarbeiten:**

a Verfasse einen Tagebucheintrag des Jungen. Lass ihn darin erzählen, warum er Journalist werden will und wie er sich sein Leben als Journalist vorstellt.

b Erfindet zu dritt zu dem Konflikt ein Streitgespräch zwischen dem Jungen, seiner Mutter und seinem Vater. Ihr könnt dieses Gespräch mit verteilten Rollen vorlesen oder als kurze Szene einüben.

c Nimm an, dass der Vater einen Bruder hat, der in einer Nachbarstadt eine Bäckerei besitzt. Schreibe einen Brief des Vaters an seinen Bruder, in dem er von dem Streit mit seinem Sohn berichtet.

d „Als mein Vater dann laut wurde, kam Onkel Salim zu uns hoch.“ (Z. 148 f.) Schreibe einen Dialog zwischen dem Vater und Onkel Salim in dieser Situation.

Der Plan

11.10.

Die Schule hat wieder angefangen. Die Lehrer sind dieselben geblieben. Mein Alter scheint vergessen zu haben, dass er mir die Schule verboten hat. Ich gehe ihm seit dem letzten Streit auch aus dem Weg.

12.10.

Heute gab's wieder mal einen Putsch[1]. Die Schule ist bis zum nächsten Montag geschlossen. Das ist schon das zweite Mal dieses Jahr.

So ein Putsch geht hier in Damaskus meistens im Morgengrauen los. Wir im alten Viertel kriegen erst durch das Radio mit, was los ist. Es wird dann plötzlich still, dann folgt zackige Marschmusik, und dann werden die Kommuniqués[2] der neuen Regierung verkündet, die voller Beschuldigungen auf die alte Regierung sind.

Onkel Salim hat mir vorhin gesagt, bei dem ersten Putsch vor fünfzehn Jahren hat er das geglaubt, was die neue Regierung versprochen hat. Er hat gejubelt und bis zum Morgengrauen gefeiert. Beim zweiten Putsch hat er nur geklatscht, und seit dem dritten kann er nur noch den Kopf schütteln.

Mein Vater kam nach Hause und erzählte uns von seiner Angst: „Die neue Regierung redet viel zu viel vom Krieg." Ich hasse den Krieg und habe auch Angst davor. [...]

14.2.

Ich halte das nicht aus! Ich habe jetzt die Wahrheit erfahren. Wie kann er nur so gemein sein! Der Alte will nicht, dass ich weiter in die Schule gehe. So ein Betrüger! Die ganze Zeit hat er mich nur hingehalten!

Herr Katib[3] hat heute meinen Alten besucht. Er hat auf ihn eingeredet, dass er einen Fehler macht, wenn er mich aus der Schule nimmt. Mein Vater hat so getan, als sei der Lehrer Luft für ihn. Aber Herr Katib war hartnäckig, er gab nicht so leicht auf. Er wartete höflich, bis mein Vater die Kunden bedient hatte, dann begann er immer wieder auf ihn einzureden. Mein Vater fuhr ihn an, dass ihn das überhaupt nichts angehe, schließlich sei ich ja sein Sohn. Und er könne mit mir machen, was er wolle. Ich habe mich so geschämt, am liebsten wäre ich im Boden versunken.

Herr Katib blieb ganz ruhig und redete weiter. Mein Alter wurde immer lauter. Er hat keine Angst vor Beamten oder Lehrern. Er sagte, dass mich die Schule nicht mehr interessiere, und fragte mich laut und zornig, ob das nicht stimme. Ich brachte vor Entsetzen keinen Ton über die Lippen und fing an zu heulen. Als Herr Katib dann noch von der Pflicht der Eltern sprach, wurde mein Vater richtig gemein. Er beschimpfte den Lehrer und die Schule. Er wisse genau, dass die Schule nur bis zur 5. Klasse Pflicht sei, und der Lehrer solle ihn bloß nicht für dumm verkaufen, nur weil er ein Bäcker sei.

Herr Katib versuchte, meinem Vater noch zu erklären, dass er eine andere Pflicht gemeint habe, aber mein Alter war stocksauer und schubste ihn zur Tür hinaus. Er genoss so richtig den Sieg über den Lehrer und protzte den ganzen Nachmittag vor seinen Arbeitern damit!

Ich rede nicht mehr mit ihm. Ich bin wie gelähmt. Irgendwann hat er noch versucht, mir zu erklären, in was für einer schwierigen Lage er sei und dass er auch gerne in die Schule gegangen wäre. Man habe ihn aber einfach in die Bäckerei gesteckt. Er sagte, er verstehe meinen Zorn, aber bald würde ich so viel Taschengeld haben wie kein anderes von den Kindern. Er würde mir sogar vier Lira pro Tag geben. Das wären über tausend Lira im Jahr. Als er fertig war mit seiner Litanei, fragte ich ihn, warum wir wohl nur Bäcker sein sollen. Er schaute mich überrascht an und sagte, das sei unser Schicksal. Meines nicht!!! Ich will nicht!!! Ich will weiter zur Schule gehen und Journalist werden!!!

---

1 **Putsch:** meist von einer kleinen Gruppe gewaltsam erzwungener Machtwechsel in einem Staat

2 **Kommuniqué:** Mitteilungen und Verlautbarungen einer Regierung für die Öffentlichkeit

3 **Herr Katib:** der Arabischlehrer des Jungen. Er glaubt an dessen Talent zum Schriftsteller und Journalisten. Der Lehrer sorgt z. B. dafür, dass einige Gedichte des Bäckerssohnes veröffentlicht werden.

Meine Mutter hat versucht, mich zu beschwichtigen. Es würde bald besser werden, und ich solle die Worte von meinem Vater nicht so schwernehmen. Es sei doch bloß eine schlechte Zeit. Ich will nicht mehr mit ihm reden. [...]

26.2. 11 Uhr nachts

Weder Onkel Salim noch meine Mutter können meinen Alten überzeugen, dass ich in die Schule gehen soll. Ich habe jetzt jeden Tag Krach mit ihm.

Heute habe ich ihm gedroht, dass ich abhauen werde, wenn er mich nicht zurück in die Schule gehen lässt. Er hat nur gelacht und gefragt, wohin ich denn gehen würde. Es ist mir egal, wohin, wenn ich nur nicht in der Bäckerei arbeiten muss.

Meine Mutter hat lange geweint, Nadia[1] wurde blass. Heute Nacht, wenn alle schlafen, werde ich ein Bündel mit meinen Kleidern packen. Ich werde auch das Gedichtheft mitnehmen und das Foto von Nadia und mein Tagebuch. Ich muss hier raus, sonst gehe ich kaputt.

Ich werde nach Aleppo[2] fahren. Weit weg von der Hand meines Vaters und den Tränen meiner Mutter. Ich will nicht mehr weinen. Ich will lachen und leben, wie es mir schmeckt. Dort, in Aleppo, der größten Stadt im Norden, werde ich irgendwo ein Zimmer für zwanzig Lira im Monat finden. Ich werde sofort nach meiner Ankunft eine Zeitung aufsuchen. Ich werde den Boden putzen, Tee kochen für die Journalisten, Briefe austragen. Sie sollen mir nur zeigen, wie man ein guter Journalist wird. Und wenn ich so nichts verdienen kann, werde ich den Tag über irgendwie arbeiten und abends vielleicht darüber schreiben, was ich alles so von den Menschen gehört habe.

Ich werde jetzt Schluss machen. Das sind die letzten Zeilen aus Damaskus. Nichts mehr hält mich hier.

---

1 **Nadia:** Freundin des Ich-Erzählers
2 **Aleppo:** Hauptstadt der gleichnamigen Provinz im nördlichen Syrien

1 Wie entwickeln sich der Streit mit dem Vater und das Leben des Jungen weiter? Erklärt mithilfe entsprechender Textstellen, warum der Junge Damaskus verlassen will.

2 Was hältst du von dem Verhalten des Jungen und des Vaters? Erläutere, inwieweit du die beiden verstehen kannst.

3 Untersucht die Auseinandersetzung zwischen dem Lehrer und dem Vater. Sucht Textstellen heraus, die zeigen, welche Haltung die beiden jeweils einnehmen und wie sie sie begründen.
Stellt die unterschiedlichen Positionen tabellarisch in einem Tafelbild gegenüber. Formuliert für beide Positionen jeweils ein Resümee (Schlussfolgerung, Zusammenfassung).

4 Vervollständige deine Mindmap zur Charakterisierung des Bäckerssohnes von S. 21, Aufgabe 3.

5 Stelle den Ich-Erzähler bzw. die Figur des Bäckerssohnes aus Damaskus in Form einer schriftlichen Charakterisierung vor. Hilfen findest du dazu im Werkzeugkasten auf S. 24.

6 **Durchstarten! So könnt ihr weiterarbeiten:**

a Verfasse auch zu der Figur des Vaters oder der des Onkels Salim eine Charakterisierung. Arbeite dabei wieder mit der Lernbox auf der nächsten Seite.

b Stell dir vor, der Ich-Erzähler schreibt Nadia einen Abschiedsbrief. Verfasse diesen Brief.

c Entwerft zu zweit oder dritt ein Gespräch zwischen den Eltern oder zwischen dem Vater und Onkel Salim, nachdem der Vater am nächsten Morgen das Verschwinden seines Sohnes entdeckt hat. Ihr könnt dieses Gespräch in verteilten Rollen der Klasse vortragen oder es in Form einer kurzen Szene vorstellen.

d Was könnte Herr Katib über die Flucht, das Leben und die Zukunft des Jungen denken? Verfasse einen möglichen Tagebucheintrag des Lehrers.

So gehst du vor

Eine literarische Figur charakterisieren

Bei einer literarischen Charakterisierung geht es darum, einen Leser (Hörer) so über eine literarische Figur (z. B. aus einem Roman oder einem Theaterstück) zu informieren, dass er von dieser Figur einen genauen Eindruck erhält.

Bevor du eine Charakterisierung verfasst, solltest du versuchen, möglichst viele Informationen in dem Text zu der Figur zu finden. Dabei solltest du darauf achten, was direkt über die Figur gesagt wird. Du musst aber vor allem auch herausarbeiten, was nur indirekt, sozusagen zwischen den Zeilen, über den Charakter deiner Figur deutlich wird. Die Ergebnisse dieser Textarbeit kann man unter verschiedenen Oberpunkten zusammenfassen und als Plan für eine schriftliche Charakterisierung in Form einer Mindmap festhalten. Folgende **Punkte** kann eine **Charakterisierung** umfassen:

- **äußeres Erscheinungsbild,**
- **sonstige äußere Merkmale** (z. B. Beruf, gesellschaftliche Stellung und Herkunft),
- **typisches Verhalten, typische Charaktereigenschaften, Einstellungen und Eigenarten**, die für die Figur bezeichnend sind (z. B. ihre Sprache oder Vorlieben und Fähigkeiten),
- **das Verhältnis und die Beziehung zu den anderen Figuren,**
- **ihre Entwicklung und entscheidende Lebensabschnitte.**

Eine Charakterisierung wird im **Präsens** verfasst. Sie kann folgenden **Aufbau** besitzen:

- In der **Einleitung** solltest du kurz darüber informieren, um welchen Text und welche Figur es geht. Dazu solltest du den Autor, den Titel und die Textsorte angeben und deine Figur mit zwei oder drei Sätzen vorstellen.
- Im **Hauptteil** informierst du den Leser genau über die Figur. Dabei kannst du dich an den oben angeführten Punkten orientieren. Wichtige Aussagen über die literarische Figur solltest du durch Zitate belegen.

Auf S. 69 f. erhältst du Hilfen, wie man richtig zitiert.

- Im **Schlussteil** solltest du deine Ergebnisse zusammenfassen und die Figur bewerten. Du kannst z. B. ihre Stärken und Schwächen, ihr Handeln oder ihre Entscheidungen aus deiner Sicht beurteilen.

Frank Radke

Syrien – Geschichte und politische Situation

Es sind vor allem die islamische Religion und die arabische Sprache gewesen, die Syrien seit der Gründung des Islam durch den Propheten Mohammed im 7. Jahrhundert prägten. Wie in Jordanien oder im Libanon ist das Arabische die Landessprache. Rund 80% der heutigen Bevölkerung Syriens bekennen sich zum Islam. Die Zeit der römischen Herrschaft über Syrien fiel zusammen mit der Ausbreitung des Christentums im Nahen Osten. Dies erklärt, warum 9% der syrischen Bevölkerung Christen sind. Sie bilden eine kleine Minderheit in der syrischen Gesellschaft, die größtenteils in eigenen Stadtvierteln oder Dörfern lebt und ebenfalls arabisch spricht.

Schon ein Blick auf die Landkarte zeigt, dass die Grenzen des heutigen Syriens mit dem Lineal am Verhandlungstisch gezogen wurden.

Am Anfang des 20. Jahrhunderts teilten die europäischen Mächte nach einem Sieg über die Türken die Region unter sich auf. 1916 wurde Syrien den Franzosen zugesprochen und von französischen Truppen besetzt. Erst 1946 wurde Syrien unabhängig. Die innenpolitischen Verhältnisse waren aber sehr instabil. Es kam zu häufigen Putschen und Machtwechseln. Seit 1963 lenkt die „Sozialistische Partei der Arabischen Renaissance“, kurz Baath-Partei, die Geschicke Syriens. Über einen aufgeblähten Militär-, Geheimpolizei- und Sicherheitsapparat halten die Machthaber die Bevölkerung fest im Griff. Die Medien unterstehen der Kontrolle der Regierung. Die größten Tageszeitungen werden von der Regierung streng bewacht und dürfen nicht frei berichten. Ausländische Zeitungen sind nur aus befreundeten Staaten, vor allem dem Libanon, erhältlich. Gelegentlich muss der Leser aber feststellen, dass die Seiten mit den Berichten über den Nahen Osten in diesen Zeitungen entfernt wurden. Unter diesen Umständen überrascht es nicht, wenn sich die Baath-Partei niemals in freien demokratischen Wahlen dem Votum der Bevölkerung gestellt hat.

Seit einem Putsch im Jahre 1970 wurde der im Jahre 2000 verstorbene Präsident Hafez al-Assad (geb. 1930) wiederholt zum Präsidenten gewählt. Um an der Macht zu bleiben, schreckte er jedoch auch vor Gewaltanwendung nicht zurück. Im Februar 1999 konnte er bezeichnende 99,9% der Wählerstimmen für sich vereinen.

Unter der Baath-Regierung beteiligte sich Syrien an verschiedenen Kriegen. Im israelisch-arabischen Sechstagekrieg verlor es 1967 die Golanhöhen, ein Plateaugebirge im Süden, an Israel. Bis heute ist es aufgrund der israelischen Besetzung der Golanhöhen zu keinem Friedensabkommen zwischen den beiden Nachbarstaaten gekommen.

Syrien eröffnete 1973 gemeinsam mit Ägypten durch einen Angriff auf Israel den vierten arabisch-israelischen Krieg.

1976 griff Syrien in den Bürgerkrieg im Libanon ein. Dabei baute es seinen Machtbereich durch

die Besetzung von Teilen des Libanon aus. Im iranisch-irakischen Grenzkrieg (1980–1988) ergriff Syrien die Partei des Iran. Im Golfkrieg (1990/91) stellte sich Syrien auf die Seite der Amerikaner gegen den Irak.

Nach dem Tod von Hafez al-Assad wurde sein Sohn Baschar al-Assad im Juli 2000 neuer Präsident Syriens. Die Hoffnungen vieler Oppositioneller auf eine Demokratisierung Syriens durch diesen als modern geltenden Präsidenten erfüllten sich aber nicht. Auch unter seiner Regierung war die Situation in Syrien durch Unterdrückung der Bevölkerung durch die Sicherheitskräfte, Behinderung der Meinungsfreiheit und Verletzung von Menschenrechten geprägt. Vor allem verschlechterte sich die wirtschaftliche Situation immer mehr. Dies lag auch daran, dass die für den Fortschritt und die Entwicklung des Landes notwendigen Mittel in den viel zu teuren Militär- und Sicherheitsapparat flossen. Weiter vergrößerte sich der Gegensatz zwischen der verarmenden und unterdrückten Bevölkerung und denjenigen, die aufgrund ihrer Parteizugehörigkeit und Nähe zum Regime von Baschar al-Assad Privilegien und Vorteile genossen, immer mehr.

Ähnlich wie in Syrien herrschten auch in vielen anderen arabischen Ländern diktatorische Regierungen, die die Bevölkerung unterdrückten. Im Dezember 2010 waren die Menschen in Tunesien so wütend über ihre Lebenssituation, dass sie sich gegen ihre Regierung erhoben. Sie stürzten innerhalb weniger Tage durch Demonstrationen und Protestmärsche den Machthaber Zine el-Abidine Ben Ali, der 23 Jahre das tunesische Volk regierte. Über die Medien, insbesondere das Internet, verbreitete sich das, was in Tunesien geschehen war, in anderen arabischen Staaten. Dies führte im Jahr 2011 zu weiteren Volksaufständen, die als „Arabischer Frühling“ bezeichnet werden. In Ägypten protestierte das Volk gegen seinen Staatschef Hosni Mubarak, der nach 18 Tagen des Volksprotestes zurücktrat. Der Widerstand der Bevölkerung in Libyen gegen Machthaber Muammar al-Gaddafi führte zu einem Bürgerkrieg, in dem ca. 10 000 Menschen starben. Im Oktober 2011 wurde Gaddafi nach wochenlangen Kämpfen von den Revolutionstruppen besiegt. Auch in Syrien protestierte die Bevölkerung seit dem Frühjahr 2011 gegen ihren Präsidenten Baschar al-Assad. Da die Presse nicht frei über die Proteste und Unruhen berichten kann, ist die Situation nicht vollständig klar. Baschar al-Assad machte aufgrund der Volksproteste am Anfang einige Zugeständnisse. Den Demonstranten genügte dies aber nicht und sie forderten weiter den Rücktritt Assads.

Aus der Rebellion gegen das syrische Regime entwickelte sich dann ein Bürgerkrieg, in dem bis zum Februar 2014 mehr als 130 000 Menschen ihr Leben verloren.

In der zweiten Hälfte des Jahres 2011 begannen die bewaffneten Kämpfe zwischen den Regimegegnern und den Streitkräften der syrischen Regierung. Im Laufe des Bürgerkrieges in Syrien spalteten sich die Gegner des Regimes in zwei Lager. Neben den Truppen der Rebellen konnten

Exilsyrer protestieren in Berlin gegen das al-Assad-Regime (17.3.2012).

sich die islamistischen Extremisten eine führende Rolle in dem Krieg erkämpfen. So bekämpften sich am Anfang des Jahres 2014 drei Parteien in Syrien: die Truppen des al-Assad-Regimes, die der Rebellen und die der Islamisten. Dadurch, dass sich die Rebellen und die Islamisten gegenseitig bekämpften, konnte die Regierung ihre Position militärisch stärken.

Die Lage der syrischen Bevölkerung verschlechterte sich im Laufe des Jahres 2013 extrem. Fast die Hälfte der 22 Millionen Syrer war am Ende des Jahres 2013 nicht mehr in der Lage, ohne die Unterstützung der großen Hilfsorganisationen zu überleben. Drei Millionen Syrer waren ins benachbarte Ausland geflohen. In Syrien selbst befanden sich sechs Millionen Menschen auf der Flucht. Ausländische Beobachter berichteten, dass das Gesundheitssystem in Syrien größtenteils zusammengebrochen sei und das früher als fortschrittlich geltende Bildungssystem nicht mehr existiere. Neben Hunger und Gewalt drohte Millionen von Menschen, vor allem im Nordosten des Landes, ein extrem harter Winter. Im Dezember 2013 startete die UNO die erste internationale Luftbrücke, um Hilfsgüter wie Zelte, Decken, Winterkleidung und Treibstoff in die Kurdengebiete im Nordosten Syriens zu bringen, da diese auf dem Landweg nicht mehr zu erreichen waren. Aufgrund der Kämpfe war es allerdings oft nicht möglich, die Notleidenden in Syrien in den eingeschlossenen und umkämpften Städten mit Hilfstransporten zu versorgen.

Unter Beteiligung eines Sondervermittlers der Vereinten Nationen gab es am Anfang des Jahres 2014 in der Schweiz Friedensgespräche zwischen der Regierung und den oppositionellen Gruppen. Diese Verhandlungen scheiterten Ende Februar, ohne dass irgendwelche Ergebnisse erzielt werden konnten. So war im Februar 2014 weiter ungewiss, wie der seit drei Jahren andauernde blutige Bürgerkrieg beendet werden kann.

1 Arbeite folgendermaßen mit dem Sachtext:

- Gliedere den Text in sechs Abschnitte und ordne ihnen die passende Überschrift aus dem Kasten unten zu.
- Kläre die Bedeutung dir unbekannter Wörter. Versuche, ihre Bedeutung aus dem Textzusammenhang zu erschließen. Schlage nur in einem Wörterbuch nach, wenn dies nicht möglich ist.
- Entnimm dann dem Text mithilfe von entsprechenden Markierungen und Stichworten am Textrand die wichtigsten Informationen zur politischen Situation und Geschichte Syriens.

– Kriege unter der Baath-Regierung
– „Arabischer Frühling"
– Geschichte Syriens: Anfang 20. Jahrhundert bis zum Jahre 2000
– Proteste gegen Baschar al-Assad und Bürgerkrieg
– Religionen und Sprache
– Syrien nach dem Tod von Hafez al-Assad
– Verlauf und Folgen des Bürgerkriegs

Weitere Hilfen findest du im Werkzeugkasten auf S. 174. Arbeite mit einer Kopie oder Folie, wenn dir das Buch nicht gehört.

2 Setzt euch damit auseinander, wie Rafik Schami in seinem Jugendroman auf die politischen und gesellschaftlichen Zustände in Syrien eingeht.

- Sucht dazu Textstellen aus den Romanauszügen, die sich auf die Zustände in Syrien beziehen, heraus.
- Erläutert mithilfe des Sachtextes, welche politischen und gesellschaftlichen Zustände in den Textstellen dargestellt werden.
- Deutet zusammenfassend, mit welcher Absicht Rafik Schami in seinem Jugendroman auf diese politischen und gesellschaftlichen Zustände eingeht.

3 **Durchstarten! So könnt ihr weiterarbeiten:**

a Stellt die Informationen zur Geschichte und politischen Situation Syriens aus dem Sachtext auf einem Plakat dar (z. B. in Form einer Zeitleiste).

b Wie hat sich die gesellschaftliche und politische Situation in Syrien seit Ende Februar 2014 bis heute entwickelt? Recherchiert dazu im Internet und stellt euch eure Ergebnisse (z. B. mithilfe von Plakaten, Kurzvorträgen oder OHP-Folien) gegenseitig vor. Eine geeignete Internetadresse für eure Recherche ist z. B. www.geolino.de.

c Einige von euch sollten den Jugendroman „Eine Hand voller Sterne" lesen und der Klasse vorstellen. Geht dabei z. B. so vor:

- Gebt den anderen zunächst einen kurzen Überblick über die Handlung des Romans.
- Geht dann näher auf die Hauptfiguren – den Bäckerssohn, Onkel Salim, den Journalisten Habib, Mahmud und Nadia – und ihre Rollen in dem Roman ein.

- Erklärt eurer Klasse, was der Leser in dem Roman noch über die gesellschaftlichen Zustände in Syrien erfährt.

d Informiert euch mithilfe der Angaben auf der Internetseite www.rafik-schami.de über die Biografie des Autors. Präsentiert die Ergebnisse eurer Recherchen z. B. in Form von Kurzvorträgen, Zeitleisten oder Plakaten.

e Rafik Schami wurde in Malula, einem kleinen Dorf in den Bergen Syriens, geboren. In dem Buch „Märchen aus Malula" hat er Geschichten aus seinem Heimatdorf neu erzählt. Über seine Jugend im christlichen Altstadtviertel von Damaskus erzählt er auch in dem Erzählband „Der Fliegenmelker und andere Erzählungen". Einige von euch können diese Bücher lesen und sie der Klasse vorstellen.

Zwischen zwei Welten – Tuma, der Einwanderer, erzählt

■ Rafik Schami erzählt in seinen Romanen und anderen literarischen Texten immer wieder von den Erfahrungen orientalischer Einwanderer mit der westlichen Kultur. Auch sein Roman „Erzähler der Nacht" handelt davon. In dem Roman geht es darum, dass der Kutscher Salim, der beste Geschichtenerzähler von Damaskus, plötzlich verstummt. Nur sieben besondere Gaben können ihn erlösen. Diese Gaben sind Geschichten, die Salims Freunde ihm erzählen müssen. Sieben Nächte treffen sie sich, um die Geschichten zu erzählen und so Salim von seiner Stummheit zu befreien. In der dritten Nacht erzählt Tuma, der Emigrant, den Freunden und Salim seine Lebensgeschichte. ■

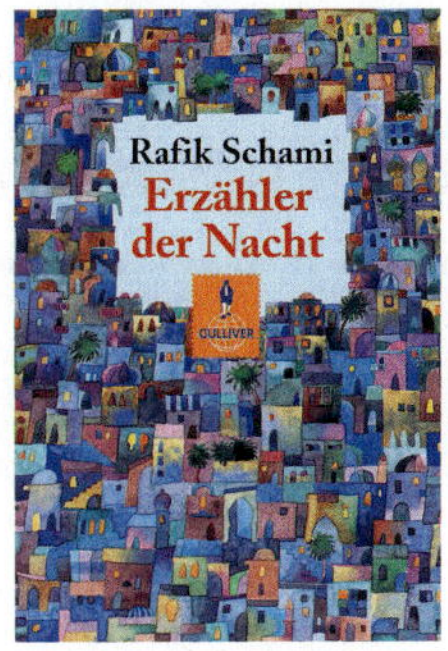

Tumas zweites Leben

„Ich habe euch früher oft erzählt, was für Schwierigkeiten die Einwanderungsbehörden gemacht hatten. Well, mein Vetter war inzwischen auf der Suche nach Arbeit nach Argentinien weitergewandert. Argentinien bedeutet das Silberland, und mein Vetter hoffte, etwas davon in diesem großen Land zu finden. You know, wenn ein Emigrant etwas zum Festhalten braucht, kommt ihm eine Spinnwebe wie ein Holzbalken vor. Ihr seid nie ausgewandert. Ein hartes Leben führten wir. Das Brot war ein Reiter, und die Emigranten rannten mit hängender Zunge zu Fuß hinter ihm her. Ein Fluch, sage ich euch.

Well, ihr habt wunderbare Geschichten erzählt. Ich habe aber in Amerika so viel erlebt und will euch nur die Wahrheit erzählen. Mich hat es oft geschmerzt, dass viele hier denken, dass dort das Geld auf der Straße liegt. Irgendwelche Leute erzählen, ja, in Amerika ist es anders. Dort braucht man sich nur nach den Dollarscheinen zu bücken, und sie lassen sich leichter als die Tomaten auf den Feldern von Damaskus pflücken. Wenn du den Leuten aber sagst, das stimmt nicht, sagen dir die meisten nicht, dass du ein Idiot bist, nein, sie lassen es dich spüren. Schau dir den und den an, heißt es, die gingen zwei Jahre nach Amerika und kehrten als Millionäre zurück! Es schmerzt, wenn du in den Augen der Leute die Verachtung spürst. Ein Nachbar sagte mir, als er betrunken wurde: ‚Wer was geworden ist, kehrt nicht zurück.' Well, das stimmt vielleicht für viele, aber je älter ich wurde, umso größer wurde meine Sehnsucht nach meiner Stadt Latakia[1]. Ich hatte nie Sehnsucht nach Heimat, Vaterland und ähnlichem Shit, doch nach Latakia wollte ich unbedingt zurück. Es ist so, als ob du dich für die Schmach der Flucht rächen willst. Du kehrst zurück, um zu sagen, dass du als Mensch stärker bist als Krieg, Hunger und Meer. Aber hier erwarten sie dich mit der Frage: ‚Amerikaner, warum kaufst du keine Villa?' Keiner fragt dich, was hat dir die Fremde gebracht? Gestern Nacht dachte ich sehr lange an das, was die Fremde mir gegeben und genommen hat. Das will ich euch erzählen. Hört es bitte an, als wäre es eine Geschichte. Okay?

Mich machte die Fremde sehr reich, nicht an Geld, sondern an einem zweiten Leben. [...] Im ersten Leben war ich ein Angsthase, von Bord des Schiffes ging ich als Löwe in die Neue Welt. Was kann man noch mehr verlieren als Eltern und Heimat? Von nun an war jede Bedrohung nicht mehr als das Gackern einer Henne. Ich bekam in der Fremde einen mir bis dahin fremden

[1] **Latakia:** syrische Hafen- und Provinzhauptstadt

Latakia

Skyline von Manhattan

Mut. In Latakia lebten wir wie die Bienen, der Einzelne galt nichts, die Sippe alles. Das gibt dir Schutz, doch es bindet dir auch Hände und Füße. In Amerika leben die Leute wie die Gazellen, jeder für sich allein, auch wenn sie zusammen gehen. Du bist einsam, doch du bist auch frei, etwas Neues zu wagen. Dort nimmt einer allein ein Boot und rudert über den Fluss. Hier musst du zwei Großväter und zwei Großmütter, Vater und Mutter, Brüder und Schwestern, Tanten und Onkel, Schwiegereltern und Schwager mit ins Boot nehmen, wenn du den Fluss zum neuen Ufer überqueren willst."

„Du hast Pfarrer und Imam vergessen", fügte Faris zustimmend hinzu.

„Ohne den arabischen Mokka und die Wasserpfeife will ich keine neuen Ufer entdecken, die müssen auch mit aufs Boot", fügte Isam mit ernster Miene hinzu.

„Well, das wäre nicht schlecht, ist aber leider unmöglich. Doch nun zurück nach Amerika! In Latakia hätte ich vielleicht ein paar fremde Seeleute im Hafen getroffen, aber in Amerika lebte ich mit Griechen, Chinesen, Schwarzen, Polen, Juden, Italienern und noch mehr Leuten aus allen Ländern der Erde. Dort triffst du unter deinen Hafenkumpeln Fremde, die in ihren Heimatländern ganz anders gelebt haben. Du triffst arme Teufel und feine Leute, die dort mit dir am Hafen als Lastenträger arbeiten, was sie in ihrer Heimat nie gemacht haben. [...]

Was hat mir die Fremde gegeben und genommen? Well, bevor ich nach Amerika ging, war ich redselig. Ich erinnere mich heute noch daran, dass ich damals in Latakia zweimal meine Arbeit verloren hatte, weil ich zu viel geredet und gesungen hatte. Ich wusste nicht, wie wertvoll das Wort ist, bis ich in der Fremde stumm wurde. Worte sind unsichtbare Juwelen, die nur die sehen, denen sie entzogen wurden. Salim weiß es heute besser denn je."

Der alte Kutscher nickte nachdenklich.

„Die Stummheit in der Fremde ist aber schlimmer als die angeborene. Salim versteht mich genau! Es ist eine bittere Stummheit, denn diejenigen, die von Geburt an stumm sind, können mit Händen, Augen und Kopf reden. Außer ihren Zungen spricht alles an ihnen. Uns Fremden geht es wie dem Helden in Mehdis Geschichte. Wie hieß er noch, Schafik[1]?"

„Nein, Schafak", korrigierte Mehdi.

„Genau wie bei Schafak ist alles am Anfang tot. Ich habe es genauso wenig wie Salim gelernt, mit den Händen zu reden. Plötzlich war ich in Amerika. Aber ich bin stumm geblieben, auch lange Zeit, nachdem ich Englisch sprechen konnte."

„Warum denn das?", wollte Mehdi wissen.

---

1 **Mehdi**, der Geografielehrer, hatte in einer der vorherigen Nächte den Freunden die Geschichte von Schafak erzählt, der einem unheimlichen Meister seine Stimme verkaufte.

„Wie willst du Leuten erzählen, die von all dem, was dich ausmacht, nur eine blasse Ahnung haben? Ich bin mit dem Herzen eines Löwen und der Geduld eines Kamels in die Fremde gegangen, doch Mut und Geduld halfen mir nicht gegen mein Stummsein. Die Fremde schenkte mir die Zunge eines Kindes, und bald machte sie mein Herz zu ihresgleichen. Ihr wisst, Herz und Zunge sind vom selben Fleisch. Und mit dem Herzen und der Zunge eines Kindes und der Geduld eines Kamels habe ich erzählt. Doch, was auch immer ich erzählte, die Einheimischen dort hielten es für ein Ammenmärchen. Die Amerikaner bewohnen ein großes Land, doch von der übrigen Welt wissen sie wenig. Mich nannten sie Türke, obwohl ich ihnen tausendmal erklärte, dass Syrien ein Nachbarland der Türkei sei. Es ist egal, alles sind Türken, antworteten die meisten. Sie bestanden aber darauf, dass ich mir ihre Herkunftsorte mit der Straßenseite merkte. In New York wohnten verfeindete Gruppen manchmal Mauer an Mauer, und wehe dir, du verwechseltest die eine Straßenseite in Harlem mit der anderen. Oder erkläre einem Amerikaner, dass du Araber und Christ zugleich bist. Da wäre Aladins Wunderlampe für sie leichter zu schlucken. [...]"

1 Beschreibe die Erfahrungen, die Tuma in seinem Leben gemacht hat. Arbeite dazu zu folgenden Fragen:

- Wie stellt Tuma das Leben der Emigranten dar?
- Warum ist Tuma zurückgekehrt und was ärgert ihn am Verhalten und der Einstellung der Menschen in seinem Heimatland?
- Worin sieht Tuma die Unterschiede zwischen dem Leben in Amerika und in seiner Heimat und wie bewertet er sie?
- Was hat Tuma seiner Meinung nach durch sein Leben in Amerika gewonnen?
- Welche Erfahrungen hat Tuma mit den Amerikanern gemacht?

2 Erkläre mit deinen Worten, warum für Tuma „die Stummheit in der Fremde [...] schlimmer als die angeborene" (Z. 97 f.) ist.

3 Untersuche die Sprechweise Tumas genauer. Achte dabei auf folgende Punkte:

- Suche Textstellen heraus, die zeigen, dass das Leben in Amerika auch die Sprache Tumas geprägt hat.
- Tuma verwendet viele sprachliche Bilder (z. B.: „In Latakia lebten wir wie die Bienen", Z. 55). Suche die sprachlichen Bilder, die Tuma verwendet, heraus. Erläutere jeweils, was Tuma mit ihnen seinen Zuhörern verdeutlichen will.
- Erkläre, inwiefern die sprachlichen Bilder zeigen, dass Tuma aus dem Orient stammt.

4 Hat Tumas Auswanderung aus eurer Sicht mehr Vor- oder Nachteile für ihn mit sich gebracht? Diskutiert darüber.

5 **Durchstarten! So könnt ihr weiterarbeiten:**

a „Mich machte die Fremde sehr reich, nicht an Geld, sondern an einem zweiten Leben." (Z. 47 f.) Erkläre die Bedeutung dieser Aussage Tumas schriftlich.

b Sieh dir noch einmal an, was Tuma über die Unterschiede zwischen dem Leben in seiner Heimat und dem Leben in Amerika sagt (Z. 55–85). Beschreibe sie mit deinen eigenen Worten und nimm Stellung dazu, in welchem Land du lieber leben würdest.

c Erzähle wie Tuma über deine Erfahrungen mit fremden Ländern und Menschen. Stelle dabei dar, welche Unterschiede dir zwischen dem Leben in deiner Heimat und dem Leben in dem fremden Land besonders aufgefallen sind.

Tumas unglaubliche Geschichten

[...] „Sind die Amerikaner dumm [...]?“, wollte Isam wissen.

„Nein, you know, die Amerikaner sind weder dümmer noch klüger als die Araber. Ihr werdet auch nicht glauben, dass es in New York Wolkenkratzer gibt!“

„Doch, warum nicht. Ich habe so ein Bild in der Zeitung gesehen!“, beschwichtigte Junis.

„Well, aber ihr werdet bestimmt nicht glauben, dass die Amerikaner im Geschäft nicht handeln!“

„Wenn sie nicht handeln, was tun sie dann, Fliegen klatschen?“, empörte sich Isam.

„Nein, aber du gehst in einen Shop und schaust auf die Preisetiketten, zahlst und gehst.“ „Jetzt übertreibst du aber“, widersprach Isam.

„No, ich habe es am Anfang auch nicht geglaubt, aber als ich der Sprache mächtig wurde, ging ich in ein großes Geschäft, sechs Stockwerke hoch. Alles, was du willst, findest du da: Kleider, Essen, Spielzeug, Stoff, Farbe und Radiogeräte.“ „Das ist ja ein Basar. Ist das alles in einem Haus?“, fragte Musa erstaunt. „Ja, ein Basar in einem Haus, nur darfst du nicht handeln. Ich weiß, ihr glaubt das nicht, sogar die Augen meines lieben Freundes Salim bezichtigen mich der Lüge.“ Salim fühlte sich ertappt und lächelte.

„Nun, ich bin hingegangen. Ich wollte eine Jacke kaufen. Ich suchte mir eine aus und ging zu einer Verkäuferin. ‚Wie viel kostet die Jacke?‘, fragte ich. Die Frau schaute mich erstaunt an. ‚Du kannst lesen, Mister, es steht drauf: fünfzig Dollar‘, sagte sie freundlich.

‚Das steht drauf, aber das Leben ist ein Gespräch, Frage und Antwort, Geben und Nehmen! Ich zahle zwanzig‘, sagte ich ihr, wie jeder hier bei einer Verhandlung anfängt.

‚Geben und Nehmen, Frage und Antwort?‘, stammelte die Frau erstaunt. Sie beruhigte sich aber schnell und sprach laut, da sie dachte, ich sei schwerhörig. ‚Jacke kostet fünfzig. Einen halben Hundertdollarschein!‘ Und um sicherzugehen, zeigte sie mir den Preis auf dem Etikett.

‚Ist das dein letztes Wort? Ich zahle fünfundzwanzig, damit du ein gutes Geschäft machst.‘

‚Was soll das: letztes Wort? Fünfundzwanzig? Es steht fünfzig drauf. Eine Fünf und eine Null‘, schrie die Frau und malte die Zahl Fünfzig auf das Packpapier vor der Kasse.

‚Well, ich will nicht knauserig sein und eine junge Verkäuferin enttäuschen, also zahle ich dreißig‘, sagte ich ihr, denn ich wollte ihr helfen. ‚Ich bin ein neuer Kunde, und wenn wir uns heute einigen, dann werde ich ein Stammkunde bei dir‘, fügte ich hinzu, also das, was bei einem Händler in Damaskus den letzten Widerstand bricht.

Die Frau wurde aber nur verwirrter. ‚Stammkunde? Was ist das? Ich mache hier meinen Job, Mann. Fünfzig. Nimm die Jacke oder lass sie‘, stöhnte sie ungeduldig.

Ich war verärgert. Doch ich folgte dem Rat meines Vaters. Er riet mir einst: ‚Wenn ein Händler so dumm ist und dir mit dem Preis nicht entgegenkommt, erhöhst du dein Angebot ein wenig und sagst, ich gehe. Wenn er so dumm ist, dass er die Glocken nicht läuten hört, dann gehst du mit langsamen Schritten hinaus. Dreh dich nicht um, damit er nicht erkennt, dass du an dem Ding hängst. Dreh dich nicht um. Das steht schon in der Bibel! Er wird bestimmt nach dir rufen und mit dem Preis etwas heruntergehen.‘ Mein armer Vater, er hat Amerika nicht erlebt. Ich erhöhte also mein Angebot auf vierzig Dollar und sagte der Verkäuferin: ‚Wenn du an diesem Tag kein Geschäft machen willst, dann gehe ich zu einem anderen Händler und kaufe die Jacke für zwanzig Dollar dort.‘ Ich ließ die Jacke fallen und ging, ohne mich umzudrehen. In Latakia oder Damaskus hätte jeder Händler mir nachgerufen und versucht, nun das Geschäft zu retten, aber sie rief mir nicht nach. In dreißig Jahren rief mir niemand nach. Ich habe es aufgegeben zu handeln.“

„Nein, ich kann nicht in Amerika leben“, stöhnte Isam.

„Ihr werdet aber auch nicht glauben, dass die Amerikaner ihre Friedhöfe schmücken und sauber halten. Immer, wenn es sonnig war, gingen sie auf dem Friedhof spazieren.“

„Nein, jetzt hörst du mit deiner Wahrheit auf und erzählst uns ein Märchen! Auf dem Friedhof spazieren gehen?", schrie Junis empört, und die anderen schüttelten den Kopf, als bedauerten sie den Emigranten. Ali steckte gerade ein großes Holzstück in den Ofen, als das Wort Friedhof fiel. „Gott wende den Schaden von uns!", flehte er. Nur Faris wusste aus seiner Studentenzeit in Paris, dass der Emigrant nicht gelogen hatte, aber der Minister schwieg lieber und überließ Tuma dem Zorn der Herrenrunde.

Salim war auch der Meinung, dass Tuma log, aber er lächelte über seine Verzweiflung, diese Lüge unbedingt als Wahrheit verkaufen zu wollen.

„Ich schwöre es bei der heiligen ...", wollte er seine Behauptung vom Spaziergang auf dem Friedhof unterstützen.

„Schwöre nicht!", schrie Junis ihn an. „Wir wollen nicht, dass dir was zustößt." „Oh, my God", stöhnte Tuma verzweifelt, als die anderen laut lachten.

„Ein Friedhof ist ein Ort der Vernichtung", sagte Junis zürnend, „und nicht zum Vergnügen da. Schau doch unsere Friedhöfe an! Sie verfallen mit der Zeit wie die Knochen, die sie unter der Erde beherbergen. Erde zu Erde, sagen alle Heiligen Schriften, und nicht Erde zum Vergnügungslokal. Welcher Verrückte kommt auf die Idee, die Friedhöfe noch haltbarer zu machen? Die Araber wollen den Tod lieber heute als morgen vergessen."

„Die Amerikaner auch, aber auf eine andere Weise", schrie Tuma zurück. „Sie tun so, als würde der Tod ihnen nichts ausmachen, und gehen an seinem Ort spazieren, als hätten sie ihn vergessen."

[...]

Tuma lachte. „Well, ihr seid unverbesserlich, aber wie dem auch sei, die Amerikaner leben anders und glaubten mir genauso wenig wie ihr, wenn ich ihnen von unserem Leben erzählte. Sie hielten alles für Märchen. Sie glaubten nicht, dass wir Kamele reiten und Feigen essen, auch nicht, dass wir tagelang Hochzeit feiern und noch länger die Toten beweinen, aber nie den Geburtstag feiern."

„Warum soll man auch seinen Geburtstag feiern?", unterbrach Isam. „Und überhaupt, wenn man sein eigenes Geburtsdatum kennt, wird man nur noch älter. Ich fühle mich aber heute zwanzig Jahre jünger als vor zehn Jahren."

„Für die Amerikaner aber ist ein Birthday wichtiger als Ostern", nahm Tuma den Faden wieder auf.

„Und sie feiern Geburtstag im dritten Stock, obwohl ein Nachbar im zweiten Stock gerade gestorben ist. Sie glaubten mir nicht einmal, dass wir den Beruf des Kaffeehauserzählers haben. Sie lachten mich aus. Vom Dampfbad wollten sie erst recht nichts hören."

„Ja, sage mal, sind das Barbaren?", wunderte sich Ali.

„Nein, aber das Neue glaubt man nicht, und an ein Wunder gewöhnt man sich, wenn es ein paar Tage anhält. Ihr werdet nicht glauben, dass die Amerikaner den Hund besser als den Menschen behandeln?"

„Also, ich möchte vorschlagen, dass du uns ein Märchen erzählst statt dieser Lügen über die Amerikaner. Ich bin nur wegen deiner guten Kekse so langmütig", stichelte Junis.

„Nein, das mit den Hunden kenne ich aus Frankreich", sagte der Minister, dem Tuma einen flehenden Blick zugeworfen hatte. „Die Franzosen behandeln den Hund nicht besser als den Menschen, aber sie verwöhnen ihre Köter sehr!"

Faris' Parteinahme goss aber nur Öl ins Feuer. Nun fing Salim an, in die Hände zu klatschen und zu lachen.

„Ihr werdet uns doch heute nicht mit Frankreich und Amerika verrückt machen", sagte Junis. „Es fehlt noch, dass Hunde im Restaurant bedient werden. Der Kellner verbeugt sich vorm räudigen Hund und fragt: ‚Was wünschen Sie, Herr Hund, zum Mittag? Heute empfehle ich meine rechte Wade mit Thymian und Tomatensoße!'"

Alle lachten, und Salim warf sich auf sein Bett und hielt sich seinen Bauch. Die Tränen liefen ihm über seine roten Wangen.

„Keiner spricht vom Restaurant. Aber Hunde haben in Amerika über zwanzig Sorten Fraß", sagte Tuma zürnend.

„Hoffentlich haben sie auch einen Friseur?“, giftete Musa.

„Nein“, log Tuma und hasste sich dafür, weil er seinen Schwur gebrochen hatte, denn er hatte sich auf dem Weg zu Salim vorgenommen, der Herrenrunde nur das zu berichten, was er in Amerika erlebt hatte. Jahrelang trug er diesen Wunsch in seiner Brust. Er wusste schon, dass es schwierig sein würde, aber nun erkannte er, dass er den Widerstand der alten Herren unterschätzt hatte.

„Und einen Hundefriedhof?“, wollte Ali plötzlich wissen.

„Nein, nein“, log Tuma müde und verzweifelt. Er schaute die Runde an und hielt Moses, Jesus und Mohammed für glücklich, solche Weggenossen nicht gehabt zu haben.

1 Von welchen Unterschieden zwischen der orientalischen und westlichen Kultur erzählt Tuma?

2 Beschreibt, wie die Zuhörer Tumas auf seine Erzählung reagieren, und erklärt ihre Reaktionen. Klärt in diesem Zusammenhang auch, warum Tuma am Ende seine Zuhörer anlügt (Z. 183 ff.).

3 An welchen Stellen wirkt die Erzählung komisch? Sucht entsprechende Textstellen heraus und erklärt, wodurch diese Komik entsteht.

4 Was soll die Erzählung Tumas dem Leser wohl verdeutlichen? Erläutert, worin die zentralen Aussagen des Romanauszuges bestehen.

5 **Durchstarten! So könnt ihr weiterarbeiten:**

a Was geht der Verkäuferin wohl durch den Kopf, nachdem Tuma gegangen ist? Verfasse einen inneren Monolog der Verkäuferin.

b Was könnte Tuma am Abend über seinen gescheiterten Versuch zu handeln in sein Tagebuch schreiben? Schreibe einen möglichen Tagebucheintrag Tumas.

c Stell dir vor, Junis kommt nach Hause und berichtet seiner Frau von Tumas Erzählungen. Verfasse ein solches Gespräch zwischen Junis und seiner Frau.

d Einige von euch sollten den Roman „Erzähler der Nacht“ lesen und den anderen vorstellen:
- Informiert eure Klasse kurz über die Rahmenhandlung um Onkel Salim.
- Stellt ihnen dann die anderen Hauptfiguren und die Geschichten, die diese in den sieben Nächten erzählen, vor.

e Verfasse eine Charakterisierung Tumas. Gehe dabei so vor:
- Lies die Romanauszüge noch einmal. Lege dir dabei eine Mindmap wie auf S. 21 an, um deine Charakterisierung vorzubereiten.
- Verfasse dann mithilfe deiner Mindmap und des Werkzeugkastens auf S. 24 eine Charakterisierung Tumas.

Alles nur Vorurteile ... – Rafik Schami über die Deutschen

1 „An viele typisch deutsche Dinge kann sich ein zugereister Orientale gewöhnen", schreibt Rafik Schami in einem Zeitungsartikel.

- Sammelt möglichst viele Dinge, die eurer Meinung nach typisch deutsch sind.
- Erläutert, warum ihr diese Dinge für typisch deutsch haltet.

Rafik Schami (geb. 1946)

Erfahrungen eines zugereisten Orientalen

Man behauptet, der Fremde werde nicht akzeptiert, weil er sich nicht anpasse. Anpassung ist das Allheilmittel, das Einheimische Fremden anbieten, das aber wie jedes Allheilmittel Humbug ist.

Vielleicht hat ein Stamm in der Wüste oder im Urwald durch die Einfachheit seines Lebens und die strenge Bindung aller seiner Mitglieder untereinander klare Vorstellungen von sich – und somit auch von dem Endziel der Anpassung, die der Fremde leisten muss, um als einer der Ihren zu gelten. Aber ich kann mich totlachen, wenn ich die Forderung nach Anpassung von Deutschen höre. Anpassung an was, bitte?

Was ist hier an dem, was die Bevölkerung tut und lässt, so typisch, so lebensnotwendig, dass sich der Fremde daran orientieren muss, um sich und der Gemeinschaft Ärger zu ersparen? Was ist denn deutsch an den Deutschen? Meinen sie ihren Lebensstil, ihre Essgewohnheiten, ihre Kleiderordnung, Schminkrituale, Bücherinhalte, Musik, Filme oder etwa ihre typisch deutschen McDonald's oder gar die von der UNESCO[1] vergessenen deutschen Denkmäler der Moderne namens Fußgängerzonen? Was ist an dem, woran die Deutschen Ausländer unbedingt anpassen wollen, noch von ihnen? 30 Prozent? Dann sollten sie das klipp und klar sagen: „Liebe Ausländer, Sie dürfen hier leben, wenn Sie 30 Prozent dessen, was wir tun und lassen, befolgen." Das wäre ein erster Schritt in die richtige Richtung.

Es kann sein, dass man immer über ein fernes Volk genauere Angaben machen kann als über ein Volk, in dem man lebt. Ich wüsste schnell etwas darüber zu sagen, was ein typischer Italiener, ein Franzose oder ein Libanese ist. Hier mitten unter den Deutschen muss ich verdammt aufpassen, dass ich einen Südhessen nicht mit einem Nordpfälzer und den um Gottes willen nicht mit einem Saarländer verwechsele. Das

[1] **UNESCO:** Organisation der Vereinten Nationen für Erziehung, Wissenschaft und Kultur

hat zur Folge, dass ich gar keine vernünftige Definition für den Deutschen mehr finde und nur noch auf meine Vorurteile zurückgreife. Und das sieht so aus: Ein Deutscher ist der beste Schüler und der schlimmste Oberlehrer. Er liegt am liebsten am Strand, um brauner als die Pakistanis zu werden. In Kleinigkeiten ist er heldenhaft kompromisslos, bei allen großen Dingen verliert er jedoch den Überblick und man kann ihn leicht verkohlen. Der Deutsche leistet in der Regel Gehorsam im Voraus und Widerstand im Nachhinein. Er jammert über alle, die die Deutschen hassen, doch die größten Deutschhasser sind die Deutschen selbst.

Ich weiß, ich weiß. Alles nur Vorurteile, aber wie soll ein armseliger Ausländer wissen, was deutsch ist, wenn selbst der geniale Nietzsche[1] das nicht wusste?

Dreißig Jahre in Deutschland prägen einen Ausländer. Ich fange bei jedem Besuch an nachzudenken, was ich dem Gastgeber mitbringen könnte. Nudelsalat nehme ich zwar nicht mit, aber immerhin sind Wein, Bücher oder exotische Früchte in der Regel dabei. In Arabien wäre das undenkbar. Ich richte mich brav nach den Abfahrtzeiten der Züge, halte meine Termine ein und lache wie die Deutschen beim Leichenschmaus, statt – wie es sich in Arabien gehört – laut zu weinen. Selbst Himbeereis esse ich gerne im Winter, was ein Araber mit gesundem Menschenverstand für völlig verrückt halten müsste.

Doch auf eins kann ich auch nach dreißig Jahren nicht verzichten: auf das Handeln.

Handel ist zwar eine Notwendigkeit, aber der Orientale verbindet damit ein Vergnügen, das vielen Deutschen fremd ist. Beim Handeln übt der Orientale folgende Künste aus: Sprechen, Schauspielen, Rhetorik, Kräfte messen und vor allem immer wieder aus einer Sackgasse eine Kreuzung zu zaubern. Als Belohnung schwebt über allem der wirtschaftliche Vorteil.

(Frankfurter Rundschau vom 6.5.2000)

[1] **Friedrich Nietzsche** (1844–1900), deutscher Philosoph

2 Untersucht den Zeitungsartikel und arbeitet die wichtigsten Gedanken und Aussagen Rafik Schamis heraus. Arbeitet dabei zu zweit. So könnt ihr vorgehen:

- Gliedert den Text in Sinnabschnitte und findet für jeden Abschnitt eine passende Überschrift.
- Arbeitet heraus, was Rafik Schami an der Forderung, die Fremden sollten sich anpassen, kritisiert.
- Stellt die Eigenschaften zusammen, die für Rafik Schami typisch deutsch sind, und vergleicht sie mit euren Aussagen. Erklärt, warum der Autor in diesem Zusammenhang von „Vorurteile[n]" (Z. 44) spricht.
- Untersucht, was Rafik Schami darüber berichtet, inwieweit ihn das Leben in Deutschland geprägt hat.
- Klärt, was das Handeln nach Rafik Schami für einen Araber bedeutet und warum er darauf nicht verzichten kann.
- Fasst den Inhalt des Zeitungsartikels schriftlich zusammen.

Einen Sachtext zusammenfassen, S. 274, 279

3 Rafik Schami kritisiert die Deutschen an einigen Stellen. Sucht Textstellen heraus, in denen er seine Kritik abmildert. Welche Wirkung haben diese Textstellen auf den Leser?

4 Vergleicht die Eigenschaften, die Rafik Schami für typisch deutsch hält, mit euren Überlegungen aus Aufgabe 1. Welche Gemeinsamkeiten und Unterschiede stellt ihr fest?

5 Was haltet ihr von den Ansichten Rafik Schamis? Schreibt zu dem Artikel einen Leserbrief, in dem ihr eure Meinung darlegt.

Hinweise zum Leserbrief erhaltet ihr auf S. 262.

Projektideen
rund um Rafik Schami

- Organisiert eine Ausstellung zu Rafik Schami. Stellt den Autor und seine Bücher z. B. mithilfe von Wandplakaten und Büchertischen eurem Publikum vor.
- Interviewt selbst Menschen, die nach Deutschland eingewandert sind. Diese Interviews könnt ihr anderen z. B. in Form eines Video- oder Radiobeitrags präsentieren.
- Ladet Mitschüler, Mitschülerinnen und Eltern zu einem literarischen Café ein. Wählt Erzählungen Rafik Schamis aus, die ihr eurem Publikum vorlesen wollt. Besonders eindrucksvoll ist es, wenn ihr die Geschichten wie ein orientalischer Erzähler frei vortragt. Auch in den abgebildeten Büchern Rafik Schamis findet ihr viele Texte, die ihr eurem Publikum vortragen könnt.

Stimmungen – In Gedichten sich selbst aussprechen

Zu allen Zeiten haben Menschen Gedichte und Lieder dazu genutzt, über sich selbst nachzudenken, ihre eigene Persönlichkeit darzustellen oder ihre jeweilige Stimmung auszudrücken.
Im ersten Teil dieses Kapitels lernt ihr verschiedene Texte dieser Art kennen. Im zweiten Teil des Kapitels geht es dann um Gedichte, in denen Menschen ihr Verhältnis zur Natur ausgedrückt haben. Beim Umgang mit diesen Texten könnt ihr auch lernen, wie ihr Gedichte beschreiben und deuten (analysieren) könnt.

1 Überlegt, welche Gedanken dem Jugendlichen wohl gerade durch den Kopf gehen könnten.

2 Sprecht darüber, was die Abbildung mit dem Thema dieses Kapitels zu tun haben könnte.

3 Wie wirken die verschiedenen Bilder auf der Seite 39 auf euch? Beschreibt die Stimmung, die von ihnen jeweils ausgeht, mit möglichst passenden Adjektiven.

4 Versucht zu erklären, wodurch die von den Bildern ausgehende Stimmung jeweils vermittelt wird. Dabei könnt ihr z. B. auf die Farben, Formen, Konturen, den Bildaufbau usw. achten.

5 Stellt Vermutungen darüber an, was den einzelnen Künstlern beim Malen ihrer Bilder am Wald bzw. an den Bäumen besonders wichtig gewesen sein könnte. Welches Verhältnis zur Natur könnten die verschiedenen Künstler haben?

Claude Monet:
Bäume in Blüte (1873)

Henri Rousseau:
Tropischer Wald
mit Affen (1910)

Max Ernst:
Der große Wald (1927)

„Ich will nicht sein, so wie ihr mich wollt“ – Den eigenen Weg suchen

Ernst Jandl (geb. 1925)

My own song (mein eigenes lied)

ich will nicht sein
so wie ihr mich wollt
ich will nicht ihr sein
so wie ihr mich wollt
ich will nicht sein wie ihr
so wie ihr mich wollt
ich will nicht sein wie ihr seid
so wie ihr mich wollt
ich will nicht sein wie ihr sein wollt
so wie ihr mich wollt

nicht wie ihr mich wollt
wie ich sein will will ich sein
nicht wie ihr mich wollt
wie ich bin will ich sein
nicht wie ihr mich wollt
wie *ich* will ich sein
nicht wie ihr mich wollt
ich will *ich* sein
nicht wie ihr mich wollt will ich sein
ich will *sein*

(1966)

1 Bereitet einen Vortrag dieses Gedichts vor, indem ihr festlegt, welche Wörter ihr betonen und wo ihr Pausen machen wollt. Ihr könnt auch zusammen mit einigen Mitschülern die Verse des Gedichts auf verschiedene Sprecher oder auf einen Einzelsprecher und eine Gruppe aufteilen. Überlegt euch weitere Möglichkeiten, mit dem Text zu experimentieren, z. B. durch einen bestimmten Rhythmus oder durch das Sprechen von verschiedenen Orten aus.

2 Einige von euch tragen jetzt den Text vor, während die anderen gut zuhören. Sprecht anschließend darüber, was euch aufgefallen ist und was ihr vielleicht anders gemacht hättet. Begründet dabei eure Meinung und erklärt, welche unterschiedlichen Bedeutungen sich durch verschiedene Vortragsweisen ergeben.

3 Wie stellt ihr euch das lyrische Ich dieses Gedichts vor? Welche Eigenschaften könnte er (oder sie) haben? Was will er/sie wohl mit dem Text ausdrücken? Wer könnte mit „ihr“ angesprochen sein?

4 Untersucht den Aufbau und die sprachliche Gestaltung des Textes (z. B. Wortwahl, Satzbau, Wiederholungen, Umgang mit der Zeichensetzung). Welche Wirkung wird durch diese sprachliche Form erzeugt?

5 Versucht, den Titel des Gedichts zu erklären. Geht dabei auch auf die von Jandl gewählte Sprache bzw. die beiden Sprachen ein.

„Ich mach so was!" – Einen Werbespot untersuchen

Herr rechts: „So was Dreistes!"

Herr links: „Frechheit!"

Mehmet Scholl[1]: „Das glaub ich ja nicht! Wer traut sich, mit so einer Karre hier auf den Hof zu fahren?"

Mehmet Scholl: „Unfassbar! Die auf Understatement[2] machen."

Mehmet Scholl: „Ich fass das nicht! Wo sind wir denn?"

Mehmet Scholl: „Wer macht so was?"

Die beiden Herren nicken zustimmend.

Mehmet Scholl: „Ich mach so was!"

[1] Mehmet Scholl war ein bekannter Fußballnationalspieler und arbeitet nach dem Ende seiner Fußballkarriere als Kommentator im Deutschen Fernsehen (Stand 2014).

[2] **Understatement:** hier: „falsche Bescheidenheit".

Ohne Worte

Stimme aus dem Off: „Das Statussymbol für alle, die kein Statussymbol brauchen. Der Dacia Duster, jetzt schon ab 10 490 Euro. Von Deutschlands wertstabilster Marke. Dacia."

1 Lest den Text und schaut euch die Bilder aus dem Werbespot an. Macht euch klar, wie die Personen auf euch wirken.

2 Probiert aus, wie der Text möglichst wirkungsvoll gelesen werden kann. Achtet dabei auch auf die Mimik und Gestik der Personen.

3 Untersucht nun die Machart des Werbespots genauer. Ihr könnt dabei folgenden Aspekten nachgehen:

- Die Handlung des Werbespots spielt auf dem Parkplatz eines Golfplatzes. Stellt zusammen, welche anderen Orte ebenfalls geeignet gewesen wären und welche eher nicht. Was ist jeweils das Gemeinsame?
- Beschreibt möglichst genau, worin die Pointe des Werbespots besteht. Überlegt dazu, welche Rolle das Auto offensichtlich für die Golfspieler innehat und wie Mehmet Scholl mit der Bedeutung spielt, die dem Auto zugewiesen wird. Erklärt euch auch gegenseitig den Begriff „Status".
- Beschreibt und erläutert den Aufbau des Werbespots. Bedenkt dabei, warum man das Auto erst in der fünften Einstellung sehen kann.
- Untersucht die Montagetechnik des Werbespots. Erklärt dabei insbesondere die Wirkung auf den Zuschauer, die von der Schuss-Gegenschuss-Technik ausgeht.

Informationen zur Montagetechnik findet ihr in dem folgenden Info-Kasten:

INFO **Die Montage**

Bei Filmaufnahmen ist es üblich, dass die einzelnen Einstellungen nicht in der Reihenfolge gedreht werden, in der man sie später sieht. Das gedrehte Material wird vielmehr auseinandergeschnitten und anschließend wieder neu zusammengesetzt („montiert").

Bei der filmischen Darstellung von Gesprächen wird häufig das Schuss-Gegenschuss-Verfahren eingesetzt. Die Zuschauer nehmen hier wechselweise die Blickrichtung eines der Gesprächspartner ein. Sie können so aus der Perspektive des Zuhörenden den Sprechenden sehen oder aber umgekehrt mit dem Sprechenden die Reaktion beim Zuhörenden beobachten. Bei der Darstellung eines Gesprächs wird die Blickrichtung der Gesprächsteilnehmer in der Regel mehrfach gewechselt.

4 Prominente Menschen werden in der Werbung häufig als Werbeträger eingesetzt. Überlegt zunächst einmal allgemein, was sich die Werbemacher von dem Einsatz der Prominenten versprechen.

5 Sprecht über mögliche Zusammenhänge zwischen dem Werbespot und dem Gedicht von Ernst Jandl „My own song“ (S. 40).

6 **Durchstarten! So könnt ihr weiterarbeiten:**

Ihr könnt eure Untersuchungsergebnisse folgendermaßen zusammenfassen: Stellt euch vor, ihr hättet von der Autofirma den Auftrag bekommen, einen Werbespot für den Dacia Duster zu entwerfen. Ihr stellt nun der Autofirma die Idee zu diesem Werbespot vor. Schreibt dazu ein sogenanntes Exposé, eine Handlungsskizze, zu dem Spot und erläutert, warum ihr glaubt, dass der Werbespot erfolgreich sein wird.

Wir sind Helden

Guten Tag (Die Reklamation)

Die Gruppe „Wir sind Helden“

Meine Stimme gegen ein Mobiltelefon
Meine Fäuste gegen eure Nagelpflegelotion
Meine Zähne gegen die von Doktor Best und seinem Sohn
Meine Seele gegen eure sanfte Epilation[1]

Es war im Ausverkauf im Angebot die Sonderaktion
Tausche blödes altes Leben gegen neue Version
Ich hatte es kaum zuhause ausprobiert da wusste ich schon
an dem Produkt ist was kaputt – das ist die Reklamation[2]

Guten Tag guten Tag ich will mein Leben zurück
Ich tausch nicht mehr ich will mein Leben zurück
Guten Tag ich gebe zu ich war am Anfang entzückt
aber euer Leben zwickt und drückt nur dann nicht
wenn man sich bückt –
Guten Tag

Meine Stimme gegen die der ganzen Talkshownation
Meine Fäuste für ein müdes Halleluja und Bohnen[3]
Meine Zähne gegen eure zahme Revolution
Visionen gegen die totale Television

Es war im Ausverkauf im Angebot die Sonderaktion
Tausche blödes altes Leben gegen neue Version
Ich hatte es kaum zuhause ausprobiert da wusste ich schon
an dem Produkt ist was kaputt – das ist die Reklamation

Guten Tag guten Tag ich will mein Leben zurück
Ich tausch nicht mehr ich will mein Leben zurück
Guten Tag ich gebe zu ich war am Anfang entzückt
aber euer Leben zwickt und drückt nur dann nicht
wenn man sich bückt –
Guten Tag

(2004)

(Wintrup Musikverlag, Detmold/Freudenhaus Musikverlag/Partitur Musikverlag)

---

1 **Epilation:** Entfernung von Körperhaaren, meist von Achselhaaren, aus kosmetischen Gründen

2 **Reklamation:** Beschwerde mit dem Ziel, ein Produkt umzutauschen, mit dem man nicht zufrieden ist

3 Anspielungen auf bekannte Wildwest-Komödien (z. B. „Vier Fäuste für ein Halleluja“), die aufgrund ihres kommerziellen Erfolges eine ganze Reihe von Nachahmer-Filmen auslösten

1 Erklärt den Titel dieses Songs mit eigenen Worten. Was ist hier mit „Reklamation" gemeint?

2 Stellt zusammen, mit welchen einzelnen Dingen, Vorgängen und Verhaltensweisen das lyrische Ich dieses Textes unzufrieden ist. Versucht auch zu begründen, warum es sich jeweils gegen sie wendet. Erklärt in diesem Zusammenhang die Bedeutung der Metapher „euer Leben zwickt und drückt nur dann nicht, wenn man sich bückt".

3 Lässt sich erkennen, welche Art Leben das lyrische Ich stattdessen gerne führen würde? Entwerft mit eigenen Worten die „Vision" eines solchen Lebens.

4 **Durchstarten! So könnt ihr weiterarbeiten:**

a Ihr könnt selbst weitere Strophen zu diesem Song schreiben. Überlegt euch dafür, was ihr kritisieren wollt, und orientiert euch dann an dem Schema „Meine Stimme gegen ..., Meine Fäuste gegen ...". Stellt euch eure Texte anschließend vor und sprecht dann darüber, ob sie gut in den ursprünglichen Song passen würden.

b Ihr könnt auch einen Gegentext verfassen, in dem ihr als „Visionen" positive Möglichkeiten eines sinnvollen Lebens entwerft (z. B. „Meine Stimme für ..., Mein Lachen für ...").

Hans Magnus Enzensberger (geb. 1929)

Nicht Zutreffendes streichen

Was deine Stimme so flach macht
so dünn und so blechern
das ist die Angst
etwas Falsches zu sagen

oder immer dasselbe
oder das zu sagen was alle sagen
oder etwas Unwichtiges
oder Wehrloses
oder etwas das mißverstanden werden könnte
oder den falschen Leuten gefiele
oder etwas Dummes
oder etwas schon Dagewesenes
etwas Altes

Hast du es denn nicht satt
aus lauter Angst
aus lauter Angst vor der Angst
etwas Falsches zu sagen

immer das Falsche zu sagen?

(1980)

(Aus lizenzrechtlichen Gründen folgt dieser Text nicht der reformierten Rechtschreibung.)

1 In diesem Gedicht stellt das lyrische Ich nicht seine eigene Persönlichkeit dar, sondern es spricht eine andere Person an. Wie stellt ihr euch Sprecher und Angesprochenen jeweils vor? Welche Eigenschaften könnten sie haben?

2 Wie versteht ihr den Text? Diskutiert darüber, welche der folgenden Aussagen am ehesten zutrifft.

- In dem Gedicht wird jemand aufgefordert, erst nachzudenken, bevor er handelt.
- In dem Gedicht wird jemandem vorgeworfen, dass er zu ängstlich ist und deshalb nicht laut und deutlich genug spricht.
- In dem Gedicht wird jemand dazu aufgefordert, seine Ängste zu überwinden und zu sich selbst zu stehen. Dem Angesprochenen oder der Angesprochenen soll damit Mut gemacht werden.

3 Versucht, den Titel des Gedichts zu erklären. Macht eigene Vorschläge für einen anderen möglichen Titel.

4 Untersucht den Aufbau und die sprachliche Gestaltung des Textes. Welche Wirkung wird durch diese sprachliche Form erzeugt?

5 Sprecht darüber, inwiefern das Gedicht mit der Überschrift dieses Kapitels („‚Ich will nicht sein, so wie ihr mich wollt' – Den eigenen Weg suchen") zusammenhängt.

6 **Durchstarten! So könnt ihr weiterarbeiten:**

Entwerft ein Gegengedicht, in dem ihr aus der Sicht eines lyrischen Ichs auf Hans Magnus Enzensbergers Text reagiert. Ihr könnt z. B. so anfangen:

Meine Stimme soll nicht mehr flach klingen
Oder dünn und blechern
…

Tim Bendzko (geb. 1985)

Programmiert

Heute bin ich digital, ich denke nur noch an Zahlen.
Einsen und Nullen machen meine Träume wahr,
die Welt da draußen ist mir egal.

Ich bestell ne Pizza im Netz,
das geht heut alles wie von selbst,
sozialer Kontakt wird überschätzt,
ich feier ne virtuelle Party mit meinen virtuellen Fans.

Denn ich bin programmiert,
oho, ich bin eigentlich nicht hier.
Oho, ich bin an zwei verschiedenen Orten zur selben Zeit
und das Absurde daran ist, ich bin nicht alleine hier,
oho, wir sind alle programmiert.

Heute bin ich digital, extrem kritisch und mitteilsam.
Was ich denke, das wird auch gesagt,
mir ist egal, ob man nach meiner Meinung fragt.

Ich bin sowas von verliebt.
Sie ist jung und schön, genau mein Typ.
Ich verdräng für den Moment mein Spiegelbild,
schick ihr nen Foto von nem Typ, den sie mit Sicherheit will.

Denn ich bin programmiert,
oho, ich bin eigentlich nicht hier.
Oho, ich bin an zwei verschiedenen Orten zur selben Zeit
und das Absurde daran ist, ich bin nicht alleine hier,
oho, wir sind alle programmiert.

Oho, wir sind an zwei verschiedenen Orten zur selben Zeit
und das Absurde daran ist, wir sind nicht alleine hier,
oho, wir sind alle programmiert.

Wie fühl'n sich echte Sonnenstrahlen an?
Ich weiß es nicht mehr!
Wie fühlt sich echte Nähe an?
Ich weiß es nicht mehr!
Wie fühlt sich das echte Leben an?
Ich weiß es nicht mehr!
Wie fühlt sich echte Liebe an?
Ich weiß es nicht mehr!

Denn ich bin programmiert,
oho, ich bin eigentlich nicht hier.
Oho, ich bin an zwei verschiedenen Orten zur selben Zeit
und das Absurde daran ist, ich bin nicht alleine hier,
oho, wir sind alle programmiert.

Wir sind an zwei verschiedenen Orten zur selben Zeit
und das Absurde daran ist, wir sind nicht alleine hier,
oho, wir sind alle programmiert.
Oho, wir sind alle programmiert.

(2013)

1 Wie stellt sich das lyrische Ich in diesem Song selbst dar? Was sind seine Wünsche und Träume? Was vermisst es und worunter leidet es?

2 Erklärt das zentrale sprachliche Bild „Heute bin ich digital" (V. 1). Untersucht auch, wie diese Metapher im Titel und in den einzelnen Strophen des Songs jeweils weitergeführt wird.

3 „Sozialer Kontakt wird überschätzt" (V. 6)? Wie stellt das lyrische Ich sein Verhältnis zu seinen Mitmenschen dar?

4 Erklärt auch, was das lyrische Ich als absurd (vgl. V. 11) beurteilt.

5 **Durchstarten!** So könnt ihr weiterarbeiten:

Seht euch das Video zu dem Song an und untersucht es nach bestimmten Aspekten, die ihr vorher festlegt, z. B. Wirkung der Umgebung (Straßen, Wohnung), Beziehung zwischen den Menschen, filmtechnische Mittel.

Christina Stürmer
(geb. 1982)

Lebe lauter

Schau in den Spiegel, siehst du, was du sehen willst?
Ist es deine Schuld, dass du das Idealbild nicht erfüllst?
Bist du die Einzige, die sich die Frage stellt:
Pass ich hinein in eure heile Welt? Ist das das Einzige was zählt?

Lebe lauter! Lass uns schrei'n!
Lebe lauter, du brauchst nicht perfekt zu sein.
Lebe lauter! Wie du dich fühlst.
Lebe lauter, leb' nur so wie du es willst

Schau in den Spiegel, kannst du sehen wer du bist?
Ist es dein Problem, dass du nicht ihren Vorstellungen entsprichst?
Bist du die Einzige, die sich nicht leiden mag?
Du sollst so sein, wie man dir sagt, doch keiner hat dich je gefragt ...

Lebe lauter! Lass uns schrei'n!
Lebe lauter, du brauchst nicht perfekt zu sein.
Lebe lauter! Wie du dich fühlst.
Lebe lauter, leb' nur so wie du es willst

Lebe lauter – Oooh – Lebe lauter – Oooh
Lebe lauter – Oooh – Lebe lauter – Oooh

Lebe lauter! Lass uns schrei'n!
Lebe lauter, leb' nicht für den schönen Schein
Für die perfekte Figur, für eine strahlende Haut
Für die adrette Frisur, für einen flacheren Bauch
Alles nur Schall und Rauch! Lass uns die Maske ablegen
Wir sollten alle viel viel lauter leben!

Lebe lauter! Lass uns schrei'n!
Lebe lauter, du brauchst nicht perfekt zu sein.
Lebe lauter! Wie du dich fühlst.
Lebe lauter, leb' nur so wie du es willst
Lebe lauter!

(2006)

(Musik und Text: Tom Albrecht, Marc Kaschke, Kevin Mundt; Arabella Musikverlag GmbH, Berlin Edition CBA Publishing/BMG Rights Management GmbH, Berlin)

1 Stellt euch vor, dieser Song sei eine Antwort auf einen Brief, den die Angesprochene geschrieben hat. Was könnte darin gestanden haben? Verfasst diesen Brief. Tragt anschließend einige Briefe vor und antwortet jeweils mit dem vorgetragenen Liedtext.

2 „Lebe lauter!“ Wie versteht ihr diese zentrale Metapher? Sucht nach weiteren Textstellen, die diese Metapher erklären.

3 Wie beurteilt ihr die in diesem Text ausgesprochenen Appelle?

4 Beschreibt, wie ihr euch eine passende musikalische Umsetzung des Textes vorstellt. Besorgt euch gegebenenfalls eine Aufnahme und vergleicht sie mit euren Vorstellungen.

5 Vergleicht den Songtext mit den Texten „Guten Tag (Die Reklamation)“ und „Programmiert“. Sucht auch hier zunächst gemeinsam nach Vergleichspunkten.

Tipps für den Vergleich von Texten bekommt ihr im Werkzeugkasten auf S. 169.

So gehst du vor

Sprachliche Bilder untersuchen

Die Sprache eines Gedichts löst beim Leser bestimmte Vorstellungen, Gefühle und Stimmungen aus. Dies geschieht vor allem durch eine anschauliche Wortwahl und sprachliche Bilder, bei denen sozusagen mit Sprache „gemalt“ wird. Solche sprachlichen Bilder sind

- **Vergleiche**, die mit bestimmten Vergleichswörtern (*wie*, *so wie*, *als wenn*) eingeleitet werden (z. B. „Sie schläft wie ein Murmeltier“),
- **Metaphern**, durch die ein Ausdruck dadurch eine neue Bedeutung erhält, dass man ihn aus seinem ursprünglichen Bereich in einen neuen überträgt. Oft wird die Metapher auch als verkürzter Vergleich bezeichnet, weil ein Vergleichswort (z. B. *wie*) fehlt (z. B. „Lass uns die Maske ablegen“),
- **Personifikationen**, in denen Dinge, Tiere oder allgemeine Begriffe als menschliche Wesen dargestellt werden (z. B. „der stumme Stein“),
- **Symbole**, bei denen ein konkreter Gegenstand neben seiner offensichtlichen eigentlichen Bedeutung noch eine weitere, übertragene Bedeutung hat (z. B. der Spiegel als Symbol für Erkenntnis).

Wichtig ist, dass du die einzelnen sprachlichen Bilder nicht nur benennst, sondern möglichst auch ihre Wirkung und Bedeutung im Zusammenhang des Gedichts erklärst.

Ich und die Natur: Bäume – Gedichte beschreiben und deuten

Ludwig Uhland (1787–1862)

Einkehr

Bei einem Wirte wundermild,
Da war ich jüngst zu Gaste;
Ein goldner Apfel war sein Schild
An einem langen Aste.

Es war der gute Apfelbaum,
Bei dem ich eingekehret;
Mit süßer Kost und frischem Schaum
Hat er mich wohl genähret.

Es kamen in sein grünes Haus
Viel leicht beschwingte Gäste;
Sie sprangen frei und hielten Schmaus
Und sangen auf das Beste.

Ich fand ein Bett zu süßer Ruh
Auf weichen, grünen Matten;
Der Wirt, er deckte selbst mich zu
Mit seinem kühlen Schatten.

Nun fragt' ich nach der Schuldigkeit[1],
Da schüttelt' er den Wipfel.
Gesegnet sei er allezeit
Von der Wurzel bis zum Gipfel!

(1811)

1 Malt oder zeichnet die in dem Gedicht dargestellte Situation.

2 Erklärt möglichst genau den Vergleich, der diesem Gedicht zugrunde liegt. Geht dabei auch auf Einzelheiten dieses sprachlichen Bildes ein, indem ihr etwa folgende Fragen beantwortet:

- Wer ist mit dem „Wirte" (V. 1) und was ist mit seinem „Schild" (V. 3) gemeint?
- Welche Art „Kost" (V. 7) und „Bett" (V. 13) bietet er an?
- Wer sind seine „Gäste" (V. 10)?
- Was bedeutet das Schütteln des Wipfels?

Berücksichtigt auch den Titel des Gedichts.

[1] **Schuldigkeit:** Geld, das man bezahlen muss

3 Der Apfelbaum wird hier häufig personifiziert. Welche Eigenschaften und Verhaltensweisen werden ihm zugeschrieben? Wie wird er in diesem Gedicht beurteilt?

4 Beschreibt mithilfe des Textes, welche Einstellung des lyrischen Ichs zum Baum deutlich wird. Welches Verhältnis zwischen Mensch und Natur kann man erkennen?

5 Bestimmt Versmaß und Reimschema des Gedichts mithilfe des Werkzeugkastens. Wenn ihr Schwierigkeiten bei der Bestimmung des Metrums habt, schreibt zunächst Betonungszeichen über alle Silben, die eindeutig betont werden müssen, und versucht dann herauszufinden, ob sich eine regelmäßige Abfolge erschließen lässt.

6 Überlegt gemeinsam, welche Bedeutung Versmaß und Reimschema in diesem Gedicht haben könnten.

So gehst du vor

Versmaß und Reimschema

Wenn man Gedichte besonders betont vorliest, merkt man, dass die einzelnen Verse oft ein bestimmtes Betonungsmuster haben. Dies liegt daran, dass innerhalb der einzelnen Verse **Hebungen** (betonte Silben) und **Senkungen** (unbetonte Silben) in einer festen Abfolge angeordnet sind. Diese regelmäßige Folge von Hebungen und Senkungen nennt man **Versmaß** oder **Metrum**.
Eine Einheit von zwei oder drei Silben, von denen eine betont ist, nennt man Takt oder **Versfuß**. Dabei unterscheidet man folgende Versfüße:

Jambus (xx́): z. B. Gedícht
Trochäus (x́x): z. B. Díchter
Daktylus (x́xx): z. B. Dáktylus
Anapäst (xxx́): z. B. Anapä́st

In vielen Gedichten sind die Verse durch die **Endreime** klanglich miteinander verbunden und aufeinander bezogen. Die häufigsten Reimordnungen sind **Paarreim** (aabb), **Kreuzreim** (abab) und **umarmender Reim** (abba).
Wenn ein Vers auf einer betonten Silbe endet, nennt man dies **männliche Kadenz**, eine unbetonte Silbe am Schluss wird als **weibliche Kadenz** bezeichnet.

Beispiele für die Bestimmung von Versen:

Bei éinem Wírte wúndermíld	vierhebiger Jambus mit männlicher Kadenz (xx́ xx́ xx́ xx́)
Da wár ich jǘngst zu Gáste	dreihebiger Jambus mit weiblicher Kadenz (xx́ xx́ xx́ x)

Häufig kann das Versmaß für die Deutung des Gedichts genutzt werden, z. B. wenn es besonders regelmäßig oder auffallend unregelmäßig ist oder plötzlich wechselt.

Joseph von Eichendorff
(1788–1857)
Abschied

O Täler weit, o Höhen,
O schöner, grüner Wald,
Du meiner Lust und Wehen
Andächt'ger Aufenthalt!
Da draußen, stets betrogen,
Saust die geschäft'ge Welt,
Schlag noch einmal die Bogen
Um mich, du grünes Zelt!

Wenn es beginnt zu tagen,
Die Erde dampft und blinkt,
Die Vögel lustig schlagen,
Dass dir dein Herz erklingt:
Da mag vergehn, verwehen
Das trübe Erdenleid,
Da sollst du auferstehen
In junger Herrlichkeit!

Da steht im Wald geschrieben
Ein stilles, ernstes Wort
Vom rechten Tun und Lieben
Und was des Menschen Hort.
Ich habe treu gelesen
Die Worte, schlicht und wahr,
Und durch mein ganzes Wesen
Ward's unaussprechlich klar.

Bald werd' ich dich verlassen,
Fremd in der Fremde gehn,
Auf buntbewegten Gassen
Des Lebens Schauspiel sehn;
Und mitten in dem Leben
Wird deines Ernsts Gewalt
Mich Einsamen erheben,
So wird mein Herz nicht alt.

(1810)

C. D. Friedrich: Der Morgen (1821)

1 Versucht gemeinsam zu klären, in welcher Situation und in welcher Stimmung sich das lyrische Ich in dem Gedicht „Abschied" befindet. Berücksichtigt dabei auch den Titel.

2 Vergleicht C. D. Friedrichs Gemälde „Der Morgen" mit Eichendorffs Gedicht. Welche Gemeinsamkeiten und Unterschiede könnt ihr feststellen?

3 Untersucht möglichst genau, wie der Wald in dem Gedicht dargestellt wird. Welche Eigenschaften hat er? Wie wirkt das Erlebnis der Natur auf das lyrische Ich?

4 Welcher Bereich ist dem Wald gegenübergestellt? Untersucht die einzelnen Strophen daraufhin, wie dieser Bereich hier beurteilt wird. Ihr könnt auch die Darstellung dieses Bereichs und die Darstellung des Waldes in einer Tabelle einander gegenüberstellen.

5 Untersucht die sprachliche Gestaltung des Gedichts: Welche Stilmittel werden verwendet? Welche Wirkung wird durch sie erreicht? Hilfen findet ihr in der Übersicht auf der folgenden Seite.
Ihr könnt die Ergebnisse eurer Untersuchung auch in einer Tabelle festhalten:

6 Bestimmt das Versmaß des Gedichts. Untersucht auch, ob sich Abweichungen vom regelmäßigen Metrum feststellen lassen und welche Bedeutung diese haben könnten.

7 **Durchstarten! So könnt ihr weiterarbeiten:**

a Schreibt die dritte Strophe des Gedichts ab und bestimmt das Metrum, indem ihr die betonten Silben markiert. Beschreibt anschließend die regelmäßige Abfolge der Hebungen und Senkungen (Anzahl der Hebungen, Versfuß). Hilfen erhaltet ihr im Werkzeugkasten auf S. 50.

b Untersucht nun, welche Abweichungen vom Metrum sich in der vierten Strophe finden lassen. Versucht, Erklärungen für diese Abweichungen zu finden.

Textbefund	Sprachliches Gestaltungsmittel	Deutung/Wirkung
„O Täler weit ..." (V. 1f.)	Ausrufe, Anaphern, Parallelismus, Personifikation des Waldes	gefühlvolle Anrede an den Wald, enge Bindung des lyrischen Ichs an die Natur, Wald wirkt wie geliebtes Lebewesen
„schöner, grüner Wald"/ „die geschäft'ge Welt" (V. 2/V. 6)	Gegensatz (Antithese)	starker Kontrast zwischen dem hochgeschätzten Wald und der kritisierten Außenwelt
„saust" (V. 6)	Personifikation	Außenwelt wirkt wie ein Lebewesen, wirkt hektisch und bedrohlich
„schlag noch einmal ..." (V. 7f.)	Personifikation, Anrede	Wald scheint belebt zu sein
„grünes Zelt" (V. 8)	Metapher	Wald bietet Geborgenheit und Schutz vor Gefahr
...	...	...

Sprachliche Gestaltungsmittel bestimmen		
sprachliches Mittel	**Erklärung**	**Beispiel**
Alliteration	Mehrere Wörter beginnen mit dem gleichen Laut.	„Bei einem **W**irte **w**undermild/Da **w**ar ich jüngst zu Gaste."
Anapher	Mehrere Sätze beginnen mit dem gleichen Wort/den gleichen Wörtern.	„**O** Täler weit, **o** Höhen,/ **O** schöner, grüner Wald!"
Ellipse	Auslassung von Satzgliedern, die man gedanklich leicht ergänzen kann	„Meine Stimme gegen ein Mobiltelefon" (statt: Ich erhebe meine Stimme gegen ...)
Gegensatz (Antithese)	Inhaltliche Gegenüberstellung von Gedanken und Begriffen	„Tausche blödes altes Leben gegen neue Version"
Metapher	Sprachliches Bild, das durch die Übertragung eines Begriffs in einen anderen Bereich entsteht; verkürzter Vergleich	„grünes Zelt" für Wald
Parallelismus	Mehrere Sätze oder Satzteile haben einen parallelen Satzbau.	„Meine Stimme gegen ein Mobiltelefon,/Meine Fäuste gegen eure Nagelpflegelotion."
Personifikation	Sprachliches Bild: Dinge, Tiere oder allgemeine Begriffe werden vermenschlicht.	„Der Wirt [= der Apfelbaum], er deckte selbst mich zu"
Rhetorische Frage	Frage, auf die eigentlich keine Antwort erwartet wird; Aussage in Frageform	Hast du es denn nicht satt? (= Du hast es doch wohl satt.)
Symbol	Ein konkreter Gegenstand oder eine Handlung, der/die neben seiner/ihrer offensichtlichen, eigentlichen Bedeutung noch eine übertragene, abstraktere Bedeutung hat	Rose als Symbol der Liebe, Taube als Friedenssymbol
Vergleich	Sprachliches Bild; Verbindung zweier Gegenstände oder Handlungen, die gemeinsame Eigenschaften haben, durch Vergleichswörter (*wie, so wie, als wenn*)	„Mit Bäumen kann man wie mit Brüdern reden"

Eduard Mörike (1804–1875)

Am Walde

Am Waldsaum kann ich lange Nachmittage,
Dem Kuckuck horchend, in dem Grase liegen;
Er scheint das Tal gemächlich einzuwiegen
Im friedevollen Gleichklang seiner Klage.

Da ist mir wohl, und meine schlimmste Plage,
Den Fratzen[1] der Gesellschaft mich zu fügen,
Hier wird sie mich doch endlich nicht bekriegen,
Wo ich auf eigne Weise mich behage.

Und wenn die feinen Leute nur erst dächten,
Wie schön Poeten[2] ihre Zeit verschwenden,
Sie würden mich zuletzt noch gar beneiden.

Denn des Sonetts[3] gedrängte Kränze flechten
Sich wie von selber unter meinen Händen,
Indes die Augen in der Ferne weiden.

(1832)

---

1 **Fratzen:** hässliche Gesichter
2 **Poeten:** Dichter
3 **Sonett:** eine Gedichtform, bei der auf zwei Strophen mit jeweils vier Versen (Quartette) zwei Strophen mit jeweils drei Versen (Terzette) folgen. Zwischen den Quartetten und den Terzetten befindet sich meist ein inhaltlicher Einschnitt.

1 Stellt euch vor, der Dichter aus Mörikes Sonett „Am Walde" würde an dem schattigen Platz auf diesem Foto liegen. Formuliert mit eigenen Worten (also in heutigem Deutsch) seine Gedanken.

2 Stellt zusammen, was ihr über das lyrische Ich erfahrt.

3 Veranschaulicht die Beziehung des lyrischen Ichs zur Natur einerseits und zur menschlichen Gesellschaft andererseits. Entwerft dafür ein Schaubild, das die Bereiche „lyrisches Ich", „Natur", „Gesellschaft" und „Dichtung" enthält.

4 Vergleicht diesen Text mit Eichendorffs Gedicht „Abschied" (S. 51). Welche Gemeinsamkeiten und welche Unterschiede könnt ihr feststellen (z. B. bei der Darstellung der Natur oder dem Verhältnis des lyrischen Ichs zur menschlichen Gesellschaft)?

5 Verfasst auf der Grundlage eurer bisherigen Untersuchungsergebnisse eine schriftliche Beschreibung und Deutung des Gedichts.
Hilfen findet ihr in dem folgenden Werkzeugkasten. Besprecht eure Interpretationsaufsätze anschließend in der Klasse.

Ein Gedicht beschreiben und deuten (analysieren)

Bei der **Analyse (Beschreibung und Deutung)** eines Gedichts geht es darum, herauszufinden, wie Inhalt, Aussage und Wirkung eines Gedichts durch seine sprachliche Gestaltung verdeutlicht werden. Die Ergebnisse dieser Analyse können in einer **schriftlichen Beschreibung und Deutung** zusammengefasst werden.

So kannst du die Beschreibung und Deutung eines Gedichts aufbauen:

- In der **Einleitung** nennst du die wichtigsten **Textdaten** (Textart, Titel, Autor, Erscheinungsjahr) und bestimmst kurz das **Thema** des Gedichts (worum es geht oder was dargestellt wird).
- Im **Hauptteil** beschreibst du zunächst die **äußere Form** des Gedichts (Strophenzahl, Verseinteilung, Reimschema, Metrum) und erklärst deren Bedeutung. Danach gehst du auf den **Inhalt** ein (z. B. Situation des lyrischen Ichs, Atmosphäre, Darstellung des Themas in den einzelnen Strophen, inhaltliche Entwicklung). Dabei kannst du strophenweise vorgehen, manchmal lassen sich auch mehrere Strophen zusammenfassen. In diesem Zusammenhang solltest du unbedingt die **sprachlichen Gestaltungsmittel** (z. B. sprachliche Bilder, Wortwahl, Satzbau) nicht nur benennen, sondern auch ihre Wirkung und ihre Bedeutung für Inhalt und Aussage des Gedichts erläutern.
- Zum **Schluss** kannst du zunächst eine kurze **Zusammenfassung** der wichtigsten Ergebnisse deiner Untersuchung formulieren. Dann versuchst du, auf dieser Grundlage eine mögliche **Intention** (Aussageabsicht) des Gedichts zu bestimmen. Abschließend kannst du auch eine **persönliche Bewertung** des Gedichts vornehmen, die du dann auch begründen solltest.

Arbeitsschritte:

- Lies das Gedicht mehrmals aufmerksam.
- Bringe dabei Unterstreichungen und Randbemerkungen an und lege so einen „Materialsteinbruch“ an.
- Gliedere deine Untersuchungsergebnisse und streiche weniger Wichtiges heraus.
- Formuliere deine schriftliche Beschreibung und Deutung.
- Lies deinen Text noch ein- oder zweimal durch. Kontrolliere dabei Inhalt, Aufbau und sprachliche Form (Ausdrucksweise, Rechtschreibung, Zeichensetzung) und überarbeite ggf. deinen Text.

Erich Kästner (1899–1974)

Die Wälder schweigen

Die Jahreszeiten wandern durch die Wälder.
Man sieht es nicht. Man liest es nur im Blatt.
Die Jahreszeiten strolchen durch die Felder.
Man zählt die Tage. Und man zählt die Gelder.
Man sehnt sich fort aus dem Geschrei der Stadt.

Das Dächermeer schlägt ziegelrote Wellen.
Die Luft ist dick und wie aus grauem Tuch.
Man träumt von Äckern und von Pferdeställen.
Man träumt von grünen Teichen und Forellen.
Und möchte in die Stille zu Besuch.

Die Seele wird vom Pflastertreten krumm.
Mit Bäumen kann man wie mit Brüdern reden
und tauscht bei ihnen seine Seele um.
Die Wälder schweigen, doch sie sind nicht stumm.
Und wer auch kommen mag, sie trösten jeden.

Man flieht aus den Büros und den Fabriken.
Wohin, ist gleich! Die Erde ist ja rund!
Dort, wo die Gräser wie Bekannte nicken
und wo Spinnen seidne Strümpfe stricken,
wird man gesund.

(1936)

1 Erklärt mithilfe des Textes, wie die Natur hier dargestellt wird. Welches Verhältnis haben die Stadtbewohner zu ihr? Ihr könnt auch eine Gegenüberstellung (Darstellung der Stadt/ Darstellung der Natur) in schriftlicher Form erarbeiten oder ein Schaubild mit den Bereichen „Stadt“, „Natur“ und „Mensch“ erstellen.

2 Erklärt die einzelnen sprachlichen Bilder, die in diesem Gedicht verwendet werden, mit eigenen Worten. Versucht dabei auch, die Bedeutung derjenigen Verse zu bestimmen, die zunächst schwer verständlich scheinen (z. B. V. 11, V. 13, V. 14, V. 20). Von welcher „Krankheit“ wird die Seele in den Wäldern geheilt (vgl. V. 20)?

3 Untersucht nun detailliert die einzelnen Strophen des Gedichts, indem ihr wichtige Beobachtungen stichwortartig am Rand notiert.
Kopiert den Text dafür oder legt eine Folie über die Seite und setzt die Randbemerkungen fort.

Sprache	*Personifizierungen*	**Wirkung**
Alliteration	Die Jahreszeiten wandern durch die Wälder.	*Jahreszeiten wirken lebendig, unternehmungslustig.*
Parallelismus/Anapher	Man sieht es nicht. Man liest es nur im Blatt.	*Menschen nehmen Natur kaum wahr.*
Parallelismus (zu V. 1)/Anapher	Die Jahreszeiten strolchen durch die Felder.	*wirkt lebhaft, übermütig*
Parallelismus/Anapher	Man zählt die Tage. Und man zählt die Gelder.	
Aufzählung	Man sehnt sich fort aus dem Geschrei der Stadt. *(Geschrei: negativ!)*	*Stadtleben: Gegensatz zur Natur: Zeitknappheit, Verpflichtungen, Lärm*

4 Verfasst eine schriftliche Beschreibung und Deutung dieses Gedichts, in der ihr auch die sprachlichen Gestaltungsmittel berücksichtigt. Sammelt dafür zunächst gemeinsam Tipps für eine schriftliche Beschreibung und Deutung des Gedichts und ergänzt damit die folgenden Hinweise:

- Deutung am Text belegen (Versangaben!)
- nicht den Text abschreiben, sondern eigene Formulierungen verwenden
- keine Umgangssprache gebrauchen, aber auch keine überflüssigen Fremdwörter
- keine ausführliche Inhaltswiedergabe schreiben, sondern eine Deutung
- sprachliche Gestaltungsmittel nicht nur bestimmen, sondern auch ihre Wirkung bzw. Bedeutung erklären
- als Zeitform das Präsens verwenden
- eigene Meinung erst im Schlussteil äußern
- Stil: sachlich
- ...

5 Vergleicht diesen Text Kästners mit Eichendorffs Gedicht „Abschied“ (S. 51). Welche Gemeinsamkeiten und Unterschiede lassen sich feststellen?

Walter Helmut Fritz (geb. 1929)

Bäume

Wieder hat man in der Stadt,
um Parkplätze zu schaffen,
Platanen gefällt.
Sie wussten viel.
Wenn wir in ihrer Nähe waren,
begrüßten wir sie als Freunde.
Inzwischen ist es fast
zu einem Verbrechen geworden,
nicht über Bäume zu sprechen,
ihre Wurzeln,
den Wind, die Vögel,
die sich in ihnen niederlassen,
den Frieden,
an den sie uns erinnern. (1976)

1 Welche Eigenschaften werden den Bäumen hier zugesprochen? Welches Verhältnis hat das „lyrische Wir“ des Gedichts zu den Platanen?

2 Was könnte mit der Aussage gemeint sein, dass es inzwischen „fast zu einem Verbrechen geworden“ ist, „nicht über Bäume zu sprechen“ (V. 7–9)?

3 Diskutiert darüber, wie ihr die Aussage dieses Textes versteht.

Jürgen Becker (geb. 1932)

Natur-Gedicht

in der Nähe des Hauses,
der Kahlschlag, Kieshügel, Krater
erinnern mich daran –

nichts Neues; kaputte Natur,
aber ich vergesse das gern,
solange ein Strauch steht

(1974)

1 Vergleicht dieses „Natur-Gedicht“ mit dem Text „Bäume“ von W. H. Fritz. Welche Gemeinsamkeiten könnt ihr feststellen?

2 Der dritte Vers des Gedichts bricht einfach ab. Schreibt eine mögliche Fortsetzung („erinnern mich daran, dass ...“). Vergleicht dann eure verschiedenen Fassungen in der Klasse und begründet eure Entscheidungen.

3 Wie versteht ihr die Aussage des Gedichts? Diskutiert darüber, welche der folgenden Aussagen eurer Meinung nach besonders zutreffen.

- Das lyrische Ich ist völlig deprimiert angesichts der zunehmenden Umweltzerstörung und flüchtet sich deshalb in eine realitätsferne Traumwelt.
- Dem lyrischen Ich ist die Umweltzerstörung eher gleichgültig.
- Das lyrische Ich ist zufrieden mit dem gegenwärtigen Zustand der Natur, weil es ja immer noch viele schöne Sträucher gibt.
- Das lyrische Ich kritisiert die zunehmende Umweltzerstörung, an die sich die meisten Menschen schon gewöhnt haben. Trotzdem kann es sich immer noch über die Natur freuen, auch wenn sie geschädigt ist.

4 Wie wirkt das Foto auf euch? Überlegt, ob sich Gemeinsamkeiten zwischen dem Foto und dem Gedicht finden lassen.

„Totholzbiotop“

Heinz Piontek
(1925–2003)

Bäume

Ihr ja ihr.

Ruhig auf der dunklen
Erde fußend.

Doch verwundbar
wie wir,

die wir uns vorwärts-
kämpfen müssen.

Nützlich oder
einfach schön

und immer etwas
Neues bedeutend.

So wachsen:

In die Höhe,
in die Tiefe

und mit ausgebreiteten Armen.

(1975)

1 Wer wird in diesem Gedicht mit dem Pronomen „ihr" angeredet, wer könnte mit „wir" gemeint sein?

2 Welche Eigenschaften werden den Bäumen hier zugesprochen? Belegt eure Aussagen am Text.

3 Welche dieser Eigenschaften haben die Menschen mit den Bäumen gemeinsam, was unterscheidet beide voneinander? Was könnte bei Menschen damit gemeint sein, dass sie „in die Höhe" oder „in die Tiefe" wachsen? Welche Bedeutung könnten die „ausgebreiteten Arme" haben?

4 **Durchstarten! So könnt ihr weiterarbeiten:**

a Seht euch noch einmal alle Gedichte über Bäume an, die in diesem Kapitel zusammengestellt sind. Könnt ihr eine bestimmte Entwicklung in dem Verhältnis, das Menschen zu Bäumen haben, erkennen?
Versucht auch, mögliche Gründe für diese Entwicklung zu finden.

b Sprecht in der Klasse darüber, welche Gedichte euch besonders angesprochen haben und mit welchen ihr weniger anfangen könnt. Begründet eure Ansichten.

c Sammelt weitere Texte über Bäume. Sucht auch Bilder (Gemälde, Zeichnungen, Fotos ...) von Bäumen und stellt eine Collage zusammen. Dabei könnt ihr natürlich auch selbst Texte schreiben, malen oder fotografieren. Ihr könnt mit diesen Collagen eine Ausstellung in eurer Klasse oder Schule organisieren und diese dann mit einem Leseabend verbinden.

d Sucht entweder im Internet oder in Gedichtsammlungen (sogenannten Anthologien) nach weiteren Gedichten über Wald und Bäume. Wählt Gedichte aus, die euch gefallen, und erstellt eure persönliche Gedichtsammlung. Schreibt ein Vorwort, in dem ihr eure Gedichtsammlung vorstellt und begründet.
Wenn ihr dann noch passende Fotos oder Zeichnungen zur Illustration der Gedichte zusammenstellt, habt ihr eure persönliche Gedichtanthologie – auch zum Verschenken.

Kleine Übungen zur Lernkontrolle

Alexandra (Doris Nefedov) (1942–1969)

Mein Freund der Baum

Ich wollt dich längst schon wiedersehn,
mein alter Freund aus Kindertagen,
ich hatte manches dir zu sagen,
und wusste, du wirst mich verstehn.
Als kleines Mädchen kam ich schon
zu dir mit all den Kindersorgen.
Ich fühlte mich bei dir geborgen,
und aller Kummer flog davon.
Hab ich in deinem Arm geweint,
strichst du mit deinen grünen Blättern
mir übers Haar, mein alter Freund.

Mein Freund der Baum ist tot,
er fiel im frühen Morgenrot.

Du fielst heut früh, ich kam zu spät,
du wirst dich nie im Wind mehr wiegen,
du musst gefällt am Wege liegen,
und mancher, der vorübergeht,
der achtet nicht den Rest von Leben
und reißt an deinen grünen Zweigen,
die sterbend sich zur Erde neigen.
Wer wird mir nun die Ruhe geben,
die ich in deinem Schatten fand?
Mein bester Freund ist mir verloren,
der mit der Kindheit mich verband.

Mein Freund der Baum ist tot,
er fiel im ersten Morgenrot.

Bald wächst ein Haus aus Glas und Stein,
dort wo man ihn hat abgeschlagen,
bald werden graue Mauern ragen,
dort wo er liegt im Sonnenschein.
Vielleicht wird es ein Wunder geben,
ich werde heimlich darauf warten,
vielleicht blüht vor dem Haus ein Garten,
und er erwacht zu neuem Leben.
Doch ist er dann noch schwach und klein,
und wenn auch viele Jahre gehen,
er wird nie mehr derselbe sein.

Mein Freund der Baum ist tot,
er fiel im ersten Morgenrot.

(1968)

(Montana Musikverlag München)

1 Lies den Liedtext sorgfältig und entscheide anschließend, welche der folgenden Aussagen den Inhalt bzw. das Thema besonders treffend wiedergibt.

- In dem Lied geht es um die zunehmende Zerstörung der Umwelt.
- Das lyrische Ich beklagt in dem Lied den Verlust eines Baumes, der für es seit der Kindheit eine große Bedeutung hatte und nun gefällt worden ist.
- Das Lied thematisiert die gestörte Beziehung der Menschen zur Natur und ihre Begeisterung für die Technik.

2 Schreibe zu den folgenden Aspekten stichpunktartig die Informationen in dein Heft.
Autorin des Liedes: Titel des Liedes: Erscheinungsjahr:

3 Verfasse nun eine mögliche Einleitung für eine Gedichtbeschreibung und -deutung. Verwende dazu die Informationen aus den Aufgaben 1 und 2.

4 Fasse den Inhalt jeder Strophe in einem Satz bzw. mithilfe einer treffenden Überschrift zusammen. Achte vor allem darauf, um welche Zeit es jeweils geht.

5 Welche der folgenden Buchstabenfolgen gibt das Reimschema der ersten Strophe richtig wieder?
abba cbbc dde – abab cddc efe – abba cddc efe

6 Schreibe die ersten beiden Verse in dein Heft, ersetze jede Silbe durch ein X-Zeichen und trage die Betonungen ein.

Ich wollt dich längst schon wiedersehn, mein alter Freund aus Kindertagen,	X X X X X X X X ...

7 Welches Metrum liegt vor und wie viele Betonungen (Hebungen) enthält jeder Vers?

8 Schreibe den folgenden Text, in dem es um die äußere Form des Liedes geht, vollständig in dein Heft.

Das Lied besteht aus ______ Strophen, die jeweils ______ Verse besitzen. Auf jede Strophe folgt ein ______, der aus zwei Versen besteht. Das Reimschema ist in den ersten acht Versen ein ______. Dieses Schema wird in den letzten drei Versen durchbrochen, indem ______ sich reimende Verse einen einzelnen Vers umschließen. Es handelt sich hier also um einen unvollständigen umarmenden bzw. umschließenden Reim, was darauf hinweisen könnte, dass die Beziehung zwischen dem lyrischen Ich und dem Baum zerstört ist. Im Refrain liegt ein ______ vor. Das Metrum des Liedes ist durchgehend ein ______. Jeder Vers besitzt ______ Betonungen. Dieses Metrum unterstützt die ruhige, melancholische Stimmung, die in dem Lied ausgedrückt wird.

9 Zu den sprachlichen Bildern gehören die Metapher, die Personifikation, der Vergleich und das Symbol. Welche Art überwiegt in diesem Lied? Begründe die Verwendung dieser Art des sprachlichen Bildes in einem kurzen Text.

Von Grenzsituationen und ungewöhnlichen Ereignissen –

Die Texte des ersten Teils dieses Kapitels erzählen nicht von typischen Helden, sondern von einfachen Menschen, die durch erschütternde Ereignisse in Grenzsituationen ihres Lebens geraten.
Ihr erfahrt etwas über die besonderen Merkmale von Kurzgeschichten und lernt, wie man durch eine genaue Beschreibung des Textes zu einer Deutung gelangt und wie man seine Ergebnisse in einem zusammenhängenden Text formuliert.
Am Ende könnt ihr selbst eine Kurzgeschichte verfassen.
Im zweiten Teil dieses Kapitels lernt ihr die Falkennovelle von Giovanni Boccaccio kennen. Sie gilt als eine der ersten Novellen überhaupt. Dabei erfahrt ihr, was die Novelle mit der Kurzgeschichte gemeinsam hat, aber auch, worin die Unterschiede liegen.

Wolfgang Borchert: **Nachts schlafen die Ratten doch**

„EINE KURZGESCHICHTE

Herbert Malecha: **Die Probe**

IST EINE GESCHICHTE,

William M. Harg: **Der Retter**

AN DER MAN SEHR LANGE ARBEITEN MUSS,

Georg Britting: **Brudermord im Altwasser**

BIS SIE KURZ IST.“ (VICENTE ALEIXANDRE)

Reinhold Ziegler: **Die Brücke**

Kurzgeschichte und Novelle

1 Seht euch die Zusammenstellung auf Seite 62 genauer an. Ihr findet dort die Titel der in diesem Kapitel vorgestellten Kurzgeschichten. Stellt Vermutungen über den jeweiligen Inhalt an und erfindet selbst eine kleine Geschichte dazu, die ihr in der Klasse erzählt.

2 Zwischen den Titeln steht ein Zitat des spanischen Schriftstellers Vicente Aleixandre. Könnt ihr erklären, was damit gemeint ist?

3 Schaut euch die beiden Bilder auf dieser Seite an. Erzählt auch dazu eine mögliche Geschichte, die zu dem Titel dieser Einheit „Von Grenzsituationen und ungewöhnlichen Ereignissen“ passt.

Menschen in Grenzsituationen – Kurzgeschichten

William M. Harg

Der Retter

■ Die folgende Kurzgeschichte des unbekannten amerikanischen Amateurschriftstellers William M. Harg wurde bei einem Preisausschreiben der Zeitschrift „Rocky Mountain Review“ als beste lebenswahre Short Story mit dem ersten Preis ausgezeichnet. Ins Deutsche übertragen wurde sie von Kurt Wagenseil. ■

Der Schoner[1] „Christoph“ ging so sanft unter, dass Senter, der einzige Mann am Ausguck[2], nichts empfand als Staunen über das Meer, das zu ihm emporstieg. Im nächsten Augenblick war er klatschnass, das Wasser schlug über ihm zusammen, und das Takelwerk[3], an das er sich klammerte, zog ihn in die Tiefe. Also ließ er es los. Senter schwamm benommen und verwirrt, wie ein Mensch, dessen Welt plötzlich verschwunden ist. Mit einem Mal erhob sich, wie aus der Kanone geschossen, eine Planke[4] mit einem Ende aus dem Wasser und fiel dröhnend zurück. Er schwamm darauf zu und ergriff sie. Er sah, dass noch etwas auftauchte, und das musste einer seiner acht Kameraden sein. Als aber der Kopf sichtbar wurde, war es nur der Hund. Senter mochte den Hund nicht, und da er erst so kurze Zeit zur Schiffsmannschaft gehörte, erwiderte das Tier seine Abneigung. Doch jetzt hatte er die Planke erblickt. Er mühte sich ab, sie zu erreichen, und legte die Vorderpfoten darauf. Dadurch sank das eine Ende tiefer ins Wasser. Senter überkam die furchtbare Angst, sie könnte ganz untergehen. Er zog verzweifelt an seinem Ende, die Pfoten des Hundes rutschten ab, und er versank. Aber der Hund kam wieder hoch, und wieder schwamm er schweigend, ohne Hass oder Nachträglichkeit, zur Planke zurück und legte seine Pfoten darauf.

Wieder zog Senter an seinem Ende, und wieder versank der Hund. Das wiederholte sich ein Dutzend Mal, bis Senter, vom Ziehen ermüdet, mit Entsetzen und Verzweiflung erkannte, dass der Hund es länger aushalten konnte als er. Senter wollte nicht mehr an das Tier denken. Er stützte die Ellenbogen auf die Planke und hob sich, so weit es ging, aus dem Wasser empor, um sich umzusehen. Der Schrecken seiner Lage überwältigte ihn. Er war Hunderte von Meilen vom Land entfernt. Selbst unter den günstigsten Umständen konnte er kaum hoffen, aufgefischt zu werden.

Mit Verzweiflung sah er, was ihm bevorstand. Er würde sich einige Stunden an der Planke festhalten können – nur wenige Stunden. Dann würde sich sein Griff vor Erschöpfung lösen, und er würde versinken.

Dann fiel sein Blick auf die geduldigen Augen des Hundes. Wut erfüllte ihn, weil der Hund offenbar nicht begriff, dass sie beide sterben mussten. Seine Pfoten lagen am Rande der Planke. Dazwischen hatte er die Schnauze gestützt, sodass die Nase aus dem Wasser ragte und er atmen konnte. Sein Körper war nicht angespannt, sondern trieb ohne Anstrengung auf dem Wasser. Er war nicht aufgeregt wie Senter. Er spähte nicht nach einem Schiff, dachte nicht daran, dass sie kein Wasser hatten, machte sich nicht klar, dass sie bald in ein nasses Grab versinken mussten. Er tat ganz einfach, was im Augenblick getan werden musste.

---

[1] **Schoner:** zweimastiges Segelschiff
[2] **Ausguck:** Beobachtungsplatz auf einem Schiff
[3] **Takelwerk:** Masten und Segel eines Schiffes
[4] **Planke:** starkes Brett, Bohle

In der halben Stunde, seit sie sich beide an der Planke festhielten, war Senter bereits ein Dutzend Mal gestorben, aber der Hund würde nur einmal sterben. Plötzlich war es Senter klar: Wenn er selbst zum letzten Mal ins Wasser rutschte, würde der Hund noch immer oben liegen. Er wurde böse, als er das begriff, und zog sich die Hose aus und band sie zu einer Schlinge um die Planke. Dann streckte er die Arme durch und legte den Kopf auf die Planke, genau wie der Hund. Und er triumphierte, denn er wusste: So konnte er es länger aushalten. Dann aber warf er einen Blick auf die See, und Entsetzen fasste ihn aufs Neue. Schnell sah er den Hund an und versuchte, so wenig an die Zukunft zu denken wie das Tier.

Am Nachmittag des zweiten Tages begannen die Pfoten des Hundes von der Planke abzurutschen. Mehrere Male schwamm er mit Anstrengung zurück, aber jedes Mal war er schwächer. Und jetzt wusste Senter, dass der Hund ertrinken musste, obschon er selbst es noch nicht ahnte. Aber er wusste auch, dass er ihn nicht entbehren konnte. Ohne diese Augen, in die er blicken konnte, würde er an die Zukunft denken und den Verstand verlieren. Er zog sich das Hemd aus, schob sich vorsichtig auf der Planke vorwärts und band die Pfoten des Tieres fest.

Am vierten Abend kam ein Frachter vorüber. Seine Lichter waren abgeblendet. Senter schrie mit heiserer, sich überschlagender Stimme, so laut er konnte. Der Hund bellte schwach. Aber auf dem Dampfer bemerkte man sie nicht. Als er vorüber war, ließ Senter in seiner Verzweiflung und Enttäuschung nicht ab zu rufen. Aber als er merkte, dass der Hund aufgehört hatte zu bellen, da hörte er auch auf zu rufen. Danach wusste er nicht mehr, was geschah, ob er lebendig war oder tot. Aber immer suchten seine Augen die Augen des Hundes ...

Der Arzt des Passagierdampfers „Vermont", der zur Freude und Aufregung der Passagiere und Mannschaft einen jungen Seemann und einen Hund auf der See entdeckt und auffischen hatte lassen, schenkte den abgerissenen Fieberfantasien des jungen Menschen keinen Glauben. Denn danach hatten die beiden sechs Tage lang auf dem Wasser getrieben – und das war offensichtlich unmöglich. Er stand an der Koje und betrachtete den jungen Seemann, der den Hund in den Armen hielt, sodass seine Decke sie beide wärmte. Man hatte ihn erst beruhigen können, als auch der Hund gerettet war. Jetzt schliefen beide friedlich. „Können Sie das verstehen", fragte der Arzt den neben ihm stehenden ersten Offizier, „warum in aller Welt ein junger Bursche, der den gewissen Tod vor Augen sah, sich solche Mühe gab, das Leben eines Hundes zu retten?"

1 Wer ist in der Kurzgeschichte mit der Überschrift „Der Retter" gemeint?

2 Wie verändert sich das Verhältnis zwischen Senter und dem Hund im Verlauf der sechs Tage? Belegt eure Aussagen am Text.
Um die Veränderungen genauer herauszuarbeiten, ist es sinnvoll, den Text zunächst zu gliedern. Gebt dabei jedem Abschnitt eine eigene Überschrift.

3 Untersucht den Anfang. Was ist daran für eine Erzählung ungewöhnlich?

4 Am Ende der Kurzgeschichte stellt der Schiffsarzt dem Offizier eine Frage. Warum bleibt sie in der Geschichte unbeantwortet? Formuliert selbst eine schriftliche Antwort.

5 **Durchstarten! So könnt ihr weiterarbeiten:**

Stellt euch vor, dass sich eine Tageszeitung mit den außergewöhnlichen Ereignissen befasst.

a Verfasst eine Nachricht über den Untergang des Schiffes und die Rettung des jungen Seemanns.

b Schreibt zu demselben Thema einen ausführlicheren Bericht.

c Erstellt ein Interview, das ein Reporter der Zeitung mit dem geretteten Seemann geführt hat.

Hinweise zu den journalistischen Formen „Nachricht", „Bericht" und „Interview" findet ihr in der Einheit „Dahinter steckt immer ein kluger Kopf – Zeitungsleser wissen mehr" auf den Seiten 248, 250 und 256.

Herbert Malecha (1927 – 2011)

Die Probe

Redluff sah, das schrille Quietschen der Bremsen noch in den Ohren, wie sich das Gesicht des Fahrers ärgerlich verzog. Mit zwei taumeligen Schritten war er wieder auf dem Gehweg. „Hat es Ihnen was gemacht?" Er fühlte sich am Ellbogen angefasst. Mit einer fast brüsken Bewegung machte er sich frei. „Nein, nein, schon gut. Danke", sagte er noch, beinah schon über die Schulter, als er merkte, dass ihm der Alte nachstarrte. Eine Welle von Schwäche stieg von seinen Knien auf, wurde fast zur Übelkeit. Das hätte ihm gerade gefehlt, angefahren auf der Straße liegen, eine gaffende Menge und dann die Polizei. Er durfte jetzt nicht schwach werden, nur weiterlaufen, unauffällig weiterlaufen zwischen den vielen auf der hellen Straße. Langsam ließ das Klopfen im Halse nach. Seit drei Monaten war er zum ersten Mal wieder in der Stadt, zum ersten Mal wieder unter so viel Menschen. Ewig konnte er in dem Loch sich ja nicht verkriechen, er musste einmal wieder raus, wieder Kontakt aufnehmen mit dem Leben, überhaupt raus aus allem. Ein Schiff musste sich finden lassen, möglichst noch, bevor es Winter wurde. Seine Hand fuhr leicht über die linke Brustseite seines Jacketts, er spürte den Pass, der in der Innentasche steckte; gute Arbeit war dieser Pass, er hatte auch nicht schlecht dafür bezahlt. Die Autos auf der Straße waren zu einer langen Kette aufgefahren. Nur stockend schoben sie sich vorwärts. Menschen gingen an ihm vorbei, kamen ihm entgegen; er achtete darauf, dass sie ihn nicht streiften. Einem Platzregen von Gesichtern war er ausgesetzt, fahle Ovale, die sich mit dem wechselnden Reklamelicht verfärbten. Redluff strengte sich an, den Schritt der vielen anzunehmen, mitzuschwimmen in dem Strom. Stimmen, abgerissene Gesprächsfetzen schlugen an sein Ohr, jemand lachte. Für eine Sekunde haftete sein Blick an dem Gesicht einer Frau, ihr offener, bemalter Mund sah schwarz geändert aus. Die Autos fuhren jetzt an, ihre Motoren summten auf. Eine Straßenbahn schrammte vorbei. Und wieder Menschen, Menschen, ein Strom flutender Gesichter, Sprechen und hundertfache Schritte. Redluff fuhr unwillkürlich mit der Hand an seinen Kragen.

An seinem Hals merkte er, dass seine Finger kalt und schweißig waren. Wovor hab ich denn eigentlich Angst, verdammte Einbildung, wer soll mich denn schon erkennen in dieser Menge, sagte er sich. Aber er spürte nur zu genau, dass er in ihr nicht eintauchen konnte, dass er wie ein Kork auf dem Wasser tanzte, abgestoßen und weitergetrieben. Ihn fror plötzlich. Nichts wie verdammte Einbildung, sagte er sich wieder. Vor drei Monaten war das ja noch anders, da stand sein Name schwarz auf rotem Papier auf jeder Anschlagsäule zu lesen, Jens Redluff; nur gut, dass das Foto so schlecht war. Der Name stand damals fett in den Schlagzeilen der Blätter, wurde dann klein und kleiner, auch das Fragezeichen dahinter, rutschte in die letzten Spalten und verschwand bald ganz.

Redluff war jetzt in eine Seitenstraße abgebogen, der Menschenstrom wurde dünner, noch ein paar Abbiegungen, und die Rinnsale lösten sich auf, zerfielen in einzelne Gestalten, einzelne Schritte. Hier war es dunkler. Er konnte den Kragen öffnen und die Krawatte nachlassen. Der Wind brachte einen brackigen Lufthauch vom Hafen her. Ihn fröstelte.

Ein breites Lichtband fiel quer vor ihm über die Straße, jemand kam aus dem kleinen Lokal, mit ihm ein Dunst nach Bier, Qualm und Essen.

Redluff ging hinein. Die kleine, als Café aufgetakelte Kneipe war fast leer, ein paar Soldaten saßen herum, grelle Damen in ihrer Gesellschaft. Auf den kleinen Tischen standen Lämpchen mit pathetisch roten Schirmen. Ein Musikautomat begann aus der Ecke zu hämmern. Hinter der Theke lehnte ein dicker Bursche mit bloßen Armen. Er schaute nur flüchtig auf.

„Konjak, doppelt", sagte Redluff zu dem Kellner. Er merkte, dass er seinen Hut noch in der Hand hielt, und legte ihn auf den leeren Stuhl neben sich. Er steckte sich eine Zigarette an, die ersten tiefen Züge machten ihn leicht benommen. Schön warm war es hier, er streckte seine Füße lang aus. Die Musik hatte gewechselt. Über gezogen jaulenden Gitarrentönen hörte er halblautes Sprechen, ein spitzes Lachen vom Nachbartisch. Gut saß es sich hier.

Der Dicke hinter der Theke drehte jetzt seinen Kopf nach der Tür. Draußen fiel eine Wagentür schlagend zu. Gleich darauf kamen zwei Männer herein, klein und stockig der eine davon. Er blieb in der Mitte stehen, der andere, im langen Ledermantel, steuerte auf den Nachbartisch zu. Keiner von beiden nahm seinen Hut ab. Redluff versuchte hinüberzuschielen, es durchfuhr ihn. Er sah, wie der Große sich über den Tisch beugte, kurz etwas Blinkendes in der Hand hielt. Die Musik hatte ausgesetzt. „What's he want?", hörte er den Neger[1] vom Nebentisch sagen. „What's he want?" Er sah seine wulstigen Lippen sich bewegen. Das Mädchen kramte eine bunte Karte aus ihrer Handtasche.

„What's he want?", sagte der Neger eigensinnig. Der Mann war schon zum nächsten Tisch gegangen. Redluff klammerte sich mit der einen Hand an die Tischkante. Er sah, wie die Fingernägel sich entfärbten. Der rauchige Raum schien ganz leicht zu schwanken, ganz leicht. Ihm war, als müsste er auf dem sich neigenden Boden jetzt langsam samt Tisch und Stuhl auf die andere Seite rutschen. Der Große hatte seine Runde beendet und ging auf den anderen zu, der immer noch mitten im Raum stand, die Hände in den Manteltaschen. Redluff sah, wie er zu dem Großen etwas sagte. Er konnte es nicht verstehen. Dann kam er geradewegs auf ihn zu.

„Sie entschuldigen", sagte er, „Ihren Ausweis, bitte!" Redluff schaute erst gar nicht auf das runde Metall in seiner Hand. Er drückte seine Zigarette aus und war plötzlich völlig ruhig. Er wusste es selbst nicht, was ihn mit einmal so ruhig machte, aber seine Hand, die in die Innentasche seines Jacketts fuhr, fühlte den Stoff nicht, den sie berührte, sie war wie von Holz. Der Mann blätterte langsam in dem Pass, hob ihn besser in das Licht. Redluff sah die Falten auf der gerunzelten Stirn, eins, zwei, drei. Der Mann gab ihm den Pass zurück. „Danke, Herr Wolters", sagte er. Aus seiner unnatürlichen Ruhe heraus hörte

---

[1] Im heutigen Sprachgebrauch gilt die Bezeichnung „Neger" als stark diskriminierend und wird deshalb vermieden.

Redluff sich selber sprechen. „Das hat man gern, so kontrolliert werden wie – “, er zögerte etwas, „ein Verbrecher!“ Seine Stimme stand spröde im Raum. Er hatte doch gar nicht so laut gesprochen. „Man sieht manchmal jemand ähnlich“, sagte der Mann, grinste, als hätte er einen feinen Witz gemacht. „Feuer?“ Er fingerte eine halbe Zigarre aus der Manteltasche. Redluff schob seine Hand mit dem brennenden Streichholz längs der Tischkante ihm entgegen. Die beiden gingen.

Redluff lehnte sich in seinen Stuhl zurück. Die Spannung in ihm zerbröckelte, die eisige Ruhe schmolz. Er hätte jubeln können. Das war es, das war die Probe, und er hatte sie bestanden. Triumphierend setzte der Musikautomat wieder ein. „He, Sie vergessen Ihren Hut“, sagte der Dicke hinter der Theke. Draußen atmete er tief, seine Schritte schwangen weit aus, am liebsten hätte er gesungen. Langsam kam er wieder in belebtere Straßen, die Lichter nahmen zu, die Läden, die Leuchtzeichen an den Wänden. Aus einem Kino kam ein Knäuel Menschen, sie lachten und schwatzten, er mitten unter ihnen. Es tat ihm wohl, wenn sie ihn streiften. „Hans“, hörte er eine Frauenstimme hinter sich, jemand fasste seinen Arm. „Tut mir leid“, sagte er und lächelte in das enttäuschte Gesicht. Verdammt hübsch, sagte er zu sich. Im Weitergehen nestelte er an seiner Krawatte. Dunkel glänzende Wagen sangen über den blanken Asphalt, Kaskaden wechselnden Lichts ergossen sich von den Fassaden, Zeitungsverkäufer riefen die Abendausgaben aus. Hinter einer großen, leicht beschlagenen Spiegelglasscheibe sah er undeutlich tanzende Paare; pulsierend drang die Musik abgedämpft bis auf die Straße. Ihm war wie nach Sekt. Ewig hätte er so gehen können, so wie jetzt. Er gehörte wieder dazu, er hatte den Schritt der vielen, es machte ihm keine Mühe mehr. Im Sog der Menge ging er über den großen Platz auf die große Halle zu mit ihren Ketten von Glühlampen und riesigen Transparenten. Um die Kassen vor dem Einlass drängten sich Menschen. Von irgendwoher flutete Lautsprechermusik. Stand dort nicht das Mädchen von vorhin? Redluff stellte sich hinter sie in die Reihe. Sie wandte den Kopf, er spürte einen Hauch von Parfüm. Dicht hinter ihr zwängte er sich durch den Einlass. Immer noch flutete die Musik, er hörte ein Gewirr von Hunderten von Stimmen. Ein paar Polizisten suchten etwas Ordnung in das Gedränge zu bringen. Ein Mann in einer Art Portiersuniform nahm ihm seine Einlasskarte ab. „Der, der!“, rief er auf einmal und deutete aufgeregt hinter ihm her. Gesichter wandten sich, jemand im schwarzen Anzug kam auf ihn zu, ein blitzendes Ding in der Hand. Gleißendes Scheinwerferlicht übergoss ihn. Jemand drückte ihm einen Riesenblumenstrauß in die Hände. Zwei strahlend lächelnde Mädchen hakten ihn rechts und links unter, Fotoblitze zuckten. Und zu allem dröhnte eine geölte Stimme, die vor innerer Freudigkeit fast zu bersten schien: „Ich darf Ihnen im Namen der Direktion von ganzem Herzen gratulieren, Sie sind der hunderttausendste Besucher der Ausstellung!“ Redluff stand wie betäubt. „Und jetzt sagen Sie uns Ihren werten Namen“, schmalzte die Stimme unwiderstehlich weiter. „Redluff, Jens Redluff“, sagte er, noch ehe er wusste, was er sagte, und schon hatten es die Lautsprecher dröhnend bis in den letzten Winkel der riesigen Halle getragen.

Der Kordon der Polizisten, der eben noch die applaudierende Menge zurückgehalten hatte, löste sich langsam auf. Sie kamen auf ihn zu.

(1954)

1 Tragt zusammen, was der Leser über die Vorgeschichte der Hauptperson Jens Redluff erfährt.

2 Welche verschiedenen Orte sucht die Hauptfigur im Verlauf der Erzählung auf? Versucht, die Kurzgeschichte nach diesen „Schauplätzen“ zu gliedern.

3 Auf welche Probe bezieht sich eurer Meinung nach die Überschrift der Kurzgeschichte?

4 Stellt Redluffs Verhalten vor und nach der ersten Probe (im Lokal) in einer Tabelle gegenüber. Zitiert dazu markante Textstellen und schreibt in jede Spalte eine kurze Zusammenfassung (Resümee) der Ergebnisse.

Redluffs Verhalten	
vor der ersten Probe (bis Z. 71)	**nach** der ersten Probe (ab Z. 146)
„Mit zwei taumeligen Schritten […]" (Z. 3 f.)	„Die Spannung in ihm zerbröckelte […]" (Z. 146 f.)
„Er fühlte sich am Ellbogen angefasst." (Z. 5 f.) … ↓ Redluffs Verhalten vor der ersten Probe ist gekennzeichnet durch …	„Er hätte jubeln können." (Z. 148) … ↓ Redluffs Verhalten nach der ersten Probe ist gekennzeichnet durch …

5 Stellt eure Ergebnisse anschließend in einem zusammenhängenden Text dar. Bezieht dabei bereits Beobachtungen zur sprachlichen Gestaltung mit ein und belegt eure Aussagen durch das Anführen von Textstellen. Der Werkzeugkasten unten gibt euch Hilfen, wie man seine Aussagen mit Zitaten belegen kann. So könnt ihr beginnen:

Vor der ersten Probe zeigt sich Jens Redluff ausgesprochen unsicher. Er bewegt sich mit „taumeligen Schritten" (Z. 3 f.). Offensichtlich fürchtet er jeden körperlichen Kontakt. Das sieht man z. B. an folgender Formulierung: „Er fühlte sich am Ellbogen angefasst." (Z. 5 f.) Auch der metaphorische Ausdruck „Einem Platzregen von Gesichtern war er ausgesetzt […]" (Z. 32 f.) verdeutlicht dies.

6 Mit welchen sprachlichen Mitteln gelingt es dem Autor, die jeweilige „Stimmung" Redluffs besonders anschaulich zu gestalten? Seht euch dazu genauer die Abschnitte von Zeile 10 bis 63 an. Achtet dabei vor allem auf bildhafte Ausdrücke (Metaphern, Personifizierungen, Vergleiche). Lassen sich die verwendeten Bilder einem gemeinsamen Bereich zuordnen? Untersucht auch andere Abschnitte der Kurzgeschichte im Hinblick auf sprachliche Besonderheiten.

So gehst du vor

Aussagen mit Zitaten belegen

Besonders wichtige Textstellen, mit denen man seine Aussagen belegen möchte, werden in Form von Zitaten kenntlich gemacht. Zitate erhalten immer Anführungszeichen. In Klammern wird hinter dem zitierten Wort oder Satz die Fundstelle angegeben.
Bei Sachtexten oder Erzählungen gibt man die Zeilen an, bei Gedichten die Verse. Geht ein Zitat über eine Zeile hinaus, setzt man die Abkürzung „f." hinter die Zeilenangabe (z. B.: Z. 7 f.). Geht das Zitat über mehrere Zeilen, verwendet man die Abkürzung „ff." (z. B.: Z. 67 ff.); „f." bedeutet also *die folgende Zeile*, „ff." *die folgenden Zeilen.*

Folgende Zitierregeln sind wichtig:

1. Zitate mit hinweisendem Begleitsatz

Steht vor, innerhalb oder hinter dem Zitat ein hinweisender Begleitsatz, erfolgt die Kennzeichnung wie bei der wörtlichen Rede. Das gilt vor allem für den Fall, dass ganze Sätze zitiert werden.

Beispiel: Der Autor verdeutlicht die zunehmende Beruhigung Redluffs folgendermaßen: „Langsam ließ das Klopfen im Halse nach." (Z. 16 f.)

2. Eingebaute Sätze

Eleganter kann es oft sein, wenn Zitate in den eigenen Satzbau eingefügt werden. Der Doppelpunkt entfällt dann. Wird nur der Satzanfang zitiert, kann kleingeschrieben werden, wenn es die Wortart zulässt. Werden ganze Sätze eingefügt, bleibt die Großschreibung zu Beginn erhalten.

Beispiel: Die Metapher „Welle von Schwäche" (Z. 10) verdeutlicht die Unsicherheit des Mannes.

3. Veränderte Zitate

Manchmal erfordert es der eigene Satzbau, zitierte Wörter zu verändern. In diesem Fall werden die Veränderungen in eckige Klammern gesetzt.

Beispiel: Redluff nimmt den „offene[n], bemalte[n] Mund" (Z. 40) einer Frau besonders wahr.

4. Auslassungen

Werden Teile eines Zitats ausgelassen, werden diese Auslassungen durch eckige Klammern angezeigt.

Beispiel: Die Aussage „Und wieder Menschen, [...] Sprechen und hundertfache Schritte" (Z. 43 ff.) verdeutlicht, dass die Öffentlichkeit von dem Mann als Gefahr empfunden wird.

5. Wörtliche Rede innerhalb eines Zitats

Eine wörtliche Rede innerhalb eines Zitats wird durch halbe Anführungszeichen kenntlich gemacht.

Beispiel: „Redluff stand wie betäubt. ‚Und jetzt sagen Sie uns Ihren werten Namen', schmalzte die Stimme unwiderstehlich weiter." (Z. 202 ff.) Genau in diesem Moment verliert der Mann die Kontrolle.

6. Sinngemäße Übernahmen

Wenn man sich bei einer Deutung unmittelbar auf einen Textteil bezieht, diesen aber nicht wörtlich, sondern sinngemäß wiedergibt, verwendet man für die Quellenangabe die Abkürzung „vgl." (vergleiche).

Beispiel: Redluff weiß in diesem Moment nicht mehr, was er tut, er nennt nämlich seinen tatsächlichen Namen (vgl. Z. 204 ff.).

7 Aus wessen Sicht wird das Geschehen überwiegend erzählt? Weist dies genauer an dem Abschnitt Z. 83 – 121 nach.

8 An welchen Aussagen wird deutlich, dass der Erzähler nur das wiedergibt, was Redluff sieht bzw. hört? Wo werden nur seine Gedanken wiedergegeben? Seht euch dazu auch den folgenden Werkzeugkasten an.

So gehst du vor

Autor, Erzähler und Erzählverhalten

Autor und Erzähler

Autor und Erzähler einer Geschichte müssen streng unterschieden werden. Der Autor erfindet nicht nur die Handlung, sondern auch den Erzähler, der sie dem Leser mitteilt. Der Erzähler kann das Geschehen auf ganz unterschiedliche Weise wiedergeben.

Das personale Erzählverhalten

Erzählt ein Erzähler das Geschehen aus der eingeschränkten Perspektive einer oder mehrerer beteiligter Personen, so spricht man von einem personalen Erzählverhalten.

Der Erzähler gibt nur die Gedanken und Gefühle dieser Personen wieder und erzählt nur das, was diese Personen aus ihrer Perspektive wahrnehmen. Häufig ist die Perspektive auf eine Person beschränkt. Die Handlung wird also nur so erzählt, wie sie eine der Personen erlebt haben könnte.

In der Kurzgeschichte „Die Probe“ ist das z.B. in Z. 94f. so: „Draußen fiel eine Wagentür schlagend zu.“ Mehr wird nicht erzählt, da auch Redluff das Geschehen außerhalb des Lokals nicht sehen kann.

Das auktoriale Erzählverhalten

Beim auktorialen Erzählverhalten kann der Erzähler die Gedanken und Gefühle aller Personen wiedergeben. Er kann auch Geschehnisse erzählen, die sich an anderen Orten abspielen, und er kann auf zukünftiges Geschehen vorausblicken.

In der Kurzgeschichte „Die Probe“ könnte ein auktorialer Erzähler z. B. wiedergeben, was sich vor dem Lokal ereignet (vgl. Z. 94f.): „Draußen sprangen zwei Kriminalbeamte aus ihrem schwarzen Dienstfahrzeug und schlugen heftig die Wagentüren zu. Sie wirkten äußerst entschlossen, als sie mit schnellen Schritten auf den Eingang des Lokals zuliefen.“

Der auktoriale Erzähler mischt sich zudem oft kommentierend ein, z. B.: „Sie wirkten äußerst entschlossen ...“

9 **Durchstarten! So könnt ihr weiterarbeiten:**

a Schreibt den Abschnitt Z. 83–121 neu auf, und zwar aus der Sicht eines sogenannten „allwissenden“ Erzählers, der das gesamte Geschehen überblickt.

b In der Kurzgeschichte bleibt am Ende offen, was mit der Hauptperson passiert. Schreibt selbst einen Schluss und untersucht die Wirkung, die ein solcher Schluss auf den Leser hat.

c In einem privaten Tagebucheintrag schildert Jens Redluff noch einmal die näheren Umstände seiner Verhaftung. Verfasst diesen Tagebucheintrag.

d Verfasst eine Inhaltsangabe der Kurzgeschichte.

Hilfen dazu findet ihr auf S. 188.

Georg Britting (1891–1964)
Brudermord im Altwasser

■ Georg Britting wurde 1891 in Regensburg geboren, wo er auch seine Kindheit und Jugend verbrachte. 1921 zog er nach München. Hier lebte er bis zu seinem Tode 1964 als freier Schriftsteller. Britting war Mitarbeiter verschiedener bedeutender Zeitungen und Zeitschriften, schrieb Theaterstücke, Erzählungen und Gedichte. ■

Das sind grünschwarze Tümpel, von Weiden überhangen, von Wasserjungfern[1] übersurrt, das heißt: wie Tümpel und kleine Weiher, und auch große Weiher, ist es anzusehen, und es ist doch nur Donauwasser, durch Steindämme abgesondert, vom großen, grünen Strom, Altwasser, wie man es in der Gegend nennt. Fische gibt es im Altwasser, viele; Fischkönig ist der Bürstling, ein Raubtier mit zackiger, kratzender Rückenflosse, mit bösen Augen, einem gefräßigen Maul, grünschwarz schillernd wie das Wasser, darin er jagt. Und wie heiß es hier im Sommer ist! Die Weiden schlucken den Wind, der draußen über dem Strom immer geht. Und aus dem Schlamm steigt ein Geruch wie Fäulnis und Kot und Tod. Kein besserer Ort ist zu finden für Knabenspiele als dieses gründämmerige Gebiet. Und hier geschah, was ich jetzt erzähle.

Die drei Hofberger Buben, elfjährig, zwölfjährig, dreizehnjährig, waren damals im August jeden Tag auf den heißen Steindämmen, hockten unter den Weiden, waren Indianer im Dickicht und Wurzelgeflecht, pflückten Brombeeren, die schwarzfeucht, stachlig geschützt, glänzten, schlichen durch das Schilf, das in hohen Stangen wuchs, schnitten sich Weidenruten, rauften, schlugen auch wohl einmal dem Jüngsten, dem Elfjährigen, eine tiefe Schramme, dass sein Gesicht rot beschmiert war wie eine Menschenfressermaske, brachen wie Hirsche und schreiend durch Buschwerk und Graben zur breit fließenden Donau vor, wuschen den blutigen Kopf, und die Haare deckten die Wunde dann, und waren gleich wieder versöhnt. Die Eltern durften natürlich nichts erfahren von solchen bösen Streichen, und sie lachten alle drei und vereinbarten wie immer: „Zu Hause sagen wir aber nichts davon."

Die Altwässer ziehen sich stundenweit die Donau entlang. Bei einem Streifzug einmal waren die drei tief in die grüne Wildnis vorgedrungen, tiefer als je zuvor, bis zu einem Weiher, größer, als sie je einen gesehen hatten, schwarz der Wasserspiegel, und am Ufer lag ein Fischerboot angekettet. Den Pfahl, an dem die Kette hing, rissen sie aus dem schlammigen Boden, warfen Kette und Pfahl ins Boot, stiegen ein, ein Ruder lag auch dabei, und ruderten in die Mitte des Weihers hinaus. Nun waren sie Seeräuber und träumten und brüteten wilde Pläne. Die Sonne schien auf ihre bloßen Köpfe, das Boot lag unbeweglich, unbeweglich stand das Schilf am jenseitigen Ufer, Staunzen[2] fuhren leise summend durch die Luft, kleine Blutsauger, aber die abgehärteten Knaben spürten die Stiche nicht mehr. Der Dreizehnjährige begann das Boot leicht zu schaukeln. Gleich wiegten die beiden anderen

[1] **Wasserjungfer:** Libelle

[2] **Staunze:** Stechmücke

sich mit, auf und nieder, Wasserringe liefen über den Weiher, Wellen schlugen platschend ans Ufer, die Binsen schwankten und wackelten. Die Knaben schaukelten heftiger, dass der Bootsrand bis zum Wasserspiegel sich neigte, das aufgeregte Wasser ins Boot hineinschwappte. Der Kleinste, der Elfjährige, hatte einen Fuß auf den Bootsrand gesetzt und tat juchzend seine Schaukelarbeit. Da gab der Älteste dem Zwölfjährigen ein Zeichen, den Kleinen zu erschrecken, und plötzlich warfen sich beide auf die Bootsseite, wo der Kleine stand, und das Boot neigte sich tief, und dann lag der Jüngste im Wasser und schrie, und ging unter und schlug von unten gegen das Boot, und schrie nicht mehr und pochte nicht mehr und kam auch nicht mehr unter dem Boot hervor, unter dem Boot nicht mehr hervor, nie mehr.

Die beiden Brüder saßen stumm und käsegelb auf den Ruderbänken in der prallen Sonne, ein Fisch schnappte, sprang über das Wasser hinaus. Die Wasserringe hatten sich verlaufen, die Binsen standen wieder unbeweglich, die Staunzen summten bös und stachen. Die Brüder ruderten das Boot wieder ans Ufer, trieben den Pfahl mit der Kette wieder in den Uferschlamm, stiegen aus, trabten auf dem langen Steindamm dahin, trabten stadteinwärts, wagten nicht sich anzusehen, liefen hintereinander, achteten der Weiden nicht, die ihnen ins Gesicht schlugen, nicht der Brombeersträucherstacheln, die an ihnen rissen, stolperten über Wurzelschlangen, liefen, liefen, liefen.

Die Altwässer blieben zurück, die grüne Donau kam, breit und behäbig, rauschte der Stadt zu, die ersten Häuser sahen sie, sie sahen den Dom; sie sahen das Dach des Vaterhauses. Sie hielten, schweißüberronnen, zitterten verstört, die Knaben, die Mörder, und dann sagte der Ältere wie immer nach einem Streich: „Zu Hause sagen wir aber nichts davon!“ Der andere nickte, von wilder Hoffnung überwuchert, und sie gingen, entschlossen, ewig zu schweigen, auf die Haustüre zu, die sie wie ein schwarzes Loch verschluckte.

(1929)

1 Fasst den Inhalt der Kurzgeschichte mit eigenen Worten zusammen.

Hilfen dazu findet ihr auf S. 188.

2 Vergleicht den Anfang dieser Kurzgeschichte mit den beiden vorhergehenden. Welchen Unterschied stellt ihr fest?

3 Im ersten Abschnitt (Z. 1–18) schildert der Erzähler das Altwasser. Welche Atmosphäre vermittelt er dabei und mit welchen sprachlichen Mitteln geschieht das? Welche Wörter weisen auf das spätere unheilvolle Geschehen hin?

4 Charakterisiert mit eigenen Worten die drei Hofberger Buben. Beschreibt auch die Reaktion der beiden älteren Brüder auf ihre Tat. In welcher Grenzsituation (vgl. den Titel dieses Kapitels) befinden sie sich?

5 Der Erzähler bezeichnet sie als „Mörder“ (Z. 95). Haltet ihr das für gerechtfertigt?

6 Wie könnte die Geschichte eurer Meinung nach ausgehen? Bezieht dabei die Abmachung der beiden Jungen („Zu Hause sagen wir aber nichts davon!“, Z. 96 f.) in eure Überlegungen mit ein. Warum bleibt das Ende der Kurzgeschichte offen?

7 Untersucht das Erzählverhalten in diesem Text. Wird aus der eingeschränkten Sicht einer Person erzählt (personales Erzählverhalten) oder ist ein „allwissender“ Erzähler spürbar, der Kommentare und Wertungen abgibt (auktoriales Erzählverhalten)? Untersucht vor allem den ersten Abschnitt. Seht euch dazu den Werkzeugkasten auf S. 71 an.

Das musst du lernen und wissen

Die Kurzgeschichte

Kurzgeschichten sind eine weitverbreitete Form der modernen Literatur. In Deutschland sind kurze Erzählungen zwar schon früher geschrieben worden, aber als eigenständige Textsorte entwickelte sich die Kurzgeschichte, vor allem unter dem Einfluss der amerikanischen „short story“, erst nach dem Zweiten Weltkrieg. Trotz unterschiedlicher Ausprägungen weisen fast alle Kurzgeschichten bestimmte Merkmale auf:

Ein wichtiges Kennzeichen ist – wie der Name schon sagt – ihre **Kürze**. Dabei ist nicht so sehr der tatsächliche Umfang entscheidend, sondern die Tatsache, dass sich das erzählte Geschehen auf einen kleinen Ausschnitt, auf eine Momentaufnahme beschränkt. Häufig handelt es sich dabei um die krisenhafte Situation im Leben eines Menschen. Die Handlung ist oft auf das Notwendigste verkürzt. Es wird kein längerer Lebensabschnitt, sondern nur eine kurze Zeitspanne dargestellt.

Daraus ergibt sich auch die **Offenheit** der Kurzgeschichte. Kurzgeschichten beginnen meist unvermittelt, ohne Einleitung. Ebenso offen ist ihr Schluss: Die Handlung ist häufig nicht zu Ende erzählt. Der verblüffende Schluss fordert den Leser auf, sich das Ende der Geschichte selbst auszudenken.

Ein weiteres Kennzeichen ist die **Alltäglichkeit**. Es gibt keine „Helden“; die handelnden Personen sind normale Menschen, die sich aber häufig in Ausnahmesituationen befinden.

Alltäglich ist auch die **Sprache** der Kurzgeschichte. Sie ist oft **nüchtern** und **schlicht**. Die einfache Wortwahl und die kurzen Sätze machen sie leicht verständlich, lassen aber auch einen großen Deutungsspielraum zu. Dabei bekommen alltägliche Dinge und Vorgänge eine symbolische Bedeutung. Entscheidend ist oft, was nicht ausgesprochen wird, was nur angedeutet wird oder zwischen den Zeilen steht. So können schon einzelne Gegenstände, Worte oder Gesten bedeutungsvoll sein. Der Leser wird dadurch gezwungen, sich intensiv mit der Kurzgeschichte auseinanderzusetzen. Es gibt aber auch Kurzgeschichten mit einer sehr bildhaften Sprache (Metaphern, Personifizierungen).

Natürlich sind nicht immer alle Kennzeichen in jeder Kurzgeschichte zu finden.

8 Sucht die Merkmale der Textart Kurzgeschichte aus dem obigen Text heraus und stellt sie grafisch – z. B. in Form einer Mindmap – dar.

9 Bildet Gruppen und weist die einzelnen Merkmale an den bisher behandelten Kurzgeschichten nach.

Wolfgang Borchert (1921–1947)
Nachts schlafen die Ratten doch

■ Wolfgang Borchert wurde 1921 in Hamburg geboren. Weil er während der Zeit des Nationalsozialismus kritische Gedanken äußerte, wurde er zu einer Gefängnisstrafe verurteilt und dann zur „Bewährung" in den Krieg geschickt. Nach Kriegsende kehrte er schwer krank in seine Heimatstadt Hamburg zurück. Borchert starb – erst 26 Jahre alt – am 20.11.1947, einen Tag vor der Uraufführung seines Schauspiels „Draußen vor der Tür". Da seine Gesundheit während des Nationalsozialismus durch Krieg und Gefängnis sowie in der Nachkriegszeit durch den Hunger zerstört worden war, blieben dem Schwerkranken nur noch zwei kurze Jahre zum Schreiben, um den Überlebenden seine Botschaft zu übermitteln. Obwohl Borchert in seinem Werk immer wieder die Zerstörung durch den Krieg sowie die Verlorenheit und Hoffnungslosigkeit des Menschen darstellt, zeigt er auch die Möglichkeit auf, dem Leben in krisenhaften Zeiten einen neuen Sinn zu geben. ■

Das hohle Fenster in der vereinsamten Mauer gähnte blaurot voll früher Abendsonne. Staubgewölke flimmerte zwischen den steilgereckten Schornsteinresten. Die Schuttwüste döste. Er hatte die Augen zu. Mit einmal wurde es noch dunkler. Er merkte, dass jemand gekommen war und nun vor ihm stand, dunkel, leise. Jetzt haben sie mich!, dachte er. Aber als er ein bisschen blinzelte, sah er nur zwei etwas ärmlich behoste Beine. Die standen ziemlich krumm vor ihm, dass er zwischen ihnen hindurchsehen konnte. Er riskierte ein kleines Geblinzel an den Hosenbeinen hoch und erkannte einen älteren Mann. Der hatte ein Messer und einen Korb in der Hand. Und etwas Erde an den Fingerspitzen.

Du schläfst hier wohl, was?, fragte der Mann und sah von oben auf das Haargestrüpp herunter.

Jürgen blinzelte zwischen den Beinen des Mannes hindurch in die Sonne und sagte: Nein, ich schlafe nicht. Ich muss hier aufpassen. Der Mann nickte: So, dafür hast du wohl den großen Stock da? Ja, antwortete Jürgen mutig und hielt den Stock fest.

Worauf passt du denn auf?

Das kann ich nicht sagen. Er hielt die Hände fest um den Stock.

Wohl auf Geld, was? Der Mann setzte den Korb ab und wischte das Messer an seinem Hosenboden hin und her.

Nein, auf Geld überhaupt nicht, sagte Jürgen verächtlich. Auf ganz etwas anderes.

Na, was denn?

Ich kann es nicht sagen. Was anderes eben.

Na, denn nicht. Dann sage ich dir natürlich auch nicht, was ich hier im Korb habe. Der Mann stieß mit dem Fuß an den Korb und klappte das Messer zu.

Pah, kann mir denken, was in dem Korb ist, meinte Jürgen geringschätzig, Kaninchenfutter.

Donnerwetter, ja!, sagte der Mann verwundert, bist ja ein fixer Kerl. Wie alt bist du denn?

Neun.

Oha, denk mal an, neun also. Dann weißt du ja auch, wie viel drei mal neun sind, wie?

Klar, sagte Jürgen, und um Zeit zu gewinnen, sagte er noch: Das ist ja ganz leicht. Und er sah durch die Beine des Mannes hindurch. Dreimal neun, nicht?, fragte er noch mal, siebenundzwanzig. Das wusste ich gleich.

Stimmt, sagte der Mann, genauso viel Kaninchen habe ich.

Jürgen machte einen runden Mund: Siebenundzwanzig?

Du kannst sie sehen. Viele sind noch ganz jung. Willst du?

Ich kann doch nicht. Ich muss doch aufpassen, sagte Jürgen unsicher.

Immerzu?, fragte der Mann, nachts auch?

Nachts auch. Immerzu. Immer. Jürgen sah an den krummen Beinen hoch. Seit Sonnabend schon, flüsterte er.

Aber gehst du denn gar nicht nach Hause? Du musst doch essen.

Jürgen hob einen Stein hoch. Da lag ein halbes Brot. Und eine Blechschachtel.

Du rauchst?, fragte der Mann, hast du denn eine Pfeife?

Jürgen fasste seinen Stock fest an und sagte zaghaft: Ich drehe. Pfeife mag ich nicht.

Schade, der Mann bückte sich zu seinem Korb, die Kaninchen hättest du ruhig mal ansehen können. Vor allem die Jungen. Vielleicht hättest du dir eines ausgesucht. Aber du kannst hier ja nicht weg.

Nein, sagte Jürgen traurig, nein, nein.

Filmszene aus „Deutschland im Jahre Null" (1947)

Der Mann nahm den Korb hoch und richtete sich auf. Na ja, wenn du hierbleiben musst – schade.

Und er drehte sich um. Wenn du mich nicht verrätst, sagte Jürgen da schnell, es ist wegen den Ratten.

Die krummen Beine kamen einen Schritt zurück: Wegen den Ratten?

Ja, die essen doch von Toten. Von Menschen. Da leben sie doch von.

Wer sagt das?

Unser Lehrer.

Und du passt nun auf die Ratten auf?, fragte der Mann.

Auf die doch nicht! Und dann sagte er ganz leise: Mein Bruder, der liegt nämlich da unten. Da.

Jürgen zeigte mit dem Stock auf die zusammengesackten Mauern. Unser Haus kriegte eine Bombe. Mit einmal war das Licht weg im Keller. Und er auch. Wir haben noch gerufen. Er war viel kleiner als ich. Erst vier. Er muss hier ja noch sein. Er ist doch viel kleiner als ich. Der Mann sah von oben auf das Haargestrüpp. Aber dann sagte er plötzlich: Ja, hat euer Lehrer euch denn nicht gesagt, dass die Ratten nachts schlafen?

Nein, flüsterte Jürgen und sah mit einmal ganz müde aus, das hat er nicht gesagt.

Na, sagte der Mann, das ist aber ein Lehrer, wenn er das nicht mal weiß. Nachts schlafen die Ratten doch. Nachts kannst du ruhig nach Hause gehen. Nachts schlafen sie immer. Wenn es dunkel wird, schon.

Jürgen machte mit seinem Stock kleine Kuhlen in den Schutt. Lauter kleine Betten sind das, dachte er, alles kleine Betten. Da sagte der Mann (und seine krummen Beine waren ganz unruhig dabei): Weißt du was? Jetzt füttere ich schnell meine Kaninchen, und wenn es dunkel wird, hole ich dich ab. Vielleicht kann ich eins mitbringen. Ein kleines oder, was meinst du?

Jürgen machte kleine Kuhlen in den Schutt. Lauter kleine Kaninchen. Weiße, graue, weißgraue. Ich weiß nicht, sagte er leise und sah auf die krummen Beine, wenn sie wirklich nachts schlafen. Der Mann stieg über die Mauerreste weg auf die Straße. Natürlich, sagte er von da, euer Lehrer soll einpacken, wenn er das nicht mal weiß.

Da stand Jürgen auf und fragte: Wenn ich eins kriegen kann? Ein weißes vielleicht?

Ich will mal versuchen, rief der Mann schon im Weggehen, aber du musst hier so lange warten. Ich gehe dann mit dir nach Hause, weißt du? Ich muss deinem Vater doch sagen, wie so ein Kaninchenstall gebaut wird. Denn das müsst ihr ja wissen.

Ja, rief Jürgen, ich warte. Ich muss ja noch aufpassen, bis es dunkel wird. Ich warte bestimmt. Und er rief: Wir haben auch noch Bretter zu Hause. Kistenbretter, rief er.

Aber das hörte der Mann schon nicht mehr. Er lief mit seinen krummen Beinen auf die Sonne zu. Die war schon rot vom Abend und Jürgen konnte sehen, wie sie durch die Beine hindurchschien, so krumm waren sie. Und der Korb schwenkte aufgeregt hin und her. Kaninchenfutter war da drin.

Grünes Kaninchenfutter, das war etwas grau vom Schutt.

(1947)

1 Macht euch zunächst bewusst, in welcher Zeit die Handlung spielt. Die Informationen zum Autor helfen euch dabei.

2 Beschreibt die Situation, in der sich der Junge befindet, mit eigenen Worten. Bezieht dazu auch das Bild auf Seite 76 mit ein.

3 Im Mittelpunkt der Kurzgeschichte steht der Dialog zwischen dem Mann und dem Jungen. Untersucht diesen Dialog genauer.

- Wie verändert sich Jürgens Verhalten im Verlauf des Gesprächs und worauf ist diese Veränderung zurückzuführen?
- Erklärt die Bedeutung der Aussage „Nachts schlafen die Ratten doch".
- An welcher Stelle des Dialogs wird deutlich, dass Jürgen Vertrauen zu dem Mann gefasst hat?

4 Untersucht die Sprache der Kurzgeschichte. Was fällt euch dabei auf?

5 Vergleicht Anfang und Ende der Kurzgeschichte miteinander. Achtet dabei besonders auf die verwendeten Nomen/Substantive, Verben und Adjektive. Welche Atmosphäre wird jeweils erzeugt? Berücksichtigt dabei auch die folgenden Informationen.

INFO Farbsymbolik

Jede **Farbe** hat auf den Menschen aufgrund ihrer eigenen Ausdruckskraft eine ganz besondere Wirkung und löst in ihm bestimmte **Vorstellungen** aus.
Daher liegt es nahe, den Farben eine **symbolische Bedeutung** beizumessen. Im Volksmund werden den Farben die folgenden Bedeutungsgehalte zugeschrieben:

Rot	=	Feuer, Glut, Blut, Liebe, Leidenschaft
Gelb	=	Sonne, Glanz, Freude
Grün	=	Natur, Wachstum, Hoffnung
Weiß	=	Unschuld, Reinheit, Kälte
Schwarz	=	Nacht, Tod, Trauer
Grau	=	Alter, Trübsinn, Pessimismus

Wenn man die Ergebnisse des Vergleichs von Anfang und Ende der Kurzgeschichte in einem ausformulierten Text zusammenfassen will, geht man am besten so vor:
Zunächst beschreibt man, worum es inhaltlich in dem Textabschnitt geht und wie er aufgebaut ist. Dann erläutert man die sprachliche Gestaltung und zum Schluss deutet man den Zusammenhang von Inhalt und sprachlicher Gestaltung. Dieses Verfahren nennt man *Textanalyse*.
Für den ersten Abschnitt der Kurzgeschichte könnte das folgendermaßen aussehen:

Inhalt	In den ersten Zeilen der Kurzgeschichte (Z. 1–4) wird eine Trümmerlandschaft in der Abendsonne geschildert.
Sprachliche Gestaltung	Durch die benutzten Nomen „Mauer“, „Staubgewölke“, „Schornsteinreste“, „Schuttwüste“(vgl. Z. 1 ff.) und Adjektive „hohl“, „vereinsamt“, „blaurot“ (vgl. Z. 1 f.) wird eine düstere Atmosphäre erzeugt. Auch die eingesetzten Verben „gähnen“, „flimmern“, „dösen“ (vgl. Z. 2 ff.) verdeutlichen den Stillstand.
Deutung	Der Leser gewinnt dadurch zu Beginn der Kurzgeschichte den Eindruck von Zerstörung, Trostlosigkeit und Verfall.

So gehst du vor

Hilfen zur Analyse von Kurzgeschichten

Die offene Form der Kurzgeschichte und die Tatsache, dass vieles nur angedeutet oder verschlüsselt mitgeteilt wird, zwingt den Leser dazu, sich intensiv mit dem Text auseinanderzusetzen, ihn zu analysieren. Hier einige Tipps, die euch bei der Analyse von Kurzgeschichten helfen können:

- Fasst den Text in einer kurzen Inhaltsangabe zusammen.
- Gliedert den Text in größere Abschnitte, um einen besseren Überblick zu bekommen und eine Entwicklung zu erkennen.
- Untersucht die Kurzgeschichte abschnittweise entsprechend eurer Gliederung; beantwortet dabei vor allem die Fragen:
  - Worum geht es in dem Abschnitt?
  - Welche sprachlichen Mittel (Wortwahl, Satzbau, Sprachbilder ...) werden dabei verwendet?
  - Wie lässt sich das Zusammenspiel von Inhalt und sprachlicher Form deuten?
- Untersucht die Situation der Hauptperson/-personen; befindet/befinden sie sich in einer Grenzsituation?
- Achtet besonders auf Andeutungen und „versteckte“ Hinweise.
- Untersucht das Erzählverhalten. Wird aus dem Blickwinkel einer beteiligten Person erzählt, erfährt der Leser also nur, was auch diese Person wahrnimmt? Oder handelt es sich um einen Erzähler, der außerhalb des Geschehens steht und vielleicht erläuternde Kommentare gibt?
- Seht euch Anfang und Ende der Kurzgeschichte genau an und vergleicht die Textteile miteinander.
- Achtet auf typische Merkmale der Kurzgeschichte.
- Belegt wichtige Aussagen mit Zitaten.

6 Setzt die Analyse in gleicher Weise für das Ende der Kurzgeschichte fort und vergleicht dann Anfang und Ende schriftlich miteinander.

7 Untersucht auch andere Abschnitte der Kurzgeschichte und fasst sie auf diese Weise schriftlich zusammen.

8 Welche euch bekannten Merkmale der Kurzgeschichte findet ihr in dieser Erzählung wieder? Schaut euch dazu noch einmal die Zusammenfassung auf Seite 74 an.

9 **Durchstarten! So könnt ihr weiterarbeiten:**

a Der alte Mann verlässt den Jungen zum Schluss. Schreibt in Form eines inneren Monologs auf, was in ihm auf dem Weg zu seinen Kaninchen vorgeht.

b Erfindet ein Gespräch zwischen dem Mann und seiner Frau, in dem er von seinem Erlebnis mit dem Jungen berichtet.

10 Mithilfe der folgenden modernen Kurzgeschichte könnt ihr noch einmal das Erlernte üben.
Teilt eure Klasse in Kleingruppen ein und beschäftigt euch arbeitsteilig innerhalb der Gruppe mit den folgenden Aufgaben:

- Verfasst eine kurze Inhaltsangabe der Erzählung.
- Untersucht die Beziehung zwischen Jan und seinem Vater genauer. Macht euch klar, welches der entscheidende Satz von Jan ist.
- Bezieht in eure Analyse die Überschrift („Die Brücke“) mit ein. Auf welche symbolische Bedeutung könnte sie verweisen?
- Erarbeitet sprachliche Besonderheiten am Beispiel der ersten fünf Zeilen. Weist diese Besonderheiten auch an anderen Stellen nach.
- Deutet das Ende der Kurzgeschichte.
- Weist einzelne Merkmale der Kurzgeschichte an dieser Erzählung nach.

Reinhold Ziegler (geb. 1955)

Die Brücke

Sie hatten nicht erwartet, dass es über eine solch gigantische Brücke auch einen Fußweg geben könnte. Schon aus mehreren Kilometern Entfernung sah man die Pfeiler in den Himmel stechen, die baumdicken Kabel bildeten ein Netz, als wollte die Brücke nicht nur im hohen Bogen die Seinemündung überqueren, sondern auch noch die Luft sieben, die von Paris aus übers Meer entlassen wurde. Doch Jans Mutter litt unter solcher Höhenangst, dass selbst ein Kaffeetrinken auf dem häuslichen Balkon für sie mehr Stress als Erholung bedeutete, für sie kam die Brücke nicht infrage. Susan, Jans Schwester, schmollte seit Paris, wo sie gerne noch ein paar Tage länger geblieben wäre, pubertierend vor sich hin und zog beleidigt eine Stunde auf dem brütend heißen Parkplatz der kleinen Wanderung zum Scheitel der Riesenbrücke vor. Jan hatte nichts übrig für solche Kindereien. Mit frischem Abitur in der Tasche hatte er dem letzten gemeinsamen Urlaub mit den Eltern zugestimmt, nun wollte er auch zeigen, dass es ihm ernst war mit ‚gemeinsam‘.
„Ich bin dabei!“, sagte er deswegen, als ihn der Vater fragte, ob wenigstens er mitkäme, denn er ließ nur ungern eine Gelegenheit aus, technische Großtaten im Detail zu besichtigen.
Der Weg neben den Fahrspuren war zu schmal, um nebeneinander laufen zu können. Jan folgte dem Rücken seines Vaters, bemerkte, wie zum ersten Mal, auch bei ihm dieses merkwürdige Schlenkern der Arme, für das er selbst so oft gehänselt wurde. Er versuchte seine Arme unter Kontrolle zu bringen, aber es war nur möglich, wenn er bewusst daran dachte. Sobald seine Ge-

danken sich mit anderen Dingen beschäftigten, mit dem leichten Beben, das jeder Lastwagen verursachte, oder mit dem ohrenbetäubenden Lärm, den die Fahrzeugflut von und nach Le Havre hier oben erzeugte, begannen seine Arme wieder zu pendeln wie die Seile, die sie manchmal in der Turnstunde von der Hallendecke gelassen hatten.

Jan musste lachen beim Gedanken daran, dass es ein Gen geben könnte, das für unkontrolliertes Schlenkern von Unterarmen zuständig war. Es gab mehr in diesen 75 Kilo Körpermasse, als die zwei Jahre Biochemie-Leistungskurs vermitteln konnten, und für einen Augenblick dachte er an das, was er unter Gott verstand oder verstehen wollte.

Mit dem da vorne hatte er nie über Gott gesprochen. Merkwürdig, er teilte mit ihm das Schlenkern der Arme, aber jeder hatte seinen eigenen Gott, wenn überhaupt.

Plötzlich drehte sich der Vater um, sah ihn an, lachte. So etwas wie Kleinbubenglück leuchtete für einen Moment in seinen Augen auf.

„Wir sind gleich oben!“, schrie er durch den Lärm der Autos, die dicht an dicht die Fahrbahn hinaufdrängten, und zeigte auf einen Punkt, an dem sie die Mitte der Brücke erreichen würden. Jan nickte, vielleicht lachte er auch zurück, obwohl es ihm merkwürdig vorkam, seinen Vater lachen zu sehen. Oben blieb der Vater stehen, stellte sich breitbeinig über die Dehnfuge, die den Scheitel der Brücke markierte, und schaute aufs Meer hinaus.

„Hättest du gedacht, dass es so schaukelt?“, schrie er.

Jan schüttelte den Kopf. Jeder Lastwagen brachte die Brücke zum Schwingen und wenn er abwärts schaute, auf diese eine Ewigkeit tief unter ihm liegende Wasserfläche, konnte er die genetischen Bestandteile der mütterlichen Höhenangst im Bauch spüren.

„Ob man heil bleibt, wenn man runterjumpt?“, fragte er.

„Ich würde es dich nicht probieren lassen!“, rief der Vater zurück.

„Manchmal meine ich, ich müsste so etwas probieren!“ Jan wollte ihm Angst machen, aber der Vater nickte.

Pont de Normandie

„Manchmal meine ich, ich könnte keine Sekunde mehr weiterleben, wenn ich nicht sofort so was probiere – kannst du dir das vorstellen?“

Der Vater sah ihn an, zog die Unterlippe zwischen die Zähne, wie er es immer tat, wenn er nicht wusste, ob es klug war, etwas auszusprechen. „Ich war nicht immer dreiundfünfzig, Jan, ich kenne das, ja!“

„Es ist nur die Angst, die einen zurückhält, oder?“

„Am Anfang, denke ich, ist es nur die Angst zu sterben, später auch die Angst, jemanden im Stich zu lassen, zu versagen, wegzulaufen. Die Angst zu sterben lässt nach, je näher du dem Tod kommst. Du begreifst mit der Zeit, dass du nicht drum herum kommst. Dann gibt es Nächte, in denen du glaubst, verrückt zu werden, weil schon so viel vorbei ist vom Leben, und dann kommt ein Morgen und ein Tag und du verlierst die Angst wieder." Er sah Jan an, zuckte die Schultern. So ist es eben, hieß das, kein Grund sich aufzuregen.

„Ich wusste nicht, dass du solche Gedanken hast", sagte Jan.

Wieder zuckte der Vater die Schultern, dann ging er ganz nach vorne ans Geländer, neigte sich weit drüber, als wollte er sich in den weiten Luftraum zwischen Brücke und Wasser hineingleiten lassen. „Wär doch 'n cooler Abgang, was?", schrie er.

Normalerweise hasste es Jan, wenn sein Vater so zu reden versuchte, wie er dachte, dass Jugendliche es täten. Das klang so nach Pädagogik, so nach trickreichem Einschleusen wohlüberlegter Erziehungskonzepte – in jedem Fall ein Grund, auf Abstand zu gehen. Aber diesmal ging er, ohne darüber nachzudenken, auf das Spiel ein, schnappte seinen Vater bei der Jacke, zog ihn mit einem Ruck zurück – vielleicht war es auch wirklich Angst um ihn –, umgriff ihn von hinten mit beiden Armen und drückte ihn an sich. Sein Vater war einen Kopf kleiner als er, inzwischen bestimmt auch schwächer, sie hatten schon vor Jahren damit aufgehört, im spielerischen Raufen ihre Kraft zu messen.

„Lass mich, lass mich!", schrie der Vater albern und wand sich hin und her. „Ich muss es tun, ich kann nicht anders!"

Aber Jan hielt ihn hart im Klammergriff, bis der Vater seinen gespielten Widerstand aufgab. Für einen endlosen Augenblick unerwarteten Glücks standen sie bewegungslos, dann drehte der Vater den Kopf zu ihm um, strahlte ihm ins Gesicht. Jan lachte zurück.

„Früher habe ich dich oft so festgehalten, wenn du wütend warst und rumgetobt hast – weißt du noch?"

Jan nickte. „Ich hab es gehasst, glaube ich."

„Schon möglich, aber ich hatte immer den Eindruck, du hast es auch irgendwie gebraucht – ist schon lange her, das letzte Mal, was?"

„Ich wüte nicht mehr."

Jan hatte immer noch die Arme um seinen Vater geschlungen. Auf dessen Kopf, der direkt unter seinem Kinn lag, konnte er die kahlen Stellen der Kopfhaut sehen, fühlte unter seines Vaters Jacke den weichen Bauchansatz.

Jetzt wäre der Moment, loszulassen, dachte er, doch er zog ihn noch fester an sich heran.

„Wenn du mal nicht mehr da bist, wird ein Loch in meinem Leben sein", sagte er leise.

„Was ist?", schrie der Vater nach hinten.

Jan wusste nicht, ob er den Satz wiederholen sollte. Wusste nicht, ob es nicht lächerlich war, so etwas zu sagen, zu seinem Vater zu sagen, wenn man schon fast neunzehn war und im Begriff, das Haus zu verlassen.

„Was ist?", rief der Vater wieder.

„Wenn du mal nicht mehr da bist, wird ein riesiges, verdammtes Loch in meinem Leben sein!", schrie er.

Der Vater wand sich aus Jans Armen und drehte sich zu ihm um, wischte sich mit einer Handbewegung die windzerzausten Haare nach hinten. Dann griff er hoch und strich auch seinem großen Sohn eine Strähne aus dem Gesicht.

„Das ist in Ordnung so", sagte er glücklich und nickte dabei, „das muss so sein."

Noch einen Moment blieben sie ganz vorne an der Brüstung stehen, dann zog der Vater Jan weg. „Lass uns zurückgehen, die Mädels warten unten in der Hitze."

Langsam liefen sie den schmalen Fußpfad zurück, der Vater mit schlenkernden Armen vorne, Jan mit seinen schlenkernden Armen hinterher. Als sie auf dem Weg zum Parkplatz waren, konnten sie wieder nebeneinander gehen.

Die Mutter hatte sich mit Susan hinter dem Auto in den schütteren Schatten eines frisch gepflanzten Bäumchens gesetzt. Als die beiden antrotteten, sprang sie auf. „Was habt ihr da oben denn so lange gemacht?", fragte sie ihren Mann gereizt.

„Runtergeguckt", sagte der Vater.

Sie verdrehte die Augen und schüttelte genervt den Kopf. Dann sah sie Jan fragend an.

„Runtergeguckt!", sagte Jan und grinste.

(2011)

11 Durchstarten! So könnt ihr weiterarbeiten:

Versucht selbst, eine Kurzgeschichte zu schreiben.
Macht euch vor dem eigentlichen Schreiben Gedanken über die Personen, den genauen Handlungsverlauf und den Ausgang der Erzählung. Achtet besonders auf die folgenden Aspekte:

- Erzählt von einer Ausnahmesituation im Leben einer Person.
- Führt den Leser unmittelbar in das Geschehen ein.
- Verkürzt die Handlung auf das Wesentliche.
- Gebt der Geschichte einen überraschenden Wendepunkt.
- Verwendet eine nüchterne Alltagssprache oder aber eine besonders bildhafte Sprache.
- Lasst das Ende offen.

a Die folgende Situation könnte ein Schreibanlass für eine Kurzgeschichte sein:

Zwei Menschen sitzen in einem Zug und unterhalten sich eine Weile. Nach einiger Zeit verlässt eine Person das Abteil und geht im Zug nach vorn. Als sie Minuten später zurückkehrt, können die beiden ihr Gespräch nicht mehr fortsetzen, eine Unterhaltung ist von diesem Moment an nicht mehr möglich ...

b Ihr könnt auch in Zeitungen nach einem Bericht suchen, der sich gut zu einer Kurzgeschichte umschreiben lässt.

c Auch das folgende Foto kann euch die Idee für eine Kurzgeschichte liefern.

Von einem ungewöhnlichen Ereignis

Giovanni Boccaccio (1313–1375)

Falkennovelle

■ Das Buch „Il Decamerone“ (wörtl.: „zehn Tage“) des italienischen Dichters Giovanni Boccaccio enthält insgesamt 100 Geschichten. Erzählt werden sie von zehn jungen Adligen aus Florenz, die im Jahre 1348 aus Angst vor der sich überall ausbreitenden Pest auf ein Landgut fliehen. Um sich die Zeit zu vertreiben, wählen sie für jeden der insgesamt zehn Tage eine „Königin“ bzw. einen „König“, die den Tagesablauf und das Thema der zu erzählenden Geschichten bestimmen. Da also an jedem Tag zehn Geschichten erzählt werden, entsteht eine Sammlung von insgesamt 100 Erzählungen. Die folgende Geschichte ist die neunte des fünften Tages und wird von Fiammetta erzählt, die an diesem Tage selbst „Königin“ ist. ■

So ist die Reihe jetzt an mir, meine lieben Freundinnen, und ich möchte euch gerne eine Geschichte erzählen, die in manchen Zügen der vorangegangenen ähnelt.

Nicht nur, damit ihr daraus erfahren sollt, was die Macht eurer Anmut über ein edles Herz vermag, sondern damit ihr auch daraus lernt, selbst, wo es sich schickt, eure Gunst zu verschenken und nicht immer dem Glück die Lenkung zu überlassen. Denn das Glück verteilt nicht klug und umsichtig, sondern, wie man weiß, launisch und mutwillig seine Gaben.

So hört denn: Als ein vornehmer und hochgeschätzter Mann lebte einst Coppo di Borghese Domenichi in unserer Stadt und lebt vielleicht noch heute dort. Mehr noch seines Anstands und seiner Tugend als seiner vornehmen Herkunft wegen war er überall wohlbeachtet und verdient ein stetes Gedenken. Noch im hohen Alter fand er häufig Vergnügen daran, sich mit Nachbarn und Freunden über vergangene Geschehnisse zu unterhalten, und verstand es besser als jeder andere, solche Begebenheiten getreulich zu berichten, wobei ihm sein ausgezeichnetes Gedächtnis und seine hinreißende Vortragsweise gar wohl zustatten kamen.

Buchmalerei aus dem „Decamerone“ (Florenz, um 1370)

Neben anderen schönen Geschichten pflegte er zu erzählen, dass einmal in Florenz ein Sohn des Messer Filippo Alberighi, namens Federigo, lebte, dessen Tapferkeit und adelige Sitten höher gerühmt wurden als die aller übrigen jungen Edelleute der Toscana. Wie es oftmals der Jugend geschieht, verliebte sich dieser Federigo in eine vornehme, edle Dame, Monna Giovanna, die zu ihrer Zeit als die schönste und anmutigste Frau von Florenz galt. Um ihre Liebe zu gewinnen, fehlte Federigo auf keinem Turnier und nahm an allen Waffenspielen teil, gab glänzende Feste und freigebige Geschenke und vergeudete in maßloser Weise sein großes Vermögen. Sie aber war ebenso tugendsam wie schön und kümmerte sich weder um die Dinge, die ihretwegen geschahen, noch um den, der sie veranlasste.

Während Federigo auf solche Art gewissenlos sein Vermögen verschwendete und doch nichts dafür gewann, kam es gar bald, wie es kommen musste: Die Reichtümer schwanden dahin, und er wurde ein armer Mann. Von seinem großen Vermögen verblieb ihm nichts als ein kleines Gütchen, von dessen schmalen Erträgen er kümmerlich leben konnte, und sein Falke, der als einer der besten Falken der Welt galt. Obwohl seine Liebe heißer denn je glühte, sah Federigo bald ein, dass er nicht länger in der Stadt leben konnte, wie er es gewünscht hätte. Er zog sich daher nach Campi auf seinen kleinen Besitz zurück, ging dort, sooft es möglich war, auf die Vogelbeize[1] und ertrug seine Armut, ohne irgendeinen Menschen um Beistand zu bitten. Als Federigo bis aufs Letzte heruntergekommen war, erkrankte eines Tages der Gatte Monna Giovannas und machte, da er seinen Tod herannahen fühlte, sein Testament. Er setzte seinen schon ziemlich herangewachsenen Sohn zum Erben seiner unermesslichen Reichtümer ein, doch sollte, falls dieser ohne rechtmäßige Nachkommen stürbe, alles an Monna Giovanna fallen, die er innig liebte. Darauf starb er und ließ Monna Giovanna als Witwe zurück. Diese ging nun, wie es bei unsern Edeldamen üblich ist, mit ihrem Sohn den Sommer über auf eine ihrer Besitzungen, die ganz in der Nähe von Federigos Gütchen lag. So kam es, dass der heranwachsende Knabe sich mit Federigo anfreundete und sich mit ihm auf Vogelbeize und Jagd vergnügte. Dabei hatte er oft Gelegenheit, Federigos Falken stoßen zu sehen, der ihm so über die Maßen gefiel, dass er nichts heißer begehrte, als ihn zu besitzen. Doch wagte er nicht, Federigo um ihn zu bitten, weil er sah, wie teuer jenem sein Falke war. Bald darauf erkrankte der Jüngling zur großen Betrübnis seiner Mutter, deren Ein und Alles er war und die ihn so zärtlich liebte, wie nur eine Mutter lieben kann. Während sie die Tage mit seiner Pflege ausfüllte, versuchte sie, ihn aufzuheitern, und fragte ihn oft, ob es irgendetwas gäbe, was er sich wünsche. Wenn es irgendwie möglich sei, werde sie es zu beschaffen trachten. Der Jüngling, der diese Versprechungen immer wieder hörte, sagte schließlich: „Ach, Mutter, wenn Ihr es fertigbrächtet, dass ich den Falken Federigos bekäme ... ich glaube, dann würde ich gleich gesund."

Als die Dame diese Worte hörte, schwieg sie verwirrt und überlegte lange, was sie nun beginnen solle. Sie wusste wohl, dass Federigo sie lange Jahre geliebt, von ihr aber niemals auch nur die geringste Gunst erlangt hatte, und dachte deshalb bei sich: „Wie könnte ich zu ihm schicken oder gehen und ihn um den Vogel bitten, der – nach allem, was ich gehört habe – der beste Falke der Welt ist und ihm außerdem hilft, seinen Lebensunterhalt zu erwerben? Wie könnte ich so taktlos sein, einem Edelmann, dem nichts anderes mehr geblieben ist, diese letzte Freude zu rauben?" Von solchen Gedanken gequält, gab sie ihrem Sohn keine Antwort, sondern schwieg, obwohl sie überzeugt war, dass sie den Falken bekäme, sobald sie um ihn bäte. Schließlich aber siegte die Liebe zu ihrem Sohn, und um ihn zu beruhigen, entschloss sie sich, niemand anders zu schicken, sondern, was auch geschehen möge, selber zu gehen, Federigo zu bitten und dann ihrem Sohn den Falken zu bringen.

---

1 Gemeint ist die Jagd mit dem Falken, der seine Beute beißt („beizt") und somit tötet.

Holzschnitt aus der italienischen Ausgabe von 1492

Sie sagte daher: „Sei ruhig, mein Junge, und setze alles daran, wieder gesund zu werden. Ich verspreche dir, morgen früh soll es mein Erstes sein, nach dem Falken zu gehen, und sicher werde ich ihn für dich erbitten.“ Darüber freute sich der Knabe so sehr, dass sein Befinden tatsächlich noch am gleichen Tage eine Besserung zeigte.

Am folgenden Morgen nahm Monna Giovanna eine andre Dame als Begleitung mit und ging, als sei sie auf einem Spaziergang, nach dem kleinen Anwesen Federigos, wo sie nach ihm fragen ließ. Federigo befand sich, da es weder Wetter noch Zeit für die Vogelbeize war, in seinem Garten, wo er allerlei kleine Arbeiten ausführen ließ. Als er hörte, dass Monna Giovanna an der Tür nach ihm gefragt habe, verwunderte er sich sehr und lief ihr freudig überrascht entgegen. Sie sah ihn kommen, schritt mit fraulicher Anmut auf ihn zu und sagte, nachdem Federigo sie ehrerbietig begrüßt hatte: „Guten Morgen, Federigo! Ich bin hergekommen, um dich für jene Leiden zu entschädigen, die du meinetwegen ausgestanden hast, weil du mich mehr liebtest, als es dir gut war. Ich möchte sie dir damit vergelten, dass ich mich mit meiner Begleiterin heute Mittag bei dir zu Gast lade.“ Bescheiden erwiderte Federigo: „Madonna, ich erinnere mich nicht, dass mir je ein Leid durch Euch widerfahren wäre, wohl aber so viel Gutes, dass, wenn je etwas Rechtes an mir war, ich es nur Eurer Tugend und der Liebe, die ich für Euch empfand, verdanke. Und ganz sicherlich ist mir Euer hochherziger Besuch viel teurer, als wenn ich wieder in die Lage zurückversetzt worden wäre, ebenso viel Geld zu verschwenden, wie ich es schon einmal tat. Doch arm ist der Wirt, zu dem Ihr gekommen seid.“ Nachdem er diese Worte gesprochen hatte, geleitete er sie schüchtern in sein Haus und führte sie von dort in den Garten. Da er sonst niemand hatte, der ihr Gesellschaft hätte leisten können, sprach er zu ihr: „Madonna, es ist niemand weiter hier als diese brave Frau, das Weib meines Arbeiters, sie wird Euch daher ein wenig Gesellschaft leisten, während ich hineingehe und das Essen richten lasse.“ So groß seine Armut auch war, hatte er es bis zur Stunde durchaus nicht bitter empfunden, dass er nicht mehr in der Lage war, Reichtümer zu verschwenden; an diesem Vormittag jedoch fühlte er heiße Reue, weil er gar nichts fand, womit er die Dame hätte ehren können, um deretwillen er einst unzähligen Menschen Ehren erwiesen hatte. Verzweifelt, sich und sein Schicksal verwünschend, lief er umher, als habe er den Verstand verloren, doch fand er weder Geld noch irgendetwas Versetzbares. Darüber war es schon spät geworden, aber wenn er auch die Dame herzlich gerne mit irgendeiner Gabe bewirtet hätte, brachte er es nicht über sich, Fremde oder seinen eigenen Arbeiter um Hilfe zu bitten.

Da fiel sein Auge auf seinen guten Falken, der in dem kleinen Zimmer auf der Stange saß, und weil ihm keine Zeit mehr verblieb, weiter zu suchen, ergriff er den Vogel, fand ihn wohlgenährt und hielt ihn für würdig, der Dame als Leckerbissen vorgesetzt zu werden. Ohne lange nachzudenken, drehte er ihm den Hals um, ließ ihn schnell von einer Magd rupfen, zurechtmachen und am Spieß sorglich braten. Dann breitete er schneeweißes Linnen, von dem er noch einiges besaß, über den Tisch und eilte mit heiterer Miene zu seiner Dame in den Garten, um ihr zu melden, dass das Essen, so gut es in seiner Macht stehe, angerichtet sei.

Darauf erhoben sich die Dame und ihre Begleiterin und setzten sich zu Tisch, und ohne zu wissen, was sie aßen, verspeisten sie zusammen mit Federigo, der sie aufmerksam bediente, den kostbaren Falken.

Als sie von der Tafel aufgestanden und in reizvollem Gespräch noch eine Weile zusammen gewesen waren, schien es der Dame an der Zeit zu sagen, warum sie hergekommen war. Liebenswürdig wandte sie sich an Federigo und sprach: „Federigo, wenn du dich an dein früheres Leben und an meine Standhaftigkeit erinnerst, die du vielleicht irrtümlich für Härte und Grausamkeit gehalten hast, so zweifle ich nicht, dass du über meine Anmaßung sehr verwundert sein wirst, wenn du den Grund meines Besuches erfährst. Wenn du aber Kinder besäßest oder gehabt hättest und wüsstest, wie stark und groß die Kraft der Liebe ist, die man für sie empfindet, so wäre ich sicher, dass du mich wenigstens zum Teil entschuldigen würdest. Doch wenn du auch keine Kinder hast, so habe doch ich einen Sohn und kann mich daher dem Gebote der Mutterliebe nicht entziehen. Und diese zwingt mich, gegen meinen Wunsch und gegen Sitte und Anstand von dir ein Geschenk zu erbitten, von dem ich weiß, das es dir über alles teuer ist. Und das mit gutem Grunde, weil dir keine andere Freude, kein anderes Vergnügen und kein anderer Trost in deiner Armut verblieben sind.

Dieses Geschenk ist dein Falke, nach dem mein Sohn ein so heißes Verlangen trägt, dass ich fürchten muss, wenn ich ihm den Falken nicht bringe, wird sich die Krankheit, an der er leidet, so verschlimmern, dass ich ihn verliere. Und darum bitte ich dich, nicht bei deiner Liebe zu mir, die dir keine Verpflichtung auferlegen kann, sondern bei deiner Großmut, die du in ritterlichem Anstand freigebiger als jeder andere bewiesen hast, dass du so gütig sein möchtest, mir den Falken zu schenken, damit ich später sagen kann, dass du meinem Sohn das Leben gerettet und ihn dir für immer verpflichtet hast."

Als Federigo hörte, worum die Dame ihn bat, und erkannte, dass er ihrem Wunsch nicht willfahren[1] konnte, weil er ihr den Falken zu Tisch vorgesetzt hatte, stürzten ihm in ihrer Gegenwart die Tränen aus den Augen, bevor er noch ein Wort hervorbringen konnte. Als sie seine Tränen sah, glaubte sie, dass er vor Schmerz weine, weil er seinen geliebten Falken hergeben sollte, und wollte schon hinzufügen, dass sie das Tier nicht nehmen möchte. Sie hielt sich jedoch zurück, damit Federigo, nachdem seine Tränen versiegt seien, ihr antworten könne. Schließlich sagte er: „Madonna, seitdem es Gott gefiel, dass meine Liebe Euch gehört, hat mir das Schicksal manchen bösen Streich gespielt, der mich geschmerzt hat. Doch alles ist nichts gewesen gegenüber dem Schlag, den es mir heute versetzt und den ich ihm nie mehr vergeben werde. Wenn ich bedenke, dass Ihr in mein armseliges Haus gekommen seid – welcher Gnade Ihr mich, als ich reich war, nie für würdig erachtet habt –, um von mir ein kleines Geschenk zu erbitten, so hat mein Unglück es gewollt, dass ich Euch diese Gabe nicht mehr reichen kann. Warum ich es nicht kann, sollt Ihr sogleich erfahren. Als ich hörte, dass Ihr in Eurer Güte bei mir speisen wolltet, gedachte ich Eures Adels und Eurer Trefflichkeit und hielt es für angebracht, Euch – so gut es mir möglich war – mit einer köstlicheren Speise zu ehren, als man sie gewöhnlich anderen Personen vorsetzt. So habe ich den Falken, um den Ihr mich bittet, für angemessen erachtet, dass er Euch zum Mahle gereicht werde. Ihr habt ihn heute gebraten verzehrt, und ich glaubte, ihn auf die beste Art verwendet zu haben. Nun aber sehe ich, dass Ihr ihn auf andere Weise gewünscht hättet. Dass ich Eurer Bitte nicht willfahren kann, schmerzt mich heftig; ich glaube nicht, mich jemals darüber trösten zu können."

Nachdem er diese Worte gesprochen hatte, ließ er ihr zum Beweis die Federn, die Fänge und den Schnabel des Falken vorlegen. Als die Dame das sah und hörte, tadelte sie ihn zuerst, dass er, um einem Frauenzimmer ein Mahl vorzusetzen, einen so kostbaren Falken getötet hatte. Dann aber lobte sie bei sich seine Großzügigkeit, die durch seine Armut weder verringert

[1] **willfahren:** entsprechen

war noch jemals verringert werden würde. Da ihr jedoch keine Hoffnung mehr verblieb, den Falken zu bekommen, und sie daher die Genesung ihres Sohnes zu bezweifeln begann, dankte sie Federigo für seine Bewirtung und seinen guten Willen und entfernte sich niedergeschlagen, um zu ihrem Sohn zurückzukehren, der wenige Tage später – sei es aus Trauer, weil er den Falken nicht bekommen konnte, oder sei es, weil seine Krankheit ohnehin zu diesem Ende geführt hätte – zum größten Schmerz seiner Mutter aus dem Leben schied.

Nachdem sie einige Zeit in Tränen und Verbitterung verbracht hatte, wurde sie, reich und jung wie sie war, häufig von ihren Brüdern aufgefordert, sich wieder zu vermählen. Obwohl sie selber dies eigentlich nicht wünschte, erinnerte sie sich, wieder und wieder gedrängt, Federigos und seiner letzten großherzigen Tat, dass er ihr zu Ehren seinen kostbaren Falken geopfert hatte. Sie sprach daher zu ihren Brüdern: „Ich möchte, wenn es euch recht wäre, am liebsten nicht wieder heiraten. Wenn ihr jedoch darauf besteht, dass ich mich wieder vermähle, so werde ich sicherlich keinen anderen Mann nehmen als Federigo degli Alberighi.“

Spöttisch erwiderten die Brüder: „Närrin, was sagst du da? Warum willst du gerade ihn haben, der nichts auf der Welt sein Eigen nennt?“ Sie antwortete: „Meine Brüder, ich weiß wohl, dass es so ist, wie ihr sagt, und so ziehe ich denn einen Mann ohne Reichtum dem Reichtum ohne Mann vor!“ Als die Brüder, die Federigo als einen vortrefflichen Mann kannten, ihren festen Entschluss vernahmen, gaben sie ihm, so arm er auch war, die Schwester mit all ihren Reichtümern zur Frau, wie sie es gewünscht hatte. Und Federigo, der diese vortreffliche, heiß geliebte Frau, die noch dazu überaus reich war, zur Gattin bekam, hielt fortan seinen Besitz in sorgsamer Verwaltung und beschloss in Freude und Fröhlichkeit mit Giovanna seine Tage.

1 Was denkt ihr über Federigo? Wie beurteilt ihr sein Verhalten?

2 Charakterisiert die beiden Hauptfiguren der Erzählung, Federigo und Giovanna. Wie handeln sie und welche Eigenschaften werden ihnen zugesprochen? Legt dazu eine Tabelle an.

Federigo	**Giovanna**
...	...

Hilfen erhaltet ihr im Werkzeugkasten auf S. 24.

3 Federigo vergeudet fast sein ganzes Vermögen, um die Liebe Giovannas zu gewinnen. Wie reagiert er auf ihre Abweisung? Sucht nach Erklärungen dafür.

4 Wodurch erlangt Federigo am Ende doch die Zuneigung Giovannas? Erklärt in diesem Zusammenhang auch Giovannas Ausspruch: „[...] und so ziehe ich denn einen Mann ohne Reichtum dem Reichtum ohne Mann vor!“ (Z. 322 ff.)

5 Giovannas Brüder zeigen keinerlei Verständnis für ihre Entscheidung, Federigo zu heiraten. Stellt euch vor, sie machte ihre Motive in einem Brief an ihre Brüder deutlich. Verfasst diesen fiktiven Brief.

6 In dieser Erzählung spielt der Falke eine besondere Rolle. Ermittelt zunächst alle Stellen, an denen von dem Falken erzählt wird. Macht euch dann klar, welche Bedeutung er jeweils für die verschiedenen Personen hat (Federigo, Giovanna, Giovannas Sohn).

7 Wodurch entsteht in der Erzählung Spannung und wann löst sie sich wieder auf? Ermittelt dazu den Höhe- und Wendepunkt. Macht euch klar, an welcher Stelle die Erzählung einen neuen, vielleicht unerwarteten Verlauf nimmt, und belegt eure Entscheidung am Text.

8 Fiammetta, die Erzählerin dieser Geschichte, erzählt nicht aus eigenem Erleben, sondern gibt die Geschichte eines Mannes namens Coppo di Borghese Domenichi (Z. 16 ff.) wieder. Wie stellt sie diesen Mann vor und warum beruft sie sich ausdrücklich auf ihn?

9 Schaut euch noch einmal die Kennzeichen der Kurzgeschichte auf S. 74 an. Welche Merkmale lassen sich an Boccaccios Erzählung nachweisen, welche treffen überhaupt nicht zu?

10 Stellt anhand der Zusammenfassung am Ende dieser Seite die Merkmale der Novelle stichwortartig zusammen und weist sie an Boccaccios Erzählung nach.

11 **Durchstarten! So könnt ihr weiterarbeiten:**

a) Am Ende ihres Besuches dankt Giovanna Federigo für die Bewirtung und verlässt ihn niedergeschlagen (vgl. Z. 292 ff.). Verfasst einen inneren Monolog Federigos, in dem dessen Gefühle deutlich werden.

b) Boccaccio hat seine Novelle vor über 600 Jahren geschrieben. Wie wirkt seine Sprache heute auf euch? Sucht euch einen Abschnitt aus der Erzählung heraus, der euch besonders fremdartig erscheint, und „übertragt" ihn in eine moderne Sprache. Überlegt dazu, welche Wörter ihr durch zeitgemäße Ausdrücke ersetzen könnt und wie ihr den Satzbau verändern müsst.

c) Stellt in Form von Referaten bzw. Buchvorstellungen die folgenden Novellen der Klasse vor:
- Marie von Ebner-Eschenbach: Krambambuli
- Gottfried Keller: Kleider machen Leute
- Theodor Storm: Pole Poppenspäler

Das musst du lernen und wissen

Die Novelle

Boccaccios Erzählung ist – wie der Titel schon sagt – eine Novelle. Als Novelle (lat.: novus = neu) bezeichnet man eine Erzählung mittleren Umfangs, die von einem bestimmten herausgehobenen oder ungewöhnlichen Ereignis berichtet. Die Novelle konzentriert sich auf die Darstellung dieses Ereignisses; sie besitzt eine strenge, meist geschlossene Form; d. h., sie weist oft eine kurze Einleitung auf und führt dann geradlinig zum Ende. Häufig ist die eigentliche Geschichte in eine Rahmenhandlung eingebettet.

In vielen Novellen findet sich ein Leitmotiv, ein sogenanntes Dingsymbol, das ist ein äußeres, gegenständliches Zeichen, das sich durch die gesamte Novelle zieht und die Handlungsteile miteinander verknüpft.

Kleine Übungen zur Lernkontrolle

Merkmale der Kurzgeschichte und Erzählverhalten

1 Prüfe die folgenden Aussagen und schreibe nur die Merkmale in dein Heft, die für die Kurzgeschichte zutreffen.

- In einer Kurzgeschichte wird das Leben einer oder mehrerer Personen ausführlich erzählt.
- Kurzgeschichten beginnen oft unvermittelt, ohne Einleitung.
- Ein Kennzeichen der Kurzgeschichte ist die Alltäglichkeit: Die handelnden Personen sind normale Menschen, die sich aber häufig in einer Ausnahmesituation befinden.
- Alle Kurzgeschichten haben einen ausführlichen Schluss, meist enden sie mit einem Happy End.
- Das erzählte Geschehen einer Kurzgeschichte beschränkt sich auf einen kurzen Zeitabschnitt, häufig ist es eine krisenhafte Situation in dem Leben eines oder mehrerer Menschen.
- In einer Kurzgeschichte wird das Geschehen in allen Details erzählt.
- Die Sprache der Kurzgeschichte ist sehr poetisch und romantisch.
- Der Schluss der Kurzgeschichte ist meist offen gestaltet: Die Handlung ist häufig nicht zu Ende erzählt.
- Die Sprache der Kurzgeschichte ist in vielen Fällen auf den ersten Blick nüchtern und schlicht.

2 Verfahre ebenso bei den folgenden Aussagen zum Erzählverhalten.

- Von einem personalen Erzählverhalten spricht man, wenn der Erzähler die Gedanken und Gefühle aller an der Handlung beteiligten Personen wiedergibt.
- Beim auktorialen Erzählverhalten kann der Erzähler einen Ausblick auf das Ende der Handlung geben. Ebenso kann er wissen, was gleichzeitig an unterschiedlichen Orten passiert.
- Das personale Erzählverhalten ist dadurch gekennzeichnet, dass sich der Erzähler darauf beschränkt, das Geschehen aus der Sicht einer oder mehrerer beteiligten Personen zu erzählen. Er gibt dann nur das wieder, was die Person oder die Personen wahrnehmen könnte bzw. könnten.

3 Begründe bei dem folgenden Textausschnitt aus der Kurzgeschichte „Die Probe“ von Herbert Malecha, welches Erzählverhalten vorliegt.

Redluff lehnte sich in seinen Stuhl zurück. Die Spannung in ihm zerbröckelte, die eisige Ruhe schmolz. Er hätte jubeln können. Das war es, das war die Probe, und er hatte sie bestanden. (Z. 148 ff.)

Das Lernen lernen – Referate

In vielen Unterrichtsfächern wird von euch erwartet, dass ihr Arbeitsergebnisse vorstellt oder Referate haltet. So werden im Deutschunterricht häufig bedeutende Dichter oder berühmte literarische Werke vorgestellt. In diesem Kapitel steht daher mit Wolfgang Borchert einer der bekanntesten Autoren der deutschsprachigen Nachkriegsliteratur im Mittelpunkt, dessen Kurzgeschichten auch in viele Deutschbücher aufgenommen wurden (z. B. „Nachts schlafen die Ratten doch“, in diesem Buch auf S. 75 ff.).
Aber auch später im Beruf kann es wichtig sein, anderen Personen Informationen zu präsentieren.

Dabei ist es nicht einfach, vor einer Gruppe selbstbewusst aufzutreten und einen guten Vortrag zu halten, der die Zuhörer wirklich informiert und auch interessiert. In diesem Kapitel könnt ihr daher lernen, welche Arbeitsschritte bei der Vorbereitung eines Referats wichtig sind, wo ihr euch Informationen beschaffen und wie ihr euren Vortrag gliedern könnt und was ihr bei der inhaltlichen Ausarbeitung beachten solltet. Ihr erhaltet auch viele Tipps für das Halten des Referats: Vor allem könnt ihr lernen, wie ihr euer Thema veranschaulicht und wie ihr eure Zuhörer aktiv einbezieht. Außerdem bekommt ihr Hinweise, auf welche Punkte man bei der Beurteilung eines Referats achten kann. Natürlich erfahrt ihr auch vieles über das Leben des Autors Wolfgang Borchert.

Habt ihr selbst schon einmal ein Referat gehalten? Berichtet von euren Erfahrungen.
Sprecht auch darüber, womit ihr bei eurem Referat zufrieden wart und wo es Schwierigkeiten oder Unsicherheiten gab.

Also, das wird jetzt nicht so toll ...
Womit wollte ich eigentlich anfangen?
Wie soll ich bloß meine Hände halten?
Soll ich jetzt wirklich die ganze Zeit nur reden?
PADERBORN DOLPHINS
Warum grinsen die beiden so?
Hoffentlich verspreche ich mich nicht!

1. Die Vorbereitung eines Referats

In der Klasse 8a sollen bekannte deutsche Schriftsteller vorgestellt werden, deren Texte im Unterricht gelesen wurden. Deshalb haben sich einige Schüler freiwillig für ein Referat gemeldet. Zur Vorbereitung wurden in der Klasse Tipps für die Präsentation eines Themas gesammelt, die von den Schülern als Hilfe genutzt werden können.
Thimo hat von seinem Deutschlehrer den Auftrag erhalten, den Autor Wolfgang Borchert vorzustellen, da die Klasse sich im Unterricht mit dessen Kurzgeschichte „Nachts schlafen die Ratten doch" beschäftigt hat. Die im Unterricht besprochenen einzelnen Arbeitsschritte für die Vorbereitung eines Referats hat Thimo auf Karteikarten geschrieben, die dann aber durcheinandergeraten sind:

a

Die nötigen Informationen über das Thema beschaffen; z. B. Schulbücher, Fachbücher, Lexika oder das Internet durchsuchen, passende Fernseh- und Radiosendungen auswerten oder Experten befragen; unbedingt stichwortartig Notizen machen (z. B auf Karteikarten)!

b

Sich über das genaue Thema des Referats klar werden, dieses eventuell eingrenzen (evtl. Lehrer fragen, was er eigentlich genau erwartet)!

c

Überlegen, wie man das Thema am besten veranschaulichen kann (z. B. durch Bilder, Schaubilder, Gegenstände); Medien rechtzeitig besorgen bzw. vorbereiten (z. B. Tafel, Overhead-Projektor, Fernseher, Beamer, Whiteboard, CD-Player)!

d

Ungefähren Zeitplan für die Vorbereitung des Referats erstellen; dabei auch andere zeitliche Belastungen (z. B. Klassenarbeiten) berücksichtigen!

e

Vortrag vorher üben (z. B. vor Eltern, Geschwistern oder vor dem Spiegel): Wo hakt es noch? Wo habe ich Schwierigkeiten, Zusammenhänge zu erklären?
Unterlagen (Karteikarten) auf Fehler oder Schwächen hin überprüfen!

f
Entscheiden, welche der gesammelten Informationen in die Präsentation aufgenommen werden sollen; Wichtiges von weniger Wichtigem trennen (Zuhörer nicht durch zu langes Referat überfordern)!

g
Überlegen, welche einzelnen Teilbereiche oder Aspekte das Thema umfasst → aufschreiben und evtl. veranschaulichen (z. B. mithilfe einer Mindmap) als Orientierung für die weitere Arbeit!

h
Eigentliche Ausarbeitung/sprachliche Ausgestaltung; entscheiden: den gesamten Text vorher ausformulieren oder sich auf verkürzte Sätze oder Stichwörter beschränken!

i
Informationsmaterial ordnen (Überblick nicht verlieren!); vgl. Übersicht über Teilbereiche oder Unteraspekte des Themas; Gliederung des Referats festlegen!

1 Bringt die einzelnen Arbeitsschritte bei der Vorbereitung eines Referats in eine sinnvolle Reihenfolge und vergleicht dann eure Ergebnisse. Begründet eure Entscheidungen, sprecht dabei auch über unterschiedliche Lösungsmöglichkeiten.

2 Was muss man noch bei der Vorbereitung eines Referats berücksichtigen? Sammelt weitere Tipps an der Tafel.

3 Gestaltet in Gruppenarbeit Lernplakate zum Thema „Vorbereitung eines Referats", auf denen ihr die wichtigsten Arbeitsschritte möglichst knapp und übersichtlich darstellt. Entscheidet euch dann für ein Plakat und hängt es in der Klasse auf.
So könnt ihr anfangen:

Vorbereitung eines Referats

- Thema eingrenzen
- Zeitplan erstellen
- ...

Wenn du das genaue Thema deines Referats kennst und dir einen Überblick über die einzelnen Arbeitsschritte und die zur Verfügung stehende Zeit verschafft hast, dann solltest du anfangen, Informationen zu deinem Thema zu sammeln. Dabei gibt es viele verschiedene Informationsquellen.

4 Sammelt an der Tafel unterschiedliche Informationsquellen, die ihr für die Vorbereitung eines Referats nutzen könnt. Überlegt dabei auch, welche Angebote es bei euch vor Ort gibt.

5 Welche dieser Informationsmöglichkeiten habt ihr selbst schon genutzt? Berichtet von euren Erfahrungen. Sprecht auch über die Vorteile und Nachteile der verschiedenen Informationsquellen.

6 Wie könnt ihr vorgehen, um Informationsmaterial für ein Referat über Wolfgang Borchert als Kurzgeschichtenautor zu sammeln? Überlegt euch, in welcher Reihenfolge ihr welche Informationsquellen nutzen würdet.

Die folgende Kurzbiografie hat Thimo bei seiner Suche nach Informationsmaterial über das Leben Wolfgang Borcherts gefunden und er möchte sie nun für sein Referat nutzen.

Michael Fuchs (geb. 1954)

Wolfgang Borchert

„Das hohle Fenster in der vereinsamten Mauer gähnte blaurot voll früher Abendsonne. Staubgewölke flimmerte zwischen den steilgereckten Schornsteinresten. Die Schuttwüste döste." So beginnt Wolfgang Borcherts Kurzgeschichte „Nachts schlafen die Ratten doch". Beschrieben wird eine Trümmerlandschaft, die der Krieg hinterlassen hat. Doch nicht die Zerstörung der Gebäude ist das Thema von Borchert, sondern die Zerstörung der Menschen, der zwischenmenschlichen Beziehungen durch den Krieg: Ein neunjähriger Junge bewacht Tag und Nacht die unter den Trümmern seines Elternhauses verschüttete Leiche seines Bruders, weil er befürchtet, dass sie nachts von Ratten angefressen werden könnte.[1]
Ein Ehemann belügt zum ersten Mal nach langjähriger Ehe seine Frau, weil er Hunger hat und nachts heimlich die Scheibe Brot isst, die eigentlich seiner Frau zusteht.[2]
Ein junger Mann verliert bei einem Bombenangriff seine Mutter. Das einzige Erinnerungsstück an sie, das ihm geblieben ist, ist eine kaputte Küchenuhr.[3]
Ein Soldat kehrt aus dem Krieg heim, findet aber kein Zuhause. Vergeblich versucht er, die ihm im Februar 1944 übertragene Verantwortung für den Tod von elf Soldaten an seinen Obersten zurückzugeben.[4]
Manche Zeitgenossen Borcherts haben diese Art Literatur abschätzig als „Trümmerliteratur" bezeichnet, doch der Begriff wurde von einem anderen deutschen Schriftsteller, Heinrich Böll, verteidigt: „Wir haben uns gegen diese Bezeichnung nicht gewehrt, weil sie zu Recht bestand: Tatsächlich, die Menschen, von denen wir schrieben, lebten in Trümmern, sie kamen aus dem Krieg, Männer und Frauen, in gleichem Maße verletzt, auch Kinder ..."[5]
„Zertrümmert" hat der Krieg auch das Leben von Wolfgang Borchert. Geboren wurde er 1921 als Sohn des Volksschullehrers Fritz Borchert und der Schriftstellerin Hertha Borchert in Hamburg. Er interessiert sich bereits früh für

1 „Nachts schlafen die Ratten doch" (1947)
2 „Das Brot" (1946)
3 „Die Küchenuhr" (1946)
4 „Draußen vor der Tür" (1946)
5 **Heinrich Böll:** Bekenntnis zur Trümmerliteratur. In: Ders.: Hierzulande, Deutscher Taschenbuch Verlag, München (dtv), S. 129

Literatur, insbesondere für das Theater. Mit fünfzehn Jahren beginnt Borchert eigene Gedichte zu schreiben, manchmal zehn und mehr am Tag. Das Gymnasium verlässt er zwei Jahre vor dem Abitur, um eine Buchhandelslehre zu beginnen, nimmt dann aber heimlich Schauspielunterricht und besteht 1940 die Prüfung vor der Reichstheaterkammer. Sein erstes Engagement dauert von März bis Juni an der „Landesbühne Osthannover“ in Lüneburg.

Zum ersten Mal gerät er in Auseinandersetzung mit dem nationalsozialistischen Regime, als er 1940 von der Gestapo[1] verhaftet wird – eine Kollegin in der Buchhandlung hat ihn denunziert[2]. Sie hat ein Lobgedicht Borcherts auf den Dichter Rainer Maria Rilke als Liebesgedicht eines Homosexuellen missinterpretiert. Die Nacht in dem dunklen Gestapo-Keller verstärkt Borcherts Abneigung gegen die Nazis.

1941 wird er als Soldat eingezogen und muss an die Front nach Russland. 1942 erleidet er eine Handverletzung und wird wiederum Opfer einer Denunziation: Er wird verdächtigt, sich die Verletzung selbst beigebracht zu haben, um dem Krieg zu entgehen – ein Vergehen, auf das die Todesstrafe steht. Aus dem Heimlazarett in Schwabach wird er verhaftet und muss drei Monate in Nürnberg in Untersuchungshaft auf seinen Prozess warten. Obwohl die Anklagevertreter auf Todesstrafe plädieren, hat Borchert Glück und wird freigesprochen. Seine Erfahrungen während dieser Untersuchungshaft hat er in der Erzählung „Die Hundeblume“ verarbeitet.

Seine Briefe aus der Untersuchungshaft werden geöffnet – unmittelbar nach dem Freispruch kommt es zu einem weiteren Gerichtsverfahren wegen Äußerungen „gegen Staat und Partei“. Die Strafe von vier Monaten Gefängnis wird auf Antrag Borcherts umgewandelt in sechs Wochen verschärfter Haft mit anschließender „Frontbewährung“ – ein zynischer Begriff für den Einsatz in besonders hart umkämpften Gebieten. Nachdem er schon 1940 an Gelbsucht erkrankte, erleidet er nun im Winter 1942 Fußerfrierungen, erkrankt wiederum an Gelbsucht und an Fleckfieber, sodass er in das Heimatlazarett Elend/Harz transportiert wird.

Nachdem er vermeintlich genesen ist, wird er nach Kassel-Wilhelmshöhe versetzt. Dort wird seine „Frontuntauglichkeit“ festgestellt, er soll aus dem Soldatendienst entlassen und einem Fronttheater zugeordnet werden. Einen Tag vor der Entlassung wird Borchert zum wiederholten Mal verraten, er hat in der Kaserne den Propagandaminister Goebbels persifliert[3]. Er wird zu neun Monaten Haft verurteilt, die er in Berlin-Moabit absitzt, wiederum mit anschließender „Frontbewährung“. Im Frühjahr 1945 wird Borchert bei Frankfurt a. M. von den Franzosen gefangen genommen, kann jedoch fliehen. Immer der Front ausweichend geht er 600 Kilometer zu Fuß nach Hamburg. Seine Gesundheit ist endgültig ruiniert.

Er gründet zwar im Herbst 1945 ein politisches Kabarett und führt die Regieassistenz bei der Aufführung von Lessings Drama „Nathan der Weise“, ist dann aber bis zu seinem Tod 1947 an das Krankenbett gefesselt. Während dieser Zeit entstehen die meisten seiner berühmten Kurzgeschichten, und im Januar 1947 schreibt er binnen acht Tagen das Theaterstück „Draußen vor der Tür“, das am 13. Februar zunächst als Hörspiel gesendet wird und lebhafte Hörerreaktionen hervorruft.

Einen Tag vor der Uraufführung des Stücks auf der Theaterbühne, am 20. November 1947, stirbt Borchert in einem Basler Krankenhaus, in dem er sich Heilung von seinem schweren Leberleiden erhoffte.

Sein Protest gegen den Krieg und seine pazifistische Grundhaltung drücken sich in nahezu allen seinen Werken aus, am deutlichsten vielleicht in dem Antikriegsmanifest[4] „Dann gibt es nur eins!“, in dem es u. a. heißt:

---

1 **Gestapo:** Kurzwort für die berüchtigte „Geheime Staatspolizei“ der Nationalsozialisten
2 **denunzieren:** jemanden bei der Polizei anschwärzen, ihn aus niederen Beweggründen anzeigen
3 **persiflieren:** nachäffen, verspotten
4 **Manifest:** öffentliche Erklärung, Programm

„Du, Mutter in der Normandie und Mutter in der Ukraine, du, Mutter in Frisko und London, du, am Hoangho und am Mississippi, du, Mutter in Neapel und Hamburg und Kairo und Oslo – Mütter in allen Erdteilen, Mütter in der Welt, wenn sie morgen befehlen, ihr sollt Kinder gebären, Krankenschwestern für Kriegslazarette und neue Soldaten für neue Schlachten, Mütter in der Welt, dann gibt es nur eins:
Sagt NEIN! Mütter, sagt NEIN!"

1 Lest den Text aufmerksam und entnehmt ihm die wichtigsten Informationen über das Leben Wolfgang Borcherts. Dafür könnt ihr (auf einer Folie oder einer Kopie) Markierungen anbringen, wesentliche Informationen stichwortartig herausschreiben oder mithilfe einer Mindmap veranschaulichen.

Hilfen zur Erschließung eines Sachtextes findet ihr im Werkzeugkasten auf S. 174.

2 Trefft dann eine Auswahl, welche der Informationen ihr für ein Referat mit dem Thema „Wolfgang Borchert als Autor von Kurzgeschichten" übernehmen würdet. Überlegt auch, zu welchen Bereichen oder Unterthemen ihr noch weitere Informationen sammeln müsstet.

3 Wie beurteilt ihr die folgende Gliederung, die Thimo für sein Referat erstellt hat? Was ist ihm eurer Meinung nach gelungen, welche Punkte sollte er verbessern?

a) Historischer Hintergrund
b) Wolfgang Borchert – Leben und Werk
c) Bekannte Kurzgeschichten-Autoren
d) „Nachts schlafen die Ratten doch"
e) Personen
f) Intention
g) Sprache
h) Biografische Einflüsse
i) Der Zweite Weltkrieg
j) Andere Kurzgeschichten Borcherts
k) Borcherts Drama „Draußen vor der Tür"

4 Erstellt eine eigene Gliederung. Vergleicht anschließend eure Ergebnisse in der Klasse.

5 Bereitet einen Kurzvortrag über Borcherts Leben vor, indem ihr das Wichtigste in eigenen Formulierungen auf Karteikarten übertragt.

6 Stellt euch nun eure Kurzvorträge über die Biografie Borcherts in Kleingruppen gegenseitig vor. Eure Mitschülerinnen und Mitschüler hören aufmerksam zu und machen sich stichwortartig Notizen. Danach besprecht ihr in der Gruppe, was an eurem Vortrag gut war und was noch verbessert werden könnte.

2. Die Präsentation

Bei der Suche nach Informationsmaterial über Wolfgang Borchert und seine Zeit hat Thimo diese Abbildung gefunden, die er mithilfe eines Beamers zu Beginn seines Vortrags an die Wand projiziert.

Zerstörter Straßenzug in München (1946)

1 Überlegt gemeinsam, welche Vorteile eine solche Präsentation zu Beginn eines Referats haben kann. Sprecht auch darüber, ob ihr Thimos Auswahl für gelungen haltet.

Die Klasse 8a hat ein Lernplakat erstellt, auf dem sie verschiedene Materialien und Medien zur Veranschaulichung eines Vortrags gesammelt hat.

2 Sucht weitere Materialien und Medien, die zur Veranschaulichung eines Referats eingesetzt werden können, und ergänzt damit das Lernplakat.

3 Überlegt gemeinsam, welche Möglichkeiten die einzelnen Medien und Materialien bieten und wo ihre Grenzen liegen. Ihr könnt auch die jeweiligen Vor- und Nachteile in tabellarischer Form einander gegenüberstellen.

4 Sucht für alle Medien und Materialien einige mögliche Referatsthemen, bei denen sie sinnvoll eingesetzt werden könnten. Versucht auch herauszufinden, ob einige Möglichkeiten der Veranschaulichung für bestimmte Schulfächer oder Themenbereiche besonders geeignet sind.

5 Welche Materialien oder Medien könnten zur Veranschaulichung eines Referats über Wolfgang Borchert verwendet werden?

Die Schülerinnen und Schüler der Klasse 8a sprechen auch darüber, worauf man besonders achten muss, wenn man bei einer Präsentation Medien zur Veranschaulichung einsetzt.

6 Beurteilt die verschiedenen Tipps, die von den einzelnen Schülerinnen und Schülern gegeben werden.

7 Sammelt selbst weitere Tipps für den Einsatz von Materialien und Medien.

Zur Vorbereitung seiner Präsentation sucht Thimo noch einmal die Tipps heraus, die die Klasse 8a für den eigentlichen Vortrag, also für Redeweise, Sprache, Gestik und Mimik, in der Stunde zuvor gesammelt hat. Da die verschiedenen Tipps aber aus Zeitmangel nicht mehr geordnet oder besprochen wurden, versucht Thimo erst einmal selbst, sie zu beurteilen.

Beurteilungsbogen	++	+	o	–	– –
Während des Vortrags Blickkontakt mit den Zuhörern halten und auf Fragen eingehen!					
Umgangssprache vermeiden!					
Die Gliederung des Vortrags dem Publikum vorstellen!					
Beginn des Vortrags: erst ruhig hinsetzen oder hinstellen, die Unterlagen sortieren und auf Ruhe warten, bevor man anfängt!					
Wenn man „den Faden“ verliert, entweder von vorn anfangen oder ganz abbrechen!					
Während des Vortrags auf die Gliederung hinweisen, Wichtiges hervorheben, am Ende das Wesentliche kurz zusammenfassen!					
Laut, betont, deutlich und nicht zu schnell sprechen!					
Möglichst viele Fremdwörter verwenden, damit der Vortrag auch anspruchsvoll ist!					
Gestik: frei und ruhig stehen, entspannte Körperhaltung, sich dem Publikum zuwenden, Hände nicht in den Taschen „verstecken“!					

8 Die Sammlung von Tipps ist noch völlig ungeordnet, außerdem sind nicht alle Ratschläge gleich gut. Geht die einzelnen Tipps durch und überlegt, wie hilfreich ihr sie jeweils findet. Ihr könnt auch die Tabelle von S. 98 kopieren und die Bewertungen von „sehr gut" (++) bis „völlig sinnlos" (– –) ankreuzen. Vergleicht anschließend eure Ergebnisse in der Klasse und begründet dabei eure Entscheidungen.

9 Auch gegen „Lampenfieber" oder Redeangst lässt sich einiges tun. Übernehmt die folgenden Tipps in euer Heft und sammelt selbst weitere hilfreiche Ratschläge.

- Gute Vorbereitung schafft Sicherheit!
- Vortrag vorher üben, um Routine zu bekommen!
- Zur Sicherheit die ersten beiden Sätze ausformulieren und dann ablesen!
- Zu Beginn des Vortrags bequem hinsetzen oder hinstellen!
- Sich vorher mit dem Raum und den Medien vertraut machen!
- ...

Beim Vortrag eines Referats ist es auch wichtig, dass die Zuhörerinnen und Zuhörer nicht nur passiv dasitzen und alles bloß „über sich ergehen lassen". Dann wäre nämlich die Wahrscheinlichkeit recht hoch, dass sie spätestens am Stundenende das meiste schon wieder vergessen haben. Stattdessen sollten die Zuhörer nicht nur aufmerksam dem Vortrag folgen, sondern sich am besten auch selbst stichwortartig Notizen zum Inhalt des Referats machen und Fragen zu unklar gebliebenen Punkten stellen, da sich so der Stoff viel besser und dauerhafter einprägt. Wenn die Zuhörer sich ausschließlich auf den Vortrag konzentrieren sollen, kann der Referent auch zum Abschluss eine kurze schriftliche Zusammenfassung der wichtigsten Informationen austeilen. Der Vortragende selbst kann seine Zuhörer mit einbeziehen und aktivieren, indem er etwa Fragen an sie stellt oder kleine Aufgaben verteilt. Dafür bieten sich z. B. Lückentexte oder Kreuzworträtsel an, die von den Zuhörern während des Vortrags oder an dessen Ende ausgefüllt werden, oder ein Quiz mit verschiedenen Fragen als „Test", ob die wichtigsten Punkte auch wirklich verstanden wurden und „hängen geblieben" sind.

10 Natürlich wäre es nicht sinnvoll und auch kaum möglich, dass die Zuhörer den gesamten Text eines Referats wortwörtlich übernehmen. Überlegt gemeinsam, wie ihr während eines Vortrags am besten mitschreiben könnt. Sammelt dafür Tipps an der Tafel.

Weitere Hinweise erhaltet ihr im Kapitel „Zuhören und Informationen verarbeiten" auf S. 342 ff.

11 **Durchstarten! So könnt ihr weiterarbeiten:**

Entwerft selbst einen Lückentext, ein Rätsel oder ein Quiz zur Biografie Wolfgang Borcherts (s. S. 94 f.). Dafür könnt ihr auch gut mit einem Partner zusammenarbeiten oder in einer Gruppe arbeiten. Wenn ihr Karteikarten geschrieben habt, könnt ihr diese natürlich zu Hilfe nehmen. Lasst dann eure Sitznachbarin/euren Sitznachbarn (oder eine andere Gruppe) euren Lückentext bzw. euer Quiz bearbeiten.

3. Ein Referat beurteilen

Als Thimo sein Referat über Wolfgang Borchert endlich hält, ist er leider so aufgeregt, dass er viele Tipps nicht berücksichtigt:

Thimo wird vom Lehrer aufgerufen, setzt sich an den Lehrertisch und beginnt, in seinen Unterlagen, verschiedenen handgeschriebenen Zetteln und gedruckten Seiten zu wühlen. „Tut mir leid, ich glaub, das wird jetzt nicht so spannend ... Also, ich muss ein Referat halten über Borchert, weil von dem ja diese tolle Geschichte in unserem Deutschbuch drin ist. Borchert hat vor allem zur Zeit des Zweiten Weltkriegs und danach gelebt. Ach so, ich würde jetzt erst mal was zu seinem Leben sagen. Dazu habe ich im Internet ganz viel gefunden. Ich les mal diese zwei Seiten vor: ‚Wolfgang Borchert gilt als herausragender Repräsentant deutschsprachiger Kurzprosa, dessen Geschichten verschiedenen Strukturtypen entsprechen. Mehrere von ihnen sind Musterbeispiele für linear erzählte Geschichten mit Kulminationspunkt am Schluss und verdichteter Zeitstruktur, deren Komplexität ...'"

1 Besonders gelungen ist Thimos Referat trotz aller Vorbereitung wirklich nicht. Sprecht darüber, was er eurer Ansicht nach nicht gut gemacht hat.

2 Überlegt auch, welche konkreten Tipps ihr ihm für sein nächstes Referat geben könnt.

3 Um die Qualität eines Referats zu beurteilen, könnt ihr viele verschiedene Punkte bewerten. Entwerft gemeinsam Beurteilungsbögen, in denen ihr selbst die zu beurteilenden Punkte und die Möglichkeit der Bewertung festlegt. So könnt ihr anfangen:

Beurteilungsbogen für Referate	−2	−1	0	+1	+2
1. War das Thema klar erkennbar und wurde es auch eingehalten?					
2. Gab es einen interessanten, inhaltlich passenden Einstieg?					
3. ...					
4. ...					

4 **Durchstarten! So könnt ihr weiterarbeiten:**

- Referate zu halten lernt man vor allem durch viel Übung! Bereitet kurze Vorträge zu verschiedenen Themen vor. Das können Themen des Deutschunterrichts sein (in Absprache mit eurem Lehrer oder eurer Lehrerin), es können aber auch von euch völlig frei gewählte Themen sein, die für eure Mitschülerinnen und Mitschüler interessant sein könnten.
- Stellt dann eure Referate der Klasse vor und gebt euch gegenseitig Tipps, was noch verbessert werden könnte. Dafür könnt ihr den Beurteilungsbogen kopieren und zu jedem Referat ausfüllen. Natürlich darf auch viel gelobt werden!

Referate halten

Ein gutes Referat erfordert vor allem eine sorgfältige **Vorbereitung**. Je besser man seine Präsentation geplant hat, umso größer ist dann auch die Sicherheit beim Vortragen.
Wichtige **Arbeitsschritte** können dabei sein:

- Zeitplan erstellen
- Thema eingrenzen
- Informationen beschaffen und gliedern
- sprachliche Ausarbeitung
- Veranschaulichung vorbereiten
- Üben des Vortrags

Besonders wichtig ist die **Auswahl derjenigen Informationen**, die man später auch wirklich für sein Referat verwenden möchte. Auch wenn man sich schon für einige interessante Texte entschieden hat, muss man ihnen erst die wichtigsten Informationen entnehmen und diese dann zum größten Teil mit eigenen Worten wiedergeben. Auch auf eine sorgfältige **Gliederung** des Vortrags sollte man schon bei der Vorbereitung achten.

Wenn man ein Referat hält, sollte man sich bemühen, dessen Inhalt durch den Einsatz verschiedener Materialien und Medien (z. B. Gegenstände, Schaubilder, Plakate, Fotos, Filme) zu **veranschaulichen**. Das dient nicht nur der Abwechslung oder Auflockerung, sondern hat vor allem den Zweck, unterschiedliche Sinne der Zuhörer anzusprechen. Auch durch das **Einbeziehen der Zuhörer**, z. B. durch Fragen oder ein Quiz, prägt sich das Wissen besser ein und wird dauerhafter im Gedächtnis gespeichert.

Während des Vortrags sollte man auch auf seine **Redeweise** und die verwendete **Sprache** achten, also z.B. laut und deutlich sprechen und Umgangssprache ebenso vermeiden wie überflüssige Fremdwörter. Auch der gezielte Einsatz von **Gestik** und **Mimik** kann zum Erfolg eines Referats beitragen.

Am Ende des Vortrags kann man eine kurze schriftliche Zusammenfassung der wichtigsten Ergebnisse verteilen.

„Rund um die Schule“ – Informieren

Fast jeden Tag informieren wir andere Menschen oder holen Informationen ein, aber nicht immer sind wir dabei erfolgreich. Du lernst daher in diesem Kapitel, wie man einen Sachverhalt klären und andere erfolgreich darüber informieren kann. So etwas hast du bereits in den letzten Schuljahren gelernt, wenn du z. B. Vorgänge oder Gegenstände beschrieben hast.

In diesem Kapitel geht es jedoch nicht nur um das Informieren, sondern auch um das Diskutieren und Überzeugen. Willst du jemanden von deiner Meinung überzeugen, benötigst du hierfür bestimmte Strategien: Bei strittigen Fragen auf dem Schulhof, am Mittagstisch oder im Sportverein geht es darum, dass du die besseren Argumente hast. Du lernst daher in diesem Kapitel, wie man mithilfe von Argumenten andere in einem Streitgespräch oder in schriftlicher Form überzeugen kann.

Während des Unterrichts sollen die Schüler still, ruhig, in gerader und anständiger Haltung auf ihren Plätzen sitzen, die Hände auf den Tisch legen und sich mit den Füßen ruhig auf dem Boden halten. Beim Aufsagen, Lesen oder Singen sollen die Schüler stehen, ihre Antworten sollen sie in gerader Haltung des Kopfes laut, lautrein, wohlbetont und möglichst in ganzen Sätzen geben. Beim Schreiben sollen sie aufrecht sitzen, die Brust nicht an den Tisch andrücken, noch den Körper stark vorwärtsbiegen.

(Schulordnung um 1900)

und argumentieren

[...]
Als Lehrerin oder Lehrer verpflichte ich mich,

- die Schülerinnen und Schüler ihren Möglichkeiten entsprechend zu fördern und ihren Fähigkeiten entsprechend zu fordern,
- den Unterricht so zu gestalten, dass Schülerinnen und Schüler in ihrem Wissenserwerb und ihrem selbstständigen Lernen und Arbeiten unterstützt werden, [...]
- jedem Einzelnen der Schulgemeinschaft Respekt entgegenzubringen und ihn gerecht und fair zu behandeln,
- für die Sicherheit und das Wohl der Schülerinnen und Schüler zu sorgen,
- den Schülerinnen und Schülern Grundlagen wie Solidarität und Rücksichtnahme vorzuleben und die geltenden Werte und Normen zu vermitteln. [...]

(Schulvereinbarung des Hardtberg-Gymnasiums Bonn)

1 Seht euch die Abbildungen an. Lest dann die Auszüge aus der alten Schulordnung und der aktuellen Schulvereinbarung des Hardtberg-Gymnasiums. Worum geht es jeweils? Was ist den jeweiligen Verfassern wichtig?

2 In welcher Epoche wärt ihr lieber Schüler gewesen? Begründet eure Meinung.

3 Welche Erklärungen habt ihr für die Veränderungen in der Schule?

1. Ein guter Lehrer/eine gute Lehrerin: Wer oder was ist das? – Einen Sachverhalt klären

1 Was macht den „Witz" dieser Karikatur aus?

2 Was denkt ihr über die Aussage des Karikaturisten? Nehmt Stellung.

3 Klärt die Aufgabe bzw. Funktion einer Karikatur. Ihr könnt dafür auch in einem Lexikon nachschlagen.

4 Eine Schülerin behauptet: „Guten Unterricht kann es zu jedem Thema geben, auch zu einem scheinbar langweiligen. Es kommt eben immer auf den Lehrer an." Was haltet ihr von dieser Aussage?

5 Überlegt, was eurer Meinung nach einen guten Lehrer bzw. eine gute Lehrerin ausmacht. Haltet alle Einfälle in Form eines Ideensterns auf Folie oder einem Plakat fest.

6 Überlegt, wie ihr mit den Ergebnissen des Ideensterns nun weiterarbeiten könnt.

7 Hier findest du mögliche Aussagen aus einem Ideenstern zum Thema „Was ist ein guter Lehrer bzw. eine gute Lehrerin?". Zu welchem Oberbegriff kann man sie zusammenfassen? Wählt aus eurem Ideenstern weitere Gesichtspunkte aus, die zu diesem Oberbegriff passen.

Spaß im Unterricht, nicht nur vor der Klasse stehen, Gruppenarbeit, Themen von Schülern vorschlagen lassen, aktuelle Themen berücksichtigen, Tafelbilder von Schülern erstellen lassen, mitmachen statt zuhören, Stoff interessant gestalten, ...

8 Versucht, den Sachaspekt (Oberbegriff) aus Aufgabe 7 in einem kleinen Text so auszuformulieren, dass jemand, der wenig zu dem Thema weiß, gut informiert wird. Überlegt zuvor gemeinsam in der Gruppe, wie ihr vorgehen wollt. So oder auch anders könnt ihr euren Informationstext beginnen:

Zu einem guten Lehrer gehört auch, dass er ...
Als guter Lehrer oder gute Lehrerin sollte man ...

Eine Schülerin hat versucht, zu dem Oberbegriff „Gerechtigkeit" einen kleinen Text auszuformulieren:

Ein guter Lehrer (oder eine gute Lehrerin) muss vor allem gerecht sein.
Dazu zählt zunächst einmal, dass er (sie) Noten gibt, die von den Schülerinnen und Schülern als gerecht angesehen werden, weil sie ausführlich erklärt werden. Das kann z. B. dadurch geschehen, dass eine Note unter einem Deutschaufsatz schriftlich begründet wird. Bei meiner letzten Deutscharbeit hatte ich ein richtig gutes Gefühl und dann kam nur eine Vier heraus. Das fand ich zunächst ungerecht. Als ich jedoch den Text darunter gelesen hatte und mir die Arbeit meiner Tischnachbarin angeschaut hatte, konnte ich die Note verstehen. Dies ist nicht nur für die Schüler wichtig, sondern auch für die Eltern. Manchmal finden nämlich auch sie diese Noten auf den ersten Blick ungerecht.
Von Bedeutung ist auch, dass die mündlichen Noten gerecht sind. Ungerecht ist es z. B., wenn diejenigen, die sich ganz oft melden, aber nichts Besonderes zu sagen haben, immer die besseren Noten erhalten. In meiner früheren Klasse war z. B. ein Junge, der sich nicht so oft gemeldet hat. Wenn er jedoch etwas sagte, dann war es oft richtig, und sein Beitrag brachte das Unterrichtsgespräch weiter. Dafür wurde er dann von unserem Mathelehrer immer gelobt und erhielt auch entsprechend gute mündliche Noten. Hätte unser Lehrer nicht so reagiert, hätte sich der Schüler vielleicht irgendwann ganz zurückgezogen.

9 Beschreibt, wie die Schülerin vorgegangen ist. Überlegt, wie der Sachaspekt „Gerechtigkeit" noch weiter ausgeführt werden kann, und überarbeitet bzw. erweitert den Text in Kleingruppen.

10 Sucht euch anschließend einen anderen Sachaspekt (Oberbegriff) zum Thema „Was ist ein guter Lehrer bzw. eine gute Lehrerin?“ heraus, der euch wichtig erscheint, und formuliert ihn in ähnlicher Weise wie die Schülerin aus. Tragt euren Text danach zunächst der Klasse vor.

11 Die zuhörenden Schülerinnen und Schüler sollten beurteilen,

- ob der Sachaspekt (Oberbegriff) klar genannt wird,
- ob er noch einmal in unterschiedliche Bereiche unterteilt worden ist,
- auf welche Weise versucht wurde, die Ausführungen anschaulich und informativ zu gestalten.

Der folgende Textauszug stammt aus einem Sachbuch der Psychologin Christiane Tramitz, die sich mit Jugendlichen über deren „Kindergeheimnisse“, so der Titel des Sachbuches, unterhalten hat. In diesem Buch kommen zahlreiche Schülerinnen und Schüler zu Wort, die sich zur selben Sachfrage „Was ist ein guter Lehrer?“ äußern und so euer Meinungsspektrum durch neue Ansichten und Informationen erweitern.

Christiane Tramitz (geb. 1959)

Ein guter Lehrer

Die beliebtesten Lehrer sind die humorvollen, die gerne Späße machen und nicht alles zu ernst nehmen, auch mal ein Auge zudrücken, wenn die Hausaufgaben nicht gemacht sind. Beliebt sind auch solche, die den Unterrichtsstoff besonders anschaulich machen, die Rücksicht nehmen auf die langsamen Schüler, indem sie ihnen ausreichend Zeit lassen und nicht den Eindruck vermitteln, alles sei zu schwer. Schüler mögen auch gute Geschichtenerzähler und aufmerksame Zuhörer. Besonders wichtig sind Einfühlsamkeit und wirkliches Interesse an den Kindern. „Wir haben ein paar Lehrer“, erzählt Timo, „die genau erkennen, wenn einer von uns ein Problem hat. Die gehen dann auf uns zu und fragen, was los ist. Da haben wir das Gefühl, dass die nicht nur unsere Lehrer sind, sondern auch unsere Freunde.“

„Mut machen ist auch wichtig. Unsere besten Lehrer können die Schüler bei schlechten Leistungen durch verständnisvolles Zuhören unterstützen, die stärken das Selbstbewusstsein und sagen: ‚Du schaffst das schon.‘ Solche Lehrer sind klasse“, meint Tommy.

Für Dino ist wichtig, dass Fehler verziehen werden: „Wenn der Lehrer dann einem was in Ruhe erklärt, wenn man was falsch gemacht hat, das ist wichtig und zeichnet einen besten Lehrer aus.“ [...] Linus schwärmt von seinem Klassenlehrer, weil dieser in der Pause mit seinen Schülern („freiwillig!“) Schach spielt. Er findet, ein guter Lehrer sollte ansprechend, cool, flott gekleidet sein. Er sollte einfach jung geblieben sein, sich mit seinen Schülern sozusagen auf eine Ebene stellen.

Die Ansprüche der Kinder an ihre Lehrer erscheinen so einfach: Sie wollen von ihnen akzeptiert werden und sehnen sich nach ehrlichem Interesse und Verständnis. Lehrer, die mit ihren Schülern emotional mitschwingen, einen verständnisvollen, humorvollen und akzeptierenden Umgang mit ihnen haben, gelten fast schon als Freunde und können die Entwicklung der Kinder günstig beeinflussen.

Die unbeliebtesten Lehrer sind solche, von denen sich die Kinder nicht akzeptiert fühlen. Der Faktor Aufmerksamkeit spielt eine große Rolle. „Der Lehrer mag mich nicht, er ruft mich nie auf, wenn ich mich melde. Ich hab das Gefühl, dass solche Lehrer mich am Unterricht nicht richtig teilnehmen lassen.“ [...] Als schlecht gelten auch jene Lehrer, die den Stoff rigide[1] durch-

---

[1] **rigide:** streng, unnachgiebig

ziehen, ohne Rücksicht darauf, ob alle Schüler folgen können.

[...]

Was hätten die Kinder am Schulsystem gerne anders? „Dass sie uns die Aussichtslosigkeit nehmen und mehr Mut machen“, meint Jana. „In der Schule bekommen wir nämlich nur vermittelt, dass nur die Guten im Leben weiterkommen. Wir lernen immer nur, dass Fleiß und Ordnung wichtig sind. Dabei ist das eigenständige Handeln und Denken doch wohl viel wichtiger, aber das wird einem in der Schule sogar ausgetrieben“, klagt Till.

[...]

Andere wiederum vermissen Strenge. „Es gibt Lehrer“, sagt Franzi, „bei denen ist es immer unruhig, weil die zu wenig durchgreifen. Wären die strenger, wären wir auch ruhiger. Bei unserem Deutschlehrer passt niemand auf, weil wir ihn nicht ernst nehmen. Der Arme hat noch dazu eine Glatze, über die er die wenigen Haare, die er noch hat, seitlich rüberkämmt. Da machen wir uns auch noch alle lustig über ihn. Aber er ist auch selber schuld, weil er da nie richtig reagieren kann, weil er dann immer nur beleidigt dreinschaut. Sein Hauptfehler aber ist, dass er den Lernstoff so langweilig rüberbringt und nie für Ruhe sorgt.“ Jetzt sei es sowieso zu spät, weil jeder die Achtung vor ihm verloren habe, da könne er machen, was er wolle.

Akzeptanz beruht also notwendig auf Gegenseitigkeit. Lehrer wie Schüler sind darauf angewiesen. Nur sind die Wege dorthin unterschiedlich. Lehrer, so scheint es, sitzen am längeren Hebel, weil sie auf Strafen, Verweise, Drohungen mit Rauswurf zurückgreifen können. Kinder verfügen jedoch ebenfalls über gewisse Druckmittel: Trotz, Protest, Unruhe und Verweigerung.

Fühlen sich Kinder jedoch akzeptiert, mehr noch, fühlen sie sich gemocht, dann wirkt die Anerkennung durch den Lehrer wie Balsam für die Seele. Wie sagte Michi, als er an seinen Lateinlehrer dachte: „Der ist mir wie ein Freund, manchmal weiß ich nicht, was ich ohne ihn gemacht hätte, weil er der Einzige war, der mich gefragt hat, ob ich irgendwo Probleme habe, wo es mir mal nicht gut gegangen ist. Da hab ich mich so gefreut. Ja, ich glaube, der ist mein Freund.“

(2003)

1 Tragt die im Text genannten Gesichtspunkte, die zu einem guten Lehrer gehören, zusammen. Vergleicht mit eurem Ideenstern und den daraus erarbeiteten Oberbegriffen.

2 „Akzeptanz beruht also notwendig auf Gegenseitigkeit“, heißt es im Text (Z. 84 f.). Was könnte damit in Bezug auf das Verhältnis zwischen Lehrern und Schülern gemeint sein?

3 Stellt euch vor, die achten Klassen eurer Schule würden von der Schülervertretung zu einem Schreibwettbewerb zum Thema „Was ist ein guter Lehrer bzw. eine gute Lehrerin?“ aufgefordert. Einige Texte sollen in der neuesten Ausgabe der Schülerzeitung veröffentlicht und der Schulleitung vorgelegt werden.
Erarbeitet in Kleingruppen diesen Text, indem ihr die Merkmale eines guten Lehrers bzw. einer guten Lehrerin auflistet. Hierbei sollten auch weitere Aspekte aus dem Sachtext von Christiane Tramitz erwähnt werden. Beachtet dabei den Aufbau des Textes:

- Formuliert eine kurze Einleitung.
- Überlegt, in welcher Reihenfolge ihr im Hauptteil die einzelnen Aspekte ordnen wollt. Sollten die wichtigeren Aspekte schon zu Beginn oder erst am Ende des Hauptteils genannt werden?
- Im Schlussteil fasst ihr die zentralen Aussagen zusammen oder formuliert eine Aufforderung bzw. Empfehlung, z. B. an die Schulleitung oder an alle Lehrer und Lehrerinnen.

4 **Durchstarten! So könnt ihr weiterarbeiten:**

Wählt eine der drei folgenden Aufgaben aus und formuliert einen zusammenhängenden, anschaulichen Text. Lest auch die Informationen in dem folgenden Werkzeugkasten.

a) Kennt ihr euch in einer bestimmten Sportart besonders gut aus? Erklärt als Experte, was einen guten Sportler bzw. eine gute Sportlerin in dieser Sportart ausmacht. Informiert die anderen durch eine schriftliche Erörterung dieser Sachfrage.

b) Erläutert, welche Voraussetzungen ein guter Klassensprecher oder eine gute Klassensprecherin erfüllen muss.

c) Überlegt euch kurz, was ihr unter einem guten Schüler versteht, und schreibt eure Einfälle auf. Führt anschließend eine Umfrage unter euren Lehrerinnen und Lehrern sowie einigen Mitschülern zum Thema „Was ist guter Schüler?" durch. Notiert stichwortartig auch deren Aussagen. Vergleicht sie mit euren Vorstellungen von einem guten Schüler/einer guten Schülerin. Welche Unterschiede fallen euch auf? Fasst einige der genannten Äußerungen zu einem Oberbegriff zusammen und erläutert diesen Sachaspekt schriftlich.

So gehst du vor

Einen Sachverhalt klären und darüber informieren

Wenn ihr einen Sachverhalt klären und jemanden darüber **informieren** wollt, könnt ihr folgendermaßen vorgehen:

1. **Sammelt** zunächst möglichst viele Ideen. Notiert alle Einfälle stichwortartig, z. B. als Ideenstern.
2. Versucht anschließend, die vielen einzelnen Gesichtspunkte zu ordnen, indem ihr die Aussagen strukturiert bzw. **sortiert**. Dies gelingt, wenn ihr **Oberbegriffe** zu zusammengehörigen Aussagen formuliert und so deren Anzahl verringert. Unwichtige bzw. unpassende Äußerungen sortiert ihr ganz aus, indem ihr sie streicht.
3. Für eine schriftliche Darstellung, z. B. in einer Schülerzeitung, solltet ihr in einer kurzen **Einleitung** das Thema benennen.
4. Im **Hauptteil** wählt ihr nun einen Sachaspekt (Oberbegriff, z. B. „Gerechtigkeit des Lehrers") aus und erläutert ihn mithilfe der zugehörigen Teilaspekte (z. B. „niemanden bevorzugen" oder „nachvollziehbare und faire Benotung"). Nennt Beispiele und eigene Erfahrungen, um den Text anschaulich zu gestalten. So könnt ihr auch bei den folgenden Sachaspekten vorgehen. Ordnet die einzelnen Sachaspekte vom schwächsten zum wichtigsten Aspekt.
5. Im **Schlussteil** könnt ihr die Ergebnisse zusammenfassen oder kurz erläutern, welchen Aspekt ihr für besonders wichtig haltet. Manchmal bietet sich auch ein Appell an.

2. Argumentieren statt behaupten

Ärger in der Klasse 8b. Marie hat wie so häufig ihrem guten Freund Jakob in der ersten großen Pause ihr Deutschheft gegeben. Jakob nutzt die verbleibende Zeit, um die Hausaufgaben für die folgende Deutschstunde abzuschreiben. Allerdings ist ihr Lehrer Herr Richter heute so pünktlich, dass Jakob, anders als sonst, Marie das Heft nicht vor Beginn der Stunde zurückgeben kann. Das Unglück nimmt seinen Lauf. Herr Richter beginnt sofort mit der Besprechung der Hausaufgaben und stellt fest, dass Marie ihr Heft nicht finden kann. Dafür erhält sie einen Strich im Notenheft. Jakob hingegen kann seine Aufgaben vorzeigen. Und damit nicht genug: Beim Vortragen kommt Jakob an die Reihe und erhält von Herrn Richter ein ausdrückliches Lob. Kein Wunder, dass Marie nicht gerade gut auf Jakob zu sprechen ist und ihn in der nächsten großen Pause zur Rede stellt.

MARIE: Sag mal, was denkst du dir eigentlich dabei? Warum gibst du mir nicht rechtzeitig mein Heft zurück? Das kann doch nicht wahr sein!

JAKOB: Was sollte ich denn tun? Herr Richter stand direkt neben mir, da konnte ich doch nicht einfach so dein Heft auspacken und dir geben. Das hätte er doch gemerkt.

MARIE: Das hättest du riskieren müssen. Es kann ja wohl nicht sein, dass ich dich abschreiben lasse und dafür auch noch bestraft werde.

JAKOB: Marie, das tut mir doch selbst leid. Aber ich wollte das nicht. Ich hätte doch gar nichts anderes tun können. In dieser Situation gab es leider keinen anderen Ausweg für mich, das ist einfach so.

MARIE: Du hättest ihm sagen müssen, dass du mein Heft hast. Erinnere dich mal an das Graffiti, das jemand im letzten Jahr an die Wand gesprüht hat. Frau Müller hat uns damals empfohlen, dass wir uns erst zusammensetzen sollten und dass sich dann derjenige, der es gemacht hat, melden sollte. Markus hat es dann ja auch zugegeben und alles war halb so schlimm. Das war eine gute Idee von Frau Müller.

JAKOB: Jetzt stell dich doch mal nicht so an. Du stehst in Deutsch doch sowieso auf einer Eins. Ich dagegen muss aufpassen, dass ich keine Fünf kassiere.

MARIE: Das spielt hier keine Rolle. Du hättest einfach den Mut aufbringen müssen, dich zu melden. Ich finde dein Verhalten mir gegenüber einfach ungerecht.

1 Was denkt ihr? Hätte Jakob sich melden und Herrn Richter die Wahrheit sagen müssen?

2 Schaut euch das Gespräch noch einmal an. Welche der genannten Äußerungen wirken auf euch überzeugend, welche nicht? Woran könnte dies eurer Meinung nach liegen?

3 Marie und Jakob vertreten in ihrem Streitgespräch unterschiedliche Standpunkte. Auf welche Weise versuchen die beiden, den anderen zu überzeugen?
Übertragt die Tabelle in euer Heft und ordnet die jeweiligen Äußerungen den genannten Argumentationstypen zu. An einer Stelle müsst ihr auch den gesuchten Argumentationstyp selbst herausfinden und benennen. Überlegt, in welchen alltäglichen Konfliktsituationen ihr ähnlich argumentieren würdet, und formuliert beispielhaft ein solches Argument.

4 Führt ein Streitgespräch zu der Frage „Wie sollten sich Marie und Jakob im Nachhinein verhalten?“. Bereitet die Klassendiskussion vor, indem ihr in Kleingruppen weitere überzeugende Argumente sowohl für die Position Jakobs als auch für die Position Maries sammelt. Notiert die Gründe stichpunktartig. Sprecht und spielt anschließend das Streitgespräch. Einige von euch können eine Beobachtergruppe bilden. Diese hat die Aufgabe, die wichtigsten Argumente stichpunktartig zu protokollieren.

Argumentationsweise	Schüleräußerung	eigenes Beispiel
bloße Behauptung		„Deutschland wird wieder Fußballweltmeister, daran gibt es nichts zu rütteln.“
Bezug zu einem persönlichen Erlebnis herstellen		
	Marie: „Frau Müller hat uns damals empfohlen, dass wir uns erst zusammensetzen sollten und dass sich dann derjenige, der es gemacht hat, melden sollte. Das war eine gute Idee von Frau Müller.“	
sich auf allgemeingültige Werte wie Frieden oder Gerechtigkeit berufen		„Konflikte darf man nicht gewalttätig zu lösen versuchen, man sollte sie friedlich austragen.“

Argumentieren

In einer Diskussion um ein strittiges Thema äußerst du zu Beginn einen bestimmten Standpunkt. Dies tust du in Form einer **Meinungsäußerung** oder **Behauptung**, die man auch **These** nennt. Jedoch kannst du mit einer Behauptung allein die anderen nicht von deiner Meinung überzeugen. Deshalb ist es wichtig, dass du mit schlagkräftigen **Argumenten** arbeitest, mit denen du deinen Standpunkt begründen kannst.
Schlagkräftig werden deine Argumente zudem, indem du mit Beispielen und unterschiedlichen Belegen arbeitest. Als Beleg kannst du

- konkrete Beispiele nennen, die dein Argument anschaulich machen,
- auf ein persönliches Erlebnis Bezug nehmen,
- dich auf die Meinung einer anerkannten Person, einer Autorität, berufen,
- von allen anerkannte, gültige Werte wie Frieden, Gesundheit oder Gerechtigkeit erwähnen,
- Hintergrundinformationen verwenden oder dich auf aktuelle Untersuchungen (Statistiken) zu einem Thema beziehen.

Eine formal vollständige Argumentation besteht dann aus

- einer Behauptung oder Meinung (These),
- einem oder mehreren Argumenten (Begründungen),
- Belegen, die das jeweilige Argument stützen.

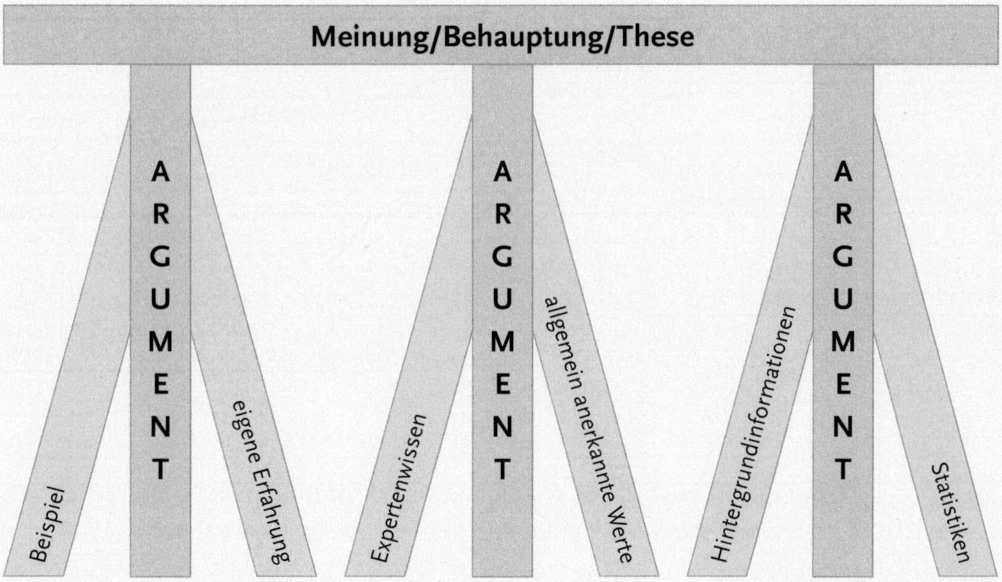

3. Die eigene Meinung schriftlich strukturiert darstellen – Das lineare Argumentieren

Annika ist Mitarbeiterin der Schülerzeitung ihrer Schule. In der Redaktion ist die Frage angesprochen worden, ob es sinnvoll ist, dass man Lehrerinnen und Lehrer im Internet anonym bewerten darf.

1 Diskutiert darüber, ob ihr es für sinnvoll erachtet, wenn ihr eure Lehrerinnen und Lehrer im Internet anonym bewerten könnt.

Annika hat Bedenken gegen eine solche anonyme Bewertung von Lehrerinnen und Lehrern. Sie entschließt sich dazu, für die nächste Ausgabe der Schülerzeitung einen Artikel für die Rubrik „Meine Meinung" zu schreiben. Bevor sie anfängt, den Artikel zu verfassen, macht sie sich einige Notizen, die sie als Ideenstern aufschreibt:

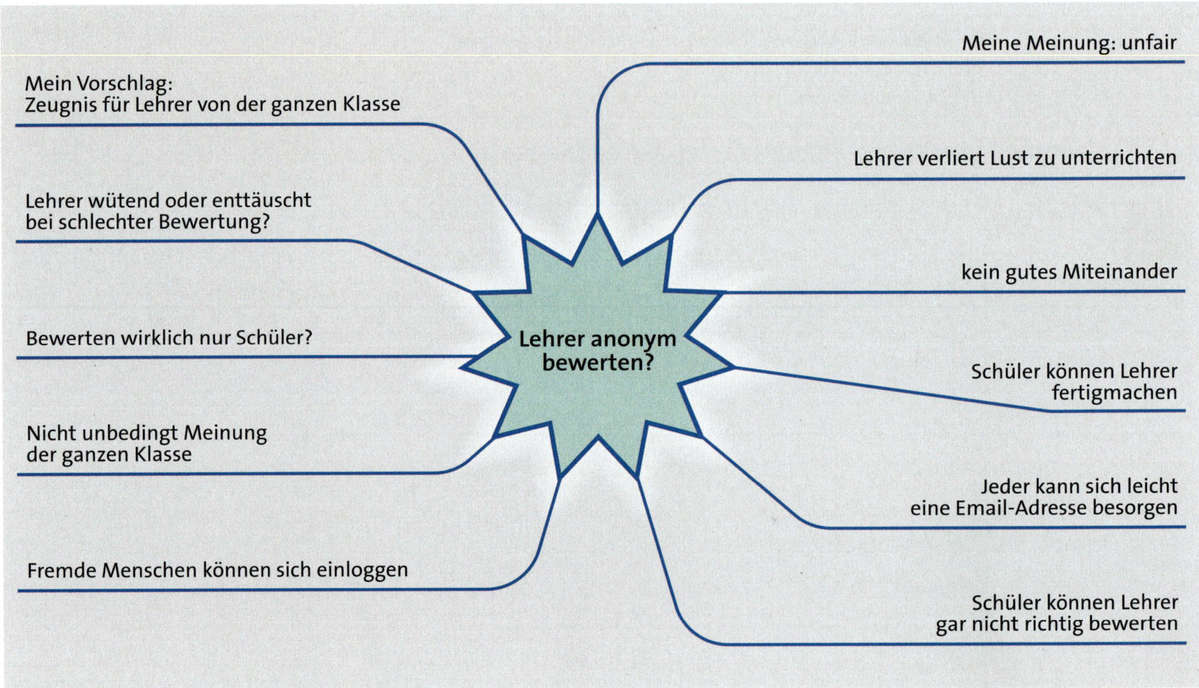

2 Tauscht euch darüber aus, wie Annika den Ideenstern gestaltet hat. Was könnte der Vorteil einer solchen Vorgehensweise sein?

3 Schaut euch die einzelnen Punkte von Annikas Ideenstern an. Überlegt, welche der Punkte als Argumente ausgebaut werden könnten und welche eher nicht. Überlegt weiterhin, welche der einzelnen Punkte zu einem Argument zusammengefasst werden können. Zeichnet dann euren eigenen Ideenstern zu dem Thema „Anonyme Bewertung von Lehrern im Internet?“. Vielleicht fallen euch noch andere Punkte ein.

4 In einem nächsten Schritt will Annika die Reihenfolge festlegen, in der sie ihre Argumente dem Leser vorstellen will. Sie überlegt, ob es sinnvoller ist, das stärkste Argument an den Anfang zu stellen oder mit dem schwächsten zu beginnen und das stärkste Argument am Schluss zu nennen. Wie würdet ihr diese Frage entscheiden?

5 Einigt euch auf eine Reihenfolge der Argumente.

Ein Argument hat Annika folgendermaßen ausformuliert:

Am bedeutsamsten erscheint mir, dass eine anonyme Bewertung von Lehrerinnen und Lehrern im Internet kein vertrauensvolles Miteinander von Lehrern und Schülern darstellt. Ich frage mich, wie sich Lehrer fühlen müssen, wenn sie schlechte Zensuren bekommen und nicht einmal wissen, von wem sie kommen. Ob sie dann überhaupt bereit sind, ihr Verhalten selbst zu überprüfen? Meine Erfahrung im Umgang mit Lehrern sagt mir, dass das nicht der Fall sein wird, und ich kann die Einstellung der Lehrer nachvollziehen.

6 Wie wird deutlich, welchen Stellenwert dieses Argument für Annika hat?

7 Warum stellt Annika Fragen?

8 Untersucht, auf welche Art und Weise Annika ihr Argument stützt. Nehmt dazu den Werkzeugkasten auf S. 111 zu Hilfe.

9 Hier sind einige Beispiele dafür, wie Argumente durch Beispiele bzw. Belege veranschaulicht oder gesichert werden. Kennzeichnet die jeweilige Art des Belegs.

- Mein Vater ist selbst seit vielen Jahren Lehrer. Auch ihn stört es, wenn die Benotung anonym erfolgt. Er sagt, er stelle die Noten seiner Schüler ja auch nicht ins Netz.
- In der Schule sollte Einigkeit darüber bestehen, dass ein vertrauensvoller und offener Umgang miteinander einen besonders wichtigen Wert darstellt.
- Ich habe die Erfahrung gemacht, dass viele Lehrer bereit sind, über ihren Unterrichtsstil mit uns Schülern zu sprechen. Und die, die das nicht wollen, ändern sich auch nicht mit einer Benotung im Internet.
- Eine Umfrage hat ergeben, dass die Mehrheit der Lehrer eine anonyme Bewertung im Internet für unfair hält.
- Richter haben mehrmals entschieden, dass die anonyme Bewertung von Lehrern im Internet nicht gegen geltendes Recht verstößt.

10 Überlegt, wie man die Argumente, die für Annikas Zeitungsartikel sinnvoll erscheinen, stützen könnte.

Annika hat begonnen, den Zeitungsartikel zu verfassen. Ihr erster Entwurf beginnt folgendermaßen:

> **Anonyme Bewertung von Lehrerinnen und Lehrern im Internet?**
>
> Ich bin dagegen, Lehrerinnen und Lehrer im Internet anonym zu bewerten, und das sind meine Argumente: ...

11 Wie beurteilt ihr die Schlagzeile und den ersten Satz? Versetzt euch dazu in die Situation eines Lesers, der die Schülerzeitung aufschlägt und auf den Artikel stößt. Wie könnte es Annika besser gelingen, das Interesse der Leserinnen und Leser zu wecken?

12 Formuliert einen alternativen Anfang des Zeitungsartikels. Hinweise dazu erhaltet ihr in dem folgenden Werkzeugkasten.

So gehst du vor

Die Einleitung einer Argumentation verfassen

Die **Einleitung** einer Argumentation dient dazu, den Leser mit wenigen Sätzen **mit dem Thema vertraut zu machen**, ihn in das Thema einzuführen und neugierig zu machen. Dabei gibt es verschiedene Möglichkeiten. Zur **Hinführung zum Thema** können z. B. dienen:

- ein persönliches Erlebnis,
- eine aktuelle Diskussion in den Medien,
- eine beobachtbare aktuelle Tendenz,
- ein Vergleich gestern – heute.

In der Einleitung sollte man noch nicht den Standpunkt, den man selbst in der Streitfrage vertritt, nennen.

13 Verfasst den gesamten Zeitungsartikel zu dem Thema, ob Lehrerinnen und Lehrer anonym im Internet bewertet werden sollen. Hilfen dazu findet ihr in dem Werkzeugkasten auf S. 115.

So gehst du vor

Eine lineare Argumentation verfassen

Bei der **linearen Argumentation** vertritt man **seinen Standpunkt** zu einem strittigen Thema und begründet ihn. Dies geschieht nicht in Form einer Abwägung von Pro- und Kontra-Argumenten, sondern es werden nur die Argumente möglichst überzeugend angeführt, die die **eigene Position begründen**.

Die Form der linearen Argumentation bietet sich z. B. an, wenn man bei der Diskussion um ein Thema seinen Standpunkt eindeutig einbringen will oder zu einem Zeitungsartikel in Form eines Leserbriefs Stellung bezieht.

Zum Aufbau der linearen Argumentation:

Die **Einleitung** dient dazu, den Leser in wenigen Sätzen in das **Thema einzuführen** (siehe oben).

Der **Hauptteil** wird dann mit der **Formulierung des eigenen Standpunktes (= These)** zu der Fragestellung eingeleitet. Dann folgt die **Argumentation** für die eigene These. Die **Argumente** werden – durch Beispiele und Belege gestützt – dargelegt. Es ist sehr wirkungsvoll, wenn die Argumente **steigernd dargestellt** werden, d. h. vom schwächsten zum stärksten Argument. Auf diese Weise verleiht man seiner Argumentation besonderen Nachdruck (z. B.: „Wichtig ist, dass ...“ – „Schwerer wiegt noch ...“ – „Am bedeutsamsten erscheint mir jedoch ...“).

Der **Schluss** rundet die Argumentation durch eine **zusammenfassende und abschließende Stellungnahme** ab. Manchmal bietet es sich an, einen Ausblick oder Appell zu formulieren.

Beim Verfassen einer linearen Argumentation ist es hilfreich, sich als Vorbereitung einen **Schreibplan als Gliederung** anzufertigen. Eine denkbare Gliederung ist z. B.:

Überschrift: Thema

1 Einleitung
2 Hauptteil
2.1 These/Standpunkt
2.1.1 Argument 1
2.1.2 Argument 2
2.1.3 Argument 3
2.1.4 ...
3 Schluss

14 Durchstarten! So könnt ihr weiterarbeiten:

a Verfasst einen Zeitungsartikel für die Schülerzeitung, der sich für die Bewertung von Lehrerinnen und Lehrern im Internet ausspricht.

b Ihr könnt auch Artikel zu unterschiedlichen aktuellen Themen verfassen, z. B. „Helmpflicht für alle Radfahrer?“ oder „Ist ein Tanzkurs für Schüler der 8. Jahrgangsstufe angebracht?“ oder „Sollen an unserer Schule die Schülerinnen und Schüler eine Schuluniform tragen?“.

4. Handyverbot in der Schule? – Das antithetische Argumentieren

Einen begründeten Standpunkt vertreten – Pro- und Kontra-Argumente finden und diskutieren

TOM: Ein Handyverbot in der Schule bringt doch gar nichts.

LUKAS: Genau, das ständige Herumnörgeln an unseren Handys nervt doch bloß.

ANNIKA: Na ja, ich finde schon, dass Handys im Unterricht nichts verloren haben. Denn wenn nur ein Handy klingelt, stört das ja nicht bloß einen Schüler, sondern gleich die ganze Klasse und den Lehrer.

JAKOB: Es ist den Lehrern auch auf Dauer nicht zuzumuten, wenn sie ständig gegen klingelnde oder brummende Handys ankämpfen müssen. Und sie wären dauernd damit beschäftigt, das Handyverbot zu kontrollieren. Wann sollen sie dann noch unterrichten?

MARIE: Trotzdem ist ein völliges Handyverbot meiner Meinung nach realitätsfremd. Wir wachsen doch mit den elektronischen Geräten auf. Wir erhalten Nachrichten und verschicken welche, können uns im Internet informieren und sogar unsere Termine in den Kalender des Handys eintragen. Kein normaler Manager käme heutzutage auf die Idee, auf die Kalenderfunktion seines Handys zu verzichten. Uns will man aber dazu zwingen!

1 Beurteilt jede der Schüleräußerungen. Erläutert anschließend, woran man die unterschiedliche Qualität einer Argumentation erkennen kann. Erstellt dazu eine Liste mit möglichen Kriterien einer schlagkräftigen Argumentation.

2 Wie seht ihr das Problem? Soll an Schulen ein generelles Handyverbot durchgesetzt werden? Arbeitet dazu, um eine möglichst differenzierte Diskussion durchführen zu können, mit einem stummen Schreibgespräch mit dem Placemat-Verfahren. Orientiert euch dabei an dem folgenden Werkzeugkasten.

So gehst du vor

Ein stummes Schreibgespräch mit dem Placemat-Verfahren durchführen

Arbeitsgrundlage ist ein großes Blatt Papier (Plakat oder Paketbogen), das folgendermaßen aufgeteilt ist:

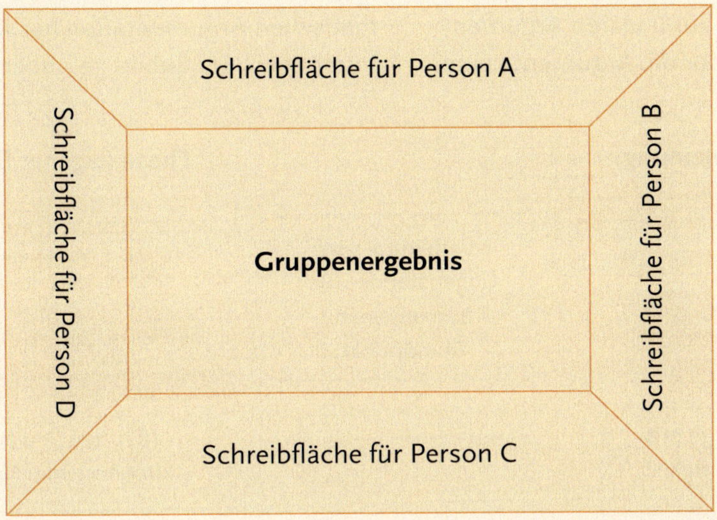

In der ersten Phase schreibt jedes Gruppenmitglied Argumente und mögliche Begründungen auf. Nach einer vereinbarten Zeit (z. B. fünf Minuten) wird das Blatt im Uhrzeigersinn gedreht und jede(r) hat nun die Möglichkeit, die Ausführungen in dem Feld, das vor ihm/ihr liegt, zu kommentieren oder zu ergänzen. Dann wird das Blatt wieder gedreht. Dieser Vorgang wird so lange wiederholt, bis jede(r) wieder vor seinem/ihrem Ausgangsfeld sitzt. Wichtig ist, dass in dieser Phase nicht gesprochen wird.

In der zweiten Phase einigt sich nun die Gruppe auf zwei bis drei in ihren Augen wesentliche Aussagen und schreibt diese in das Feld in der Mitte des Blattes. Auch hierfür steht ein fester Zeitrahmen zur Verfügung.

In der dritten Phase werden nun diese zentralen Ergebnisse der gesamten Lerngruppe im Plenum gesammelt (z. B. auf einer Folie) und anschließend diskutiert. Auf diese Weise entsteht ein differenziertes Meinungsbild der Lerngruppe.

3 Zum Abschluss der Diskussion sollte jeder von euch das Argument aufschreiben, das ihn am meisten überzeugt hat.

4 Ihr könnt zusätzlich überlegen, ob ihr die hier vorgeschlagene Methode des stummen Schreibgesprächs mit dem Placemat-Verfahren für sinnvoll erachtet.

Eine schriftliche antithetische Argumentation verfassen

Die Redaktion der Schülerzeitung beschließt, sich in einer weiteren Ausgabe mit dem Thema „Generelles Handyverbot an Schulen?“ zu befassen. Im Gegensatz zur linearen Argumentation sollen aber nicht nur die Argumente einer Position beachtet werden, sondern auch die der Gegenposition.
Für den möglichen Aufbau einer solchen antithetischen Argumentation hat Annika im Internet ein Schaubild gefunden.

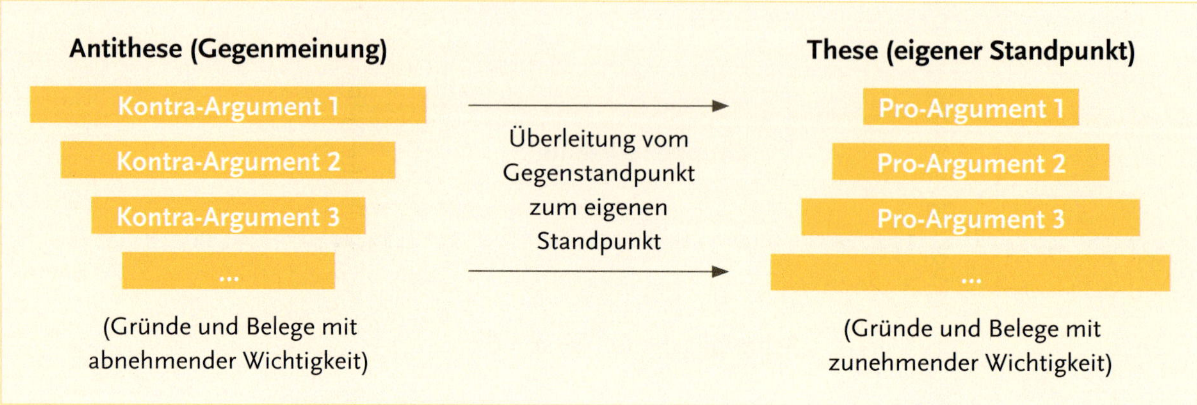

1 Beschreibt und erläutert den hier dargestellten Aufbau einer antithetischen Argumentation. Macht euch dabei den Unterschied zu einer linearen Argumentation klar.

2 Überlegt Vor- und Nachteile einer antithetischen Erörterung gegenüber der linearen.

3 Findet Gründe für den hier vorgestellten Aufbau des Hauptteils einer antithetischen Argumentation. Welche Absicht könnte eine solche Anordnung der Argumente haben?

4 Könnt ihr euch auch einen anderen Aufbau einer antithetischen Argumentation vorstellen? Erläutert.

Annika hat für ihren Artikel einen Schreibplan erstellt:

Generelles Handyverbot an Schulen?

1 Einleitung
2 Hauptteil: Sollen Handys in der Schule generell verboten werden?
2.1 Argumente der Gegenposition (Kontra-Argumente)
2.1.1 Kontra-Argument 1: Handys gehören zum modernen Leben
2.1.2 Kontra-Argument 2: ...
2.1.3 Kontra-Argument 3: ...
2.2 Überleitung: „Man kann das aber auch ganz anders sehen ...“
2.3 Argumente der eigenen Position (Pro-Argumente)
2.3.1 Pro-Argument 1: Eindämmung ungewollter Videos und Fotos aus dem Schulleben

2.3.2 Pro-Argument 2: …
2.3.3 Pro-Argument 3: …
3 Schluss: Abwägung der Argumente und eigene Entscheidung

5 Beschreibe, wie Annika den Schreibplan angelegt hat, und vergleiche ihn mit dem Aufbau einer antithetischen Argumentation (Schaubild S. 118).

6 Macht euch anhand der Gliederung klar, welchen Standpunkt Annika zu der Frage, ob es an Schulen ein generelles Handyverbot geben sollte, einnimmt.

Argumente verbinden und gewichten – Den Hauptteil einer antithetischen Argumentation überarbeiten

Annika hat einen Hauptteil zu ihrem Zeitungsartikel verfasst, der hier in Auszügen abgedruckt ist.

Zunächst ist zu sagen, dass sich ein Handyverbot an Schulen nur schwer kontrollieren und durchsetzen lässt. Wie viele Lehrer sollen denn damit beschäftigt werden, das Verbot zu kontrollieren? Schließlich hat unsere Schule fast 1000 Schüler. Die Schüler müssten ja auch und gerade in den Pausen ständig überwacht werden. Diese Position vertrat auch unser Vertrauenslehrer in der letzten SV-Sitzung. Weiterhin kann das Handy ja auch durchaus sinnvoll im Unterricht eingesetzt werden. In der letzten Deutschstunde …

Und nicht zuletzt kann es ja auch sein, dass es für einen Schüler oder eine Schülerin eine wichtige Nachricht gibt. Vor einiger Zeit habe ich an unserer Schule mitbekommen, …

Andererseits muss darauf hingewiesen werden, dass Handys in der Schule immer wieder missbraucht werden …

Noch gewichtiger aber ist die Tatsache, dass es nicht mehr an Schulen zu Diskriminierungen kommt, wenn ein Schüler/eine Schülerin gar kein Handy besitzt.

Besonders zu bedenken ist jedoch das Argument der fehlenden Kommunikation im direkten Gespräch der Schülerinnen und Schüler miteinander …

1 Weist nach, dass sich Annika beim Aufbau ihres Artikels an ihren Schreibplan gehalten hat.

2 Ergänzt nun Annikas Schreibplan (siehe S. 118 f.), indem ihr wie in dem Beispiel kurz die jeweiligen Argumente formuliert.

3 Einige der Argumente in Annikas Artikel sind noch nicht vollständig ausgeführt. Ergänzt sie. Wenn ihr unsicher seid, wie man ein Argument stützen kann, dann schaut euch noch einmal das Schaubild auf S. 111 an.

Den Schluss einer antithetischen Argumentation schreiben

1 Der Schlussteil von Annikas Artikel ist hier nicht abgedruckt. Verfasst ihn selbst, orientiert euch dabei an folgendem Werkzeugkasten.

So gehst du vor

Den Schlussteil einer antithetischen Argumentation verfassen

Im Schlussteil einer antithetischen Argumentation zieht der Verfasser ein Fazit der vorangegangenen Vorstellung der Pro- und Kontra-Argumente. Dabei beantwortet er die Streitfrage, indem er klar Position bezieht (*Aus all dem ergibt sich für mich, ...*). Besonders wirkungsvoll wird diese klare Stellungnahme, indem man das zentrale Argument für die eigene Auffassung noch einmal kurz aufgreift und in seiner Bedeutung betont.

Weiterhin ist es auch möglich, abschließend einen Appell an die Leserschaft zu richten.

2 **Durchstarten!** **So könnt ihr weiterarbeiten:**

Organisiert eine **Debatte**. Deren Grundidee entstammt der Geschichte des britischen Parlaments. In diesem sitzen sich seit dem 17. Jahrhundert die Mitglieder der Regierungspartei („government“) sowie der Opposition(„opposition“) gegenüber und streiten miteinander über ein Sachthema. Die Gesprächsbeiträge werden dabei von einem unparteiischen Sprecher („speaker“) moderiert. Dieser erteilt das Wort und schreitet ein, wenn ein Diskutant seine Befugnisse überschreitet.

Jugend debattiert

Logo des bundesweit ausgerichteten Schülerwettbewerbs „Jugend debattiert“ der Hertie-Stiftung u. a.

Und so könnt ihr vorgehen:

- Teilt eure Klasse in zwei Hälften ein. Der eine Teil stellt die Jury, der andere die aktiv Debattierenden.
- Die Gruppe der Debattierenden wiederum teilt ihr in vier Gruppen ein, wobei zwei Gruppen die „Regierung“, zwei die „Opposition“ darstellen.
- Ein einzelner, auf Ausgleich bedachter Schüler wird zum „Speaker“. Seine Aufgaben während der Debatte: Er/Sie eröffnet, moderiert und schließt die Diskussion, nennt das Thema und bittet je einen Gruppenvertreter um ein Eingangsstatement.
- Für eine Debatte nach englischem Vorbild muss die Sitzordnung in eurem Klassenraum wie folgt geändert werden:

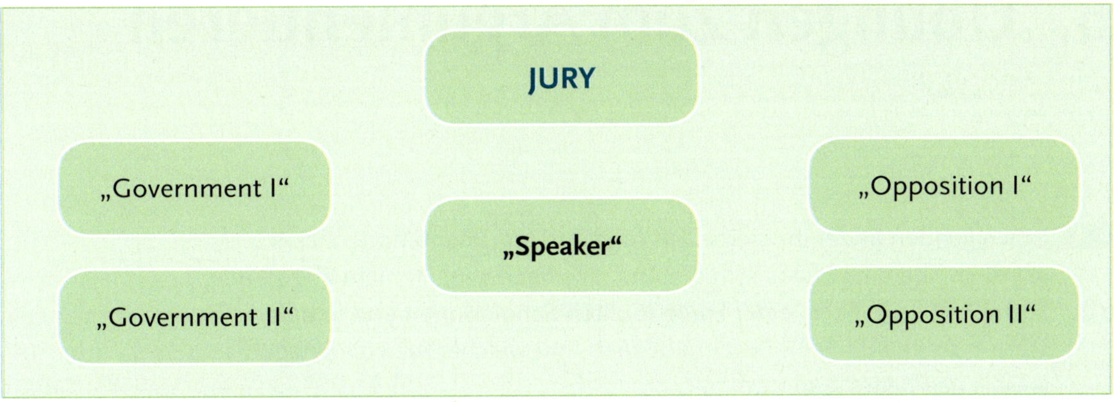

- Der Speaker teilt den Parteien nun das Thema der Debatte mit. Die Jury führt sofort eine spontane Probeabstimmung („Wer ist dafür/dagegen?“) durch, die nach der Debatte wiederholt wird, und notiert das Ergebnis.
- In einer kleinen, internen Austauschrunde sammeln sowohl die Regierung als auch die Opposition z. B. Argumente für oder gegen ein Süßigkeitenverbot in der Schulcafeteria.
- Ein Gruppensprecher trägt in der **Eröffnungsrunde** die Meinung seiner Gruppe knapp und zugespitzt vor. (Redezeit: je zwei Minuten)
- In der **freien Aussprache** wird in freiem Wortwechsel debattiert, jeder kann seine Argumente einbringen. Am besten geht man in seinem Statement auf die Argumente der Vorredner gezielt ein und entkräftet sie. Wichtig: Opposition und Regierungspartei arbeiten nicht zusammen, jede Partei versucht, die Debatte zu ihren Gunsten zu entscheiden. (Redezeit: zwölf Minuten)
- In der **Schlussrunde** fasst der Gruppensprecher noch einmal diejenigen Argumente zusammen, die seiner Meinung nach die eigene Position in idealer Weise stützen. Zwischenfragen sind nun nicht mehr erlaubt. (Redezeit: je zwei Minuten)
- Nach der Debatte führt die Jury eine zweite Abstimmung durch. Eine Veränderung hinsichtlich der Stimmengewichtung gibt Aufschluss darüber, wer die Debatte gewonnen hat.

Welche Fragen sollten debattiert werden?

Führt eine Debatte nur zu Themen, die euch selbst interessieren und die ihr vorab gemeinsam festlegt. Formuliert die Themenfrage so, dass sie nach einer Maßnahme fragt und mit Ja oder Nein beantwortet werden kann (Beispiel: „Sollten Hausaufgaben in Zukunft abgeschafft werden?“).

Ein möglicher, von euch zu erweiternder Themenpool:

→ Hausaufgaben abschaffen?

→ Schuluniform einführen?

→ Ausschließlicher Verkauf von Fair-Trade-Artikeln in der Schulcafeteria?

→ G9 statt G8 – Verlängerung der Schulzeit auf 13 Schuljahre?

→ Samstags- statt Nachmittagsunterricht einführen?

→ …

5. Übungen zum Argumentieren

1 Im Folgenden findet ihr einige Auszüge aus Argumentationen. Das jeweilige Thema, auf das sich die Auszüge beziehen, ist nicht abgedruckt. Formuliert es in Form einer Frage (Sollten Schülerinnen und Schüler ...?, Warum sollte man ...?). Beschreibt auch, mit welcher Art von Belegen jeweils gearbeitet wird.

■ Ein ganz wichtiges Argument, das dafür spricht, ist, dass die Gefahr schwerer Kopfverletzungen vermindert wird. Einer Statistik des ADAC zufolge sind es vor allem Verletzungen am Kopf, die häufig zum tödlichen Ausgang von Fahrradunfällen führen. Das gilt sowohl für Kinder als auch für Erwachsene.

■ Dafür sollte man sich auf jeden Fall entscheiden. In einem Sportverein wird nämlich nicht nur Sport getrieben, sondern es werden darüber hinaus andere Aktivitäten angeboten. Unsere Volleyballgruppe organisiert z. B. jeweils in den Sommerferien eine Fahrt an die Ostsee. Das macht einfach Spaß und fördert auch das Gemeinschaftsgefühl.

■ In unserem Alter halte ich dies noch nicht für sinnvoll, weil es für uns zu wenig Anlässe gibt, das Gelernte anzuwenden. Meine Schwester hat bereits zu Beginn der Klasse 8 an einem Tanzkursus teilgenommen. Das hat ihr zwar viel Spaß gemacht, aber sie hat sehr schnell alles wieder vergessen.

■ Das ist vor allem deshalb notwendig, weil auf diesem Weg Verletzungen vermieden werden. Bei unserem letzten Fußballturnier habe ich mir eine Zerrung zugezogen, weil ich mich nicht aufgewärmt hatte.

2 Wählt eines der Themen aus Aufgabe 1 aus. Entscheidet euch jeweils für einen Standpunkt und versucht, einen möglichen Briefpartner von diesem Standpunkt zu überzeugen.

3 Im „MAGAZIN" der „Süddeutschen Zeitung", einer der größten Tageszeitungen Deutschlands, gibt es eine Sparte, in der die Leserinnen und Leser ganz alltägliche Probleme äußern und Fragen stellen können. Im Folgenden findet ihr einige solcher möglichen Leserfragen, mit denen ihr das Argumentieren üben könnt. Lest dafür zuerst alle vier Texte durch. Entscheidet euch dann in der Kleingruppe für einen Fall. Sammelt nun gemeinsam in der Gruppe Argumente sowohl für die eine als auch für die andere Seite. Tragt eure Ergebnisse der Klasse vor.

1 Leserbrief • Leserbrief • Leserbrief • Leserbrief • Leserbrief • Leserbrief • Leserbrief

An unserer Schule gibt es zwei Religionskurse. In dem einen, in dem auch ich bin, werden anspruchsvolle Klassenarbeiten geschrieben, im anderen lässt der Lehrer seit Jahren dieselben Fragen bearbeiten, sodass es recht leicht ist, eine gute Note zu bekommen. Unser Kurs findet das ungerecht, wir überlegen nun, über die Schulleitung dafür zu sorgen, dass der andere Kurs ebenfalls echte Prüfungen schreibt. Allerdings würden sich unsere Noten dadurch nicht ändern, nur die der anderen würden wohl schlechter. Sollen wir etwas unternehmen?

(Alexander M., Berlin)

2 Leserbrief • Leserbrief • Leserbrief • Leserbrief • Leserbrief • Leserbrief • Leserbrief

In öffentlichen Verkehrsmitteln hängen Schilder wie „Bitte überlassen Sie Ihren Sitzplatz älteren Fahrgästen!“. Das klingt ja ganz vernünftig. Wenn ich aber den ganzen Tag geschuftet habe, abends müde nach Hause fahre und es steigen etliche rüstige Rentner ein, die den Nachmittag über im Kaffeehaus gesessen haben oder sogar beim Baden waren, sehe ich das nicht ein. Gibt es eigentlich einen moralischen Grund aufzustehen?

(Andreas P., München)

3 Leserbrief • Leserbrief • Leserbrief • Leserbrief • Leserbrief • Leserbrief • Leserbrief

Mein 13-jähriger Sohn ist so schlecht in Mathematik, dass seine Versetzung gefährdet ist. Dann müsste er das Gymnasium wohl verlassen. Nun habe ich in seinem Zimmer einen Mathe-Spickzettel gefunden und bin hin- und hergerissen. Soll ich den Betrug dulden? Vielleicht schafft mein Sohn die Klasse nur auf diese unerlaubte Weise. Oder soll ich eingreifen? Dabei käme ich mir heuchlerisch vor, denn auch ich habe früher einige wichtige Klausuren nur durch Abschreiben und Spicken gemeistert.

(Sabine W., München)

4 Leserbrief • Leserbrief • Leserbrief • Leserbrief • Leserbrief • Leserbrief • Leserbrief

Wenn ich als Radfahrer mitten in der Nacht an eine vollkommen leere rote Ampelkreuzung komme, fahre ich meist drüber. Natürlich schaue ich genau darauf, dass ich mit meinem Verhalten niemanden gefährde, und achte auf Streifenwagen. Trotzdem habe ich ein schlechtes Gewissen und frage mich, ob ich aus moralischen Gründen auch dann nachts stehen bleiben müsste, wenn gerade keine Polizei da ist. Oder ist das egal?

(Werner O., Münster)

4 Verfasst zu einem der Themen zuvor einen Leserbrief, in dem ihr jeweils einen Standpunkt vertretet.

6. Kleine Übungen zur Lernkontrolle

1 Von den folgenden drei Aussagen sind nur zwei richtig. Schreibe sie in dein Heft.

- Bei einer linearen Argumentation werden nur die Argumente angeführt, die den eigenen Standpunkt bei einer strittigen Frage unterstützen.
- Bei einer antithetischen Argumentation beginnt man mit den Argumenten, die die eigene Position stützen, und nennt dann die Argumente der Gegenseite.
- Bei einer antithetischen Argumentation führt man sowohl Argumente an, die die Gegenseite stützen, als auch Argumente, die den eigenen Standpunkt stützen. Man beginnt dabei am besten mit den Argumenten der Gegenseite und führt dann die Argumente für den eigenen Standpunkt an.

2 Bestimme zu dem folgenden Streitgespräch These und Gegenthese.

TOM: Das beste Ziel für unsere Klassenfahrt ist einfach eine Großstadt wie Berlin. So sehe ich das.

JAN: Ich stimme Tom absolut zu. Lasst uns in eine richtig große Stadt fahren, denn da ist jede Menge Aktion. Meine Eltern waren erst letzte Woche in Berlin und haben sich dort ein Musical angeschaut. Sie waren völlig begeistert.

Maja: Na ja, da habe ich aber andere Sachen gehört. Meine Freundin Nina war in den Sommerferien in Berlin und fand es einfach nur laut und dreckig. Außerdem wird man häufig nur abgezockt, indem viel zu hohe Preise für Essen und Andenken verlangt werden. Und wir haben nun einmal nicht so viel Geld.

ARIAN: Ich gebe dir recht, Maja. Natürlich ist das Finanzielle auch wichtig. Auf der anderen Seite sollten wir aber nicht vergessen, dass eine Großstadt uns kulturell sehr viel bieten kann.

SOPHIE: Also ich bin eindeutig gegen eine Fahrt in eine Großstadt. Zunächst finde ich das kulturelle Argument, das Arian genannt hat, geradezu abschreckend. Wer von uns will denn den ganzen Tag in Berlin rumrennen und Museen abklappern? Und dann noch drei Stunden lang den Bundestag besichtigen? Am wichtigsten finde ich aber das Argument, dass man, wenn man nicht in eine Großstadt fährt, mehr Dinge in der Klassengemeinschaft tun kann. In einer Großstadt bilden sich bestimmt schnell kleine Gruppen, die dann bloß shoppen gehen wollen. In der 9a war das im letzten Jahr auch so. Infolgedessen plädiere ich gegen eine Großstadt als Klassenfahrtziel.

JANET: Ich finde, Sophie hat in vielem recht. Aber trotz ihrer angeführten Argumente bin ich der Meinung, dass wir in eine Großstadt, z. B. nach Berlin, fahren sollten, da wir in der einen Woche viel erfahren und lernen können. Wir könnten dort z. B. Dinge direkt vor Ort erfahren, die wir sonst nur trocken im Geschichtsunterricht pauken müssen. Man muss doch einfach mal die Mauer gesehen haben, die Deutschland früher in zwei Hälften geteilt hat.

ARIAN: Janet, die Mauer ist 1989 gefallen. Da steht keine Mauer mehr!

3 Übertrage die folgende Tabelle in dein Heft und untersuche die Argumentation der Schüler, indem du entsprechende Kreuze (auch mehrfach) setzt.

Der Schüler/die Schülerin	Tom	Jan	Maja	Arian	Sophie	Janet
behauptet bloß						
belegt ein Argument mit einem Beispiel						
reiht Argumente ohne Steigerung aneinander						
steigert seine/ihre Argumente						
stellt einen Gegensatz her, entkräftet						

4 Schreibe in dein Heft, wie folgende Argumente gestützt werden, z. B. durch: Verweis auf eine Autorität – Nennung eines Beispiels – Berufung auf eigene Erfahrung – Hinweis auf allgemein anerkannte Werte und Normen – Berufung auf Statistiken oder Untersuchungen

a) Bei einer Helmpflicht für Radfahrer nimmt die Zahl der schweren Verletzungen deutlich ab. Dies ist eindeutig durch eine Reihe von wissenschaftlichen Untersuchungen nachgewiesen worden.
b) Eine Fahrt nach Amrum ist sinnvoller, als sich eine Woche in einer Großstadt aufzuhalten. Jeder weiß doch, dass insbesondere die salzhaltige Luft an der Nordsee besonders gesund ist.
c) Ich habe selbst schon einen Tanzkurs besucht und kann nur sagen, dass Tanzen nicht nur Spaß macht, sondern auch richtig anstrengend ist.
d) Handys können auch sinnvoll im Unterricht eingesetzt werden, wenn man zum Beispiel schnell eine Worterklärung sucht oder kurz Informationen zu einem geschichtlichen Ereignis braucht.
e) In einem Zeitungsbericht wurde ein Wissenschaftler zitiert, der herausgefunden hat, dass seit der massenhaften Verbreitung von Handys die Menschen weniger Zeit damit verbringen, direkt miteinander zu sprechen.
f) Ich habe selbst einmal einen Unfall gesehen, bei dem der Radfahrer sehr viel Glück hatte, dass er sich nicht schwer verletzt hat. Seitdem fahre ich nur noch mit Helm Fahrrad.
g) Die Fahrt nach Berlin ist viel teurer als die nach Amrum, und einige Eltern können sich die teurere Fahrt einfach nicht leisten. Deshalb ist es gerecht, wenn wir die kostengünstigere Fahrt wählen.

Richtig zu schreiben kann man lernen

Damit ihr gezielt an bestimmten Rechtschreibproblemen arbeiten könnt, ist es notwendig, Fehlerschwerpunkte zu erkennen und sie bestimmten Bereichen der Rechtschreibung zuzuordnen. Anschließend könnt ihr euch dann entsprechendes Übungsmaterial besorgen und versuchen, auf diesem Weg in der Rechtschreibung sicherer zu werden.
Aus den letzten Schuljahren kennt ihr bestimmt noch einige Tipps, wie man Rechtschreibprobleme lösen kann. Dazu erfahrt ihr noch einmal einiges in dieser Einheit.
Ein weiterer Schwerpunkt ist die Schreibweise von Fremdwörtern, die uns tagtäglich begegnen. Ihr erhaltet Informationen darüber, woher einzelne Fremdwörter stammen und wie sie geschrieben werden.
Ganz wichtig ist, dass ihr euch immer nur einen Teil vornehmt und die einzelnen Aufgaben wiederholt löst. Ansonsten prägt sich die z. T. schwierige Schreibweise nicht ein. Viele der Übungen in dieser Einheit sind übrigens so gestaltet, dass ihr sie allein oder zu zweit begleitend zum Unterricht zu Hause durchführen könnt. Ihr benötigt allerdings in jedem Fall ein Wörterbuch, um nachschlagen zu können, wenn ihr unsicher seid.

1 In welchen Bereichen begegnen euch Fremdwörter? Welche Funktionen haben sie?

2 Versucht, einige der in der Abbildung verwendeten Fremdwörter durch deutschsprachige Ausdrücke zu ersetzen.

3 Welche Formulierung erscheint euch jeweils sinnvoller?

1. Fehlerschwerpunkte erkennen

Johannes Diekhans (geb. 1954)

Die „schwarze Kunst“ – gestern und heute

Gutenbergs Erfindung des Buchdrucks mit beweglichen Lettern bildete den Grundstein für eine explosionsartige Entwicklung im Buchwesen. Zwar gab es bereits vor Gutenberg ein Buchdruckergewerbe, das in hohem Ansehen stand. Es gab auch schon Versuche, mit beweglichen Lettern aus Ton und Holz zu arbeiten. Diese Materialien waren jedoch zu weich und konnten nur für einen begrenzten Zeitraum verwendet werden. Sehr mühselig war das ebenfalls vor Gutenberg praktizierte Verfahren, ganze Buchseiten zunächst in Holz zu schneiden, um sie dann einzeln mit der Handpresse zu drucken.
Gutenbergs Erfindung machte es endlich möglich, eine Seite in relativ kurzer Zeit in fast beliebiger Anzahl zu drucken.
Im 16. Jahrhundert erreichten Bücher bereits Auflagen von bis zu 3 000 Exemplaren, während es zuvor höchstens 200 waren.
Parallel zu dieser „schwarzen Kunst“ des Druckwesens entwickelte sich zunehmend eine „weiße Kunst“, nämlich die Papierherstellung.
Bis ins 19. Jahrhundert dienten vor allem Lumpen, die im ganzen Land von Lumpensammlern und -sammlerinnen zusammengetragen wurden und anschließend in Papiermühlen weiterverarbeitet wurden, der Herstellung von Papier. Im Wesentlichen waren es Frauen und Kinder, welche die unsortiert und verdreckt angelieferten Lumpen waschen und zerkleinern mussten. Diese Arbeit war in höchstem Maße gesundheitsgefährdend. Staub und Schmutz lösten häufig schwere Infektionskrankheiten aus.
Das Holz löste die Lumpen als Rohmaterial für die Papierherstellung ab.
Bereits Ende des 18. Jahrhunderts gab es Versuche, im Recyclingverfahren aus gebrauchtem Papier neues herzustellen. Diese Verfahren zum

Papierfabrik, Mitte des 19. Jahrhunderts

Produzieren von Papier setzten sich im Folgenden jedoch aufgrund (auch: auf Grund) der enorm hohen Kosten und des viel später sich entwickelnden Umweltbewusstseins zunächst nicht durch.

Mit dem Zeitalter des Computers rückte man auch von Gutenbergs Druckverfahren ab. Heute werden Druckvorlagen nicht mehr aus gegossenen Lettern zusammengesetzt, sondern weitaus weniger aufwändig (auch: aufwendig) fertiggestellt. Buchseiten werden mithilfe (auch: mit Hilfe) von Bild- und Textverarbeitungssystemen erstellt und digitalisiert. Diese Daten werden benutzt, um in der Druckerei direkt die Druckvorlagen herzustellen.

Lumpensammlerin („Papiererin") aus dem 18. Jahrhundert

1 Übertrage die folgenden Rechtschreibbereiche in dein Heft und ordne die unterstrichenen Wörter entsprechend zu. Einige Wörter kannst du mehrfach zuordnen.

- Die Schreibweise lang ausgesprochener, betonter Vokale (Dehnung):
- Die Schreibung nach kurz ausgesprochenen, betonten Vokalen (Schärfung):
- Die Schreibung von **z** und **k** nach **l**, **m**, **n**, **r**:
- Die Großschreibung von ursprünglichen Adjektiven und Verben:
- Gleich oder ähnlich klingende Laute und Silben (**p** oder **b**, **äu** oder **eu**, **v** oder **f**, **ent-** oder **end-**, ...):
- s-Laute:
- **das** oder **dass**:
- Zusammen- und Getrenntschreibung:
- Fremdwörter:

2 Erinnert euch an den Rechtschreibunterricht der vergangenen Schuljahre. Welche Regeln und Tipps kennt ihr noch, die bei der Schreibweise einzelner Wörter helfen? Geht die einzelnen Rechtschreibbereiche und die zugeordneten Wörter zu zweit durch.

3 Welche Schreibweisen von Wörtern könnt ihr nicht durch Regeln erklären?

Digitale Gestaltung von Buchseiten

2. Rechtschreibprobleme durch einfache Verfahren lösen

In vielen Fällen kannst du einfache Verfahren anwenden, wenn du dir bei der Schreibweise von Wörtern unsicher bist. Schau dir das folgende Lernplakat an:

- die Schreibweise durch Ableiten und Verlängern des Wortes herausfinden
- die Bedeutung von Wörtern und Silben unterscheiden
- deutlich sprechen und genau hinhören
- Wortarten unterscheiden
- Merksätze anwenden wie:
  - „Nach **l**, **m**, **n**, **r**, das merke ja, steht nie **tz** und nie **ck**!"
  - „Wer nämlich mit **h** schreibt, ist nicht ..., hat aber einen Fehler gemacht."
  - „**Gar nicht** und **überhaupt nicht** werden gar nicht und überhaupt nicht zusammengeschrieben."
  - „Kurz, betont und einfach, macht oft den Konsonanten zweifach."
  - „Kannst du **dieses**, **welches**, **jenes** einsetzen, wird **das** mit einfachem **s** geschrieben."

1 Im Folgenden findet ihr noch einmal einige Auszüge aus dem Text zuvor. Es sind jedoch Fehler darin enthalten. Wählt einen Abschnitt aus und überlegt in kleinen Gruppen, was jeweils falsch ist und mit welchen der oben beschriebenen Verfahren die Fehler vermieden werden können.

2 Schreibt den ausgewählten Abschnitt in der richtigen Schreibweise in euer Heft.

Gutenbergs Erfindung des Buchdrucks mit beweglichen Lettern bildete den Gruntstein für eine explosionsartige Endwicklung im Buchwesen. Zwar gab es bereits vor Gutenberg ein Buchdruckergewerbe, dass in hohem Ansehen stant. Es gab auch schon Versuche, mit beweglichen Lettern aus Ton und Holtz zu arbeiten. Diese Materialien waren jedoch zu weich und konnten nur für einen begrentzten Zeitraum verwendet werden.

(6 Fehler)

Sehr mühselich war das ebenfalls vor Gutenberg praktizierte Verfahren, gantze Buchseiten zunächst in Holtz zu schneiden, um sie dan einzeln mit der Hantpresse zu drucken. Gutenbergs Erfindung machte es entlich möglig, eine Seite in relativ kurzer Zeit in fast beliebiger Anzahl zu drucken.

(6 Fehler)

Im 16. Jahrhundert ereichten Bücher bereits Auflagen von bis zu 3000 Exemplaren, während es zuvor höchstens 200 waren.
Paralel zu dieser „schwartzen Kunst“ des Druckwesens entwickelte sich zunehment eine „weise Kunst“, nähmlich die Papierherstellung.

(5 Fehler)

Bis ins 19. Jahrhundert dienten vor allem Lumpen, die im gantzen Land von Lumpensammlern und -sammlerinen zusammengetragen wurden und anschließent in Papiermühlen weiterverarbeitet wurden, der Herstellung von Papier. Im wesentlichen waren es Frauen und Kinder, welche die unsortiert und verdreckt angelieferten Lumpen waschen und zerkleinern mussten. Diese Arbeit war in höchstem maße gesundheitsgefährdend. Staup und Schmutz lößten häufich schwere Infektionskrankheiten aus.

(9 Fehler)

Das Holz lößte die Lumpen als Rohmaterial für die Papierherstellung ab.
Bereits Ende des 18. Jahrhunderts gab es Versuche, im Recyclingverfahren aus gebrauchtem Papier Neues herzustellen. Diese Verfahren zum produzieren von Papier setzten sich im folgenden jedoch aufgrund (auch: auf Grund) der enorm hohen Kosten und des fiel später sich endwickelnden Umweltbewusstseins zunächst nicht durch.

(6 Fehler)

3 Einer aus der Gruppe sollte den anderen nun den gewählten Abschnitt diktieren.

3. Auf die Bedeutung achten

Es gibt einige gleich oder ähnlich klingende Wörter, die oft einen langen, betonten Vokal enthalten. Hier ist es wichtig, dass du die Bedeutung der Wörter unterscheidest und dir die Schreibweise einprägst.

1 Welche zwei Wörter, die gleich klingen, verbergen sich hinter den folgenden Umschreibungen? Wie schreibt man die Wörter? Schau gegebenenfalls in einem Wörterbuch nach.

- Eine besondere Ausdrucksform oder Eigenart eines Menschen oder Gegenstands?
- Teil eines Garten- oder Haushaltsgeräts?

2 Arbeitet zu zweit und wählt aus der folgenden Liste Wortpaare aus, die ihr für euren Nachbarn oder eure Nachbarin wie in Aufgabe 1 umschreibt. Ihr könnt auch ein Wörterbuch zu Hilfe nehmen. Übertragt die Umschreibung und das Lösungswort jeweils in euer Heft.

Wahl – Wal
Rede – Reede
Lid – Lied
Mine – Miene
Saite – Seite
malen – mahlen
lehren – leeren
Mal – Mahl
Bote – Boote
Fiber – Fieber
wider – wieder
Leib – Laib
Stil – Stiel
Jagd – Jacht
selig – seelisch
Lerche – Lärche
Waage – Wagen

3 Wählt zehn Wortpaare aus und schreibt möglichst viele Wortverwandte zu den jeweiligen Wörtern auf. Material erhaltet ihr auch in einem Wörterbuch, z. B.:

Seite: seitenlang, Buchseite, ...
Saite: Gitarrensaite, fünfsaitig, ...

Sai|te, die; -, -n (gedrehter Tierdarm, Metall od. Kunststoff [zur Bespannung von Musikinstrumenten]); *vgl. aber* Seite
Sai|ten|hal|ter (Teil eines Saiteninstrumentes); **Sai|ten|in|s|t|ru|ment**; **Sai|ten|spiel**, das; -[e]s **...sai|tig** (z. B. fünfsaitig)

4 Schreibe die folgenden Satzpaare in dein Heft und trage jeweils ein passendes Wort aus der Liste von Aufgabe 2 auf Seite 131 ein. Diktiert euch anschließend einige Sätze.

- Stäbe, die beim Stabhochsprung benutzt werden, bestehen in der Regel aus Glas_____.
  Bei einer Körpertemperatur von über 38 °C spricht man von _____.
- Es gibt Menschen, die sich nur sehr vorsichtig auf eine _____ stellen, weil sie glauben, dann nicht so schwer zu sein.
  Wer im Herbst in der Dunkelheit mit dem _____ unterwegs ist, muss mit Wildwechsel rechnen.
- Im Mittelalter wurden sogenannte Minnelieder, in denen Ritter ihre Liebe zu einer höhergestellten Frau besangen, mit _____instrumenten begleitet.
  In einer Druckerei wird nicht jede Buch_____ einzeln gedruckt, sondern es werden nach einem bestimmten System meistens 16 _____ zu einem Bogen zusammengefasst.
- Das _____ ist ein Teil des Auges und dient dem Schutz des empfindlichen Augapfels.
  Eine bekannte deutsche _____sammlung aus dem 19. Jahrhundert trägt den Titel „Des Knaben Wunderhorn".
- Wer sich in Modefragen nicht um die Meinung anderer kümmert, hat seinen individuellen _____ gefunden.
  Wusstest du, dass es Eis am _____ seit dem Jahre 1905 gibt? Durch Zufall entdeckte es angeblich ein amerikanischer Junge, der ein Getränk mit einem Rührstab im Winter über Nacht auf der Veranda vergessen hatte. Später ließ er sich diese „Entdeckung" patentieren.
- Wer Getreide selbst in einer Mühle _____ und für ein leckeres Müsli benutzt, ernährt sich sehr gesund.
  Leonardo da Vinci war nicht nur _____, sondern auch Bildhauer und genialer Erfinder.
- In Aachen wird jährlich zur Karnevalszeit der „Orden _____ den tierischen Ernst" verliehen.
  Wahrscheinlich wird in diesem Jahr _____ ein Politiker oder eine Politikerin ausgezeichnet werden.
- Auch in Deutschland gab es früher Gold- und Silber_____, die manchmal heute noch besichtigt werden können, aber nicht mehr in Betrieb sind.
  Wer gute _____ zum bösen Spiel macht, wie ein Sprichwort besagt, muss sich gut beherrschen können.
- Vor einer _____ machen die Parteien mit großformatigen Plakaten auf sich aufmerksam.
  Der _____ ist kein Fisch, sondern ein Säugetier, das vom Aussterben bedroht ist.
- Völlig erschöpft überbrachte der _____ die Nachricht vom Sieg des griechischen Heeres.
  Während _____ früher aus Holz gefertigt wurden, verwendet man heute überwiegend Kunststoffe.
- In der katholischen Kirche können Personen, die etwas Besonderes für ihre Mitmenschen geleistet haben, _____-gesprochen werden.
  Das Fremdwort für das Adjektiv _____ lautet psychisch.
- Die _____ gehört zu den Nadelhölzern; sie kann bis zu 40 Meter hoch werden.
  Eine _____ errichtet ihr Nest am Boden. _____ gehören zu den Vögeln, die häufig im Flug singen.

4. Auf die Wortart achten

Bei der Groß- und Kleinschreibung ist es vor allem wichtig, auf die Wortart zu achten. Einige Wortarten kannst du an bestimmten Bausteinen erkennen.

-tum, -heit, -keit, ...

1 Welche Wortart wird mit den Endbausteinen -tum, -heit, -keit, -nis, -schaft, -ung, -sal, -chen, -el gebildet? Übertrage die folgende Tabelle in dein Heft und schreibe jeweils einige passende Wörter in die Spalten. Zeichne die Endbausteine farbig nach.

-tum	-heit	-keit	-nis	-schaft	-ung	-sal	-chen	-el
Reich**tum** ...	...	...	Hinder**nis** ...	...	...	...	...	Ärm**el** ...

-ig, -lich, -isch, -bar, ...

1 Auch die folgenden Endbausteine weisen auf eine bestimmte Wortart hin: -ig, -lich, -isch, -bar, -sam, -haft. Um welche Wortart handelt es sich in der Regel?

Beispiele:
das Wunder – wunder**bar** – eine wunderbare Geschichte
die Lust – lust**ig** – ein lustiger Film

2 Bilde wie in den Beispielen mithilfe der in Aufgabe 1 genannten Wortbausteine aus den folgenden Nomen/Substantive Adjektive und verwende diese in einem Ausdruck als Attribut. Manchmal kannst du mehrere Bausteine verwenden. Zeichne die Endbausteine farbig nach.

das Kind • der Himmel • die Dauer • die Veränderung • die Sache • der Gebrauch • der Fehler • der Mann • die Mühe • das Leben • die Pracht • der Narr • die Diebin • die Krankheit • das Schweigen • der Riese • die Macht • das Weib • der Berg • der Regen • der Winter • das Salz • die Eile • die Trennung • der Traum • die Rose • die Luft • die Süße

REGEL

Die Wortbausteine **-tum**, **-heit**, **-keit**, **-nis**, **-schaft**, **-ung**, **-sal**, **-chen**, **-el** weisen als Endbausteine auf ein **Nomen/Substantiv** hin.

Die Wortbausteine **-ig**, **-lich**, **-isch**, **-bar**, **-sam**, **-haft** weisen in der Regel als Endbausteine auf ein **Adjektiv** hin.

Nominalisierungen/Substantivierungen

REGEL

Nomen/Substantive schreibt man groß. Darüber hinaus können alle anderen Wortarten zu einem Nomen/Substantiv werden und müssen dann ebenfalls großgeschrieben werden. In der Regel stehen Begleiter davor, die das jeweilige Wort deutlich als Nomen/Substantiv kennzeichnen.

1 Aus den letzten Schuljahren weißt du bereits, dass aus verschiedenen Wortarten Nomen/Substantive werden können. Woran kann man solche Nominalisierungen/Substantivierungen erkennen? Schau dir die folgenden Beispiele an.

Das **J**oggen erfordert ...
Zum **J**oggen benötigt man ...
Langsames **J**oggen ermöglicht ...
Ich halte **J**oggen für ...

2 Entscheide, ob die unvollständigen Wörter in den folgenden Satzpaaren nominalisiert/substantiviert sind oder nicht, und übertrage die Sätze in der richtigen Schreibweise in dein Heft.

- h/H, j/J, g/G
  Er lebt nicht im ■ier und ■etzt, sondern im ■estern.
  Ich habe dich ■estern vermisst, deshalb müssen wir die Angelegenheit nun ■ier und ■etzt klären.
- e/E
  Er war der ■inzige, der die Aufgabe lösen konnte.
  Dies ist die ■inzige Frage, die ich nicht beantworten kann.
- e/E
  In einer gut organisierten Gruppe kommt es auch auf den ■inzelnen an.
  Die ■inzelnen Abschnitte unterscheiden sich in der Länge und der Darstellungsweise.
- f/F
  Die ■olgende Etappe wird ganz bestimmt sehr schwer.
  Es geht im ■olgenden um eine Beschreibung der Wegstrecke.
- a/A
  Der Vorschlag fand ■llgemeine Zustimmung.
  Im ■llgemeinen ergeben sich daraus keine Probleme größerer Art.
- g/G
  Im ■roßen und ■anzen bin ich mit der Arbeit zufrieden.
  Mit einer ■roßen Schaufel kann man keine ■anzen Berge abtragen.
- z/Z
  Insgesamt ■wei Wochen habe ich an der Hausarbeit gesessen.
  Die ■wei haben sich das Ja-Wort noch nicht gegeben.
- w/W, a/A
  Der vorliegende Text muss, ■enn er geschrieben ist, in jedem Fall ■ber noch überarbeitet werden.
  Ohne ■enn und ■ber stimmte er der Vereinbarung zu.
- a/A, v/V
  Der Schüler kam bei dem Vergleichswettkampf als ■chter und damit ■orletzter ins Ziel.
  Beim Wettkampf belegte die Schülerin den ■chten und damit ■orletzten Platz.

- o/O, u/U
  Für mich gibt es kein ■ben oder ■nten, es sind alle gleichwertig.
  Wenn du ■ben bist, lässt du den Korb mit der Seilwinde nach ■nten.
- e/E, a/A
  Die Pferdezucht war sein ■in und ■lles.
  Wenn er ■in spannendes Buch las, vergaß er ■lles um sich herum.

Mal und -mal

REGEL

Wird das Wort **Mal** als **Nomen/Substantiv** gebraucht, wird es großgeschrieben. In diesem Fall stehen Begleiter davor, die es deutlich als Nomen/Substantiv kennzeichnen.
Beispiele: zum ersten **Mal**, viele **Male**, jedes **Mal**

Wörter mit dem Wortbaustein **-mal/-mals** werden kleingeschrieben, wenn es Adverbien sind.
Beispiele: ein**mal**, manch**mal**, viel**mals**

Werden beide Wortbestandteile deutlich betont, kannst du in einigen Fällen auch getrennt schreiben und das Wort **Mal** großschreiben, auch wenn keine Begleiter davorstehen.
Beispiele: zehnmal (erster Teil betont) – zehn Mal (beide Wörter betont)
ein paarmal – ein paar Mal
tausendmal – tausend Mal

1 Schreibe die folgenden Sätze in der richtigen Weise in dein Heft. Wenn du unsicher bist, schau in dem Regelkasten oder in einem Wörterbuch nach.

- Die Schauspielerin erhielt die Auszeichnung ZUMDRITTENMAL.
- Hast du schon EINMAL ein Murmeltier gesehen?
- Wer DREIMAL hintereinander eine Sechs würfelt, hat das Spiel gewonnen.
- DIESMAL werde ich bestimmt an deinen Geburtstag denken.
- VIERMAL erschien die Annonce in der Zeitung, aber niemand meldete sich darauf.
- Wenn du den Vortrag des Gedichts noch EINPAARMAL übst, klappt es bestimmt.
- Die Turnhalle ist EINFÜRALLEMAL geschlossen und wird auch nicht renoviert, sondern abgerissen.
- Er hatte es ETLICHEMALE versucht, sie telefonisch zu erreichen, jetzt sollte es DASLETZTEMAL sein.
- Werde ich dich JEMALS wiedersehen?
- Wenn die Läufer den Brunnen SECHSMAL passiert haben, wird die letzte Runde eingeläutet.

2 Schreibe die folgenden Texte in der richtigen Weise in dein Heft.

Bücher im Mittelalter

Im Mittelalter radierte man MANCHESMAL ganze Bücher w■der aus. Das geschah aus SPARSAMKEIT. Bücherseiten bestanden im ALLGEMEINEN aus sehr teurem Pergament, das aus Tierhäuten gewonnen wurde. Papier kannte man DAMALS noch nicht. Wenn man kein frisches Pergament kaufen konnte oder wollte, wurden alte Bücher herangezogen, die man nicht mehr zum LESEN und wissenschaftlichen ARBEITEN brauchte. Die Tinte wurde SORGSAM von den beschriebenen S■iten abgekratzt, sodass diese w■der von Mönchen beschrieben werden konnten.

Gebildete Mönche waren im Mittelalter beinahe die EINZIGEN, die LESEN und SCHREIBEN konnten.

Der „Diktator“

Bücher wurden im Mittelalter, also vor der Zeit Gutenbergs, handschrift_ ver_ielfältigt. In den Klöstern gab es gebildete Mönche, die in OFTMALS ungeheizten Schreibsälen an extra ausgestatteten Plätzen arbeiteten und vorliegende Bücher kopierten.
Es gab jedoch auch die MÖGLICHKEIT, dass ein Mönch von einer erhöhten Position aus einen lateinischen Text diktierte. Dieser Mönch wurde „Diktator“ genannt. Beim AUFSCHREIBEN wurden natürlich auch Fehler gemacht. Diese und die individuelle Handschrift der Mönche verliehen den Büchern des Mittelalters neben der oft prächt_en Gestaltung etwas EINZIGARTIGES.

Arbeitsplatz eines Abschreibers

dass oder das

REGEL

Bei der Schreibweise von **das** oder **dass** musst du ebenfalls auf die Wortart achten.

In folgenden Fällen, in denen du **dieses**, **welches** oder **jenes** einsetzen kannst, wird **das** geschrieben:

1. **Artikel**
   Beispiel: Das Abschreiben von Büchern im Mittelalter war sehr zeitaufwendig.
2. **Demonstrativpronornen (hinweisendes Fürwort)**
   Beispiel: **Das** hat mir gar nicht gefallen.
3. **Relativpronomen**
   Beispiel: Das Buch, **das** du mir geliehen hast, ist sehr interessant.

Handelt es sich um eine **Konjunktion**, die einen Nebensatz/Gliedsatz einleitet, wird **dass** geschrieben.
Beispiel: Ich habe nicht damit gerechnet, **dass** du schon zurückkommst.

1 Schreibe die Sätze ab und setze dabei das richtige Wort ein. Bestimme jeweils die Wortart.

- ______ Gutenberg zum „Mann des Jahrtausends“ gewählt wurde, weiß beinahe jeder.
  Weniger bekannt ist jedoch, ______ er arm gestorben ist.
- ______ Besondere an dem von ihm entwickelten Druckverfahren war, ______ in kurzer Zeit beliebig viele Seiten gedruckt werden konnten.
- ______ erste Buch, ______ er mit seiner Technik druckte, war die Bibel.
- Dazu stellte er sechs Gesellen ein. ______ kostete ihn sehr viel Geld, so______ er kurz vor der Fertigstellung

Das älteste Bildnis Gutenbergs (Kolorierung nach einem Kupferstich von Theret, Paris 1584)

_____ Projekt in die Hände eines anderen geben musste.

- _____ war Johann Fust, der ihm das Geld geliehen und dann zurückgefordert hatte.
- So wurde _____ fast fertige Werk, _____ nach Gutenbergs Druckverfahren hergestellt worden war, zunächst mit einem anderen Namen in Verbindung gebracht.
- Weißt du, _____ es in Mainz ein eigenes Gutenberg-Museum gibt?
- _____ Gutenberg-Museum in Mainz ist eines der ältesten Druck- und Schriftmuseen der Welt. Seine Hauptattraktionen sind mehrere Ausgaben der Gutenberg-Bibel, des ältesten Buches, _____ mit beweglichen Lettern gedruckt wurde.
- _____ Museum wurde von Bürgern der Stadt im Jahr 1900 anlässlich des 500. Geburtstages Johannes Gutenbergs gegründet.
- Auf diese Weise sollte _____, was Gutenberg erfunden hatte, einem breiten Publikum zugänglich gemacht werden.
- In seinen ersten Jahren war _____ Museum Teil der Stadtbibliothek Mainz, so _____ bedeutende Stücke der Bibliothek gleichzeitig im Museum ausgestellt wurden.

2 Schreibe den folgenden Text in dein Heft und setze jeweils *das* oder *dass* ein.

Woraus besteht Papier?

Der Grundstoff von Papier ist Holz, _____ aus heimischen Wäldern gewonnen wird. Um daraus Papier zu machen, muss man die Holzfasern zerkleinern und dafür sorgen, _____ sie aneinanderkleben. _____ geht so:
Man zerkleinert ganze Baumstämme so, _____ zwei Zentimeter lange Späne entstehen, die mit Wasser und Chemikalien zu einem Brei verrührt werden. Dieser Papierbrei wird gekocht, gebleicht und wieder gewaschen. Dann zerstampft man _____ Ganze, um die verbliebenen Holzschnitzelchen zu zerkleinern.
In der Papiermaschine wird der Brei noch einmal gemixt und immer weiter getrocknet. Walzen pressen das Wasser, _____ verblieben ist, heraus und drücken die Fasern zusammen. _____ feuchte Papier wird schließlich getrocknet, aufgerollt und zerschnitten.
Früher wurde Papier mithilfe von Chlor gebleicht, _____ sehr umweltschädlich ist. Deshalb hat man in den letzten Jahren ein Verfahren entwickelt, _____ es möglich macht, Papier zunehmend chlorfrei zu bleichen. _____ schützt die Natur, die schließlich der Lieferant des Rohstoffs ist, aus dem Papier hergestellt wird.

3 Diktiert euch den Text gegenseitig und klärt dabei die einzusetzende Wortart. Nach jedem Abschnitt sollte die Rolle des Schreibenden und Diktierenden wechseln.

5. Nicht für alles gibt es Regeln – Ausnahmen

Für viele Bereiche der Rechtschreibung gibt es Regeln, die bei der richtigen Schreibweise helfen. Aber nicht immer helfen die Regeln weiter. Manchmal kommt es auch darauf an, sich bestimmte Ausnahmen zu merken.

Die i-Laute

1 Wie schreibt man die meisten Wörter mit einem lang ausgesprochenen i-Laut?

2 In einigen Wörtern wird der lang ausgesprochene i-Laut mit einfachem **i** geschrieben. Häufig sind es Wörter, die aus anderen Sprachen stammen. Suche aus dem folgenden Wörterversteck möglichst viele Wörter heraus, die einen lang ausgesprochenen i-Laut enthalten, der **i** geschrieben wird, und übertrage sie in dein Heft. Es sind insgesamt über 35 Wörter enthalten.

I	G	E	L	B	V	K	R	I	S	E	G	H	R	U	I	N	E	M	S	T	B	L	L
A	R	C	I	R	I	L	B	C	D	F	A	M	G	K	Y	Q	R	A	K	L	I	M	A
F	E	D	D	I	T	S	T	I	L	M	R	E	K	P	T	F	F	R	A	A	B	K	K
G	H	K	K	S	A	G	Q	R	S	A	D	D	R	R	I	A	E	G	N	W	E	R	B
S	K	I	B	E	M	H	P	T	F	N	I	I	O	I	G	M	D	A	I	I	L	S	I
G	F	D	C	T	I	K	N	K	I	D	N	Z	K	M	E	I	C	R	N	N	H	T	B
H	K	L	M	N	N	L	M	A	B	A	E	I	O	E	R	L	B	I	C	E	G	W	E
E	R	W	I	D	E	R	N	M	E	R	T	N	D	L	X	I	B	N	H	K	F	N	R
R	O	S	I	N	E	Q	R	I	L	I	V	W	I	Y	Z	E	E	E	E	L	E	I	V
M	A	S	C	H	I	N	E	N	H	N	B	Y	L	X	Z	K	N	C	N	M	D	S	X
K	V	W	L	M	U	S	I	K	L	E	S	I	R	U	P	W	Z	B	H	N	C	C	Y
S	I	L	B	E	R	M	I	N	E	H	B	I	B	E	R	V	I	V	W	P	B	H	Z
L	A	P	F	E	L	S	I	N	E	K	S	T	A	B	I	L	N	T	S	R	M	E	X
B	I	K	I	N	I	F	G	V	A	M	P	I	R	Z	Y	X	Z	A	T	R	B	N	E
T	E	R	M	I	N	W	I	D	E	R	Z	Y	X	K	A	N	T	I	N	E	D	B	Y
E	X	C	L	U	S	I	V	C	L	O	K	O	M	O	T	I	V	E	K	R	W	X	Z

3 Auf welche Wörter aus der Übung zuvor beziehen sich die folgenden Umschreibungen? Schreibe die Umschreibung und das Lösungswort ins Heft.

- eine Südfrucht, kleiner als eine Apfelsine
- Er sorgt für Wärme, wenn es kalt ist.
- lebensnotwendige Teile der Nahrung
- eine Maßeinheit
- kleine Einbuchtung in einer Wand
- eine schwierige Situation
- Vater, Mutter, Kinder
- Raubkatze

4 Tauscht mit eurem Sitznachbarn oder eurer Sitznachbarin das Heft aus und umschreibt wie in Aufgabe 3 weitere Wörter mit **i**, die es dann zu finden gilt. Schreibt die Lösungen hinter die Umschreibungen.

5 Versucht, einzelne Wörter bestimmten Oberbegriffen zuzuordnen, und schreibt die entstandenen Gruppen auf, z. B.: Tiere: ...

6 Stellt aus den Wörtern für euren Sitznachbarn oder eure Sitznachbarin ein Wortdiktat – bestehend aus 15 Wörtern – zusammen und diktiert es euch.

7 Diktiert euch den folgenden Text abschnittweise. Die Rolle des Schreibenden und Diktierenden wechselt dabei nach jedem Abschnitt.

Welche Motoren treiben Lokomotiven an?

Die ersten Lokomotiven waren allesamt Dampflokomotiven. Dampfmaschinen gab es schon über 100 Jahre vor der Erfindung brauchbarer Benzin- oder Dieselmotoren.
Die erste deutsche Dampflok hieß „Adler“ und zog die Waggons mit einer Geschwindigkeit von 30 Stundenkilometern. Später erreichten Dampfloks immerhin 150 Stundenkilometer.
Sie wurden von Lokomotiven mit Dieselmotoren abgelöst, die zwar nicht stärker waren, aber weniger Energie verbrauchten. Heute fahren kleine Dampflokomotiven nur noch auf Nebenstrecken. Dieselloks verkehren dort, wo es keine Fahrleitungen gibt, aus der Elektroloks ihren Fahrstrom beziehen können. In Deutschland, Österreich und in der Schweiz sind fast alle wichtigen Strecken für Elektroloks eingerichtet. Sie beziehen ihren Strom aus Stromleitungen, die über den Schienen gespannt sind.
Die modernsten Züge wie der ICE haben 13 000 PS und können zehnmal so schnell fahren wie der dampfbetriebene „Adler“.

Der „Adler“, die erste deutsche Dampflok (Aufnahme von 1935)

Schreibweise nach kurzen, betont ausgesprochenen Vokalen

1 Welche Rechtschreibregeln kennt ihr noch aus den letzten Schuljahren für die Schreibweise nach kurzen, betonten Vokalen? Unterscheidet Wörter wie *rennen*, *Wald*, *Bäcker*, *Katze*.

2 Die Schreibweise welcher zwei Wörter in dem folgenden Gedicht passt nicht zu den Regeln, die ihr für den Bereich der kurzen, betonten Vokale kennt?

Heinz Erhardt (1909 – 1979)

Stiche

Von Dürers Meisterhand ein Stich[1]
betrachtet, wirkt mehr „äußerlich“,
dagegen dringt, wenn Sie verzeihn,
der Mückenstich weit „tiefer“ ein.

Man sieht hieraus, dass ein Insekt
noch mehr kann als der Intellekt.

[1] **Stich:** Bezeichnung für ein Druckbild

> **REGEL**
>
> In Wörtern der deutschen Sprache wird nach einem kurzen, betonten Vokal der k-Laut **ck** geschrieben.
> Beispiele: wa**ck**eln, le**ck**er, Da**ck**el
>
> In vielen Wörtern mit einem k-Laut, die einer fremden Sprache entstammen, folgt nach einem kurz ausgesprochenen Vokal ein einfaches **k**. Diese Wörter musst du dir gut einprägen.
> Beispiele: Ele**k**tri**k**er, Ta**k**t, Fabri**k**

3 Schreibe die folgenden Wörter in alphabetischer Reihenfolge in dein Heft und zeichne dabei den fehlenden k-Laut farbig nach.

Proje■tor, Do■tor, Inspe■tor, Fabri■, perfe■t, Diale■t, Infe■t, korre■t, Proje■t, Republi■, Ele■trik, Arti■el, Dire■torin, A■tiv, Ta■t, Archite■tin, Inse■t, Obje■t, Plusquamperfe■t, Di■tat, Konta■t, Intelle■t, Taba■, Rea■tion, defe■t, Konre■tor, Refle■tor, A■t

4 Löse das folgende Rätsel. Übertrage es entweder in dein Heft oder verwende eine Folie.

ungesundes Genussmittel: ▬▬▬
Leiter einer Schule: ▬▬▬
Form des Verbs: ▬▬▬
sie plant Gebäude: ▬▬▬
anderes Wort für Arzt: ▬▬▬
Begleiter eines Nomens/Substantivs: ▬▬▬
ein grippaler ...: ▬▬▬

5 Schreibe die Sätze in dein Heft und trage dabei passende Wörter aus der Liste ein, die in Aufgabe 3 steht. Diktiert euch anschließend gegenseitig die Sätze.

- Wenn man erfolgreich an einem ▬▬▬ arbeiten will, muss man gut in der Gruppe kooperieren.
- Springt ein Auto nicht an, ist manchmal die E▬▬▬ d▬▬▬.
- In manchen Regionen Deutschlands wird ▬▬▬ gesprochen.
- Während man früher bei einer Präsentation manchmal einen ▬▬▬ einsetzte, verwendet man heute häufig einen Beamer.
- Ein anderes Wort für richtig ist ▬▬▬.
- Der Stellvertreter eines Schulleiters oder einer Schulleiterin trägt den Titel ▬▬▬.

- Es ist gesetzlich vorgeschrieben, die Räder eines Fahrrads mit _____ auszustatten.
- Manche Menschen suchen mithilfe einer Anzeige _____.
- Wer tanzen kann, der besitzt ein gutes Gefühl für den _____.
- Ein Schauspiel ist sehr häufig in verschiedene _____ eingeteilt.
- Das Gegenteil von Aktion ist _____.

6 In welcher Weise weichen die folgenden Wörter von der Regel ab, die du für die Schreibweise nach kurzen, betonten Vokalen kennst?

Skizze • Pizza • Razzia • Akku • Akkusativ • Mokka • Trekking • Makkaroni

7 Bilde Zusammensetzungen (Komposita) aus den Wörtern des Wortspeichers in Aufgabe 6 und den folgenden Wörtern und verwende sie jeweils für einen Satz:

Tasse • Rad • Polizei • Tafel • Taxi • Soße • Aufladegerät • Eis • Block • Objekt • Bäcker • Pudding • Taschenlampe • Auflauf

Beispiel: Mokkapudding

8 Hörst du nach einem kurz ausgesprochenen, betonten Vokal nur einen Konsonanten, wird dieser meistens verdoppelt. Es gibt jedoch auch einige Wörter, auf die diese Regel nicht zutrifft, z. B. *Januar*, *Krimi*, *bis*. Schreibe aus dem folgenden Buchstabenquadrat alle Wörter heraus, die zu diesen Ausnahmen gehören.

G	A	L	E	R	I	E	A	K	B	C	A
T	M	A	N	S	R	Q	P	A	B	R	N
V	X	Y	H	O	T	E	L	M	F	O	A
W	Z	R	S	T	V	W	N	E	G	B	N
K	A	P	I	T	E	L	M	R	P	O	A
L	M	N	F	I	T	X	B	A	A	T	S
P	Q	H	I	T	V	S	U	F	L	E	H
M	I	T	R	Q	W	R	S	G	A	R	K
K	A	M	E	R	A	Y	X	N	S	L	A
R	V	W	X	Z	B	C	L	N	T	M	P
L	I	T	E	R	A	T	U	R	C	N	R
B	I	S	Y	J	O	B	K	H	B	Y	I
S	T	B	A	L	A	N	C	E	X	X	L

9 Welche Wörter aus dem Wörterversteck passen zu den folgenden Umrissen? Schreibe die Wörter in der richtigen Weise in dein Heft und zeichne die Umrisse daneben.

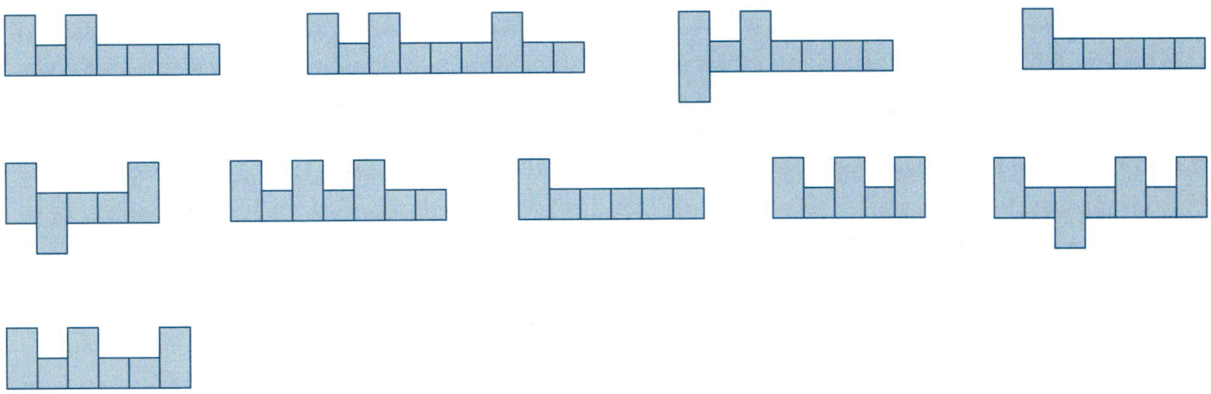

6. Von Atmosphäre bis Zylinder – Fremdwörter

In den Übungen zuvor hast du bereits mit Fremdwörtern gearbeitet. Hier kannst du nun noch einmal gezielt an bestimmten Rechtschreibproblemen aus diesem Bereich arbeiten.

y – ein typischer Fremdwortvokal

1 Wie muss das **y** in den folgenden Wörtern jeweils ausgesprochen werden? Lege eine Tabelle an und trage die Wörter entsprechend ein.

Zylinder • System • Zyklop • City • Gyros • Dynamo • Typ • Handy • Physiker • happy • Pyramide • Hobby • Asyl • Story • Gymnasium • systematisch • groggy • Tyrann • Pony • Party • Mythen • Gully • Pyjama • Symbol • Zypern

y – gesprochen als ?	y – gesprochen als ?
...	...

2 Welche Begriffe werden gesucht? Übertrage die Umschreibung und den gesuchten Begriff in dein Heft.

- Ohne dieses kommt beinahe kein Schüler mehr aus.
- griechisches Gericht
- Es steht als Zeichen für einen allgemeinen Zusammenhang.
- An der Gesamtschule und an ihm kann man das Abitur machen.
- Herrenhut, meistens schwarz
- Grabmal ägyptischer Herrscher
- Sie ist verliebt, sie ist?
- Und er ist ein toller?
- Im Moment ist er jedoch ganz schön erschöpft.
- Er bringt die Lampe zum Glühen.
- geteilte Mittelmeerinsel
- ein Ganzes, bestehend aus zusammenhängenden Teilen
- Die Erzählung von Dädalus und Ikarus (S. 292 f.) gehört dazu.

3 Welche Wörter aus dem Wortspeicher oben kannst du eindeutig der englischen Sprache zuordnen? Kennst du weitere Wörter mit **y** am Ende, die aus dem Englischen stammen und in der deutschen Sprache verwendet werden? Schau im Wörterbuch nach, wie in der deutschen Sprache die Pluralformen dieser Fremdwörter gebildet werden. Wie ist es im Englischen?

c und ch in Fremdwörtern

> Curry • clever • Clique • cool • Computer • Camembert • Creme • Clown • Café • Container • Cockpit • Coach • Caravan • Campingplatz • Casting • Carport • Crashkurs • Cannelloni

1 Wie wird der c-Laut am Anfang der Wörter ausgesprochen?

2 Schreibe einen Satz als Zungenbrecher auf, in dem möglichst viele der Wörter vorkommen. Vielleicht schaffst du es ja, alle Wörter unterzubringen.

3 Übertrage die Wörter untereinandergeschrieben und in alphabetischer Reihenfolge in dein Heft. Schreibe nun wie in einem Fremdwörterlexikon neben die Begriffe eine deutsche Bezeichnung oder eine Umschreibung.

4 Vergleiche die folgenden Wörter mit den vorausgehenden. Welche Gemeinsamkeiten und Unterschiede stellst du fest?

> Chaos • Charakterisierung • Chor • Chrom • Cholera • Chronik • Christina • Choral • Christian • Chemnitz

5 Wähle vier Wörter aus und schreibe – auch mithilfe eines Wörterbuchs – möglichst viele Verwandte aus der Wortfamilie auf.

6 Schreibe die folgenden Sätze in dein Heft und setze dabei ein passendes Wort ein.

- ___ wohnt in Sachsen, und zwar in ___.
- In ihrem Zimmer herrscht großes ___, weil sie niemals aufräumt.
- In ihrer Freizeit singt sie in einem gemischten ___, der gerade einen ___ einübt.
- Würde man eine ___ über sie schreiben, müsste man von einigen Widersprüchen berichten.
- Ihr Freund ___ wohnt ebenfalls in ___.
- Er hat von seinem Großvater eine uralte ___ geschenkt bekommen, die sehr kostbar ist.
- ___ stört das ___, das in ___ Zimmer herrscht, sehr. Aber Ordnung schaffen muss sie schon allein.

7 Stellt aus den beiden letzten Wörterlisten ein Wortdiktat zusammen und überprüft euch gegenseitig, ob ihr die Wörter richtig schreiben könnt.

ph – rh – th in Fremdwörtern

> Methode • Rheuma • Apotheke • Labyrinth • Thermosflasche • Prophet • Atmosphäre • Alphabet • Methode • Sympathie • Strophe • Thema • Rhythmus • Bibliothek • Philosophie • Thermometer • Theater • Rhetorik • Physik • Triumph • Athlet • Thermalbad • Theorie • Rhabarber • Theke • Thron • Antipathie • Kathedrale • Diskothek • Rhodos • Apostroph • Katholik • Paragraph • Katastrophe • Phase • Rhombus • Rhinozeros

1 Die meisten Fremdwörter, die mit **th**, **ph** oder **rh** geschrieben werden, stammen aus *einer* Sprache. Schau im Wörterbuch nach, welche Sprache das ist.

2 Übernimm die Tabelle in dein Heft und trage die Wörter in die passenden Spalten ein.

Wörter mit ph	Wörter mit th	Wörter mit rh
…	…	…

3 Die folgenden Wörter enthalten alle **th**. Bringe die Buchstaben in die richtige Reihenfolge und schreibe die Wörter in dein Heft.

eMtohed • ymaSphtei • Teharet • sumhRhty • Atelht • theekAop • eirTeho • Teham • drelaKhtae • thekoksiD • dabTerlamh • keThe • Tornh

4 Welche Wörter, die mit **ph** geschrieben werden, passen zu den folgenden Umrissen? Zeichne die Umrisse in dein Heft und schreibe die Wörter daneben.

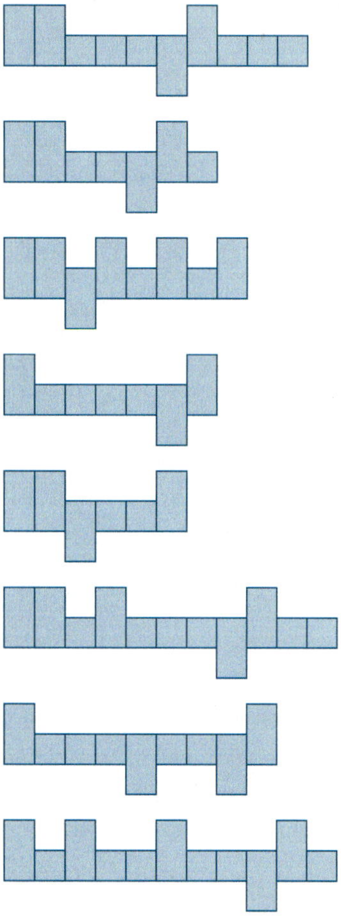

5 Um welche Wörter mit **rh** geht es hier? Schreibe die Lösungen in dein Heft.

- eine Krankheit, die starke Gelenkschmerzen erzeugt
- eine griechische Insel
- Er ist für das Tanzen wichtig(!).
- Daraus kann man Kompott machen.
- Er sieht aus wie ein Karo.
- Es ist mit einem mächtigen Horn ausgestattet.
- ein anderes Wort für Redekunst

6 Häufig gebrauchte Wörter, die früher mit **ph** geschrieben wurden, können auch mit **f** geschrieben werden. Übernimm die folgende Tabelle in dein Heft und trage die jeweils fehlende Schreibweise ein. Beide Schreibweisen sind gültig.

mit f geschrieben (neue Form)	**mit ph geschrieben (alte, ebenfalls gültige Form)**
Telefon	
	Geographie
Delfin	
	Saxophon
Mikrofon	
	Graphik
Fotografie	
	Megaphon
Paragraf	
	Biographie
Fantasie	

7. Die Silbentrennung

REGEL

Wörter können am Zeilenende nach den Silben getrennt werden, die sich beim langsamen Sprechen ergeben. Ein einzelner Vokal, der eine Sprechsilbe bildet, wird weder am Wortanfang noch am Wortende abgetrennt. Das gilt auch für zusammengesetzte Wörter (Komposita).
Beispiele: Haus-tür-schlüs-sel, Kla-vier-leh-rer, Ofen-bau-er, Heiz-ofen, tren-nen, Kas-ten

1 Schreibe die folgenden Wörter nach Sprechsilben getrennt auf. Denk daran, dass ein einzelner Vokal, der eine Sprechsilbe bildet, nicht abgetrennt wird.

Feuerleiter • Ankunft • Abendrot • rosig • Unterwasserkamera • Atomenergie • Uferbefestigung • entgegenkommen • flussabwärts • Badebekleidung • Rosinenstuten • Feierabend

Die folgenden Regeln musst du dir gut einprägen:

REGEL

1. Stehen in einfachen deutschen Wörtern zwischen Vokalen mehrere Konsonanten, kommt nur der letzte Konsonant bei der Trennung in die nächste Zeile.
   Beispiele: Karp-fen, knusp-rig
2. Buchstabenverbindungen, die für einen Konsonanten stehen, werden nicht getrennt. Dazu gehören: **ck**, **ch**, **sch**, **ph**, **rh** oder **sh**.
   Beispiele: ba-cken, sich stre-cken, du-schen, Ma-sche, Stro-phe
3. Zusammengesetzte Wörter trennt man normalerweise an den Stellen, an denen sie zusammengefügt sind.
   Beispiele: an + kommen → an-kommen
4. Einige Zusammensetzungen werden jedoch nicht mehr als solche wahrgenommen, weil sich beim langsamen Sprechen deutlich andere Trennstellen ergeben. In diesen Fällen kannst du entweder nach den Wortbestandteilen oder nach den Sprechsilben trennen.
   Beispiele: hin-auf *oder* hi-nauf, war-um *oder* wa-rum, her-aus *oder* he-raus

2 Schau dir die Regeln an und trenne die folgenden Wörter an den richtigen Stellen.

Elektrowecker • impfen • Bundeskanzlerin • Karpfen • Baumgipfel • daran • daraus • hinauslaufen • eifrig • sechster • Zuckergebäck • hinaufgehen • berücksichtigen • Städte • wispern

8. Kleine Übungen zur Lernkontrolle

1 Schreibe die folgenden Ausdrücke in der richtigen Form in dein Heft.

die ferti■gestellte Arbeit, ein einzi■artiges Erlebnis, ein unermessli■er ■eichtum, der verrei■te Nachbar, ein einzi■es Mal, ■ielmals, JEDESMAL, eine en■lose Diskussion, eine en■scheidende Situation

2 Schreibe auch die folgenden Sätze in der richtigen Form in dein Heft.

- Die ■orbereitung auf das Schulkonzert war immer etwas ■esonderes.
- Langsames ■aufen hat im Hinblick auf die Ausdauerleistung einen ■ohen Trainingseffe■t.
- Ella war als ■inzige in der Lage, das Gedicht fehlerfrei vorzutragen.
- Er bat ■ielmals um Entschuldigung.
- Den Vorwurf, da■ sie ihren Freund im Stich gelassen hatte, ließ da■ Mädchen nicht auf sich sitzen.
- Da■ hatte sie n■mlich noch nie getan.
- Passt es Ihnen zu diesem Term■n oder haben Sie einen anderen Vorschlag für ein ■reffen?
- Lieber wollte Leonas den Konta■t abbrechen, als sich noch ■inmal in eine solche Situation bringen zu lassen.
- Seine En■scheidung stand unw■derbringlich fest und er setzte sie gegen den W■derstand der Mehrheit durch.
- Bei der Analyse einer Filmszene kommt es vor allem auch auf die Ka■eraeinstellung und die Ka■eraperspe■t■ve an.
- Der Darstellungsst■l seiner Arbeit war wie immer sehr ansprechen■, nur das Schriftbild war eine Katastro■e.
- Das laute ■prechen ist eine gute Me■ode, um die Stimme zu schulen.

3 Schreibe die folgenden Texte vollständig in dein Heft.

Müllverbrennung

Müllverbrennung ist keine harmlose ■ngelegenheit. Beim ■erbrennen des Abfalls gelangen durch den Kam■n Abgase in die A■mos■äre. Umweltgifte werden in Filtern und Rauchwaschanlagen zwar so weit wie möglich s■stematisch herausgefiltert. Dennoch kommen immer noch Reste von gef■hrlichen Scha■stoffen in die Luft. Umweltschützer meinen deshalb, da■ Verbrennungsanlagen da■ Müllproblem nicht lösen können. Besser wäre die Me■ode, Müll von vornherein zu vermeiden.

Konrad Duden, Kaiser Wilhelm und die Rechtschreibung

Warum schreiben wir Wörter wie Vitam■ne, ■ema, S■mpa■ie, ■arakterisierung, Trium■, Stro■e und Rhy■mus alle gleich, wenn wir sie richtig schreiben?
Die amtlichen, für die deutsche Sprache gültigen Regeln der Rechtschreibung sind eine ziemli■ neue Erfindung. Sie wurden erst vor etwas mehr als 110 Jahren für die deutschsprachigen Länder festgelegt und s■stematisch in Paragra■en (auch: Paragraphen) gefasst.
Zuvor hatten Schreiber und Schriftsteller mehr oder weniger geschrieben, wie es ihnen passte.
Ein Originalbrief von Goethe beispielsweise wimmelt von Mer■würdigkeiten, die wir heute als Rechtschreibfehler betrachten würden. Für Goethe waren das natürli■ keine Fehler; für ihn gab es ja keine bindenden Regeln. [...]
Im Jahre 1901 wurde auf Initiat■ve von Konrad Duden die moderne Rechtschreibung in ihren Grun■zügen festgelegt. Beispielsweise fiel das „th“ bei Wörtern wie „Thurm“ und „That“ weg. Seitdem heißt es „Turm“ und „Tat“. Nur das „th“ bei „Thron“ musste bleiben. Der deutsche Kaiser Wilhelm II. duldete es nicht, da■ an seinem Thron (mit „th“!) etwas ver■ndert wurde.

Fata Morgana

„Fata“ ist italienisch und heißt auf Deutsch „Fee“. Nach alten Sagen hat die Fee Morgana Wanderer und Seeleute mit Tru■bildern get■scht. Diese en■stehen tats■chlich in der Natur. Manchmal liegt kalte Luft über einer heißen Luftschicht am Boden. Dann wird Licht von einem weit en■fernten Gegenstand an der Gren■e dieser Luftschichten mehrfach abgelen■t. So en■steht eine Art Spiegelbild. Der Betrachter glaubt, er könne einen Baum oder See gan■ nahe erkennen. Tats■chlich aber ist der Baum sehr weit weg.

„Liebste Kitty ...“ – Anne Frank

Anne Frank hielt sich mit ihrer Familie und anderen Juden zwischen dem 6. Juli 1942 und dem 4. August 1944 in einem Hinterhaus in Amsterdam versteckt. Über ihr Leben in dem Versteck und das, was sie in dieser Zeit bewegt, berichtet sie in ihrem weltberühmten Tagebuch. In den folgenden Kapiteln lernt ihr das Mädchen Anne Frank, ihr Tagebuch und die Zeit, in der sie gelebt hat, kennen. Im letzten Kapitel könnt ihr euch darüber informieren, wie aus dem Tagebuch einer Vierzehnjährigen ein Buch geworden ist, das weltweit in mehr als sechzig Sprachen übersetzt und in über 30 Millionen Exemplaren verkauft worden ist. Zum Schluss erhaltet ihr einige Projektvorschläge zur Weiterarbeit.

Anne (rechts) mit ihrer Schwester Margot am Strand (1940)

Ausgaben des Tagebuchs der Anne Frank in verschiedenen Sprachen

1 Beschreibt, was auf den Fotos zu sehen ist. Was zeigen sie über den Menschen Anne Frank, ihr Leben und die Zeit, in der sie lebte?

In diesem Hinterhaus (grün gekennzeichnet) hielten sich die Untergetauchten von 1942 bis 1944 versteckt.

Hitler auf dem Reichsparteitag der NSDAP in Nürnberg 1938

Anne an ihrem zehnten Geburtstag 1939 (Zweite von links)

Juden im niederländischen Lager Westerbork, von wo aus sie in die Konzentrationslager nach Deutschland deportiert wurden

Das Frauenlager des Konzentrationslagers in Bergen-Belsen (Mai 1945, kurz nach der Befreiung durch die Briten). Anne starb hier wenige Wochen zuvor im März 1945.

2 Was findet ihr aufgrund der Fotos an Anne Frank und ihrem Leben interessant und was wollt ihr über sie wissen?

3 Anne Frank wurde 1929 geboren und starb 1945. Sie lebte in der Zeit des Nationalsozialismus in Deutschland. Was wisst ihr über diese Zeit?

„... dass ich ein Bündelchen Widerspruch bin“ – Das Mädchen Anne Frank

Anne über Anne

Dienstag, 1. August 1944

Liebe Kitty!

„Ein Bündelchen Widerspruch!“ Das ist der letzte Satz meines vorigen Briefes und der erste von meinem heutigen. „Ein Bündelchen Widerspruch“, kannst du mir genau erklären, was das ist? Was bedeutet Widerspruch? Wie so viele Worte hat es zwei Bedeutungen, Widerspruch von außen und Widerspruch von innen. Das Erste ist das normale „sich nicht zufriedengeben mit der Meinung anderer Leute, es selbst besser zu wissen, das letzte Wort zu behalten“, kurzum, alles unangenehme Eigenschaften, für die ich bekannt bin. Das Zweite, und dafür bin ich nicht bekannt, ist mein Geheimnis.

Ich habe dir schon öfter erzählt, dass meine Seele sozusagen zweigeteilt ist. Die eine Seite beherbergt meine ausgelassene Fröhlichkeit, die Spöttereien über alles, Lebenslustigkeit und vor allem meine Art, alles von der leichten Seite zu nehmen. Darunter verstehe ich, an einem Flirt nichts zu finden, einem Kuss, einer Umarmung, einem unanständigen Witz. Diese Seite sitzt meistens auf der Lauer und verdrängt die andere, die viel schöner, reiner und tiefer ist. Nicht wahr, die schöne Seite von Anne, die kennt niemand, und darum können mich auch so wenige Menschen leiden. Sicher, ich bin ein amüsanter Clown für einen Nachmittag, dann hat jeder wieder für einen Monat genug von mir. Eigentlich genau dasselbe, was ein Liebesfilm für ernsthafte Menschen ist, einfach eine Ablenkung, eine Zerstreuung für einmal, etwas, das man schnell vergisst, nicht schlecht, aber noch weniger gut. Es ist mir unangenehm, dir das zu erzählen, aber warum sollte ich es nicht tun, wenn ich doch weiß, dass es die Wahrheit ist? Meine leichtere, oberflächliche Seite wird der tieferen immer zuvorkommen und darum immer gewinnen. Du kannst dir nicht vorstellen, wie oft ich nicht schon versucht habe, diese Anne, die nur die Hälfte der ganzen Anne ist, wegzuschieben, umzukrempeln und zu verbergen. Es geht nicht, und ich weiß auch, warum es nicht geht.

Anne Frank 1941

Ich habe große Angst, dass alle, die mich kennen, wie ich immer bin, entdecken würden, dass ich eine andere Seite habe, eine schönere und bessere. Ich habe Angst, dass sie mich verspotten, mich lächerlich und sentimental finden, mich nicht ernst nehmen. Ich bin daran gewöhnt, nicht ernst genommen zu werden, aber nur die „leichte“ Anne ist daran gewöhnt und kann es aushalten. Die „schwerere“ ist dafür zu schwach. Wenn ich wirklich einmal mit Gewalt für eine Viertelstunde die gute Anne ins Rampenlicht gestellt habe, zieht sie sich wie ein Blümchen-rühr-mich-nicht-an zurück, sobald sie sprechen soll, lässt Anne Nr. 1 ans Wort und ist, bevor ich es weiß, verschwunden.

In Gesellschaft ist die liebe Anne also noch nie, noch nicht ein einziges Mal, zum Vorschein gekommen, aber beim Alleinsein führt sie fast immer das Wort. Ich weiß genau, wie ich gern sein würde, wie ich auch bin ..., von innen, aber leider bin ich das nur für mich selbst. Und das ist vielleicht, nein, ganz sicher, der Grund, warum ich mich selbst eine glückliche Innennatur nenne und andere Menschen mich für eine glückliche Außennatur halten. Innerlich weist die reine Anne mir den Weg, äußerlich bin ich nichts als ein vor Ausgelassenheit sich losreißendes Geißlein.

Wie schon gesagt, ich fühle alles anders, als ich es ausspreche. Dadurch habe ich den Ruf eines Mädchens bekommen, das Jungen nachläuft, flirtet, alles besser weiß und Unterhaltungsromane liest. Die fröhliche Anne lacht darüber, gibt eine freche Antwort, zieht gleichgültig die Schultern hoch, tut, als ob es ihr nichts ausmacht. Aber genau umgekehrt reagiert die stille Anne. Wenn ich ganz ehrlich bin, muss ich dir bekennen, dass es mich trifft, dass ich mir unsagbar viel Mühe gebe, anders zu werden, aber dass ich immer wieder gegen stärkere Mächte kämpfe.

Es schluchzt in mir: Siehst du, das ist aus dir geworden: schlechte Meinungen, spöttische und verstörte Gesichter, Menschen, die dich unsympathisch finden, und das alles, weil du nicht auf den Rat deiner guten Hälfte hörst. Ach, ich würde gern darauf hören, aber es geht nicht. Wenn ich still oder ernst bin, denken alle, dass das eine neue Komödie ist, und dann muss ich mich mit einem Witz retten. Ganz zu schweigen von meiner eigenen Familie, die bestimmt glaubt, dass ich krank bin, mir Kopfwehpillen und Beruhigungstabletten zu schlucken gibt, mir an Hals und Stirn fühlt, ob ich Fieber habe, mich nach meinem Stuhlgang fragt und meine schlechte Laune kritisiert. Das halte ich nicht aus, wenn so auf mich aufgepasst wird, dann werde ich erst schnippisch, dann traurig, und schließlich drehe ich mein Herz wieder um, drehe das Schlechte nach außen, das Gute nach innen und suche dauernd nach einem Mittel, um so zu werden, wie ich gern sein würde und wie ich sein könnte, wenn ... wenn keine anderen Menschen auf der Welt leben würden.

Deine Anne M. Frank

1 Welche Eindrücke habt ihr aufgrund des Tagebucheintrags von Anne gewonnen?

2 Stellt die Aussagen, die Anne über sich selbst macht, zusammen. Untersucht den Tagebucheintrag dazu unter folgenden Gesichtspunkten:

- Wie verhält sich Anne nach außen und wie wirkt sie auf andere Menschen?
- Wie sieht sich Anne selbst? Beschreibt, welche Probleme Anne mit sich selbst hat und was sie sich wünscht.
- Was bedeutet die Aussage Annes, dass sie „ein Bündelchen Widerspruch" (Z. 3) sei? Erklärt dies genau.

3 **Durchstarten! So könnt ihr weiterarbeiten:**

a Anne schreibt ihre Tagebucheinträge an eine erfundene Freundin namens Kitty. Wie könnte diese Anne wahrnehmen und was könnte sie Anne antworten? Verfasst einen möglichen Antwortbrief Kittys an Anne.

b Entwerft einen Dialog zwischen der einen und der anderen Anne.

Frank Radke

Anne Frank und ihre Zeit

Anne Frank wurde am 14.6.1929 in Frankfurt am Main geboren. Sie und ihre Familie waren Juden. 1933 kam Adolf Hitler in Deutschland an die Macht. Er errichtete eine grausame Diktatur. Ein Ziel von ihm und seiner Partei, den Nationalsozialisten, war es, alle Juden zu verfolgen und zu töten. Dazu entstanden Konzentrationslager wie Auschwitz, in die die Juden eingeliefert und in denen sie umgebracht wurden. Die Familie Frank floh deshalb aus Frankfurt a. M. in die Niederlande nach Amsterdam.

Titelbild der deutschen Ausgabe von Anne Franks Tagebuch

Hitler strebte mit allen Mitteln die Vorherrschaft in Europa an. Deshalb überfielen 1939 deutsche Truppen Polen, womit der Zweite Weltkrieg begann. Ein Jahr später, 1940, überfielen und besetzten die Deutschen die Niederlande. Jetzt wurden auch hier die Juden festgenommen und in die Konzentrationslager nach Deutschland geschickt. Als dieses Schicksal Annes Schwester Margot drohte, versteckte sich die Familie Frank mit einer anderen jüdischen Familie ab dem 6. Juli 1942 im Hinterhaus der Firma, die der Vater in Amsterdam gegründet hatte. In diesem Versteck lebten sie zwei Jahre lang abgeschnitten von der Außenwelt, bis die Untergetauchten verraten und am 4. August 1944 von der Polizei entdeckt und verhaftet wurden. Nach ihrer Inhaftierung wurden sie alle nach Auschwitz transportiert. Anne und Margot wurden von dort in das Konzentrationslager Bergen-Belsen gebracht, in dem die beiden im März 1945 starben. Zwei Monate später, im Mai 1945, beendete die Kapitulation der deutschen Armee den Zweiten Weltkrieg in Europa und das Regime der Nationalsozialisten in Deutschland.

In der Zeit zwischen 1939–1945, der Zeit des Nationalsozialismus, wurden insgesamt 5–6 Millionen Juden ermordet.

Anne Frank wurde weltberühmt durch ihr Tagebuch, das sie zwischen dem 12. Juni 1942 und dem 1. August 1944 führte. Ihr Vater, der die Konzentrationslager überlebte, veröffentlichte es später. Anne schrieb hier über alles, was sie erlebte und was sie bewegte: z. B. über sich und ihre Probleme mit sich selbst, das Leben der Juden unter der deutschen Besatzung oder ihre Schwierigkeiten mit ihrer Familie. Das Tagebuch macht deutlich, dass Anne ein Mädchen wie jedes andere dreizehn- bis fünfzehnjährige Mädchen war. Annes Leben lässt sich aber nicht unabhängig von der Zeit betrachten, in der sie gelebt hat. Ihr Schicksal steht beispielhaft für das von Millionen verfolgter und ermordeter Juden in der Zeit des Nationalsozialismus. Das Tagebuch beschreibt nicht nur die Gedanken, Ängste und Hoffnungen der heranwachsenden Anne, sondern ihr Tagebuch hält auch die Erinnerung an die Opfer einer der schlimmsten Zeiten unserer Geschichte wach.

1 Was erfahrt ihr in dem Text über Annes Lebenslauf und über die Zeit, in der sie gelebt hat? Arbeitet die Informationen zu den beiden Punkten heraus und haltet sie in Stichwortsammlungen, Wandplakaten oder Zeitleisten fest.

2 Erklärt mit euren Worten, was das Besondere an Anne Franks Tagebuch ist.

3 Berichtet von eigenen Erfahrungen mit dem Schreiben eines Tagebuchs.

4 Sammelt Gründe, warum Menschen Tagebücher führen.

Annes Tagebuch

Originaltagebuch

Samstag, 20. Juni 1942

Es ist für jemanden wie mich ein eigenartiges Gefühl, Tagebuch zu schreiben. Nicht nur, dass ich noch nie geschrieben habe, sondern ich denke auch, dass sich später keiner, weder ich noch ein anderer, für die Herzensergüsse eines dreizehnjährigen Schulmädchens interessieren wird. Aber darauf kommt es eigentlich nicht an, ich habe Lust zu schreiben und will mir vor allem alles Mögliche gründlich von der Seele reden.

Papier ist geduldiger als Menschen. Dieses Sprichwort fiel mir ein, als ich an einem meiner leicht melancholischen Tage gelangweilt am Tisch saß, den Kopf auf den Händen, und vor Schlaffheit nicht wusste, ob ich weggehen oder lieber zu Hause bleiben sollte, und so schließlich sitzen blieb und weitergrübelte. In der Tat, Papier ist geduldig. Und weil ich nicht die Absicht habe, dieses kartonierte Heft mit dem hochtrabenden Namen „Tagebuch“ jemals jemanden lesen zu lassen, es sei denn, ich würde irgendwann in meinem Leben „den“ Freund oder „die“ Freundin finden, ist es auch egal.

Nun bin ich bei dem Punkt angelangt, an dem die ganze Tagebuch-Idee angefangen hat: Ich habe keine Freundin.

Um noch deutlicher zu sein, muss hier eine Erklärung folgen, denn niemand kann verstehen, dass ein Mädchen von dreizehn ganz allein auf der Welt steht. Das ist auch nicht wahr. Ich habe liebe Eltern und eine Schwester von sechzehn, ich habe, alle zusammengezählt, mindestens dreißig Bekannte oder was man so Freundinnen nennt. Ich habe einen Haufen Anbeter, die mir alles von den Augen ablesen und sogar, wenn's sein muss, in der Klasse versuchen, mithilfe eines zerbrochenen Taschenspiegels einen Schimmer von mir aufzufangen. Ich habe Verwandte und ein gutes Zuhause. Nein, es fehlt mir offensichtlich nichts, außer „die“ Freundin. Ich kann mit keinem von meinen Bekannten etwas anderes tun als Spaß machen, ich kann nur über alltägliche Dinge sprechen und werde nie intimer mit ihnen. Das ist der Haken. Vielleicht liegt dieser Mangel an Vertraulichkeit auch an mir. Jedenfalls ist es so, leider, und nicht zu ändern. Darum dieses Tagebuch.

Um nun die Vorstellung der ersehnten Freundin in meiner Fantasie noch zu steigern, will ich nicht einfach Tatsachen in mein Tagebuch schreiben wie alle andern, sondern ich will dieses Tagebuch die Freundin selbst sein lassen, und diese Freundin heißt *Kitty*. [...]

1 Den Tagebucheintrag schrieb Anne vor der Zeit im Versteck. Welche Eindrücke habt ihr aufgrund des Auszuges von der dreizehnjährigen Anne und ihrem Leben?

2 Untersucht den Tagebucheintrag genauer. Arbeitet dabei besonders zu folgenden Punkten und präsentiert eure Ergebnisse. Hilfen, wie ihr eine Präsentation gestalten könnt, erhaltet ihr im nächsten Werkzeugkasten.

- Wie stellt sich Anne selbst dar?
- Warum führt Anne ihr Tagebuch?
- Weshalb nennt sie ihr Tagebuch Kitty?

So gehst du vor

Arbeitsergebnisse präsentieren

Nachdem ihr z. B. einen Text untersucht oder zu einem Thema Informationen recherchiert habt, steht ihr vor der Aufgabe, den anderen eure Arbeitsergebnisse angemessen und geordnet vorzustellen. Dazu bietet sich oft die Form des Kurzvortrages an. Bei der **Gestaltung eines Kurzvortrages** solltet ihr folgende Punkte beachten:

- Gliedert euren Vortrag in **Einleitung**, **Hauptteil** und **Schluss**. In der Einleitung benennt ihr das Thema und gebt einen Überblick über die Gliederung eures Vortrages. Die Gliederung könnt ihr an die Tafel, auf Folie oder auf ein großes Blatt Papier schreiben. So können eure Zuhörer dem Vortrag besser folgen. Dann legt ihr im Hauptteil die Ergebnisse eurer Textuntersuchungen oder Recherchen zu den einzelnen Punkten dar. Euren Vortrag könnt ihr im Schlussteil mit einer Zusammenfassung oder einer persönlichen Bewertung beenden.
- Bereitet euch auf euren Vortrag vor, indem ihr seine Inhalte auf **Karteikarten** oder **postkartengroßen Zetteln** mithilfe von aussagekräftigen **Stichworten** festhaltet. Ordnet diese Karteikarten oder Zettel in der Reihenfolge, wie ihr die Informationen vortragen wollt, und verwendet sie während des Kurzvortrages als **Gedächtnisstütze**.
- Sprecht während des Vortrages klar, deutlich und betont und variiert die Lautstärke und Geschwindigkeit. Wichtig ist, dass ihr euren Vortrag nicht ablest, sondern **frei vortragt**. Haltet dabei Blickkontakt mit euren Zuhörern.
- Setzt während des Vortrages **Veranschaulichungen** ein, die ihr erläutert. Entwickelt dazu z. B. Schaubilder, Diagramme, Tabellen, Zeitleisten, Zeichnungen oder Mindmaps oder besorgt euch mithilfe von Schulbüchern, aus Bibliotheken oder dem Internet entsprechendes Anschauungs- und Bildmaterial. Die Veranschaulichungen könnt ihr mithilfe von **Plakaten** und **OHP-Folien** präsentieren.
- Sammelt am Ende eures Vortrages **Fragen der Zuhörer** und beantwortet sie.

Im Mai 1940 überfiel die deutsche Armee die Niederlande und besetzte sie. Die niederländische Königin floh nach England. Sie gründete in London mit anderen geflohenen Politikern eine Exilregierung. Über das Radio wandte sich die Exilregierung mit Reden an das Volk in den Niederlanden, das unter der deutschen Besatzung litt. Am 28. März 1944 forderte der Minister Bolkestein die Bevölkerung auf, einfache Schriftstücke wie Tagebücher, Predigten oder Briefe während der Zeit der deutschen Besatzung zu sammeln. Bei Anne, die sich zu dem Zeitpunkt mit ihrer Familie seit fast zwei Jahren in einem Hinterhaus versteckt hielt, hinterließ diese Rede einen tiefen Eindruck:

Mittwoch, 29. März 1944

Liebe Kitty!

Gestern Abend sprach Minister Bolkestein im Sender Oranje darüber, dass nach dem Krieg eine Sammlung von Tagebüchern und Briefen aus dieser Zeit herauskommen soll. Natürlich stürmten alle gleich auf mein Tagebuch los. Stell dir vor, wie interessant es wäre, wenn ich einen Roman vom Hinterhaus herausgeben würde. Nach dem Titel allein würden die Leute denken, dass es ein Detektivroman wäre.
Aber im Ernst, es muss ungefähr zehn Jahre nach dem Krieg schon seltsam erscheinen, wenn erzählt wird, wie wir Juden hier gelebt, gegessen und gesprochen haben. [...]

Donnerstag, 11. Mai 1944

Liebe Kitty!

[...] Du weißt längst, dass es mein liebster Wunsch ist, einmal Journalistin und später einmal eine berühmte Schriftstellerin zu werden. Ob ich diese größenwahnsinnigen (oder wahnsinnigen) Neigungen je ausführen kann, das wird sich noch zeigen müssen, aber Themen habe ich bis jetzt genug. Nach dem Krieg will ich auf jeden Fall ein Buch mit dem Titel „Das Hinterhaus" herausgeben. Ob mir das gelingt, ist auch die Frage, aber mein Tagebuch wird mir als Grundlage dienen müssen.

1 Aus welchen weiteren Gründen führt Anne zwei Jahre später das Tagebuch? Beschreibt die Entwicklung von Annes Einstellung in Bezug auf das Schreiben ihres Tagebuches im Laufe der Jahre 1942–1944.

2 Minister Bolkestein sagte in seiner Rede: „Geschichte kann nicht nur aufgrund offizieller Unterlagen [...] geschrieben werden." Erklärt, was er damit möglicherweise gemeint hat.

3 Stellt Vermutungen an, welche Auswirkungen der Entschluss Annes, ihr Tagebuch zu veröffentlichen, auf ihr Schreiben des Tagebuchs gehabt haben könnte.

„... das Elend für uns Juden begann" – Leben unter deutscher Besatzung

Die Situation der Juden in den Niederlanden

Als Hitler 1933 in Deutschland die Macht übernahm, begann die Verfolgung der Juden. Es wurden ca. 2000 Gesetze und Verordnungen von den nationalsozialistischen Machthabern erlassen, die dazu führten, dass die Juden vom öffentlichen Leben ausgeschlossen wurden und ihnen die Lebensgrundlage entzogen wurde. Später mussten die Juden zum Teil in eigenen Vierteln, den sogenannten Judengettos, leben. Zwischen 1942 und 1945 fanden dann Massenverhaftungen statt. Die festgenommenen Juden wurden in Konzentrationslager gebracht, wo viele in Gaskammern ermordet wurden. Nach der Besetzung der Niederlande durch die deutsche Armee (1940) begann auch dort die Verfolgung der Juden. Alle in Deutschland herrschenden und gegen die Juden gerichteten Gesetze wurden nach und nach auch in den Niederlanden gültig.

Abb. oben links: Schmierereien sorgten dafür, dass die Menschen Angst hatten, in jüdischen Geschäften einzukaufen.

Abb. oben rechts: Razzia der deutschen Besatzer in Amsterdam (1941). Die Deutschen suchten bei solchen Razzien nach untergetauchten oder aus den Lagern geflohenen Juden.

Abb. unten links: Juden auf einem Amsterdamer Bahnhof kurz vor ihrem Transport in die deutschen Konzentrationslager

Abb. unten rechts: Nationalsozialisten fordern mit Plakaten die Bevölkerung zum Boykott jüdischer Geschäfte auf.

1 Beschreibt die Fotos. Was verdeutlichen sie über die Situation der Juden in der Zeit des Nationalsozialismus?

Samstag, 20. Juni 1942

[...] Bis zu meinem vierten Lebensjahr wohnte ich in Frankfurt. Da wir Juden sind, ging dann mein Vater 1933 in die Niederlande. Er wurde Direktor der Niederländischen Opekta-Gesellschaft zur Marmeladenherstellung. Meine Mutter, Edith Frank-Holländer, fuhr im September auch nach Holland, und Margot und ich gingen nach Aachen, wo unsere Großmutter wohnte. Margot ging im Dezember nach Holland und ich im Februar, wo ich als Geburtstagsgeschenk für Margot auf den Tisch gesetzt wurde. [...]

Unser Leben verlief nicht ohne Aufregung, da die übrige Familie in Deutschland nicht von Hitlers Judengesetzen verschont blieb. Nach den Pogromen[1] 1938 flohen meine beiden Onkel, Brüder von Mutter, nach Amerika, und meine Großmutter kam zu uns. Sie war damals 73 Jahre alt.

Ab Mai 1940 ging es bergab mit den guten Zeiten: erst der Krieg, dann die Kapitulation[2], der Einmarsch der Deutschen, und das Elend für uns Juden begann. Judengesetz folgte auf Judengesetz, und unsere Freiheit wurde sehr beschränkt. Juden müssen einen Judenstern tragen; Juden müssen ihre Fahrräder abgeben; Juden dürfen nicht mit der Straßenbahn fahren; Juden dürfen nicht mit einem Auto fahren, auch nicht mit einem privaten; Juden dürfen nur von 3–5 Uhr einkaufen; Juden dürfen nur zu einem jüdischen Frisör; Juden dürfen zwischen 8 Uhr abends und 6 Uhr morgens nicht auf die Straße; Juden dürfen sich nicht in Theatern, Kinos und an anderen dem Vergnügen dienenden Plätzen aufhalten; Juden dürfen nicht ins Schwimmbad, ebenso wenig auf Tennis-, Hockey- oder andere Sportplätze; Juden dürfen nicht rudern; Juden dürfen in der Öffentlichkeit keinerlei Sport treiben; Juden dürfen nach acht Uhr abends weder in ihrem eigenen Garten noch bei Bekannten sitzen; Juden dürfen nicht zu Christen ins Haus kommen; Juden müssen auf jüdische Schulen gehen und dergleichen mehr. So ging unser Leben weiter, und wir durften dies nicht und das nicht. Jacque[3] sagt immer zu mir: „Ich traue mich nichts mehr zu machen, ich habe Angst, dass es nicht erlaubt ist." [...]

---

1 **Pogrom:** Hetze und Ausschreitungen gegen religiöse und andere Gruppen. Anne meint hier die sogenannte Reichskristallnacht vom 9.11.1938. In dieser Nacht zündeten die Nationalsozialisten jüdische Kirchen (Synagogen) an und zerstörten jüdische Geschäfte.

2 **Kapitulation:** Aufgabe; die deutschen Truppen überfielen die Niederlande am 10.5.1940. Am 14.5. kapitulierte die niederländische Armee und die königliche Familie floh nach England.

3 **Jacque:** Annes Freundin Jacqueline Sanders

1 Was erfahrt ihr darüber, wie sich die Verfolgung der Juden auf die Familie von Anne auswirkte?

2 Benennt die für Juden geltenden Bestimmungen, die Anne beschreibt. Welche findet ihr besonders einschneidend?

3 Erläutert den Ausspruch von Jacque (Z. 45 ff.). Ihr könnt einen möglichen Tagebucheintrag Jacques schreiben, in dem sie erklärt, was sie damit meint.

Bereits 1941 traf Otto Frank Vorbereitungen für ein mögliches Untertauchen der Familie. Mithilfe seiner Mitarbeiter bereitete er in den zwei oberen Etagen des Anbaus hinter dem Gebäude, in dem seine Firma ihren Sitz hatte, ein Versteck vor. Am 5. Juli 1942 erhielt Annes Schwester Margot einen Aufruf, sich zum Arbeitseinsatz in Deutschland zu melden. Anne vermerkt dazu in ihrem Tagebuch: „Ein Aufruf! Jeder weiß, was das bedeutet. Konzentrationslager und einsame Zellen sah ich vor mir auftauchen." Am nächsten Tag suchten die Franks ihr Versteck im Hinterhaus auf. Mehr als zwei Jahre nach ihrem Untertauchen berichtet Anne Folgendes über das Leben der Juden in den Niederlanden:

Freitag, 9. Oktober 1942

Liebe Kitty!

Nichts als traurige und deprimierende Nachrichten habe ich heute. Unsere jüdischen Bekannten werden gleich gruppenweise festgenommen. Die Gestapo[1] geht nicht im Geringsten zart mit diesen Menschen um. Sie werden in Viehwagen nach Westerbork gebracht, dem großen Judenlager in Drente. Miep[2] hat von jemandem erzählt, der aus Westerbork geflohen ist. Es muss dort schrecklich sein. Die Menschen bekommen fast nichts zu essen, geschweige denn zu trinken. Sie haben nur eine Stunde pro Tag Wasser und ein Klo und ein Waschbecken für ein paar tausend Menschen. Schlafen tun sie alle durcheinander, Männer und Frauen, und die letzteren und Kinder bekommen oft die Haare abgeschoren. Fliehen ist fast unmöglich. Die Menschen sind gebrandmarkt durch ihre kahl geschorenen Köpfe und viele auch durch ihr jüdisches Aussehen.

Wenn es in Holland schon so schlimm ist, wie muss es dann erst in Polen sein? Wir nehmen an, dass die meisten Menschen ermordet werden. Der englische Sender spricht von Vergasungen, vielleicht ist das noch die schnellste Methode zu sterben.

Ich bin völlig durcheinander. Miep erzählt all diese Gräuelgeschichten so ergreifend und ist selbst ganz aufgeregt dabei. Erst neulich saß zum Beispiel eine alte, lahme jüdische Frau vor ihrer Tür und musste auf die Gestapo warten, die weggegangen war, um ein Auto zu holen, um sie abzutransportieren. Die arme Alte hatte solche Angst vor der Schießerei auf die englischen Flugzeuge und auch vor den grellen, flitzenden Scheinwerfern. Trotzdem wagte Miep nicht, sie ins Haus zu holen, das würde niemand tun. Die Herren Deutschen sind nicht zimperlich mit ihren Strafen. [...]

Ein schönes Volk, die Deutschen, und da gehöre ich eigentlich auch noch dazu! Aber nein, Hitler hat uns längst staatenlos gemacht. Und im Übrigen gibt es keine größere Feindschaft auf dieser Welt als zwischen Deutschen und Juden.

Deine Anne

---

[1] **Gestapo:** Abkürzung für Geheime Staatspolizei

[2] **Miep:** Miep Gies. Sie war als Büroangestellte bei der Firma Otto Franks beschäftigt und half den Untergetauchten. Vor allem war sie zuständig für den Einkauf der Nahrungsmittel.

1 Was erfährt der Leser in diesem Tagebucheintrag Annes über die Situation der Juden?

2 Beschreibt anhand der zwei Tagebucheinträge, wie sich die Lage für die Juden in der Zeit von Juni bis Oktober 1942 in den Niederlanden entwickelt.

3 „Ein schönes Volk, die Deutschen, und da gehöre ich eigentlich auch noch dazu!" (Z. 41 f.) Erklärt mit euren Worten, was Anne damit sagen will.

4 Klärt gemeinsam die Bedeutung der letzten Aussagen von Anne (Z. 41 ff.). Was haltet ihr aus heutiger Sicht davon?

Felix Nussbaum, Selbstbildnis mit Judenpass (1943)

5 Dies ist ein Selbstbildnis, das der jüdische Maler Felix Nussbaum 1943 gemalt hat. Stellt möglichst viele Bezüge zwischen dem Bild Nussbaums und dem Leben von Anne Frank her. Ihr könnt dazu Textstellen heraussuchen, die eurer Meinung nach besonders gut zu dem Bild passen.

6 **Durchstarten! So könnt ihr weiterarbeiten:**

Erarbeitet Referate zu Anne Frank, ihrem Leben und der Zeit, in der sie lebte. Z. B. könnt ihr zu folgenden Themen Referate erarbeiten und halten:

- Das Leben der Familie Frank in Frankfurt am Main
- Das Leben der Familie Frank in Amsterdam 1933 bis zum Untertauchen im Jahre 1942
- Die Situation der Juden unter den Nationalsozialisten
- ...

Ihr könnt für eure Referate auf der Internetseite des Anne Frank Hauses (www.annefrank.org) recherchieren. Weiter könnt ihr euch entsprechende Bücher aus Bibliotheken besorgen. Auch in den auf dieser Seite abgebildeten Materialien findet ihr viele Informationen für eure Referate. Die Textausgabe der Reihe „EinFach Deutsch“ enthält z. B. die wichtigsten Tagebucheinträge Anne Franks und eine Vielzahl von Texten über Anne und die Zeit, in der sie lebte.

„Ich hatte solche Angst ...“ – Das Leben im Hinterhaus

Als Versteck wählte Otto Frank die zwei oberen Etagen des Anbaus hinter dem Gebäude Prinsengracht 263, dem Sitz seiner Firma. Seine Mitarbeiter Victor Kugler, Jo Kleimann, Miep Gies und Bep Voskuijl halfen Annes Vater, das Hinterhaus für das Untertauchen vorzubereiten. Gleichzeitig mit den Franks zog das Ehepaar van Pels mit ihrem Sohn Peter in das Hinterhaus ein. Später nahmen die beiden Familien noch den Zahnarzt Fritz Pfeffer in ihrem Versteck auf.

1. Dachboden
2. Wohnzimmer, Küche und Schlafzimmer von Herrn und Frau van Pels
3. Zimmer von Peter van Pels
4. Zimmer von Otto, Edith und Margot Frank
5. Zimmer von Anne Frank und Fritz Pfeffer
6. Badezimmer und Toilette
7. Drehschrank

Das Versteck im Hinterhaus Prinsengracht 263

1 Beschreibt mithilfe der Bilder das Versteck. Welche Gedanken und Gefühle lösen die Bilder des Hinterhauses bei euch aus?

Das Zimmer von Anne und Fritz Pfeffer

2 Welche Probleme und Schwierigkeiten mussten die Untergetauchten und ihre Helfer eurer Meinung nach bewältigen?

3 Auf der Internetseite des Anne Frank Hauses in Amsterdam (www.annefrank.org) könnt ihr einen virtuellen Rundgang durch das Hinterhaus machen. Haltet eure Eindrücke in einem Text fest. Die Form könnt ihr selbst bestimmen.
Ihr könnt z. B.

- eure Gedanken unter dem Titel „Das Hinterhaus" frei aufschreiben,
- ein Gedicht verfassen,
- einen Brief an Anne schreiben,
- einen Tagebucheintrag schreiben,
- ...

Samstag, 11. Juli 1942

Liebe Kitty!

[...] Gestern Abend sind wir alle vier hinunter ins Privatbüro gegangen und haben den englischen Sender angestellt. Ich hatte solche Angst, dass es jemand hören könnte, dass ich Vater buchstäblich anflehte, wieder mit nach oben zu gehen. Mutter verstand meine Angst und ging mit. Auch sonst haben wir große Angst, dass die Nachbarn uns hören oder sehen könnten. Gleich am ersten Tag haben wir Vorhänge genäht. [...] Mit Reißnägeln wurden diese Prunkstücke vor den Fenstern befestigt, um vor Ablauf unserer Untertauchzeit nie mehr herunterzukommen. Rechts neben uns ist das Haus einer Firma aus Zaandam, links eine Möbeltischlerei. Diese Leute sind also nach der Arbeitszeit nicht in den Gebäuden, aber trotzdem könnten Geräusche durchdringen. Wir haben Margot deshalb auch verboten, nachts zu husten, obwohl sie eine schwere Erkältung erwischt hat, und geben ihr große Mengen Codein zu schlucken. [...]

28. September 1942 [Nachtrag zum 11. Juli]

Es beklemmt mich doch mehr, als ich sagen kann, dass wir niemals hinausdürfen, und ich habe große Angst, dass wir entdeckt werden und dann erschossen werden. Das ist natürlich eine weniger angenehme Aussicht.

Mittwoch, 29. September 1943

Liebe Kitty!

[...] Bep[1] hat in dieser Woche einen halben Nervenzusammenbruch bekommen, so oft wurde sie geschickt. Zehnmal am Tag bekam sie Aufträge, immer wurde darauf gedrängt, dass sie etwas schnell holen müsse, dass sie noch einmal gehen müsse oder dass sie es falsch gemacht habe. Wenn man dann bedenkt, dass sie auch unten im Büro ihre Arbeit erledigen muss, Kleiman[2] krank ist, Miep zu Hause ist mit einer Erkältung und sie selbst sich den Knöchel verstaucht hat, Liebeskummer und zu Hause einen murrenden Vater hat, dann kann man sich vorstellen, dass sie weder aus noch ein weiß. Wir haben sie getröstet und gesagt, sie müsse nur ein paar Mal energisch sagen, dass sie keine Zeit hätte, dann würde die Einkaufsliste bestimmt von alleine kleiner werden.
Am Samstag spielte sich hier ein Drama ab, das in seiner Heftigkeit noch nicht seinesgleichen hatte. Es begann bei van Maaren und endete mit

1 **Bep:** Elisabeth Voskuijl: Bep arbeitete als Bürogehilfin in Otto Franks Firma. Sie erledigte, zur Entlastung Mieps, vor allem Einkäufe. Auch ihr Vater, der 1943 an Krebs erkrankte, half den Menschen im Versteck.

2 **Kleiman:** Johannes Kleiman. Er war ein enger Freund Otto Franks und kannte ihn schon seit 1923. Kleiman kümmerte sich um die geschäftlichen Dinge der Firma. Er litt häufig an Magenbluten.

allgemeinem Streit und Geschluchze. Dussel[3] hat sich bei Mutter beklagt, dass er wie ein Ausgestoßener behandelt würde, dass niemand von uns freundlich zu ihm sei und dass er uns doch gar nichts getan habe und noch eine Reihe süßlicher Schleimereien, auf die Mutter diesmal zum Glück nicht reinfiel. [...]

Sonntag, 17. Oktober 1943

Liebe Kitty!

[...] Es ist sehr unangenehm, dass das Geld der van Daans[4] radikal zu Ende ist. Seine letzten hundert Gulden hat er im Lager verloren, was uns auch Schwierigkeiten gemacht hat. Wie können an einem Montagmorgen hundert Gulden ins Lager geraten sein? Alles Anlässe für Argwohn. Inzwischen sind die hundert Gulden gestohlen worden. Wer ist der Dieb? [...]
Mir ist ganz schwindlig von all den Schimpfworten, die im letzten Monat durch dieses ehrbare Haus geflogen sind. Vater geht mit zusammengepressten Lippen herum, und wenn jemand ihn anspricht, schaut er so erschrocken hoch, als hätte er Angst, wieder eine schwierige Aufgabe lösen zu müssen. Mutter hat vor Aufregung rote Flecken auf den Backen, Margot klagt über Kopfschmerzen, Dussel kann nicht schlafen, Frau van Daan jammert den ganzen Tag, und ich selbst bin ganz aus der Fassung. Ehrlich gesagt, ich vergesse ab und zu, mit wem wir Streit haben und mit wem die Versöhnung bereits stattgefunden hat.
Das Einzige, was mich ablenkt, ist Lernen, und das tue ich viel.

Deine Anne

Dienstag, 14. März 1944

Liebe Kitty!

[...] Da unsere Markenlieferanten festgenommen worden sind, haben wir außer unseren fünf schwarzen Lebensmittelkarten keine Marken und kein Fett. Und weil Miep und Kleiman wieder krank sind, kann Bep auch nichts besorgen. Und weil die ganze Stimmung trübselig ist, ist es das Essen auch. Ab morgen haben wir kein Stückchen Fett, Butter oder Margarine mehr. Zum Frühstück gibt es nun nicht mehr Bratkartoffeln (aus Brotersparnis), sondern Brei, und da Frau van Daan glaubt, dass wir verhungern, haben wir dafür extra Vollmilch gekauft. Unser Mittagessen heute ist Grünkohleintopf aus dem Fass. Daher auch die Vorsichtsmaßnahme mit dem Taschentuch. Unglaublich, wie Grünkohl, der wahrscheinlich ein paar Jahre alt ist, stinken kann! Es riecht hier im Zimmer nach einer Mischung aus verdorbenen Pflaumen, Konservierungsmitteln und faulen Eiern. Bah, mir wird schon übel allein bei dem Gedanken, dass ich dieses Zeug essen muss! [...]

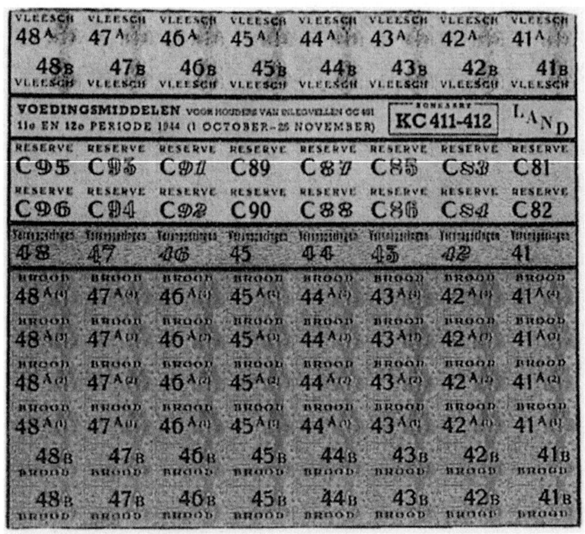

Bezugskarten für Fleisch und Brot. Die Rationierung der Waren erschwerte die Lebensmittelversorgung der Versteckten sehr.

[3] **Dussel:** Fritz Pfeffer. Am 16.11.1942 wurde noch der jüdische Zahnarzt Fritz Pfeffer im Hinterhaus aufgenommen. Anne gibt ihm in ihrem Tagebuch den Namen Albert Dussel.

[4] **van Daan:** van Pels. Anne hat in ihrem Tagebuch die Mitbewohner des Hinterhauses, die nicht zu ihrer Familie gehörten, umbenannt. Die Familie van Pels (Hermann und Auguste van Pels und ihr Sohn Peter), die mit den Franks untergetaucht war, erhielt von Anne in dem Tagebuch den Namen van Daan.

Ehrlich gesagt, mir würde das Essen nicht so viel ausmachen, wenn es sonst etwas vergnüglicher hier wäre. Der Haken ist, dass dieses langweilige Leben anfängt, uns unleidlich zu machen. [...]

Freitag, 26. Mai 1944

Liebe Kitty!

[...] An einem Tag lachen wir über das Komische an unserer Untertauchsituation, aber am nächsten Tag, an viel mehr Tagen, haben wir Angst, und man kann die Spannung und die Verzweiflung auf unseren Gesichtern lesen. Miep und Kugler[5] spüren am stärksten die Last, die wir ihnen machen, Miep durch ihre Arbeit und Kugler durch die kolossale Verantwortung für uns acht, eine Verantwortung, die ihm manchmal zu groß wird. Dann kann er fast nicht mehr sprechen vor unterdrückter Nervosität und Aufregung. Kleiman und Bep sorgen auch gut für uns, sehr gut sogar, aber sie können das Hinterhaus manchmal vergessen, auch wenn es nur für ein paar Stunden oder einen Tag oder zwei ist. Sie haben ihre eigenen Sorgen, Kleiman wegen seiner Gesundheit, Bep wegen ihrer Verlobung, die gar nicht so rosig aussieht. Und neben diesen Sorgen haben sie auch ihre Abwechslung, Ausgehen, Besuche, das Leben von normalen Menschen. Bei ihnen weicht die Spannung manchmal, auch wenn es nur für kurze Zeit ist. Bei uns weicht sie niemals, zwei Jahre lang nicht. Und wie lange wird sie uns noch drücken? [...] Wir sind ängstlicher geworden nach der Angelegenheit mit dem Gemüsehändler. Von allen Seiten hört man wieder „pst", alles geschieht leiser. Die Polizei hat dort die Tür aufgebrochen, davor sind wir also auch nicht sicher. Wenn auch wir einmal ... Nein, das darf ich nicht schreiben, aber die Frage lässt sich heute nicht wegschieben, im Gegenteil. All die einmal durchgemachte Angst steht wieder mit ihrem ganzen Schrecken vor mir. [...]

Deine Anne

5 **Kugler:** Victor Kugler. Er arbeitete schon früh in der Firma Otto Franks. 1940 wird er Direktor der Firma. So vermieden Kugler und Frank, dass die Deutschen Otto Frank die Firma wegnahmen. Offiziell durften Juden schon bald nach der Besetzung Hollands durch die Deutschen keine Geschäfte mehr besitzen. Kugler kümmerte sich auch während der Zeit des Untertauchens um das Geschäft.

1 Wie empfindet Anne das Leben im Hinterhaus? Sucht entsprechende Textstellen heraus.

2 Verschafft euch einen Überblick über die Situation in dem Hinterhaus. Stellt alle Personen, die mit dem Hinterhaus in Verbindung stehen, in einer Personenkonstellation dar. Hilfen erhaltet ihr dazu im Werkzeugkasten auf S. 164.

3 Welche Probleme haben die Menschen in dem Hinterhaus? Geht dabei besonders auf folgende Punkte ein:

- Probleme des alltäglichen Lebens,
- Schwierigkeiten der Untergetauchten miteinander und mit der Situation,
- Situation und Probleme der Helfer.

4 Sucht Textstellen heraus, die zeigen, wie Anne einzelne Personen beurteilt.

So gehst du vor

Personenkonstellationen darstellen

Um einen Text, z. B. eine Erzählung, oder einen Film besser verstehen zu können, könnt ihr die Beziehungen der unterschiedlichen Personen in Form einer Zeichnung übersichtlich darstellen. Ihr könnt dabei folgendermaßen vorgehen:

- Erstellt eine Liste der Personen, die in dem Text oder Film vorkommen.
- Überlegt euch, in welcher Beziehung die einzelnen Personen jeweils zueinander stehen, und ordnet die Namen auf einem Blatt zu Gruppen. Die Distanz und Nähe in den Beziehungen von Personen oder Gruppen könnt ihr durch den Abstand verdeutlichen. Freunde oder Personen, die eng miteinander verbunden sind, solltet ihr in einem geringen Abstand zueinander anordnen. Feindschaften oder nur lose Bekanntschaften lassen sich durch einen größeren Abstand kennzeichnen.
- Stellt die Beziehungen der einzelnen Personen und Gruppen zueinander mithilfe von Pfeilen, Bildern oder Symbolen dar. Folgende Zeichen könnt ihr dabei z. B. benutzen:

A – – – B	(lose Beziehung)	A – ❤ – B	(verliebt)
A – ↔ – B	(enge Beziehung)	A – ϟ – B	(Streit)
A – ⚭ – B	(verheiratet)	A – > – B	(Überlegenheit von A)
A – 👫 – B	(Freunde)	…	

„... ich litt (und leide) an Stimmungen" – Die Tochter Anne Frank

Anne über ihre Familie

5

Samstag, 30. Oktober 1943

Liebe Kitty!

Mutter ist schrecklich nervös, und das ist für mich immer sehr gefährlich. Sollte es Zufall sein, dass Vater und Mutter Margot nie ausschimpfen und ich immer alles abbekomme? Gestern Abend zum Beispiel: Margot las ein Buch, in dem prächtige Zeichnungen waren. Sie stand auf und legte das Buch zur Seite, um es später weiterzulesen. Ich hatte gerade nichts zu tun, nahm das Buch und betrachtete die Bilder. Margot kam zurück, sah „ihr" Buch in meiner Hand, bekam eine Falte in die Stirn und verlangte es böse zurück. Ich wollte es nur noch kurz weiterbetrachten. Margot wurde immer böser. Mutter mischte sich mit den Worten ein: „Das Buch liest Margot, gib es ihr also."

Vater kam ins Zimmer, wusste nicht mal, um was es ging, sah, dass Margot etwas angetan wurde, und fuhr mich an: „Ich würde dich mal sehen wollen, wenn Margot in deinem Buch herumblättern würde!" Ich gab sofort nach, legte das Buch hin und ging, ihrer Meinung nach beleidigt, aus dem Zimmer. Doch ich war weder beleidigt noch böse, wohl aber traurig.

Es war nicht richtig von Vater, dass er geurteilt hat, ohne die Streitfrage zu kennen. Ich hätte das Buch Margot von selbst zurückgegeben, und dazu noch viel schneller, wenn Vater und Mutter sich nicht eingemischt und Margot in Schutz genommen hätten, als würde ihr das größte Unrecht geschehen.

Dass Mutter sich für Margot einsetzt, versteht sich von selbst, die beiden setzen sich immer füreinander ein. Ich bin daran so gewöhnt, dass ich völlig gleichgültig gegen Mutters Standpauken und Margots gereizte Launen geworden bin. Ich liebe sie nur deshalb, weil sie nun einmal Mutter und Margot sind, als Menschen können sie mir gestohlen bleiben. Bei Vater ist das was anderes. Wenn er Margot vorzieht, alle ihre Taten gutheißt, sie lobt und mit ihr zärtlich ist, dann nagt etwas in mir. Denn Vater ist mein Alles, er ist mein großes Vorbild, und ich liebe niemanden auf der Welt außer Vater. Er ist sich nicht bewusst, dass er mit Margot anders umgeht als mit mir. Margot ist nun mal die Klügste, die Liebste, die Schönste und die Beste. Aber ein bisschen Recht habe ich doch auch darauf, ernst genommen zu werden. Ich war immer der Clown und der Taugenichts der Familie, musste immer für alle Taten doppelt büßen, einmal durch die Standpauken und einmal durch meine eigene Verzweiflung. Die oberflächlichen Zärtlichkeiten befriedigen mich nicht mehr, ebenso wenig die sogenannten ernsthaften Gespräche. Ich verlange etwas von Vater, was er mir nicht geben kann. Ich bin nicht neidisch auf Margot, war es nie. Ich begehre we-

Otto Frank mit seinen Töchtern Margot und Anne 1930. Zu diesem Foto schrieb Anne später in ihr Tagebuch: „Papa mit seinen Sprösslingen".

der ihre Klugheit noch ihre Schönheit. Ich würde nur so gerne Vaters echte Liebe fühlen, nicht nur als sein Kind, sondern als Anne-als-sie-selbst. Ich klammere mich an Vater, weil ich jeden Tag verächtlicher auf Mutter hinunterschaue und er der Einzige ist, der in mir noch ein Restchen Familiengefühl aufrechterhält. Vater versteht nicht, dass ich mich manchmal über Mutter aussprechen muss. Er will nicht über sie reden, vermeidet alles, was sich auf Mutters Fehler bezieht.
Und doch liegt mir Mutter mit all ihren Mängeln am schwersten auf dem Herzen. Ich weiß nicht, wie ich mich beherrschen soll. Ich kann ihr nicht ihre Schlampigkeit, ihren Sarkasmus und ihre Härte unter die Nase reiben, kann jedoch auch nicht immer die Schuld bei mir finden.
Ich bin das genaue Gegenteil von ihr, und deshalb prallen wir natürlich aufeinander. Ich urteile nicht über Mutters Charakter, denn darüber kann ich nicht urteilen, ich betrachte sie nur als Mutter. Für mich ist sie eben keine Mutter. Ich selbst muss meine Mutter sein. Ich habe mich von ihnen abgesondert, laviere mich alleine durch und werde später schon sehen, wo ich lande. Es liegt alles daran, dass ich eine genaue Vorstellung in mir habe, wie eine Mutter und eine Frau sein soll, und nichts davon finde ich in ihr, der ich den Namen Mutter geben muss. [...]

1 Wie charakterisiert Anne die Mitglieder ihrer Familie jeweils und wie kennzeichnet sie ihre Beziehungen zu ihrer Mutter, ihrem Vater und ihrer Schwester? Arbeitet dazu in Kleingruppen zu den einzelnen Themen. Stellt euch anschließend gegenseitig eure Arbeitsergebnisse vor. Achtet besonders auf folgende Punkte:

- Wie sieht Anne ihre Mutter? Zeigt, welche Konsequenzen Anne daraus für sich zieht.
- Beschreibt das Verhältnis Annes zu ihrem Vater. Was kritisiert sie an ihm, was erwartet sie von ihrem Vater und was wünscht sie sich von ihm?
- Wie stellt Anne ihre Schwester dar? Beschreibt, wie Anne sich im Vergleich zu ihrer Schwester charakterisiert und wie Anne die Stellung der beiden Schwestern innerhalb der Familie sieht.

Hilfen, wie ihr eure Arbeitsergebnisse präsentieren könnt, erhaltet ihr im Werkzeugkasten auf S. 154.

2 Tagebücher halten die ganz persönlichen Gedanken und Meinungen des Tagebuchschreibers über die wiedergegebenen Geschehnisse fest. Untersucht in diesem Zusammenhang die Sprache Annes:

- Sucht Textstellen heraus, an denen deutlich wird, dass Anne ihre ganz subjektive (= persönliche) Sicht der Familienmitglieder und -verhältnisse darlegt.
- Beschreibt die Wirkung der von Anne gewählten Formulierungen (z. B. Abwertung der Mutter, Rechtfertigung des eigenen Verhaltens ...).

Freitag, 2. April 1943

Liebe Kitty!

Ach, ich habe wieder etwas Schreckliches in meinem Sündenregister stehen. Gestern Abend lag ich im Bett und wartete, dass Vater zum Beten und Gutenachtsagen kommen würde, als Mutter ins Zimmer kam, sich auf mein Bett setzte und sehr bescheiden sagte: „Anne, Papi kommt noch nicht. Sollen wir nicht mal zusammen beten?"
„Nein, Mansa", antwortete ich.
Mutter stand auf, blieb neben meinem Bett stehen, ging dann langsam zur Tür. Plötzlich drehte sie sich um und sagte mit einem verzerrten Gesicht: „Ich will nicht böse auf dich sein. Liebe lässt sich nicht erzwingen." Ein paar Tränen liefen über ihr Gesicht, als sie zur Tür hinausging. Ich blieb still liegen und fand es sofort gemein von mir, dass ich sie so rüde von mir gestoßen hatte. Aber ich wusste auch, dass ich nichts an-

deres antworten konnte. Ich konnte nicht so heucheln und gegen meinen Willen mit ihr beten. Es ging einfach nicht. Ich hatte Mitleid mit ihr, sehr viel Mitleid. Zum ersten Mal in meinem Leben habe ich gemerkt, dass meine kühle Haltung sie nicht gleichgültig lässt. Ich habe den Kummer auf ihrem Gesicht gesehen, als sie sagte, dass Liebe sich nicht zwingen lässt. Es ist hart, die Wahrheit zu sagen, und doch ist es die Wahrheit, dass sie mich selbst von sich gestoßen hat, dass sie mich selbst durch ihre taktlosen Bemerkungen für jede Liebe von ihrer Seite abgestumpft hat, durch ihre rohen Scherze über Dinge, die ich nicht witzig finde. So wie sich in mir jedes Mal alles zusammenkrampft, wenn sie mir harte Worte sagt, so krampfte sich ihr Herz zusammen, als sie merkte, dass die Liebe zwischen uns wirklich verschwunden ist.

Sie hat die halbe Nacht geweint und die ganze Nacht nicht gut geschlafen. Vater schaut mich nicht an, und wenn er es doch tut, lese ich in seinen Augen die Worte: „Wie konntest du so gemein sein, wie wagst du es, Mutter solchen Kummer zu bereiten!" Alle erwarten, dass ich mich entschuldige. Aber das ist eine Sache, für die ich mich nicht entschuldigen kann, weil ich etwas gesagt habe, was wahr ist und was Mutter früher oder später doch wissen muss. Ich scheine und bin gleichgültig gegenüber Mutters Tränen und Vaters Blicken, weil sie beide zum ersten Mal fühlen, was ich unaufhörlich merke. Ich kann nur Mitleid haben mit Mutter, die selbst ihre Haltung wiederfinden muss. Ich für meinen Teil schweige und bin kühl und werde auch weiterhin vor der Wahrheit nicht zurückschrecken, weil sie umso schwerer zu ertragen ist, je länger sie verschoben wird.

Deine Anne

1 Untersucht den Tagebucheintrag. Legt dazu Untersuchungsgesichtspunkte fest, zu denen ihr arbeiten wollt. Präsentiert dann die Ergebnisse eurer Arbeit. Beachtet dabei wieder die Hinweise im Werkzeugkasten auf S. 154.

2 Beurteilt den Konflikt. Was denkt ihr über den Streit, Annes Verhalten und ihre Einstellung?

3 Vergleicht diesen Tagebucheintrag mit dem vom 30. Oktober 1943. Welche Gemeinsamkeiten und Unterschiede lassen sich feststellen? Hilfen für den Textvergleich erhaltet ihr im Werkzeugkasten auf S. 169.

4 **Durchstarten! So könnt ihr weiterarbeiten:**

- **a** Schreibt einen Dialog, in dem Anne ihrem Vater gegenüber ihr Verhalten rechtfertigt.
- **b** Stellt euch vor, Frau Frank würde ihrem Mann von dem Vorfall erzählen. Beide würden danach nach einer Lösung suchen. Schreibt das Gespräch auf.
- **c** Was könnte Frau Frank an diesem Abend in ihr Tagebuch schreiben? Verfasst einen möglichen Tagebucheintrag der Mutter, in dem sie über den Konflikt, über ihre Tochter und über ihr Verhältnis zu Anne schreibt.
- **d** Was haltet ihr von Annes Äußerungen und Urteilen über ihre Familie? Ihr könnt ihr einen fiktiven Brief schreiben, in dem ihr dem Mädchen eure Gedanken, Meinungen und Ratschläge mitteilt.

Sonntag, 2. Januar 1944

Liebe Kitty!

Als ich heute Morgen nichts zu tun hatte, blätterte ich mal in meinem Tagebuch und stieß mehrmals auf Briefe, die das Thema „Mutter" in so heftigen Worten behandelten, dass ich darüber erschrak und mich fragte: „Anne, bist du das, die über Hass gesprochen hat? O Anne, wie konntest du das?" Ich blieb mit dem offenen Buch in der Hand sitzen und dachte darüber nach, wie es kam, dass ich so randvoll mit Wut und wirklich so voller Hass war, dass ich dir das alles anvertrauen musste. Ich habe versucht, die Anne von vor einem Jahr zu verstehen und zu entschuldigen, denn mein Gewissen ist nicht rein, solange ich dich mit diesen Beschuldigungen sitzen lasse, ohne dir nun hinterher zu erklären, wie ich so wurde. Ich litt (und leide) an Stimmungen, die mich (bildlich) mit dem Kopf unter Wasser hielten und mich die Dinge nur subjektiv sehen ließen. Ich habe nicht versucht, ruhig über die Worte der Gegenpartei nachzudenken und bei meinen Handlungen an den zu denken, den ich mit meinem aufbrausenden Temperament beleidigt oder traurig gemacht habe.

Ich habe mich in mir selbst versteckt, nur mich selbst betrachtet und alle meine Freude, meinen Spott und meine Traurigkeit ungestört in mein Tagebuch geschrieben. Dieses Tagebuch hat für mich bereits einen Wert, weil es oft ein Memoirenbuch geworden ist. Aber über viele Seiten könnte ich schon das Wort „Vorbei" setzen.

Ich war wütend auf Mutter (bin es noch oft). Sie verstand mich nicht, das ist wahr, aber ich verstand sie auch nicht. Da sie mich liebte, war sie zärtlich.

Aber sie ist durch mich auch in viele unangenehme Situationen gebracht worden und wurde dadurch und durch viele andere traurige Umstände nervös und gereizt. Es ist gut zu verstehen, dass sie mich anschnauzte.

Ich nahm das viel zu ernst, war beleidigt, frech und unangenehm zu ihr, was sie ihrerseits wieder bekümmerte. Es war also eigentlich ein Hin und Her von Unannehmlichkeiten und Verdruss. Angenehm war es für uns beide sicher nicht, aber es geht vorbei. Dass ich dies nicht einsehen wollte und viel Mitleid mit mir selbst hatte, ist ebenfalls verständlich.

Diese zu heftigen Sätze sind lauter Äußerungen von Wut, die ich im normalen Leben mit ein paar Mal Aufstampfen in meinem Zimmer, hinter verschlossener Tür, oder mit Schimpfen hinter Mutters Rücken ausgelebt hätte.

Die Zeit, in der ich Mutter unter Tränen verurteilt habe, ist vorbei. Ich bin klüger geworden, und Mutters Nerven haben sich etwas beruhigt. Ich halte meistens den Mund, wenn ich mich ärgere, und sie tut das auch. Deshalb geht es uns augenscheinlich viel besser. Denn Mutter so richtig lieben, mit der anhänglichen Liebe eines Kindes, das kann ich nicht.

Ich beruhige mein Gewissen jetzt einfach mit dem Gedanken, dass Schimpfworte besser auf dem Papier stehen, als dass Mutter sie in ihrem Herzen tragen muss.

Deine Anne

1 Vergleicht diesen Tagebucheintrag mit dem vorherigen. Arbeitet Gemeinsamkeiten und Unterschiede zwischen den beiden Tagebucheinträgen heraus. Legt dazu Vergleichsgesichtspunkte fest und beachtet die Hinweise im Werkzeugkasten auf S. 169.

2 Welche Konsequenzen zieht Anne aus ihrer veränderten Sichtweise für ihr Verhalten gegenüber der Mutter? Erklärt in diesem Zusammenhang Annes Feststellung „Ich bin klüger geworden [...]" (Z. 56) und vergleicht insbesondere Annes Gedanken in diesem Tagebucheintrag in Z. 55–66 mit dem Schluss des Eintrags vom 2. April 1943 auf S. 167, Z. 42–55.

3 Untersucht auch hier wieder die Sprache des Tagebucheintrags. Sucht Formulierungen heraus, die zeigen, dass Anne hier ihre Sicht, Gefühle und Wahrnehmungen darstellt, und erklärt ihre Wirkungen.

4 Auch in diesem Eintrag könnt ihr erkennen, welche Bedeutung das Tagebuch für Anne hat. Erläutert diese.

So gehst du vor

Texte vergleichen

Oft besitzen Texte gleiche oder ähnliche Themen (z. B. Annes Beziehung zu ihrer Mutter). Bei einem Vergleich von Texten könnt ihr folgendermaßen vorgehen:

- Zuerst klärt ihr die Themen und Aspekte, die die zu vergleichenden Texte gemeinsam besitzen (z. B. Charakterisierung der Mutter, die Tochter-Mutter-Beziehung, Annes Sprache ...).
- Dann arbeitet ihr zu diesen Themen an den Texten und sucht entsprechende Textstellen heraus. Beim Markieren kann es dabei sinnvoll sein, mit mehreren Farben zu arbeiten. Arbeitet mit einer Folie, wenn euch das Schulbuch nicht gehört.
- Als Nächstes vergleicht ihr die Textstellen zu den jeweiligen Themen. Achtet dabei vor allem auf Gemeinsamkeiten und Unterschiede. Oft weisen Unterschiede – vor allem, wenn man Auszüge aus einem Buch vergleicht – auf wichtige Entwicklungen und Veränderungen hin, die bedeutend für das Verständnis des Buches sind (z. B. Veränderungen darin, wie Anne ihre eigene Rolle in dem Konflikt mit ihrer Mutter sieht).
- Bei umfangreichen Vergleichen solltet ihr euch eine Tabelle anlegen. So haltet ihr eure Beobachtungen im Überblick fest. Wenn ihr nun die Spalten miteinander vergleicht, könnt ihr weitere Ergebnisse, Erkenntnisse und Deutungen erarbeiten. Eine solche Tabelle könnte so aussehen:

Vergleichsgesichtspunkte	**Tagebucheintrag vom 30. Oktober 1943**	**Tagebucheintrag vom 2. Januar 1944**
Charakterisierung der Mutter	– Die Mutter ist unordentlich (vgl. Z. 85). – Anne stört sich an ihrer „Schlampigkeit" (Z. 85). – Sie ist hart (vgl. Z. 85 f.). – ...	– Die Mutter liebt Anne (vgl. Z. 35). – Die „Umstände" machen die Mutter so „nervös und gereizt" (Z. 39 f.). – ...
Tochter-Mutter-Beziehung	– Anne verachtet ihre Mutter (vgl. Z. 75 f.). – Ihre Mutter ist keine Mutter für Anne (vgl. Z. 92). – ...	– Anne verurteilt ihre Mutter nicht mehr (vgl. Z. 55 f.). – ...
...	...	...

„Ich will fortleben auch nach meinem Tod“ – Das Anne Frank Haus und die Tagebücher

Das Anne Frank Haus

Seit 1960 ist das Haus in der Prinsengracht 263 ein Museum. Im Vorderhaus des Anne Frank Hauses befindet sich eine internationale Jugendbegegnungsstätte. Das Hinterhaus wurde in dem Zustand belassen, in dem es sich zu der Zeit befand, in der Anne und die anderen Untergetauchten dort lebten. Die Besucher können so das Versteck im Originalzustand besichtigen. Auch das weltberühmte Tagebuch Annes ist hier ausgestellt. Das Anne Frank Haus ist seit der Gründung des Museums in Amsterdam zu einer weltweit arbeitenden Organisation mit Zweigstellen z. B. in New York, Berlin und London gewachsen.

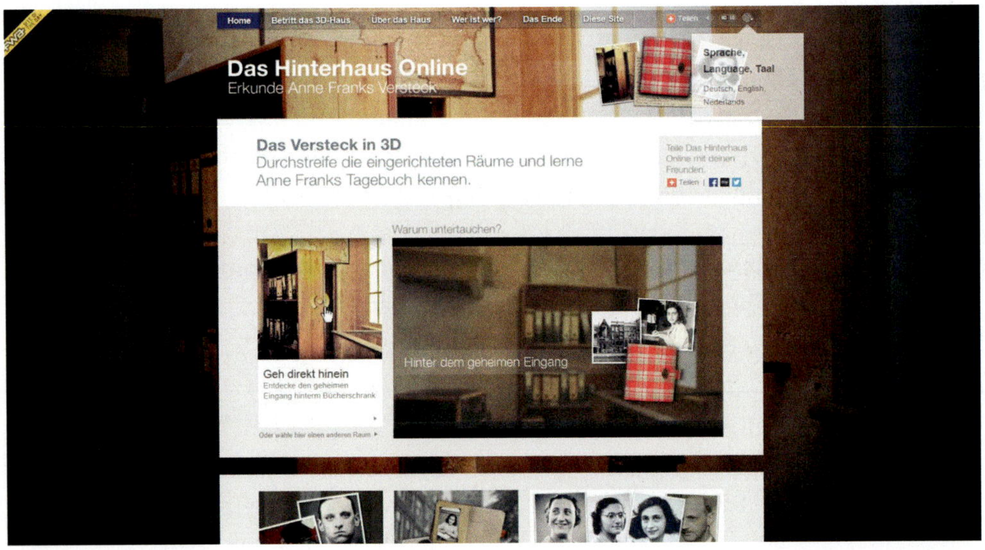

1 Beschreibt die Internetseite des Anne Frank Hauses. Auf folgende Punkte könnt ihr achten:

- Beschreibt den Aufbau der Internetseite.
- Erläutert die einzelnen Links und ihre Funktionen.
- Klärt, zu welchen Themen man auf dieser Seite Informationen erhält.

2 Recherchiert auf der Seite des Anne Frank Hauses www.annefrank.org. Informiert euch über die Geschichte des Anne Frank Hauses und die Ziele und Schwerpunkte der Museumsarbeit.

3 Durchstarten! So könnt ihr weiterarbeiten:

a Entwickelt mithilfe der Internetseite des Anne Frank Hauses Kurzvorträge zu Anne Frank, z. B. zu folgenden Themen:

- Die Verhaftung
- Das Schicksal der Untergetauchten nach der Verhaftung
- Die Geschichte des Tagebuchs der Anne Frank (dazu finden sich auch weiterführende Informationen auf der Seite www.annefrank.ch)
- ...

b Wenn ihr euch über die Arbeit des Anne Frank Zentrums in Berlin informieren wollt, können einige von euch die Internetseite www.annefrank.de besuchen. Informiert euch dort über Ziele, Geschichte und Angebote des Zentrums. Berichtet dann der Klasse in Form eines Kurzvortrages über die Arbeit des Zentrums.

Dorothea Waldherr/Ute Hiddemann

Die Geschichte der Tagebücher

„Buch“ ist eigentlich die falsche Bezeichnung für die mehr als 300 losen Blätter, die Geschäftsbücher und das rot karierte Poesiealbum, das Anne zu ihrem 13. Geburtstag geschenkt bekommen hatte. Die Papiere und Bücher waren von der „Grünen Polizei“ nach der Verhaftung der acht Untergetauchten achtlos auf den Boden geworfen worden. Miep hatte sie aufgesammelt und sie ungelesen in der Schublade ihres Schreibtisches aufbewahrt, um sie Anne nach dem Krieg zurückzugeben.

Anfang Juni 1945 kam Otto Frank nach der Befreiung des Lagers Auschwitz nach Amsterdam zurück, in der Hoffnung, dort seine Töchter vorzufinden. Im Sommer erhielt er die Nachricht vom Roten Kreuz, dass Margot und Anne im März in Bergen-Belsen an Typhus gestorben waren.

Miep Gies erzählt, dass Otto Frank, nachdem er die Nachricht vom Roten Kreuz erhalten hatte, in sein Büro ging, mit schleppenden Schritten. Sie selbst holte aus der unteren Schublade ihres Schreibtisches Annes Tagebücher, die sie seit dem 4. August 1944 dort aufbewahrt hatte. [...] Sie nahm, nach eigener Auskunft, sämtliche Aufzeichnungen, das Poesiealbum, die Geschäftsbücher, das Kassenbuch, die leeren Blätter, trug sie hinüber in Otto Franks Zimmer, hielt sie ihm hin und sagte: „Hier ist das Vermächtnis Ihrer Tochter an Sie.“

Damit hatte Otto Franks Leben einen neuen Sinn bekommen. Er erinnert sich: *„Ich begann langsam zu lesen, nur wenige Seiten pro Tag, mehr wäre unmöglich gewesen, weil die Erinnerungen mich überwältigten. [...] Ich lernte eine Anne kennen, die völlig anders war als das Kind, das ich verloren hatte. Ich hatte nichts von der Tiefe ihrer Gedanken und Gefühle geahnt. [...] Wie hätte ich das wissen können, wie wichtig ihr die Kastanie war, wo sie sich doch für die Natur gar nicht zu interessieren schien. Gelegentlich hat sie uns humorvolle Episoden und Geschichten vorgelesen, aber nichts, was sie unmittelbar betraf.“*

Otto Frank wird zunächst versucht haben, die verschiedenen Bücher und Blätter chronologisch zu ordnen. Die Eintragungen des eigentlichen Tagebuches gehen vom 12. Juni 1942 bis zum 5. Dezember 1942. Ihm folgt ein in braunes Packpapier geschlagenes schwarzes Geschäftsbuch, das Anne am 7. Dezember 1943 zu schreiben begonnen hat, also ein Jahr nach der letzten Eintragung im karierten Poesiealbum. Da davon

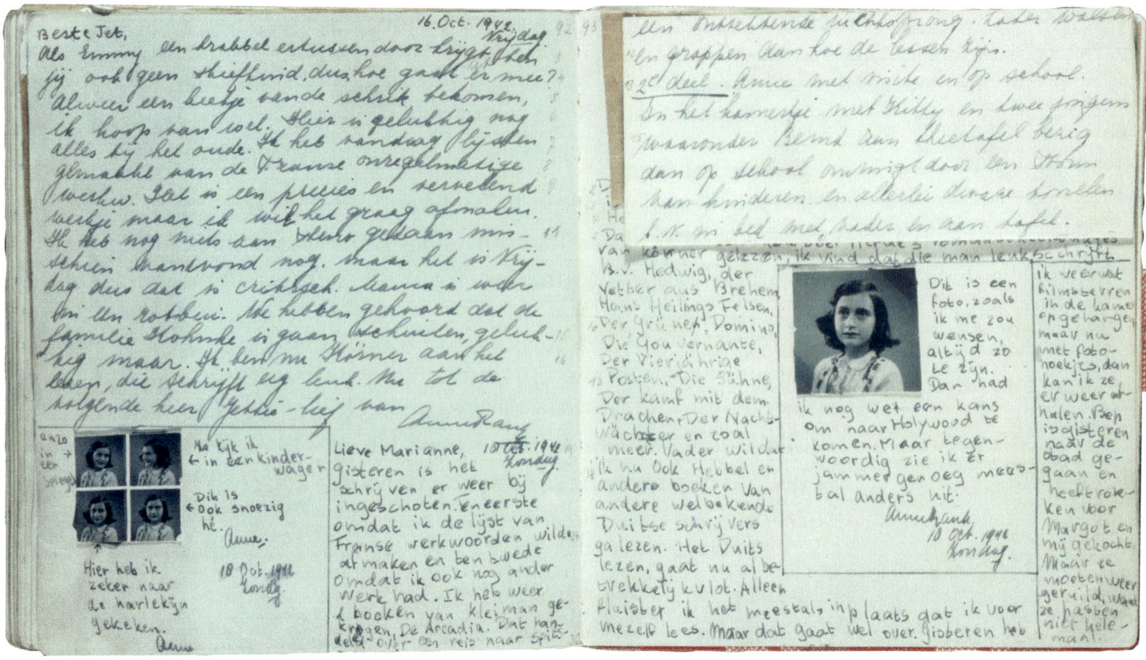

Originalseiten des Tagebuchs

auszugehen ist, dass sie ihre Korrespondenz mit „Kitty“, wie sie ihr Tagebuch nennt, nicht unterbrochen hat, muss angenommen werden, dass ein Buch verloren gegangen ist. Das dritte Tagebuch beginnt am 17. April 1944 und endet am 1. August desselben Jahres.

Dass wir trotz des verlorenen Tagebuches wissen, was zwischen Dezember 1942 und Dezember 1943 geschah, verdanken wir einer Rede, die der Minister für Unterricht, Künste und Wissenschaften am 28.3.1944 aus dem Exil über Radio Oranje an das holländische Volk richtete. Er sagte: *„Geschichte kann nicht nur aufgrund offizieller Unterlagen und Archivakten geschrieben werden. Soll das nachkommende Geschlecht voll und ganz begreifen, was wir als Volk in diesen Jahren mitgemacht und überstanden haben, dann brauchen wir gerade die einfachen Schriftstücke – ein Tagebuch, Briefe eines Arbeiters aus Deutschland, die Ansprachenreihe eines Pfarrers oder Priesters. Erst wenn es uns gelingt, dieses einfache, alltägliche Material in überwältigender Menge zusammenzutragen, erst dann wird das Bild dieses Freiheitskampfes in voller Tiefe und in vollem Glanz gemalt werden können.“*

[...] Anne begann daraufhin, ihre Eintragungen systematisch zu überarbeiten mit dem vagen Ziel, sie nach dem Krieg zu veröffentlichen. Wegen der Papierknappheit hatte sie sich vom Büro, vermutlich von Miep, Durchschlagpapier geben lassen, wie es für Kopien beim Schreibmaschinenschreiben benutzt wurde. Auf diese dünnen Blätter schrieb sie nun ihre eigenen Tagebücher ab. Dabei ordnete sie Einträge um, fügte manchmal mehrere Briefe verschiedenen Datums zu einem einzigen zusammen, kürzte, erweiterte, ließ uninteressante Einträge (oder solche, die sie für uninteressant hielt) weg, schrieb neue, für das Verständnis wichtige Passagen hinzu. So entstand eine zweite, von ihr selbst verfasste Version ihrer Tagebücher, [...] die heute „Version b“ genannt wird. Auch das fehlende Jahr ist in dieser Zweitfassung enthalten, Anne muss also damals noch über das verloren gegangene Buch verfügt haben. Doch auch diese zweite Version ist unvollständig geblieben. Anne kam mit ihrer Abschrift und der Umarbeitung nur bis zum 29. März 1944. Die Zeit bis zum 1. August findet sich dann wieder ausschließlich in ihrem normalen Tagebuch (Version a), das sie die ganze Zeit weiterführte.

Otto Frank schrieb einige Seiten des Tagebuchs ab, ließ sie ins Deutsche übersetzen und schickte sie an seine Verwandten in Basel und an Freunde. Ermutigt durch die positive Resonanz entschloss er sich nach anfänglichen Bedenken, das Tagebuch zu veröffentlichen. Ausschlaggebend für seine Entscheidung war vielleicht Annes Wunsch: „Ich will den Menschen, die um mich herum leben und mich doch nicht kennen, Freude und Nutzen bringen. Ich will fortleben, auch nach meinem Tod." (5. April 1944) Davon abgesehen sah er in dem Tagebuch vor allem ein *„Zeitdokument, den Bericht eines untergetauchten jüdischen Mädchens in den Niederlanden während der deutschen Besatzungszeit"*.

Er war der Erste, der die Tagebücher überhaupt las, und er las sie als Vater, als Ehemann, als Freund der Familie van Pels und Fritz Pfeffers und als Mann, als Mann seiner Zeit. In dem Bestreben, das *„Wesentliche"*, das seiner Meinung nach Objektive des Schrifttums seiner Tochter zu überliefern, traf er eine subjektive Auswahl. Sehr abschätzige Bemerkungen Annes über ihre Mutter oder die Familie van Pels wurden gemildert oder ebenso gestrichen wie ihre für die damalige Zeit überraschend offene Darstellung ihrer körperlichen Entwicklung. Endresultat der Redaktionsarbeit des Vaters war eine gekürzte 3. Version des Tagebuchs, eine Version c, die sich aus Annes a- und b-Versionen zusammensetzte. [...]

1947 erschien das Tagebuch schließlich mit dem Titel *„Het Achterhuis: Dagboek-brieven van 14. Juni 1942 – 1. August 1944"* im Contact Verlag Amsterdam in einer Auflage von 1500 Exemplaren. 1950 wurde es in Frankreich und nach einigem Zögern auch in Deutschland veröffentlicht. Ein Jahr später folgte die englische Ausgabe, gefolgt von der amerikanischen und japanischen Edition. Den endgültigen Durchbruch erzielte das Tagebuch durch die von Frances Goodrich und Albert Hackett erstellte Bühnenversion, die am 5. Oktober 1955 im Cort Theatre in New York uraufgeführt wurde. [...]

Schon sehr früh, 1957, wurde die Echtheit des Tagebuchs bestritten. Man bezweifelte, dass eine Fünfzehnjährige in der Lage war, solche Gedanken und Gefühle, wie sie in dem Tagebuch zum Ausdruck kommen, zu äußern. 1980 schließlich wurden handschriftliche Verbesserungen im Original entdeckt, die von einem Kugelschreiber stammten, einem Schreibgerät, das erst nach dem Krieg erhältlich war. Daraufhin veranlasste das niederländische Reichsinstitut für Kriegsdokumentation eine gründliche wissenschaftliche Untersuchung der Hefte.

Man konnte nachweisen, dass die Verbesserungen von Otto Frank stammten, der Stil- und Orthografiefehler sowie Germanismen seiner Tochter korrigiert hatte. Man muss sich klarmachen, dass Anne erst mit vier Jahren nach Holland gekommen war. Ihre Muttersprache war Deutsch. Auch wenn im Hinterhaus holländisch gesprochen wurde und sie das Tagebuch auf Holländisch verfasst hatte, konnten „deutsch" klingende Formulierungen nicht vermieden werden. Als die Echtheit zweifelsfrei feststand, veröffentlichte das Staatliche Institut für Kriegsdokumentation eine sogenannte „Kritische Ausgabe" des Tagebuchs, die Annes Originalversion (a), ihre eigene Bearbeitung (b) und die Version Otto Franks (c) nebeneinanderstellt. Auf der Grundlage dieser Ausgabe wurde 1992 eine neue Taschenbuchausgabe veröffentlicht, die auch die Briefe enthält, die der Vater „zensiert" hatte. Die deutsche Übersetzung wurde durch Mirjam Pressler aktualisiert.

1 Verschafft euch mithilfe des Textes einen Überblick über die Geschichte des Tagebuchs. Arbeitet dabei mit dem Werkzeugkasten auf S. 174.

2 Entwickelt Fragen, die man mithilfe des Textes beantworten kann. Arbeitet dabei zu zweit oder in kleinen Gruppen. Stellt euch dann gegenseitig diese Fragen und beantwortet sie.

So gehst du vor

Sachtexte erschließen

Um Sachtexte zu erschließen, ihren Inhalt zu verstehen und ihnen Informationen zu entnehmen, könnt ihr folgendermaßen vorgehen:

- Nehmt zuerst die Überschrift zur Kenntnis. Seht euch auch die Abbildungen und Fotos an. Überlegt dann, worum es in dem Text gehen könnte. Ihr könnt euch zu zweit vor dem Lesen darüber austauschen, was ihr erwartet, was in dem Text stehen könnte.
- Lest den Text zunächst überfliegend. Tauscht euch danach mit einem Partner oder in einer Gruppe über eure Eindrücke aus, worum es in dem Text geht. Dann lest den Text Satz für Satz genau durch.
- Gliedert den Text in Abschnitte und findet für die jeweiligen Abschnitte Überschriften. Arbeitet dabei mit einem Partner.
- Geht zu zweit die einzelnen Abschnitte durch. Unterstreicht die wichtigsten Informationen. Hebt dabei Schlüsselstellen besonders hervor, z. B. durch Markieren mit einem Textmarker oder durch Einkreisen. Ihr könnt auch Stichworte an den Textrand schreiben. Wenn euch das Buch nicht gehört, müsst ihr mit einer Folie arbeiten.
- Um die Informationen des Textes zu behalten, könnt ihr aus folgenden Möglichkeiten wählen: Verfasst z. B. eine schriftliche Zusammenfassung des Textes oder erklärt jemandem, der den Text nicht kennt, welche wichtigen Informationen er enthält. Ihr könnt auch eine Zusammenfassung in Form eines Spickzettels, einer Grafik, einer Zeitleiste oder einer Tabelle erstellen. Gut könnt ihr euch die Textinhalte auch einprägen, wenn ihr mit einem Partner Fragen zum Text entwickelt, sie euch gegenseitig stellt und beantwortet.
- Wenn ihr die Ergebnisse der Textarbeit anderen in Form einer Präsentation vorstellen wollt, entwickelt einen Kurzvortrag zu dem Text und haltet diesen. Arbeitet dabei mit Stichwortzetteln und mit Veranschaulichungen. Lest euren Vortrag nicht ab, sondern haltet ihn frei.

Weitere Hilfen hierzu findet ihr im Werkzeugkasten auf S. 154.

Projektideen
rund um Anne Frank

Wenn ihr euch weiter mit Anne Frank beschäftigen wollt, könnt ihr folgende Projekte durchführen:

- Organisiert eine Ausstellung zu Anne Frank in eurer Schule. Informiert eure Besucher mithilfe von Plakaten, Lesungen und Bildern über Anne Frank, ihr Leben und die Zeit, in der sie lebte.
- Entwickelt auf der Grundlage der Tagebucheinträge, die ihr kennt, kleine Szenen über das Leben von Anne Frank. Ladet eure Eltern oder eine Parallelklasse ein und spielt ihnen die Szenen vor.
- Erstellt ein Feature über Anne Frank: Wählt dazu verschiedene Texte aus (Tagebucheinträge, Reden aus der Zeit, Biografien, Kommentare ...), stellt die Texte als Collage zusammen und lasst sie von verschiedenen Sprechern lesen. Die Texte müssen so ausgewählt und zusammengestellt werden, dass ein mosaikartiges Bild von Anne und ihrem Leben entsteht. Eine solche Darstellung nennt man Feature. Ihr könnt ein Feature auch aufnehmen.
- Stellt euch gegenseitig Jugendbücher über die Zeit des Nationalsozialismus vor. Ihr könnt auch eine Ausstellung in eurer Schülerbibliothek organisieren und die Jugendbücher auf einem Büchertisch ausstellen. Informiert die Besucher auf Karteikarten darüber, worum es in den Jugendbüchern geht und was ihr von ihnen haltet.

„Wer wagt es ...“ –

In diesem Kapitel lernt ihr einen der bedeutendsten deutschen Dichter kennen: Friedrich Schiller. Anhand einer kleinen Auswahl seiner Balladen könnt ihr noch einmal die wesentlichen Merkmale dieser Gattung sowie die Kennzeichen der Inhaltsangabe wiederholen und den Vortrag dieser Art von Texten üben. Ferner lernt ihr Möglichkeiten kennen, literarische Texte auf komische Art und Weise zu verändern bzw. nachzuahmen. Mit eurem neu erworbenen Wissen könnt ihr dann u. a. eine Ausstellung entwerfen, einen „Schillerabend“ gestalten oder aber eine Ballade in ein Hörspiel umwandeln.

Friedrich Schiller, porträtiert auf einem Gemälde von Anton Graff (erste Sitzungen fanden im Frühjahr 1786 statt, vollendet wurde das Porträt im Herbst 1791).

Schillers Balladen

1 Beschreibt die beiden Darstellungen von Friedrich Schiller aus den Jahren 1791 und 2004 genau. Wo liegen Gemeinsamkeiten, wo die Unterschiede?

2 Warum könnte der Zeichner Friedrich Schiller im Jahr 2004 anlässlich seines 200. Todestages so dargestellt haben?

„Friedrich Schiller aus der Gruft geholt?!“ – Annäherung an einen Autor

Christiana Engelmann/Claudia Kaiser

Friedrich Schiller und das 21. Jahrhundert

Würde man Friedrich Schiller, geboren 1759 in Marbach am Neckar, nach 200 Jahren Tiefschlaf in der Weimarer Fürstengruft wie im Märchen wachrütteln und im Alltag des frühen 21. Jahrhunderts aussetzen – er wäre ein seltsamer Zeitgenosse. Jugendliche würden ihn wahrscheinlich peinlich finden und einfach abwinken, wenn er überschwänglich seine Gefühle zeigte.

Was soll man schon sagen, wenn Banknachbar Schiller einen Zettel rüberschiebt, auf dem steht: „Ich habe noch Mark für Jahrhunderte in den Knochen.“? Schillers Energie und Wissensdurst würden vielen auf die Nerven gehen, und ihm dagegen ihre Gleichgültigkeit und ihr Desinteresse. Soft skills[1], wie Schillers Talent zur Freundschaft heute ganz sachlich genannt wird, hatte er reichlich, doch müsste er seine offene und überschäumende Art schnell ablegen und sich eine coole Fassade zulegen. Helfen würde ihm dabei, dass er im Grunde schüchtern war. Als junger Mensch wurde er von heftigen Selbstzweifeln geplagt: „Schon 23 und noch nichts für die Unsterblichkeit getan!“ Höchst sonderbar wäre es für Professoren und Studierende heute, wenn Schiller flehte: „Nehmen Sie mich so, wie ich hätte werden können, wäre mir ein glücklicherer Anfang beschert gewesen“, aber „durch die wahnsinnige Methode meiner Erziehung und die Misslaune meines Schicksals bin ich“ schwer benachteiligt worden. Wahrscheinlich würde der Professor dem sensiblen jungen Mann schnell einen Termin für die nächste Sprechstunde verpassen.

Wenn Schiller heute einem Dichterkollegen schriebe: „Liebster Durs, ich habe Sehnsucht nach einem edlen Freund. Schickst du mir das Fahrgeld, dann steige ich in den nächsten ICE nach Berlin und es wird eine Freundschaft werden, wie es sie seit Jahrhunderten nicht gegeben hat. Schick mir doch deine Handynummer, falls ich mich verspäte. Außerdem habe ich da noch einige Rechnungen offen ...“ Höchst unwahrscheinlich, dass je eine Antwort käme. Bei Schiller hat es geklappt.

Großes Staunen würde er heute auslösen, wenn er als Dozent[2], so vehement und erfolgreich wie damals in Jena, bei den Studierenden Begeisterung für Wahrheit, Lust am Denken und Enthusiasmus[3] zur Verbesserung der Welt wecken wollte: „Ein edles Verlangen muss in uns entglühen, zum reichen Vermächtnis von Wahrheit, Sittlichkeit und Freiheit, das wir von der Vorwelt übernahmen und reich vermehrt an die Folgewelt wieder abgeben müssen.“ So endete seine erste Vorlesung im Jahre 1789. Schiller ging immer von der unbegrenzten Bildbarkeit jedes Menschen aus und von der Pflicht zur Selbstvervollkommnung. Sie sollte nicht besseren Chancen auf dem Arbeitsmarkt dienen, sondern als Abenteuer [...] und als Verantwortung für die Gesellschaft und ihre Nachkommen verstanden werden. Und da würden ihn heute vermutlich nur wenige begreifen. Wenn er dann noch auf den großen Fragen beharrte,

---

1 **Soft skills:** soziale Kompetenzen
2 **Dozent:** Lehrender
3 **Enthusiasmus:** leidenschaftliche Begeisterung, Schwärmerei

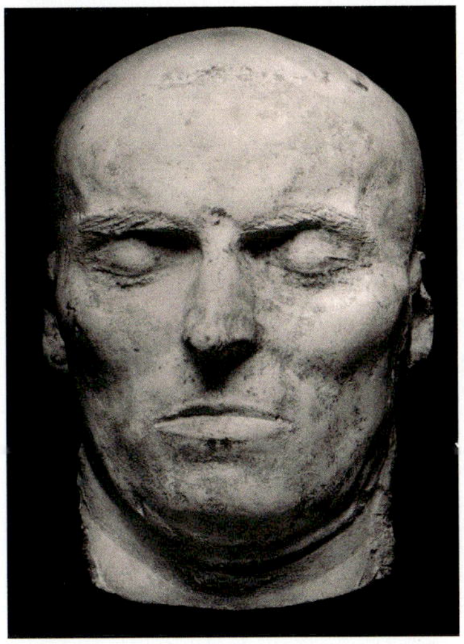

Totenmaske Schillers (Schiller Nationalmuseum)

als Dichter auf dem gewählten Ton[1] bestünde, nicht einfach Ernstes und Unterhaltsames mischen wollte, dann wäre er fast ein hoffnungsloser Fall. Aber ziemlich sicher fände er wieder einen gleich gesinnten Kollegen, so wie damals den Geheimrat Goethe, mit dem er die Szene aufmischen könnte.

[...] sein Vertrauen in die eigenen Talente war groß. Viele hatten ihm zunächst geraten, seinen Traumberuf an den Nagel zu hängen und schnellstens den Brotberuf des Arztes wieder aufzunehmen. Doch Schiller war sich sicher, dass er zum Dichter geboren war. Auch heute würden ihm seine Disziplin und seine Ausdauer über jede Hürde helfen. Er lebte sein Leben radikal, ganz von Pflicht erfüllt – eine bemerkenswerte Leistung. Von der heutigen Genussfreudigkeit könnte er sich anstecken lassen, falls er es wollte. Einer Kur würde er zustimmen, aber Urlaub? Etwas Luxus und einige kleine Genussmittel würde sich der heimliche Gourmet[2] gönnen. Vor allem aber wäre die medizinische Versorgung für ihn ein Segen! Schiller als kerngesunder Mann, fit bis ins hohe Alter. Wie sehr hätte man ihm das gewünscht!

Denn Schiller starb schon mit 45 Jahren. Bis dahin hat er sich trotz schwerer Krankheiten seine Jugendlichkeit bewahrt, sich bis zum Schluss mit Elan in neue Projekte gestürzt, gegen Ungerechtigkeit und Einschränkung gekämpft und den „Träumen seiner Jugend immer die Treue gehalten". Sein beharrlicher Optimismus wäre auch heute der Königsweg: Mit dem bereits Erreichten hat er sich nie zufrieden gegeben und Mittelmaß abgelehnt. [...]

Da wir Schiller aber nur in seinen Texten begegnen, verläuft das Gespräch mit diesem bemerkenswerten Zeitgenossen aus dem 18. Jahrhundert über seine Dramen, Gedichte, Balladen und Briefe. [...]

[...] in Schillers Werken [sind] die großen Themen verarbeitet: Freiheit und Abhängigkeit, Verstrickungen von Macht und Ohnmacht, große Gefühle wie Freundschaft, Liebe und Leidenschaft und große Visionen und Ideale. Man lernt, wie man sich schützt vor Kleinlichkeit und Enge und vor dem Verfehlen der eigenen Ziele. In diesem Sinn lohnen Schillers Texte die schöne Anstrengung, und so ist er doch ein Zeitgenosse, der in vielem anders war als wir.

Also: Friedrich Schiller aus der Gruft geholt und sein Werk zum Leben erweckt!

(2004)

---

1 **Ton:** hier im Sinne von Sprache, Ausdruck
2 **Gourmet:** Feinschmecker

1 Welchen Eindruck erhaltet ihr von Friedrich Schiller?

2 Fasst die wichtigsten Charaktereigenschaften Schillers stichwortartig zusammen.

3 Mit welchen Themen beschäftigt sich seine Literatur?

4 Warum halten die Autorinnen die Beschäftigung mit Friedrich Schiller heute noch für sinnvoll? Welche Meinung habt ihr?

5 Was ist euch noch unklar geblieben? Nennt die entsprechenden Stellen und formuliert offene Fragen an den Text.

Heinrich Pleticha (1924–2010)

Friedrich Schiller – Stationen seines Lebens

* 10.11.1759 in Marbach am Neckar
† 09.05.1805 in Weimar

Es ist kein Zufall, dass die Jugendgeschichte Friedrich Schillers als Stoff für Erzählungen, Romane und Schauspiele diente und sogar verfilmt wurde. Als Sohn eines württembergischen Wundarztes und Offiziers stammte er aus einfachen Verhältnissen. In Marbach am Neckar kann man heute noch das bescheidene Haus besichtigen, in dem Schiller geboren wurde. Nach dem Besuch der Schulen in Lorch und Ludwigsburg hatte er eigentlich Theologie studieren wollen, aber Herzog Karl Eugen von Württemberg, der die Geschicke seiner Untertanen nach eigenem Gutdünken willkürlich bestimmte, schickte den begabten Jungen im Alter von dreizehn Jahren auf die „Karlsschule", wo er Medizin studieren sollte. Schiller war zwar ein tüchtiger Student, litt aber schwer unter dem Druck und dem sturen Drill, der an dieser Militärakademie herrschte. Kritisch beobachtete er das despotische[1] Verhalten des Herzogs und schrieb sich den angestauten Groll gegen dessen Regierungsweise schließlich 1781 in seinem ersten Drama „Die Räuber" vom Herzen. Als das Werk bei seiner Erstaufführung in Mannheim ein ungeheurer Erfolg wurde und Schiller mit einer Bestrafung durch den Herzog rechnen musste, floh er von Württemberg zunächst nach Frankfurt a. M. und verbrachte die nächsten fünf Jahre an wechselnden Orten in bedrückender Armut. Trotzdem verfasste er in dieser Zeit eine Reihe von Gedichten und mehrere Schauspiele, wie „Kabale und Liebe" (1782), eine erneute Anklage gegen die Willkür der Fürsten, und „Don Carlos" (1787) [...].

1787 wollte er sich in Weimar niederlassen, da er hoffte, dort in der Nähe von Goethe, Wieland und Herder Anregungen für sein literarisches Schaffen zu finden. Dieser Versuch schlug zwar fehl, aber nach der Veröffentlichung eines Geschichtswerkes über die „Geschichte des Abfalls der Vereinigten Niederlande" erhielt er durch die Vermittlung Goethes eine Professur für Geschichte an der Universität im nahe gelegenen Jena übertragen. Seine durch Not, Sorgen und übermäßige Arbeit zerrüttete Gesundheit hinderte ihn an einer regelmäßigen Lehrtätigkeit. Erst durch ein Stipendium von 1000 Talern, das ihm dänische Freunde für drei Jahre vermittelten, besserte sich seine wirtschaftliche Lage, er heiratete und konnte sich unbeschwerter seinen wissenschaftlichen Studien und seiner Dichtung widmen. [...]

Die große Wende in seinem Leben kam 1794, als sich endlich die von ihm ersehnte Freundschaft mit Goethe anbahnte. Der geistige Austausch zwischen den beiden Dichtern, der sich anfangs

Goethe-Schiller-Denkmal in Weimar

[1] **despotisch:** rücksichtslos, willkürlich

Schillers Wohnhaus in Weimar

in zahlreichen Briefen, später in engen persönlichen Kontakten niederschlug, spornte ihn zu dichterischen Höchstleistungen an. In den nun folgenden elf Jahren bis zu seinem Tod schrieb er eine Reihe bedeutender Werke. Dazu zählen Gedichte wie „Das Lied von der Glocke“, das 1823 von Beethoven vertonte „An die Freude“, „Der Spaziergang“ und seine berühmtesten Balladen „Der Ring des Polykrates“, „Die Bürgschaft“ und „Die Kraniche des Ibykus“, in denen er mit Vorliebe geschichtliche Stoffe verarbeitete. 1799 übersiedelte er mit seiner Familie von Jena nach Weimar, um in noch engerem Kontakt mit Goethe stehen zu können. Nun entstanden seine Meisterdramen. Im Gegensatz zu seinen frühen Werken [...], in denen er mit der Anklage gegen Willkür und Gewalt seine Gefühle sprechen ließ, griff er in diesen Werken [...] historische Stoffe auf. [...] In dreijähriger Arbeit vollendete er 1799 „Wallenstein“. [...] Es folgten die Dramen „Maria Stuart“, „Die Jungfrau von Orleans“, „Die Braut von Messina“ und schließlich 1804 „Wilhelm Tell“, das den Kampf der Schweizer gegen die Unterdrückung schildert. Die letzten Lebensjahre des Dichters waren von Krankheit und Sorge überschattet. Bei seinem Tode war er in Deutschland bekannter und beliebter als sein Freund und Vorbild Goethe.

(2004)

1 Vergleicht den Text mit der vorausgehenden Darstellung des Lebens Schillers. Welche Absichten verfolgen die beiden Texte jeweils? Beachtet hierfür auch die jeweilige sprachliche Gestaltung.

2 Fasst die Texte in Form einer Zeitleiste zusammen und stellt sie euren Mitschülerinnen und Mitschülern vor. Sucht im Internet nach Bildmaterial und ordnet die Abbildungen den Lebensstationen Schillers zu.

3 Versucht, mithilfe der neuen Informationen die offengebliebenen Fragen aus dem Text „Friedrich Schiller und das 21. Jahrhundert“ zu klären.

4 **Durchstarten! So könnt ihr weiterarbeiten:**

- Verfasst mithilfe der Materialien ein schriftliches Porträt des Dichters Friedrich Schiller, z. B. für die Schülerzeitung. Legt zunächst verschiedene Informationsbereiche fest (Lebensdaten, besondere Charaktereigenschaften, Schillers Themen und ausgewählte Werke ...), über die ihr im Einzelnen informieren wollt. Erstellt anschließend eine Mindmap und führt diese in einem informierenden Sachtext aus. Wenn ihr wollt, könnt ihr diesen Text mit anschaulichen Bildern illustrieren.
- Verwendet eure Mindmap, um jemandem den Autor in einem Vortrag vorzustellen.

„Und der Mensch versuche die Götter nicht!“ – Die Ballade „Der Taucher“

Der Taucher I (nach Johann Heinrich Ramberg, 1823)

1 Ihr seht eine Illustration zu Friedrich Schillers Ballade „Der Taucher“ aus dem Jahr 1823. Beschreibt die Figuren, ihr Verhältnis zueinander und die Umgebung genau.

2 Was für eine Geschichte könnte sich hinter der Darstellung verbergen?

Friedrich Schiller
Der Taucher

„Wer wagt es, Rittersmann oder Knapp[1],
Zu tauchen in diesen Schlund?
Einen goldnen Becher werf ich hinab,
Verschlungen schon hat ihn der schwarze Mund,
Wer mir den Becher kann wieder zeigen,
Er mag ihn behalten, er ist sein Eigen."

Der König spricht es und wirft von der Höh'
Der Klippe, die schroff und steil
Hinaushängt in die unendliche See,
Den Becher in der Charybde[2] Geheul.
„Wer ist der Beherzte, ich frage wieder,
Zu tauchen in diese Tiefe nieder?"

Und die Ritter, die Knappen um ihn her,
Vernehmen's und schweigen still,
Sehen hinab in das wilde Meer,
Und keiner den Becher gewinnen will,
Und der König zum dritten Mal wieder fraget:
„Ist keiner, der sich hinunterwaget?"

Doch alles noch stumm bleibt wie zuvor;
Und ein Edelknecht, sanft und keck,
Tritt aus der Knappen zagendem Chor,
Und den Gürtel wirft er, den Mantel weg,
Und alle die Männer umher und Frauen
Auf den herrlichen Jüngling verwundert schauen.

Und wie er tritt an des Felsen Hang
Und blickt in den Schlund hinab,
Die Wasser, die sie hinunterschlang,
Die Charybde jetzt brüllend wiedergab,
Und wie mit des fernen Donners Getose
Entstürzen sie schäumend dem finstern Schoße.

Und es wallet und siedet und brauset und zischt,
Wie wenn Wasser mit Feuer sich mengt,
Bis zum Himmel spritzet der dampfende Gischt,
Und Flut auf Flut sich ohn Ende drängt,
Und will sich nimmer erschöpfen und leeren,
Als wollte das Meer noch ein Meer gebären.

Doch endlich, da legt sich die wilde Gewalt,
Und schwarz aus dem weißen Schaum
Klafft hinunter ein gähnender Spalt,
Grundlos, als ging's in den Höllenraum,
Und reißend sieht man die brandenden Wogen
Hinab in den strudelnden Trichter gezogen.

---

1 **Knappe:** Jüngling, der im Dienst eines Ritters und in ritterlicher Ausbildung steht
2 **Charybde:** Meeresungeheuer der griechischen Mythologie

Jetzt schnell, eh die Brandung wiederkehrt,
Der Jüngling sich Gott befiehlt,
Und – ein Schrei des Entsetzens wird rings gehört,
Und schon hat ihn der Wirbel hinweggespült,
Und geheimnisvoll über dem kühnen Schwimmer
Schließt sich der Rachen; er zeigt sich nimmer.

Und stille wird's über dem Wasserschlund,
In der Tiefe nur brauset es hohl;
Und bebend hört man von Mund zu Mund:
„Hochherziger Jüngling, fahre wohl!"
Und hohler und hohler hört man's heulen,
Und es harrt noch mit bangem, mit schrecklichem Weilen.

Und wärfst du die Krone selber hinein
Und sprächst: „Wer mir bringet die Kron,
Er soll sie tragen und König sein",
Mich gelüstete nicht nach dem teuren Lohn,
Was die heulende Tiefe da unten verhehle[1],
Das erzählt keine lebende glückliche Seele.

Wohl manches Fahrzeug, vom Strudel gefasst,
Schoss jäh in die Tiefe hinab,
Doch zerschmettert nur rangen sich Kiel und Mast
Hervor aus dem alles verschlingenden Grab –
Und heller und heller, wie Sturmes Sausen,
Hört man's näher und immer näher brausen.

Und es wallet und siedet und brauset und zischt,
Wie wenn Wasser mit Feuer sich mengt,
Bis zum Himmel spritzet der dampfende Gischt,
Und Well' auf Well' sich ohn Ende drängt,
Und wie mit des fernen Donners Getose
Entstürzt es brüllend dem finstern Schoße.

Und sieh! aus dem finster flutenden Schoß
Da hebet sich's schwanenweiß,
Und ein Arm und ein glänzender Nacken wird bloß,
Und es rudert mit Kraft und mit emsigem Fleiß,
Und er ist's, und hoch in seiner Linken
Schwingt er den Becher mit freudigem Winken.

Und atmete lang und atmete tief
Und begrüßte das himmlische Licht.
Mit Frohlocken es einer dem andern rief,
„Er lebt! Er ist da! Es behielt ihn nicht!
Aus dem Grab, aus der strudelnden Wasserhöhle
Hat der Brave gerettet die lebende Seele!"

[1] **verhehlen:** verschweigen

Und er kommt; es umringt ihn die jubelnde Schar,
Zu des Königs Füßen er sinkt,
Den Becher reicht er ihm kniend dar,
Und der König der lieblichen Tochter winkt,
Die füllt ihn mit funkelndem Wein bis zum Rande,
Und der Jüngling sich also zum König wandte:

„Lange lebe der König! Es freue sich,
Wer da atmet im rosigten Licht!
Da unten aber ist's fürchterlich,
Und der Mensch versuche die Götter nicht
Und begehre nimmer und nimmer zu schauen,
Was sie gnädig bedecken mit Nacht und Grauen.

Es riss mich hinunter blitzesschnell,
Da stürzt' mir aus felsigem Schacht
Wild flutend entgegen ein reißender Quell,
Mich packte des Doppelstroms wütende Macht,
Und wie einen Kreisel mit schwindelndem Drehen
Trieb mich's um, ich konnte nicht widerstehen.

Da zeigte mir Gott, zu dem ich rief,
In der höchsten schrecklichen Not,
Aus der Tiefe ragend ein Felsenriff;
Das erfasst ich behänd und entrann dem Tod,
Und da hing auch der Becher an spitzen Korallen,
Sonst wär er ins Bodenlose gefallen.

Denn unter mir lag's noch, bergetief,
In purpurner Finsternis da;
Und ob's hier dem Ohre gleich ewig schlief,
Das Auge mit Schaudern hinuntersah,
Wie's von Salamandern und Molchen und Drachen
Sich regt' in dem furchtbaren Höllenrachen.

Schwarz wimmelten da, in grausem Gemisch,
Zu scheußlichen Klumpen geballt,
Der stachlichte Roche, der Klippenfisch,
Des Hammers gräuliche Ungestalt,
Und dräuend[1] wies mir die grimmigen Zähne
Der entsetzliche Hai, des Meeres Hyäne[2].

Und da hing ich und war's mir mit Grausen bewusst,
Von der menschlichen Hülfe so weit,
Unter Larven die einzige fühlende Brust,
Allein in der grässlichen Einsamkeit,
Tief unter dem Schall der menschlichen Rede
Bei den Ungeheuern der traurigen Öde.

[1] **dräuen:** veraltet für: drohen
[2] **Hyäne:** in Afrika und Asien heimisches, hundeähnliches, sehr gefräßiges Raubtier

Und schaudernd dacht ich's, da kroch's heran,
Regte hundert Gelenke zugleich,
Will schnappen nach mir; in des Schreckens Wahn
Lass ich los der Koralle umklammerten Zweig;
Gleich fasst mich der Strudel mit rasendem Toben,
Doch es war mir zum Heil, er riss mich nach oben."

Der König darob sich verwundert schier
Und spricht: „Der Becher ist dein;
Und diesen Ring noch bestimm ich dir,
Geschmückt mit dem köstlichsten Edelgestein,
Versuchst du's noch einmal und bringst mir Kunde,
Was du sahst auf des Meeres tiefunterstem Grunde."

Das hörte die Tochter mit weichem Gefühl,
Und mit schmeichelndem Munde sie fleht:
„Lasst Vater genug sein das grausame Spiel,
Er hat Euch bestanden, was keiner besteht,
Und könnt ihr des Herzens Gelüsten nicht zähmen,
So mögen die Ritter den Knappen beschämen."

Drauf der König greift nach dem Becher schnell,
In den Strudel ihn schleudert hinein:
„Und schaffst du den Becher mir wieder zur Stell,
So sollst du der trefflichste Ritter mir sein
Und sollst sie als Ehgemahl heut noch umarmen,
Die jetzt für dich bittet mit zartem Erbarmen."

Da ergreift's ihm die Seele mit Himmelsgewalt,
Und es blitzt aus den Augen ihm kühn,
Und er siehet erröten die schöne Gestalt
Und sieht sie erbleichen und sinken hin –
Da treibt's ihn, den köstlichen Preis zu erwerben,
Und stürzt hinunter auf Leben und Sterben.

Wohl hört man die Brandung, wohl kehrt sie zurück,
Sie verkündigt der donnernde Schall;
Da bückt sich's hinunter mit liebendem Blick –
Es kommen, es kommen die Wasser all,
Sie rauschen herauf, sie rauschen nieder,
Den Jüngling bringt keines wieder.

(1797)

1 Lest die Ballade gemeinsam und vergleicht eure aus dem Bild (S. 182) abgeleiteten Vorstellungen mit dem Inhalt des Textes.

2 Mit folgender Methode könnt ihr euer Textverständnis überprüfen: Jeder Schüler bzw. jede Schülerin der Klasse überlegt sich insgesamt etwa zehn Fragen, auf die der Text eine Antwort gibt (z. B.: Zu welcher Mutprobe fordert der König die umstehenden Ritter und Knappen auf?). Stellt die Fragen euren Tischnachbarn und beantwortet sie.

3 Untersucht den Aufbau der Ballade. Gliedert den Text hierfür in Handlungsabschnitte und stellt den Verlauf der Ereignisse mithilfe einer Spannungskurve dar.

4 Wie werden die Naturgewalten in der Ballade beschrieben? Sucht passende Textstellen, ordnet sie und erklärt die Funktion der Darstellung. Vergleicht die Beschreibung der Natur mit der des Jünglings. Welche Wirkung wird damit erzeugt?

5 Warum riskiert der Knappe zwei Mal sein Leben und springt in die Tiefe? Untersucht die Verse 1–48 und 133–156 auf Hinweise und stellt die jeweiligen Überlegungen des Jünglings in Form eines inneren Monologs dar. Ihr könnt natürlich auch einen sachlich informierenden Text schreiben.

6 Stellt euch vor, dass die Tochter des Königs ihren Vater nach dem Tod des Jünglings zur Rede stellt. Verfasst einen Dialog. Ihr könnt den Dialog auch als Szene ausarbeiten und diese der Klasse vorspielen.

7 Welche der folgenden Aussagen a)–f) trifft eurer Meinung nach am ehesten zu?

a) Die Ballade „Der Taucher“ handelt von der Überheblichkeit eines jungen Mannes, die schließlich zum Tod führt.

b) Die Ballade fragt danach, wie weit ein Mensch gehen darf.

c) Die Ballade handelt von der Liebe und den Risiken, die man dafür eingehen muss.

d) Schiller kritisiert in seiner Ballade die Sensationslust der Menschen, die auch vor dem Tod keinen Halt macht.

e) Die Ballade thematisiert die Willkür und Grausamkeit der Herrschenden und die Abhängigkeit ihrer Untertanen.

f) Die Ballade „Der Taucher“ macht deutlich, dass der Mensch den Neid der Götter nicht herausfordern darf.

8 Was versucht man mit den oben stehenden Aussagen auszudrücken?
Im letzten Schuljahr habt ihr gelernt, dass zur Einleitung einer Inhaltsangabe ein kurzer Handlungsüberblick gehört. Worin liegen die Unterschiede zwischen den Aussagen oben und einem solchen Handlungsüberblick?

So gehst du vor

Das Thema eines Textes bestimmen

Wenn du z. B. mithilfe einer Inhaltsangabe einen Leser oder eine Leserin über einen Text informieren möchtest, ist es sinnvoll, nicht nur das Geschehen wiederzugeben, sondern auch darüber zu informieren, mit welchem **Thema** sich der Text beschäftigt bzw. auf welches **allgemeine Problem** der Autor/die Autorin mit seinem/ihrem Text hinweist.
Aussagen zum Thema kannst du so beginnen:

- Der Text (Ballade, Kurzgeschichte, ...) macht deutlich ...
- Es geht in dem Text um das Problem ...
- Der Autor/die Autorin weist auf ... hin.
- In dem Text geht es vor allem um ...
- Gezeigt wird in dem Text ...

Die Aussagen zum Thema kannst du in den Einleitungsteil einer Inhaltsangabe aufnehmen, du kannst eine Inhaltsangabe damit auch abschließen.

9 Verschafft euch abschließend noch einmal einen Überblick über die Ballade, indem ihr eine schriftliche Inhaltsangabe verfasst. Der folgende Werkzeugkasten gibt euch einige Hilfen, falls ihr noch unsicher seid.

So gehst du vor

Eine Inhaltsangabe verfassen

Mit einer Inhaltsangabe will man jemanden über den Inhalt eines Textes, eines Buches oder eines Films informieren.

In der **Einleitung** der Inhaltsangabe sollten zur Information des Lesers der Name des Autors oder der Autorin, der Titel, die Art des Textes, das Entstehungsjahr, ein Handlungsüberblick oder/und das sogenannte „Thema" des Textes enthalten sein.

Im **Hauptteil** werden die wichtigsten Geschehnisse (Personen, Ort, Zeitpunkt, wichtige Handlungsschritte) mit eigenen Worten wiedergegeben. Auf die Darstellung von Einzelheiten wird dabei verzichtet, man beschränkt sich auf das Wesentliche.

Die **Sprache** der Inhaltsangabe ist bestimmt durch ihre informierende Absicht, sie ist sachlich und enthält keine Spannung erzeugenden Formulierungen.

Mit Adverbialsätzen oder adverbialen Bestimmungen kannst du den zeitlichen (Nachdem er sich vergewissert hat, ...) oder ursächlichen (Weil sie befürchtet, ...) Zusammenhang der Handlungsschritte sinnvoll wiedergeben. Die direkte Rede wird durch die indirekte Rede oder eine Umschreibung ersetzt.

Das **Tempus** der Inhaltsangabe ist das Präsens.

10 Der deutsche Dichter Johann Wolfgang von Goethe (1749–1832), ein Freund Schillers, hat von der Ballade als einer Textart gesprochen, in der „die Elemente noch nicht getrennt, sondern wie in einem lebendigen Ur-Ei zusammen sind".
Vervollständigt die folgende Tabelle in eurem Heft und versucht, mit ihrer Hilfe zu erklären, was Goethe mit der Metapher „Ur-Ei" gemeint haben könnte.

11 In welcher Weise entspricht die Ballade „Der Taucher" diesem „Ur-Ei"?

Großgattungen („Elemente") der Literatur

	Epik (epische, erzählende, handlungsreiche Texte)	**Dramatik** (dramatische Texte, Theaterstücke)	**Lyrik** (lyrische Texte)
Sprache	ungebundene Sprache, Zeilensprache (Prosa)	Monolog und Dialog	gebundene Sprache (Verssprache: Reim, Strophe, Metrum)
Beispiele	– Roman – ...	– Komödie – Hörspiel – ...	– Gedicht – ...

Hannah Schmitt

Hochgefühl beim Sturz in die Tiefe

Zuschauer und Kampfrichter sitzen auf unwegsamen Felsen, die Sportler stürzen sich von 20 Meter hohen rauen Klippen: Die Europameisterschaften im Klippenspringen im schweizerischen Ponte Brolla sind ein atemberaubendes Erlebnis. Anna Bader (27) ist als einzige Frau am Start gewesen.

Vor der malerischen Kulisse der Klippen in Ponte Brolla zeigen die Teilnehmer bei den Europameisterschaften im Klippenspringen ihre Sprünge. [...]

Die Zuschauer auf den Felsen halten den Atem an. Kontrolliert steht Anna Bader auf ihren Händen, zieht langsam die Beine in die Höhe. Wie in Zeitlupe bringt sie sich in die richtige Ausgangsposition für ihren ersten Sprung bei den Europameisterschaften im Klippenspringen – und stürzt sich in die Tiefe. Dann geht alles ganz schnell: Mit den Händen drückt sie sich vom schroffen Felsen ab, dreht sich in gestreckter Position anderthalb Mal um die eigene Achse, macht eine halbe Schraube und taucht mit den Füßen zuerst in das eiskalte, etwa 13 Meter tiefe Wasser im schweizerischen Ponte Brolla. Rund zwei Sekunden dauert der freie Fall aus 20 Metern Höhe.

Zwei Sekunden, in denen Anna Bader Tausende Gedanken durch den Kopf schießen. „Es ist unglaublich, wie viel du in diesem kurzen Moment denken kannst“, sagt die Klippenspringerin, die im Hunsrückort Morbach aufgewachsen ist und im chinesischen Macao in der Wassershow „House of the Dancing Water“ mitarbeitet. Wo ist die Wasseroberfläche? Wann muss ich den Sprung beenden? Das sind Dinge, die Bader in der Luft beachten muss.

Zum fünften Mal nimmt sie an dem Wettkampf teil, bei dem Europas Klippenspringer gegeneinander antreten. Jedes Jahr im Sommer treffen sie sich dazu in der Schweiz, um drei Sprünge aus 13, 15 oder 20 Metern zu zeigen. Von den zerklüfteten Felsen, dort, wo der Fluss Maggia in den Lago Maggiore mündet. [...]

In diesem Jahr ist sie extra aus China angereist, um ihren Titel zu verteidigen – und alte Freunde sowie Bekannte wiederzusehen. Mit im Gepäck ist nahezu ihre ganze Familie. Auch die 86-jährige Oma ist dabei. Sogar schon zum vierten Mal. Während des Wettkampfs sitzt sie auf einem Baumstamm am Rande der Klippen. Direkt neben ihr: Annas Mutter, Angelika Kern-Bader, die früher selbst eine gute Turnerin war und 1968 sowie 1972 an den Olympischen Spielen teilgenommen hat. Näher ran gehen sie in diesem Jahr nicht. Denn richtige Ränge gibt es nicht, die Zuschauer verteilen sich auf allen Ecken der Granitfelsen. Der Weg dorthin ist beschwerlich, führt über das schroffe Gestein. Doch gerade das macht die besondere Atmosphäre des Wettkampfs aus: Die Natur macht die Vorgaben, nicht der Mensch. Das Publikum sitzt da, wo es hinklettern kann. Und auch Bader muss auf dem Weg zur Plattform erst mal zwischen den Felsen verschwinden. Oben angekommen winkt sie ihrer Oma vor jedem Sprung einmal kurz zu, lacht über das ganze Gesicht. Dann zupft sie ihren roten Badeanzug zurecht, fährt sich durch

die kurzen Haare, konzentriert sich in aller Ruhe – und springt. Denn „Hektik mag ich gar nicht“, sagt Anna Bader. [...]
Das Klippenspringen ist immer auch eine gefährliche Sportart. Mit bis zu 80 Stundenkilometern fliegen die Springer dem Wasser entgegen. Innerhalb weniger Augenblicke werden sie beim Eintauchen auf null abgebremst. Da wird jeder Fehler bestraft. Hinzu kommen Unsicherheiten durch das Wetter.
[...]
„Man darf auf keinen Fall leichtsinnig werden“, sagt Bader. Respekt vor der Höhe hat sie deshalb noch immer. Auch wenn es ihr nicht hoch genug sein kann. [...]

(Trierischer Volksfreund, 27.7.2011)

1 Dieser Text stammt aus einer Zeitung. Welche Funktion hat so ein Text innerhalb einer Tageszeitung?

2 Lest die Informationen zur Textart Reportage auf S. 259 und weist nach, dass es sich bei diesem Text um eine Reportage handelt.

3 Welche konkreten Informationen über die Extremsportart Klippenspringen sind in dem Text enthalten? Was erfährt der Leser im Einzelnen über die Springerin Anna Bader?

4 Welche Gemeinsamkeiten zwischen Schillers Ballade „Der Taucher“ und dem Zeitungstext erkennt ihr?

5 Bei Schillers Ballade „Der Taucher“ handelt es sich um einen literarischen Text. Der Text von Hannah Schmitt ist ein Sachtext. Versucht, grundlegende Unterschiede zwischen einem literarischen Text und einem Sachtext zu bestimmen.

„Und die Treue, sie ist doch kein leerer Wahn“ – Die Ballade „Die Bürgschaft“

Friedrich Schiller

Die Bürgschaft

Zu Dionys, dem Tyrannen[1], schlich
Damon, den Dolch im Gewande,
Ihn schlugen die Häscher[2] in Bande.
„Was wolltest du mit dem Dolche, sprich!“,
Entgegnet ihm finster der Wüterich.
„Die Stadt vom Tyrannen befreien!“
„Das sollst du am Kreuze bereuen.“

„Ich bin“, spricht jener, „zu sterben bereit,
Und bitte nicht um mein Leben,
Doch willst du Gnade mir geben,
Ich flehe dich um drei Tage Zeit,
Bis ich die Schwester dem Gatten gefreit[3],
Ich lasse den Freund dir als Bürgen,
Ihn magst du, entrinn ich, erwürgen.“

1 **Tyrann:** strenger, herrschsüchtiger Mensch, Gewaltherrscher
2 **Häscher:** veraltet für: Ordnungshüter, Verfolger
3 **freien:** veraltet für: heiraten, um eine Frau werben, hier: jemanden verheiraten

Da lächelt der König mit arger List
Und spricht nach kurzem Bedenken:
„Drei Tage will ich dir schenken.
Doch wisse: Wenn sie verstrichen die Frist,
Eh du zurück mir gegeben bist,
So muss er statt deiner erblassen,
Doch dir ist die Strafe erlassen."

Und er kommt zum Freunde: „Der König gebeut[1],
Dass ich am Kreuz mit dem Leben
Bezahle das frevelnde Streben;
Doch will er mir gönnen drei Tage Zeit,
Bis ich die Schwester dem Gatten gefreit,
So bleib du dem König zum Pfande,
Bis ich komme, zu lösen die Bande."

Und schweigend umarmt ihn der treue Freund
Und liefert sich aus dem Tyrannen,
Der andere ziehet von dannen.
Und ehe das dritte Morgenrot scheint,
Hat er schnell mit dem Gatten die Schwester vereint,
Eilt heim mit sorgender Seele,
Damit er die Frist nicht verfehle.

Da gießt unendlicher Regen herab,
Von den Bergen stürzen die Quellen,
Und die Bäche, die Ströme schwellen.
Und er kommt ans Ufer mit wanderndem Stab –
Da reißet die Brücke der Strudel hinab,
Und donnernd sprengen die Wogen
Des Gewölbes krachenden Bogen.

Und trostlos irrt er an Ufers Rand;
Wie weit er auch spähet und blicket
Und die Stimme, die rufende, schicket –
Da stößet kein Nachen[2] vom sichern Strand,
Der ihn setze an das gewünschte Land,
Kein Schiffer lenket die Fähre,
Und der wilde Strom wird zum Meere.

Da sinkt er ans Ufer und weint und fleht,
Die Hände zum Zeus erhoben:
„O hemme des Stromes Toben!
Es eilen die Stunden, im Mittag steht
Die Sonne, und wenn sie niedergeht
Und ich kann die Stadt nicht erreichen,
So muss der Freund mir erbleichen."

---

1 **gebeut:** veraltet für: gebietet
2 **Nachen:** Kahn

Doch wachsend erneut sich des Stromes Wut,
Und Welle auf Welle zerrinnet,
Und Stund an Stunde entrinnet,
Da treibt ihn die Angst, da fasst er sich Mut
Und wirft sich hinein in die brausende Flut
Und teilt mit gewaltigen Armen
Den Strom, und ein Gott hat Erbarmen.

Und gewinnt das Ufer und eilet fort
Und danket dem rettenden Gotte,
Da stürzet die raubende Rotte
Hervor aus des Waldes nächtlichem Ort,
Den Pfad ihm sperrend, und schnaubet Mord
Und hemmet des Wanderers Eile
Mit drohend geschwungener Keule.

„Was wollt ihr?“, ruft er, für[1] Schrecken bleich,
„Ich habe nichts als mein Leben,
Das muss ich dem Könige geben!“
Und entreißet die Keule dem Nächsten gleich:
„Um des Freundes willen erbarmet euch!“
Und drei mit gewaltigen Streichen
Erlegt er, die andern entweichen.

Und die Sonne versendet glühenden Brand,
Und von der unendlichen Mühe
Ermattet sinken die Kniee:
„O hast du mich gnädig aus Räuberhand,
Aus dem Strom mich gerettet ans heilige Land,
Und soll hier verschmachtend verderben,
Und der Freund mir, der liebende, sterben!“

Und horch! da sprudelt es silberhell
Ganz nahe, wie rieselndes Rauschen,
Und stille hält er, zu lauschen;
Und sieh, aus dem Felsen, geschwätzig, schnell,
Springt murmelnd hervor ein lebendiger Quell,
Und freudig bückt er sich nieder
Und erfrischet die brennenden Glieder.

Und die Sonne blickt durch der Zweige Grün
Und malt auf den glänzenden Matten[2]
Der Bäume gigantische Schatten;
Und zwei Wanderer sieht er die Straße ziehn,
Will eilenden Laufes vorüberfliehn,
Da hört er die Worte sie sagen:
„Jetzt wird er ans Kreuz geschlagen.“

[1] **für:** vor
[2] **Matten:** Weiden, Wiesen

Und die Angst beflügelt den eilenden Fuß,
Ihn jagen der Sorge Qualen,
Da schimmern in Abendrots Strahlen
Von ferne die Zinnen von Syrakus[1],
Und entgegen kommt ihm Philostratus,
Des Hauses redlicher Hüter,
Der erkennet entsetzt den Gebieter:

„Zurück! du rettest den Freund nicht mehr,
So rette das eigene Leben!
Den Tod erleidet er eben.
Von Stunde zu Stunde gewartet' er
Mit hoffender Seele der Wiederkehr,
Ihm konnte den mutigen Glauben
Der Hohn des Tyrannen nicht rauben."

„Und ist es zu spät, und kann ich ihm nicht
Ein Retter willkommen erscheinen,
So soll mich der Tod ihm vereinen.
Des rühme der blut'ge Tyrann sich nicht,
Dass der Freund dem Freunde gebrochen die Pflicht –
Er schlachte der Opfer zweie
Und glaube an Liebe und Treue!"

Und die Sonne geht unter, da steht er am Tor
Und sieht das Kreuz schon erhöhet,
Das die Menge gaffend umstehet;
An dem Seile schon zieht man den Freund empor,
Da zertrennt er gewaltig den dichten Chor:
„Mich, Henker", ruft er, „erwürget!
Da bin ich, für den er gebürget!"

Und Erstaunen ergreifet das Volk umher,
In den Armen liegen sich beide
Und weinen für Schmerzen und Freude.
Da sieht man kein Auge tränenleer,
Und zum Könige bringt man die Wundermär,
Der fühlt ein menschliches Rühren,
Lässt schnell vor den Thron sie führen.

Und blicket sie lange verwundert an;
Drauf spricht er: „Es ist euch gelungen,
Ihr habt das Herz mir bezwungen,
Und die Treue, sie ist doch kein leerer Wahn,
So nehmet auch mich zum Genossen an,
Ich sei, gewährt mir die Bitte,
In eurem Bunde der Dritte." (1799)

[1] **Syrakus:** In der Antike die größte und mächtigste Stadt Siziliens

1 Friedrich Schiller hat seiner Ballade den Titel „Die Bürgschaft" gegeben. Versucht, die Bedeutung der Überschrift mithilfe des Textes zu erklären. Wenn ihr euch unsicher seid, könnt ihr auch ein Bedeutungswörterbuch zurate ziehen.

2 Haltet ihr den Titel für treffend? Könntet ihr euch auch eine andere Überschrift vorstellen? Formuliert das Thema der Ballade und macht eigene Vorschläge für eine Überschrift.

3 Wie ist die Ballade inhaltlich aufgebaut? Welche Bedeutung haben die einzelnen Textteile? Berücksichtigt in diesem Zusammenhang auch, wie Schiller das Verrinnen der Zeit sprachlich zum Ausdruck bringt.

4 Beschreibt die Veränderung in der Einstellung des Königs und erläutert, wie es dazu kommt.

5 Welche Rolle spielt das Wasser in der Ballade? Wie wird das Wasser dargestellt und welche Wirkung wird dadurch jeweils erzeugt?

6 Die Ballade Friedrich Schillers ist über 200 Jahre alt. Haltet ihr das darin entfaltete Thema für überholt? Diskutiert darüber.

7 Um sicherzugehen, dass ihr den Text verstanden habt, fertigt mithilfe des Werkzeugkastens auf S. 188 eine schriftliche Inhaltsangabe der Ballade an.

Christiana Engelmann/Claudia Kaiser

Schillers Entwicklungs- und Erziehungsballaden

Schiller geht es in seinen Balladen nicht nur um ungeheuerliche Geschichten, sondern um Menschen in Grenz- und Entscheidungssituationen. Man hat diese Gedichte oft „Ideenballaden“ genannt, weil sie zeigen, wie das Handeln des Einzelnen von Ideen, Normen, gesellschaftlichen Mustern und Naturgesetzen geprägt ist. Genauso sind sie Entwicklungs- und Erziehungsballaden: Sie zeigen einen Menschen in einer Situation, in der er sich darüber klar werden muss, was in seinem Leben wichtig ist, worum es ihm geht [...]. Der Einsatz ist dabei das eigene Schicksal. Als Sieg winkt die Freiheit: die von fremden Zwängen und falschen Rücksichten, aber auch die der Einsicht in Gesetze und eigene Verantwortlichkeit.

(2004)

1 Kann man die Ballade „Die Bürgschaft“ als „Ideenballade“ bzw. als „Entwicklungs- und Erziehungsballade“ bezeichnen?

2 Vergleicht die Ballade „Die Bürgschaft“ mit der Ballade „Der Taucher“. Übertragt hierfür folgende Tabelle in euer Heft und füllt sie aus. Ihr könnt auch weitere Vergleichskriterien ergänzen:

Vergleichskriterien	„Die Bürgschaft“	„Der Taucher“
– Thema – wichtige Figuren – Motive der Figuren – Handlungsverlauf – Ausgang der Handlung – ...		

Hinweise erhaltet ihr auch im Werkzeugkasten „Texte vergleichen“ auf S. 169.

Schiller konnte bissig sein. Er verriss Schriftsteller in seinen Rezensionen, er stichelte gegen Kollegen und lästerte mit Goethe über das dumme Publikum. Es hat ihn jedoch auch oft genug selbst erwischt. Überzeugt euch selbst ...

Ulrich Harbecke (geb. 1943)

Der dritte Mann

Zu Dionys, dem Tyrannen, schlich
Dämon, den Dolch im Gewande.
Ihn schlugen die Häscher in Bande.
„Was wolltest du mit dem Dolche, sprich!“,
Entgegnet ihm finster der Wüterich:
„Die Stadt vom Tyrannen befreien!“
„Das sollst du am Kreuze bereuen!“
„Ich bin“, spricht jener, „zu sterben bereit,
doch wäre das eigentlich schade.
Mit etwas Vernunft oder Gnade
begrüben wir den idiotischen Streit
und machten was Besseres mit uns’rer Zeit.
Man kann seinen Zorn ja auch bänd’gen
und sich in Frieden verständ’gen.“

Da lächelt der König mit arger List
und spricht nach kurzem Bedenken:
„Dein Leben will ich dir schenken,
doch vorher vergeht eine längere Frist,
bis eine Art Rallye vollzogen ist.
Sonst wird aus uns keine Ballade,
und das wäre ebenfalls schade."

Der andere drauf: „Wozu solcher Stuss?
Ich find's – mit Verlaub – übertrieben.
Die Ballade ist längst schon geschrieben.
Was soll ich erst reisen und auch noch zu Fuß:
Die Hitze, der Regen, die Räuber, der Fluss!
Und mach' trotz heroischer[1] Pose
mir heimlich ja doch in die Hose.

Ich finde, am besten du lässt mich jetzt frei,
und wir reden nicht mehr darüber.
Mir jedenfalls ist es so lieber.
Ich hol' meinen Kumpel, dann sind wir schon
drei.
Am Ende gibst du sowieso ja klein bei.
Es siegt doch dein besseres Wesen.
Ich hab meinen Schiller gelesen."
[...]

(1999)

[1] **heroisch:** heldenmutig, heldenhaft, erhaben

1 Was haltet ihr von dem Text?

2 Woran erkennt man die literarische Vorlage für den Text von Ulrich Harbecke?

3 Wo weicht der Text „Der Dritte Mann" von der Ursprungsballade „Die Bürgschaft" von Schiller ab? Nennt Textstellen als Beispiele.

4 Welche Wirkung möchte Ulrich Harbecke mit seiner Version der Geschichte möglicherweise erzielen? Stellt Vermutungen an.

5 Texte wie die von Ulrich Harbecke nennt man Parodien. Kennt ihr selbst Parodien? Berichtet den anderen davon.

6 **Durchstarten! So könnt ihr weiterarbeiten:**

Verändert die erste Strophe der Ballade „Der Taucher" in parodistischer Weise. Selbstverständlich könnt ihr auch noch weitere Strophen hinzuziehen. Verlegt das Geschehen in die heutige Zeit, tauscht die auftretenden Personen aus, verändert den Ort der Handlung. Achtet darauf, dass das Original in eurer Parodie noch durchscheint.

Das musst du lernen und wissen

Parodie

Die **Parodie** (griechisch: „der Gegengesang", „das Gegengedicht") bezeichnet in der Literatur die verzerrende, übertreibende oder verspottende Nachahmung eines bekannten Werkes, eines Stils oder einer Textart, wobei zwar oft die Form beibehalten, aber ein anderer, nicht dazu passender Inhalt unterlegt wird. Durch die dadurch aufgebaute deutliche Abweichung gegenüber dem bekannten Original entsteht ein komischer oder kritischer Effekt.
Durch die parodistische Nachahmung eines literarischen Werkes bezweckt der Autor somit entweder die Aufdeckung der Schwächen und Unzulänglichkeiten eines Werkes, einen scharfen Angriff auf Verfasser und Werk mit dem Ziel, sie der Lächerlichkeit preiszugeben, oder ein einfaches, harmloses Spiel aus Lust an der komischen Abwandlung eines Stoffes.

„Mir grauet vor der Götter Neide“ – Die Ballade „Der Ring des Polykrates“

Schiller bearbeitete in seinen Balladen mit Vorliebe antike und mittelalterliche Vorlagen. Für eine seiner berühmtesten Balladen griff er auf das Leben und Schicksal des Polykrates zurück, der im 6. Jahrhundert über die Insel Samos herrschte.

Oliver H. Herde

Polykrates, Tyrann von Samos[1]

Die Familie des Polykrates muss [...] recht wohlhabend gewesen sein. Aiakes, Vater des Polykrates [...], hatte ein wichtiges Amt in der Verwaltung des Tempels der Hera[2]. Polykrates selbst verlieh bereits vor seiner Herrschaft über Samos Teppiche und Trinkgefäße an Bekannte, was auf das Vorhandensein entsprechender Geldmittel schließen lässt. Seine Machtergreifung fand mit Unterstützung seiner beiden Brüder während eines Herafestes im Jahre 538 statt. Die Samier legten während der Opferfeierlichkeiten ihre Waffen ab, welche Polykrates' Brüder an sich brachten. Sie sollen damit ein Blutbad unter den Opfernden angerichtet haben. [...] Nach kurzer gemeinsamer Herrschaft, in der sich die Brüder die Machtbereiche über die Stadt und die Insel aufteilten, tötete Polykrates Pantagnotos, den älteren seiner beiden Brüder. Der jüngere, Syloson, wurde verjagt und flüchtete an den Hof des persischen Großkönigs.

Polykrates baute ein Söldnerheer auf, zu dem 1000 Bogenschützen zählten. Außerdem besaß er die beachtlichste Flotte der Ägäis seiner Zeit. Hierzu gehörten 100 schnelle Schiffe mit je 50 Ruderern und einem relativ großen Laderaum, die für Kaperfahrten besonders geeignet waren. Mit dieser Streitmacht gelang Polykrates eine zügige Ausbreitung seines Machtbereichs in der Ägäis. Bald standen mehrere Inseln und ein kleiner Teil des kleinasiatischen Festlandes unter seiner Herrschaft. Ein typischer Ausspruch von ihm soll gewesen sein: „Ich tue meinen Freunden einen größeren Gefallen, wenn ich ihnen etwas Gestohlenes zurückgebe, als wenn ich es ihnen nie gestohlen hätte.“

Die Aktivitäten des Polykrates waren jedoch nicht nur militärischer Natur. An seinem Hof versammelte er einige Künstler und Dichter, die er unterstützte. [...] Auch eine rege Bautätigkeit zu Polykrates' Zeit ist bekannt. Polykrates führte die Münzwirtschaft ein und sorgte für die Ausbreitung des Fernhandels. Er unterhielt bald Handelsbeziehungen zur gesamten griechischen Welt. [...]

Eine Freundschaft und ein Bündnis unterhielt Polykrates mit Amohse II., Pharao von Ägypten, einem ausgesprochenen Griechenfreund. In diesem Zusammenhang gibt es eine Anekdote des griechischen Geschichtsschreibers Herodot:

Amasis ist das unglaubliche Glück unheimlich, mit dem seinem Gastfreund Polykrates alles zu gelingen scheint, was dieser beginnt. Er gibt dem Samier den Rat, etwas, das er besonders lieb hat und das er nicht verlieren möchte, von sich aus fortzuwerfen, wohl um das Glück nicht übermäßig herauszufordern. Polykrates erscheint dieser Vorschlag vernünftig. Seine Wahl fällt auf einen goldenen Siegelring mit einem Smaragd, der ihm außergewöhnlich am Herzen liegt. Er lässt sich auf das offene Meer hinausrudern, wirft den Ring von Bord und kehrt betrübt heim. Tage später bittet ein Fischer, zu Polykrates vorgelassen zu werden. Er hat einen außerordentlich großen und schönen Fisch gefangen, den er

1 **Samos:** griechische Insel
2 **Hera:** antike griechische Schutzgöttin von Ehe und Familie

Der Ring des Polykrates (Kupferstich von Matthaeus d. Ae., um 1630)

Polykrates zum Geschenk macht. Zur Belohnung lässt ihn Polykrates am Mahl teilnehmen. Als der Fisch jedoch zubereitet wird, findet das Küchenpersonal den fortgeworfenen Ring in seinem Inneren und gibt ihn froh dem Herrn wieder. Als Amasis von der Rückkehr des Ringes erfährt, kündigt er die Freundschaft mit Polykrates auf. Auf lange Sicht schadete Polykrates seine aggressive Außenpolitik gegen Freund und Feind ebenso wie seine großzügige Verwendung des Reichtums. Er geriet in Geldnot. Der Perser Oroites, Statthalter in Sardes[1], witterte hierin eine Möglichkeit, seinen Erzfeind Polykrates zu vernichten. Jedenfalls behauptete er gegenüber Polykrates, er fühle sich in seiner Heimatstadt bedroht. Polykrates solle ihm gegen eine hohe Belohnung zur Flucht verhelfen. [...] Entgegen den zahlreichen Warnungen von Sehern, Freunden und von seiner unverheirateten Tochter brach Polykrates mit großem Gefolge nach Magnesia[2] auf, wo er im Jahre 522 verhaftet, grausam getötet und ans Kreuz geschlagen wurde. Die Samier aus seinem Gefolge wurden nach Hause entlassen, die anderen behielt Oroites für sich als Sklaven. Der plötzliche Tod des immer so erfolgreichen Polykrates muss ein Schock für die damalige Griechenwelt gewesen sein.

---

[1] **Sardes:** Sardes (Sardis, Sardeis) war die Hauptstadt des antiken Königreichs Lydien und liegt an der Mittelmeerküste Kleinasiens in der heutigen Türkei.

[2] **Magnesia:** griechische Insel

1 Was für einen allgemeinen Eindruck habt ihr von dem antiken Herrscher Polykrates gewonnen?

2 Fasst den Sachtext über das Leben des Polykrates zusammen, indem ihr die zentralen Bereiche, über die der Text informiert, in Form von Oberbegriffen festlegt. Erstellt daraus eine Mindmap und ordnet den Oberbegriffen die Einzelinformationen zu. Alternativ könnt ihr auch kleine „Spickzettel" erstellen, auf denen jeweils ein Oberbegriff vermerkt ist und Detailinformationen stichwortartig festgehalten sind.

3 Bereitet mithilfe der Mindmap oder der „Spickzettel" einen Kurzvortrag über Polykrates vor, den ihr dann eurem Sitznachbarn oder eurer Sitznachbarin oder auch der ganzen Klasse präsentiert.

4 **Durchstarten! So könnt ihr weiterarbeiten:**

Verfasst eine schriftliche Zusammenfassung des Sachtextes, in der ihr über die wesentlichen inhaltlichen Gesichtspunkte des Textes informiert.

Hilfe erhaltet ihr im Kapitel „Das Lernen lernen – Sachtexte zusammenfassen" auf S. 267 ff.

5 Welche Begebenheit aus dem Leben des Polykrates wird Schiller für seine Ballade ausgewählt haben? Begründet eure Meinung.

Friedrich Schiller
Der Ring des Polykrates

Er stand auf seines Daches Zinnen,
Er schaute mit vergnügten Sinnen
Auf das beherrschte Samos hin.
„Dies alles ist mir untertänig“,
Begann er zu Ägyptens König,
„Gestehe, dass ich glücklich bin.“

„Du hast der Götter Gunst erfahren!
Die vormals deinesgleichen waren,
Sie zwingt jetzt deines Szepters Macht.
Doch einer lebt noch, sie zu rächen,
Dich kann mein Mund nicht glücklich sprechen,
Solang des Feindes Auge wacht.“

Und eh der König noch geendet,
Da stellt sich, von Milet[1] gesendet,
Ein Bote dem Tyrannen dar:
„Lass, Herr, des Opfers Düfte steigen,
Und mit des Lorbeers muntern Zweigen
Bekränze dir dein festlich Haar.

Getroffen sank dein Feind vom Speere,
Mich sendet mit der frohen Märe[2],
Dein treuer Feldherr Polydor –“
Und nimmt aus einem schwarzen Becken
Noch blutig, zu der beiden Schrecken,
Ein wohlbekanntes Haupt hervor.

Der König tritt zurück mit Grauen:
„Doch warn ich dich, dem Glück zu trauen“,
Versetzt er mit besorgtem Blick.
„Bedenk, auf ungetreuen Wellen,
Wie leicht kann sie der Sturm zerschellen,
Schwimmt deiner Flotte zweifelnd Glück.“

Und eh er noch das Wort gesprochen,
Hat ihn der Jubel unterbrochen,
Der von der Reede[3] jauchzend schallt.
Mit fremden Schätzen reich beladen
Kehrt zu den heimischen Gestaden[4]
Der Schiffe mastenreicher Wald.

Der königliche Gast erstaunet:
„Dein Glück ist heute gut gelaunet,
Doch fürchte seinen Unbestand.
Der Kreter waffenkund'ge Scharen
Bedräuen[5] dich mit Kriegsgefahren,
Schon nahe sind sie diesem Strand.“

Und eh ihm noch das Wort entfallen,
Da sieht man's von den Schiffen wallen,
Und tausend Stimmen rufen: „Sieg!
Von Feindesnot sind wir befreiet,
Die Kreter hat der Sturm zerstreuet,
Vorbei, geendet ist der Krieg!“

Das hört der Gastfreund mit Entsetzen:
„Fürwahr, ich muss dich glücklich schätzen,
Doch“, spricht er, „zittr' ich für dein Heil.
Mir grauet vor der Götter Neide,
Des Lebens ungemischte Freude
Ward keinem Irdischen zuteil.

Auch mir ist alles wohlgeraten,
Bei allen meinen Herrschertaten
Begleitet mich des Himmels Huld,
Doch hatt ich einen teuren Erben,
Den nahm mir Gott, ich sah ihn sterben,
Dem Glück bezahlt ich meine Schuld.

Drum, willst du dich vor Leid bewahren,
So flehe zu den Unsichtbaren,
Dass sie zum Glück den Schmerz verleihn.
Noch keinen sah ich fröhlich enden,
Auf den mit immer vollen Händen
Die Götter ihre Gaben streun.

Und wenn's die Götter nicht gewähren,
So acht auf eines Freundes Lehren
Und rufe selbst das Unglück her,
Und was von allen deinen Schätzen
Dein Herz am höchsten mag ergötzen,
Das nimm und wirf's in dieses Meer!“

---

1 **Milet:** altgriechische Stadt im westlichen Kleinasien
2 **Märe:** Kunde, Nachricht
3 **Reede:** Ankerplatz vor dem Hafen
4 **Gestade:** Küste, Ufer
5 **bedräuen:** bedrohen

Und jener spricht, von Furcht beweget:
„Von allem, was die Insel heget[1],
Ist dieser Ring mein höchstes Gut.
Ihn will ich den Erinnyen[2] weihen,
Ob sie mein Glück mir dann verzeihen –“
Und wirft das Kleinod in die Flut.

Und bei des nächsten Morgens Lichte,
Da tritt mit fröhlichem Gesichte
Ein Fischer vor den Fürsten hin:
„Herr, diesen Fisch hab ich gefangen,
Wie keiner noch ins Netz gegangen,
Dir zum Geschenke bring ich ihn.“

Und als der Koch den Fisch zerteilet,
Kommt er bestürzt herbeigeeilet
Und ruft mit hoch erstauntem Blick:
„Sieh, Herr, den Ring, den du getragen,
Ihn fand ich in des Fisches Magen,
O, ohne Grenzen ist dein Glück!“

Hier wendet sich der Gast mit Grausen:
„So kann ich hier nicht ferner hausen,
Mein Freund kannst du nicht weiter sein.
Die Götter wollen dein Verderben,
Fort eil ich, nicht mit dir zu sterben.“
Und sprach’s und schiffte schnell sich ein.

(1797)

1 **hegen:** bewahren, pflegen
2 **Erinnyen:** Rachegöttinnen

1 Vergleicht den Text über das Leben des Polykrates mit der dargestellten Handlung in Schillers Ballade. Wo liegen Gemeinsamkeiten, wo Unterschiede?

2 Versucht, den Aufbau der Ballade mithilfe von grafischen Elementen und Textelementen darzustellen. Welche Funktion hat dieser Aufbau?

3 Warum scheint Polykrates erst glücklich, wenn sein Freund und Gast sein Glück bestätigt? Findet die entsprechenden Textstellen und stellt Vermutungen an.

4 Warum fürchten sich der König und sein Gast vor den andauernden Glücksmeldungen? Kennzeichnet in diesem Zusammenhang auch die Rolle, die den Göttern zugeschrieben wird.

5 Hättet ihr den Tod des historischen Polykrates in der Ballade thematisiert? Begründet eure Meinung. Warum hat Friedrich Schiller das Schicksal seiner Hauptfigur den Lesern möglicherweise vorenthalten? Stellt Vermutungen an.

6 Stellt die Themen der Balladen „Der Taucher“, „Die Bürgschaft“ und „Der Ring des Polykrates“ einander gegenüber und vergleicht sie.

7 Weist an den drei Texten die Merkmale einer Ballade nach. Hilfen findet ihr in der Zusammenfassung auf S. 201.

8 Tragt eine der Balladen vor. Der folgende Werkzeugkasten hilft euch bei der Vorbereitung in Kleingruppen.

So gehst du vor

Eine Ballade vortragen

Ihr kennt bereits einige Markierungen, mit denen ihr Texte für den Vortrag vorbereiten könnt:

- / kurze Pause, // lange Pause
- – Betonung, = starke Betonung
- ⤾ Weiterlesen nach Zeilenende
- → mit Tempo lesen

Zusätzlich ist es sinnvoll, sich an den Rand des Textes (evtl. mithilfe einer Folie) weitere Notizen zum Vortrag einer Ballade zu machen. Die nachfolgende Tabelle zeigt euch, worauf ihr achten könnt.

Bereiche	**Mittel**
Sprechform	Einzelvortrag – Monolog – Dialog – gleichzeitiges Sprechen wie in einem Chor – ...
Sprechtempo, Rhythmus	gleichmäßig – variierend – mit Sprechpause – mit plötzlichen Tempowechseln – als Rap – ...
Gefühlsausdruck	schmeichelnd – neutral – aggressiv – werbend – ironisch – höhnisch – traurig – unterkühlt – feindlich – gequält – weinerlich – stolz – verächtlich – unbeteiligt – aufgewühlt – ...
Tonart	weich – hart – rau – flüsternd – schreiend – rufend – roboterhaft – kindlich – greisenhaft – unsicher – aggressiv – jammernd – flehend – majestätisch – arrogant – ...
Sprechfluss	fliegend – stockend – gleichmäßig lang – ...
Tonhöhe	Frauenstimme oder Männerstimme – innerhalb dieser jeweils hohe/mittlere/tiefe Stimmlage – verstellte Stimme – ...
Lautstärke	sehr laut schreiend – laut sprechend – leise sprechend – flüsternd – ...

9 **Durchstarten! So könnt ihr weiterarbeiten:**

a Tragt die Ballade „Der Ring des Polykrates“ szenisch, also mit verteilten Rollen, vor. Überlegt, wie ihr den Vortrag nicht nur besonders anschaulich durch die Sprechweisen, sondern auch mithilfe der Körpersprache unterstützen könnt. Ihr könnt die Vorträge auch filmen und erhaltet auf diesem Weg die Möglichkeit, zu korrigieren und Verbesserungen auszuprobieren.

b Verändert die Ballade in parodistischer Weise. Verlegt des Geschehen in die heutige Zeit, tauscht die auftretenden Personen aus, verändert den Ort der Handlung. Achtet darauf, dass das Original in eurer Parodie noch durchschimmert.

Das musst du lernen und wissen

Kennzeichen der Gattung „Ballade“

Bei der **Ballade** handelt es sich um meist längere Gedichte, in denen handlungsreiche Geschichten erzählt werden, häufig in dramatisch zugespitzter Form. Typisch ist dabei der unmittelbare Einstieg, dem die Handlung, oft im Monolog oder im Dialog zwischen zwei Figuren, folgt. Die Handlung hat in vielen Fällen ein überraschendes Ende.

Goethe hat die Ballade das „Ur-Ei“ der Poesie genannt und meinte damit, dass der Text **lyrische**, **epische und dramatische Merkmale** vereint:

- Das bestimmende Merkmal aller **lyrischen Texte (Gedichte)** ist die **gebundene Sprache** in Versen (Strophe, Reim, Metrum, ...). Im Gegensatz zur Alltagssprache zeichnen sie sich ferner dadurch aus, dass meist eine Vielzahl sprachlicher Gestaltungsmittel auf engstem Raum zusammentreffen.
- Kennzeichen der **erzählenden Literatur (Epik)** ist es, dass den Leserinnen und Lesern eine Geschichte in der Regel in **ungebundener Sprache (Prosa)** von einem erfundenen (fiktiven) Erzähler präsentiert wird.
- **Dramatische Texte** im engeren Sinne sind solche, die für die Bühne und damit für die szenische Darstellung verfasst werden. Ihre besonderen Merkmale sind der **Dialog** und der **Monolog**.

Projektideen
zu Schiller und seinen Balladen

- Verfasst großformatige Plakate zu Friedrich Schiller, auf denen ihr mit Text und Bildern über diesen bedeutenden deutschen Dichter informiert. Material erhaltet ihr in folgenden Büchern, in denen Schillers Leben aus der Sicht des Dichters erzählt wird bzw. in Form von Sachtexten über ihn und seine Zeit informiert wird.

Weitere Informationen, die für Jugendliche aufbereitet sind, findet ihr auf der Internetseite www.helles-koepfchen.de (Aufruf: 1.3.2014) unter dem Stichwort „Friedrich Schiller“.

- Sucht weitere Balladen Schillers, stellt sie der Klasse vor und sammelt sie in einem klasseneigenen Balladenbuch.
- Lernt eine Ballade Schillers auswendig und tragt sie einem Publikum vor. Dabei könnt ihr auch mit ungewöhnlichen Sprechweisen arbeiten, z. B. eine Ballade als Rap vortragen.
- Formt eine Ballade Schillers in ein Hörspiel um und nehmt es auf.

Hilfen dazu erhaltet ihr auf S. 337 ff.

- Formt eine Ballade von Friedrich Schiller in ein sogenanntes „Minidrama“ (Dauer ca. 3 – 5 Minuten) um. Fertigt hierfür ein Regiebuch an, das neben den Rollen und Dialogen auch Angaben zu den Positionen der Figuren auf eurer Bühne und den Sprech- und Spielanweisungen enthält.
- Bereitet einen Schiller-Abend vor, auf dem ihr euer Publikum (Familie, Freunde ...) über diesen Dichter in anschaulicher Weise informiert, ausgewählte Balladen vortragt und eure selbst verfassten Texte präsentiert.

Kleine Übungen zur Lernkontrolle

1 Warum nannte der Dichter Johann Wolfgang von Goethe die Ballade das „Ur-Ei“ der Literatur? Verfasse einen kurzen informierenden Text.

2 Weise anhand der ersten Strophe von Schillers Ballade „Der Ring des Polykrates“ nach, dass dort Elemente aus allen drei Großgattungen der Literatur enthalten sind. Lege dazu eine Tabelle an und trage die Informationen stichpunktartig ein.

Friedrich Schiller
Der Ring des Polykrates

Er stand auf seines Daches Zinnen,
Er schaute mit vergnügten Sinnen
Auf das beherrschte Samos hin.
„Dies alles ist mir untertänig“,
Begann er zu Ägyptens König,
„Gestehe, dass ich glücklich bin.“ [...]

Epische Elemente	Dramatische Elemente	Lyrische Elemente
...	...	...

3 Welche der folgenden Aussagen trifft das Thema der Ballade „Die Bürgschaft“ von Friedrich Schiller am besten? Lies den Text zuvor erneut sorgfältig durch.
a) In der Ballade geht es vor allem um die Gefahren, die mit einem Aufstand gegen einen tyrannischen Herrscher verbunden sind.
b) Friedrich Schiller bringt in seiner Ballade zum Ausdruck, welch große Bedeutung das Prinzip der Freundschaft hat und welche Veränderungen hierdurch möglich sind.
c) In der Ballade wird gezeigt, dass der Mensch den Naturgewalten hilflos ausgeliefert ist.
d) Schiller verdeutlicht in seiner Ballade die Ohnmacht eines einfachen Menschen gegenüber einem tyrannischen Herrscher.

4 Schreibe den folgenden Text vollständig in dein Heft.
Bei einer Parodie handelt es sich um eine verzerrende, übertreibende oder verspottende ________ eines literarischen Werks. Dabei wird oft die ________ beibehalten, verändert wird jedoch der ________. Durch die dadurch aufgebaute deutliche Abweichung entsteht ein ________ oder auch ________ Effekt.

Wirklich, möglich, nur gedacht, gewünscht … –

„Ich habe ein neues Handy geschenkt bekommen." –
„Ich hätte auch gern ein neues Handy."

„Wenn ich der wäre, für den du mich hältst, wäre ich nicht der, der ich bin."

Im letzten Schuljahr habt ihr bereits gelernt, dass man mithilfe der Verbformen ausdrücken kann, ob etwas nur gedacht oder gewünscht oder real, d. h. wirklich ist. Darum geht es auch in dieser Einheit. Ihr erfahrt darin noch einmal etwas
über die Bedeutung der verschiedenen Konjunktivformen, mit denen ein Sprecher oder eine Sprecherin eine bestimmte Haltung zu einem Geschehen ausdrücken und eine Aussage „färben" kann.

„Ich kann dich nicht verstehen." –
„Du willst mich vielleicht nicht verstehen!"

Auch mit verschiedenen Adverbien oder einer bestimmten Verbart können diese unterschiedlichen Haltungen zum Ausdruck gebracht werden. Der Fachausdruck dafür ist: der Modus. Wörtlich übersetzt heißt dies: die Art und Weise oder die Aussageweise.
Wenn ihr euch auf diesem Gebiet sicher fühlt, seid ihr in der Lage, eure Absichten in Gesprächen oder geschriebenen Texten differenzierter zum Ausdruck zu bringen.

Der Modus einer Aussage

Walter Leimeier
Aufforderung

Eigentlich könnte man mal,
aber ob die das auch verstehen?
Es wäre durchaus an der Zeit,
aber geht jemand mit mir?
Das kann man nicht mehr ertragen,
aber vielleicht wird es besser.
Wir müssten dagegen etwas sagen,
aber verbrennen wir uns nicht den Mund?

Mensch, geh endlich deinen Weg.
Tu was!

Selbstverständlich?

„Wenn du zwei Computer hättest, würdest du mir dann einen schenken?"
„Selbstverständlich!"
„Wenn du zwei Fahrräder hättest, würdest du mir dann eines schenken?"
„Nein!"
„Warum nicht?"
„Ich habe zwei Fahrräder."

LEON: Sara sagte mir, sie könne heute nicht mit ins Kino gehen. Willst du?
MARIE: Ich will schon, aber ich darf nicht. Die letzte Mathearbeit war nicht so gut!
LEON: Vielleicht klappt es ja morgen.
MARIE: Das wäre toll.

1 Was wisst ihr noch über die Bedeutung des Konjunktivs? Tragt die Informationen zunächst partnerweise zusammen und sammelt sie anschließend stichwortartig an der Tafel.

2 Welche Bedeutung haben die Verbformen in den einzelnen Texten?

1. Wäre es so, dann ...

Bettina Wegner (geb. 1947)

Ach, wenn ich doch als Mann auf diese Welt gekommen wär

Ach, wenn ich doch als Mann auf diese Welt gekommen wär,
da wär ich besser dran und wüsste, wie sie sind,
und alles, was ich machte, wäre halb so schwer
und von der Liebe kriegte dann der andere das Kind.

Ich hätte monatlich nur mehr noch finanzielle Sorgen,
beim Tanzen könnt ich einfach fragen: Tanzen Sie?
Und würde ich mal wach mit einem Schmerz im Kopf am Morgen,
würd es nicht heißen: Deine Migräne, Liebling, das ist Hysterie.

Ich könnte mich allein in jede Kneipe setzen,
kein Mensch könnt in mir leichte Beute sehn
und mich mit widerlichen Blicken hetzen,
ich könnte ungeschorn an jeder Ecke stehn.

Und wenn mir auf der Straße irgendwer gefiele,
da ging ich ran und würde ein Gespräch beginnen
und keiner hätte da so komische Gefühle,
dass ich ne Frau bin: Mensch, die Olle muss doch spinnen.

Das, was ich denk und sage, würde ernst genommen,
weil niemand dächte, dass ein Weib nicht denken kann,
und wär ich mit dem Auto mal zu Fall gekommen,
hieß es nicht gleich: Lasst doch die Weiber nicht ans Steuer ran.

Ich hab genug von diesem kleinen Unterschied,
ich will das Gleiche machen wie ein Mann,
will, dass man einen Menschen in mir sieht
und dass ich wirklich gleichberechtigt walten kann.
[...]

(1979)

(Anar Musikverlag, Berlin)

1 Bettina Wegner hat dieses Lied 1979 veröffentlicht. Haltet ihr seine Aussage noch für aktuell? Beurteilt die in den einzelnen Strophen angesprochenen Situationen.

2 Beschreibt den Aufbau des Liedes.

3 Schreibt zu dem Lied einen Paralleltext, in dem es darum geht, wie das lyrische Ich seine Rolle als Frau unmittelbar erlebt. So könnt ihr beginnen:

Weil ich als Frau auf diese Welt gekommen bin

Weil ich als Frau auf diese Welt gekommen bin,
da bin ich schlechter dran und weiß nicht, wie die Männer sind,
und alles, was ich mache, das ist doppelt schwer
und von ...

4 Vergleicht eure Paralleltexte mit dem Originaltext. An welchen Stellen und aus welchen Gründen unterscheiden sich die Verbformen?

5 Stellt einzelne Aussagen aus dem Originaltext und aus euren Paralleltexten in einer Tabelle gegenüber. Formuliert für die Spalten der Tabelle eine geeignete Überschrift. Was wird jeweils zum Ausdruck gebracht?

?	?
wenn ich doch als Mann auf diese Welt gekommen wär	weil ich als Frau auf diese Welt gekommen bin
da wär ich besser dran	da bin ich schlechter dran
...	...

Johannes Diekhans (geb. 1954)
Wenn ich ein Mädchen wär

Wenn ich ein Mädchen wär ...
Du bist aber kein Mädchen.
Wenn ich ein Mädchen wär, dann ...
Du bist aber kein Mädchen.
Wenn ich ein Mädchen wär, dann würde ...
Du bist aber kein Mädchen.
Wenn ich ein Mädchen wär, dann würde ich ...
Du bist aber kein Mädchen.
Wenn ich ein Mädchen wär, dann würde ich dich ...
Du bist aber kein Mädchen.
Wenn ich ein Mädchen wär, dann würde ich dich ausreden ...

lassen.

(2007)

6 Wer spricht in diesem Gedicht jeweils? Worin besteht die Pointe?

7 Kennzeichnet auch hier die Bedeutung der Verbformen. Was bringen sie jeweils zum Ausdruck?

8 In den Texten zuvor wird überwiegend die Form des Konjunktivs II verwendet, den ihr bereits im letzten Schuljahr kennengelernt habt. Welche beiden Möglichkeiten gibt es, durch die Verbform auszudrücken, dass etwas nicht wirklich, nur gewünscht oder vorgestellt ist? Schaut euch noch einmal genau den letzten Vers des vorausgehenden Gedichts an.

9 Aus welchen Tempusformen des Indikativs werden die Formen des Konjunktivs II gebildet? Übertragt die folgende Tabelle in euer Heft und vervollständigt sie. Vergesst nicht, die Fachausdrücke für die beiden Tempusformen in die erste Zeile zu schreiben.

Konjunktiv II	Tempusform des Indikativs ?	Tempusform des Indikativs ?
ich wäre	ich war	–
?	–	er hatte gegessen
er käme	?	–
er riefe an	?	–
?	–	sie waren gelaufen
?	er bat	–
du wärest gegangen	–	?
?	–	sie hatten geforscht
sie ginge	?	–
?	ihr saßet fest	–

10 Ihr wisst bereits, dass man den Konjunktiv II auch mit einer Form von *würde* umschreiben kann (s. Aufgabe 8).
Es gibt keine feste Regel, wann man für den Konjunktiv II die Umschreibung mit *würde* wählt. Der folgenden Tabelle könnt ihr jedoch entnehmen, wann dies häufig der Fall ist. Entscheidet und vervollständigt die Tabelle. Bei der Bildung der Formen des Konjunktivs II solltet ihr immer erst die Indikativformen nennen, von denen sie abgeleitet sind.

Indikativ	Konjunktiv II – abgeleitet vom Präteritum	Umschreibung mit würde
er läuft (er lief)	er liefe	er würde laufen
ich trinke (ich trank)	ich tränke	?
es regnet (...)	es regnete	?
wir gehen	?	wir würden gehen

ihr spielt	ihr spieltet	?
du kommst	?	du würdest kommen
wir essen	?	wir würden essen
sie singt	?	?
er braucht	?	?
du liebst	?	?
ich schwimme	?	?
ihr lebt	?	?

11 Vervollständigt die folgenden Sätze mithilfe der Klammerausdrücke. Überlegt bei den einzelnen Sätzen, welche Form des Konjunktivs II eurem Sprachgefühl eher entspricht.

- Wenn es gestern nicht geregnet hätte, ... (mit dem Fahrrad fahren)
- Gäbe es die Schule nicht, ... (nichts lernen)
- Ich wäre gern gekommen, wenn ... (Bescheid geben)
- Sie würde ihm selbstverständlich helfen, wenn ... (darum bitten)
- Hätte ich zwei Fahrräder, ... (eines abgeben)
- Hättest du früher angerufen, ... (sich anders entscheiden)
- Wenn wir uns rechtzeitig abgesprochen hätten, ... (sich nicht verpasst haben)
- Würdest du intensiver trainieren, ... (in der Leistungsgruppe turnen)
- Hättest du dich vor der Sonne geschützt, ... (jetzt keinen Sonnenbrand haben)
- (Taxi schneller fahren) ..., kämen wir noch rechtzeitig am Flughafen an.
- (sich beeilen)..., hätten wir den Zug nicht verpasst.

Auf dem Schulhof

LUKAS: Hättest du einen Moment Zeit, Ella?
ELLA: Es kommt darauf an.
LUKAS: Wir machen im Politikunterricht eine Befragung. Wir würden gern herausbekommen, ob Mädchen es in unserer Schule leichter haben. Dazu bräuchten wir einige Meinungen und Erfahrungen.
ELLA: Das glaube ich nicht, dass Mädchen bevorzugt werden.
LUKAS: Könntest du deine Meinung etwas genauer begründen?
ELLA: Ich habe das einfach noch nicht erlebt. Vielleicht ist es auch besser, wenn du die Jungen befragst. Ich muss jetzt zum Sportunterricht.

12 Welche Bedeutung haben die Formen des Konjunktivs II in dem Gespräch zwischen Lukas und Ella? Worin unterscheidet sich diese Bedeutung von der Verwendung zuvor?

13 **Durchstarten!** **So könnt ihr weiterarbeiten:**

Verfasst zu dem Gedicht auf S. 207 ein Parallelgedicht mit dem Titel „Wenn ich ein Junge wär".

Das musst du lernen und wissen

Irrealis – Konjunktiv II

Mit dem **Konjunktiv II** kannst du ausdrücken, dass ein Geschehen nicht real ist, sondern nur vorgestellt oder gewünscht. Der Fachausdruck dafür lautet: der **Irrealis**.

Beispiel: Anna wäre gern Mittelstürmerin.

Mit den Formen des **Indikativs** drückst du aus, dass ein Geschehen real ist, also tatsächlich abläuft. Der Fachausdruck dafür lautet: der **Realis**.

Beispiel: Sylvia ist Mittelstürmerin.

Die **Formen des Konjunktivs II** werden abgeleitet von den Tempusformen des Präteritums und Plusquamperfekts.

Beispiele: ich kam (Präteritum) – ich käme
ich war gekommen (Plusquamperfekt) – ich wäre gekommen

Häufig werden die Formen des Konjunktivs II durch **eine Form mit *würde*** ersetzt. Dies ist im mündlichen Sprachgebrauch und dann, wenn die Konjunktiv-II-Formen sehr ungewöhnlich klingen, der Fall. Auch dann, wenn die Konjunktivform nicht vom Indikativ Präteritum zu unterscheiden ist, wird die Umschreibung mit *würde* oft gewählt.

Beispiele: Wenn ich ein Fisch wäre, tränke ich nur Wasser.
Wenn ich ein Fisch wäre, würde ich nur Wasser trinken.
Wenn es regnete, würde ich den Bus nehmen.
Wenn es regnen würde, würde ich den Bus nehmen.

Die Formen des Konjunktivs II werden auch in besonders **höflich formulierten Aufforderungen** verwendet.

Beispiel: Hätten Sie vielleicht Lust, mich zu begleiten?

2. Vom Dürfen, Sollen, Müssen ... – Modalverben

Ella erzählt in der großen Pause von dem kurzen Interview.

ELLA: Eben hat mich einer aus der 8c angesprochen. Die machen im Politikunterricht eine Befragung und wollen herausbekommen, ob Mädchen in unserer Schule bevorzugt werden.

PAUL: Dazu kann ich etwas sagen. Mädchen werden oft viel netter von den Lehrern behandelt.

SARA: Das kannst du so allgemein nicht behaupten. Es hängt immer von der Situation ab.

LEON: Mädchen können oft viel schöner schreiben und ihre Hefte sehen besser aus. Das wollen die Lehrer doch sehen. Bestimmt beeindruckt die so etwas. Und dann achten sie vielleicht gar nicht mehr darauf, was im Heft steht.

PAUL: Deshalb müssen sich Jungen auch manchmal viel mehr anstrengen als Mädchen.

MAJA: Jungen dürfen sich aber auch manchmal viel mehr herausnehmen. Ich will mich gar nicht beschweren, aber im Sportunterricht können die Jungen sich viel besser durchsetzen, wenn es zum Beispiel darum geht, welches Thema wir gerade behandeln wollen.

ANNE: Ich mag irgendwie gar nicht daran denken, dass wir schon wieder Fußball spielen sollen.

LEON: Das darf doch nicht wahr sein! Den ganzen letzten Monat mussten wir tanzen. Wer hat sich denn da durchgesetzt?

JONAS: Was ist denn daran so schlimm? Ich habe das ganz gern gemacht. Tanzen finde ich richtig gut.

PAUL: Du durftest als Kind sicherlich auch mit Puppen spielen und hast deinen Teddybär gewickelt.

JONAS: Zumindest musste ich nicht andauernd mit meiner kleinen Schwester und ihrem Stoffhund „Vater, Mutter, Kind" spielen.

PAUL: Ist ja schon gut, ich wollte dich nicht beleidigen.

MAJA: Wir können ja unserer Politiklehrerin vorschlagen, ebenfalls eine Befragung durchzuführen. Sie will doch immer, dass wir selbst aktiv werden.

LEON: Die Idee könnte von mir sein.

LEHRER: Es hat bereits geschellt! Ihr müsst jetzt gehen! Beeilt euch!

1 Lest das Gespräch mit verteilten Rollen. Welche Meinung habt ihr zu dem Thema?

2 Im Kapitel zuvor ging es vor allem darum, wie man mithilfe des Konjunktivs II zum Ausdruck bringen kann, dass etwas nicht real, nur vorgestellt oder gewünscht ist. Die Schüler und Schülerinnen verwenden an vielen Stellen des Gesprächs Verben, mit denen sie ihre Aussagen in besonderer Weise „färben", z. B.:

PAUL: Deshalb <u>müssen</u> sich Jungen auch manchmal viel mehr anstrengen als Mädchen.

MAJA: Jungen <u>dürfen</u> sich aber auch manchmal viel mehr herausnehmen. Ich <u>will</u> mich gar nicht beschweren, aber im Sportunterricht <u>können</u> die Jungen sich oft viel besser durchsetzen, wenn es zum Beispiel darum geht, welches Thema wir gerade behandeln <u>wollen</u>.

Beschreibt, was die unterstrichenen Verbformen zum Ausdruck bringen.

3 Die verwendeten Verben nennt man **Modalverben**. Zu ihnen gehören: **wollen**, **dürfen**, **mögen**, **können**, **sollen**, **müssen**. Verändert folgende Aussagen mithilfe unterschiedlicher Modalverben:

- Jungen tanzen im Sportunterricht.
- Mädchen spielen im Sportunterricht Fußball.

Überlegt euch Situationen, in denen die veränderten Sätze gesprochen werden könnten.

4 Mit Modalverben drückst du aus, wie du eine Handlung einschätzt (als Notwendigkeit, als Möglichkeit, ...). Ihr könnt auch mithilfe von Adverbien (Modaladverbien) eure Einschätzung eines Geschehens deutlich machen. Vergleicht die folgenden Sätze. Worin unterscheiden sie sich?

- Die Mädchen können die Jungen überzeugen, im Sportunterricht zu tanzen.
- Die Mädchen können die Jungen vielleicht überzeugen, im Sportunterricht zu tanzen.
- Die Mädchen können die Jungen sicherlich überzeugen, im Sportunterricht zu tanzen.
- Die Mädchen können die Jungen ganz bestimmt überzeugen, im Sportunterricht zu tanzen.

5 Sucht Beiträge in dem Schülergespräch, in denen mithilfe von Modaladverbien eine Aussage „gefärbt“ wird.

6 Eine weitere Möglichkeit, eine bestimmte Einstellung zu einem Geschehen auszudrücken, ist die Verwendung des Imperativs (Befehlsform). An welcher Stelle ist dies in dem Schülergespräch der Fall und warum verwendet der Sprecher diese Form?

7 Wo seht ihr Parallelen zwischen den Modalverben und dem **Imperativ**? Versucht, folgende Aufforderungen mithilfe von Modalverben auszudrücken:

- Bleib!
- Helft mir!

8 Schaut euch noch einmal die Texte von Walter Leimeier (S. 205) und Bettina Wegner (S. 206) an und beschreibt, welche Bedeutung die darin verwendeten Modalverben haben. In welcher Weise werden einzelne Aussagen durch Modaladverbien oder Imperative genauer gekennzeichnet?

9 Welche Bedeutung haben Modalverben, Modaladverbien und Imperative in dem folgenden Gespräch?

Ein Missverständnis

A: Du darfst jetzt gehen.
B: Darf ich das?
A: Du kannst gehen, ich sagte es bereits.
B: Das sagtest du nicht.
A: Willst du jetzt wohl gehen!
B: Will ich eigentlich nicht.
A: Du sollst jetzt gehen!
B: Soll ich oder ...
A: Geh jetzt!
B: Habe ich dich richtig verstanden, dass ich nicht nur darf, sondern auch kann, wenn ich will ... (ruft aus sicherer Entfernung) ... ich sollte doch wohl besser gehen, obwohl ... eigentlich.

10 **Durchstarten!** **So könnt ihr weiterarbeiten:**

Sprecht den Dialog mit verteilten Rollen so, dass die Pointe deutlich wird.

Das musst du lernen und wissen

Aussageweisen

Neben dem Konjunktiv II gibt es **weitere Möglichkeiten**, die Aussageweisen zu kennzeichnen:

1. Mit **Modalverben** kann ein Sprecher oder Schreiber ausdrücken,

   - ob er selbst oder ein anderer etwas tun kann (können),
   - ob er etwas tun darf (dürfen),
   - ob er etwas tun mag (mögen),
   - ob er etwas tun soll (sollen),
   - ob er etwas tun muss (müssen),
   - ob er etwas tun will (wollen).

   Manchmal werden bestimmte Modalverben auch benutzt, um auf höfliche Weise zu etwas **aufzufordern**.
   Beispiel: Könnt ihr bitte etwas ruhiger sein?

2. Auch **Adverbien (Modaladverbien)** können die Aussageweise näher kennzeichnen.
   Beispiele: Er geht *vielleicht* ins Kino.
   Er geht *wohl* ins Kino.
   Er geht *sicher* ins Kino.

3. Mit den **Imperativformen** verleiht ein Sprecher oder eine Sprecherin einer Aussage oft einen besonderen Nachdruck.
   Beispiele: Untersteh dich!
   Beeilt euch!

   Aufforderungen dieser Art können auch mithilfe von Modalverben ausgedrückt werden.
   Beispiele: Ihr müsst euch beeilen!
   Ihr sollt euch beeilen!
   Wollt ihr euch wohl beeilen!

3. Paul meint, ein Junge habe ... – Die indirekte Rede

Die Schülerinnen und Schüler der Klasse 8c tragen die Ergebnisse ihrer Befragung zum Thema „Haben es die Mädchen in der Schule leichter?“ zusammen.

ANNA: Bei mir sagte ein Schüler, er habe das Gefühl, dass ein Mädchen es in der Schule leichter habe, weil es von den Lehrern oft als viel ordentlicher und ehrgeiziger angesehen werde. Ein Junge müsse sich viel mehr anstrengen.

JONATHAN: Ich habe von einem Mädchen folgende Antwort bekommen: „Ein Junge gilt bei vielen als durchsetzungsfähiger, weil er stärker auftritt. Aber in Wirklichkeit stimmt das oft gar nicht. Dahinter verbirgt sich manchmal auch Unsicherheit.“

1 Vergleicht die beiden Aussagen miteinander. Worin unterscheiden sie sich inhaltlich und sprachlich?

2 Welche wörtliche Antwort hat Anna erhalten? Schreibt ihren Beitrag entsprechend um.

3 Verfahrt ebenso mit Jonathans Antwort. In diesem Fall müsst ihr so formulieren, dass die Antwort zwar wortgetreu, aber nicht wörtlich wiedergegeben wird.
Warum spricht man in diesem Fall von einer indirekten Rede? Erinnert euch an das, was ihr zu diesem Thema aus dem letzten Schuljahr wisst.

Ein Mädchen sagte mir, ein Junge gelte bei vielen ...

4 Formuliert auch die folgenden Schülerantworten in die indirekte Rede um. Wenn ihr unsicher seid, schaut in der Zusammenfassung auf S. 219 nach.
Überlegt euch auch eine passende Einleitung für die indirekte Rede, z. B.:

Ein Junge äußerte ...
Ein Mädchen ist der Meinung ...

JUNGE: Als Junge werde ich vor allem von Lehrerinnen viel schneller kritisiert. Ein Mädchen kann sich viel mehr erlauben.
MÄDCHEN: Es gibt keine Unterschiede in der Behandlung von Jungen und Mädchen. Zumindest habe ich das noch nie erlebt. Ich kann es mir auch nicht vorstellen.
JUNGE: Es kann schon sein, dass ein Junge schlechter dran ist. Vielleicht erwartet man von mir als Jungen in der Schule etwas, was ich gar nicht erfüllen will.
MÄDCHEN: Ich glaube, dass es immer noch Fächer gibt, in denen ein Junge Vorteile hat, weil er zu Hause sich mit diesem Thema schon beschäftigt hat, während ich als Mädchen dazu gar keine Lust habe und mich lieber mit anderen Dingen beschäftige. Das betrifft zum Beispiel technische Dinge. Andererseits ist meine beste Freundin ein richtiger Technik-Freak und die kommt in naturwissenschaftlichen Fächern sehr gut zurecht.

REGEL

Mit der **indirekten Rede** gibt ein Sprecher das wieder, was ein anderer gesagt oder geschrieben hat. Er benutzt dabei nicht die wörtliche Rede als Zitat, sondern gibt die Aussage zwar **wortgetreu**, aber **indirekt** wieder.

Beispiel: Paul sagte: „Ich habe das Gefühl, dass es ein Junge schwerer hat."

Paul sagte, er habe das Gefühl, dass es ein Junge schwerer habe.

Für die **indirekte Rede** verwendet man in der Regel die Formen des **Konjunktivs I**, die nur von den Tempusformen des Präsens, Perfekts und Futurs I im Indikativ abgeleitet werden.

Indikativ		**Konjunktiv I**
er läuft	→	er laufe
er lief er ist gelaufen er war gelaufen	→	er sei gelaufen
er wird laufen	→	er werde laufen

5 Bildet zu den folgenden Verbformen jeweils den Konjunktiv I. Denkt daran, dass es für alle Vergangenheitsformen im Indikativ nur eine Konjunktiv-I-Form gibt, nämlich die, die von der Tempusform Perfekt abgeleitet wird (s. den Regelkasten oben). Übertrage die Tabelle in dein Heft.

Indikativ	**Konjunktiv I**
sie joggt	sie jogge
er ist gelaufen	?
du wirst kommen	?
es hatte geregnet	es habe geregnet
er kam	?

Indikativ	Konjunktiv I
sie will	?
es wird gelingen	?
er hatte angerufen	?
sie rief an	sie habe angerufen
sie sind	?
es war	?
es wird	?
er lief	?
es hatte geschneit	?
du sagst	?
er soll	?
sie wollte	?
du konntest	?

Die Politiklehrerin der Klasse 8c berichtet den Schülerinnen und Schülern von einem Text, der aus dem Jahr 2003 stammt:

„Der Diplompsychologe Andreas Huber schreibt in seinem Buch ‚Die Lebensweisheit der 15-Jährigen' von seinen Erfahrungen.

Mädchen und junge Frauen seien einerseits ehrgeiziger geworden, sie näherten sich traditionellen männlichen Bereichen stark an. Macht und Einfluss etwa fänden sie fast so wichtig wie die Jungen und die jungen Männer. In den Bereichen ‚Karriere machen', ‚sich selbstständig machen' und ‚Verantwortung übernehmen' gebe es keinerlei Unterschied mehr. Diese Werte seien für sie und ihre Zukunft genauso bedeutend wie für männliche Jugendliche. Gleichzeitig hätten sich Mädchen und junge Frauen weibliche Besonderheiten bewahrt: Sie seien nach wie vor emotionaler, toleranter, umweltbewusster und sozial hilfsbereiter als Jungen und junge Männer. Ihr Verhältnis zur Technik sei immer noch zurückhaltender – aber sehr viel selbstverständlicher. Zudem seien ‚Treue', ‚Heiraten' oder ‚Bioläden' für die weiblichen Jugendlichen wichtiger."

6 Inzwischen sind einige Jahre vergangen. Was haltet ihr von den darin geäußerten Bewertungen? Stimmen die Aussagen des Diplompsychologen mit euren Erfahrungen überein? Diskutiert darüber.

7 Schreibt den Text so um, wie er wörtlich in dem Buch gestanden haben könnte.

Mädchen und junge Frauen sind einerseits ehrgeiziger geworden, sie nähern sich ...

8 Stellt die verwendeten Verbformen in einer Tabelle gegenüber.

wortgetreue, aber indirekte Rede	wörtlicher Text
sie seien ehrgeiziger sie näherten sich an ...	sie sind ehrgeiziger sie nähern sich an ...

9 Schaut euch genau die verwendeten Konjunktivformen an. Was fällt euch auf? Was wisst ihr noch darüber, wann in der indirekten Rede Formen des Konjunktivs II verwendet werden? Schaut gegebenenfalls in der Zusammenfassung auf S. 219 nach.

10 Übertragt die folgende Tabelle in euer Heft und vervollständigt sie. Überlegt in jedem Einzelfall sorgfältig, wann ihr anstelle des Konjunktivs I als Ersatzform den Konjunktiv II oder die Umschreibung mit *würde* benötigt. Klammert die Form des Konjunktivs I wie in dem Beispiel ein und zeichnet einen Pfeil zur Ersatzform.

Indikativ	Konjunktiv I	Konjunktiv II als Ersatzform bzw. Umschreibung mit *würde*
ich komme	(ich komme) →	ich käme
er war gerannt	er sei gerannt	?
sie besprechen sich	?	?
ihr habt gerufen	?	?
wir versöhnen uns	?	?
er telefoniert	?	?
ich springe	?	?
sie nähern sich an	?	?
sie ziehen	?	?
sie sind wichtig	?	?
ich melde mich	?	?
sie stehen	?	?
es wird sichtbar	?	?
sie überholen	?	?
er meint	?	?
sie bleiben	?	?
er hat	?	?
sie haben	?	?

11 **Durchstarten! So könnt ihr weiterarbeiten:**

Im Folgenden findet ihr zum Thema „Jungen und Mädchen in der Schule" einen Auszug aus dem Buch von Andreas Huber aus dem Jahr 2003 und einige Auszüge aus einem Zeitungskommentar aus dem Jahr 2013. Schreibt die Auszüge in die indirekte Rede um. Achtung! An vielen Stellen benötigt ihr für den Konjunktiv I Ersatzformen aus dem Konjunktiv II.

Andreas Huber (geb. 1956)

Mädchen: Leben auf der weiblichen Überholspur

Dass die jungen Frauen vorne liegen, wird ganz besonders im Bereich Bildung sichtbar; hier stehen nämlich erstmals in der Geschichte der empirischen Jugendforschung die Mädchen an erster Stelle, sie haben im gesamten Bereich der Schulbildung die Jungen überholt. Da das Bildungsniveau von elementarer Bedeutung für Lebensumstände und die späteren gesellschaftlichen Chancen sind, wird der Vorteil noch offensichtlicher.

(2003)

Christian Weber

Lernen ist doch nur für Mädchen – Wieso Jungen schlechtere Schulnoten erzielen

Es ist eine ewige Diskussion: In fast allen Ländern der westlichen Welt erzielen Jungen von der Grundschule an in allen wichtigen Fächern – auch in Mathematik und Naturwissenschaften – im Durchschnitt schlechtere Noten als Mädchen. Wer also ist schuld? Eine weiblich dominierte Pädagogik, die vor allem in den ersten Kindergarten- und Schuljahren nicht auf die Bedürfnisse von Jungen eingeht? [...] Oder sind die Jungen selbst schuld, die [...] zu wenig Leistung im Klassenzimmer bringen? Eine neue amerikanische Studie stützt die letztere Annahme.

Amerikanische Wissenschaftler analysierten die Daten von 5800 Kindern und Jugendlichen aus den ganzen USA, vom Kindergarten an bis zur fünften Klasse. Diese waren in [...] Tests auf ihre prinzipiellen Fähigkeiten beim Lesen, in Mathematik und Naturwissenschaften geprüft worden. Dabei zeigten sich relativ wenige Unterschiede zwischen den Geschlechtern. Mädchen schnitten zwar durchweg besser beim Lesen ab, aber in anderen Fächern waren die Jungen mindestens genauso gut. Etwas überrascht waren die Forscher jedoch, als sie diese Ergebnisse mit den realen Schulnoten verglichen: Die Jungen erzielten im Durchschnitt durchweg schlechtere Noten, als die Tests erwarten ließen. Das galt selbst für diejenigen, die bei den unabhängigen Tests im Lesen genauso gut abgeschlossen hatten wie die Mädchen. Zeigt sich hier etwa eine Benachteiligung der Jungen?

Wahrscheinlich eher nicht. [...] Es geht in solchen Tests mehr um die allgemeinen kognitiven[1] Leistungsfähigkeiten; und dass sich in diesen die Geschlechter nicht groß unterscheiden, war zu erwarten. In den Schulen aber werden auch andere Dinge geprüft. „Am wichtigsten für die Notenvergabe durch die Lehrer ist die Einstellung der Schüler zum Lernen“, sagt auch der Autor der amerikanischen Studie. „Es geht um Fertigkeiten wie die Konzentration des Kindes, das Durchhaltevermögen, die Lernbereitschaft, Selbstständigkeit, Flexibilität und das Organisationsvermögen“, teilt der Autor weiterhin mit. Aber genau an diesen Fähigkeiten mangelt es den Jungen, wie eine weitere Befragung der Lehrer der getesteten Schüler ergab.

(Süddeutsche Zeitung, 7.1.2013; gekürzt und bearbeitet)

[1] **kognitiv**: auf das Denken bezogen

Indirekte Rede

Wenn du etwas wiedergeben willst, was ein anderer gesagt oder geschrieben hat, hast du **zwei Möglichkeiten**:

1. Du **zitierst** und gibst die Aussage **wörtlich** wieder.
   Beispiel: Andreas Huber schreibt: „Karriere und Familie sind zwei zentrale, gleichberechtigte Zielvorstellungen für Mädchen und junge Frauen."

2. Du gibst die Aussagen zwar wortgetreu wieder, verwendest jedoch die **indirekte Rede**.
   Beispiel: Andreas Huber schreibt, Karriere und Familie seien zwei zentrale, gleichberechtigte Zielvorstellungen für Mädchen und junge Frauen.

Im Gegensatz zur wörtlichen Rede, für die du die Formen des Indikativs verwendest, benötigst du für die **indirekte Rede** die Formen des **Konjunktivs I**. Damit gehst du etwas auf **Distanz** und machst deutlich, dass du lediglich die Aussagen einer dritten Person wiedergibst.
Die Formen des Konjunktivs I werden von den Tempusformen Präsens, Perfekt und Futur I abgeleitet:

Indikativ		**Konjunktiv I**
er isst (Präsens)	→	er esse
er aß (Präteritum)	}	
er hat gegessen (Perfekt)	} →	er habe gegessen
er hatte gegessen (Plusquamperfekt)	}	
er wird essen (Futur)	→	er werde essen

Manchmal **unterscheiden sich** die Formen des Konjunktivs I **nicht** von den Indikativ-Formen. In diesem Fall musst du den Konjunktiv II bzw. die Umschreibung mit *würde* als **Ersatzform** verwenden:

Wörtliche, direkte Rede:
Beispiel: Andreas Huber schreibt: „Mädchen **haben** im gesamten Bereich der Schulbildung die Jungen inzwischen überholt."

Indirekte Rede – Konjunktiv I
Beispiel: Andreas Huber schreibt, Mädchen **haben** im gesamten Bereich der Schulbildung die Jungen inzwischen überholt.

→ **Indirekte Rede – Konjunktiv II als Ersatzform**, weil Indikativ und Konjunktiv I sich nicht voneinander unterscheiden:
Beispiel: Andreas Huber schreibt, Mädchen **hätten** im gesamten Bereich der Schulbildung die Jungen inzwischen überholt.

Anstelle des Konjunktivs darfst du in der indirekten Rede auch den Indikativ verwenden, wenn die indirekte Rede mit der Konjunktion **dass** eingeleitet wird und ganz deutlich ist, dass die Aussage eines anderen wiedergegeben wird.
Beispiel: Andreas Huber schreibt, dass die Mädchen im gesamten Bereich der Schulbildung die Jungen inzwischen überholt haben.

4. Kleine Übungen zur Lernkontrolle

1 Vervollständige die folgenden Sätze.

- Wenn ich König von Deutschland wäre, ...
- Wenn auch am Sonntag in der Schule Unterricht stattfände, ...
- Würde ich im Lotto gewinnen, ...
- Wenn ich ein Profifußballer oder eine Profifußballerin wäre, ...
- Wenn die Sommerferien drei Monate dauerten (dauern würden), ...

2 Welche Form des Konjunktivs wird in den Sätzen zuvor verwendet?

3 Aus welchen Tempusformen des Indikativs wird der Konjunktiv II abgeleitet?

4 Wofür wird in der deutschen Sprache der Konjunktiv II verwendet? Schreibe einen kurzen informierenden Text.

5 Was ist der Fachausdruck für Verben wie *können*, *dürfen*, *müssen*, *sollen* ...?

6 Im Folgenden findest du einen Auszug aus einem Schülerinterview. Gib die Aussagen von Lukas in der indirekten Rede mit den richtigen Konjunktivformen wieder. Beginne so:

Lukas antwortete auf die Frage, was er von einem getrennten Sportunterricht halte, ...

ELLA: Was hältst du davon, dass Jungen und Mädchen im Fach Sport getrennt unterrichtet werden?

LUKAS: Das finde ich nicht gut. Im Sportunterricht gibt es doch kaum noch typische Jungen- und Mädchensportarten. In unserer Klasse gibt es z. B. mehrere Mädchen, die in einem Fußballverein trainieren. Die spielen richtig gut. Es kann ja sein, dass Jungen früher keine Lust hatten zu tanzen. Das hat sich doch auch etwas geändert. Mein Freund Jonas ist in unserer Klasse und der ist seit Jahren in einem Tanzsportverein. Mir ist viel wichtiger, dass unsere Klassengemeinschaft gefördert wird. Das gelingt meiner Meinung aber nicht, wenn wir getrennt unterrichtet werden. Das ist zumindest meine Meinung. Außerdem gibt es an unserer Schule doch genügend Arbeitsgemeinschaften außerhalb der Unterrichtszeit. Da kann sich jeder aussuchen, was er am liebsten macht.

7 Gib auch die folgende Zeitungsnachricht in der indirekten Rede mit den entsprechenden Konjunktivformen wieder. Beginne so:

Der „Allgemeine Anzeiger“ informiert in seiner Wochenend-Ausgabe darüber, ...

„Girls’ Day“ auch für Boys

Am Freitag wird es wie in jedem Jahr den sogenannten „Girls’ Day“ geben. Viele verschiedene Firmen öffnen ihre Pforten, um Mädchen unterschiedlichen Alters Einblicke in diverse Berufe zu geben. Dabei geht es vor allem um solche Berufe, die überwiegend noch von Jungen gewählt werden. Zum ersten Mal findet gleichzeitig ein „Boys’ Day“ statt. Das Angebot richtet sich ganz speziell an Jungen, die Interesse zeigen für traditionelle Mädchen- und Frauenberufe.

(2014)

8 Im Folgenden sind Auszüge aus einer Tageszeitung in der indirekten Rede wiedergegeben. Es sind jedoch fehlerhafte Konjunktivformen enthalten. Schreibe die Auszüge in der richtigen Weise in dein Heft.

Die Tageszeitung berichtet in ihrer Ausgabe vom 31.5.2014,

- die Linienbusse des „Padersprinters“ könnten am Sonntag die Innenstadthaltestellen wegen einer ganztägigen Veranstaltung nicht anfahren. Als Ersatzhaltestellen dienen die Haltestellen „Westerntor“ und „Am Bogen“.
- am Mittwoch, dem 9. Juli, würde das Jugendkulturzentrum „Multi Cult“ für Jugendliche im Alter von 13 bis 15 Jahren eine Fahrt in einen Safaripark anbieten. Einige Restplätze seien noch verfügbar. Anmeldungen werden über das Internet erbeten.
- ein Sportwagen sei aufgrund überhöhter Geschwindigkeit auf der Bundesstraße 1 ins Schleudern geraten und wäre dann auf einem Kartoffelacker gelandet. Die Fahrerin hätte sich dabei nicht verletzt und sei mit dem Schrecken davongekommen.

Gutenberg und die Folgen

Wenn ihr eure Hausaufgaben mit dem PC schreibt und dann ausdruckt, hat das noch etwas mit der Erfindung des Buchdrucks durch Johannes Gutenberg in der Mitte des 15. Jahrhunderts zu tun?
Im folgenden Kapitel könnt ihr die Entwicklung vom ersten mit beweglichen Lettern gedruckten Buch bis zum digitalen Buch in der Gegenwart verfolgen. Es geht aber nicht nur um die technische Seite des Drucks, sondern auch um die Folgen des neuen Massenmediums für fast alle Bereiche unseres Lebens.
Die neue Kunst des Druckens hat schon zu Lebzeiten Gutenbergs begonnen, die Welt zu verändern. Überhaupt empfanden die Menschen damals, dass sie in einer „neuen Zeit" lebten. In diesem Kapitel werdet ihr mithilfe von Sachtexten und literarischen Texten erfahren, was in dieser Zeit „neu" war und inwiefern Gutenberg maßgeblich zum Aufbruch in dieses neue Zeitalter beigetragen hat.

Johannes Gutenberg (nach einem Kupferstich aus dem 16. Jh.). Amerikanische Journalisten wählten den Mainzer im Jahre 1998 zum „Mann des Jahrtausends".

Rekonstruierte Presse der Gutenberg-Zeit

Anna Amalia Bibliothek in Weimar

1 Was wisst ihr bereits über Johannes Gutenberg?

2 Welche Gründe hatten wohl die vier amerikanischen Journalisten, Gutenberg in ihrem Buch „1000 Years – 1000 People“ zum „Mann des Jahrtausends“ zu wählen?

3 Habt ihr schon einmal ein E-Book gesehen? Wie unterscheidet es sich von den gewohnten Büchern?

Lesegenuss

Elektronische Bücher. Eine Konkurrenz für die gedruckte Literatur?

Gutenbergs Erfindung am Beginn einer neuen Zeit

Matthias Geske

Johannes Gutenberg

■ Johannes Gutenberg wurde um 1400 in Mainz geboren und starb dort im Jahr 1468. In seinem Buch stellt Matthias Geske das Leben dieses berühmten Mannes als Erzählung dar. Zunächst führte Gutenberg ein abenteuerliches Leben an verschiedenen Orten. In Frankreich diente er sogar als Soldat. Im Jahr 1434 ließ er sich für einige Jahre in der Handelsstadt Straßburg nieder. Hier gründete er eine „Finanzierungsgesellschaft", mit deren Geld er in großen Mengen „Heilsspiegel" herstellen wollte. Mit den Heilsspiegeln begaben sich damals die Pilger zu den großen Wallfahrtsorten und ließen dann in ihnen die dort ausgestellten Reliquien sich spiegeln. Dadurch ging von ihnen – so glaubte man – eine wunderbare heilende Kraft aus. Die im Text genannten Personen, wie Anton Heilmann und sein Bruder, Hans Riffe und Andreas Dritzehn, gehörten alle zu der Gruppe um Gutenberg, die an der Finanzierung und Herstellung der Spiegel beteiligt waren. ■

Dann kam die Pest.

Da und dort in Deutschland und in Frankreich flackerte sie auf wie ein Strohfeuer, holte sich ihre Opfer und erlosch. Alarmierende Gerüchte, verworrene Nachrichten ließen sich nicht fassen, widersprachen einander. Viele bestritten sogar, dass es wirklich die Pest sei, an der die Menschen starben. Die Krankheit breitete sich nicht überall aus, weite Landstriche blieben verschont. In einem allerdings herrschte Einigkeit: Solange das rätselhafte Sterben anhielt, war an eine Wallfahrt nicht zu denken.

Unmöglich konnten sich Tausende aus aller Herren Länder auf den Weg machen, von Ort zu Ort pilgern und sich in einer Stadt versammeln. Sie würden den Hauch des Todes unterwegs einatmen, ihn mit sich schleppen bis ans Ziel und dort, allen Geboten zum Trotz, weitergeben an andere wie ein Fluch!

Gutenberg benahm sich sonderbar; so, als höre er die Gespräche auf den Gassen nicht. Er verschloss seine Ohren vor dem ängstlichen Getuschel nach dem Gottesdienst. Während die Straßburger vor Angst halb gelähmt schienen, fuhr er – wie er es schon lange vorgehabt hatte – aufs Land und kaufte von einem Winzer eine alte Presse, die zum Auspressen der Trauben gebraucht worden war. Er ließ sie in seiner Werkstatt aufstellen, kaum dass jemand davon erfuhr. Sogar Veränderungen, die ihm notwendig schienen, bewerkstelligte er selbst, obwohl er im Umgang mit Holz nicht sonderlich geschickt war. Hinzu kam, dass er nicht einmal genau wusste, worauf es ihm wirklich ankam. So dauerte es schon einige Zeit, bis er die verquollene Spindel[1] wieder drehen konnte. Sie war das Herz der Presse.

Nach ein paar Tagen schon ließ Anton Heilmann Gutenberg aus der behüteten Ruhe seiner Werkstatt rufen.

Neben ihm stand Hans Riffe. Gutenberg hatte sie eigentlich schon eher erwartet, und so überraschten ihn ihre verdrossenen Gesichter nicht. „Die Wallfahrt ist um ein Jahr verschoben worden", verkündete Anton Heilmann statt eines Grußes. Und Hans Riffe fügte bitter hinzu: „Wir können nicht so lange warten, unser Geld ist fast verbraucht. Und die paar Spiegel, die fertig sind, können wir bei uns nicht verkaufen."

Dem war nichts hinzuzufügen. Sie ließen Gutenberg nicht aus den Augen. Hatte er nicht die

[1] **Spindel:** vgl. den rechten Bildteil der Druckerpresse auf S. 225

Idee gehabt? Sie hatten ihm ihr Geld anvertraut, ließ sich davon nicht etwas retten? Gutenberg wischte ihre stumme Feindseligkeit einfach hinweg.

„Ich trage keine Schuld daran, dass die Wallfahrt verschoben wird, liebe Freunde", erklärte er nachsichtig. „Wir wollen sehen, ob wir etwas retten können. Lasst mir Zeit. Auch ich werde Verluste haben, wie Ihr wisst."

Anton Heilmann ließ sich auf einen Stuhl nieder, als habe er vor, die Bedenkzeit, die sich Gutenberg eben erbeten hatte, an Ort und Stelle abzuwarten. „Wie ich Euch kenne, Meister Johannes", sagte er bedächtig, „werdet Ihr einen Ausweg wissen."

Gutenberg schwieg.

Heilmann fuhr eindringlich fort: „Ihr habt Geheimnisse vor uns!"

„Was kümmert's Euch?", erklärte Gutenberg gleichgültig.

„Immerhin sind wir Partner", erinnerte Hans Riffe. Gutenberg lächelte ungewollt. Dann wiederholte er: „Lasst mir Zeit, ich bitte Euch. Der Augenblick ist ungünstig. Ihr werdet von mir hören."

Streit stand Hans Riffe im Gesicht, als er raunzte: „Damit lassen wir uns nicht abspeisen, Meister Johannes!"

„Wisst Ihr etwas Besseres?"

Die beiden schauten sich ratlos an. Offenbar war ihnen doch nichts eingefallen, die missliche Lage zu retten. Gutenberg nutzte das aus: „Eben weil wir Partner sind, sollte auch Euch eine Idee kommen. Lasst Euch nicht von Gerüchten einschüchtern. Solange wir keine Gewissheit haben, können wir, versteht sich, keine Spiegel mehr machen. Das ist alles. Eigentlich ist noch nichts verloren!" Mit einem Händedruck, der Vertrauen einflößen sollte, verabschiedete Gutenberg seine Partner, denen deutlich ihre Unzufriedenheit anzumerken war. Sie hatten mehr erwartet. Doch kannten sie Gutenberg gut genug, um zu wissen, dass sie ihn nicht zwingen konnten. Keiner konnte ihn zwingen, jedenfalls nicht jetzt, nicht an diesem Tag.

So gelassen sich Gutenberg gab, aufgeschreckt war er doch. Seine Partner würden keine Ruhe

Druckerpresse Gutenbergs und Werkstatt

mehr geben, möglicherweise sogar ihn verklagen wollen, obwohl der Vertrag, den er mit ihnen hatte, Schutz und Sicherheit bot.

Andererseits waren sie Bürger in dieser Stadt, Gutenberg war nicht einmal vollwertiges Mitglied der Zunft[1]. So schien es geraten, einem Prozess aus dem Wege zu gehen. Er musste sie hinhalten, so lange es ging, und dann erst, sollte wirklich aus der Wallfahrt nichts werden, ihnen ein anderes Geschäft vorschlagen.

Kein Mensch konnte ahnen, was Gutenberg in seinem Herzen erhoffte. Selbst seine Frau Ennelin wusste nichts davon, dass er eine Erfindung gemacht hatte, so einfach, dass er selbst darüber verwundert war, dass noch keiner vor ihm diese Idee gehabt hatte.

Doch was so einfach erschienen war, erwies sich als tückisch. Man brauchte nur Buchstaben in Metall zu schneiden, so, wie man Siegel schnitt, sie zu Worten zusammenzusetzen, die Worte zu einer Zeile, das Ganze in die Presse zu spannen, Pergament darunterzulegen und an der Spindel zu drehen. Fertig war der schönste Abdruck, den

[1] **Zunft:** Zusammenschluss von Handwerkern im Mittelalter

man sogar lesen konnte, wenn man das Pergament schräg gegen das Licht hielt. So weit war Gutenberg; und er glaubte sich fast am Ziel. Allerdings brauchte er mehr, sehr viel mehr Buchstaben, als er gedacht hatte. In einer einzigen Zeile der Bibel tauchte vierzehnmal das E auf, er konnte froh sein, dass er diesen Buchstaben wenigstens doppelt hatte. Das Unternehmen geriet ins Stocken.

Gutenberg nahm sich die Seite aus Ennelins Familienbibel noch einmal vor und markierte vorsichtig mit roter Farbe jedes neue Zeichen, das der Abschreiber verwendet hatte. Das Ergebnis verblüffte ihn – nicht weniger als hundertsiebenundvierzig Zeichen wurden gebraucht! Und er hatte geglaubt, die sechsundzwanzig Buchstaben des Alphabets, einmal groß-, einmal kleingeschrieben, würden ausreichen. Dazu noch Kommata, Fragezeichen und dergleichen.

Es würde ein Vermögen kosten, ein paar Dutzend Buchstaben in Stahl schneiden zu lassen. Hatte er dem Hans Dünne nicht schon fast hundert Gulden für wenige Zeichen gezahlt? Sein Plan war hoffnungslos, wenn er keinen anderen Weg einschlug. Ennelin bekam ihren Mann nur noch zu den Mahlzeiten zu Gesicht. Gutenberg probierte in seiner Werkstatt aus, was am nächsten lag: Er wollte die Buchstaben aus Metall gießen. Dazu musste er die winzigen Stahlstempel, von Hans Dünne geschnitten, in Ton drücken, damit er eine Form bekam. Ton ließ sich leicht bearbeiten, doch beim Gießen zersprang er. War das Metall zu heiß? Er hatte Bronze genommen, wegen der Abnutzung. Vielleicht war ein anderes Metall besser. Er nahm Blei. Silber wäre zu teuer gewesen. Gutenberg musste sich eingestehen, dass seine Versuche entschieden mehr Geld gekostet hatten, als er verantworten konnte.

Und das war erst der Anfang. Gutenberg sah sich gezwungen, selbst seine Buchstaben aus Blei zu schneiden. Die Arbeit ging ihm leicht von der Hand, schon bald hatte er aus dem geschmeidigen Metall ein vollständiges Alphabet geschnitten – wozu da noch der Umweg über das Gießen? Dass er da nicht gleich draufgekommen war! Gutenberg probierte seine Buchstaben aus.

Zu seinem Schrecken hielten sie dem enormen Druck nicht stand und verloren bald schon ihre scharfen Umrisse. Trotzdem spürte Gutenberg, dass er ein gewaltiges Stück vorangekommen war. Seine Erfindung würde funktionieren. Nach dem Muster der Buchstaben in Ennelins Familienbibel schnitt er sich ein neues Alphabet und davon einige Buchstaben mehrmals.

Seine nächste Sorge galt der Farbe, die er brauchte. Er beschaffte sich Tinte, wie sie in den Klöstern verwendet wurde, bestrich die Buchstaben und war mit dem Ergebnis nicht zufrieden. An einigen Stellen haftete die Tinte am Metall, andere blieben frei, und so fehlte den gedruckten Buchstaben entweder ein Häkchen oder ein feiner Strich, oder er war überhaupt nur zur Hälfte sichtbar. Gutenberg ließ sich von einem Maler schwarze Farbe mischen. Sie haftete wunderbar am Blei der Lettern und war trotzdem ungeeignet, wie sich zeigte.

Entweder hatte er sie zu dick aufgetragen oder sie war zu zähflüssig – jedenfalls verlief sie sich in den winzigen Vertiefungen seiner Buchstaben und gab nur deren Umrisse wieder. Gutenberg versuchte, die Farbe zu verdünnen. Sie wurde nicht besser davon. Es gab keinen, den er fragen konnte. Die Maler verrieten nicht einmal untereinander, wie sie ihre Farben mischten. Jedenfalls bei den dauerhaften Farben hielten sie es so, und Gutenberg wollte erreichen, dass seine Erfindung einer Handschrift gleichkam. Ein Zufall kam ihm zu Hilfe. Eine große Rußflocke war aus der Esse[1] heruntergefallen in eine Schale mit Firnis[2], und er sah zu, wie sie sich langsam auflöste. Der Firnis wurde dunkel, und Gutenberg schabte noch mehr Ruß ab und verrührte ihn mit der Flüssigkeit, bis er eine geschmeidige schwarze Farbe hatte. Mit einem Pinsel aus Dachshaar trug er sie auf die Lettern auf. Sie haftete nur an den erhabenen Teilen und ließ die Vertiefungen frei.

---

1 **Esse:** offene Feuerstelle mit Rauchabzug
2 **Firnis:** ölige Flüssigkeit

Und so geriet ihm der Druck: Fast wie mit der Hand hingemalt, stand dort das Wort „opus“. Das war lateinisch, zufällig hatte Gutenberg gerade jene Buchstaben zusammengefügt, die dieses Wort ergaben: das Werk.
Gutenberg las es zufrieden. Das war tatsächlich das Werk, sein Werk, das er vorzeigen konnte. Ohne Hast wusch er sich die Hände und verließ das Haus noch vor dem Abendessen. Er ging geradewegs zu Andreas Dritzehn, seinem ehemaligen Schüler. Andreas war noch bei der Arbeit, doch was Gutenberg ihm zu sagen hatte, brauchte kaum Zeit. Andreas sollte dafür sorgen, dass Herr Riffe und die Gebrüder Heilmann und er selbst natürlich auch am nächsten Tag um zehn zu ihm kämen.

1 Was erfährt man über Gutenberg und sein Schaffen während seines Aufenthalts in Straßburg?

2 Die Pest bringt die Geschäftspartner, besonders aber Gutenberg in eine schwierige Lage. Beschreibt diese Situation und die unterschiedlichen Reaktionen Gutenbergs und seiner Geldgeber. Ihr könnt das Gespräch zwischen Gutenberg und seinen Geschäftspartnern auch mit verteilten Rollen lesen oder spielen.

3 In dem Text steht: „Kein Mensch konnte ahnen, was Gutenberg in seinem Herzen erhoffte.“ (Z. 108 f.) Welchen Plan verfolgt Gutenberg?
Beschreibt in Stichworten die einzelnen Arbeitsschritte seines Geheimplans in ihrer Reihenfolge, auch diejenigen, die nicht zum Erfolg führen.

4 Wie stellt Matthias Geske am Ende seiner Erzählung die innere Verfassung Gutenbergs dar? Ist Gutenberg jetzt schon am Ziel angelangt und kann mit seinem Verfahren ganze Bücher drucken? Begründet eure Meinung.

5 Gutenberg ist die zentrale Gestalt in dem Roman von Matthias Geske. Wie schildert der Autor Gutenbergs innere Einstellung und seine Entscheidungen beim Ausbruch der Pest? Auf welche charakterlichen Eigenschaften Gutenbergs kann man hier aus der Erzählung schließen? Könnt ihr Übereinstimmungen mit dem Porträt Gutenbergs (S. 222) feststellen?

6 Stellt ein Gespräch dar, wie es am folgenden Tag zwischen Gutenberg und seinen Geschäftspartnern stattfinden könnte.

Dimiter Inkiow (geb. 1932)
Der arme Erfinder

Es gab im Lauf der Weltgeschichte Erfinder, die anfangs sehr arm waren, später aber mit ihren Erfindungen viel Geld verdienten. Es gab aber auch Erfinder, die aus reichen Familien stammten. Die gaben ihr ganzes Vermögen für ihre Arbeit aus und starben am Ende arm. Durch ihre Erfindung wurden andere Menschen reich. Das war auch das Schicksal von Johannes Gutenberg. Im Jahre 1455 fand in Mainz ein Prozess statt, der Tagesgespräch in den Wirtshäusern und auf dem Markt war. Ein angesehener Bürger, der Rechtsanwalt Johannes Fust, klagte gegen einen anderen angesehenen Bürger, den Goldschmied Johannes Gutenberg.
„Ich verlange die 1550 Gulden zurück, die ich dem Beklagten Gutenberg vor zehn Jahren geliehen habe“, sagte vor dem Gericht der Rechtsanwalt Fust, „und das mit Zins und Zinseszinsen.“ „Ich kann das Geld jetzt nicht bezahlen.“ Gutenberg schüttelte den Kopf. „Ich brauche einen Aufschub ...“ „Wie lange?“, wollte der Richter wissen. „Drei Monate? Reicht das?“ „Drei Jahre, Euer Ehren. Noch drei Jahre.“ Fust rief: „Das höre ich seit sechs Jahren. Zweimal schon habe ich dem Goldschmied Gutenberg drei Jahre Aufschub gewährt.“ Der Richter fragte: „Stimmt das?“ „Es stimmt. Ich hatte mich damals getäuscht.“ „Wer sagt, dass Ihr Euch nicht auch

jetzt täuscht?“ „Eine Erfindung muss reifen, Euer Ehren“, sagte Gutenberg leise.

„Eine Erfindung braucht manchmal viel Zeit, bevor man sie verwirklichen kann.“ „Aber vielleicht wird die Zeit für die Erfindung des Buchdrucks mit gegossenen beweglichen Buchstaben erst in fünfzig Jahren reif sein, Herr Gutenberg!“, rief der Kläger. „Bis dahin sind wir beide längst tot. Ich will mein Geld jetzt.“ „Ich bin fast fertig, Herr Fust, und Ihr wisst das. Euer Schwiegersohn Peter Schöffer arbeitet bei mir. Er kann es bestätigen. Nur einige Feinheiten sind noch zu meistern. Dann werde ich das erste Buch, eine lateinische Bibel, drucken. Und wenn die Druckpresse erst einmal arbeitet, bekommt Ihr auch Euer Geld.“ Der Richter überlegte. Dann sagte er: „Ich muss genau wissen, worum es geht. Gutenberg, erzählt mir von Eurer Erfindung.“ „Es ist ein Geheimnis, Euer Ehren. In all diesen langen Jahren musste ich nicht nur mit technischen Problemen kämpfen, sondern auch gegen Spione,

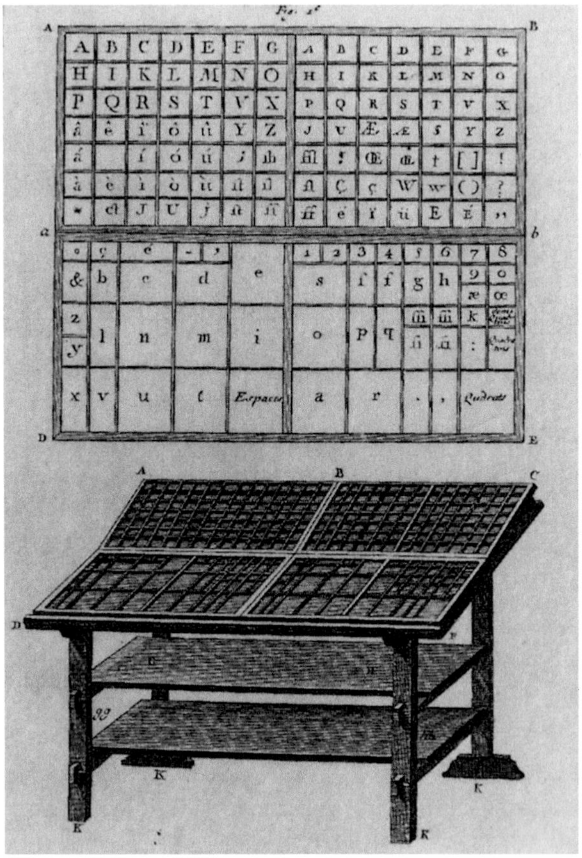

Setzkasten (2. Hälfte des 18. Jahrhunderts)

die versuchten, die Geheimnisse meiner Arbeit zu stehlen.“ „Wenn Ihr wollt, lass ich den Saal räumen. Aber um richtig entscheiden zu können, muss ich mehr davon wissen.“ Der Richter ließ den Saal räumen, und Gutenberg begann. „Die Idee hatte ich, als ich in Straßburg als Goldschmied arbeitete und einige Buchdrucker kennenlernte. Das war im Jahre 1435 – also vor zwanzig Jahren. Damals arbeiteten die Buchdrucker genauso wie heute noch. Wisst Ihr, wie?“ „Nein.“ „Die Seiten werden spiegelverkehrt auf Holzplatten geschrieben. Das Holz um die Buchstaben wird herausgeschnitten. Dann wird die erhobene Fläche der Buchstaben mithilfe einer Walze mit Druckfarbe bestrichen, das Papier oder Pergament daraufgelegt und durch die Presse angedrückt. Auf diese Weise kann man ungefähr dreihundert gleiche Seiten drucken. Aber die Qualität wird immer schlechter, weil das Holz langsam nachgibt. Ich habe mir überlegt: Statt der Holzplatte sollte man eine Metallplatte nehmen. Dann könnte man Tausende von Seiten von einer Platte drucken. Metall gibt nicht nach. Wir Goldschmiede schlagen mit einem Punzstempel[1] aus Hartmetall unsere Initialen auf die goldenen Schmuckstücke, die wir machen.

Ich begann, die Druckpresse-Buchseiten statt aus Holz aus Metall zu machen. Das war sehr teuer. Dann ist mir eine ganz einfache Idee gekommen: statt ganzer Seiten einzelne Buchstaben aus Metall zu machen, die man immer wieder benutzt und aus denen man die Wörter zusammensetzt. Die Frage war: Woraus sollten die Buchstaben gemacht werden? Blei war zu weich, Gold zu teuer. Ich musste neue Legierungen[2] suchen. Als besonders geeignet erwies sich eine auf 300 Grad erhitzte Legierung aus Zinn, Wismut, Antimon[3] und Blei. Sie erkaltet schnell und verleiht den Buchstabenformen große Härte. Ich brauchte auch richtige Tinte – Drucktinte. Als Druckgeräte habe ich eine der

1 **Punzstempel:** abgeleitet von „Punze“: eingestanztes Zeichen
2 **Legierung:** Metallmischung
3 **Wismut und Antimon:** metallische Elemente

Incipit liber bresith quē nos genesim
In principio creauit deus celū dicim⁹
et terram. Terra autem erat inanis et
uacua: et tenebre erāt sup faciē abissi.
et sp̄s dn̄i ferebat̄ sup aquas. Dixitq;
deus. Fiat lux. Et facta ē lux. Et vidit
deus lucem q̄ esset bona: ⁊ diuisit lucē
a tenebris. appellauitq; lucem diem ⁊
tenebras noctem. Factūq; est vespe et
mane dies unus. Dixit q̄ȝ deus. Fiat
firmamentū in medio aquaȝ: ⁊ diui-
dat aquas ab aquis. Et fecit deus fir-
mamentū: diuisitq; aquas que erāt
sub firmamento ab hiis q̄ erant sup
firmamentū. et factū ē ita. Vocauitq;
deus firmamentū celū: ⁊ factū ē vespe
et mane dies secūd⁹. Dixit vero deus.
Congregent̄ aque que sub celo sūt in
locū unū ⁊ appareat arida. Et factū ē
ita. Et vocauit deus aridam terram:
congregacōnesq; aquaȝ appellauit
maria. Et vidit deus q̄ esset bonū. et
ait. Germinet terra herbā virentem et
facientē semen: ⁊ lignū pomiferū faciēs
fructū iuxta genus suū. cui⁹ semen in
semetipo sit sup terrā. Et factū ē ita. Et
protulit terra herbā virentē ⁊ facientē
semē iuxta genus suū: lignūq; faciēs
fructū ⁊ habēs unūqdq; sementē scdm
speciē suā. Et vidit deus q̄ esset bonū:
et factū est vespe et mane dies tercius.
Dixitq; autē deus. Fiant luminaria
in firmamēto celi. ⁊ diuidāt diem ac
noctem: ⁊ sint in signa ⁊ tp̄a et dies ⁊
annos. ut luceāt in firmamēto celi et
illuminēt terrā. Et factū ē ita. Fecitq;
deus duo lumīaria magna: lumīare
maius ut p̄esset diei et lumīare min⁹
ut p̄esset nocti ⁊ stellas. ⁊ posuit eas in
firmamēto celi ut lucerent sup terrā: et
p̄essent diei ac nocti. ⁊ diuiderent lucē
ac tenebras. Et vidit de⁹ q̄ esset bonū:
et factū ē vespe ⁊ mane dies quartus.
Dixit etiā de⁹. Producāt aque reptile
anime viuentis ⁊ volatile super terrā.
sub firmamēto celi. Creauitq; deus cete
grandia. et omnē aīam viuentē atq;
motabilē quā p̄duxerāt aque ī species
suas. ⁊ omne volatile scdm gen⁹ suū.
Et vidit deus q̄ esset bonū. benedixitq;
eis dicens. Crescite ⁊ multiplicamini. ⁊
replete aquas maris. auesq; multipli
centr̄ sup terrā. Et factū ē vespe ⁊ mane
dies quītus. Dixit quoq; deus. Pro-
ducat terra aīam viuentē in genē suo.
iumenta ⁊ reptilia. ⁊ bestias terre scdm
species suas. Factūq; ē ita. Et fecit de⁹
bestias terre iuxta species suas. iumen-
ta ⁊ omne reptile terre ī genere suo. Et
vidit deus q̄ esset bonū. et ait. Facia-
mus hoīem ad ymaginē ⁊ silitudinē
nostrā. ⁊ presit piscib; maris. et vola-
tilib; celi ⁊ bestiis uniūsesq; terre. omniq;
reptili qd mouetur ī terra. Et creauit
deus hoīem ad ymaginē ⁊ silitudinē
suā. ad ymaginē dei creauit illū. ma-
sculū ⁊ feminā creauit eos. Benedixit
q; illis deus. ⁊ ait. Crescite ⁊ multiplica-
mini ⁊ replete terrā. et subicite eā. et dnā-
mini piscib; maris. et volatilib; celi.
et uniuersis animātib; que mouent̄
sup terrā. Dixitq; de⁹. Ecce dedi vobis
omnē herbā afferentē semen sup terrā.
et uniūsa ligna que hn̄t in semetipis
sementē generis sui. ut sint vobis ī escā
⁊ cunctis aīantib; terre. omīq; volucri
celi ⁊ uniuersis q̄ mouentur in terra. ⁊ ī
quib; est anima viuēs. ut habeāt ad
vescendū. Et factū est ita. Viditq; deus
cuncta que fecerat. ⁊ erāt valde bona.

Faksimile aus der Gutenberg-Bibel: Altes Testament, Genesis 1,1–31a.
Die Ausschmückungen sind mit der Hand gemalt.

einheimischen Weinpresse nachgebaute Spindeldruckpresse benutzt. Sie ermöglicht eine hohe Buchauflage. So vergingen Jahre. 1455 kam ich nach Mainz zurück, kaufte mir eine Werkstatt und arbeitete weiter. Ein Jahr später bot mir der Rechtsanwalt Fust Geld an, weil er wusste: Das von mir erfundene Druckverfahren mit beweglichen Buchstaben ist Gold wert. Fust wurde mein Teilhaber, sein Schwiegersohn Peter Schöffer mein Gehilfe. Nur die großen schönen Anfangsbuchstabentypen müssen noch neu gemacht werden. Ihr könnt Peter Schöffer fragen. Er kann Euch sagen, dass ich mit meiner Erfindung fast fertig bin."
Der Richter rief Peter Schöffer herein. Gutenberg schaute hoffnungsvoll auf seinen Gehilfen, der nun zu Wort kam: „Gutenberg wird nie fertig, Euer Ehren, weil er sich immer wieder neue Aufgaben stellt. Man sollte ihm die gesamte Ausrüstung und die Drucktypen wegnehmen."
So wurde auch entschieden. Nur zwei Jahre später, 1457, kamen aus der Werkstatt Gutenbergs die ersten gedruckten Bücher: eine Bibel und das Psalterium Mogontium[1]. Sie erschienen unter den Namen Fust und Schöffer. Gutenberg starb arm.

[1] **Psalterium Mogontium:** Psalmensammlung von Mainz

1 Woran erkennt ihr, dass auch dieser Text eine Erzählung ist? Was von dem Erzählten ist wohl geschichtlich nachweisbar und was ist nach eurer Auffassung vom Autor erfunden?

2 Wie ist der Text aufgebaut? Welche Bedeutung haben die ersten und letzten Sätze der Erzählung? Welche Sinnabschnitte kannst du dazwischen feststellen?

3 Gutenberg gibt dem Richter eine genaue Vorstellung von seiner Erfindung. Wie gelingt ihm das?

4 Bringt die dargestellten Schritte beim Drucken in die richtige Reihenfolge, indem ihr die Buchstaben den entsprechenden Ziffern 1 bis 9 zuordnet.

1. Stempel: spiegelverkehrte Buchstabenformen, geschnitten in hartes Metall
2. Stempel wird in weiches Metall eingeschlagen: Es entsteht ein tief liegender Buchstabenabdruck.
3. Der Buchstabendruck wird in das Gießgerät eingesetzt, das mit einer Metallmischung gefüllt wird.
4. Fertig gegossene Buchstaben
5. Buchstaben werden in einem Winkelhaken zu Wörtern und Zeilen zusammengesetzt.
6. Die Zeilen werden in einem Setzschiff zu einem Text zusammengesetzt.
7. Ein Papierbogen wird auf das Setzschiff gelegt.
8. Setzschiff und Papierbogen werden in die Presse geschoben und gepresst.
9. Ein fertig gedruckter Bogen wird vom Setzschiff abgezogen.

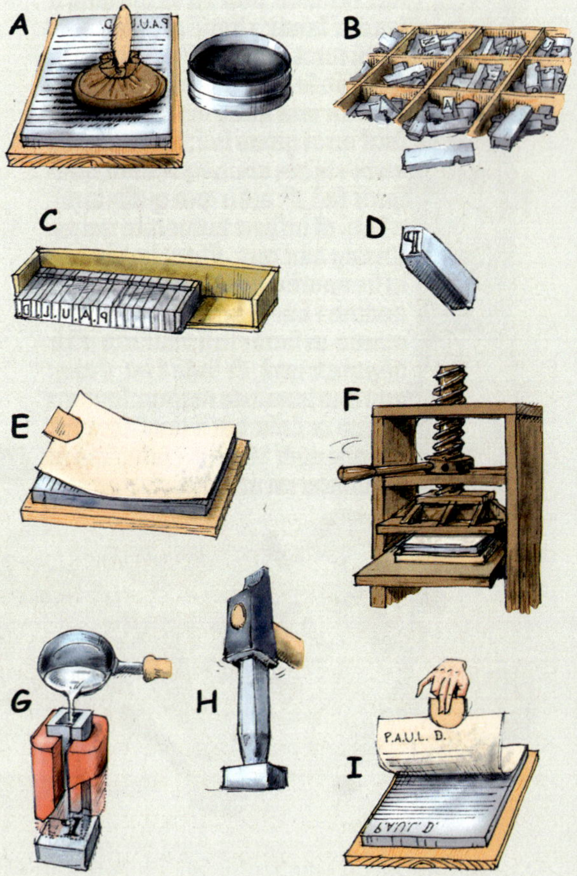

5 Verfasst einen Artikel für ein Jugendlexikon mit der Überschrift „Gutenbergs Druckverfahren“ und benutzt dabei den Werkzeugkasten unten auf dieser Seite.

6 Worin liegt das Besondere am Schicksal Gutenbergs? Diskutiert darüber in der Klasse.

7 Schaut euch die Seite aus der Gutenberg-Bibel an (S. 229). Was fällt euch bei der Gestaltung des Drucks auf? Warum haben sich Gutenberg und Fust nach eurer Meinung zuerst dem Druck von Bibeln gewidmet?

8 **Durchstarten! So könnt ihr weiterarbeiten:**

a Der Goldschmied Jakob Henrichs aus Mainz gelangt im Jahr 1460 auf einer Geschäftsreise nach Passau und besichtigt dort die berühmte Schreibwerkstatt des Bischofs. Mit einem der Mönche, die damit beschäftigt sind, wertvolle Bücher abzuschreiben, kommt er ins Gespräch und berichtet dabei, wie bei ihm zu Hause von Gutenberg und Fust Bücher vervielfältigt werden. Verfasst einen Dialog zwischen den beiden. Ihr könnt die Begegnung des Mainzers mit dem Mönch wie eine Theaterszene gestalten und aufführen.

b Die Auseinandersetzung Gutenbergs mit Fust vor Gericht ist durch historische Quellen gut belegt. Gutenbergs Kampf um seine Existenz hat wirklich so stattgefunden. Gestaltet den Streit vor Gericht in eine Hörspielszene um.

Hilfen dazu findet ihr in dem Kapitel „‚Kopfkino‘ – Hörspiele untersuchen“ auf S. 326 ff.

So gehst du vor

Vorgänge beschreiben

Bevor du einen Vorgang beschreibst, solltest du dir darüber klar werden, um was für einen Vorgang es sich handelt und für wen du die Beschreibung verfasst.

- Es gibt Vorgänge, wie du sie in der Natur beobachten kannst, z. B. das Wachsen von Pflanzen, die atmosphärischen Vorgänge beim Wechsel von Tag und Nacht. In diesen Fällen spricht man von **natürlichen Vorgängen**.
- Dann gibt es aber auch Vorgänge, die wir Menschen mit unserer handwerklichen Geschicklichkeit und Kunstfertigkeit in Gang setzen. Heute benutzen wir dazu oft Maschinen, die manchmal sehr kompliziert sind, und es bedurfte eines großen Erfindungsgeists, sie zu entwickeln. Alle diese Vorgänge nennt man **technische Vorgänge**.
- Natürliche und technische Vorgänge kann man **beschreiben**. Dazu „zerlegt“ man sie in die **einzelnen Schritte** und stellt sie in der **richtigen Reihenfolge** dar.
- Beschreibungen von technischen Vorgängen triffst du im täglichen Leben überall an: Reparaturanweisungen, Bedienungsanleitungen, Baupläne, aber auch Kochrezepte, Anleitungen zum Erlernen von Tennis, Fußball usw.
- Bei allen Vorgangsbeschreibungen kommt es auf die richtigen **Fachausdrücke** an. Meistens findest du diese in den entsprechenden Lexika. Vorgänge solltest du in einer **sachlichen Sprache** beschreiben. Da die meisten Vorgänge wiederholbar sind, stehen ihre **Beschreibungen im Präsens**.

Gutenberg in der Epoche der Renaissance

Über die Renaissance, für die auch Gutenberg als einer der herausragenden Vertreter gilt, gibt es viele Darstellungen in Bildern und Texten. Auch die folgenden drei Texte versuchen, die wesentlichen Züge dieser Zeit zu erfassen.

Manfred Mai (geb. 1949)

Wiedergeburt

Von Italien ausgehend erwachte ein neues Interesse am Altertum. Schriften, Bildnisse und Bauwerke der römischen und griechischen Vergangenheit wurden wiederentdeckt. Daran wollte man anknüpfen, um die Finsternis der eigenen Zeit zu überwinden. Durch die Wiedergeburt, die „Renaissance", der Antike sollte eine neue Zeit beginnen.
Die mittelalterlich-christliche Auffassung, dass das Leben nur den einen Sinn habe, sich auf das Jenseits vorzubereiten, galt nicht mehr. Man wandte sich dem Diesseits zu und stellte den Menschen in den Mittelpunkt des wissenschaftlichen und künstlerischen Interesses. Ausgehend vom antiken Menschenbild wurde der Mensch wieder als ein Wesen gesehen, das nicht nur Teil eines Ganzen ist, sondern seinen Zweck in sich selbst hat. Die Gebildeten suchten Antworten auf die Fragen und Probleme der Welt nicht nur in der Bibel [...], sondern auch bei den Philosophen und Dichtern der Antike. Diese Bewegung, die sich von Florenz über ganz Europa ausbreitete, nennt man „Humanismus".

Das Reiterdenkmal des Bartolomeo Colleoni. Der berühmteste Feldherr seiner Zeit stand im Dienste Venedigs. Nach seinem Tod 1475 hinterließ er der Stadt eine riesige Geldsumme mit der Bitte, ihm ein Reiterdenkmal zu errichten. Das zu der Zeit mächtige Venedig beauftragte den Florentiner Künstler Andrea del Verrocchio, der das Denkmal von 1480–1488 schuf.

Jostein Gaarder (geb. 1952)

Sofie und Alberto unterhalten sich über die Renaissance

■ In dem philosophischen Roman „Sofies Welt" von Jostein Gaarder unterhält sich die 15-jährige Sofie Amundsen aus Oslo über fast alle wichtigen philosophischen Fragen mit einem geheimnisvollen Briefschreiber. Bei dem Thema Renaissance ist Alberto ihr Gesprächspartner. ■

„Unter Renaissance verstehen wir eine umfassende kulturelle Blütezeit, die gegen Ende des 14. Jahrhunderts einsetzte. Sie begann in Norditalien, verbreitete sich dann aber rasch nach Norden.“ „Hast du nicht gesagt, dass ‚Renaissance‘ ‚Wiedergeburt‘ bedeutet?“

„Doch, und das, was wiedergeboren werden sollte, waren die Kunst und die Kultur der Antike. Wir sprechen deshalb auch oft von *Renaissance-Humanismus*: Jetzt stellte man nämlich, nach dem langen Mittelalter, das alle Lebensbedingungen in ein göttliches Licht gerückt hatte, wieder den Menschen in den Mittelpunkt. Das Motto lautete: ‚Zurück zu den Quellen!‘, und die wichtigste Quelle war der Humanismus[1] der Antike. Es wurde fast zum Volkssport, alte Skulpturen[2] und Handschriften aus der Antike auszugraben. Es wurde auch zur Modesache, Griechisch zu lernen. Das führte zu einem erneuerten Studium der griechischen Kultur. Das Studium des griechischen Humanismus hatte nicht zuletzt ein pädagogisches Ziel: Das Studium der humanistischen Fächer[3] führte zur ‚klassischen Bildung‘, die den Menschen auf eine höhere Daseinsstufe heben sollte.

‚Pferde werden geboren‘, hieß es, ‚Menschen dagegen werden nicht geboren, sie werden gebildet.‘“ „Wir müssen also zum Menschen erzogen werden?“, fragte Sofie.

„Ja, das dachten sie damals.“

Eines der wenigen vollendeten Gemälde von Leonardo da Vinci (1452–1519) ist die „Dame mit dem Hermelin“. In Auftrag gegeben wurde es von dem Mailänder Herzog Ludovico Sforza, an dessen Hof sich Leonardo seit 1482 aufhielt. Das Porträt stellt Cecilia Gallerani dar, Hofdame und Geliebte des Herzogs.

Peter Groenewald/Harry Rours/Hans Würzner

Die Abwendung vom Mittelalter

Die Abwendung vom Mittelalter begann im 14. Jahrhundert in Italien mit der Renaissance, d. h. der Wiederentdeckung der Schönheit der antiken Kunst und Literatur. Damit verband sich eine Bewertung des Menschen als unabhängiges und selbstständig urteilendes Individuum. Der mittelalterliche Mensch hatte ein absolutes Vertrauen in Gott, der Mensch der Renaissance wurde immer selbstbewusster, ohne aber antireligiös zu werden. Durch die Beschäftigung mit der antiken Kultur sollte der Mensch seine Persönlichkeit ausbilden. In der bildenden Kunst fand dies einen Ausdruck im Porträt. Die Künstler signierten[4] jetzt auch ihre Bilder, im Mittelalter waren sie meist unbekannt geblieben.

Gleichzeitig entstand eine neue Auffassung von Wissenschaft, die mehr auf die diesseitige Welt gerichtet war. Diese Bewegung wird als *Humanismus* bezeichnet, weil der Mensch zur Deutung der Welt zum Maßstab genommen wird. Sie entwickelte sich in ganz Europa und man bediente sich der lateinischen Sprache als Sprache der Wissenschaft. Die Gelehrten gaben die Werke vieler antiker Autoren heraus und versuchten, sie gleichzeitig nachzuahmen.

1 **Humanismus:** eine Geisteshaltung, die sich auf die freie Entfaltung der menschlichen Persönlichkeit und ihrer Fähigkeiten richtet
2 **Skulptur:** Werke der Bildhauerkunst
3 **humanistische Fächer:** vor allem Griechisch und Latein, Geschichte, Kunst und Philosophie
4 **signieren:** mit einem Kurzzeichen für den Namen versehen

Die Renaissance als Beginn der Moderne

Mittelalter (750–1500)
- Karl der Große wird zum Kaiser gekrönt: 800 n. Chr.
- Erster Kreuzzug: 1096

Hochmittelalter (1170–1270)
- Friedrich Barbarossa, deutscher Kaiser: 1152–1190
- Entstehung des „Nibelungenlieds“: um 1200
- Walther von der Vogelweide: mittelhochdeutscher Minnesänger: 1170 (?) – 1230 (?)

Frührenaissance (ab 1300)
- Dante, Dichter aus Florenz, schreibt nicht mehr in Latein, sondern in der Volkssprache Italienisch die „Göttliche Komödie“: 1311–1321.
- Giovanni Boccaccio schreibt 100 Novellen, das „Decameron“, ebenfalls in der Volkssprache Italienisch. Zum ersten Mal in der Geschichte drückt er darin die Gleichberechtigung der drei großen Religionen aus: Judentum – Christentum – Islam: 1348–1353.

Hochrenaissance (bis 1600)
- Die Familie der Medici hält in Florenz die Macht in ihren Händen. Lorenzo di Medici (1449–1492) fördert die bedeutendsten Künstler seiner Zeit wie Leonardo da Vinci (1452–1519) und Michelangelo (1475–1564).
- Gutenberg druckt die Bibel: 1452
- Kolumbus entdeckt Amerika: 1492
- Kopernikus stellt die These auf: Die Erde dreht sich um die Sonne: 1514
- 95 Thesen Luthers: 1517
- Bauernaufstände: 1524/1525
- Luther übersetzt die Bibel ins Deutsche: 1524

Barock (um 1600 bis etwa 1720)
- Dreißigjähriger Krieg: 1618–1648
- William Shakespeare: 1564–1616
- Ludwig XIV., „Sonnenkönig“ in Frankreich: 1643–1715
- Grimmelshausen (1621–1676) beschreibt in seinem Roman „Simplicissimus“ die Gräuel des Dreißigjährigen Krieges.

Büstenreliquiar Karls des Großen

Walther von der Vogelweide (Miniatur aus de[r] Heidelberger Liederhandschri[ft])

Dante (Gemälde, 16. Jahrhundert)

Leonardo da V[inci] (Kupferstich um 1820)

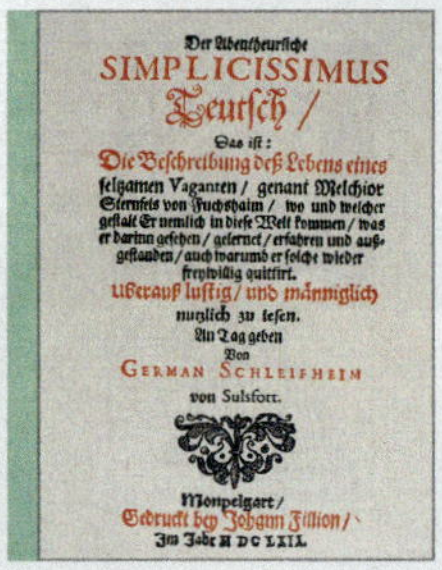
Der Abentheurliche
SIMPLICISSIMUS
Teutsch /
Das ist:
Die Beschreibung deß Lebens eines
seltzamen Vaganten / genant Melchior
Sternfels von Fuchshaim / wo und welcher
gestalt Er nemlich in diese Welt kommen / was
er darinn gesehen / gelernet / erfahren und auß-
gestanden / auch warumb er solche wieder
freywillig quittirt.
Überauß lustig / und männiglich
nutzlich zu lesen.
An Tag geben
Von
GERMAN SCHLEIFHEIM
von Sulsfort.
Monpelgart /
Gedruckt bey Johann Fillion /
Im Jahr M DC LXIX.

Titelblatt der Erstausgabe (1669)

1 Verfasst mithilfe der drei Texte und der Zeitleiste einen Beitrag für ein Jugendlexikon: Was versteht man unter „Renaissance“? Legt zunächst Bereiche (Oberbegriffe) fest, über die ihr informieren wollt, und ordnet diesen Bereichen stichwortartig die Informationen zu. Vorbereitend könnt ihr auch eine Mindmap erstellen und diese für einen mündlichen Vortrag nutzen.

2 Was wird in den Texten über das neue Menschenbild der Renaissance gesagt und was findest du davon auch in dem Reiterdenkmal des Bartolomeo Colleoni von Andrea del Verrocchio (S. 232) wieder?

3 In dem Text „Die Abwendung vom Mittelalter" (S. 233) wird die neue Bedeutung des Porträts in der Renaissance hervorgehoben. Vergleiche das Porträt der Cecilia Gallerani von Leonardo da Vinci (S. 233) mit den entsprechenden Aussagen des Textes.

4 Nicht nur in der Malerei und Bildhauerkunst, sondern auch in der Literatur findet man oft „Porträts" historischer Persönlichkeiten. Verfasse mit den Kenntnissen aus den Texten dieses Kapitels ein Porträt mit der Überschrift „Johannes Gutenberg – eine Gestalt der Renaissance". Adressaten deines informierenden Sachtextes sollen Jugendliche sein. Benutze dabei als Hilfe den folgenden Werkzeugkasten.

So gehst du vor

Das Porträt einer historischen Persönlichkeit verfassen

Ähnlich wie beim Porträt als bildhafter Darstellung geht es auch beim literarischen Porträt um die äußere **Erscheinung** und den **Charakter** einer Person. Hinzu kommen hier aber die **Beschreibung** ihrer **Fähigkeiten**, **Leistungen**, ihres **besonderen Schicksals** und oft auch **ihre Würdigung**.
Beim Verfassen eines solchen Porträts kann man folgendermaßen vorgehen:
Man macht sich zuerst Gedanken über den **Aufbau oder die Gliederung** und hält dies in Stichworten fest. Dann **sammelt** man mithilfe von Lexika oder einer Internetrecherche alle Angaben, die man für das Porträt braucht, und ordnet sie.
Die folgende Übersicht soll dabei helfen:

- **Biografische Daten:** Zeit und Ort der Geburt, Datum des Todes
- **Angaben über die Herkunft:** Beruf des Vaters, Tätigkeit der Mutter
- Näheres über die **Kindheit:** Schule und Ausbildung
- **Äußere Erscheinung** und besondere **Charaktereigenschaften** und **Fähigkeiten**
- **Beruflicher Aufstieg** und auch Rückschläge: Tätigkeiten und Leistungen
- **Persönliche Bindungen:** Heirat, Familie, Freundschaften, wichtige Bekanntschaften, Reisen
- **Besondere Ereignisse**, die das Leben der Person schicksalhaft beeinflussen
- **Historische und politische Umstände**, unter welchen die betreffende Person handelt
- Welche **Würdigung** erfährt sie – entweder schon von den Zeitgenossen oder später?
- Wann und wo stirbt die Person – wie sind die **Umstände ihres Todes**?

Ein historisches Porträt kannst du im **Präsens** oder **Präteritum** verfassen. Verwende eine anschauliche Sprache, damit man sich ein möglichst lebendiges Bild von dem porträtierten Menschen machen kann.
Erstelle zunächst eine Mindmap. So erhältst du einen übersichtlichen Schreibplan.

Bücher vom Mittelalter bis heute

Ilse Schröer

„Bücher“ schon vor Gutenberg?

Vor Gutenbergs Erfindung des Buchdrucks wurden Bücher vor allem von Hand geschrieben. Sie waren deshalb selten und sehr teuer. Wer ein Buch besitzen wollte, konnte es nicht in der Buchhandlung um die Ecke kaufen, sondern musste es selbst abschreiben oder abschreiben lassen.

Diese mühevolle Arbeit verrichteten häufig Mönche und Nonnen in den klösterlichen Schreibstuben. Man schrieb mit Gänsefedern und selbst gemachter Tinte auf Pergament, bis sich das Papier im späten Mittelalter allmählich in Europa ausbreitete.

Manche Bücher wurden mit Bildern und Ornamenten reich geschmückt. Die kunstvoll verzierten farbigen Buchstaben am Anfang eines neuen Kapitels (Initialen) wirkten noch prächtiger durch das Auftragen von Gold. Ein Schreiber benötigte mehrere Jahre, um ein einziges Buch fertigzustellen. Ein solch aufwendig geschriebenes und gemaltes Buch erhielt einen stabilen Einband aus lederüberzogenen Holzdeckeln, teilweise mit Metallverschlüssen und -ecken.

Welche Bücher wurden in den Schreibstuben hergestellt? Es waren vor allem Bücher für den Gottesdienst, Bibeln, Gebetsbücher und Abschriften von Texten aus der Antike. [...] Die meist sehr großen und schweren Bücher konnte man schlecht mit sich tragen. Als praktischer für unterwegs erwiesen sich die kleinen Beutelbücher, die sich am Gürtel befestigen ließen und so sicher aufbewahrt und schnell greifbar waren.

Im Mittelalter waren die meisten Menschen Analphabeten, aber das Bedürfnis, lesen und schreiben zu können, wurde immer größer. Neue Schulen, Universitäten und auch Bibliotheken entstanden. In manchen von ihnen lagen die Bücher auf langen schrägen Tischen und waren mit Ketten an den Pulten befestigt, damit sie niemand stehlen konnte [...]. Schüler und Studenten besaßen in der Regel keine eigenen Bücher. Daher wurden viele Texte auswendig gelernt [...].

Das Abschreiben und Ausmalen von Büchern war umständlich und zeitaufwendig. Dabei schlichen sich immer wieder Fehler ein. Eine Art Stempel für jede Seite wäre praktisch gewesen, um damit viele Blätter zu bedrucken. Diese Idee hatte man schon einige Zeit vor Gutenberg. Man stellte hölzerne Druckstöcke mit spiegelbildlichen Texten und Bildern her. Sie entstanden durch Herausschneiden von Teilen des Holzes. Dieses Verfahren wurde deshalb Holzschnitt genannt. Auf den hoch stehenden Holzflächen wurde Farbe aufgetragen, das Papier mit der

Mönch beim Kopieren von Büchern

Vorderseite daraufgelegt und die Rückseite mit einem harten Gegenstand abgerieben – Reibedruck. Auf diese Art und Weise wurden z. B. Spielkarten und Heiligenbilder und sogar ganze Bücher hergestellt, genannt Blockbücher. Diese Technik funktionierte zwar schneller als das Abschreiben, war aber auch dennoch umständlich: Jeder Buchstabe musste einzeln geschnitzt werden. Außerdem konnte nur die Vorderseite des Papiers bedruckt werden, da sich die Buchstaben auf der Rückseite durchdrückten. Mit Gutenbergs Erfindung wurde auch dieses Problem gelöst.

Beutelbuch, um 1487/88

Kettenbuch, 1484

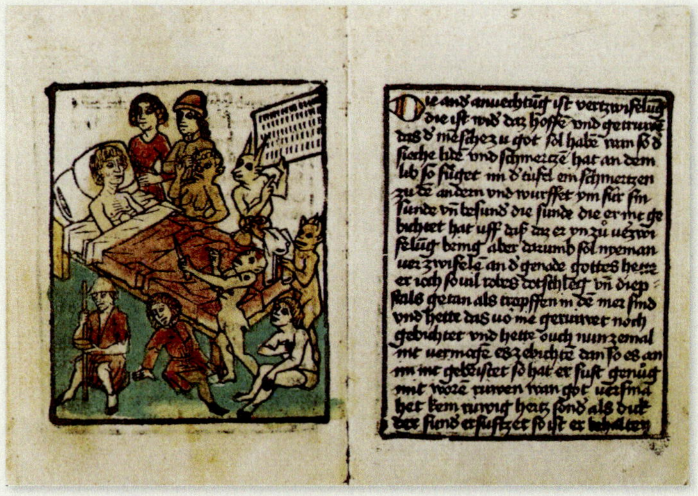
Ars moriendi, Blockbuch, 15. Jahrhundert

1 Lest den Text und entscheidet dann, welche der folgenden Formulierungen das Thema am genauesten erfasst. Begründet eure Entscheidung. Wenn euch keine von ihnen geeignet erscheint, dann sucht eine eigene:

- Die Vervielfältigung von Büchern in den Schreibstuben der Klöster im Mittelalter
- Die Schulbildung im späten Mittelalter
- Die Lese- und Schreibkultur im Spätmittelalter
- ...

2 Betrachtet die Abbildungen und erklärt sie mithilfe des Textes.

3 Gliedert den Text in Sinnabschnitte und gebt ihnen passende Überschriften.

4 Schreibt aus dem Text die wichtigsten Informationen über die Herstellung von Büchern vor Gutenbergs Erfindung des Buchdrucks heraus und vergleicht dann eure Wahl mit der eines Mitschülers oder einer Mitschülerin. Versucht dann gemeinsam, die Informationen zu ordnen.

5 Aufgrund welcher Merkmale unterscheidet sich dieser Text von einem literarischen Text?

Werner Pluta

Die Bi-Galaxis

Einige Experten nennen die Technologie des Buchdrucks Gutenberg-Galaxis[1]. Doch eigentlich müsste sie Bi-Galaxis heißen, denn der chinesische Erfinder Bi Sheng hatte bereits um das Jahr 1040 eine Drucktechnik mit beweglichen Lettern entwickelt. Er fertigte die Lettern aus Ton und befestigte sie mit Wachs in einer Eisenform.

Dass im Fernen Osten Bis Erfindung nicht dieselbe Medienrevolution auslöste wie im Westen, hat mit der Eigenheit der chinesischen Schrift zu tun. Sie besteht nicht aus einer übersichtlichen Zahl von Buchstaben, sondern aus mehreren Tausend Schriftzeichen: 3 000 gelten als gebräuchlich, gelehrte Chinesen beherrschen 8 000. Chinesische Drucker brauchen daher einen umfangreichen Setzkasten [...]. Die ersten wichtigen erhaltenen Werke, die mit beweglichen Lettern gedruckt wurden, stammen aus dem frühen 15. Jahrhundert aus Korea. Die koreanische Buchstabenschrift eignet sich besser als die chinesische für diese Drucktechnik.

Häufiger war in China der Blockdruck, den man dort seit dem 8. Jahrhundert kannte. Experten haben Texte aus den Grotten von Dunhuang in Westchina, die mit diesem Verfahren gedruckt wurden, auf die Mitte des 8. Jahrhunderts datiert. 100 Jahre später war der Blockdruck weit verbreitet im Reich der Mitte. Eine blühende Druckindustrie stellte hochwertige Werke in Millionenauflage her. [...]

Im Gegensatz zum Westen druckten Chinas Buchmacher bereits im 8. Jahrhundert auf Papier, das aus dem Bast des Maulbeerbaums hergestellt wurde – Papier aus Seide oder Hanf war schon vor der Zeitenwende bekannt. Spätestens im 2. Jahrhundert war Papier in China ein alltägliches Gebrauchsmaterial, aus dem zum Beispiel Taschentücher hergestellt wurden. Als das Papier über Arabien und das damals islamische Spanien im 12. Jahrhundert endlich nach Europa kam, zahlten die Chinesen schon seit einem guten Jahrhundert mit Papiergeld, das im Blockdruck hergestellt wurde.

[1] **Gutenberg-Galaxis:** Der Begriff bezeichnet eine Zeit, in der das Buch das wichtigste Medium ist.

1 Um welches Thema geht es in diesem Text? Sucht eine passende Formulierung.

2 Stellt in einer Zeitleiste alle Informationen über den Vorgang des Druckens und der Papierherstellung in der Zeit vor Gutenberg im Fernen Osten zusammen. Ihr könnt die Zeitleiste auch mit Bildern ausschmücken und bis in die Zeit Gutenbergs und darüber hinaus fortführen.

Vor der Zeitenwende: Papier aus Seide oder Hanf	1. Jahrhundert nach Chr.: ...	...	...	...

3 Welche Gründe werden dafür angegeben, dass heute Experten von einer Gutenberg-, nicht aber von einer Bi-Galaxis sprechen?

Gutenberg – „Mann des Jahrtausends"

Werner Pluta
Das Buch als Massenmedium – auch in Zukunft?

Der Buchdruck löste eine Medienrevolution aus. Wissen war plötzlich mit vergleichsweise einfachen Mitteln reproduzierbar. Allein in den 50 Jahren nach Gutenbergs Erfindung entstanden 300 000 Bücher mit einer Auflage von insgesamt 12 Millionen Exemplaren. Sie waren auch für breitere Schichten erschwinglich. Nach nur drei Monaten waren 3 000 gedruckte Luther-Bibeln, ein halbes Jahrhundert später sogar 120 000 verkauft.[1] [...] Die erste Zeitung erschien 1609 in Straßburg, das erste Wochenblatt 1622 in England. Das Gedruckte wurde zum Leitmedium der Zivilisation [...].

Vier amerikanische Journalisten kürten den Mainzer 1998 in ihrem Buch „1000 Years – 1000 People" sogar zum „Mann des Jahrtausends". [...]

Obwohl heute die Verlage jedes Jahr auf den Buchmessen eine Fülle neuer Titel vorstellen, verliert das Buch als Informationsträger an Bedeutung. Zeitschriften und die elektronischen Medien laufen ihm den Rang ab: Anfang des 20. Jahrhunderts griffen Radio und Kino die Stellung des Buches an, später kamen Fernsehen und Internet dazu. Inzwischen bieten viele Verlage vor allem Sachbücher auch als „E-Books", als digitale Texte an. Wer es lieber klassisch mag, der kann sogar umsonst lesen: 70 Jahre nach dem Tod eines Autors können seine Texte frei verbreitet werden – über das Internet beispielsweise. Die bekannteste digitale Bibliothek ist das „Project Gutenberg": Auf über 15 000 Werke in verschiedenen Sprachen ist die Online-Bücherei angewachsen. [...] Google, der Primus der Web-Suchmaschinen, scannt Bestände unter anderem aus den Bibliotheken Harvard, Stanford und Oxford sowie der New Yorker Public Library und stellt sie im Web zur Verfügung.

[1] Die von Luther vollständig ins Deutsche übersetzte Bibel wurde im Jahre 1534 veröffentlicht.

1 Schon auf den ersten Seiten dieses Kapitels war vom „Mann des Jahrtausends" die Rede. Welche Gründe werden in diesem Text dafür angegeben?

2 „Mehr als das Blei der Flintenkugeln hat das Blei aus den Setzerkästen die Welt verändert."
Diskutiert miteinander über die Aussage dieses Aphorismus (kurze und schlagkräftig formulierte, geistreiche Äußerung) von Georg Christoph Lichtenberg (1742–1799).

3 Martin Luther (1483–1546) sagte einmal in seinen Tischreden: „Die Truckerey ist summum et postremum donum (höchstes und äußerstes Geschenk), durch welches Gott die Sache des Evangelii (des Evangeliums) forttreibet."
Versuche zu erklären, warum der Reformator Martin Luther zu dieser hohen Einschätzung des Buchdrucks gekommen ist.

4 Welche Zukunft hat nach eurer Auffassung das Buch angesichts der digitalen Kommunikationstechniken?

Das Leseverhalten Jugendlicher wandelt sich

Leipzig (dapd). Das Interesse von Jugendlichen am Lesen ist ungebrochen. 42 Prozent der 12- bis 19-Jährigen lesen laut der sogenannten JIM-Studie täglich oder mehrmals pro Woche in Büchern, wie der Arbeitskreis Jugendliteratur und der Börsenverein des Deutschen Buchhandels am Freitag auf der Leipziger Buchmesse bei der Vorstellung des „Trendberichts Kinder- und Jugendbuch 2013" mitteilten. Das Leseverhalten junger Menschen hat sich hingegen verändert. Zum einen spielen digitale Medien eine immer größere Rolle. Außerdem orientieren sich Jugendliche stärker an den Angeboten für Erwachsene und greifen seltener zu Titeln, die als Jugendbücher deklariert sind.

2012 machten Kinder- und Jugendbücher dem Börsenverein zufolge 15,6 Prozent des gesamten Buchumsatzes aus und lagen damit im Gesamtmarkt auf Platz zwei hinter der Belletristik[1]. Zugleich stünden Bücher in einem immer stärkeren Wettbewerb mit modernen Medien, wie Online-Zeitungen, Apps und E-Books, sagte Jörg Maas, Hauptgeschäftsführer der Stiftung Lesen. Wer diese Lebenswirklichkeit bei der Leseförderung berücksichtige, dem biete sich mit digitalen Medien und moderner Technik die Chance, Kinder und Jugendliche zum Lesen zu motivieren.

Maas verwies auf verschiedene Studien, die das Potenzial von E-Readern gezeigt hätten. Gerade jungen Menschen, die sich sonst wenig mit Büchern beschäftigen, erscheint demnach das Leben attraktiver, wenn es mit dem technischen Gerät in Verbindung steht. Laut JIM-Studie nutzen bislang jedoch nur zwei Prozent der Kinder und Jugendlichen zum Lesen E-Books. Die repräsentative Studie Jugend, Information, (Multi-)Media – kurz JIM – ist eine jährliche Untersuchung zum Medienumgang der 12- bis 19-Jährigen in Deutschland.

(WAZ – Westdeutsche Allgemeine Zeitung, 15.3.2013)

[1] **Belletristik:** allgemeine Bezeichnung für Unterhaltungsliteratur

1 Fasst stichwortartig die wichtigsten Informationen des Zeitungsberichts zusammen.

2 Stimmen die in dem Bericht genannten statistischen Angaben mit euren eigenen Erfahrungen überein?

3 Worin besteht nach Aussage des Berichts der „Wandel" im Leseverhalten von Jugendlichen?

4 Welche Erfahrungen habt ihr bisher mit „E-Readern" gemacht? Wie bewertet ihr die Entwicklung, dass Texte zunehmend mithilfe elektronischer Medien gelesen werden?

Projektideen

rund um die Porträts von großen Gestalten der Renaissance

Versucht, allein oder in Gruppen, ein historisches Porträt von einer der genannten Personen der Renaissance zu verfassen:

a) **Leonardo da Vinci:** Er wurde – der Name sagt es schon – in dem kleinen Dorf Vinci bei Florenz geboren. Es gibt kaum eine Kunst oder Wissenschaft, in der er nicht Herausragendes geleistet hat. Bei aller Anerkennung wirft ihm aber sein großer Zeitgenosse Michelangelo vor, er habe zu viele von seinen Werken nicht vollendet.

b) **Michelangelo:** Er war Dichter, Maler, Bildhauer und Baumeister in Florenz und Rom.

c) **Raffael:** Auch er war Maler und Baumeister in Rom. Michelangelo soll ihn als Konkurrenten empfunden haben.

d) **Lorenzo di Medici:** Er hatte in der Stadt Florenz die Macht in seinen Händen. Weil er immer auf den Ausgleich zwischen den rivalisierenden Mächten in Italien hinarbeitete und dadurch lange den Frieden bewahrte, nannte man ihn schon zu seinen Lebzeiten „Die Waage Italiens".

e) **Albrecht Dürer:** Er war ein deutscher Maler und Grafiker, der in Nürnberg lebte. Durch seine Reisen nach Italien kannte er sich in der italienischen Renaissance sehr gut aus.

f) **Martin Luther:** Der Reformator

„Dahinter steckt ein kluger Kopf" –

In diesem Kapitel lernt ihr das Medium „Tageszeitung" näher kennen, das trotz der Konkurrenz von Fernsehen und Internet immer noch die wichtigste Informationsquelle über das Geschehen am Ort und in der Welt ist.
Ihr beschäftigt euch mit der Gestaltung der Titelseite und lernt die unterschiedlichen Ressorts einer Zeitung kennen. Ihr erfahrt, wie aus einem Ereignis ein Zeitungsartikel wird, und untersucht die wichtigen Textarten Reportage, Interview und Kommentar. Viele Tageszeitungen sind bereit, euch für einen bestimmten Zeitraum Probeexemplare in die Schule zu schicken. Dann habt ihr immer aktuelles Unterrichtsmaterial zur Verfügung.
Oft bieten Tageszeitungen auch Projekte für Schülerinnen und Schüler an, z. B. „Schule macht Zeitung" (SchmaZ), „Klasse! – Schule macht Zeitung" oder „ZEUS – Zeitung und Schule". Besonders gelungene Artikel von euch werden dabei in der Zeitung abgedruckt.

Glaubwürdigkeit der Medien

Ich würde bei widersprüchlicher Berichterstattung am ehesten glauben …

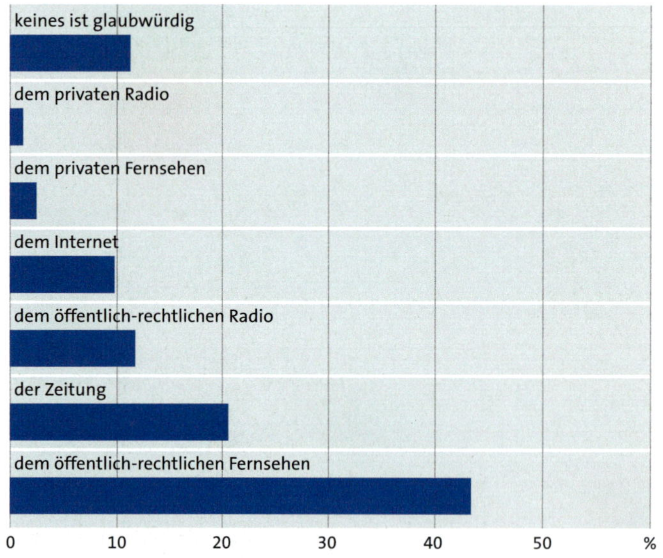

Quelle: ZMG-Bevölkerungsumfrage, Basis: Bevölkerung ab 14 Jahren

1 Beschreibt das Schaubild. Formuliert in einem Satz die wesentliche Aussage.

2 Schaut euch die Fotos an. Stellt Vermutungen an, mit welchen Interessen die Menschen Zeitung lesen.

3 Sprecht über eure Erfahrungen mit dem Zeitunglesen.

Zeitungsleser wissen mehr

1. Der Aufbau einer Tageszeitung

Die Gestaltung der Titelseite

Untersucht den Aufbau der Titelseite der „Lippischen Landes-Zeitung". Ordnet dazu den Zahlenverweisen am Rand folgende Begriffe zu: Datum – Zeitungskopf – doppelspaltige Meldung mit Foto – Werbung – Aufmacher: wichtigster Artikel – Inhaltsverzeichnis – einspaltige Meldung – Anreißer

2 Zieht eine Lokalzeitung eurer Stadt oder Region zum Vergleich heran und untersucht die Gestaltung der Titelseite. Arbeitet Gemeinsamkeiten und Unterschiede zur „Lippischen Landes-Zeitung“ heraus. Untersucht auch die Titelseiten mehrerer Tage einer Lokalzeitung. Was stellt ihr fest?

3 Sprecht darüber, ob ihr bestimmte Prinzipien findet, die den Aufbau der Titelseite einer Tageszeitung bestimmen. Denkt z. B. daran, dass die Zeitung in der Regel in der Mitte gefaltet ist, wenn sie zum Verkauf angeboten wird.

4 Gestaltet eine eigene Titelseite. Schneidet dazu aus verschiedenen Ausgaben einer Zeitung Artikel aus und fügt sie zu einer neuen Titelseite zusammen. Betrachtet anschließend eure Ergebnisse und sprecht über die unterschiedliche Gestaltung der Titelseiten.

Und das findet ihr noch in der Tageszeitung

1 Vergleicht das Inhaltsverzeichnis der „Lippischen Landes-Zeitung“ mit dem eurer Lokalzeitung. Stellt Gemeinsamkeiten und Unterschiede heraus.

Inhalt

2 Vergleicht die Inhaltsverzeichnisse eurer Lokalzeitung über den Zeitraum einer Woche. Was fällt euch auf? Begründet eure Beobachtungen.

3 Untersucht auf ähnliche Weise wie die Titelseite die Gestaltung einer Seite eines jeden Teils der Zeitung. Arbeitet dazu in Gruppen und hängt euer Ergebnis aus. Stellt ihr Gemeinsamkeiten bei der Seitengestaltung fest?

4 Stellt Vermutungen an, aus welchem Ressort – so nennt man die unterschiedlichen Themenbereiche einer Zeitung – eurer Lokalzeitung die Artikel stammen könnten, deren Überschriften hier abgedruckt sind. Überlegt gemeinsam, warum es bei manchen Überschriften schwierig ist, eine eindeutige Zuordnung zu finden.

Politische Osterbotschaft des Papstes

Zwei Punkte verschenkt

500 neue Bäume für Detmold

Vorstoß für höhere Steuern

Katze rettet Findelkind

Die Angst der Türkei vor einem blutigen Sommer

Mythos vom Arbeitsplatz-Klau

Sandsturm über Peking

Musik voll ernster Schönheit

5 Stellt euch selbst auf die Probe. Schneidet dazu Artikel aus einer Tageszeitung aus und lasst eure Mitschülerinnen/Mitschüler begründen, zu welchen Ressorts die Artikel gehören könnten.

2. Die Entstehung einer Nachricht im Lokalteil einer Tageszeitung

1 Fasst mithilfe der Grafik zusammen, wie ein Ereignis als Zeitungsnachricht zu den Lesern kommt.

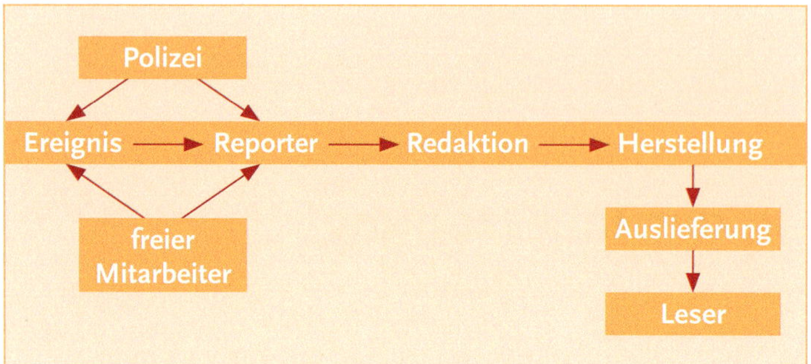

Grundlage vieler Nachrichten im Lokalteil einer Tageszeitung sind die Presseberichte der Polizei, die im Internet veröffentlicht werden. Aus diesen Presseberichten formuliert der Redakteur die Zeitungsmeldungen.

2 Vergleicht den Pressebericht der Polizei Lippe mit der Nachricht (S. 247), wie sie in der Zeitung erschienen ist. Versucht zu begründen, warum der Redakteur den Pressebericht umgeändert hat.

POL-LIP: Pressebericht vom 18.12.20..

18.12.20.. - 13:22 Uhr

Detmold. Junger Mann aus Detmold wurde ohne Grund geschlagen.

Am Samstagmorgen, gegen 03:05 Uhr befanden sich 3 Jugendliche auf dem Heimweg. In Höhe der Bruchstraße 55 „lauerten" ihnen zwei unbekannte Jugendliche auf. Nach einer kurzen verbalen Auseinandersetzung schlug der eine Jugendliche ohne erkennbaren Grund auf einen 19-jährigen Detmolder ein. Dieser wurde derart verletzt, dass er anschließend im Klinikum Lippe Detmold versorgt werden musste. Die beiden Jugendlichen stiegen anschließend in ein Taxi und fuhren damit in Richtung Paulinenstraße davon. Die Täter wurden von den Zeugen wie folgt beschrieben: 1. Täter: männlich, ca. 180 cm groß, ca. 25-28 Jahre alt, stämmige Figur, kurze blonde Haare, bekleidet mit einer dunklen Windjacke und einer Bluejeans. 2. Täter: ebenfalls ca. 180 cm groß, er war dünner als der 1. Täter, ca. 23-25 Jahre alt, bekleidet mit einer beigefarbenen Jacke mit Fellbesatz. Hinweise bitte ans KK Detmold unter Tel.: 05231/...

(Kreis Polizei Lippe, Pressestelle)

Grundlos geschlagen

19-Jähriger im Krankenhaus

■ **Detmold.** Ein 19-jähriger Detmolder wurde krankenhausreif geschlagen, als er sich am Samstag gegen 3 Uhr mit zwei Bekannten auf dem Heimweg befand. In Höhe der Bruchstraße 55 lauerten ihnen nach Polizeiangaben zwei junge Männer auf. Nach einer kurzen verbalen Auseinandersetzung schlug einer der beiden derart auf den 19-Jährigen ein, dass dieser im Klinikum versorgt werden musste. Die Schläger stiegen in ein Taxi und fuhren in Richtung Paulinenstraße davon. Der erste Täter ist etwa 1,80 Meter groß und 25 bis 28 Jahre alt. Er ist von stämmiger Figur, trägt kurze blonde Haare und war bekleidet mit einer dunklen Windjacke und einer Bluejeans. Der zweite Täter war gleich groß und schlank, zwischen 23 und 25 Jahre alt. Er trug eine beigefarbene Jacke mit Fellbesatz. Hinweise unter Tel. ...

(Lippische Landes-Zeitung)

3 Überprüft, ob in der Zeitungsnachricht alle W-Fragen beantwortet sind, die im Werkzeugkasten auf S. 248 aufgelistet sind.

4 Welche Funktion haben die Überschriften (Fachbegriffe: Schlagzeile und Unterzeile; eine Zeile über der Schlagzeile nennt man Dachzeile)? Was ist sprachlich besonders?

5 Schreibt die beiden folgenden Polizeipresseberichte in Zeitungsnachrichten für den Lokalteil einer Tageszeitung um.

POL-LIP: Pressebericht vom 27.4.20..

Detmold. Ladendieb nach kurzer Verfolgung geschnappt.

In einem Markt an der Horn'schen Straße fiel am Mittwochnachmittag ein Mann auf, der sich mehrere Flaschen Weinbrand unter seine Jacke steckte und damit, natürlich ohne zu bezahlen, das Geschäft verlassen wollte. Angestellte hatten die Absicht des Mannes erkannt und stellten sich ihm in den Weg. Der zog daraufhin ein zusammengeklapptes Messer und drohte damit. Anschließend flüchtete er mit seiner Beute. Aufgrund der guten Personenbeschreibung konnte der Tatverdächtige kurze Zeit später von einer (uniformierten) Polizeistreife in der Innenstadt festgenommen werden. Der 27-jährige Horn-Bad Meinberger gab die Tat zu. Bei seiner Durchsuchung fanden die Beamten die vier Flaschen Weinbrand und auch das zusammengeklappte Taschenmesser. Der Festgenommene gab ferner zu, dass er den „Sprit" zu Geld machen wollte, um damit seine Drogenabhängigkeit zu finanzieren. Da er bei seiner Festnahme bereits unter Drogeneinfluss stand, musste er eine Blutprobe über sich ergehen lassen. Ihn erwartet ein Verfahren wegen räuberischen Diebstahls.

(Kreis Polizei Lippe, Pressestelle)

POL-LIP: Pressebericht vom 27.4.20..

Bad Salzuflen. Flucht war nur von kurzer Dauer.

Ein aufmerksamer Zeuge ist am Mittwoch, gegen 23:30 Uhr, auf Hundegebell aufmerksam geworden, das aus Richtung einer Gaststätte an der Bahnhofstraße kam. Im gleichen Moment sprang eine Person aus einem Erdgeschossfenster, schnappte sich den Hund und lief weg. Aufgrund der guten Personenbeschreibung konnte der Tatverdächtige, ein 44-Jähriger aus Bad Salzuflen, im Bereich der Oberstraße von einer „Funkstreife" und einem Diensthundeführer festgenommen werden. Nach bisherigen Ermittlungen schlug der polizeilich bekannte Mann eine Fensterscheibe der Gaststätte ein und ging im Schankraum ein Sparschwein an, aus dem er einen kleinen Geldbetrag erbeutete. Bei dem Hund, einem Mischling, handelt es sich um sein eigenes Tier. Nach der Festnahme brachte die Polizei den kleinen Vierbeiner erst einmal in die Obhut eines Tierheimes. Derzeit prüfen die Ermittler, ob der 44-Jährige für weitere Einbrüche verantwortlich ist.

(Kreis Polizei Lippe, Pressestelle)

So gehst du vor

Eine Zeitungsnachricht verfassen

- Um eine Zeitungsnachricht zu schreiben, die nur kurz über ein ungewöhnliches Ereignis berichtet, orientiert ihr euch an den **W-Fragen: Wer? Was? Wo? Wann? Wie? Warum? Welche Folgen?**
- Um den Leser zum Weiterlesen zu animieren, stellt ihr am besten den Kern der Nachricht an den Anfang.
- Formuliert eine Schlagzeile (eventuell auch Unterzeile oder Dachzeile), die kurz ist und den Kern der Information trifft.
- Formuliert sachlich, neutral, ohne persönliche Wertungen.
- Wählt als Tempus das Präteritum.

Das musst du lernen und wissen

Die Zeitungsnachricht

Die Nachricht ist ein zentrales Element der Tageszeitung. Sie informiert kurz und in sachlich-nüchterner Weise über ein außergewöhnliches Ereignis. Sie enthält keine persönlichen Stellungnahmen.

3. Der Zeitungsbericht

Hier ist noch einmal der „Aufmacher“ der euch bereits bekannten Titelseite der „Lippischen Landes-Zeitung“ vom 6.2.2014 abgedruckt.

EU-Plan: Polizei soll Autos per Knopfdruck stoppen

Arbeitsgruppe fordert serienmäßigen Einsatz / Technik wird schon genutzt

VON MIRIAM SCHARLIBBE

■ Bielefeld/Brüssel. Ein Notausschalter in allen neu zugelassenen Autos – was wie eine ferne Zukunftsvision klingt, ist nach den Plänen einer von der EU finanzierten Arbeitsgruppe äußerst real. Der geheime Sechs-Jahres-Plan wurde dem Europäischen Rat schon im vergangenen Jahr vorgestellt. Demzufolge könnten sich Polizisten nervenaufreibende Verfolgungsjagden bald sparen. Die Technik funktioniert schon heute.

Das Dokument der europäischen Polizeibehörden-Arbeitsgruppe ENLETS sieht das ferngesteuerte Stoppen von Autos schon bei kleinen Vergehen vor. ENLETS empfiehlt, eine technische Lösung zu suchen, die serienmäßig in jedem in der EU zugelassenen Neuwagen verbaut werden kann. Auch die in Deutschland umstrittene automatische Kennzeichen-Erkennung (ANPR) wird gelobt. Beide Maßnahmen werden als kurzfristig realisierbar bezeichnet. Schon 2016 könnte also ein Gesetz auf den Weg gebracht werden.

In Großbritannien haben bereits Politiker verschiedener Parteien die Ideen kritisiert. Hierzulande hat sich als einer der Ersten Ingo Wolf, europapolitischer Sprecher der FDP im NRW-Landtag, zu Wort gemeldet. „Hier hört Prävention auf. Das Missbrauchspotenzial der Fernabschaltung ist enorm“, sagt Wolf. „Es bleibt dabei, dass nicht alles, was technisch möglich ist, auch gemacht werden sollte.“ Wolf warnt davor, dass Dritte das System knacken könnten. Er fordert die Landesregierung auf, sich gegen die Maßnahmen einzusetzen.

Michael Mertens, stellvertretender Landesvorsitzender der Gewerkschaft der Polizei, hält die derzeitigen Mittel, die die Polizei zum Anhalten von Fahrzeugen hat, für ausreichend. „Wir können verdächtige Autos mit Lichtsignal, Schriftzug und neuerdings auch einem akustischen Signal zum Anhalten bewegen. Das reicht.“ Bemühungen, die Sicherheit im Straßenverkehr zu erhöhen, sollten sich darauf konzentrieren, dass die Polizei die in Autos gespeicherten Daten zur Unfallaufklärung nutzen darf.

„Ich habe große Zweifel, dass sich das Vorhaben technisch umsetzen ließe“, sagt Rainer Hillgärtner vom Auto-Club Europa. Hillgärtner bezweifelt zudem, dass Verfolgungsjagden im Polizeialltag die entscheidende Rolle spielen, die ihnen in Kinofilmen zugewiesen wird. Ralf Collatz vom ADAC sieht vor allem haftungsrechtliche Probleme. „Ich frage mich, wer dann verantwortlich ist, wenn bei so einem Anhaltemanöver etwas passiert.“

Die EU-Kommission hat den Vorschlag inzwischen an den Rat der EU delegiert. Der wiederum hat das Arbeitspapier an den Ständigen Ausschuss für die innere Sicherheit (COSI) weitergereicht mit der Empfehlung, es zu unterstützen. Joaquin Nogueroles Garcia, Pressereferent des EU-Rats, sagte auf Anfrage, dass ENLETS eine beratende Funktion habe und der Bericht an den Ausschuss das übliche Vorgehen sei.

Dass die Idee in einigen Jahren Realität wird, scheint nicht unwahrscheinlich. Schon jetzt wird die Technik Experten zufolge in Deutschland bei einzelnen Fluchtautos genutzt, die die Polizei zum Beispiel Bankräubern stellt. ➤ *Kommentar*

INFO

Ferngesteuert

- ◆ Die EU-Arbeitsgruppe sammelt derzeit Informationen über Technologien zum Anhalten von Autos.
- ◆ Sie sollen Benzinzufuhr und Zündung per Fernsteuerung unterbrechen.
- ◆ Die Kontrolle über den Schalter könnte die europäische Polizei haben, die den Motor verdächtiger Fahrzeuge von den Leitstellen aus deaktiviert.

1 Lest den Text. Sprecht darüber, warum dieser Artikel wohl als Aufmacher für die Titelseite gewählt wurde.

2 Klärt nun den Inhalt des Artikels: Was ist das genaue Thema? Welche unterschiedlichen Auffassungen werden aufgeführt?

3 Erklärt mithilfe der Grafik den Aufbau des Berichts und die Funktion des Aufbaus für den Leser.

Die Nachrichtenpyramide

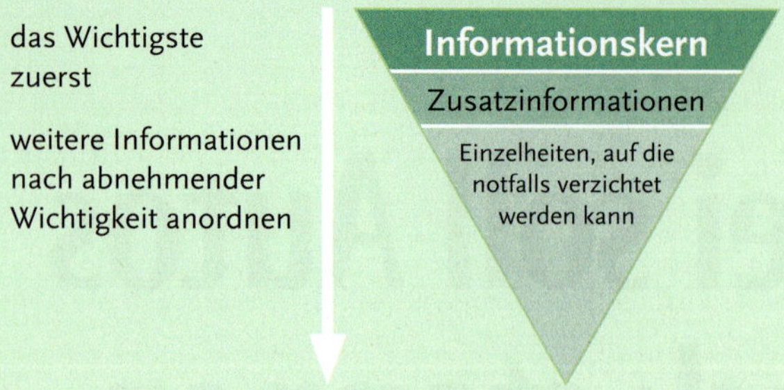

4 Stellt euch vor, wegen eines anderen wichtigen Ereignisses müsste der Bericht schnell gekürzt werden, ohne ihn umzuformulieren. Wie würdet ihr dabei vorgehen?

5 Welche Aufgabe erfüllen die vielen Zitate?

6 Welche Aufgabe erfüllt der Info-Kasten?

7 Stellt Gemeinsamkeiten und Unterschiede zwischen einer Zeitungsnachricht und einem Zeitungsbericht heraus.

8 Untersucht auf ähnliche Weise die Aufmacher-Berichte in anderen Zeitungsausgaben.

9 Verfasst selbst einen Zeitungsbericht. Wählt dazu eine Thematik, von der Jugendliche betroffen sind, z. B. Energiesparen in der Schule, ausgesetzte Tiere, Ausbildungsstellen für Jugendliche u. a.

So gehst du vor

Einen Zeitungsbericht verfassen

- Sammelt zunächst Hintergrundinformationen über das Thema, das ihr gewählt habt. Recherchiert dazu im Internet und befragt Experten.
- Ordnet euer Material: Welches sind die Fakten? Welche Ansichten vertreten Experten zu dem Thema?
- Überlegt euch den Aufbau eures Berichts; orientiert euch dabei an der Nachrichtenpyramide (s. Grafik oben).

Das musst du lernen und wissen

Der Zeitungsbericht

Der Zeitungsbericht enthält im Unterschied zur bloßen Nachricht weitere Informationen über die Hintergründe und die Zusammenhänge des Geschehens. Wie die Nachricht ist er aber ohne persönliche Wertungen verfasst.
In aller Regel beginnt der Zeitungsbericht mit einem fett gedruckten Vorspann, der die wichtigsten Informationen des Ereignisses enthält.
Sollte der Zeitungsbericht vor Drucklegung noch gekürzt werden müssen, können der letzte Absatz oder die letzten Absätze gestrichen werden.

4. Nachrichten aus aller Welt – Nachrichtenagenturen melden

Die Leser einer Zeitung wollen nicht nur über die Ereignisse am Ort, sondern über wichtige Ereignisse weltweit informiert werden. Die Mitarbeiter einer Zeitung können aber nicht überall sein, wenn sich etwas Besonderes ereignet. Aus diesem Grund gibt es sogenannte Nachrichtenagenturen, die an zahlreichen Orten der Welt Mitarbeiter beschäftigen und Nachrichten über besondere Ereignisse an die Zeitungen verkaufen.
Zu den bekanntesten gehören **AP** (Associated Press, USA), Thomson Reuters Corporation (USA), **dpa** (Deutsche Presse-Agentur, Deutschland) und **AFP** (Agence France Presse, Frankreich).

1 Informiert euch im Internet über die unterschiedlichen Nachrichtenagenturen:

- Welche Dienste bieten sie an?
- In welchen Ländern sind die Agenturen vertreten, wie viele Mitarbeiter haben sie?
- Wie arbeitet eine Nachrichtenagentur?

2 Sichtet eine Ausgabe eurer Lokalzeitung. In welchen Ressorts sind besonders häufig Artikel von Nachrichtenagenturen zu finden?

Am 27. März 2006 verursachte in den Abendstunden eine Windhose – ein sehr heftiger Wirbelsturm – in Hamburg große Schäden. Am 28. März erschien dazu folgende Zeitungsmeldung:

Zwei Tote durch Windhose

Hamburg (AP). Eine Windhose hat gestern Abend in Hamburg zwei Menschen das Leben gekostet und für zahlreiche Stromausfälle gesorgt. Wie Polizei und Feuerwehr mitteilten, zog die Windhose kurz nach 19 Uhr über Hamburg hinweg. Auf einer Baustelle im Stadtteil Harburg stürzten drei von vier Kränen um und fielen teilweise in Gebäude. In zwei der Kräne saßen noch die Kranführer, die beim Sturz ums Leben kamen, zwei Menschen wurden verletzt. In zahlreichen Häusern und im gesamten Krankenhaus Harburg fiel der Strom aus.

(Lippische Landes-Zeitung, 28.3.2006)

3 Von welcher Presseagentur stammt die Meldung?

4 Auf welche Quellen stützt sich die Zeitungsnachricht?

5 Welche Fragen sind zu dem Zeitpunkt noch nicht beantwortet?

Am Tag nach dem Wirbelsturm verschickten die Nachrichtenagenturen AP und dpa fast gleichzeitig folgende Meldungen an ihre Abonnenten:

Hamburg

Zwei Tote durch Windhose

Tornado zertrümmert Süden der Hansestadt – Mehrere Tausend Reisende saßen fest – Strom- und Wasserversorgung unterbrochen

Hamburg – Tödliches Wetterchaos über Norddeutschland: In Hamburg fegte am Montagabend ein Tornado über den Süden der Stadt, zwei Kranführer starben in ihren umgewehten Maschinen, der ganze Stadtteil versank nach Stromausfällen in der Dunkelheit. Tausende Bahnfahrer steckten fest, die Wasserversorgung für Zehntausende Bürger brach zusammen. In Niedersachsen, Schleswig-Holstein und Mecklenburg-Vorpommern brannten Häuser nach Blitzschlag nieder oder wurden vom Wind zertrümmert. Die Schäden gehen in die Millionen.

Am schlimmsten erwischte es Hamburg, wo sich in einem Gewitter gegen 19 Uhr ein Tornado gebildet hatte. Drei Kräne im Harburger Binnenhafen hielten dem Winddruck nicht stand, zwei Kranführer starben in den Trümmern, zwei Menschen wurden verletzt. Der Tornado wirbelte Trümmer durch die Luft auf Stromleitungen, sodass die Elektrizitätsversorgung für 78 000 Haushalte zusammenbrach. Es kam zu einem Verkehrschaos. Die Bahn musste 140 Züge stoppen, der gesamte Zugverkehr südlich von Hamburg brach bis 23 Uhr zusammen.

Das Unwetter deckte zahlreiche Dächer ab und entwurzelte Bäume. Weil der Strom für Pumpen weg war, brach die Wasserversorgung im südlichen Hamburg zusammen. Ein Krankenhaus musste mit Notstromgeneratoren versorgt werden.

Rechtzeitig zum Berufsverkehr am Dienstagmorgen waren die gröbsten Schäden beseitigt: Die Ampeln funktionierten wieder, die Züge fuhren, Wasser und Strom waren wieder da. Technisches Hilfswerk und Feuerwehr hatten mit 500 Kräften durchgearbeitet. Die Versorgungsfirmen hatten noch nachts ihre Techniker losgeschickt. In einige Geschäfte in der betroffenen Region sei nachts eingebrochen worden, sagte ein Polizeisprecher. Beamte hätten daraufhin verstärkte Kontrollen durchgeführt. Es habe auch Festnahmen gegeben.

[...]

(AP 28.3.2006 – aktualisiert: 28.3.2006, 13:56 Uhr)

Zwei Tote und Chaos nach Tornado in Hamburg

Stromversorgung wiederhergestellt – Millionenschäden

Hamburg – Ein schweres Unwetter mit einem Tornado hat am Montagabend in Hamburg Schäden in Millionenhöhe angerichtet und zwei Menschen das Leben gekostet. Im Hamburger Süden tobte ein Wirbelsturm und sorgte für einen stundenlangen Stromausfall, von dem bis zu 300 000 Menschen betroffen waren. Zwei Menschen starben und zwei weitere wurden verletzt, als Baukräne umstürzten, teilte die Feuerwehr mit. Der komplette Bahnverkehr in Richtung Süden war nach Blitzeinschlägen stundenlang blockiert. Nach Polizeiangaben dauert die komplette Erfassung der Schäden mindestens bis zum Vormittag an.

Nach einer Nacht ohne Strom sind am frühen Dienstagvormittag alle Haushalte im Hamburger Süden wieder ans Netz angeschlossen worden. Seit rund sechs Uhr würden die mehr als 70 000 Haushalte wieder mit Strom versorgt, sagte ein Sprecher des Energieversorgers Vattenfall Europe.

Ein Feuerwehrsprecher berichtete von zahlreichen abgedeckten Dächern, umgeknickten Bäumen und abgerissenen Stromleitungen. Über 500 Kräfte von Technischem Hilfswerk und der Feuerwehr waren am Montagabend unterwegs. Die Polizei war mit 500 zusätzlichen Beamten im Einsatz. Unter anderem, um Einbrüchen vorzubeugen.

[...]

(dpa, Datum: 28.3.2006, 13:41 Uhr)

6 Vergleicht die beiden Meldungen mit der Zeitungsnachricht vom 28.3.2006. Welche Informationen sind hinzugekommen? Wie unterscheiden sie sich sprachlich von der Nachricht?

7 Worin unterscheiden sich die beiden Agenturmeldungen?

8 Verfasst auf der Grundlage der beiden Agenturmeldungen einen ausführlichen Bericht für eure Tageszeitung.

Zentralredaktion der Deutschen Presse-Agentur (dpa) in Berlin

9 Zeitungsredaktionen erhalten am Tag oft mehrere Hundert Meldungen der Nachrichtenagenturen. Nach welchen Kriterien könnte entschieden werden, welche der Nachrichten nun in der Zeitung erscheinen?

5. Und so berichtet die Boulevardpresse

Am 29.3.2006 berichtete die BILD-Zeitung auf ihrer Titelseite über das Unwetter in Hamburg:

Tornado-ANGST!

Mittwoch, 29. März 2006 75/13 Spanien 0,90 €

Bild

UNABHÄNGIG · ÜBERPARTEILICH

www.bild.de

120 700 Kilometer für die WM

Welt-Reise-KAISER

Alles über seine WM-Tour – Seite 11

Alarm! Der Todessturm – aufgenommen zwei Minuten bevor er Hamburg erreicht. Er zählt zu den stärksten, die Deutschland je heimsuchten

Foto: MARTINA MAKOWSKI

- Tote, Verletzte in Hamburg
- 300 000 ohne Strom
- Wird es jetzt wie in den USA?

Von M. KREKEL, M. PENTZIEN und E. AU

Der Todessturm von Hamburg! Zwei Bauarbeiter starben. 300 000 Haushalte waren ohne Strom. Schäden in Millionenhöhe. Tornado-Angst! Wird es bei uns jetzt so schlimm wie in Amerika? Die unheilvollen Prognosen von Klimaforscher und Wetter-Experten – letzte Seite

1 Beschreibt die Aufmachung des Berichts und stellt den Zusammenhang mit der beabsichtigten Wirkung auf den Leser dar.

2 Untersucht den Sprachstil, achtet insbesondere auf den Satzbau.

Unter Boulevardzeitung versteht man Zeitungen, die nicht frühmorgens an Abonnenten verteilt werden, sondern die an Kiosken oder in Geschäften zu kaufen sind (früher wurden sie von Händlern auf der Straße verkauft, weshalb sie „Boulevardzeitungen“ heißen).

3 Zeigt den Zusammenhang auf zwischen der Aufmachung und der Art und Weise, wie die Zeitung verkauft wird.

6. Nachgefragt – ein Interview führen

Schüler machen Schüler stark für das Internet

Junge Lemgoer helfen als „Medienberater" bei Fragen rund um soziale Netzwerke und das World Wide Web

Sie geben Rat bei Mobbing im Internet, helfen bei Fragen rund um soziale Netzwerke oder Handy-Nutzung: An drei Lemgoer Schulen unterstützen 28 „Medienberater" jüngere Mitschüler.

Lemgo. Facebook liegt beim Nachwuchs immer noch auf Platz eins der Lieblingsseiten im Internet, sagen Alina Weber (15) und Lennard Berger (16). Sie sind zwei von zwölf Medienberatern am Engelbert-Kaempfer-Gymnasium und geben Tipps zum Verhalten im Netz. Die LZ fragte die beiden zu ihrem verantwortungsvollen Job.

Mit welchen Angelegenheiten kommen Schüler zu euch?

Lennard Berger: Das sind oft Fragen dazu, was sie bei Facebook schreiben sollten und was nicht.

???

Alina Weber: Man sollte zum Beispiel nicht seinen vollen Namen angeben, am besten gar keine genauen Angaben –auch nicht zum Wohnort.

Lennard: Und dass sie darauf achten sollten, was sie von sich preisgeben, und erst nachdenken, bevor sie etwas schreiben.

Ihr helft auch bei Fragen zu Cybermobbing. Gab es schon mal einen konkreten Fall?

Alina: Wir hatten einmal das Problem, dass ein Schüler zu uns gekommen ist, von dem andere Schüler ein Foto in einer peinlichen Situation ins Internet gestellt haben.

???

Lennard: Das Problem hatte sich zum Glück schnell erledigt, weil das Foto wieder gelöscht wurde. Aber es ist wichtig, einen kühlen Kopf zu bewahren, mit Eltern, Lehrern oder mit uns zu reden. Dann kann man gemeinsam schauen, was man tun könnte.

???

Alina: Den Lehrern und uns ist aufgefallen, dass es auch in der fünften Klasse viele Kinder mit einem Smartphone gibt. Und von denen melden sich einige auch bei Facebook an. Es ist wichtig, so früh wie möglich über Datenschutz zu reden.

Wie kommt das, was ihr macht, bei den Jüngeren an?

Lennard: Sie stellen oft viele Fragen, erzählen von Situationen zu Hause und sind dankbar.

Alina: Wir haben in den Klassen 5 bis 6 Vorträge gehalten. Und in jeder Klasse gab es einige Schüler, die schon viel wussten. Teilweise haben wir von neuen sozialen Netzwerken erfahren, die wir selbst noch gar nicht kannten.

Bildschirmspiele sind auch ein Themenbereich. Was wollt ihr da vermitteln?

Lennard: Da klären wir über Gefahren auf, dass sich Schüler vor Kostenfallen schützen sollen. Aber es geht auch um Bildschirmspielsucht. Da ist es wichtig, einen festen Zeitplan abzumachen, an den man sich hält. Die Altersgrenze ist auch ein Thema, da sollten sich Schüler mit ihren Eltern absprechen, das ist sicherer.

???

Alina: Uns wurde das Projekt in der 9. Klasse vorgestellt, und wir fanden es interessant.

Welche Pläne habt ihr noch?

Alina: Wir haben überlegt, eine Stellwand im Foyer der Schule zu machen – mit Infos zu der Medienberatung. Das war am Anfang das Wichtigste: Das, was wir tun, bekannt zu machen. Und eine Homepage ist in Planung.

Hand aufs Herz: Wie oft nutzt ihr selbst Facebook, WhatsApp oder andere Netzwerke?

Lennard: Schon häufig, eigentlich mehrmals täglich – allein, um zu gucken, was zum Beispiel auf Facebook los ist.

Alina: Wir versuchen, das aber auch einzuschränken. Ich finde es zum Beispiel unhöflich, ständig aufs Handy zu gucken, wenn man mit Freunden unterwegs ist. Oft sitzen Leute zusammen, und jeder starrt auf sein Smartphone. Unmöglich!

Das Interview führte LZ-Redakteurin Katharina Pavlustyk.

(Lippische Landes-Zeitung, 28.2.2014)

1 Lest das Interview, das im Lokalteil einer regionalen Tageszeitung abgedruckt worden ist. An vier Stellen ist hier die Frage der Interviewerin weggelassen worden. Versucht, aus der Antwort die jeweilige Frage herzuleiten.

2 Stellt euch vor, jemand, der das Interview nicht gelesen hat, fragt euch, welche Aufgaben „Medienberater" an Schulen erfüllen. Schreibt eine Antwort auf.

3 Worin besteht eigentlich die Aufgabe des Interviewers und wie kann er sich auf diese Aufgabe vorbereiten?

4 Sprecht darüber, warum sich die Journalistin dazu entschieden haben könnte, ein Interview mit der Schülerin/dem Schüler zu führen, anstatt einen Zeitungsbericht zu schreiben.

5 Überlegt, welche sachverständigen Personen noch zu diesem Thema interviewt werden könnten.

6 Interviews werden oft auch mit Film- oder Musikstars geführt. Wodurch unterscheiden sich diese Interviews von dem, das mit den Medienberatern geführt wurde?

7 **Durchstarten! So könnt ihr weiterarbeiten:**

Bereitet selbst ein Interview zum Thema „Mediennutzung von Schülern und Schülerinnen" vor. Interviewpartner könnten z. B. die Beratungslehrerin/der Beratungslehrer und/oder die Schulleiterin/der Schulleiter sein.

So gehst du vor

Ein Interview führen

- Macht euch zu dem Thema, über das ihr ein Interview führen wollt, sachkundig.
- Entscheidet, welcher Interviewpartner geeignet ist, sich zu dem Thema zu äußern.
- Überlegt, welche Fragen für den Leserkreis eures Interviews besonders interessant sind.
- Nehmt Kontakt mit dem Interviewpartner auf, teilt das Thema des Interviews mit und vereinbart einen Termin.
- Das Interview nehmt ihr beispielsweise mit einem Handy auf.
- Wenn ihr das Interview veröffentlichen wollt, sollte es vorher von dem Interviewten noch einmal durchgelesen und eventuell korrigiert werden.

Das musst du lernen und wissen

Das Interview

Das Interview ist einerseits ein wichtiges Mittel der Recherche für Journalisten, andererseits aber auch eine journalistische Darstellungsform in der Zeitung.
In einem Interview wird dem Befragten die Gelegenheit gegeben, direkt und ausführlich seine Meinung zu äußern. Der Leser erhält dadurch die Gelegenheit, sich mit den Aussagen des Interviewten auseinanderzusetzen und sich eine eigene Meinung zu bilden.

7. Als Reporter unterwegs – eine Reportage verfassen

Die Mädels und ihre Elf

Mine, Nadja und Steffi haben noch kein Heimspiel des SC Paderborn verpasst

von MARINA TILLMANN

■ Paderborn. „Das ist Schüssler, und da vorne, da ist auch Ndjeng." – Mine (15), Nadja (16) und Steffi (16) kennen sich aus beim SC Paderborn 07. Seit einem halben Jahr haben die drei Mädels kein Heimspiel der Truppe von Trainer Jos Luhukay verpasst. Und auch an diesem Sonntag werden sie im Stadion dabei sein, wenn das letzte Heimspiel der Saison um 15 Uhr angepfiffen wird.

Seit einem Jahr haben Mine Pauli, Nadja Redeker und Steffi Zobe alle zwei Wochen einen festen Termin. Egal, ob Kälte oder Regen, nichts kann die Fußball-Mädels davon abhalten, ihren Stammplatz im Heimstadion einzunehmen: immer 40 Minuten vor Spielbeginn und immer im Block „H", direkt neben dem Fan-Block. Sitzplätze kommen für das Trio nicht infrage: „Auf der Tribüne kann man zwar besser sehen. Aber die Stimmung ist längst nicht so gut wie hier auf den Stehplätzen", sagt Mine.

„Da vorne passiert was!"

Dann hält sie inne, reckt sich, um durch die Reihen der blau-schwarzen Fans vor ihr einen guten Blick aufs Spielfeld zu haben: „Da vorne passiert was!" SCP-Kapitän René Müller nähert sich dem gegnerischen Tor. Mine springt auf: „Tor, wie geil!" Sie fällt Nadja in den Arm, nimmt ihren blauen SCP-Schal und lässt ihn über ihrem Kopf kreisen.

Nadja pfeift auf ihren Fingern. „Paderborn drei", rufen die beiden im Chor mit rund

Mine Pauli und Nadja Redeker beim Spiel des SC Paderborn

7000 SCP-Fans und meinen die Zahl der Tore ihrer Lieblingsmannschaft. Für den Gegner bleibt beim vergangenen Heimspiel nur ein verächtliches „Null!". Dann erzählt Mine: „Meine Mutter trifft den Müller immer in der Tankstelle, in der sie arbeitet. Da wird jetzt doch ein großes Lob für ihn und die Mannschaft fällig."

Stehplatzrisiko für die Kleinen

Nadja hingegen hat nicht alles gesehen, was auf dem Rasen passiert ist: „Stehplatzrisiko", sagt sie nur. Doch Mine weiß Rat: „Die Fernsehsendung ‚Hattrick', da werden die entscheidenden Szenen wiederholt." Nadja überlegt schmunzelnd: „Im Stadion fehlen eigentlich Untertitel – zumindest für Leute, die so klein sind wie wir!"

Sie erzählt weiter: „Einmal standen wir auch mitten im Fan-Block. Aber immer muss das nicht sein." Da war es ihnen dann doch zu unruhig, wenn die Menge den Kommandos des Einpeitschers Carsten Klöpping folgte. „Carsten auf dem Zaun wird er hier von allen genannt", wissen Mine und Nadja. Und auch in der Fußball-Welt außerhalb des Stadions kennen sich die drei Mädchen aus: verfolgen Tabellen, Mannschaftsaufstellungen und Punktestände. Sie nehmen sogar an einem Tippspiel teil: „Getippt wird in unserer Schulklasse [...]."

Mädchen und Fußball? Das finden die drei, die durch die Weltmeisterschaft 2002 zur Fußball-Begeisterung kamen, ganz normal. Seit drei Jahren geht Nadja, die 300 Meter vom Stadion entfernt wohnt, jetzt schon zu den SCP-Spielen, fuhr sogar mit einigen Freunden im Sonderzug zum Spiel nach München. „Fast hätte es geholfen", kommentiert sie die knappe Niederlage des SCP in der Allianz-Arena. „Ich habe ganz fest die Daumen gedrückt."

Bloß selber kicken, das ist nichts für die drei, höchstens in der Freizeit auf dem Bolzplatz. Steffi spielt Volleyball. Deshalb konnte sie beim Spiel gegen Alemannia Aachen auch nicht dabei sein: „Leistungstraining auf Norderney", berichtet Mine. Am Sonntag gegen Erzgebirge Aue wird das Kicker-Kleeblatt aber wieder vollzählig sein, jubeln, auf den Fingern pfeifen, die Schals schwenken und „ihrer Elf" Glück bringen.

Das letzte Heimspiel des SC Paderborn in der Zweitliga-Saison 2005/2006 wird an diesem Sonntag um 15 Uhr angepfiffen. Gegner ist Erzgebirge Aue.

(nach: Neue Westfälische, Nr. 105, 6./7.5.2006; bearbeitet)

1 Lest den Text „Die Mädels und ihre Elf". Vergleicht den Text mit einer Zeitungsnachricht oder einem Bericht. Untersucht im Einzelnen

- das Thema,
- den Aufbau und
- die Sprache des Textes.

Stellt die wesentlichen Unterschiede zusammen.

2 Wie könnte sich die Reporterin auf das Treffen mit den Mädchen vorbereitet haben? Welche Fragen könnte sie ihnen gestellt haben?

3 Welche Wirkung übt die besondere Darstellungsweise des Textes auf den Leser aus?

4 Texte dieser Art nennt man Reportagen. Es gibt sie in schriftlicher Form als Zeitungstext, aber auch im Fernsehen und Rundfunk. Stellt Gemeinsamkeiten und Unterschiede dieser Reportageformen heraus.

5 Verfasst selbst eine Reportage. Wählt dazu ein Thema aus eurer näheren Umgebung aus. Vielleicht kennt ihr jemanden mit einem ausgefallenen Hobby oder ihr schreibt eine Reportage über den Alltag des Hausmeisters eurer Schule. Thema könnte auch die große Pause in der Schule oder eine Klassenarbeit sein.

So gehst du vor

Eine Reportage schreiben

- Am Anfang einer Reportage steht die Recherche: Informiert euch möglichst ausführlich über das Thema eurer Reportage.
- Überlegt euch Fragen, die ihr einem Experten zu dem Thema stellen könnt.
- Schildert sowohl die wichtigsten Fakten zu eurem Thema als auch eure persönlichen Eindrücke.
- Formuliert eine Einleitung, die den Leser am Geschehen teilnehmen lässt.
- Formuliert eure Reportage so, dass das Geschehen für den Leser möglichst anschaulich dargestellt wird.

Hier sind zwei Versuche einer Einleitung zu einer Reportage über die Tätigkeit eines Schulhausmeisters:

15:10 Uhr. Im Schulhaus ist Stille eingekehrt. Die letzten Schülerinnen und Schüler haben die Schule verlassen. Erleichtert lässt sich Hausmeister Krause auf seinen Schreibtischstuhl in seiner Hausmeister-loge am Schuleingang fallen.

„War das wieder ein Tag", stöhnt er. Und wirklich, der Alltag eines Schulhausmeisters ist sehr anstrengend.

Der Hausmeister einer Schule hat viel zu tun, weil er einen großen Aufgabenbereich hat. Er ist nicht nur für kleinere Reparaturen am Schulgebäude oder Inventar zuständig, sondern muss auch viele andere Aufgaben erledigen.

6 Vergleicht die beiden Einleitungen miteinander. Begründet, welche der beiden Einleitungen euch für eine Reportage besser geeignet erscheint.

Das musst du lernen und wissen

Die Reportage

In einer Reportage schildert der Reporter oder die Reporterin ein selbst miterlebtes Ereignis. Der Leser oder Hörer wird an den Ort des Geschehens geführt und verfolgt es mit den Augen und Ohren des Reporters oder der Reporterin. Geschildert werden dabei sowohl die wesentlichen Fakten als auch die persönlichen Gefühle und Eindrücke.

Die Reportage bemüht sich um eine besonders anschauliche Sprache. Das Tempus der Reportage ist in der Regel das Präsens; es unterstützt den Eindruck, dass der Leser oder Hörer live bei dem Ereignis dabei ist. Reportagen sind vor allem im Fernsehen und Hörfunk eine häufige Darstellungsform.

8. Meine Meinung – ein Ereignis kommentieren

Leserbrief

Eltern und Lehrer sind gefragt

Interview „Schüler machen Schüler stark für das Internet", 28.2.2014

Natürlich ist es richtig und lobenswert, wenn ältere Schülerinnen und Schüler sich als Medienberater für ihre jüngeren Mitschülerinnen und -schüler engagieren. Möglicherweise erreichen sie diese Zielgruppe besser als Erwachsene. Aber zu fragen ist doch, ob dieses Engagement wirklich ausreicht, den mannigfachen Gefahren, die von den neuen Medien ausgehen, zu begegnen.

Meiner Meinung nach kann es nicht nur darum gehen, die jungen Menschen über die Gefahren aufzuklären. Sie brauchen vielmehr feste Regeln und Grenzen im Umgang mit dem Internet, den sozialen Netzwerken, dem Handy, den Computerspielen. Und hier sind sowohl die Eltern, aber auch die Lehrerinnen und Lehrer gefragt. Sie müssen Sorge dafür tragen, dass die Jugendlichen sich wieder mehr dem wirklichen Leben zuwenden, anstatt permanent in virtuellen Welten sich zu bewegen und scheinbar echte, in Wahrheit aber oberflächliche Kommunikation zu betreiben. Und wenn es nicht anders geht, dann eben auch mit Verboten.

Georg Müller, Schillerstr. 17

TV-KRITIK • TV-KRITIK • TV-KRITIK • TV-KRITIK • TV-KRITIK • TV-KRITIK • TV-KRITIK • TV-KRITIK

Lustvolle Parodie
„Rotkäppchen"
Montag, Pro 7

Sie sind bestimmt Geschmackssache: Märchenparodien, in denen die altehrwürdigen Stoffe durch den Kakao gezogen werden. Aber auch wer so etwas nicht mag, muss dem Privatsender Pro 7 zubilligen, dass das erste seiner acht Comedymärchen gut gemacht war. Die gute Rotkäppchen-Story kam als freche, aufwendig produzierte und vor originellen Einfällen strotzende Parodie auf Castingshows wie „Deutschland sucht den Superstar" daher. Lustvoll spielte Christian Tramitz den lüsternen Musikproduzenten Sebastian Wolf, der das fesche Rotkäppchen (Julia Stinshoff) zum Star machen wollte, die alkoholkranke Großmutter klagte über die Krankenkasse, Heinz Hoenig drehte als Finanzminister Eisenhans an einem Folterinstrument namens Steuerschraube. Ein mit einer Stunde angemessen kurzes und recht unterhaltsames Spiel mit TV-Genres.

Cornelia Wystrichowski
(Lippische Landes-Zeitung, 21.3.2006)

Kommentar

Fern-Abschaltung von Autos

Eingreifen unerwünscht

MIRIAM SCHARLIBBE

„Dein Schutzengel fährt mit“, heißt es oft auf Autoaufklebern. Künftig heißt es wohl: „Big Brother fährt mit.“ Die Idee der EU, Autos per Fernsteuerung anzuhalten, ist schon jetzt technisch machbar. In den USA werden bereits Autos mit speziellen Systemen von der Polizei als Lockvögel verwendet: Wird der Dieb am Steuer erkannt, verriegeln sich die Türen, und der Motor geht aus.

So absurd der Plan klingt, so gefährlich ist er. Alle Neuwagen mit der Technik zu versehen stellt die EU-Bürger unter Generalverdacht. Dabei ist der Nutzen fraglich. Auf den Gedanken, dass Kriminelle mit einem älteren Fahrzeug, das die Technologie nicht hat, flüchten könnten, scheinen die Mitglieder der Arbeitsgruppe nicht zu kommen. Irrelevant ist wohl auch, dass bei dem massiven Eingriff in den Straßenverkehr Menschen verletzt werden können. Und: Wenn sogar das Handy der Bundeskanzlerin ausspioniert wird, dürften Angriffe auf die Automobiltechnologie nicht lange auf sich warten lassen.

Bei so einem wichtigen Thema sollte die EU von Anfang an mit offenen Karten spielen. Stattdessen wird auf den beratenden Charakter der Arbeitsgruppe verwiesen. Wenn das Projekt so vage ist, wie der Rat sagt, könnte das Dokument den Bürgern auch offiziell zugänglich gemacht werden.

Die Forschung kostet reichlich Geld. Deshalb werden die Ideen kaum ungenutzt bleiben.

miriam.scharlibbe@ihr-kommentar.de

Titelseite

(Neue Westfälische, 6.2.2014)

1 Lest die Texte. Stellt heraus, wodurch sie sich von den Zeitungstexten, die ihr bisher kennengelernt habt, unterscheiden. Stellt weiterhin heraus, wodurch sie sich untereinander unterscheiden.

2 Entscheidet für jeden Text, in welchem Teil der Zeitung er erschienen sein könnte.

3 Untersucht die Texte im Einzelnen:

- Zu welchem Anlass nimmt der Verfasser oder die Verfasserin Stellung? Welche Auffassung vertritt er oder sie?
- Welche Gründe führt der Verfasser/die Verfasserin für seine/ihre Auffassung an?
- Welche Formulierungen drücken die persönliche Meinung oder Wertung des Verfassers/der Verfasserin aus?

4 **Durchstarten! So könnt ihr weiterarbeiten:** Schreibt zu dem Leserbrief oder dem Kommentar eine Erwiderung, in der ihr eure persönliche Meinung zu dem Thema zum Ausdruck bringt. Ihr könnt auch einen Leserbrief zu einem aktuellen Thema schreiben, über das in der Tageszeitung berichtet worden ist.

So gehst du vor

Einen Leserbrief verfassen

- Einen Leserbrief kannst du zu einem Zeitungsartikel verfassen, der eine bestimmte Meinung vertritt, oder aber auch zu einem Sachverhalt, über den in der Zeitung berichtet worden ist.
- Wenn du den Leserbrief zu einem Zeitungsartikel schreibst, in dem der Verfasser eine bestimme Meinung vertritt, dann kläre deinen Standpunkt, d. h., ob du der in dem Text vorgetragenen Meinung zustimmen kannst oder nicht. Bist du derselben Ansicht, dann überlege, welches Argument du besonders überzeugend findest oder ob dir noch weitere Argumente einfallen. Bist du anderer Ansicht, dann überlege dir mögliche Gegenargumente.
- Wenn du zu einem aktuellen Thema schreibst, dann kläre ebenfalls deinen Standpunkt und überlege, welche Argumente deinen Standpunkt unterstützen.
- Mache zu Beginn deines Leserbriefes deutlich, auf welchen Artikel bzw. auf welches Thema du dich beziehst.
- Kennzeichne deine Ansicht deutlich, indem du wertende Formulierungen benutzt.
- Überlege dir eine geschickte Reihenfolge, in der du deine Argumente vorträgst.

Das musst du lernen und wissen

Meinungsbildende Texte

Neben den überwiegend informativen Textarten *Nachricht*, *Bericht* und *Reportage* gibt es auch Texte, in denen der Verfasser seine persönliche Meinung darstellt mit dem Ziel, den Leser davon zu überzeugen.
Die häufigsten meinungsbildenden Textarten in der Zeitung sind der **Kommentar**, der **Leserbrief** und die **Rezension**.

- In einem **Kommentar** äußert ein Journalist oder eine Journalistin seine/ihre persönliche Ansicht zu einem Ereignis.
- In einem **Leserbrief** äußert ein Leser oder eine Leserin sich in der Regel zu einem Zeitungsartikel. Er oder sie kann aber auch zu einem aktuellen Thema Stellung nehmen.
- Mit einer **Rezension** werden Bücher, Fernsehsendungen, Filme oder Musikveranstaltungen einer kritischen Wertung unterzogen.

Projektideen rund um die Zeitung

- Viele Zeitungen bieten an, ihre Redaktion und das Druckhaus zu besichtigen. Dabei könnt ihr euch genau über den Prozess der Herstellung einer Zeitung informieren. Überlegt zunächst, was ihr schon über diesen Prozess wisst und was ihr noch in Erfahrung bringen wollt.
- Wenn ihr Fotokameras mitnehmt, könnt ihr eine interessante Dokumentation über eure Besichtigung erstellen und diese entweder in der Pausenhalle präsentieren oder auf der Homepage eurer Schule veröffentlichen.
- Oft ist es auch möglich, einen Redakteur oder eine Redakteurin in den Unterricht einzuladen. Dann solltet ihr euch vor dem Besuch genau überlegen, was ihr wissen wollt, und entsprechende Fragen vorbereiten.
- Besonders interessant ist es, an einem Zeitungsprojekt teilzunehmen. Eure selbst verfassten Artikel werden dann in eurer Tageszeitung veröffentlicht. Da diese Artikel von vielen Menschen eurer Region gelesen werden, sollten sie gut recherchiert und interessant geschrieben sein. Als Thema bietet sich alles an, was euch interessiert und beschäftigt und von dem ihr glaubt, dass es auch eine breite Öffentlichkeit interessiert:
  Schule, Tierschutz, besondere Probleme Jugendlicher (Schulschwänzen, Drogen, Ladendiebstahl), aber auch besondere Leistungen Jugendlicher (Sport, ehrenamtliche Tätigkeiten) und vieles mehr. Ihr könnt entscheiden, ob ihr einen eher sachlich-informierenden Bericht, eine Reportage oder einen meinungsbildenden Artikel verfassen wollt.
  Oft bietet es sich an, den Artikel mit einem Foto noch anschaulicher zu gestalten. Das Foto sollte stets eine Bildunterschrift haben.
  Überprüft eure Artikel, nachdem ihr sie verfasst habt, gegenseitig: Ist der Aufbau nachvollziehbar? Ist er lesergerecht formuliert? Sind die wichtigsten Fragen beantwortet? Stimmen Rechtschreibung und Zeichensetzung?
- Informiert euch über den Zeitungsmarkt in Deutschland. Wie viele Zeitungen gibt es? Welche Unterschiede gibt es zwischen den Zeitungen? Worin besteht der Unterschied zwischen Zeitungen und Zeitschriften? Präsentiert eure Ergebnisse in der Schule.

9. Kleine Übungen zur Lernkontrolle

? ? ?

„Safer Internet Day“ am Grabbe-Gymnasium mit Workshops rund um PCs, Smartphones und Apps

von SVEN KOCH

Die meisten Fünft- bis Siebtklässler nutzen Smartphones oder haben PCs und Laptops. Grund genug für das Grabbe-Gymnasium, einen „Safer Internet Day“ auszurufen. Die Aktion dauert bis heute.

Detmold. Es geht um den Internetführerschein, um das Chatten, um „WhatsApp“ und Facebook sowie Cybermobbing – und dabei befassen sich Schüler der Oberstufe mit denen der Unterstufe und zeigen ihnen Regeln und Gefahren auf, die das Internet sowie die neuen Kommunikationsstrukturen insgesamt mit sich bringen können. Seit Montag bis einschließlich heute gibt es jede Menge Informationen in Workshops sowie in Vorträgen von Medienpädagogin Sabine Schattenfroh. Gestern hielt sie auch einen Info-Abend für Eltern – etwa 140 hatten sich dazu angemeldet.

„Rund die Hälfte aller unserer Fünftklässler“, sagte gestern Lehrer Gunnar Klinge von der Fachschaft Informatik, „nutzen Smartphones, verfügen über eigene PCs und Laptops oder Tablets. Dabei steht das Smartphone aber im Vordergrund – und die Nutzung von ‚WhatsApp‘ vor Facebook.“

„WhatsApp“ ist eine Nachrichten-Applikation für Mobiltelefone, mit der sich im Wesentlichen kostenlose SMS und Dateien auch an ganze Gruppen von Empfängern senden lassen – im Gegensatz zu Facebook ohne großartige Anmeldungen und damit leicht verfügbar. Klinge weiß: „So richtig los geht es ab der sechsten Klasse – im Bereich der fünften stellen wir eher zwei Extreme fest, die vor allem mit dem Elternhaus zusammenhängen: Die einen schotten sich total ab, die anderen lassen alles zu.“ Und die Gefahr dabei sei folgende: „Im Umgang damit fehlt den Kindern das Unrechtsbewusstsein völlig, wenn sie sich etwa über andere lustig machen oder Bilder ins Internet stellen.“ Im siebten Jahrgang, sagt Klinge, habe es gerade erst Fälle von Cybermobbing gegeben.

Am Grabbe haben vor allem Informatik-Schüler aus dem 11. Jahrgang die Workshop-Leitung übernommen. Klinge sagt: „Sie lernen dabei selbst etwas – und die Jüngeren nehmen ihnen auch ab, dass sie die Technik selbst nutzen." In einem der Workshops erklärten gestern zum Beispiel Carolin Sollmer, Jonas Dettmer und weitere den Sechstklässlern die Regeln für das Chatten.

Chatregeln

Einige Tipps für die Kommunikation von den Grabbe-Schülern:
- Schicke keine Filme oder Fotos von dir.
- Triff ohne Elternerlaubnis nie eine im Internet kennengelernte Person.
- Glaub nicht alles, was man dir im Chat erzählt.
- Gib nie deine Adresse oder dein Passwort bekannt.
- Sei vorsichtig, denn du weißt nie, wer dein Chatpartner ist.

(Lippische Landes-Zeitung, 13.2.2014)

1 Beantworte in deinem Heft folgende Fragen:

a) Was sollen die Schüler in den Workshops des „Safer Internet Day" lernen?

b) Wer leitet die Workshops?

c) Wie lange dauert die Aktion?

d) In welchen Bereichen fehlt vielen Fünftklässlern ein Unrechtsbewusstsein?

2 Dem Zeitungsbericht fehlt noch eine Hauptschlagzeile. Formuliere sie.

3 Schreibe den Bericht um in eine kurze Zeitungsnachricht (höchstens vier Sätze). Finde eine kurze und präzise Schlagzeile für die Nachricht.

4 Schreibe einige Merkmale auf, an denen du erkennen kannst, dass es sich um einen Zeitungsbericht und nicht um einen Kommentar oder eine Reportage handelt.

5 Verfasse einen Kommentar zu der Aktion des Grabbe-Gymnasiums, in dem du dich für oder gegen einen „Safer Internet Day" aussprichst.

Das Lernen lernen – Sachtexte zusammenfassen

Wie man eine Inhaltsangabe zu einem literarischen Text, z. B. einer Ballade oder einer Erzählung, verfasst, habt ihr bereits im letzten Schuljahr gelernt.
In diesem Kapitel geht es nun darum, einen Sachtext inhaltlich zusammenzufassen. Das kann z. B. ein Zeitungsbericht oder ein Lexikonartikel sein. Die Aufgabe, den Inhalt eines Sachtextes wiederzugeben, begegnet euch in vielen Fächern, wenn es z. B. heißt: „Gib den Inhalt der Geschichtsquelle wieder“ oder „Fasse die wichtigsten Informationen, die der Text enthält, zusammen“.
In diesem Kapitel erfahrt ihr zudem einiges zum Thema „Jobben neben der Schule“. Aus verschiedenen Zeitungsartikeln erhaltet ihr dazu Informationen. Zunächst geht es darum, die Informationen zu bündeln. In einem weiteren Schritt seht ihr euch die Aufgaben von Aussagen genauer an, denn oft enthält ein Text mehr als nur reine Informationen.

1 Bestimmt verdienen sich einige von euch bereits etwas zum Taschengeld hinzu. Berichtet davon.

2 Glaubt ihr, dass sich Schule und sogenannte Nebenjobs gut vereinbaren lassen?

3 Lest ihr manchmal Zeitungsartikel über ein Sachthema und gelingt es euch, andere darüber zu informieren? Tauscht eure Erfahrungen aus. Welche Unterschiede könnte es zwischen der Inhaltsangabe zu einem literarischen Text und der inhaltlichen Zusammenfassung eines Sachtextes geben?

1. Die inhaltliche Zusammenfassung eines Sachtextes

Die Schülerinnen und Schüler der Klasse 8d haben sich im Unterricht mit dem Themenfeld „Arbeit" auseinandergesetzt und sind dabei auf das Teilgebiet „Jobben neben der Schule" gestoßen. Weil sie dies für ein interessantes Thema halten, entscheiden sie sich, ein Projekt dazu zu machen. Zunächst einmal suchen sie in Tageszeitungen und im Internet nach geeigneten Texten, um entsprechende Sachinformationen zu erhalten. Damit nicht jeder jeden Text lesen muss, sollen die anderen jeweils über den Inhalt in einer kleinen Zusammenfassung informiert werden.

Jens ist auf eine Reihe von Artikeln gestoßen, über die er seine Gruppe informieren möchte.
Den folgenden Bericht fand er in einer Tageszeitung.

Jugendliche suchen zunehmend Nebenjobs

Nach Angaben des Arbeitsamts Bielefeld ist die Zahl der Anfragen nach Nebenjobs im Laufe der letzten fünf Jahre um 20 % gestiegen. Bei der Frage nach Ferienjobs erhöhte sich die Zahl der Bewerber sogar um 25 %.

Die Tätigkeiten, denen die Jugendlichen zwischen 14 und 19 Jahren nachgehen, reichen vom Babysitten über Nachhilfe bis zum Verteilen von Prospekten.

Aber dabei bleibt es oft nicht: Viele Schülerinnen und Schüler arbeiten zusätzlich als Aushilfskraft in Geschäftshäusern und Kaufhäusern, wo sie Schmuck polieren und sortieren, Hosen in Regale füllen oder Frikadellenbrötchen verkaufen.

Die durchschnittliche wöchentliche Arbeitszeit liegt bei den 14–15-Jährigen bei 6–8 Stunden.

Nach Angaben des Bielefelder Professors Jürgen Mansel (Sprecher der Sektion „Jugend" bei der Deutschen Gesellschaft für Soziologie) liegen die Ursachen für die umfangreiche Nebentätigkeit nicht entscheidend darin, das Taschengeld aufbessern zu wollen. Für Handy, Kleidung etc. wird viel Geld benötigt, das aber wollen sich Jugendliche oftmals selbst verdienen. Wesentlich ist nach Mansel, dass die Jugendlichen einen „Weg zur eigenen Selbstständigkeit" suchen. Es sei, so Mansel weiter, befreiend für Jugendliche, nicht zwingend auf das Geld der Eltern angewie-

sen zu sein. Zudem schätzt Mansel Arbeit bei Jugendlichen als förderlich für das Selbstwertgefühl ein, sie sei „identitätsbildend". Nach Forschungsergebnissen der Universität Bielefeld kann man auch die Sorge um schulische Leistungen zur Seite legen.
Schüler mit Nebenjobs leisten nicht generell weniger als andere. Die Entwicklung wird eher dann negativ beeinflusst, wenn den Jugendlichen Nebenjobs verboten werden. Solche Kinder haben das Gefühl, ihr Leben in diesem Bereich nicht selbst in die Hand nehmen zu können. Und „Eigenverantwortung spielt im Leben junger Leute eine wichtige Rolle", so Mansels Einschätzung.

(Nach einem Interview von Marcel Gluschak mit Jürgen Mansel: Das Anspruchsdenken ist gestiegen; in: Kölner Stadt-Anzeiger, 7.7.2003)

1 Lest zunächst den Artikel im Überblick: Worum geht es in diesem Bericht?

2 Wie könnte Jens vorgehen, um wesentliche Informationen des Textes für seine Arbeit hervorzuheben? Denkt an Methoden, die ihr schon kennengelernt habt.

3 Markiert die Aussagen des Berichts, die euch besonders wichtig erscheinen. Legt dazu eine Folie auf den Text oder schreibt sie stichwortartig heraus.

4 Damit ihr euch im Text schnell zurechtfindet, ist es hilfreich, ihn in Sinnabschnitte zu gliedern und mit kleinen Überschriften zu versehen, die den jeweiligen Inhalt knapp bündeln. Hier findet ihr einige Vorschläge für Zwischenüberschriften zu den ersten beiden Abschnitten (Z. 1–14). Welche Überschriften erscheinen euch sinnvoll? Begründet eure Meinung.

- Nebenjobs
- Nachfrage nach Nebenjobs gestiegen
- 20 % mehr Nebenjobs
- Art und Umfang der Nebenjobtätigkeit
- Tätigkeiten der Jugendlichen
- 6–8 Stunden Arbeit pro Woche

5 Worüber informiert der Text außerdem? Formuliert eigene Überschriften für die anderen Abschnitte des Artikels.

Jens hat die folgenden Überschriften gewählt und ordnet ihnen Einzelinformationen zu; er beginnt:

1. (Zeile 1–5)
   Nachfrage nach Nebenjobs innerhalb von 5 Jahren um 20 % gestiegen; Ferienjobs 25 %
2. (Zeile 6–14)
   Tätigkeiten der Jugendlichen: z. B. Babysitten, Nachhilfe, Aushilfsarbeit im Kaufhaus

6 Führt die Arbeit von Jens weiter.

7 Was erreicht der Schüler damit, wenn er so vorgeht? Habt ihr weitere Ideen, wie ihr euch den Inhalt eines Textes schnell vergegenwärtigen könnt?

8 Versucht nun, ausgehend von der Übersicht, die ihr in Aufgabe 6 erstellt habt, das Thema des Textes zu formulieren.

9 Fasst den wesentlichen Inhalt des Textes mit eigenen Worten zusammen. Jens hat folgenden Anfang gemacht:

In dem Zeitungsartikel „Jugendliche suchen zunehmend Nebenjobs" geht es um Nebenjobs von Jugendlichen und die Gründe für solche Tätigkeiten.
Zunächst erfährt der Leser, dass innerhalb von fünf Jahren die Nachfrage nach Nebenjobs um 20 % gestiegen ist, bei Ferienjobs sind es sogar 25 %. Die Jugendlichen verdienen sich Geld mit Babysitten, Nachhilfe etc. ...

Auch Statistiken sind im weiteren Sinne Sachtexte, die wesentliche Informationen grafisch aufbereiten. Die folgende Statistik fand Thilo bei seiner Recherche:

Die Ausgaben der Teenager

Befragung durch die „Youngcom-Studie“; 892 Jugendliche zwischen 13 und 20 Jahren wurden gefragt: „Wofür gibst du dein Geld am liebsten aus?“ Es waren Mehrfachnennungen möglich. (Angaben in %)

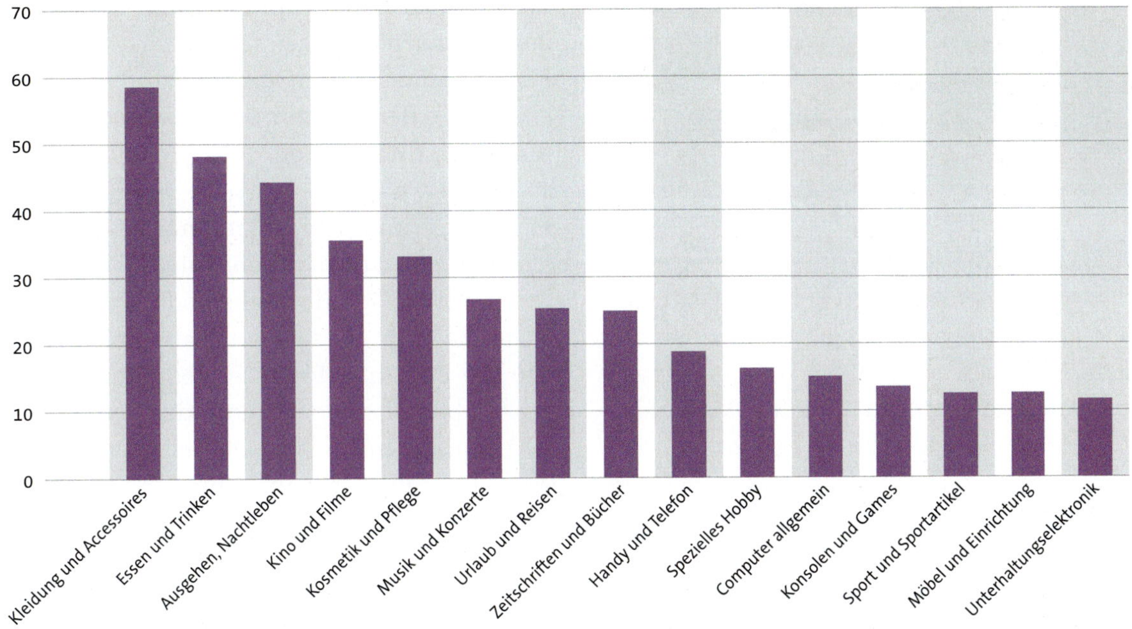

1 Seht euch die Statistik an. Deckt sich die angeführte „Hitliste“ der Ausgaben mit eurer persönlichen Gewichtung? Tauscht euch über die Angaben in der Statistik aus.

2 Erklärt eurem Tischnachbarn oder eurer Tischnachbarin die Statistik.

3 Versucht anschließend, in einem mündlichen Vortrag oder einem kurzen schriftlichen Text die wesentlichen Informationen der Statistik zusammenzufassen. Beginnt zunächst mit einer zusammenfassenden Formulierung, was die Statistik verdeutlicht, und nennt dann die Einzelinformationen.

In einem Artikel aus dem „Kölner Stadt-Anzeiger“ geht der Verfasser auch auf das Konsumverhalten der Jugendlichen, das mit der Nachfrage nach Nebenjobs zusammenhängt, ein. Maja untersucht den Text genauer.

Generation Job

Die Jugendlichen verdienen sich das Geld in erster Linie für Handy, Hobbys und Kleidung.
Von Marcel Gluschak

Da kann er nur noch mit dem Kopf schütteln. Manfred Huschner, Englischlehrer und Schulleiter am Gymnasium Köln-Nippes, kann nicht fassen, was ihm die Schüler manchmal erzählen. „Pro Monat brauche sie 250 Euro, hat mir eine Schülerin mal gesagt. Auf meine Frage, wofür sie das Geld ausgebe, antwortete das Mädchen: an erster Stelle für mein Handy, an zweiter für Klamotten, an dritter für die Sonnenbank und dann noch fürs Essen. Die 250 Euro reichen dann meistens bis zum 20. des Monats.“ Manfred Huschners Mundwinkel rücken noch ein Stück weiter nach unten. „Dann fragte ich die Schülerin, was sie denn nach dem 20. mache, und sie antwortete: Na, es schmeckt zwar nicht so gut, aber dann muss ich eben wieder zu Hause essen.“

Jugendliche haben ihr Konsumverhalten verändert – daran haben Experten keinen Zweifel. Internet- und Handyrechnungen wollen bezahlt werden, Ausgehen auch an den Wochentagen ist nichts Außergewöhnliches mehr, Markenklamotten bleiben in – um diesen Lebensstil finanzieren zu können, reicht das herkömmliche Taschengeld nicht aus. Für viele Schüler ist der Nebenjob zum selbstverständlichen Bestandteil des Alltags geworden. „Das Taschengeld von meinen Eltern reicht halt nicht, um mir die Wünsche zu erfüllen, die ich habe", sagt Laura (19). Acht bis zehn Stunden in der Woche steht sie in einem großen Bekleidungsgeschäft und sortiert die Pullover. Kein aufregender Job, wie sie sagt, aber der einzige Weg zu einem ausgeglichenen Kontostand am Monatsende.

Für den Konsum legen sich Deutschlands Schüler mächtig ins Zeug. Rund ein Drittel der 15- bis 19-Jährigen arbeitet regelmäßig, 42 Prozent gehen gelegentlich und in den Ferien einem Job nach. Das sind die vorläufigen Ergebnisse der Studie „Jugendliche in neuen Lernwelten" des Deutschen Jugendinstitutes in München, die diesen Sommer veröffentlicht wird.

„Bei so viel Beschäftigung drängt sich die Frage auf, ob die Schüler noch die Arbeit im Klamottenladen als Nebenjob betrachten oder nicht eher die Schule", ärgert sich der Hamburger Lehrerverbandschef Arno Becker. „Zu Wochenbeginn hängen die Schüler motivationslos über den Tischen, noch ganz müde vom Job am Wochenende." Die Schüler hätten keine Verbindung mehr zur Schule, klagt Becker, der den Lehrauftrag der Schule gefährdet sieht. Für Becker steht außer Frage, dass sich lukrativer Nebenverdienst und ertragreiche Bildung nicht vereinbaren lassen. Arbeit bedeute eine zunehmende Verplanung des Alltags, dies wiederum zieht wachsenden Stress nach sich – vor allem in den Klausurphasen.

Schüler jedoch sehen das ganz anders. „Das ist eine Frage der eigenen Disziplin und der Organisation", findet Laura. „O.k., manchmal ist es so stressig, dass ich erst nach Feierabend nach Hause komme. Aber dann mache ich meine Hausaufgaben eben schon vorher in der Schule, wenn wir Freistunden haben oder Pause." Auch Natascha (18), die sich mit Babysitten zusätzliche 150 Euro im Monat verdient, empfindet ihren Nebenjob als Training für den späteren Überlebenskampf: „Ich bin selbstständiger geworden. Und ich kann nun auch verantwortlicher mit Geld umgehen. Man sieht, dass man nicht alles einfach so bekommt, sondern auch etwas dafür tun muss."

Naschas Ansicht deckt sich mit dem Ergebnis einer aktuellen Studie des wirtschaftssoziologischen Instituts der Universität Bonn. Die Analyse ergab, dass Jugendliche, die ihr Taschengeld mit einem Nebenjob aufbessern, mit Geld sicherer umgehen können und auch eher zum Sparen neigen.

Für die meisten Lehrer sind dies vielleicht positive Nebeneffekte, das Phänomen Schularbeit einfach hinnehmen wollen sie jedoch nicht. Das Gymnasium Köln-Nippes geht daher einen Weg, der positive Synergien freisetzen soll. So empfiehlt das dortige Kollegium seinen Schülern Ar-

beitsstellen, bei denen die Jugendlichen das schulische Wissen praktisch anwenden können. Die Schüler haben etwa die Möglichkeit, bei der Arbeit am Computer in einem großen Warengeschäft die Kenntnisse des Informatikunterrichts anzuwenden – und dabei auch noch Geld zu verdienen. „Man kann nicht immer alles verbieten und die Augen vor den neuen Entwicklungen verschließen“, meint Schulleiter Hunscher. „Aber eines müssen die Schüler begreifen: Ihre eigene Zukunft ist wichtiger als Geld.“

(Kölner Stadt-Anzeiger, 7.7.2003)

1 Inwiefern ist dieser Artikel schwerer zu verstehen als der vorherige? Worin unterscheidet er sich vom vorausgehenden Artikel?

2 Lest zunächst den Text im Überblick: Worum geht es hier? Gebt zentrale Inhalte kurz mündlich wieder.

3 Geht im Weiteren vor wie bei dem vorherigen Artikel:

- Markiert zunächst Wichtiges.
- Gliedert den Text in Sinnabschnitte und verseht diese mit Überschriften.
- Ordnet den Überschriften stichwortartig Einzelinformationen zu.

Maja schreibt mithilfe ihrer Markierungen und Zwischenüberschriften folgende Punkte auf, die ihr als Gerüst für die Zusammenfassung dienen sollen:

- Viele Schüler jobben.
- Kritische Meinung eines Lehrers, Konsumverhalten der Jugendlichen (Handy, Kleidung, Ausgehen) als Grund für Nebenjob
- „Rund ein Drittel der 15- bis 19-Jährigen arbeitet regelmäßig, 42 Prozent gehen gelegentlich und in den Ferien einem Job nach.“ (Z. 39–42)
- Hamburger Lehrerverbandschef: Schüler sind nicht mehr motiviert, also: lukrativer Nebenverdienst und ertragreiche Bildung nicht zu vereinbaren
- Schülermeinung: Jobben ist positiv: Eigenverantwortung und Selbstständigkeit
- Studie des wirtschaftssoziologischen Instituts Bonn bestätigt Schülermeinung: Studie zeigt, dass „Jugendliche, die ihr Taschengeld mit einem Nebenjob aufbessern, mit Geld sicherer umgehen können und auch eher zum Sparen neigen“ (Z. 80–83).
- Lehrer suchen Kompromiss, z. B. Kölner Gymnasium: Schüler sollen schulisches Wissen im Nebenjob nutzen – entsprechend eine Stelle auswählen. Wunsch der Lehrer: Schüler sollen einsehen: „Ihre eigene Zukunft ist wichtiger als Geld.“ (Z. 100)

4 Überprüft: Hat Maja alle wesentlichen Informationen aufgenommen? Kann man einige Angaben weglassen? Vergleicht mit euren Notizen.

5 Versucht, das Thema des Artikels zu formulieren, und tauscht euch mit eurem Nachbarn/eurer Nachbarin aus.

Maja hat folgende Themenfomulierungen notiert:

- Marcel Gluschak schreibt in seinem Artikel „Generation Job“ über Jugendliche, die noch zur Schule gehen und gleichzeitig einen Nebenjob ausüben.
- Der Artikel „Generation Job“ von Marcel Gluschak aus dem „Kölner Stadt-Anzeiger“ vom 7.7.2003 thematisiert die Nebenjobtätigkeit von Jugendlichen und setzt sich mit Ursachen und Auswirkungen einer solchen Tätigkeit auseinander.
- In dem Text geht es z. B. um Laura und Natascha, die ihr Taschengeld durch Nebenjobs aufbessern, weil sie das Geld dringend brauchen, um ihre Hobbys finanzieren zu können.

6 Vergleicht Majas Alternativen mit eurer eigenen Formulierung. Welche haltet ihr für zweckmäßig? Begründet eure Meinung.

2. Die Aufgaben von Textabschnitten erfassen

Nun habt ihr einen Überblick über die inhaltliche Gestaltung des Textes. Für längere Texte ist es sinnvoll, auch die Aufgaben einzelner Äußerungen zu beschreiben. Beispielsweise kann ein Verfasser ein Ereignis zusammenfassen, auf die Vergangenheit Bezug nehmen, sich auf statistisches Material berufen, seine persönliche Meinung kundtun oder auf die Meinung einer anerkannten Persönlichkeit zurückgreifen, um seinem Text Überzeugungskraft und Anschaulichkeit zu verleihen.
Um solche Aufgaben von Textabschnitten zu erkennen, sollte man eine „Vogelperspektive" einnehmen. Dann wird es möglich, nicht nur zu beschreiben, was gesagt wird, sondern auch zu erkennen, welche Aufgabe das Gesagte innerhalb des Textes hat.
Beispiel: Was „macht" der Verfasser, wenn er von einem Mädchen namens Laura schreibt, sie arbeite in einem Bekleidungsgeschäft? Er gibt ein *Beispiel* zur Veranschaulichung.

Nach einer ersten Bearbeitung schaut sich Maja diese Sätze genauer an:

- „Manfred Huschner, Englischlehrer und Schulleiter am Gymnasium Köln-Nippes, kann nicht fassen, was ihm die Schüler manchmal erzählen." (Z. 5–8)
- „Jugendliche haben ihr Konsumverhalten verändert – daran haben Experten keinen Zweifel. Internet- und Handyrechnung wollen bezahlt werden, Ausgehen auch an den Wochentagen ist nichts Außergewöhnliches mehr, Markenklamotten bleiben in – um diesen Lebensstil finanzieren zu können, reicht das herkömmliche Taschengeld nicht aus. Für viele Schüler ist der Nebenjob zum selbstverständlichen Bestandteil des Alltags geworden." (Z. 21–30)
- „Rund ein Drittel der 15- bis 19-Jährigen arbeitet regelmäßig, 42 Prozent gehen gelegentlich und in den Ferien einem Job nach. Das sind die vorläufigen Ergebnisse der Studie ‚Jugendliche in neuen Lebenswelten' des Deutschen Jugendinstitutes in München, die diesen Sommer veröffentlicht wird." (Z. 39–45)
- „Zu Wochenbeginn hängen die Schüler motivationslos über den Tischen, noch ganz müde vom Job am Wochenende." (Z. 50–53)
- „Für Becker steht außer Frage, dass sich lukrativer Nebenverdienst und ertragreiche Bildung nicht vereinbaren lassen." (Z. 55–58)
- „Auch Natascha (18) [...] empfindet ihren Nebenjob als Training für den späteren Überlebenskampf. ‚Ich bin selbstständiger geworden. Und ich kann nun auch verantwortlicher mit Geld umgehen.'" (Z. 68–74)
- „Nataschas Ansicht deckt sich mit dem Ergebnis einer aktuellen Studie des wirtschaftssoziologischen Instituts der Universität Bonn. Die Analyse ergab, dass Jugendliche, die ihr Taschengeld mit einem Nebenjob aufbessern, mit Geld sicherer umgehen können und auch eher zum Sparen neigen." (Z. 77–83)

1 Die genannten Sätze haben unterschiedliche Aufgaben. Versucht, die nachstehenden Formulierungen den Einzeläußerungen zuzuordnen. Sucht gegebenenfalls nach weiteren Formulierungen, mit denen die Aufgabe eines Textteils gekennzeichnet werden kann.

- ein Einzelbeispiel nennen
- sich auf eine Autorität berufen, z. B. auf einen Experten
- die Meinung einer Einzelperson anführen
- die Ergebnisse einer Studie einbringen
- Fakten nennen

2 Seht euch noch einmal eure Textgliederung an. Fertigt eine Tabelle wie die folgende an, in der ihr Inhalt und Aufgabe der Äußerungen notiert. Die Bezeichnungen aus Aufgabe 1 können euch dabei helfen. Weitere Informationen erhaltet ihr im Werkzeugkasten auf S. 274. Für die ersten Zeilen sind schon Eintragungen vorgenommen.

Zeilen	Inhalt – was wird gesagt?	Welche Aufgabe hat die Aussage?
1–20	Lebensstil von Jugendlichen mit hohen Kosten verbunden	Angabe der Meinung eines Lehrers als Experten
21–28	Konsumverhalten der Jugendlichen verändert	gültige Allgemeinaussage, gestützt durch Experten
28–30	Schüler haben Nebenjob	Tatsache
30–37	Schülerin Laura arbeitet, um sich ihre Wünsche erfüllen zu können	Beispiel

Nun geht es darum, die inhaltlichen Aussagen sowie deren Aufgaben zu verbinden und in einem Text zu bündeln. Es gibt unterschiedliche Möglichkeiten, eine Zusammenfassung zu gestalten. Hier ist das **lineare Vorgehen** gewählt worden.

So gehst du vor

Die lineare Zusammenfassung eines Sachtextes verfassen

Bei der **linearen Zusammenfassung** eines Sachtextes wird der Text von oben nach unten bzw. vom Beginn bis zum Ende bearbeitet. Dabei geht ihr nicht Satz für Satz vor, sondern ihr kennzeichnet zunächst den Aufbau des Textes und bearbeitet die einzelnen Abschnitte nacheinander.

Eine lineare Zusammenfassung könnte so beginnen:

Der Artikel „Generation Job“ von Marcel Gluschak aus dem „Kölner Stadt-Anzeiger“ vom 7.7.2003 thematisiert die Nebenjobtätigkeit von Jugendlichen und setzt sich mit Ursachen und Auswirkungen einer solchen Tätigkeit auseinander.
Zu Beginn des Artikels (Z. 1–20) greift der Autor die kritische **Reaktion eines Lehrers** auf die Lebensgewohnheiten einer Schülerin auf. Sie benötigt nach eigenen Angaben viel Geld für Kleidung, Handy und Essengehen. Mit diesem **Beispiel** führt der Verfasser in das Thema ein.
Im Weiteren stützt sich Gluschak auf **Expertenmeinungen**, die das Konsumverhalten der Schülerin als gängig einstufen.
...

3 Schreibt die Zusammenfassung weiter. Achtet darauf, dass ihr den Inhalt nicht nur nachzeichnet, sondern aus der „Vogelperspektive“ auch die Aufgaben der Abschnitte zum Ausdruck bringt.

4 Vergleicht und überarbeitet eure Entwürfe in Gruppen.

So gehst du vor

Einen Sachtext zusammenfassen

Wollt ihr den Inhalt eines Sachtextes zusammenfassen, ist es hilfreich, wenn ihr

- den Artikel in Sinnabschnitte gliedert und Zwischenüberschriften formuliert,
- den Text im Überblick lest und notiert, um welches Thema es geht,
- die Aufgabe der Aussagen notiert (fertigt dazu eine Tabelle wie auf S. 273 an).
- Schreibt dann Inhalt und Aufgaben der Abschnitte in einem zusammenhängenden Text auf. Achtet darauf, dass ihr grundsätzlich den Text mit eigenen Worten wiedergebt. Bei wörtlichen Übernahmen müsst ihr die Zitate durch Anführungszeichen kenntlich machen. In Klammern gebt ihr die Zeile bzw. Zeilen an, aus denen ihr etwas übernommen habt.

Mehr zum Thema „Zitieren“ findet ihr auf S. 69 f.

- Um die Aufgaben von Äußerungen zu beschreiben, können folgende Formulierungen hilfreich sein:
  Der Verfasser (die Verfasserin)
  - informiert zunächst darüber, dass ...
  - gibt ein Beispiel,
  - blickt zurück,
  - beruft sich auf eine Autorität,
  - gibt seine (ihre) persönliche Meinung wieder,
  - gibt die Meinung eines anderen wieder,
  - nennt Fakten,
  - gibt einen Ausblick auf die Zukunft,
  - kritisiert,
  - appelliert an ...,
  - fasst zusammen,
  - ...

Ferienjobs: Mehr als Kellnern

von NADINE BÖS

28.6.2012. Ferienjobs werden unter Schülern und Studenten beliebter. Aber auch unter Arbeitgebern. Denn sie bieten in Zeiten des Bewerbermangels einen guten Kanal, um Talente für später zu werben.

Daten über Ferienjobs für Schüler und Studenten? „Gibt es nicht“, so die einhellige Auskunft der Bundesagentur für Arbeit (BA) und des Statistischen Bundesamts. Statistiken seien schwierig, würden Ferienjobs doch in der Regel informell vermittelt, über Bekannte oder persönliches Herumfragen. Das stimmt nur teilweise: Der Autobauer Daimler etwa ist gerade vorgeprescht und hat in einer Mitteilung groß angekündigt, 6 500 Ferienbeschäftigte einstellen zu wollen, Bewerbungen sind herzlich willkommen. Die Nachfrage nach Autos sei hoch, der Absatz werde wohl weiter steigen, heißt es dort. „Ferienbeschäftigte unterstützen uns insbesondere während der Urlaubszeit, unsere Fahrzeuge schnellstmöglich an unsere Kunden übergeben zu können“, wird der Personalvorstand Wilfried Porth zitiert.

Doch hinter der schnöden Mitteilung steckt mehr. „Die Unternehmen bekommen gerade zu spüren, dass das Personal knapp wird“, sagt eine BA-Sprecherin. In Zeiten, in denen vielerorts Bewerbermangel herrsche, sei das Werben um Ferienjobber ein weiterer Kanal für Arbeitgeber, um auf sich aufmerksam zu machen. „Eine Ferienbeschäftigung ist oft eine Vorstufe zu einer Ausbildung oder zu einem Arbeitsverhältnis“, sagt die BA-Sprecherin. „Junge Menschen können so in ein Berufsfeld hineinschnuppern und herausfinden, ob sich ihre Wünsche bestätigen oder ob sie eine Karriere in diesem Bereich doch nicht so spannend finden.“

Junge Leute dringend gesucht: Wenn bei Daimler viele Beschäftigte in den Urlaub gehen, schlägt die Stunde der Ferienjobber.

Ähnliches weiß Erik Bethkenhagen, Geschäftsführer der Beratungsfirma Kienbaum Communications, zu berichten. Auch Bosch habe in den vergangenen Jahren massiv Studenten für Nebenjobs rekrutiert, um Kontakte für später anzubahnen, sagt Bethkenhagen. „Ferienjobs sind längst nicht mehr bloß Lückenfüller, um personalschwache Sommermonate mit billigen Arbeitskräften zu überbrücken. Vielmehr dienen sie zunehmend als Kanal für die Arbeitgeber, um talentierte junge Leute kennenzulernen und zu rekrutieren.“

Auch Schüler und Studenten nutzen Ferienjobs für Berufsvorbereitung

Auch umgekehrt steigt offenbar das Interesse von Schülern und Studenten, eine Ferientätigkeit in genau dem Bereich anzutreten, der auch für eine spätere Karriere infrage kommt. „Uns erreichen derzeit sehr viele E-Mail-Anfragen von Schülern, die ganz gezielt nach Nebenjobs in Bereichen suchen, in denen sie später arbeiten wollen", sagt Sascha Ropertz, Geschäftsführer des Internet-Anzeigenportals „schuelerjobs.de". Früher sei es den Schülern egal gewesen, ob sie Zeitungen austragen, im Büro sitzen oder kellnern – Hauptsache, das Geld stimmte, sagt Ropertz. „Die jetzige Schülergeneration ist aber fleißiger geworden." Es herrsche mehr Interesse daran, Berufsfelder und Arbeitgeber schon frühzeitig auszutesten. Das gelte auch für Studenten, glaubt der Kienbaum-Fachmann Erik Bethkenhagen. „Die Zeiten, in denen die Nebenjobs nur ein Broterwerb waren, sind vorbei."

Insgesamt ist die Zahl der erwerbstätigen Studenten jedenfalls in der jüngeren Vergangenheit nach oben gegangen. Arbeiteten 2006 noch 63 Prozent der Studenten in einem Nebenjob, waren es 2009 schon 69 Prozent. Die Zahlen stammen aus der Sozialerhebung des Deutschen Studentenwerks; aktuellere Erhebungen gibt es nicht. Ob auch bei den Schülern der Erwerbstätigenanteil in den letzten Jahren gestiegen ist, wird nirgendwo erfasst, es gibt nur Anhaltspunkte: Der Betreiber des Anzeigenportals schuelerjobs.de etwa meldet steigende Klickzahlen.

Gerade für Schüler sind in punkto Ferienjob jedoch auch rechtliche Fallstricke zu beachten. „Wer noch nicht volljährig ist, darf nach dem Jugendarbeitsschutzgesetz nur in bestimmten Zeitfenstern arbeiten", sagt der Stuttgarter Fachanwalt für Arbeitsrecht, Tilo Neuner-Jehle. Jugendliche ab 15 Jahren dürfen frühestens um sechs Uhr morgens mit der Arbeit beginnen und müssen spätestens um 20 Uhr Feierabend machen. Eine Ausnahme ist die Gastronomie, wo Jugendliche ab 16 Jahren bis 22 Uhr arbeiten dürfen. Auch für die Landwirtschaft und für Bäckereien gibt es Ausnahmeregelungen.

Außerdem ist es verboten, Jugendliche an Stellen zu beschäftigen, an den ihnen „sittliche Gefahren" drohen. „Zum Beispiel ist es problematisch, einen unter 18-Jährigen in einem Kino als Platzanweiser zu beschäftigen, wenn Filme gezeigt werden, die erst ab 18 freigegeben sind", sagt Neuner-Jehle. Auch physische oder psychische Überforderung sei zu vermeiden, etwa Akkordarbeit. Nicht zuletzt: Verträge mit unter 18-Jährigen sind schwebend unwirksam. „Jeder Arbeitgeber, der Minderjährige beschäftigt, sollte sich deshalb zuvor nach der Erlaubnis der Eltern erkundigen", sagt Neuner-Jehle.

(http://faz.net/aktuell/beruf-chance/ferienjobs-mehr-als-kellnern-11803225.html; letzter Aufruf am 22.2.14)

1 Versuche, das Thema des Artikels in einem Satz zu erfassen.

2 Bearbeite den Artikel nun, indem du

- den Artikel zunächst gliederst,
- die einzelnen Abschnitte deiner Gliederung inhaltlich bündelst und die Aufgaben einzelner Formulierungen, wie z. B. das Nennen von Fakten zur Untermauerung der Glaubwürdigkeit, hinzufügst. Fertige dazu eine Tabelle wie auf S. 273 an.
- zum Schluss eine Zusammenfassung des Artikels schreibst, in der du sowohl den Inhalt als auch die Aufgaben der Textaussagen zum Ausdruck bringst.

3 Diskutiert in der Klasse darüber, ob ihr eure Ferienjobs auch nach den im Text erwähnten Kriterien aussucht.

Nebenjob Spendensammlerin: „Ich sollte das Vertrauen der Opfer gewinnen“

STEFANIE HEIDER

Wie schwatze ich Passanten Verträge, Pardon, „Mitmachblätter“ auf? Studentin Viviane Cismak, 21, hat es als Spendensammlerin ausprobiert. Die Tricks, die sie als professionelle Anquatscherin anwenden musste, sind perfide.

„Wir Werber sind wahrscheinlich die am meisten gehassten Leute in Deutschland“, mutmaßte Marlon. Zu diesem Zeitpunkt konnte ich seine Aussage noch nicht genau einordnen. Wenig später dafür umso mehr.

Da stand ich nun an der Berliner Friedrichstraße mit meinem Team. Der Teamleiter gab strikte Anweisungen: immer in Bewegung bleiben, nicht stehen bleiben, immer freundlich sein und aufgeschlossen auf die Leute zugehen.

Auf keinen Fall durften wir jemals den potenziellen Spendern gegenüber das Wort „Vertrag“ erwähnen. Das war streng verboten. Vielmehr sollte der Vertrag als „Mitmachblatt“ beschrieben werden, was natürlich am Vertragscharakter nicht viel änderte.

Das Vertrauen der Opfer gewinnen

Es gab einen Leitfaden, der anscheinend streng nach psychologischen Erkenntnissen entworfen worden war. Echte Fragen durften wir nicht stellen, dafür aber Suggestivfragen. „Dass Millionen Menschen auf der Welt hungern müssen, ist schlimm. Dass jedoch die Hauptleidtragenden die Kinder sind, finde ich besonders schrecklich. Das siehst du doch auch so?“

Viviane Cismak

Ich sollte das Vertrauen meiner Opfer gewinnen. „Wie heißt du?“ und „Was machst du beruflich?“ waren die Fragen, mit denen ich eine persönliche Ebene aufbauen sollte. Schwer wurde es natürlich, wenn ich die Antworten gleich wieder vergaß. Das passierte oft.

Wenn man nun alles über die Organisation, für die man warb, erzählt hatte, kam zur Sprache, dass ich eigentlich eine Spende von der Person wollte. Das war der Punkt, an dem mich wieder ein Großteil der Leute stehen ließ, die sich noch bis zum Stand hatten mitnehmen lassen.

„Sieh mal, ich bin ja auch nur Studentin und habe nicht viel Geld, aber ich bin so von der Sache überzeugt, dass ich jeden Monat einen ganz kleinen Betrag spende“, behauptete ich in Anlehnung an den Leitfaden. „Was würdest du denn schätzen, wie viel das jeden Monat ist?“ „1 Euro vielleicht“, kam häufig als Antwort. „Nein, es sind tatsächlich 5 Euro. Aber das ist ungefähr 1 Euro pro Woche. Das ist echt nicht viel. Ein Kaffee wöchentlich weniger. Kaffee ist sowieso nicht gesund.“

So wirklich konnte das die Leute nicht überzeugen. Noch viel blöder wurde es, wenn sie ernsthaft wissen wollten, was ich studierte. Natürlich nichts. Ich ging ja noch in die Schule, war minderjährig und durfte folglich nicht so einfach einen Spendenvertrag unterzeichnen. Mein Lügengerüst fiel also wie ein kleines Kartenhaus in sich zusammen.

Fremden Leuten Befehle erteilen

Ohnehin tat ich mich schwer damit, mich einfach vor die Leute hinzustellen und „Einmal kurz stehen geblieben!“ zu sagen. Es war sehr ungewohnt, fremden Leuten auf der Straße Befehle zu erteilen.

Frederik wollte mir das austreiben. Immer wenn ich einen Passanten anzulabern versuchte, stand er in Hörweite. „Wollen Sie mal kurz stehen bleiben?“, sprach ich einen jungen Mann an. Aus dem Augenwinkel sah ich Frederik den Kopf schütteln. Der Mann ging an mir vorüber und beachtete mich gar nicht.

„Scheiße, schon wieder eine Frage!“, ärgerte ich mich laut. Zu laut, denn der junge Mann drehte sich verwirrt um. Das Team lachte. Ab da wurde meine Bemerkung zum Running Gag.

Der Tag verging. Viele machten schon einen riesigen Bogen, wenn sie mich nur sahen. Der Rest verstand angeblich kein Deutsch. „Ich nix verstehen“ war eine typische Antwort, die mir doch ziemlich deutsch vorkam.

Dann fing es an zu regnen. Das heißt, es schüttete. Und zwar so stark, dass man in kürzester Zeit platschnass war. Aber unser Teamleiter billigte es nur äußerst widerwillig, dass wir uns im Bahnhof Friedrichstraße unterstellten. Nach unserer kurzen „Regenpause“ scheuchte er uns wieder hinaus. Dass sich auf der Straße fast keine Menschen befanden, die wir hätten bequatschen können, schien ihn nicht sonderlich zu stören.

Die Wassermassen schafften es in wenigen Minuten, mir jegliche innere Überzeugung auszutreiben, die eventuell mal vorhanden gewesen war. Die Rolle des überzeugten Aktivisten kaufte mir nun niemand mehr ab. Vielleicht wäre ich um einiges enthusiastischer gewesen, hätte ich nicht in der Gewissheit arbeiten müssen, nach acht Stunden nur 30 Euro zu erhalten.

Nach wenigen Tagen hatte ich keine Lust mehr. Besser gesagt, taten mir alle Knochen weh und ich konnte einfach nicht mehr. Ich sagte meinem Chef, dass ich nicht wiederkommen würde. Ob ich es denn nicht noch einmal versuchen wolle, kam prompt als Antwort zurück. Eindeutig nein! Da war ich mir vollkommen sicher.

Dies ist ein gekürzter und redaktionell bearbeiteter Auszug aus dem Buch „Einsatz am Wurstregal“ von Viviane Cismak, 2013 erschienen im Verlag „Schwarzkopf & Schwarzkopf“.

(http://www.spiegel.de/schulspiegel/nebenjobs-viviane-cismak-versucht-spendenvertraege-abzuschliessen-a-880966.html; letzter Aufruf am 4.3.2014)

1 Fasst mit eigenen Worten den Inhalt des Artikels zusammen.

2 Tauscht euch in der Klasse aus: Würdet ihr den Job des „Spendensammlers“ in eurer Stadt durchführen? Begründet eure Meinung.

3 Untersucht den Text genauer: Welche sprachlichen Formulierungen geben Hinweise darauf, wie Viviane Cismak ihren Nebenjob bewertet?

4 Die Redakteurin Stefanie Heider stellt in ihrem Beitrag einen Auszug aus Cismaks Buch „Einsatz am Wurstregal“ vor. Wie bewertet sie die Arbeitsmethoden der Spendensammler, von denen Cismak erzählt?

5 **Durchstarten! So könnt ihr weiterarbeiten:**

a Führt selbst eine Umfrage an eurer Schule durch: Wie viele Schüler eurer Altersgruppe haben einen Nebenjob? Welche Tätigkeiten werden am häufigsten ausgeübt? Welche Argumente neben dem Gelderwerb sprechen aus der Sicht der anderen Schüler für einen Nebenjob? Ihr könnt die Frageliste selbst erweitern, um einen Artikel zum Thema „Nebenjobs – Segen oder Fluch?“ zu verfassen.

b Vergleicht anschließend die Umfrageergebnisse mit den Aussagen des Artikels aus dem Jahr 2003 „Jugendliche suchen zunehmend Nebenjobs“ auf S. 267 f. Gibt es Veränderungen seit der Veröffentlichung des genannten Artikels? Welche Gründe könnte das gegebenenfalls haben?

Das musst du lernen und wissen

Die Zusammenfassung eines Sachtextes

Die Zusammenfassung eines Sachtextes soll den Leser/die Leserin zum einen über den Inhalt informieren, zum anderen verdeutlichen, welche Funktion/Aufgabe die einzelnen Bestandteile des Textes haben. Im Gegensatz zur Inhaltsangabe eines literarischen Textes kannst du nicht einfach einen Handlungsverlauf wiedergeben.

Gib daher an,
- wer den Text verfasst hat, wo und wann er erschienen ist und welchen Titel der Text hat,
- welches Thema der Text aufgreift,
- wie er gegliedert ist,
- welche Informationen in den einzelnen Abschnitten enthalten sind und welche Aufgabe der jeweilige Abschnitt hat (vgl. die Formulierungshilfen im Werkzeugkasten auf S. 274).

Achte darauf, den Text mit eigenen Worten wiederzugeben. Solltest du wichtige oder besonders auffällige Begriffe oder Sätze wörtlich übernehmen, musst du durch Anführungszeichen angeben, dass es sich um Zitate handelt. Am Ende des Zitats gibst du in Klammern die Zeile bzw. die Zeilen an, aus denen du etwas übernommen hast.

Was will ich werden? – Auf der Suche nach einem Praktikumsplatz

In dieser Einheit erfahrt ihr, wie ihr anhand eurer eigenen Interessen und Fähigkeiten einen Praktikumsplatz ermitteln könnt, der zu euch passt. Ihr lernt Möglichkeiten kennen, euch allgemein über Berufe zu informieren, und ihr lernt weiterhin, wie man ein Bewerbungsschreiben erfolgreich gestaltet. Zum Schluss bekommt ihr noch Tipps für ein Vorstellungsgespräch.

1 Schaut euch die beiden Fotos an. Was für Betriebe könnten es sein, in denen die Jugendlichen ihr Praktikum absolvieren? Welche Tätigkeiten könnten sie im Rahmen ihres Praktikums ausüben?

2 Hättet ihr Interesse an einem der beiden Praktikumsplätze? Begründet.

1. Was interessiert mich? – Was kann ich?

Während der großen Pause stehen drei Schüler der Klasse 8 zusammen und sprechen über das Betriebspraktikum.

MARC: Habt ihr eigentlich schon eine Idee, wo ihr euer Betriebspraktikum machen wollt?

TIMO: Nö, aber wir haben ja auch noch ein bisschen Zeit.

MORITZ: Ich weiß nur, was ich auf keinen Fall möchte – irgendwo in einem Büro sitzen und verstaubte Akten ordnen.

MARC: Ich möchte auf jeden Fall etwas mit Computern machen.

TIMO: Eigentlich weiß ich gar nicht so genau, warum wir überhaupt dieses Betriebspraktikum machen sollen. In zwei Wochen erfahre ich doch nicht, ob der Beruf mir liegt.

MORITZ: Das nicht. Aber du lernst einmal kennen, was richtig zu arbeiten heißt. Kann dir gar nicht schaden!

MARC: Wenn ich nur schon eine Ahnung hätte, in welchem Betrieb ich mein Praktikum machen soll.

1 Fasst mit eigenen Worten zusammen, worum es in diesem Gespräch auf dem Schulhof geht.

2 Stellt Gründe zusammen, die eurer Meinung nach für ein Schülerbetriebspraktikum sprechen.

3 Wie könntet ihr vorgehen, um herauszufinden, welcher Praktikumsplatz für euch geeignet ist?

Eigene Interessen und Fähigkeiten erkunden

„In der Ecke könnte das Sofa stehen, daneben unser Spielautomat.“ Wo Laura hinschaut, steht ein alter Schrank, ein kaputter Stuhl, ausrangierte Bretter und ein alter Tisch. Jahrelang hatte der Keller als Abstellkammer gedient. Vor Kurzem konnte Laura ihren Vater überreden, den Raum für sie und ihre Geschwister zur Verfügung zu stellen. Einzige Bedingung: Die Jugendlichen sollen selbst renovieren. Ihre Geschwister können sich kaum vorstellen, wie der verwinkelte Raum genutzt werden kann. Doch Laura hat viele Ideen, wo welche Möbel platziert werden sollen. Mal beschreibt sie mit den Hän-

den, wie ein Regal als Raumteiler wirken würde, mal zieht sie auf dem staubigen Fußboden mit den Füßen Striche. „Die Ecke dürfte für unser Mini-Café reichen."

„Echter kann auch das Original nicht aussehen." Simon ist stolz auf sein Werk: das Modell des Airbus 380. Viele Stunden brauchte Simon für den Zusammenbau der Nachbildung: Winzige Teile mussten von Graten befreit, farbig lackiert und genau zusammengeklebt werden. „Fieselige Arbeiten bringen mich nicht aus der Ruhe. Im Gegenteil, das macht mir Spaß", sagt Simon und zeigt auf die Vitrine mit weiteren Modellen: Flugzeuge, Autos, Segelschiffe.

1 Lest die beiden Aussagen von Laura und Simon. Stellt heraus, über welche Fähigkeiten die beiden jeweils verfügen. Entwickelt Ideen, welchen Praktikumsplatz die beiden wählen könnten.

2 Klärt in einem Gruppengespräch, welche Hobbys ihr betreibt und über welche Interessen und Fähigkeiten ihr im Bereich der Schule, aber auch außerhalb der Schule verfügt.

3 **Durchstarten! So könnt ihr weiterarbeiten:**

Stellt euch vor, eure Gruppe ist mit einem Schiff vor einer unbewohnten Insel gestrandet. Um zu überleben, bis Hilfe kommt, überlegt ihr euch, wer welche Aufgaben übernimmt. Stellt dazu zusammen, welche Fähigkeiten jeder von euch nutzen könnte, um euer Leben auf der Insel zu gestalten. Schreibt die Fähigkeiten von jedem Einzelnen auf und vergleicht sie am Ende mit den Ergebnissen anderer Teams eurer Klasse.

Fähigkeiten erkennen

Jeder Mensch hat viele Fähigkeiten und jeder beschreibt sie ein wenig anders. Wie soll man sich über Fähigkeiten verständigen, wenn es dafür verschiedene Begriffe gibt? Damit jeder weiß, was man darunter versteht, haben wir elf Fähigkeiten ausgewählt und ihnen Namen gegeben.

1. Körperliche Leistungsfähigkeit
2. Gesundheitliche Leistungsfähigkeit
3. Räumliches Vorstellungsvermögen
4. Rechnerisches Denken
5. Sprachbeherrschung
6. Logisches Denken
7. Kontaktfähigkeit
8. Teamfähigkeit
9. Gewissenhaftigkeit
10. Ideenreichtum
11. Hand- und Fingergeschick

4 Diese Zusammenstellung stammt aus einer Broschüre der Bundesagentur für Arbeit. Vergleicht die Liste einmal mit der Zusammenstellung eurer Fähigkeiten.

5 Jeder von euch sucht sich fünf Fähigkeiten heraus und notiert zu jeder eine Situation in der Schule oder Freizeit, in welcher diese Fähigkeit gefragt war.

6 Schaut euch noch einmal die beiden Fotos auf S. 280 an. Welche Fähigkeiten sind bei den gezeigten Tätigkeiten besonders wichtig?

7 Durchstarten! So könnt ihr weiterarbeiten:

Erstellt das persönliche Profil eurer Fähigkeiten. Legt dazu folgende Tabelle an:

Fähigkeiten	Meine persönliche Einschätzung			
	voll zutreffend	zutreffend	weniger zutreffend	nicht zutreffend
Körperliche Leistungsfähigkeit	…	…	…	…
…	…	…	…	…

Wenn ihr bei eurer Einschätzung unsicher seid, dann befragt eure Mitschüler, eure Freunde, eure Lehrer, eure Eltern oder Geschwister. Ihr könnt diese Personen auch bitten, einmal für euch die Tabelle auszufüllen. Vergleicht dann mit eurem Ergebnis.

Laura hat in Gesprächen mit ihren Eltern festgestellt, dass der Beruf der Raumausstatterin ihren Interessen und Fähigkeiten entsprechen könnte. Im Internet hat sie folgende Tätigkeitsbeschreibung für diesen Beruf gefunden:

Raumausstatter/Raumausstatterin – Aufgaben und Tätigkeiten

Raumausstatter/innen gestalten Innenräume, sowohl Wohn- als auch Geschäftsräume. Sie beraten ihre Kunden, planen nach deren Wünschen die Raumausstattung und bereiten sie vor; beispielsweise besorgen sie die benötigten Materialien und ermitteln die Kosten. Anschließend gestalten sie die Räumlichkeiten: Sie verlegen Bodenbeläge, kleiden Wände und Decken mit Stoffen und Tapeten aus, dekorieren Fenster und Räume, montieren Licht-, Sicht- und Sonnenschutzanlagen. Außerdem beziehen sie auch Polstermöbel oder reparieren sie.

Raumausstatter/innen arbeiten vorwiegend in Handwerksbetrieben, denen ein Verkaufsraum angeschlossen ist. Ihr Arbeitsort wechselt oft mehrmals am Tag: Sie beraten Kunden im Verkaufsraum, nähen Vorhänge in der Werkstatt, verlegen Teppiche beim Kunden oder liefern einen neu aufgepolsterten Sessel aus. Oft drängt die Zeit und Termine müssen eingehalten werden. Raumausstatter/innen dürfen sich davon nicht aus der Ruhe bringen lassen, denn konzentriertes und präzises Arbeiten hat Priorität.

Bei ihren vielfältigen Aufgaben kommen unterschiedliche Materialien, Arbeitsgeräte und Maschinen zum Einsatz. Seidenvorhänge werden mit Nähmaschinen angefertigt, Sofas mit Sprungfedern, Palm- und Kokosfasern aufgepolstert, Lederbezüge mit Tackern befestigt, Tapeten mit Tapetenmessern zugeschnitten. Bei ihrer Arbeit kommen Raumausstatter/innen auch mit Chemikalien wie zum Beispiel Klebern oder Lösungsmitteln in Kontakt.

Viele Arbeitsschritte erledigen sie allein. Bei manchen Aufgaben wird dagegen auf Teamarbeit gesetzt. Beim Transport schwerer Teppichrollen oder bei der Montage einer Markise müssen mehrere Hände mit anpacken. Auch sonst ist die Arbeit der Raumausstatter/innen nicht immer leicht. Geht es beispielsweise darum, Sprungfedern in einem Polstersessel festzuschnüren, ist viel Kraft in Armen und Händen nötig. Oft arbeiten sie kniend, hockend oder gebückt. Wenn sie Gardinen anbringen oder eine Raumdecke verzieren, müssen sie außerdem sicher auf der Leiter stehen können.

Bei der Beratung der Kunden zeigen sie sich stets gut informiert über Einrichtungstrends und aktuelle Musterkollektionen. Auch wenn sie nicht immer dem eigenen Geschmack entsprechen: Die Vorstellungen der Kunden setzen sie kreativ um. Nach Möglichkeit richten sich die Raumausstatter/innen auch in Terminfragen nach ihren Auftraggebern. Um Räume zu besichtigen und auszumessen oder eine reparaturbedürftige Sitzbank abzuholen, sind sie bisweilen auch abends oder am Samstag unterwegs.

8 Überprüfe anhand der Aussage von Laura (S. 281 f.), ob ein Praktikumsplatz im Bereich Raumausstattung für sie geeignet ist. Arbeite auch heraus, über welche weiteren Fähigkeiten Laura verfügen sollte, um ihr Praktikum erfolgreich gestalten zu können.

9 Überlege, welcher Praktikumsplatz für dich aufgrund deiner Fähigkeiten und Interessen infrage kommt, und informiere dich über die Anforderungen, die an die Tätigkeit gestellt werden. Informationen dazu findest du im Berufsinformationszentrum der Bundesagentur für Arbeit, aber auch im Internet. Stelle deinen Mitschülerinnen und Mitschülern den Beruf vor, für den du dich entschieden hast.

2. Werbung in eigener Sache – Bewerbungsschreiben, Lebenslauf und Vorstellungsgespräch

Während der großen Pause spricht Laura mit ihrer Freundin Sarah.

LAURA: Ich habe gestern bei einem Raumausstatterunternehmen in der Innenstadt angerufen. Ich kann da mein Praktikum machen, soll mich aber schriftlich bewerben. Ich weiß gar nicht so recht, was ich da schreiben soll.

SARAH: Ich habe gehört, dass auf jeden Fall ein Lebenslauf dazugehört.

LAURA: Muss ich die Bewerbung mit dem Computer schreiben oder ist es besser, sie mit der Hand zu verfassen?

SARAH: Ich glaub schon, dass die Bewerbung einen ordentlichen Eindruck machen muss – und dann deine Handschrift?!

LAURA: Hab schon verstanden. Aber jetzt weiß ich immer noch nicht, was ich schreiben soll. Ich werde mal meine Mutter fragen, die kennt sich in solchen Dingen aus.

1 Sprecht in der Klasse darüber, wie man sich schriftlich um einen Praktikumsplatz bewirbt. Versetzt euch dazu in die Situation desjenigen, der über die Zusage zu dem Praktikum zu entscheiden hat. Was will diese Person über euch wissen? Was kann sie schon an dem Bewerbungsschreiben erkennen?

Laura hat von ihrer Mutter einige Tipps für das Bewerbungsschreiben bekommen und folgendes Anschreiben an das Raumausstatterunternehmen verfasst:

Laura Müller
Sandstr. 15
12345 Wandheim
Tel.: 0123 45678
E-Mail: Laura@Müller.de

12.1.2014

.
.
.

Raumausstattung Schmitz GmbH
Frau Zeidler
Wertstr. 17
12345 Wandheim

.
.
.

Betriebspraktikum vom 15.10.2014–26.10.2014

.
.

Sehr geehrte Frau Zeidler,

.

wie telefonisch mit Ihnen am 10.1.2014 abgesprochen, bewerbe ich mich hiermit in Ihrem Unternehmen um einen Praktikumsplatz als Raumausstatterin in der Zeit vom 15.10. bis 26.10.2014.

.

Zurzeit besuche ich die 8. Klasse der Gesamtschule Wandheim.

.

Bei der Neugestaltung eines Zimmers habe ich festgestellt, dass es mir große Freude bereitet, die Umgestaltung selbst zu planen und die entsprechenden Möbelstücke auszusuchen.
Weiterhin kann ich gut zeichnen und habe bereits auch erste Erfahrungen im Umgang mit einer Nähmaschine gemacht.
Von daher kann ich mir gut vorstellen, dass mir die Arbeit als Raumausstatterin gefallen würde.

.

Ich würde mich daher freuen, wenn ich mich bei Ihnen persönlich vorstellen dürfte.

.
.

Mit freundlichen Grüßen

.

Laura Müller

.
.

Anlage:
Lebenslauf
Zeugniskopie

2 Beschreibt genau, wie Laura ihr Bewerbungsschreiben gestaltet und aufgebaut hat. Sprecht darüber, welche Aufgaben die einzelnen Teile des Bewerbungsschreiben, die mit einem Pfeil gekennzeichnet sind, haben.

3 Beurteilt das Bewerbungsschreiben von Laura. Bedenkt dabei, an wen das Schreiben gerichtet ist.

4 Verfasst selbst ein Bewerbungsschreiben um einen Praktikumsplatz eurer Wahl. Beurteilt eure Anschreiben gegenseitig.

Von ihrer Freundin Sarah hat Laura schon erfahren, dass zu dem Bewerbungsschreiben auch ein Lebenslauf verfasst werden muss.

5 Sprecht darüber, welche Funktion der Lebenslauf für die Person hat, die über die Vergabe des Praktikumsplatzes zu entscheiden hat. Überlegt, welche Angaben wichtig sind, welche nicht.
Überlegt weiterhin, worauf die Person noch Wert legen könnte.

Laura hat mithilfe ihrer Mutter ihren Lebenslauf verfasst.

Lebenslauf

Persönliche Daten:

Name:	Laura Müller
Anschrift:	Sandstr. 15 12345 Wandheim
Geburtsdatum:	12.12.2000
Geburtsort:	Wandheim
Eltern:	Frank Müller, Steuerberater Margit Müller, geb. Schulz, Personalberaterin
Geschwister:	Anne, 17 Jahre Philip, 11 Jahre

Schulischer Werdegang:

2006 bis 2010:	Städtische Grundschule
seit 2010:	Gesamtschule Wandheim Angestrebter Schulabschluss: Allgemeine Hochschulreife
Berufserfahrung:	Keine
Sprachkenntnisse:	Englisch (Schulkenntnisse) Französisch (Schulkenntnisse)
Weitere Qualifikationen:	Betreuung einer Kindergruppe in der Kirchengemeinde
Persönliche Interessen:	Lesen, Nähen, Basteln

Wandheim, den 12.1.2014

Laura Müller

6 Beschreibt, wie Laura den Lebenslauf gestaltet hat. Überlegt, welche Funktionen die einzelnen Angaben im Hinblick auf eine Bewerbung um einen Praktikumsplatz haben.

7 Verfasst einen eigenen tabellarischen Lebenslauf nach dem Muster von Laura. Achtet auch darauf, dass die Seite gut ausgenutzt wird.

Von ihrer Mutter hat Laura weiterhin erfahren, dass zu einer Bewerbung auch ein Bewerbungsfoto gehört. Laura hat nun mehrere Fotos zur Auswahl:

8 Vergleicht die Bilder. Diskutiert, welche der Fotos ihr für eine Bewerbung geeignet haltet. Überlegt dazu Kriterien.

9 Fertigt mithilfe einer Digitalkamera Bewerbungsfotos von euch an und entscheidet, welche ihr für geeignet haltet.

Das musst du lernen und wissen

Schriftliche Bewerbung

Die **schriftliche Bewerbung** ist ein wichtiger Bestandteil des Bewerbungsverfahrens. Sie entscheidet darüber, ob jemand zu einem Vorstellungsgespräch eingeladen wird.
Die schriftliche Bewerbung muss einen ordentlichen Eindruck machen. Sie sollte mithilfe des Computers gestaltet sein, darf keine Rechtschreib- oder Zeichensetzungsfehler enthalten und das Papier darf keine Knicke haben.
Eine schriftliche Bewerbung besteht aus einem Anschreiben, einem Lebenslauf, einem Bewerbungsfoto und den entsprechenden Anlagen.
Das Anschreiben soll deutlich machen, warum man sich entschieden hat, sich bei dem Unternehmen zu bewerben, und über welche Fähigkeiten man verfügt, mit denen die Tätigkeit gut ausgeführt werden kann.
Als Norm haben sich für ein Bewerbungsschreiben herausgebildet:
Schriftgröße: 11 oder 12 Punkt, 1-zeiliger oder 1,5-zeiliger Zeilenabstand (je nach Länge des Schreibens), linker und rechter Rand je 2,5 cm, oberer Rand 2,5 cm, unterer Rand 2 cm.
Der **Lebenslauf** gibt in tabellarischer Form wichtige Informationen über die Person des Bewerbers.
Das **Bewerbungsfoto** sollte dem Betrachter einen positiven Eindruck vom Äußeren des Bewerbers vermitteln. Es wird am rechten oberen Rand des Lebenslaufes angebracht.

Einige Tage nachdem Laura ihr Bewerbungsschreiben verschickt hat, erhält sie telefonisch eine Einladung zu einem Vorstellungsgespräch. Aufgeregt ruft sie ihre Freundin Sarah an.

LAURA: Hallo, Sarah. Hey, stell dir vor, in drei Tagen habe ich ein Vorstellungsgespräch in dem Raumausstattergeschäft.
SARAH: Das ist ja super. Ich wünschte, ich wäre auch schon so weit.
LAURA: Na komm, das wird schon. Sag mal, hast du eine Ahnung, wie ein Vorstellungsgespräch abläuft? Was ziehe ich bloß an und überhaupt, was wollen die denn von mir wissen? Ich glaub, ich werd verrückt vor Aufregung.
SARAH: Nun mal langsam, du schaffst das schon. Ich glaube, das Wichtigste ist, dass du dich nicht verstellst, sondern so bist wie immer.
LAURA: Meinst du?

10 Laura hat einige Fragen zu dem Vorstellungsgespräch. Macht euch zunächst einmal klar, welchen Zweck ein solches Gespräch für das Geschäft oder Unternehmen hat. Sprecht dann darüber, wie ihr euch am besten kleidet. Überlegt, ob die Wahl eurer Kleidung nicht auch abhängig ist von dem Praktikumsplatz, den ihr gewählt habt.

11 Laura fragt sich auch, was man in dem Vorstellungsgespräch von ihr wissen möchte. Überlegt euch selbst Fragen, die in einem solchen Gespräch gestellt werden könnten. Überlegt aber auch Fragen, die Laura stellen könnte.

Nun ist der Tag gekommen. Laura sitzt in dem Büro von Frau Zeidler und wird von ihr begrüßt.

FRAU ZEIDLER: Guten Tag, Laura, schön, dass du gekommen bist. Hast du uns gut gefunden?
LAURA: Ja.
FRAU ZEIDLER: Bist du mit dem Bus gekommen?
LAURA: Ja.

12 Wie beginnt Frau Zeidler das Gespräch? Was haltet ihr von Lauras Antworten? Versucht, alternative Antworten für Laura zu formulieren.

13 Die folgenden Fotos sind angefertigt worden, um günstige und ungünstige Körperhaltungen bei einem Vorstellungsgespräch zu demonstrieren. Versucht herauszufinden, worin sich die Körperhaltungen unterscheiden und was sie über die Person möglicherweise aussagen.

14 Probt in Rollenspielen die Situation eines Vorstellungsgesprächs. Bereitet euch mit Rollenkarten darauf vor und überlegt insbesondere auch, wie sich der Personalchef verhalten muss und welche Fragen er stellen könnte, damit er herausfinden kann, ob der Bewerber auch zum Praktikumsplatz passt.

Der Sturz des Ikarus –

Zu den uralten Träumen der Menschheit gehört es, fliegen zu können. Schon im Altertum erzählte man sich Geschichten von Menschen, die diesen Traum hatten. Einige von euch kennen sicher die antike Sage von Dädalus und Ikarus oder haben zumindest deren Namen schon einmal gehört. Die Figur des Ikarus und vor allem sein Schicksal haben die Menschen zu unterschiedlichen Zeiten immer wieder so sehr fasziniert, dass sie dieses in Texten und Bildern gestaltet haben.
In diesem Kapitel lernt ihr eine moderne Nacherzählung der antiken Sage von Dädalus und Ikarus kennen. Außerdem erfahrt ihr, wie Ikarus bis heute in unterschiedlichen Texten, Liedern und Bildern dargestellt wird. Ihr lernt, diese verschiedenen Darstellungsweisen zu vergleichen; so könnt ihr herausfinden, welche Vorstellung die Autoren oder die Künstler jeweils von Ikarus hatten. Ihr wiederholt dabei auch, wie ihr Bilder genau beschreiben könnt.

Sturz des Ikarus
(kolorierter Kupferstich, 1731)

Ein literarisches Motiv

Dädalus und Ikarus
(Marmorrelief aus Rom, 2. Jh. n. Chr.)

1 Viele von euch haben schon einmal von Ikarus gehört. Wodurch ist er so berühmt geworden? Berichtet davon, was ihr über Ikarus wisst.

2 Nennt Gründe dafür, warum das Fliegen die Menschen schon seit langer Zeit fasziniert hat.

3 Berichtet davon, welche Erfahrungen ihr mit dem Fliegen gemacht habt oder welche Vorstellungen ihr damit verbindet.

4 Die beiden Bilder auf diesen Seiten geben euch einen ersten Eindruck davon, wie Künstler zu verschiedenen Zeiten Ikarus gesehen haben. Welchen Eindruck von Ikarus erhaltet ihr durch die Bilder?

Ikarus – Ein Held?

Richard Carstensen

Daidalos und Ikaros

■ Eine der ältesten Geschichten, die den Menschheitstraum vom Fliegen zum Thema hat, ist die Sage von Dädalus und Ikarus. Viele antike Autoren haben sie in ihre Werke aufgenommen, so z. B. der römische Schriftsteller Ovid.
Der deutsche Autor Richard Carstensen hat die Sage in unserer Zeit nach den antiken Quellen neu erzählt. Er verwendet dabei die griechischen Namensformen Daidalos und Ikaros. ■

Niemand konnte sich wohl mit dem kunstreichen Daidalos messen, der als der größte Baumeister und Bildhauer seiner Zeit galt. Aber Eitelkeit und Neid führten ihn auf den Weg des Verbrechens. Er hatte einen jungen Schüler, der ihn zu überflügeln drohte. Da trieb die Eifersucht den Lehrmeister dazu, den Knaben zu töten! Daidalos musste nun heimlich aus seiner Vaterstadt Athen flüchten. Unstet irrte er im Lande umher, bis er schließlich mit seinem Sohne Ikaros auf Kreta eine neue Heimstatt fand. Minos, der König der Insel, wusste die künstlerischen Fähigkeiten seines Gastes zu schätzen und stellte ihm die Aufgabe, für den Minotaurus, das grässliche Ungeheuer, das halb Mensch, halb Stier war, eine Unterkunft zu schaffen. Daidalos war es, der damals das kunstreiche Labyrinth, den Irrgarten mit der verwirrenden Vielzahl von Gängen und Kammern, errichtete. Aber trotz aller Ehren, mit denen Minos die Arbeit des Künstlers zu lohnen wusste, quälte Daidalos der Gedanke an das verlorene Vaterland. Bitteres Heimweh hielt ihn gefangen, und als Minos, der den kunstfertigen Mann nicht gehen lassen wollte, von seiner Sehnsucht vernahm, wurde die Freistatt für Daidalos zu strenger Gefangenschaft. Wo er ging und stand, umgaben ihn auf des Königs Geheiß misstrauische Wachen. Unmöglich war es, zu Schiff die Insel zu verlassen. Der kunstreiche Daidalos aber wusste einen Ausweg, der ihm Rettung verhieß. „Mag Minos mir Land und Wasser versperren", rief er entschlossen, „mir bleibt die freie Himmelsluft! Dort werde ich unseren Weg finden! Mag Minos überall seine Macht ausüben, in der Luft versagt seine Herrschergewalt!"

Daidalos' Erfindergeist bezwang die Kräfte der Natur: Er nahm Vogelfedern, legte sie der Größe nach in eine genaue Reihenfolge, dass man glauben mochte, sie seien in solcher Ordnung gewachsen. Er verband die Federn in der Mitte mit Fäden und fügte sie an den Kielen[1] mit Wachs zusammen. Nun bog er sie leicht zurück, dass sie ganz die Form von Flügeln annahmen. Voll Eifer hielt Ikaros sich an des Vaters Seite und beobachtete, wie das Werk unter den kunstfertigen Händen wuchs. Bald war die letzte Hand an das Wunderwerk gelegt. Daidalos band sich selbst die Flügel an, fand schnell das richtige Gleichgewicht und hob sich leicht in die Lüfte. Zur Erde zurückgekehrt, schnürte er dem Sohn das Flügelpaar, das er für ihn angefertigt hatte, an die Schultern. Dann mahnte er ihn mit väterlicher Sorge: „Ikaros, halte dich immer in der Mitte, ich bitte dich! Denn wenn du zu tief fliegst, so werden die Wellen dir die Flügel beschweren und dich hinabziehen! Steigst du aber zu hoch empor, dann kommst du der Sonne zu nahe, deine Federn fangen Feuer und das Wachs schmilzt in der Hitze. Zwischen den Wellen und

[1] **Kiel:** harter Teil der Vogelfeder

der Sonne halte deinen Flug, folge stets nur meiner Führung!“

Tränen rannen dem Greis die Wangen hinab, als er noch einmal sein Werk überprüfte. Innig umarmte er den Jungen und dann erhoben sich beide in die Luft. Der Vater flog voran, das Herz voll Sorge, so wie eine Vogelmutter, die ihre zarte Brut aus dem Neste zum ersten Mal in die freie Luft führt. „Folge mir getrost!“, rief er zurück, und dabei bewegte er selber voll Sorgfalt die Schwingen, um den Sohn die schwere Kunst zu lehren. Doch der Vater durfte sich schnell beruhigen, als er sah, wie sicher der Knabe seinen Weisungen folgte. In schnellem Fluge überquerten sie das blitzende Meer; schon lagen die ersten Inseln des heimatlichen Griechenlands hinter ihnen, als den jungen Ikaros der Übermut trieb, des Vaters Gebot zu missachten. Der glückliche Verlauf seines ersten Fluges ließ ihn so sehr auf seine eigene Kraft vertrauen, dass er des Vaters Spur verließ und sich auf seinen Flügeln in höhere Regionen erhob. Voll Angst wollte Daidalos seinen Sohn zurückrufen, aber es war schon zu spät. Kaum war der Knabe der Sonne näher gekommen, da erweichte unter der Gewalt ihrer Strahlen das Wachs, das die Fittiche[2] zusammenhielt, und ehe Ikaros es recht gewahr wurde, waren die Federn aus ihrem Gefüge gelöst und flatterten durch die Lüfte davon. Nur noch einen Augenblick konnte der Junge sich in der Luft halten, dann griffen seine bloßen Arme ins Leere – sie fanden keine Stütze mehr, und haltlos stürzte Ikaros in die gähnende Tiefe. So schnell war das Unglück gekommen, dass er nicht einmal mehr Zeit fand, einen Schrei auszustoßen. Als Daidalos wieder die Blicke zurückwandte, konnte er zu seinem Entsetzen nichts mehr von seinem Sohne erblicken. Die Flut hatte ihn schon verschlungen.

„Ikaros, Ikaros!“, schrie der unglückliche Vater in seiner Verzweiflung, „wo nur, wo soll ich dich suchen?“

Da endlich, als er in die Tiefe schaute, erkannte er einige Federn, die einsam auf dem Wasser trieben. Das Herz voll Trauer, flog Daidalos an Land; er legte die Flügel ab und irrte am Ufer der kleinen Insel umher, bis die Wellen den Leichnam ans Gestade spülten. Dort begrub er den geliebten Sohn und gab dem Eiland für alle Zeiten den Namen Ikaria. Es wird berichtet, dass der kunstfertige Daidalos später auf der Insel Sizilien zu großen Ehren kam. Aber nach dem Tode seines Sohnes hat er seinen Seelenfrieden niemals wiedergefunden. Die Schuld, die er einst durch die Ermordung seines Schülers auf sich geladen und für die er nun so harte Strafe erlitten hatte, sollte ihn bis an sein Lebensende nicht mehr zur Ruhe kommen lassen.

---

2 **Fittiche:** Flügel

1 Teilt die Handlung in verschiedene Abschnitte ein. Richtet euch dabei nach den Orten, an denen sich das Geschehen zuträgt. Fasst anschließend zusammen, was in diesen Abschnitten jeweils geschieht. So erhaltet ihr einen Handlungsüberblick.

2 Beschreibt das Verhalten von Dädalus und Ikarus und nennt mögliche Beweggründe für ihr Verhalten.

3 Erklärt den Rat des Vaters: „Ikaros, halte dich immer in der Mitte.“ Deutet ihn auch in übertragenem Sinne.

4 Beschreibt und erklärt, wie es zum Absturz des Ikarus kommt. Welchen Anteil hat er selbst daran?

5 Erklärt, welche Deutung von Ikarus’ Tod der Autor im letzten Satz nahelegt. Wen trifft eurer Meinung nach die Schuld an Ikarus’ Tod?

6 Fasst zusammen, welche Vorstellung ihr von Ikarus nach dem Lesen dieser Fassung der Sage habt.

7 Durchstarten! **So könnt ihr weiterarbeiten:**

a Erzähle die Handlung der Sage, wie sie ab Z. 63 dargestellt wird, aus der Sicht von Dädalus nach.

b Schreibe einen inneren Monolog Ikarus', der deutlich macht, was ihm während des Fliegens (Z. 74–82) durch den Kopf geht.

Ernst Schnabel (1913–1986)

Ich und die Könige

■ In Ernst Schnabels Roman „Ich und die Könige. Projekte, Zwischenfälle und Resümees aus dem Leben des Ingenieurs D." (1958) spricht Dädalus zu seinem toten Sohn Ikarus. In dem folgenden Auszug erzählt Dädalus, wie er die Flucht und Ikarus' Absturz erlebte. ■

Du weißt, wie schön die Nacht war. Es trug uns durch die wunderbare leere Luft, sodass wir manchmal dachten, der Himmel hätte Flügel und nicht wir.

Ich hatte unseren Kurs so angesetzt, dass wir, solange Nacht war, über Kreta flogen. Westwärts. Von Kydonia aus wollten wir uns dann nach Norden halten, um die See zu überfliegen, doch erst bei Tage.

Wir kamen gut voran, sodass wir diese Stadt im ersten Morgengrauen schon erreichten. Sie lag wie ausgestorben unter uns. Wir sahen nur eine Frau, auf offener Straße, die ein Kind an ihrer Hand hielt und in der anderen den Milchkrug. Sie blieb wie angewurzelt stehen, als sie das Rauschen unserer Flügel hörte, warf ihren Kopf zurück und starrte, und ihr Gesicht gerann zu einem lächerlichen, bleichen Punkt. Doch auf den Hügeln von Peninsel-Grotta, die wir jetzt überquerten, waren schon die Hirten und die Bauern auf den Feldern. Wir sahen, wie sie zusammenliefen, schrien und mit Steinen nach uns warfen. Du necktest sie, indem du niedrig über ihre Köpfe zischtest. Dann waren wir auf See und überflogen eine mächtige Galeere, die auf Kap Psakron zuhielt. Die fünfzig Riemen tupften weiße Punkte in das Meer, zwei lange Nähte. Doch als sie uns gewahrten, ließen sie die Riemen fahren. Sie hoben, alle fünfzig, die Gesichter.

Dädalus und Ikarus (Skulptur von Antonio Canova, 1777–1779)

Ich winkte dich zurück. Wir wollten landen, zum letzten Male vor dem großen Meerflug. Wir ließen uns auf dem Plateau von Grotta nieder. Die Bauern schimpften in der Ferne. Sie kamen jetzt von allen Seiten, in hellen Scharen, und sammelten im Laufen Steine von den Äckern auf.

Sie denken, wir sind Götter?, fragtest du.

Dann würden sie uns nicht mit Steinen bewerfen.

Was denken sie denn dann?

Sie halten uns für große Vögel oder für Gespenster.

Du nicktest. Plötzlich fragtest du: Wer sind wir, wenn wir keine Vögel sind?

Ich lachte, nahm dich in den Arm.

Du?, rief ich. Du bist Ikarus!

Du nicktest wieder.

Die ersten von den Bauern waren jetzt schon nahe. Sie blieben stehen und schielten scharf zu uns herüber. Sie waren außer Atem. Für ihre Steine war es noch zu weit. Sie klatschten in den Lehm.

Du schautest kaum hinüber. Du hattest keine Angst vor ihnen.

Du wiederholtest:

Ich bin Ikarus. Und du? Wer bist denn du?

Da schwirrte schon ein Stein an uns vorbei. Ich rief: Wir müssen weiter!

Ich prüfte noch einmal die Gurte an den Flügeln und zog sie fester. Wir stiegen auf, als sich die Bauern wieder in Bewegung setzten, um uns zu fangen.

Wir waren zeitig auf dem Meere. Die Sonne war noch gar nicht aufgegangen. Doch da es still war und sich am Himmel keine Wolken zeigten, dachte ich: Es macht nichts aus. Es trug uns durch die glatte Taubenluft. Der ungeheure Schild des Meeres lag unter uns, und in der Höhe, über unseren Köpfen, hing das erste ahnungsvolle Licht am Himmel.

Wer bin ich denn? Mein Gott ...

Ich grübelte. Da sah ich dich mit einem Male über mir. Du stiegst noch weiter.

Zurück!, rief ich.

Und mit zwei Flügelschlägen warst du an meiner Seite. Ich rief dir zu:

Du bleibst bei mir, du hast es mir versprochen! Siehst du die Sterne, die du dir merken solltest? Du nicktest. Aber plötzlich lachtest du verstohlen: Und wer du bist – das weißt du selber nicht?

Da ging die Sonne auf. Jetzt half mir nichts. Ich hatte nicht damit gerechnet, dass dieser Augenblick so grausam ist. Sie ging halbwegs zu unserer Rechten auf: zuerst ein Stachel, der sich in den Himmel bohrte, und gleich darauf ein Halbmond – dann die Kugel aus dem fürchterlichen Licht. Sie peitschte einen Feuerstrich quer übers Meer, und ihre Strahlen schossen aufwärts in den Himmel, sodass wir plötzlich wie in einer Zange hingen oder wie in einem kolossalen Käfig, dessen goldene Stangen uns gefangen hielten.

Ikarus!, schrie ich.

Doch du ertrugst den Käfig nicht. Ich sah dich noch einmal, tief unter mir. Der Punkt, der in den Winkel zwischen Spiegelung und Strahlen schoss, warst du. Die Sonne fraß den Punkt, vor meinen Augen.

Dann nichts mehr.

Und dann die schwarzen Federn auf dem Wasser. Da aber war die Sonne schon weit aufgegangen. Sie stand im halben Himmel, war weiß und warm und hatte uns vergessen.

(1958)

1 Ernst Schnabel nimmt die Sage von Dädalus und Ikarus auf und verarbeitet sie zu einem neuen Text. Was ist das Neue daran? Welche Wirkung erreicht er durch die Veränderungen?

2 Wie erklärt der Erzähler in diesem Text Ikarus' Sturz (Z. 80–101)? Achtet auch darauf, welche Bedeutung die Sonne hat und wie sie sprachlich dargestellt wird.

3 Welche Bedeutung hat es, dass Dädalus hier eine Rede an seinen toten Sohn hält?

4 Charakterisiert anhand dieses Textes Dädalus und Ikarus sowie ihr Verhältnis zueinander.

5 Wie wird das Verhältnis von Dädalus und Ikarus in der Skulptur von Antonio Canova (S. 294) dargestellt?
Vergleicht eure Ergebnisse mit den Ergebnissen aus Aufgabe 4.

6 Beschreibt, wie die Menschen auf Dädalus und Ikarus reagieren. Wie sind diese Reaktionen zu erklären?

7 **Durchstarten! So kannst du weiterarbeiten:**

a Ikarus erscheint seinem Vater nachts im Traum und erzählt ihm, wie er ihre Flucht und den Absturz erlebt hat. Schreibe auf, was er zu Dädalus sagt.

b Verändere in dem Abschnitt von Z. 46–61 die Perspektive, indem du ihn aus der Sicht der Bauern umschreibst.

Ernst Jandl (1925–2000)

Ikarus

Er flog hoch
über den anderen.
Die blieben im Sand
Krebse und Tintenfische.
Er flog höher
als sein Vater, der kunstgewandte
Dädalus.
Federn zupfte die Sonne aus seinen Flügeln.
Tränen aus Wachs tropften aus seinen Flügeln.
Ikarus flog.
Ikarus ging unter.
Ikarus ging unter
über allen anderen.

(1954)

1 Auch Ernst Jandl nimmt die Sage von Dädalus und Ikarus auf und gestaltet sie neu. Welchen Schwerpunkt setzt er dabei?

2 Beschreibe die Form, die Jandl für seine Fassung der Sage wählt.

3 Der Sprecher im Gedicht wiederholt verschiedene Wörter und Sätze. Schreibe diese Wiederholungen heraus und erkläre jeweils ihre Bedeutung.

4 Erkläre, was die letzten beiden Verse bedeuten. Überlege dabei auch, wie Ikarus und sein Sturz hier beurteilt werden.

Puhdys
Ikarus

■ In der ehemaligen DDR waren die Puhdys eine der bekanntesten Rockgruppen. Eines ihrer Lieder, das 1973 veröffentlicht wurde, nimmt die Geschichte von Dädalus und Ikarus auf. ■

Die Rockgruppe „Puhdys“

Einem war sein Heim, war sein Haus zu eng, sehnte sich in die Welt.
Sah den Himmel an, sah, wie dort ein Schwan hinzog.

Er hieß Ikarus und er war sehr jung, war voller Ungeduld.
Baute Flügel sich, sprang vom Boden ab und flog und flog.

Steige Ikarus!
Fliege uns voraus!
Steige Ikarus!
Zeige uns den Weg!

Als sein Vater sprach: „Fliege nicht zu hoch!
Die Sonne wird dich zerstör’n.“
Hat er nur gelacht, hat er laut gelacht und schwieg.
Er hat’s nicht geschafft, und er ist zerschellt.
Doch der Erste war er. Viele folgten ihm,
Darum ist sein Tod ein Sieg – ein Sieg!

Steige Ikarus!
Fliege uns voraus!
Steige Ikarus!
Zeige uns den Weg!

Einem ist sein Heim, ist sein Haus zu eng, er sehnt sich in die Welt.
Sieht den Himmel an, sieht, wie dort ein Schwan hinzieht.

Er heißt Ikarus und ist immer jung, ist voller Ungeduld.
Baut die Flügel sich,
Springt vom Boden ab und fliegt und fliegt.

Steige Ikarus!
Fliege uns voraus!
Steige Ikarus!
Zeige uns den Weg!

(Text: Wolfgang Tilgner
by Lied der Zeit GmbH, Hamburg)

1 Vergleicht den Liedtext mit der Sage von Dädalus und Ikarus. Welche Elemente werden übernommen, was wird verändert?

2 Sprecht darüber, was das Lied ausdrücken soll. Achtet dabei besonders auf die Aussage, dass Ikarus' Tod ein Sieg gewesen sei.

3 Erklärt, warum in der letzten Strophe das Tempus verändert wird.

4 Besorgt euch das Lied und hört es gemeinsam an. Sprecht darüber, wie die Musik auf euch wirkt und wie sie die Aussage des Liedes unterstützen soll.

5 **Durchstarten! So könnt ihr weiterarbeiten:**

a Vergleicht die Texte, die ihr kennengelernt habt, unter den folgenden Gesichtspunkten: Darstellung von Dädalus bzw. Ikarus, Beziehung zwischen Vater und Sohn, Erklärung und Beurteilung von Ikarus' Sturz.

b Findet Beispiele in Literatur und Film für andere bekannte literarische Motive, z. B. für das Situationsmotiv der Liebe zwischen den Kindern verfeindeter Familien oder für das Typenmotiv der bösen Stiefmutter, und berichtet darüber in der Klasse.

Hinweise zum Vergleichen von Texten erhaltet ihr im Werkzeugkasten auf S. 169.

Das musst du lernen und wissen

Der Sturz des Ikarus – ein literarisches Motiv

- Der Sturz des Ikarus hat die Menschen zu unterschiedlichen Zeiten immer wieder so sehr fasziniert, dass sie diese Situation in ihren Texten neu gestaltet haben. Wir sprechen bei einem solchen wiederkehrenden literarischen Element von einem **Motiv**.
- Literarische Motive lassen sich z. B. in **Situationsmotive** (die Liebe der Kinder verfeindeter Familien wie in „Romeo und Julia") und **Typenmotive** einteilen (die böse Stiefmutter); es gibt aber auch Motive, die für bestimmte Gattungen typisch sind (z. B. lyrische Motive: Nacht, Abschied, Einsamkeit).
- Auch in der Musik und in der bildenden Kunst (z. B. Malerei) nennen wir solche wiederkehrenden Elemente Motive.

Der Sturz des Ikarus im Bild

Das Ikarus-Motiv ist nicht nur in zahlreichen Texten verarbeitet worden, sondern auch in Gemälden, Zeichnungen und Skulpturen.

Carlo Saraceni (1579–1620)

Dädalus und Ikarus

Der italienische Maler Carlo Saraceni schuf in den Jahren 1606/1607 ein Gemälde, das eine Szene aus der Sage von Dädalus und Ikarus zeigt.

1 Welche Vorstellung habt ihr nach dem Lesen der Texte von Dädalus und Ikarus gewonnen? Vergleicht eure Vorstellungen mit dieser bildlichen Darstellung.

2 Stellt euch vor, ihr wäret einer der beiden Männer am linken unteren Bildrand. Was beobachtet ihr? Welche Gedanken und Gefühle habt ihr? Schreibt mit einem Partner zusammen einen Dialog zwischen den beiden Männern.

3 Die beiden Männer am Bildrand sind wie Menschen des 16./17. Jahrhunderts gekleidet. Warum könnte der Maler die Szene mit dem Sturz des Ikarus in seine Zeit versetzt haben?

4 Beschreibt das Bild mündlich. Tragt zuvor zusammen, was ihr noch aus dem letzten Schuljahr über eine Bildbeschreibung wisst.

5 Eine schriftliche Bildbeschreibung beginnt wie viele Texte mit einer Einleitung. Welche der folgenden Einleitungen haltet ihr für geeignet? Was ist jeweils gelungen, welche Tipps für Verbesserungen könnt ihr geben? Begründet eure Meinung und verfasst einen eigenen Einleitungsteil.

a) Das Bild „Dädalus und Ikarus“ von Carlo Saraceni wurde um 1606/07 erstellt. Deutlich erkennt man eine Landschaft mit Feldern, Häusern und einem Fluss. In der Morgensonne sieht man zwei Menschen in der Luft, Dädalus und Ikarus. Man sieht jedoch auch zwei Männer an Land, die die Fliegenden beobachten und sehen, dass Ikarus abstürzt.

b) Auf dem Gemälde „Dädalus und Ikarus“ (1606/07 entstanden) von Carlo Saraceni sieht man zwei Männer mit Flügeln. Es handelt sich um Dädalus und Ikarus, die über das Meer fliegen. Es hat den Anschein, dass einer der beiden abstürzt. Man sieht das Geschehen aus der Nähe und von unten.

6 Im Folgenden findet ihr fünf Abschnitte aus einem möglichen Hauptteil. In welcher Reihenfolge würdet ihr diese Abschnitte anordnen? Was fehlt in diesem Hauptteil? Ergänzt und überarbeitet den Text. Der obere Werkzeugkasten auf S. 301 hilft euch dabei.

a) Am linken unteren Bildrand sieht man zwei Männer. Der eine Mann kniet, er hat einen Schnurrbart und hält eine Angel in der Hand, deren Schnur bis in das Wasser reicht. Direkt neben ihm steht ein Korb. Der Mann schaut zu einem anderen Mann auf, der auf einem Pferd sitzt und gut gekleidet ist. Der zweite Mann schaut den ersten ebenfalls an.

b) In der Bildmitte sieht man Dädalus und Ikarus. Sie fallen dem Betrachter sofort ins Auge. Sie sind knapp bekleidet und tragen Flügel. Dädalus befindet sich rechts und hält die rechte Hand nach hinten in Richtung von Ikarus. Dieser fliegt auf dem Rücken und scheint abzustürzen. Er befindet sich höher in der Luft als sein Vater. Seine Flügel lösen sich gerade auf, einzelne Federn schweben nach unten.

c) In der Mitte des rechten Bildrandes sieht man einige Felder, die erhöht auf einem Berg liegen. In der Mitte der Felder ist ein Haus zu erkennen.

So gehst du vor

Die Einleitung einer Bildbeschreibung verfassen

In der Einleitung einer Bildbeschreibung nennt ihr – jeweils wie es euch bekannt ist – den Namen des **Künstlers**, den **Titel** des Bildes, das **Entstehungsjahr** und die **Art** (z. B. Foto, Gemälde), ggf. auch die **Technik**, mit der das Bild entstanden ist (z. B. Ölbild, Zeichnung). Darüber hinaus gebt ihr in der Einleitung einen **Überblick über den Bildinhalt**; außerdem solltet ihr beschreiben, von welchem **Standpunkt** und aus welcher **Perspektive** der Betrachter das Dargestellte sieht (z. B. aus der Nähe oder aus größerer Entfernung, von einer erhöhten/niedrigeren Position aus, ...).

d) Der Himmel ist in einem hellen, bläulichen Gelbton gehalten, sodass die Sonne am oberen linken Bildrand nicht auffällt, da sie nur wenig dunkler ist.

e) Das Wasser reicht vom mittleren linken Bildrand bis zum unteren rechten Bildrand. In der Bildmitte ragen Felsen in das Wasser hinein.

So gehst du vor

Den Hauptteil einer Bildbeschreibung verfassen

- Im **Hauptteil** beschreibt ihr den **Aufbau** und **wichtige Einzelheiten** des Bildes genauer. Um den Aufbau und die Beziehung der dargestellten Einzelheiten zueinander zu beschreiben, solltet ihr den Leser darüber informieren, wo sich was im Bild befindet. Dazu betrachtet ihr das Bild als Fläche. Auch die Tiefe des Bildes könnt ihr dabei berücksichtigen.
- Bei der Beschreibung des **Bildaufbaus und der Anordnung der Teile** könnt ihr mit folgenden Begriffen arbeiten: Bildmittelpunkt, rechter/linker/oberer/unterer Bildrand, obere/untere/linke/rechte Bildhälfte, Vordergrund/Mittelgrund/Hintergrund. Ihr könnt eure Einzelergebnisse ordnen, indem ihr das Bild von links nach rechts, von oben nach unten oder von vorne nach hinten beschreibt.
- Damit die Bildbeschreibung wirkungsvoller wird, solltet ihr die **wichtigsten Einzelheiten genau beschreiben**. Dabei könnt ihr unter anderem auf folgende Punkte eingehen: Figuren (Haltung, Mimik, Gestik), Lichtverhältnisse (Licht/Schatten), Ruhe und Bewegung sowie Gestaltung der Umgebung. Achtet besonders auf die **Farbgebung**. Welche Farben herrschen vor? Gibt es Farbkontraste? Welche **Wirkung** wird durch die Farbgebung und durch die Anordnung der Bildteile erreicht? Denkt daran, dass ihr eure Einzelergebnisse zueinander in Beziehung setzen müsst. Verwendet **treffende Adjektive** und **Vergleiche**. So erreicht ihr eine anschauliche Beschreibung.

7 Schreibt jetzt einen Schluss zu eurer Bildbeschreibung. Nutzt dafür den folgenden Werkzeugkasten.

So gehst du vor

Den Schlussteil einer Bildbeschreibung verfassen

- Im Schlussteil könnt ihr die **Stimmung und die Wirkung** des Bildes zusammenfassend charakterisieren. Aus der detaillierten Beschreibung sollte sich außerdem eine mögliche **Deutung** des Bildes ergeben. Abschließend könnt ihr die **Wirkung des Bildes auf euch persönlich** beschreiben und aufzeigen, was euch an ihm gefällt bzw. nicht gefällt.
- Ansatzpunkte für die **Deutung** findet ihr z. B. in der genauen Beschreibung des Bildes (z. B.: Warum wird etwas/jemand hervorgehoben oder auf eine bestimmte Art und Weise dargestellt?). Auch die Biografie des Künstlers und die Entstehungsumstände des Bildes (z. B.: Von wem wurde es in Auftrag gegeben? Wann ist es entstanden?) können euch wichtige Hinweise liefern.

Pieter Brueghel d. Ä. (ca. 1525–1569)

Landschaft mit Sturz des Ikarus

Pieter Brueghel d. Ä. ist der bekannteste niederländische Maler des 16. Jahrhunderts. Er schuf dieses Gemälde vermutlich im Jahre 1558. Zu dieser Zeit lebte er in Antwerpen, das in der 1. Hälfte des 16. Jahrhunderts ein bedeutender Handelsplatz war. Über Portugal kamen Gewürze und andere Luxusgüter per Schiff nach Antwerpen, von wo aus sie nach Mittel- und Nordeuropa weiterverkauft wurden.

1 Erklärt den Titel des Gemäldes.

2 Vergleicht die Darstellungen von Saraceni (S. 299) und Brueghel. Was ist das Besondere an der Darstellung Brueghels?

3 Stellt euch vor, eine der Personen auf dem Bild zu sein, und beschreibt eure Situation. Was tut ihr gerade? Was nehmt ihr wahr? Vergleicht eure Texte dann mit denen, die ihr zu dem Bild von Saraceni geschrieben habt (S. 299, Aufgabe 2).

4 Sowohl Saraceni als auch Brueghel verarbeiten in ihren Bildern das Motiv vom Sturz des Ikarus. Beschreibe und vergleiche, wie sie das Motiv jeweils gestalten. Berücksichtige dabei auch, welche Intention (Aussageabsicht) sie möglicherweise haben.

5 Informiere dich über Pieter Brueghel d. Ä. und die Zeit, in der er lebte. Nutze diese Informationen und die Angaben im Einleitungstext oben für die Deutung des Bildes.

6 Beschreibe das Gemälde möglichst genau. Nutze hierfür die Werkzeugkästen auf S. 300–301.

7 **Durchstarten! So könnt ihr weiterarbeiten:**

a Suche im Internet oder in Büchern nach weiteren Bildern, die das Motiv des Ikarus-Sturzes verarbeiten. Beschreibe diese Bilder genau und stelle sie in der Klasse vor.

b Die Geschichte von Dädalus und Ikarus ist mehrere Tausend Jahre alt. Finde Gründe dafür, warum diese Geschichte die Menschen immer wieder so fasziniert hat, dass sie sie erzählt oder in Bildern dargestellt haben.

Projektideen rund um das Fliegen

1. Folgt den weiteren Spuren, die Ikarus bis heute hinterlassen hat. Ihr könnt dazu z. B. im Internet recherchieren; dort findet ihr weitere Bilder, die Künstler zu der Sage gemalt haben, und Beispiele, wofür der Name Ikarus heute verwendet und wie auf die antike Sage angespielt wird. Ihr könnt auch selbst zur Sagenfigur Ikarus ein Bild malen, eine Collage erstellen und/oder eine Ausstellung organisieren.
2. In zahlreichen Märchen und Sagen spielt das Fliegen eine wichtige Rolle. Sucht in Märchen- oder Sagensammlungen weitere Texte zum Thema und stellt sie der Klasse vor. Ihr könnt auch eine kleine Ausstellung organisieren.
3. Informiert euch über Menschen, die für die Verwirklichung des Menschheitstraums vom Fliegen wichtig waren (z. B. Otto Lilienthal, die Brüder Wright, Charles Lindbergh, Amelia Earhart, Beryl Markham). Stellt die von euch gewählte Person dann der Klasse vor.

Wichtige Tipps für die Vorbereitung und den Vortrag findet ihr in dem Kapitel „Das Lernen lernen – Referate“ auf S. 90 ff.

Die deutsche Sprache und ihre europäischen Verwandten –

Der amerikanische Schriftsteller Mark Twain (1835–1910) besuchte auf seiner Reise durch Europa in den Jahren 1878 und 1879 auch für einige Monate Deutschland und versuchte, sich die deutsche Sprache anzueignen. In seinem Aufsatz „Die schreckliche deutsche Sprache" (1880) erzählt er mit viel Humor und einiger Übertreibung von den Tücken, die das Erlernen des Deutschen für einen Englisch sprechenden Menschen mit sich bringt: „Es gibt ganz gewiss keine andere Sprache, die so unordentlich und systemlos daherkommt und dermaßen jedem Zugriff entschlüpft."

Tatsächlich besitzt die deutsche Sprache für den Außenstehenden einige grammatische Fallstricke, aber zugleich ist sie bei genauerem Hinsehen in vielem mit den übrigen sogenannten indoeuropäischen Sprachen wie Latein, Französisch oder Englisch verwandt. In diesem Kapitel lernt ihr mithilfe von ersten Einblicken in die Sprachgeschichte und anhand von Sprachvergleichen die Eigenarten des Deutschen vor allem beim Wortschatz und bei den Satzbaumustern genauer kennen.

Porträt von Mark Twain aus dem Jahr 1900

Aus Sprachvergleichen lernen

1 Versucht, die Texte auf dieser Seite laut zu lesen. Es sind Übersetzungen des christlichen Gebets „Vater unser“, das in über 1000 Sprachen übertragen wurde. Um welche Sprachen handelt es sich?

Vater unser im Himmel,
geheiligt werde dein Name.
Dein Reich komme.
Dein Wille geschehe,
wie im Himmel so auf Erden.

Onze Vader, die in de hemelen zijt,
geheiligd zij uw naam,
uw rijk kome.
Uw wil geschiede,
op aarde als in de hemel.

Padre nostro, che sei nei cieli,
sia santificato il tuo nome;
venga il tuo regno;
sia fatta la tua volontà
come in cielo così in terra.

Notre Père, qui es aux cieux
que ton nom soit sanctifié,
que ton règne vienne,
que ta volonté soit faite
sur la terre comme au ciel.

Our Father who art in heaven,
hallowed be thy name.
Thy kingdom come,
Thy will be done
on earth as it is in heaven.

Pater noster, qui es in caelis:
sanctificetur nomen tuum;
adveniat regnum tuum,
fiat voluntas tua
sicut in caelo et in terra.

2 Könnt ihr, abgesehen von der deutschen Version, die Bedeutung einzelner Wörter bestimmen?

3 Vergleicht die Wörter mit identischer Bedeutung. Welche Beobachtungen sind möglich?

1. Die indoeuropäische Sprachfamilie und die deutsche Sprache

Die deutsche Sprache gehört zur indoeuropäischen Sprachfamilie, deren Ursprung im dritten Jahrtausend vor Christus liegt. Diese Herkunft wird vor allem an den vielen Wörtern sichtbar, die sich aus dieser Zeit im Deutschen mehr oder weniger erhalten haben.

Hans Reichardt

Die Ursprache Europas

Im Jahr 1816 veröffentlichte der Mainzer Sprachforscher Franz Bopp ein kleines Buch mit dem trockenen Titel „Über das Konjugationssystem der Sanskritsprache in Vergleichung mit jenem der griechischen, lateinischen, persischen und germanischen Sprachen". Das Sanskrit ist eine uralte Sprache, die in Indien bis auf den heutigen Tag von Priestern und Gelehrten gesprochen wird. In seinem Buch bewies der 24-jährige Forscher, dass zwischen mehreren Sprachen Europas und des Orients auffällige Gemeinsamkeiten bestehen. Das war zunächst nichts Neues. Schon um 1786 hatte der britische Orientalist William Jones auf eine merkwürdige Verwandtschaft des Sanskrit mit einigen europäischen Sprachen hingewiesen. Das deutsche Wort *Vater* heißt im Lateinischen *pater*, englisch *father*, französisch *père*, altpersisch *pita* und altindisch *pitar*. Bruder heißt englisch *brother*, französisch *frère*, altpersisch *bhrata* und altindisch *bratar*. [...] Offenbar gehören all diese Sprachen zu ein und derselben Sprachfamilie. Ihr Verbreitungsraum erstreckt sich wahrscheinlich von Indien über das Mittelmeer und Mitteleuropa bis nach Portugal. Man nennt sie die „indoeuropäischen" Sprachen, und die Völker, die diese Sprachen sprechen, sind „Indoeuropäer".

Franz Bopp (1791–1867)

Franz Bopp gab sich nicht mit dieser zwar rätselhaften, aber unbestreitbaren Tatsache zufrieden. Aus der Verwandschaft der indoeuropäischen Sprachen folgerte er, dass sie einer gemeinsamen Ursprache entstammen mussten, die irgendwann einmal von irgendeinem Volk gesprochen worden sein muss.

Nun begannen andere Sprachforscher, sich für dieses „Urvolk" zu interessieren. Man wusste nichts von ihm: nicht, wann und wo es einst gelebt hat, nichts von seiner Kultur und nichts von seiner Geschichte. Es schien, als hätte sich die-

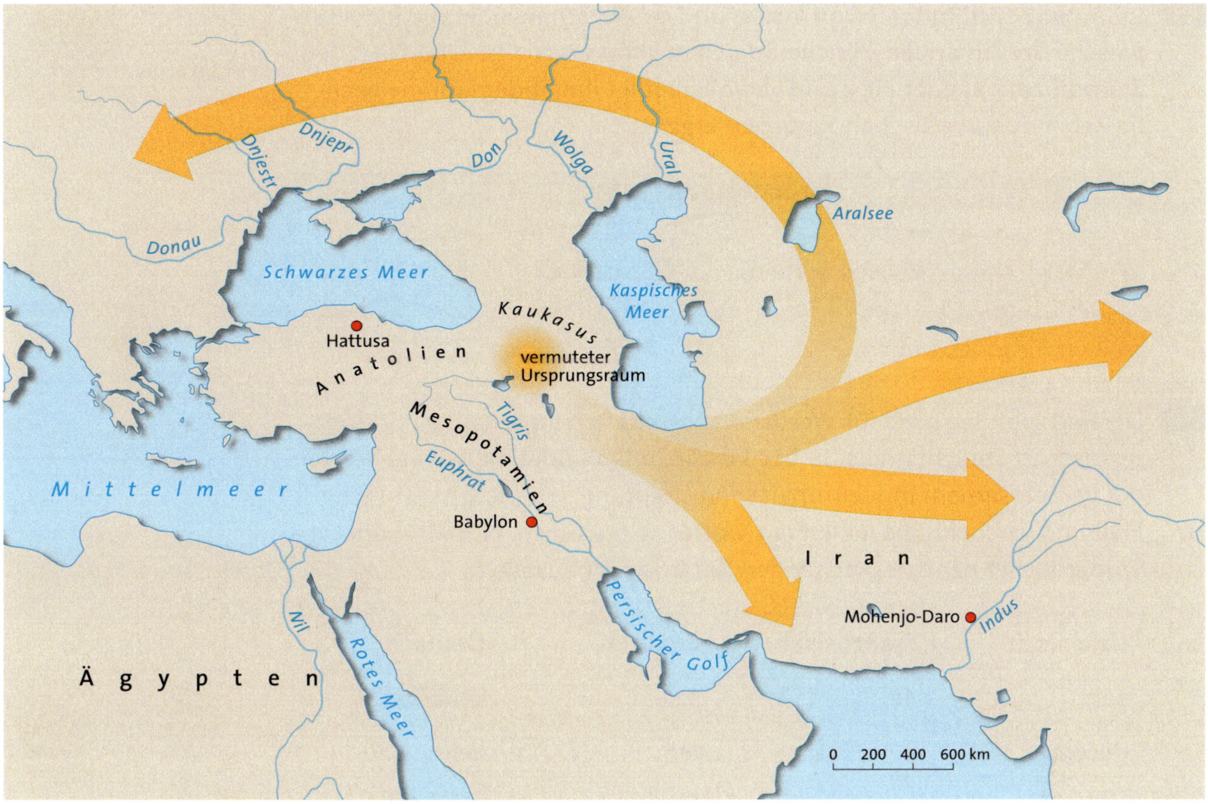

Vermuteter Ursprungsraum und Verbreitungsweg der indoeuropäischen Sprachen

ses Volk irgendwann spurlos aufgelöst. Aber eben doch nicht ganz spurlos: Seine Sprache oder vielmehr die Reste seiner Sprache waren ja – und sind heute noch – in vielen Sprachen lebendig. [...]

Wie Archäologen das Erdreich durchsuchen, um aus den gefundenen Gegenständen ein Bild der vergangenen Zeit zu gewinnen, so untersuchten die Sprachforscher die indoeuropäischen Sprachen nach den „Scherben" ihrer gemeinsamen Ursprache. Sie gingen davon aus, dass alle Dinge und Begriffe, die in all diesen Sprachen verwandte Namen hatten, schon den Ur-Indoeuropäern bekannt gewesen sein müssen. [...]

Aus solchen langwierigen und schwierigen Überlegungen entstand schließlich ein recht anschauliches Bild vom Leben der Menschen, die diese Sprache gesprochen haben. [...] Sie müssen sich schon vor über 4000 Jahren als Volk aufgelöst haben. [...] Einige Forscher glauben, dass sie in einem riesigen Steppengebiet gelebt haben, wahrscheinlich in den Steppen Südosteuropas und Vorderasiens.

(1978)

1 Erklärt mithilfe des Textes, wie die Forscher auf die „Ursprache Europas" gestoßen sind.

2 Welchen geografischen Ursprung das Indoeuropäische hat und ob seine Sprecher wirklich *ein* Volk waren, ist in der Forschung bis heute umstritten. Versucht, die Karte zu erklären und mit dem Text in Verbindung zu bringen.

3 Informiert euch mithilfe von Lexika und des Internets über die indoeuropäische Sprachfamilie. Welche Sprachen gehören zu ihr? Übertragt den Stammbaum in euer Heft und vervollständigt ihn, indem ihr die wichtigsten indoeuropäischen Sprachen ergänzt.

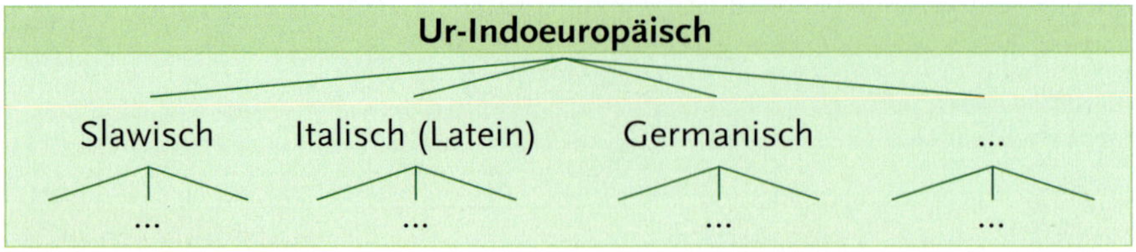

4 Der Text gibt Beispiele für Wortverwandtschaften innerhalb der indoeuropäischen Sprachfamilie. In der Tabelle unten findet ihr weitere Wörter mit gemeinsamem indoeuropäischen Ursprung. Übertragt sie in euer Heft und versucht, die fehlenden Wörter zu ergänzen. Notfalls könnt ihr Wörterbücher der entsprechenden Sprachen hinzuziehen.

Lateinisch	Französisch	Englisch	Deutsch
sal	sel	salt	
decem		ten	zehn
pes	pied	foot	
nox		night	Nacht
mensis	mois		Monat
novus	nouveau	new	
piscis	poisson		Fisch
agri cultio		agriculture	Ackerbau
betula	bouleau		Birke

Das musst du lernen und wissen

Das Indoeuropäische

Seinen Grundwortschatz hat das Deutsche aus dem Germanischen und Indoeuropäischen (früher auch „Indogermanisch" genannt) geerbt. Viele dieser sogenannten **Erbwörter** erlauben Rückschlüsse auf Kultur und Lebensweise der Menschen, die vermutlich diese Ursprache Europas sprachen. So geht man heute z. B. davon aus, dass sie in Großfamilien lebten (Wörter wie *Vater*, *Mutter*, *Bruder*, *Schwester* und *Tochter* belegen dies) und vorrangig Ackerbau betrieben (Wörter wie *Acker*, *säen* oder *Furche* stammen aus dieser Zeit).

2. Wörter haben eine Geschichte: Wortverwandtschaften und Bedeutungsunterschiede erklären

Sprachverwandtschaft ergibt sich nicht nur aus einem gemeinsamen Ursprung, sondern auch aus Entlehnungen unter den einzelnen Sprachen selbst. Solche Lehnwörter sind heute nicht immer auf den ersten Blick zu erkennen. Manchmal veränderten die übernommenen Wörter im Laufe der Jahrhunderte ihre Bedeutung. Noch heute gibt es rege Beziehungen zwischen den Sprachen, vor allem zwischen Englisch und Deutsch, die zur Bildung von Lehnwörtern führen.

Fenster	Mauer	Kamin	Kaiser	Linie
Parlament	Manieren	falsch	Keks	Detektiv
Kandidat	Rekord	Kelch	fein	Reporter
studieren	Kredit	Kasse	Wein	Sprint
Post	Kammer	Schule	Preis	Keller

Französisch | Italienisch | Lateinisch | Englisch

1 In dem Kasten rechts oben findet ihr eine Reihe von Lehnwörtern. Welche kommen euch aus eurem Fremdsprachenunterricht bekannt vor? Versucht, die Herkunft dieser Wörter zu bestimmen.

2 In sogenannten etymologischen Lexika erfahrt ihr mehr über die Geschichte einzelner Wörter. Die Etymologie ist die Wissenschaft von der Wortherkunft. In dem Auszug rechts aus einem solchen Lexikon könnt ihr drei der oben genannten Wörter wiederfinden. Welche Informationen über diese Wörter erhaltet ihr?

Kamin 260

„Kamille", wörtlich etwa „Erdapfel" (aus altgriech. *chamaí* „am Boden, an der Erde" und *mēlon* „Apfel"), wohl nach dem apfelähnlichen Duft der Blüten.
Kamin, der: mhd. *kamīn, kemīn,* ahd. *kemīn* „Schornstein; Feuerstelle", aus lat. *caminus* „Feuerstelle, Esse, Herd, Kamin", dies aus altgriech. *káminos* „Schmelzofen; Bratofen".
Kamm, der: mhd. *kam[p],* ahd. *kamb,* eigentlich „(Gesamtheit der) Zähne" (Grundbedeutung „Zermalmer, Beißer"). ◇ **kämmen:** mhd. *kemben,* ahd. *chempen.*
Kammer, die: mhd. *kamer[e]* ahd. *chamara* „Kammer, Zelle", aus lat. *camera* „gewölbte Decke, Zimmer (mit gewölbter Decke)", aus gleichbedeutend altgriech. *kamára.* ◇ **Kämmerer,** der: mhd. *kamerære, kamerer,* ahd. *chamarāri,* im Mittelalter Bezeichnung für einen fürstlichen Hofbeamten, speziell den Aufseher über die Vorrats- und Schatzkammer; danach gilt es heute als Bezeichnung für den Leiter des [städtischen] Finanzwesens (beachte dazu die Zusammensetzung *Stadtkämmerer*). **Kammerjäger,** der: ursprünglich „fürstlicher Leibjäger" (zu veraltet *Kammer* „fürstlicher Wohnraum"), seit dem 17. Jh. scherzhafte Bezeichnung des gewerbsmäßigen Rattenfängers, heute „berufsmäßiger Vertilger von Ungeziefer". **Kammermusik,** die: ursprünglich „die in den fürstlichen Gemächern dargebotene Musik"; danach heute Bezeich-
17. Jh.; in der Soldatensprache des 30jährigen Krieges entlehnt aus französ. *camper,* dies zu französ. *camp* „Feldlager", aus gleichbedeutend italien. *campo,* „Feld; Feldlager", aus lat. *campus* „Feld".
Kanal, der: 15. Jh.; aus italien. *canale* „Leitungsröhre; künstlicher Wasserlauf; Schiffahrtskanal", aus lat. *canalis* „Röhre, Rinne, Kanal", zu lat. *canna* „Schilfrohr; kleines Rohr, Röhre", dies aus altgriech. *kánna* „[Geflecht aus] Schilfrohr"; siehe auch ↑Kanister, ↑Kanne, ↑Kanon, ↑Kanone, ↑Kanüle. ◇ **Kanalisation,** die (System von Rohrleitungen und Kanälen zum Ableiten von Abwässern): 19. Jh.
Kanarienvogel, der: 17. Jh.; verdeutlichende Zusammensetzung nach französ. *canari;* der Name bezieht sich auf die Kanarischen Inseln, die Heimat der Wildform dieser Vögel.
Kandare, die (Gebißstange des Pferdes): 16. Jh.; aus ungarisch *kantár* „Zaum, Zügel".
Kandidat, der (Bewerber; Prüfling): 16. Jh.; aus lat. *candidatus* „Bewerber um ein Amt", eigentlich „der Weißgekleidete", zu lat. *candidus* „glänzend, weiß". Der Amtsbewerber im alten Rom stellte sich dem Volk in der *toga candida,* in der glänzend weißen Toga vor. ◇ **Kandidatur,** die (Bewerbung um ein Amt): 19. Jh.; nach französ. *candidature.* **kandidieren** (sich [um ein Amt] bewerben): 19. Jh.
Kandis[zucker], der: 18. Jh.; schon im 16. Jh. als *Zuckerkandit, Zucker-*

Auszug aus dem Schüler-Duden „Wortgeschichte"

3 Im Vergleich zur Ursprungssprache haben einige Lehnwörter ihre Bedeutung verändert. Beschreibt solche Veränderungen an Beispielen aus dem Auszug.

4 **Durchstarten! So könnt ihr weiterarbeiten:**

Etymologische Wörterbücher könnt ihr in jeder größeren Bibliothek finden. Vielleicht gibt es ja eines in eurer Schule. Besorgt euch solch ein Lexikon und schlagt die Wortbeispiele aus dem Kasten nach. Ihr könnt eure Ergebnisse auf einem Plakat zusammenfassen.

Die deutsche Sprache hat während ihrer langen Geschichte Wörter aus einer Vielzahl fremder Sprachen aufgenommen. Neben dem Französischen und Englischen sind hier auch das Italienische und Griechische zu nennen. Den größten Einfluss hatte jedoch die lateinische Sprache, aus der das Deutsche 75 Prozent seiner Lehn- und Fremdwörter übernommen hat. Unsere Monatsnamen sind z. B. größtenteils römischen Ursprungs. Ein großer Schub der Entlehnung fand in der Zeit zwischen dem 6. und 9. Jahrhundert nach Chr. statt, aber bereits vorher hatten die Eroberungsfeldzüge der Römer für Sprachkontakte zwischen Germanen und Römern gesorgt.

5 Schaut euch die Skizze einer römischen Villa an. Die lateinischen Wörter bezeichnen Errungenschaften, die die Germanen von den Römern samt den sie bezeichnenden Wörtern übernommen haben. Versucht, die daraus entstandenen deutschen Lehnwörter zu finden.

Querschnitt einer römischen Villa

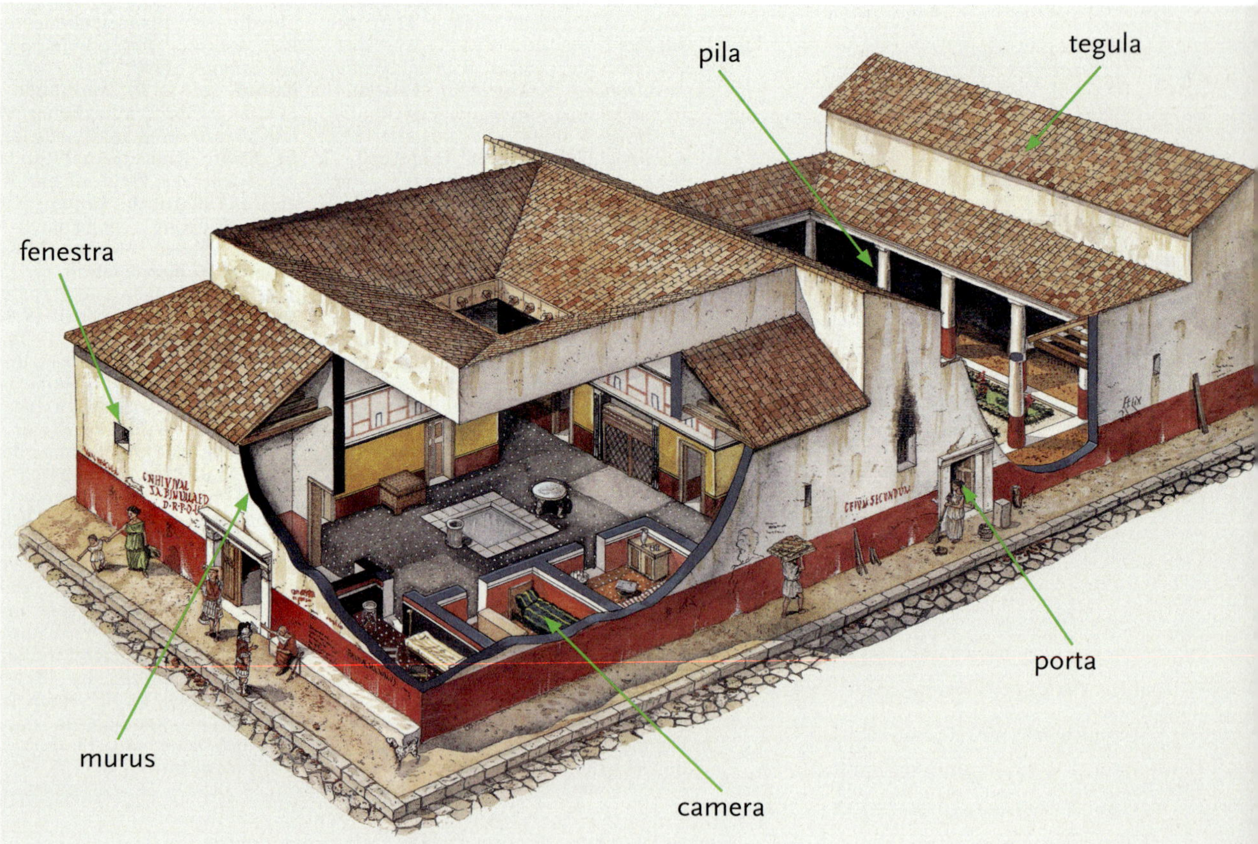

Jürgen Folz

Der lateinische Einfluss auf das Germanische

In den ersten nachchristlichen Jahrhunderten war der Einfluss des Lateinischen auf die germanische Sprache besonders groß. Die Römer hielten große Teile Germaniens besetzt. In dieser Zeit wurden über 500 Wörter aus dem Lateinischen übernommen.

Das wohl älteste Lehnwort aus dem Lateinischen ist das Wort *Kaiser*. Die Germanen lernten es mit dem Namen des römischen Feldherrn Gaius Julius Caesar kennen, der in den Jahren von 58 bis 51 v. Chr. Gallien (etwa das heutige Frankreich und Belgien) eroberte und den Rhein zur Grenze des römischen Reiches machte.

Die Germanen gaben dem Eigennamen bald die Bedeutung „Herrscher des römischen Reiches". Als dann unter Claudius (Kaiser seit 41 n. Chr.) der Beiname *Caesar* Bestandteil des römischen Herrschertitels wurde, legten die Germanen das ihnen längst bekannte Wort auf die Bedeutung „Kaiser" fest. [...] Unter Kaiser Augustus (31 v. Chr. bis 14 n. Chr.) eroberten die Römer das Land zwischen Alpen und Donau. Die einheimische Bevölkerung in den grenznahen Gebieten nahm rasch die römische Lebensart an.

[...]

Zusammen mit den neuen Dingen, die die Germanen von den Römern kennenlernten, übernahmen sie dann meist auch deren lateinische Bezeichnungen und machten sie sich „mundgerecht". Um sozusagen aus nächster Nähe mitzuerleben, wie dieser Kulturaustausch verlaufen ist, wollen wir uns jetzt einmal in die Zeit um 60 oder 70 nach Christi Geburt zurückversetzen. Auf dieser Reise in die Vergangenheit treffen wir dann zwei Germanen [...].

Diese beiden Germanenjungen – wir wollen sie Einhard und Dietmar nennen – waren schon seit dem Morgen unterwegs. Sie trieben einige Kälber von ihrem Dorf zum nahen befestigten Römerlager. [...] Ganz neu waren zum Beispiel die aus Stein gebauten Häuser der Römer für sie.

Die Häuser in ihrem Dorf hatten keine steinernen Mauern. Die Wände bestanden aus geflochtenen Ästen, die mit Lehm beschmiert waren. Unser Wort *Wand* bedeutet nämlich ursprünglich „Gewundenes, Geflochtenes" und ist mit *winden* verwandt. Eine ähnliche Bauweise finden wir heute noch in Ortschaften mit alten Häusern in Fachwerkbauweise. Von den Römern übernahmen die Germanen nach und nach die Technik der festen Steinmauer. Mit der Sache selbst wurde auch die lateinische Bezeichnung *murus* übernommen, aus der sich unser Wort *Mauer* entwickelte.

[...] Der Baumeister (das Grundwort *Meister* ist aus lateinisch *magister* entlehnt) erklärte den beiden neugierig Dreinblickenden, was es mit den großen Öffnungen in den Wänden auf sich hatte. Sie waren für die *Fenster* (lateinisch *fenestra*) bestimmt, denn in jede *Kammer* (lateinisch *camera*) sollte genügend Licht einfallen. [...] In dem Neubau konnten die beiden auch sehen, wie stützende *Pfeiler* eingezogen wurden. Lateinisch *pila* „Pfeiler" gelangte über die im Mittelalter gebildeten lateinischen Formen *pilarius, pilarium* als *pfîlâri* ins Althochdeutsche[1]. Der *Keller* (lateinisch *cellarium* „Speise-, Vorratskammer") des Hauses war bereits fertig, Mauern und Trennwände waren schon hochgezogen, nur das Dach und der Dachboden fehlten noch. Die hierfür benötigten *Ziegelsteine* (lateinisch *tegula*, ahd. *ziagala*) und die *Schindeln* (lateinisch *scindula* „Holzbrettchen als Dach- und Wandbedeckung") lagen draußen neben der großen Maueröffnung, die für die Haus*pforte* (lateinisch *porta*) vorgesehen war.

---

[1] Althochdeutsch (Abkürzung: ahd.): älteste Sprachstufe des Deutschen (ca. 800 bis 1100 n. Chr.)

1 Erklärt mithilfe des Textes die Wörter in der Abbildung auf S. 310.

2 Was hat die Übernahme lateinischer Wörter in die deutsche Sprache begünstigt? Nennt Beispiele aus dem Text.

3 Die folgenden Gruppen von Lehn- und Fremdwörtern stehen für weitere wichtige Perioden der Entlehnung im Deutschen. Versucht, mithilfe eurer Fremdsprachenkenntnisse herauszufinden, aus welchen Sprachen die Wörter übernommen wurden. Aus welchen Bereichen des Wortschatzes stammen sie (Technik, Militär, Sport, ...)? Welche Gründe für die Übernahme sind denkbar?

- Turnier, Lanze, Panzer, Preis, Visier, Manieren, ...
- Dattel, Marzipan, Melone, Muskat, Olive, Zitrone, ...
- Akte, Advokat, Arrest, Jurist, Polizei, Konferenz, ...
- Armee, Bande, Bataillon, Chef, Deserteur, Infanterie, ...
- Garderobe, elegant, Parfum, Teint, Toilette, ...
- Tunnel, Lokomotive, Tender, Lore, ...
- Gentleman, Klosett, konservativ, Streik, Tennis, Trick, ...
- Show, Hit, live, Trailer, Spot, Video, ...
- chatten, E-Mail, Computer, Router, Internet, ...

4 **Durchstarten! So könnt ihr weiterarbeiten:**

a Informiert euch mithilfe des Internets über die Herkunft und die Bedeutung des Wortes „Handy". Klärt, um welche Art von Übernahme aus einer fremden Sprache es sich hier handelt.

b Übernahmen aus dem englischen Wortschatz nennt man Anglizismen. Insbesondere im Bereich der modernen Technik, des Sports sowie der Werbe- und Jugendsprache nehmen die Anglizismen in den letzten Jahren deutlich zu. Sucht Beispiele aus den Medien für diese Bereiche. Wie beurteilt ihr diesen sprachlichen Trend?

Das musst du lernen und wissen

Lehnwort und Fremdwort

Wenn es in einer Sprache an Wörtern zur Bezeichnung neuer Dinge oder Vorgänge fehlt oder auch nur, wenn eine andere Sprache modisch erscheint, kommt es zu **Entlehnungen**, d. h., einzelne Wörter einer fremden Sprache werden in den Wortschatz der eigenen Sprache aufgenommen.
Die häufigsten Entlehnungen stammen aus dem **Lateinischen** und **Englischen** (hier vor allem in der Gegenwart).
Es gibt zwei grundlegende Arten von Entlehnungen: Das **Fremdwort** ist die direkte Übernahme eines fremden Ausdrucks (z. B. „Computer"), während beim **Lehnwort** der ursprüngliche Ausdruck zumeist so weit der eigenen Sprache angepasst wurde, dass der Ursprung nicht auf den ersten Blick erkennbar ist (z. B. „Fenster" aus lat. „fenestra").

3. Die Sprachen in der Sprache – Dialekte des Deutschen

Vor dem 15. Jahrhundert gab es noch keine einheitliche deutsche Sprache, sondern nur regionale Sprachen und Varianten, die heute als Dialekte (auch Mundarten) bezeichnet werden.
Wäre dies heute immer noch so, dann sähe eine Zeitungsnachricht in Norddeutschland möglicherweise so aus:

Wegen dumm Tüüg harr de Polizei veel to dohn

Weyhe. Dree junge Bengels hebbt güstern för sorgt, dat de Polizei ganz veel to dohn harr. De Jungs weern in de Neegde vun 'n Bahnhoff in Weyhe an 't Jammern, se harrn jichtenswat in de Oogen kregen. Een Dokter weer vemoden, dat kunn woll vun Gas her kamen. De Gendarms hebbt glieks 'n paar Straten afsparrt. Un ook de Töög dröffen för 'n Tietlang keen Holl stopp maken in Weyhe. Laterhen hett sick denn wiest, de Bengels, veerteihn un foffteihn Johr oolt, hebbt mit wat rümhanteert, wat se Peper-Spray nöömt.

1 Lest den Text mehrmals laut und versucht dann, euch darüber zu verständigen, worum es in der Nachricht überhaupt geht.

2 Fertigt eine Übersetzung an. Der Anfang ist euch vorgegeben. Überlegt, an welchen Stellen euch das Englische helfen kann.

Wegen Dummheiten (wörtlich: dummen Zeugs) hatte die Polizei viel zu tun

Weyhe. Drei junge Burschen sorgten dafür (wörtlich: haben dafür gesorgt), dass die Polizei viel zu tun hatte. Die Jungen waren in der Nähe des Bahnhofs in Weyhe am Jammern (besser: jammerten), ...

3 Die Mundart, in der der Text verfasst ist, gehört zum Niederdeutschen (auch Plattdeusch genannt). Schaut euch die Karte „Die deutschen Mundarten" an und erläutert, welche Gebiete der niederdeutsche Sprachraum umfasst.

Die deutschen Mundarten

4 Schaut euch die folgende Karte an. Beschreibt, was auf ihr dargestellt ist. Ermittelt die Unterschiede und Gemeinsamkeiten in Aussprache und Schreibweise zwischen den Dialekten.

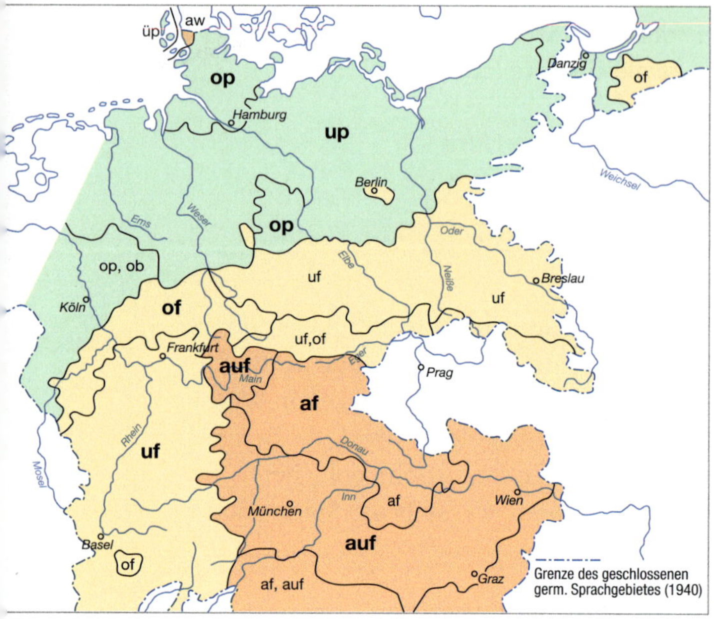

Das Wort „auf" im ehemaligen deutschen Sprachgebiet

5 **Durchstarten! So könnt ihr weiterarbeiten:**

a Wird bei euch zu Hause noch Mundart gesprochen? Erkundigt euch bei euren Eltern oder auch Großeltern, ob sie noch die Mundart eurer Region sprechen bzw. verstehen können.

b Mundarten werden heute von immer weniger Menschen beherrscht. Sprecht darüber, welche Ursachen dafür angeführt werden können. Denkt z. B. an die unterschiedlichen Medien.

c Viele Menschen setzen sich aber auch dafür ein, dass die Mundarten nicht verloren gehen. Der Sender Radio Bremen z. B. sendet jeden Tag Nachrichten auf Plattdeutsch und veröffentlicht sie auch im Internet. Welches Interesse könnten die Menschen am Erhalt der Mundart haben?

d Recherchiert im Internet, welche Institutionen sich mit der Pflege der Mundarten beschäftigen. Berichtet über die Aktivitäten in der Klasse.

Das musst du lernen und wissen

Dialekte

Dialekte (auch **Mundarten** genannt) sind regionale Varianten des Deutschen, die man von der Standardsprache, dem **Hochdeutschen**, unterscheidet. Unter dem Begriff „Hochdeutsch" versteht man heute nicht mehr eine Reihe von Dialekten (s. S. 313), sondern die gesprochene und geschriebene Standardsprache.
Im Laufe der Jahrhunderte haben sich die Mundarten in Wortschatz, Laut- und Schreibweise unterschiedlich entwickelt. Man teilt die Mundarten grob in die des **Niederdeutschen** bzw. **Plattdeutschen** (Mundarten Norddeutschlands) und die des **Mittel-** und **Oberdeutschen** (Mundarten Mittel- und Süddeutschlands) ein. Vor allem an den **norddeutschen** Dialekten ist die **Verwandtschaft** des Deutschen **mit dem Englischen** noch deutlich abzulesen.

4. Andere Sprachen, andere Satzbaumuster – Unterschiede kennen und berücksichtigen

Bei allen Parallelen haben die indoeuropäischen Sprachen ihre Eigenarten entwickelt. Gerade im Englisch- und Französischunterricht werden euch solche Unterschiede sicherlich schon begegnet sein. Insbesondere die Satzbaumuster (Syntax) des Deutschen weisen deutliche Unterschiede zum Satzbau des Englischen und Französischen auf.

Bastian Sick (geb. 1965)

Weil das ist ein Nebensatz

Freitagabend. Ich treffe mich mit Freunden im Lokal, um das Wochenende einzuläuten. Philipp und Maren sind da, und schließlich stößt auch Henry noch dazu. „Habt ihr schon bestellt?“, fragt er. „Nein, noch nicht“, sagt Philipp, „weil wir haben auf dich gewartet!“

„Das ist nett“, sagt Henry, „aber kein Grund, die Inversion zu vernachlässigen. Weil: Ich kann's wirklich nicht mehr hören!“ [...] Maren ist neugierig geworden: „Was meinst du denn mit Invasion?“ – „Ich meine nicht Invasion, sondern Inversion“, stellt Henry richtig. „Inversion bedeutet Umkehrung oder Gegenstellung. Beim Hauptsatz steht das Prädikat normalerweise in der Mitte, also hinter dem Subjekt und vor dem Objekt. In der Frage wandert das Prädikat an den Satzanfang, beim Nebensatz wandert es nach hinten.“

„Will noch jemand Wasser?“, frage ich und halte die Sprudelflasche in die Luft. „Siehst du“, sagt Henry zu Maren, „das war jetzt gerade eine typische Inversion von Subjekt und Prädikat im Fragesatz. Aus ‚Jemand will noch‘ wird ‚Will noch jemand?‘. Anhand dieser Umstellung kann jeder erkennen, dass es sich um eine Frage handelt. Man braucht am Ende nicht mal die Stimme zu heben.“ – „Schon klar“, sagt Philipp, „da erzählst du mir nichts Neues ... obwohl so genau hätte ich das jetzt nicht erklären können.“ – „Und in Nebensätzen gibt es auch so eine ... Inversion?“, fragt Maren. „Normalerweise ja“, sagt Henry. „Steht in dem Hauptsatz ‚Wir sitzen im Kino‘ das Prädikat noch an zweiter Stelle, nimmt es im Nebensatz ‚während wir im Kino sitzen‘ die Schlussposition ein. So sieht es unsere Grammatik vor. In letzter Zeit wird aber immer häufiger auf die Inversion verzichtet. Statt hinter ‚weil‘, ‚obwohl‘ und ‚wobei‘ einen Nebensatz zu bilden, fangen viele einfach einen neuen Hauptsatz an.“

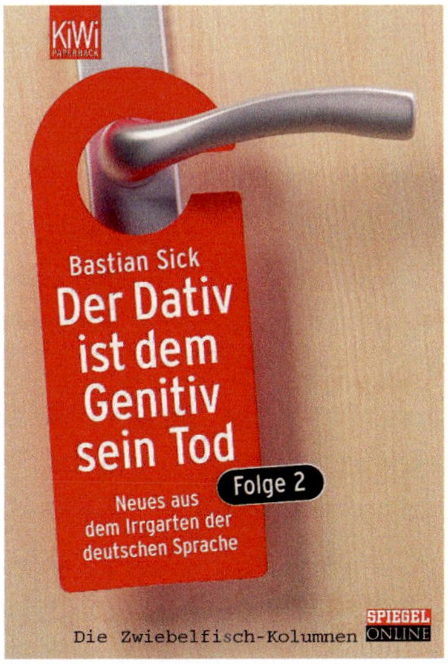

„Und ist das falsch oder bloß eine neue Entwicklung?“, will Maren wissen. „Sowohl als auch“, antwortet Henry, „es ist eine neue Entwicklung, die mit den Regeln der Grammatik bricht. Und wenn sie sich weiter so ungehemmt ausbreitet, steht zu befürchten, dass sich die Grammatikwerke dem irgendwann anpassen und die Einleitung von Hauptsätzen mit ‚weil' und ‚obwohl' als zulässig erklären. Ich persönlich achte darauf, dass ich hinter ‚weil' einen Nebensatz bilde, also das Prädikat ans Ende setze. Und seit ich darauf achte, fällt mir ständig auf, wie viele andere es offenbar nicht tun!" – „Woher kommt das denn?", fragt Maren weiter.

„Der Hauptgrund dürfte in der Bequemlichkeit liegen", meint Henry. „Es ist einfacher, einen Hauptsatz zu konstruieren als einen Nebensatz. Wie oft fängt man beim Sprechen einen Satz an, ohne genau zu wissen, wie er enden wird. Ehe man sich's versieht, hat man das Wort ‚weil' ausgesprochen und befindet sich mitten in einem abhängigen Kausalsatz. Man denkt: ‚Ups, wie komme ich da bloß wieder raus?', und rettet sich, indem man kurz Luft holt und dann mit einem neuen Hauptsatz beginnt. [...]"

„Fest steht doch", sagt Philipp, „dass Sprache sich entwickelt und Strukturen sich verändern können. Wenn die Mehrheit findet, dass es praktisch ist, hinter ‚weil' einen neuen Hauptsatz zu beginnen, warum sollte man das dann nicht akzeptieren?" – „Ich habe ja auch nie behauptet, dass ich gegen Wandel in der Sprache sei", stellt Henry klar. „Ich trete lediglich für einen bewussten Umgang mit der Sprache ein. Und ich bin absolut dafür, die Möglichkeiten der Sprache voll auszuschöpfen – dort, wo es sinnvoll ist."

Ich pflichte Henry bei: „Gerade beim Satzbau lässt übrigens die deutsche Sprache sehr viel mehr Gestaltungsmöglichkeiten zu als beispielsweise das Englische. Dort werden Sätze immer nach der gültigen Formel ‚SPO' zusammengebaut. [...] SPO steht für Subjekt, Prädikat und Objekt – die drei Hauptbestandteile des Satzbaus. Auch im Deutschen werden die meisten Sätze nach dem SPO-Schema gebaut, doch das ist nicht zwingend. Es geht aber auch anders. Statt ‚Ich vertrage Paprika nicht' kann man auch sagen: ‚Paprika vertrage ich nicht.' Das Subjekt kann ohne Weiteres seinen Platz mit dem Objekt tauschen. Im Englischen geht das nicht, da steht das Subjekt immer vor dem Prädikat, sowohl im Hauptsatz als auch im Nebensatz." – „Vergiss nicht Yoda aus dem ‚Krieg der Sterne'!", wirft Henry ein, „bei dem stand das Objekt immer am Satzanfang: ‚Auf die Macht zu hören du erst lernen musst!'"

„Dann handelt es sich womöglich um einen Anglizismus", mutmaßt Maren, „wir übernehmen doch ständig Dinge aus dem Englischen. Vielleicht ist diese Verdrehung hinter ‚weil' ja auch so eine Übernahme. Kennst du den Song ‚Because you loved me'? – Der heißt ja nicht ‚Because you me loved'." – „Und wie würdest du diesen Titel ins Deutsche übersetzen?", frage ich, „‚Weil du mich liebtest' oder ‚Weil du liebtest mich'?" Maren überlegt kurz und sagt: „‚Weil du mich liebtest'. Das klingt irgendwie ... rhythmischer. Bei ‚Weil du liebtest mich' hakt es in der Mitte." Ich stimme Maren zu: „Sprache ist immer auch eine Frage von Melodie und Rhythmus. Es geht also nicht allein um richtig oder falsch, sondern auch um den Klang, genauer gesagt um den Wohlklang. Für meine Ohren hört es sich schöner an, wenn hinter ‚weil' ein Nebensatz folgt. Aber das muss jeder für sich entscheiden." – „Ich sage nur: Rettet den Nebensatz!", sagt Henry, „weil ...", er macht eine Pause und holt tief Luft: „ ... es wirklich schade wäre, wenn er verloren ginge!"

„Können wir nicht mal das Thema wechseln?", fragt Philipp, „weil das Grammatikgerede macht mich langsam müde!" Henry und Maren blicken ihn gleichermaßen strafend an. Philipp knurrt: „Also schön: weil mich das Grammatikgerede langsam müde macht!"

(2005)

1 Nutzt ihr ähnliche Nebensatzkonstruktionen, wie sie Bastian Sick beschreibt? Wenn ja, wann?

2 Für wie wichtig haltet ihr das in dem Text genannte Problem? Teilt ihr die kritische Sicht des Autors auf die Entwicklung der deutschen Sprache? Nehmt begründet Stellung.

3 Welche Satzbaumuster des Englischen und Deutschen beschreibt der Text? Versucht, für die Satzmodelle Beispiele zu finden.

4 Welche Sprachen könnt ihr sprechen? Formuliert (wenn ihr könnt) Beispiele für Aussagesätze in Französisch, Lateinisch, Italienisch oder Spanisch. Lassen sich Gemeinsamkeiten und Unterschiede im Satzbau feststellen?

5 Im Folgenden findet ihr weitere Beispiele für Sprachunterschiede. Könnt ihr sagen, welche grammatischen Besonderheiten der Sprachen jeweils vorliegen?

- the child, the woman, the man
  das Kind, die Frau, der Mann
  la/le enfant, la femme, l'homme
- das Buch, des Buches, dem Buch,
  das Buch – die Bücher, der Bücher,
  den Büchern, die Bücher
  le livre – les livres
  the book – the books
- He takes a quick look. He looks quickly.
  Er wagt einen kurzen Blick. Er schaut kurz.

6 **Durchstarten! So könnt ihr weiterarbeiten:**

Die Zusammenfassung auf S. 318 gibt nur die wichtigsten Unterscheidungsmerkmale zwischen den Satzbaumustern der deutschen, englischen und französischen Sprache wieder. Wenn ihr mögt, könnt ihr zusammen mit euren Englisch- und Französischlehrern weitere Details des jeweiligen Satzbaus erforschen und mit dem Deutschen vergleichen.

7 In der folgenden Zeitungsmeldung wird häufig das englische Satzbaumuster „SPO" verwendet. Überarbeite den Text und schreibe ihn mit der richtigen deutschen Syntax in dein Heft. Berücksichtige dabei die Hilfen in der Zusammenfassung auf S. 318.

Rückwärts nach Hause

Perth. Weil die Gangschaltung seines Wagens streikte auf dem Weg nach Hause, ein junger Australier wollte fahren 500 Kilometer im Rückwärtsgang. Nach 50 Kilometern er musste beenden seine Fahrt, da die Polizei stoppte ihn und brummte ihm einen Strafzettel auf wegen rücksichtslosen Fahrens. Auf dem Weg nach Perth der 23-Jährige war, als die Patrouille spürte ihn auf in der Nähe von Kalgoorlie auf einem Highway durch das australische Hinterland. Er erklärte den Polizisten, dass seine Gangschaltung sei kaputt und dass er habe nur noch den Rückwärtsgang einlegen können. Mit Nachdruck er versicherte, dass er wollte nach Hause nach Perth, welches liegt etwa 450 Kilometer entfernt.

Satzbaumuster des Deutschen

In deutschen Sätzen gibt es im Unterschied zum Englischen oder Französischen eine **relativ freie Wortstellung**, in deren Zentrum jedoch stets das finite (gebeugte) Verb als Prädikat bzw. Teil des Prädikats steht. Man unterscheidet **hauptsächlich** zwischen **drei Stellungen des finiten Verbs** im Satz:

a) In **Frage-** und **Aufforderungssätzen** steht das finite Verb zumeist an **erster** Stelle.

Beispiele: *[Freust] [du] [dich]?* *[Melde] [dich] [mal] [wieder]!*

↑ finites Verb ↑ finites Verb

b) In **Aussagesätzen** steht das finite Verb in der Regel immer an **zweiter** Position.

Beispiel: *[In Aussagesätzen] [steht] [das finite Verb] [immer] [an zweiter Position].*

↑ finites Verb

Das Feld vor dem gebeugten Verb (das sogenannte **Vorfeld**) kann durch unterschiedliche Satzglieder besetzt sein, um so unterschiedliche **Betonungen** zu erreichen:

1. *[Das finite Verb] [steht] [in Aussagesätzen] [immer] [an zweiter Position].*
2. *[Immer] [steht] [das finite Verb] [in Aussagesätzen] [an zweiter Position].*
3. *[An zweiter Position] [steht] [das finite Verb] [in Aussagesätzen] [immer].*

↑ Vorfeld

Rückt ein anderes Satzglied als das Subjekt in das Vorfeld, muss das Subjekt hinter dem finiten Verb stehen (Satz 2 und 3).

c) In **Nebensätzen**, die durch eine Konjunktion eingeleitet werden, steht das finite Verb am **Ende** des Satzes.

Beispiel: *Weißt du, [wie] [man] [das] [übersetzt]?*

Ich weiß, [dass] [du] [das] [kannst].

Im Unterschied dazu kennen das **Englische** und **Französische** mit nur wenigen Ausnahmen eine **relativ starre Anordnung** der Satzglieder, die aufgrund der fehlenden Flexionsendungen in diesen Sprachen notwendig geworden ist. Im Englischen gilt z. B. für Aussagesätze die Formel „subject – verb – object" (SVO) bzw. „Subjekt – Prädikat – Objekt" (SPO).

Beispiel: *[She] [meets] [an old friend].*

↑ Subjekt ↑ Prädikat ↑ Objekt

Louis Sachar (geb. 1954)

Holes

Löcher. Die Geheimnisse von Green Lake

■ „Holes“ (dt. „Löcher“) ist ein erfolgreicher und vielfach ausgezeichneter Jugendroman des US-amerikanischen Autors Louis Sachar aus dem Jahr 1998. Er wurde im Jahr 2003 verfilmt. Mittlerweile ist der Roman eine beliebte Schullektüre sowohl in Englisch als auch in Deutsch geworden. Erzählt wird die komisch-kuriose Geschichte des 17-jährigen Stanley Yelnats, dessen Familie seit über hundert Jahren vom Pech verfolgt wird, es ist sogar von einem Fluch über die Familie die Rede. Dazu passt, dass Stanley zu Unrecht des Diebstahls bezichtigt wird und deshalb in das Camp Green Lake geschickt wird, wo junge Sträflinge wieder auf die rechte Bahn gebracht werden sollen. Da der See ausgetrocknet ist, besteht die Aufgabe der Jugendlichen darin, Löcher in die trockene Erde zu graben. Nach und nach erkennt Stanley, dass es noch einen anderen Grund für die strapaziöse Arbeit gibt. Er freundet sich mit dem Straßenjungen Zero an, gemeinsam ergründen sie das Geheimnis von Green Lake.
Im sechsten Kapitel des Romans berichtet der Erzähler von den unglücklichen Umständen, die dazu geführt haben, dass Stanley in das Camp gebracht wird. Dabei spielen die Turnschuhe des Baseball-Stars Clyde Livingston eine wichtige Rolle, der auch „Sweet Feet“ genannt wird. ■

1 Deckt den rechten Text mit einem Blatt zu und versucht zunächst, das Original zu lesen. Könnt ihr verstehen, worum es geht? Lest dann zur Kontrolle die deutsche Übersetzung von Birgitt Kollmann.

“What [did] you do?” one of the campers asked him.
At first Stanley didn’t know what he meant.

“They sent you here for a reason.”

“Oh,” he realized. “I stole a pair of sneakers.” [...]

„Was hast du gemacht?“, fragte ihn einer der anderen.
Zuerst wusste Stanley gar nicht, was der Junge meinte.
„Es hat doch einen Grund, dass sie dich hergeschickt haben!“
„Ach so“, sagte Stanley. Jetzt kapierte er. „Ich habe ein Paar Turnschuhe geklaut.“ [...]

Back to school, a bully named Derrick Dunne used to torment Stanley. The teachers never took Stanley's complaints seriously, because Derrick was so much smaller than Stanley. Some teachers even seemed to find it amusing that a little kid like Derrick could pick on someone as big as Stanley.

On the day Stanley was arrested, Derrick had taken Stanley's notebook and, after a long game of come-and-get-it, finally dropped it in the toilet in the boys' restroom. By the time Stanley retrieved it, he had missed his bus and had to walk home.

It was while he was walking home, carrying his wet notebook, with the prospect of having to copy the ruined pages, that the sneakers fell from the sky.

"I was walking home and the sneakers fell from the sky."

He had told the judge. "One hit me on the head."

It had hurt, too.

They hadn't exactly fallen from the sky. He had just walked out from under a freeway overpass when the shoe hit him on the head.

Stanley took it as some kind of sign. His father had been trying to figure out a way to recycle old sneakers, and suddenly a pair of sneakers fell on top of him, seemingly out of nowhere, like a gift from God.

Naturally, he had no way of knowing they belonged to Clyde Livingston. In fact, the shoes were anything but sweet. Whoever had worn them had had a bad case of foot odor.

Stanley couldn't help but think that there was something special about the shoes, that they would somehow provide the key to his father's invention. It was too much of a coincidence to be a mere accident. Stanley had felt like he was holding destiny's shoes.

In seiner Schule hatte es einen Jungen gegeben, Derrick Dunne, der ihn ständig fertiggemacht hatte. Die Lehrer hatten Stanleys Beschwerden nie ernst genommen, weil Derrick so viel kleiner war als Stanley. Manche Lehrer schienen es sogar witzig zu finden, dass ein kleiner Junge wie Derrick es ausgerechnet auf ein Riesenbaby wie Stanley abgesehen hatte.

An dem Tag, als Stanley festgenommen wurde, hatte Derrick Stanley das Hausaufgabenheft weggeschnappt, ihm damit vor der Nase herumgewedelt und gesagt: „Komm, hol's dir doch!“ Schließlich hatte er es ins Jungenklo geschmissen. Bis Stanley es sich endlich zurückgeholt hatte, war sein Bus weg und er musste nach Hause laufen.

Auf diesem Nachhauseweg mit dem nassen Heft und der Aussicht darauf, die ruinierten Seiten noch mal abschreiben zu dürfen, waren die Turnschuhe vom Himmel gefallen.

„Ich bin nach Hause gelaufen und da fielen die Turnschuhe vom Himmel“, hatte er dem Richter erzählt. „Einer ist mir direkt auf den Kopf gefallen.“

Es hatte richtig wehgetan.

Genau genommen waren sie natürlich nicht vom Himmel gefallen: Er ging gerade unter einer Überführung hindurch, als ihm der Schuh auf den Kopf fiel.

Für Stanley war es so etwas wie ein Omen gewesen. Sein Vater war schon seit einiger Zeit daran, ein Recyclingverfahren für alte Turnschuhe zu entwickeln, und nun fiel Stanley plötzlich ein Paar Turnschuhe auf den Kopf, scheinbar aus dem Nichts, wie ein Geschenk des Himmels.

Selbstverständlich konnte Stanley nicht wissen, dass die Schuhe „Sweet Feet“ Livingston gehörten. Süß war an diesen Schuhen wirklich nichts. Wer immer sie getragen hatte, musste Fußschweiß der übelsten Sorte gehabt haben.

Der Gedanke, dass es mit diesen Schuhen etwas Besonderes auf sich haben musste, dass sie irgendwie der Schlüssel zur Erfindung seines Vaters sein würden, hatte sich Stanley förmlich aufgedrängt. Er konnte nicht an einen Zufall glauben, dafür kamen einfach zu viele

Dinge zusammen. Stanley kam es so vor, als hielte er mit diesen Turnschuhen das Schicksal in der Hand.

He ran. Thinking back now, he wasn't sure why he ran. Maybe he was in a hurry to bring the shoes to his father, or maybe he was trying to run away from his miserable and humiliating day at school.

Er rannte los. Wenn er jetzt daran zurückdachte, war er sich nicht mehr so sicher, warum er eigentlich gerannt war. Vielleicht hatte er es eilig gehabt, seinem Vater die Schuhe zu bringen, vielleicht wollte er auch bloß vor dem ganzen Elend und den Demütigungen davonrennen, die er an diesem Tag in der Schule erlebt hatte.

A patrol car pulled alongside him. A policeman asked him why he was running. Then he took the shoes and made a call on his radio. Shortly thereafter, Stanley was arrested.

Dann hatte ein Polizeiwagen neben ihm angehalten. Ein Polizist hatte ihn gefragt, wieso er so rannte. Dann hatte er ihm die Schuhe weggenommen und über Funk eine Nachfrage gestartet. Kurz darauf war Stanley festgenommen worden.

2 Sprecht darüber, welchen Eindruck die Hauptfigur Stanley auf euch macht und wie der Text seine komische Wirkung entfaltet.

3 Vergleicht die Satzstrukturen, insbesondere die der Nebensätze/Gliedsätze. Ordnet einzelne Sätze den Satzbaumustern, die in der Zusammenfassung auf S. 318 beschrieben werden, zu. Z. B.:

• "What did you do?" one of the campers asked him. (Z. 1 f.)	• „Was hast du gemacht?“, fragte ihn einer der anderen. (Z. 1 f.)
• "I was walking home and the sneakers fell from the sky." (Z. 24 f.)	• „Ich bin nach Hause gelaufen und da fielen die Turnschuhe vom Himmel“ […]. (Z. 28 f.)
• He had just walked out from under a freeway overpass when the shoe hit him on the head. (Z. 28–30)	• Er ging gerade unter einer Überführung hindurch, als ihm der Schuh auf den Kopf fiel. (Z. 34–36)
• A policeman asked him why he was running. (Z. 51 f.)	• Ein Polizist hatte ihn gefragt, wieso er so rannte. (Z. 65 f.)

4 Betrachtet die Übersetzung genauer: Könnt ihr die Entscheidungen der Übersetzerin nachvollziehen? Vergleicht die unterstrichenen Wörter in dem englischen Original mit dem deutschen Text. Nehmt gegebenenfalls ein Wörterbuch zu Hilfe.

Das musst du lernen und wissen

Übersetzung ins Deutsche

Bei der **Übersetzung** fremdsprachiger Texte ins Deutsche („Zielsprache") sind neben den unterschiedlichen Satzstrukturen auch Wörter zu berücksichtigen, die in beiden Sprachen zwar eine ähnliche oder gleiche Form, jedoch unterschiedliche Bedeutungen haben können (z. B. „class", „Klassenraum" oder „Unterricht"). Solche Wörter nennt man **„falsche Freunde"**, weil man sich **vor ihnen in Acht nehmen muss**, um keine Fehler zu machen, indem man z. B. Wörter nicht korrekt verwendet. Viele dieser „falschen Freunde" sind das Ergebnis von **Bedeutungsveränderungen**, die sprachgeschichtlich verwandte Wörter in den unterschiedlichen indoeuropäischen Sprachen erfahren haben.

5 Sammelt weitere „falsche Freunde", die ihr bereits aus dem Englischunterricht kennt.

Michael Jackson (1958–2009)/Lionel Richie (geb. 1949)

We Are the World (USA for Africa)

■ Das Projekt „USA for Africa" wurde 1985 ins Leben gerufen, um auf die damalige Hungersnot in Afrika, besonders in Äthiopien, aufmerksam zu machen. Eine große Zahl damals bekannter Künstler aus der US-amerikanischen Rock- und Popszene nahm dazu das Lied „We Are the World" auf, das heute als einer der meistverkauften Songs der Welt gilt. Der gewaltige Erlös aus den Plattenverkäufen kam der Hungerhilfe zugute. ■

There comes a time, when we need a certain call
When the world must come together as one
There a people dying
And it's time to lend a hand to life
The greatest gift of all

We can't go on pretending day by day
That someone, somewhere will soon make a change
We are all a part of God's great big family
And the truth – you know, love is all we need

Refrain: We are the world, we are the children
We are the ones who make a brighter day
So let's start giving
There's a choice we're making
We're saving our own lives
It's true, we'll make a better day, just you and me

Send them your heart so they know that someone cares
And their lives will be stronger and free
As God has shown us by turning stone to bread
And so we all must lend a helping hand

Refrain

When you're down and out, there seems no hope at all
But if you just believe there's no way we can fall
Well, well, well, let us realize, oh, that a change can only come
When we stand together as one

(1985)

6 Versucht, den Text ins Deutsche zu übersetzen. Nehmt dazu ein Wörterbuch zu Hilfe.

7 Recherchiert im Internet nach einer Übersetzung des Songtextes und vergleicht sie mit eurer Übersetzung. Stellt auf der Grundlage eurer Ergebnisse Kriterien zusammen, die eine gelungene Übersetzung erfüllen muss.

5. Kleine Übungen zur Lernkontrolle

Wörter haben eine Geschichte

1 Erkläre, was man unter Erbwort, Lehnwort und Fremdwort versteht.

2 Erb-, Lehn- oder Fremdwort? Bestimme, zu welcher Gruppe des deutschen Wortschatzes die folgenden Wörter gehören.

Schwester • Büro • drei • Inliner • Keks • Wein • Portemonnaie • Nacht • Judo • Fenster • Kosmos • Kuh

3 Gib mithilfe der Informationen des Schüler-Dudens „Wortgeschichte" die Bedeutungsgeschichte der Wörter „Lehrer" und „Schüler" mit eigenen Worten wieder.

lehren: mhd., ahd. *lēren,* eigentlich „wissen machen", verwandt mit ↑lernen. ◇ **Lehre,** die: mhd. *lēre,* ahd. *lēra;* die fachsprachliche Bedeutung „Gerät, Werkzeug, mit dem die Formen und Maße eines Werkstücks überprüft werden" (z. B. *Schieblehre*) entwickelt sich schon im Mittelhochdeutschen, ausgehend von der Bedeutung „Anleitung, Unterweisung". **Lehrer,** der: mhd. *lērære,* ahd. *lērāri.*

Schule, die: mhd. *schuol[e],* ahd. *scuola,* aus lat. *schola* „Muße, Ruhe; wissenschaftliche Beschäftigung während der Mußestunden; Unterrichtsstätte, Unterricht", dies aus gleichbedeutend altgriech. *scholḗ* (eigentlich „das Innehalten [in der Arbeit]"). ◇ **schulen** (unterrichten; einüben): 18. Jh.; älter „zurechtweisen". **Schüler,** der: mhd. *schuolære,* ahd. *scuolāri;* aus lat. *scholāris* „zur Schule gehörig; Schüler".

Die Sprachen in der Sprache – Dialekte des Deutschen

4 Beschreibe, was auf der Karte dargestellt ist, und halte die wichtigsten Beobachtungen fest. Welche Schlussfolgerungen sind möglich?

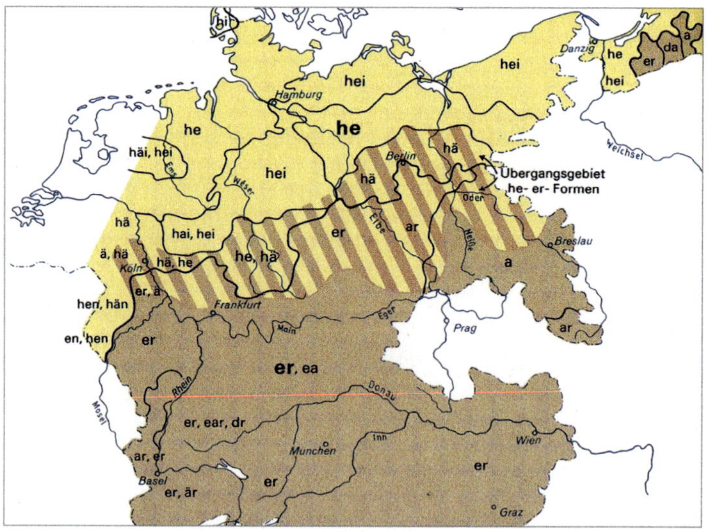

„er" im ehemaligen deutschen Sprachgebiet

5 Fertige eine Übersetzung der folgenden plattdeutschen (niederdeutschen) Nachricht vom 24. Dezember 2013 an.

Astronauten up de ISS maakt an Wiehnachten Weltruum-Spazeergang

Washington. De Astronauten op de Ruumstation ISS maakt to'n tweeten Maal an Wiehnachten een Weltruum-Spazeergang. Man[1] dat maakt se nich ut Freid, se mööt dat Kühlsystem vun de Station repareeren. Dat is nu all[2] siet twee Weeken kaputt. För de Astronauten is so een Spazeergang ruut in't Weltall wat besünnes. Dat hebbt se op de ISS bet nu knapp 170 Mal maakt. De Ruumstation givt dat[3] all siet 15 Jaahren.

[Meldung der Plattdeutschen Nachrichten auf Radio Bremen vom 24.12.2013; http://www.radiobremen.de/bremeneins/serien/plattdeutsche_nachrichten/platt2862.html]

[1] **man:** aber, nur
[2] **all:** schon
[3] **dat:** hier: es

6 Stelle aus dem Text Wörter zusammen, die die Nähe des Niederdeutschen zum Englischen belegen.

Sprachen vergleichen

7 Erkläre anhand der folgenden Beispiele, worin sich die Satzmuster des Deutschen und Englischen unterscheiden.

• "Can I help you?" the teacher asked me.	• „Kann ich dir helfen?", fragte mich der Lehrer.
• My mother asked me where I have been.	• Meine Mutter fragte mich, wo ich gewesen sei.

8 In der folgenden Liste sind drei „falsche Freunde" enthalten. Finde sie und erläutere an ihrem Beispiel, warum man sie so nennt.

father • house • town • angel • street • dream • hell • school • egg • who • fantastic • foot • river

„Kopfkino“ – Hörspiele untersuchen

Literatur hören können wir auf unterschiedliche Weise, z. B. wenn uns jemand etwas vorliest oder wenn wir die Aufnahme einer Autorenlesung abspielen. Eine besondere Form „hörbarer Literatur“ ist das Hörspiel. In diesem Kapitel erfahrt ihr, welche Geschichte und Merkmale diese Literaturform hat, welche Wirkung sie haben kann und wie sie produziert wird. Schließlich könnt ihr selbst ein Hörspiel zu einer bekannten Ballade verfassen und aufnehmen.

Sprecher im Hörspielstudio

Schüler bei einer Aufnahme

Aufnahme von Geräuschen

Am Mischpult

verstehen, produzieren

1 Seht euch die Bilder auf dieser Doppelseite an und sprecht darüber, inwiefern das Dargestellte mit dem Thema des Kapitels zu tun hat. Notiert außerdem eure Fragen, falls euch etwas unklar ist.

2 „Literatur zum Hören“ liegt ganz im Trend, aber nicht immer sind damit Hörspiele im engeren Sinne gemeint. Welche Beispiele von „hörbarer Literatur“ kennt ihr? Wie unterscheiden sie sich?

3 Welche Erfahrungen habt ihr mit Hörspielen gemacht? Berichtet davon.

1. Was ein Hörspiel alles bewirken kann: das Beispiel „Krieg der Welten" (1938) nach H. G. Wells

Das Hörspiel „War of the Worlds" (dt. „Krieg der Welten") von Howard Koch nach dem gleichnamigen Roman (1898) von H. G. Wells wurde am 30. Oktober 1938 unter der Regie des Schauspielers Orson Welles im amerikanischen Rundfunk gesendet. Obwohl die Romanvorlage 1953 zum ersten Mal verfilmt wurde und Steven Spielberg 2005 eine viel beachtete Neufassung des Stoffes in die Kinos brachte, gilt Welles' Hörspiel bis heute als die gelungenste Umsetzung des Romans.

Howard Koch (1902–1995)
Krieg der Welten

■ Das Hörspiel beginnt ohne Einleitung mitten in einer normalen Radiosendung. In das laufende Musikprogramm wird eine authentisch wirkende Nachricht eingeschoben, dass es auf dem Mars Gasexplosionen gegeben habe. Wenig später wird die Sendung erneut unterbrochen, um mitzuteilen, dass in Princeton (im US-Staat New Jersey) ein starkes Erdbeben registriert worden sei. Nach einem Interview über das unerklärliche Marsphänomen mit dem Leiter eines Observatoriums, Professor Pierson, machen sich der Reporter Phillips und der Wissenschaftler auf den Weg zum Zentrum des Bebens, das auf der Farm eines Mr. Wilmuth liegt. ■

PHILLIPS: Meine Damen und Herren, hier ist wieder Carl Phillips, von der Wilmuth Farm, Grovers Mill, New Jersey. Professor Pierson und ich schafften die elf Meilen von Princeton in zehn Minuten. Nun, ich ... ich weiß kaum, wo ich anfangen soll, um Ihnen ein Bild der merkwürdigen Kulisse vor meinen Augen zu zeichnen, die einem modernen Tausend und eine Nacht ähnelt. Nun, ich bin gerade angekommen. Ich hatte noch keine Gelegenheit, mich umzusehen. Ich glaube, *das* ist's. Ja, ich glaube, das ist dieses ... *Ding*, direkt vor mir, halb vergraben in einem ungeheuren Abgrund. Muss mit fürchterlicher Gewalt aufgeschlagen sein. Der Erdboden ist mit Baumsplittern übersät; es muss beim Herunterkommen einen Baum zerschlagen haben. Was ich sehen kann von dem ... Objekt selbst, sieht nicht gerade wie ein Meteor aus, wenigstens nicht wie Meteore, die ich gesehen habe. Es sieht eher aus wie ein riesiger Zylinder. Er hat einen Durchmesser von ..., was würden Sie sagen, Professor Pierson?

PIERSON: Ungefähr 30 Meter.

PHILLIPS: Ungefähr 30 Meter ... Das Metall auf der Oberfläche ist ... nun, ich habe nie so etwas gesehen. Die Farbe ist eine Art gelbliches Weiß. Neugierige Zuschauer drängen sich jetzt in die Nähe des Objekts, trotz aller Bemühungen der Polizei, sie zurückzuhalten. Sie geraten jetzt in meine Sichtlinie. Würden Sie bitte auf einer Seite stehen bleiben?

POLIZIST: Eine Seite, dahin, eine Seite.

PHILLIPS: Während die Polizei die Menge zurückdrängt, kommt hier Mr. Wilmuth, der Besitzer dieser Farm. Möglicherweise kann er ein paar interessante Tatsachen ergänzen ...

Plakat der Verfilmung von Steven Spielberg (2005)

Mr. Wilmuth, würden Sie bitte den Zuhörern, so gut Sie sich erinnern können, von den wirklich ungewöhnlichen Besuchern erzählen, die in Ihren Hausgarten eingefallen sind? Kommen Sie näher bitte. Meine Damen und Herren, hier spricht Mr. Wilmuth.

Wilmuth: Ich hab Radio gehört.

Phillips: Bitte näher und lauter.

Wilmuth: Entschuldigung.

Phillips: Lauter bitte und näher 'ran.

Wilmuth: Jawohl – Ich hab beim Radiohören so'n Schläfchen gemacht, als dieser Professor über'n Mars erzählte, und ich war halb dösig und halb ...

Phillips: Ja, Mr. Wilmuth. Was passierte dann?

Wilmuth: Wie ich gerade gesagt hab, als ich beim Radiohören so halbwegs ...

Phillips: Ja, Mr. Wilmuth, und dann haben Sie etwas gesehen?

Wilmuth: Nicht gleich, ich hörte was.

Phillips: Und was haben Sie gehört?

Wilmuth: Einen zischenden Ton. So etwa: sssssss ..., so ähnlich wie 'ne 4.-Juli-Rakete[1].

Phillips: Und dann was?

Wilmuth: Steckte meinen Kopf aus dem Fenster und hätt geschworen, im Schlaf zu liegen und zu träumen ...

Phillips: Ja?

Wilmuth: Ich hab 'ne Art grünlichen Streifen gesehen und dann: zisch! Irgendwas klatschte auf den Boden. Haute mich direkt aus meinem Sessel!

Phillips: Na, haben Sie Angst gehabt, Mr. Wilmuth?

Wilmuth: Nun, ich war nicht ganz sicher. Ich hielt – ich war eher verärgert.

Phillips: Vielen Dank, Mr. Wilmuth, danke schön.

Wilmuth: Soll ich noch etwas erzählen?

Phillips: [...] Eine Minute! Irgendwas passiert. Meine Damen und Herren, das ist fürchterlich. Das Ende des Dings fängt an, sich abzuschälen. Das oberste Ende beginnt, sich zu drehen wie eine Schraube. Das Ding muss hohl sein!

Stimmen: Es fängt an, sich zu bewegen!
Guck, das verdammte Ding dreht sich auf!
Bleibt zurück, da! Bleibt zurück, ich rat's euch.
Kann sein, da sind Männer drin, die versuchen zu fliehen!
Es ist glühend heiß, sie werden zu Asche verbrennen.
Haltet euch zurück! Haltet diese Idioten zurück!

(Plötzlich das klirrende Geräusch eines großen Stücks fallenden Metalls)

Stimmen: Sie ist ab! Die Spitze ist weg!
Schau dahin, die Spitze ist ab!

Phillips: Meine Damen und Herren, das ist die furchtbarste Sache, über die ich je berichtet habe ... Warten Sie eine Minute!
Irgendjemand *kriecht aus dem oberen Ende des Hohlraums.* Jemand oder ... etwas. Ich kann

[1] **4. Juli:** Nationalfeiertag der Vereinigten Staaten (Unabhängigkeitstag)

zwei leuchtende Scheiben aus diesem schwarzen Loch gucken sehen ... sind es Augen? Es könnte ein Gesicht sein ... Es könnte sein ...
(Schreckensrufe aus der Menge)
Lieber Himmel, irgendwas windet sich aus dem Schatten wie eine graue Schlange. Jetzt noch etwas, und noch etwas. Für mich sieht das aus wie Greifarme. Da, ich kann den Körper des Dings sehen. Es ist groß wie ein Bär und schimmert wie feuchtes Leder. Aber dieses Gesicht. Es ... es ist unbeschreiblich. Ich habe kaum die Kraft hinzusehen. Die Augen sind schwarz und leuchten wie eine Schlange. Der Mund ist v-förmig, und es tropft Speichel aus seinen randlosen Lippen, die anscheinend beben und pulsieren. Das Monster, oder was es auch immer sein mag, kann sich fast nicht bewegen. Es scheint niedergedrückt zu werden von ... [...] ... Moment! Irgendwas passiert!
(Ein zischender Laut, von Summen begleitet, das intensiv anschwillt)
Eine bucklige Gestalt erhebt sich aus der Höhle. Ich kann einen schmalen Lichtstrahl erkennen ... gegen einen Spiegel geworfen. Was ist das? Da ist ein Flammenstrahl, der aus dem Spiegel springt, und er schießt geradewegs auf die vorrückenden Menschen zu. Er trifft sie direkt von vorn. Guter Gott, sie stehen in Flammen!
(Gebrüll und unmenschliche Schreie)
Jetzt hat das ganze Feld Feuer gefangen.
(Explosion)
Das Gehölz ... die Scheunen ... die Benzintanks der Autos ... es breitet sich überallhin aus. Es kommt hierher. Ungefähr 20 Meter auf meiner rechten Seite.
(Krachen des Mikrofons ... dann Totenstille)

(1938)

1 Lest den Text zunächst leise und besprecht dann in Kleingruppen, wie der Ausschnitt aus dem Hörspiel auf euch wirkt. Begründet eure Eindrücke.

2 Das Hörspiel wurde 1938 im Rahmen einer normalen Radioübertragung gesendet, ohne dass die Hörer wussten, dass es sich um ein fiktives Geschehen handelt. Überlegt, wie die Menschen vor den Apparaten auf „Krieg der Welten“ reagiert haben könnten.

3 Lest den Text nun mit verteilten Rollen. Denkt dabei auch an verschiedene „Stimmen“. Wie müssen die Personen jeweils sprechen? Wenn ihr möchtet, könnt ihr dabei die in den Regieanweisungen angegebenen Geräusche nachahmen (Hilfen dazu bietet euch der Werkzeugkasten „Geräusche-Werkstatt“ auf S. 336) und den gesamten Vortrag aufnehmen.

4 Wie könnte es in „Krieg der Welten“ weitergehen? Skizziert eine mögliche Fortsetzung. Stellt euch eure Ideen gegenseitig vor.

5 Informiert euch mithilfe einer Internet-Suchmaschine (Stichwort „War of the Worlds“) über das Hörspiel und seinen Inhalt. Inwieweit lassen sich eure Vermutungen bestätigen?

6 Wenn sich euch die Gelegenheit bietet (etwa über die Schulmedienstelle oder eine Bibliothek), solltet ihr euch die englische Originalaufnahme von „War of the Worlds“ besorgen. Hört euch die hier übersetzte Szene gemeinsam an und überprüft eure bisherigen Arbeitsergebnisse anhand des historischen Dokuments.

7 An welchen Stellen kann man erkennen, dass dieser Text ein Hörspiel und nicht etwa ein Theaterstück ist? Sammelt Belegstellen und gebt die jeweiligen Zeilen an. Überlegt anschließend, welche besonderen Anforderungen ein Hörspiel erfüllen muss. Stellt eure Vermutungen stichwortartig zusammen und vergleicht sie mit dem folgenden Text.

Heinrich Pleticha (1924–2010)

Hörspiel

■ Die Geschichte des Hörspiels ist eng verbunden mit der Geschichte des Radios. Das Hörspiel ist eine vergleichsweise junge Gattung, das erste wurde 1924 gesendet. Im gleichen Jahr wurde es auch in den deutschen Rundfunk eingeführt. Schnell sollte diese neue Literaturform große Wirkung zeigen. ■

An einem Abend des Jahres 1938 brach in einigen Städten der amerikanischen Ostküste Panik aus.

Tausende verließen fluchtartig ihre Wohnungen, versuchten mit Autos, mit der Untergrundbahn oder zu Fuß die Städte zu verlassen, es gab verstopfte Straßen, es kam zu Unfällen. Die Polizei war machtlos. Dies alles war die Folge eines Hörspiels. Eine Rundfunkstation hatte das Stück *Krieg der Welten* von Orson Welles (1915–1985) gesendet. Es beschreibt den Angriff von Marsmenschen. Das Hörspiel war in den üblichen Sendeablauf eingebaut, und die ersten Meldungen von der Invasion waren so realistisch, dass viele Hörer an einen wirklichen Angriff glauben mussten. Auch der im Anschluss an das Hörspiel gesendete Hinweis, es handle sich hierbei nur um Fiktion, beruhigte die Hörer zunächst nicht.

Wenn dies auch ein Ausnahmefall war, so zeigt er doch, welche Wirkung diese damals verhältnismäßig neue Literaturgattung besaß. Zwar wollten die Sender gleich zu Beginn der Rundfunkzeit den Hörern dramatische Werke bieten, es stellte sich aber bald heraus, dass Bühnenstücke sich nur sehr bedingt für Rundfunksendungen eigneten. Sie waren ja für Zuschauer, vielleicht auch noch für Leser geschrieben, die durch Regieanweisungen, das Bühnenbild, Gestik, Mimik usw. wichtige Informationen zum Verständnis des Stückes erhielten, die im Rundfunk nicht zu vermitteln waren. Deshalb entstanden bald Hörspiele im eigentlichen Sinne, d. h. in sich abgeschlossene Werke, in denen alles durch Worte – oder durch Geräusche – ausgedrückt wurde, was das Sehen also überflüssig machte. Dieser Verzicht hatte sogar den Vorteil, dass das gesprochene Wort so viel nachdrücklicher wirkte und eine größere Bedeutung bekam. Außerdem eröffnete die Technik Möglichkeiten, z. B. die Stimme zu verändern oder durch Geräusche eine bestimmte Atmosphäre hervorzurufen, die auf der Bühne so nicht möglich waren. Deshalb verwundert es nicht, dass bedeutende Autoren der damaligen Zeit, z. B. Brecht und Alfred Döblin, sich auch theoretisch mit dem Hörspiel auseinandersetzten.

Orson Welles bei der Aufnahme des Hörspiels „Krieg der Welten"

In Deutschland wuchs in den Jahren nach dem Zweiten Weltkrieg die Vorliebe für das Hörspiel noch, da es für viele Menschen die einzige Art von Unterhaltung war – Bücher und Filme konnten in diesen Jahren nicht so einfach und billig hergestellt werden. Bald entwickelten sich bestimmte Hörspielgattungen, z. B. das Kriminalhörspiel, die ihren festen Platz im Sendeplan bekamen. Doch auch sie wurden durch das aufkommende Fernsehen immer mehr verdrängt. Dafür entwickelte das Hörspiel anspruchsvollere Formen, wie z. B. die Spiele von Günter Eich, Ilse Aichinger oder Max Frisch zeigen. Neue Impulse erhielt das Hörspiel durch technische Weiterentwicklungen. So wurden die Tonbandgeräte in ganz kurzer Zeit wesentlich verbessert. Man konnte nun Aufnahmen im Multiplay-Verfahren machen, d. h. auf ein schon bespieltes Band etwas aufnehmen, ohne die erste Aufnahme dabei zu löschen, und das mehrmals.

Die leichte Handhabung der Bänder erlaubte Montagen[1], Schnitte, das Einsetzen oder Herausnehmen von Pausen, wodurch sich der Charakter einer Aufnahme völlig verändern ließ. Auch die Mischpulte wurden besser und einfacher; mit ihrer Hilfe konnte man leicht Stimmen oder Geräusche einblenden[2], hervorheben, ausblenden[3], übereinanderlegen. Auch die Mikrofone wurden leistungsfähiger, und zusammen mit Halleinrichtungen waren ganz neue Effekte zu erzielen. Besonders wichtig war die Einführung der Stereo-Technik auch bei Rundfunksendungen, denn nun konnte man den Stimmen nicht nur einen bestimmten Klang verleihen, sondern ihnen auch noch einen eigenen Raum zuweisen. [...] Auch innere Monologe, verschiedene Bewusstseinsstufen, z. B. Traum und Wirklichkeit, Erinnerungen und Gegenwart, sind durch akustische Mittel für den Hörer leichter erkennbar und unterscheidbar, als dies im Film möglich wäre.

Natürlich kann und will das Hörspiel das Fernsehen oder den Film nicht ersetzen. Es ist eine andere Aussageform, die ihre eigenen Gesetze hat. Deshalb wird das Hörspiel wohl seine Faszination behalten, weil es trotz aller technischer Genauigkeit der Fantasie des Hörers mehr Freiheit lässt als viele andere Medien. [...]

(1986)

Bandmaschine

1 **Montage:** Zusammenfügung einzelner Teile
2 **einblenden:** allmähliches Einfügen von einem Tonmaterial in ein anderes
3 **ausblenden:** Minderung eines Tons oder Geräusches bis zur völligen Stille

1 Lest den Text, gliedert ihn und findet Überschriften bzw. Oberbegriffe für die einzelnen Abschnitte.

2 Das Stück „Krieg der Welten“ gilt als ein Meilenstein der Mediengeschichte, weil es zeigt, wie Medien unsere Wahrnehmung der Welt beeinflussen (manipulieren). Kennt ihr Beispiele aus Film und Fernsehen, die heute eine ähnliche Wirkung auf die Menschen haben könnten wie das Stück von 1938?

3 Der Autor nennt spezielle Merkmale des Hörspiels im Unterschied zum Drama (Theaterstück). Versucht, eure Beobachtungen in Form einer Tabelle zu systematisieren, und vergleicht sie mit euren Belegstellen zum Hörspiel „Krieg der Welten“ (S. 330, Aufgabe 7).

4 Der Text von Heinrich Pleticha stammt aus dem Jahr 1986. Nennt weitere technische Neuerungen, die es in der Zwischenzeit gegeben hat. Welche Auswirkungen könnten sie auf die Produktion von Hörspielen haben?

Das musst du lernen und wissen

Das Hörspiel

Das **Hörspiel** ist eine Literaturform, die nur mit **Sprache**, **Geräuschen** und **Musik** auskommen muss.
Es besitzt eine gewisse Verwandtschaft mit **Theaterstücken** (Dramen), d. h., der Text arbeitet hauptsächlich mit **Dialogen**. Im Unterschied zu einem Theaterstück jedoch müssen im Hörspiel Ort, Zeit, Situation und Eigenarten der Personen **versprachlicht** und durch Geräusche vermittelt werden.
Zwischen 1945 und 1980 erlebte das Hörspiel seine **Blütezeit**. In speziellen **Radioprogrammen**, die anspruchsvolle Stücke von Schriftstellern senden, und im Bereich moderner Unterhaltungsmedien (z. B. Kinderhörspielkassetten und -CDs) ist die Literaturform bis heute ungebrochen **populär**.
Daneben werden in den letzten Jahren sogenannte **Hörbücher** immer beliebter, die dort Literaturgenuss ermöglichen, wo es früher nicht möglich war (etwa beim Autofahren). Im Unterschied zum eigentlichen Hörspiel handelt es sich um Aufnahmen einer textgetreuen Lesung von Romanen o. Ä., die jedoch auch Hörspielcharakter annehmen können, wenn der Vorlesende z. B. einzelnen Figuren eine unverwechselbare Stimme verleiht.

2. Wie ein Hörspiel entsteht – ein Blick hinter die Kulissen

Ein Hörspiel ist das Ergebnis eines umfangreichen Arbeitsprozesses von der Idee bis zur Aufnahme von Sprechtexten und Geräuschen. Ein Blick hinter die Kulissen einer Hörspielproduktion kann euch helfen, diese Literaturgattung besser zu verstehen, und regt vielleicht an, selbst ein Hörspiel zu verfassen und aufzunehmen.

Julia Stärk (geb. 1981)

Kopfkino

■ Die Studentin Julia Stärk hat im Rahmen einer Universitätsveranstaltung die Gelegenheit bekommen, ein Hörspiel für Kinder zu schreiben und selbst zu produzieren. In ihrem Erfahrungsbericht schildert sie die Probleme, mit denen sie konfrontiert war, aber auch die wertvollen Erfahrungen, die ihr die Arbeit beschert hat. ■

Wie entsteht ein Hörspiel? Diese Frage beschäftigte mich schon als Kind. Seit ich denken kann, bin ich ein großer Hörspiel-Fan. Vor dem Einschlafen ein Hörspiel einzulegen, alle noch im Kopf herumspukenden Gedanken zu verabschieden, Bilder vor dem inneren Auge entstehen zu lassen und sich ganz diesem „Kopfkino" hinzugeben gehört für mich zu den schönsten Beschäftigungen. Schon lange ist es ein Traum von mir, einmal bei einer Hörspielproduktion dabei zu sein oder gar selbst mitzusprechen. Und als ich im Sommersemester das Seminar „Kreatives Schreiben" besuchte und dort ein Hörspiel mit dem Titel „Das Gurkenfass" schrieb, dachte ich: Jetzt oder nie! Ich habe ein Studio zur Verfügung, ich kenne Leute, die es bedienen können, und ich bin von motivierten, angehenden Sprechern umgeben. Gibt es denn eine bessere Gelegenheit, um ein eigenes Hörspiel zu produzieren?

[...] Ein Freund erklärte sich bereit, den technischen Part bei der Produktion zu übernehmen. Anschließend galt es, die geeigneten Sprecher für die Charaktere auszuwählen. Da ich eine recht genaue Vorstellung von meinen Figuren hatte, fiel mir die Wahl nicht schwer. Nun kam der schwierigere organisatorische Teil. Es galt, zehn viel beschäftigte Studenten unter einen Hut zu bringen und Termine zu finden, an denen alle Zeit hatten und an denen uns auch das Studio zur Verfügung stand. Glücklicherweise fanden wir nach vielen Telefonaten drei Tage, an denen wir die Sprechaufnahmen machen konnten. Ich selbst sprach nur eine kleine Rolle, da ich mich auf die Regieführung konzentrieren wollte. Dies war für mich eine äußerst spannende und lehrreiche Aufgabe. Denn Regie führen heißt: genaue Anweisungen geben, gut zuhören und ein konstruktives *feedback*[1] geben. Zunächst versuchte ich, den Sprechern möglichst genau das Bild zu vermitteln, welches ich selbst von den Charakteren hatte. Das sollte ihnen helfen, für ihre Figur einen geeigneten Stimmklang zu finden. Außerdem war es wichtig zu klären, dass das Hörspiel nicht ausschließlich für Kinder, sondern ebenso für erwachsene Hörer konzipiert ist.

Dadurch ergibt sich gleich ein anderer Sprechton. Am schwierigsten war es, konstruktives Feedback zu geben. Denn oft hörte ich zwar, dass das Gesprochene nicht meinen Vorstellungen entsprach, konnte aber nicht genau auf den Punkt bringen, was mich störte. Meine Kommilitonen[2] wiederum waren auf ein gutes Feedback angewiesen, da man sich selbst immer anders wahrnimmt als der Zuhörer. Ich musste daher

1 **konstruktiv:** aufbauend, nützlich; **Feedback:** Rückmeldung
2 **Kommilitonen:** Mitstudenten

Aufnahmestudio mit Mischpult

Ein Geräuschemacher bei der Arbeit

geeignete Imaginationen[1] und Hilfen finden, um ihnen zu verdeutlichen, was ich mir anders vorstellte. Da ich in der Regel selbst immer auf der „sprechenden Seite" stehe und „Feedback-Empfängerin" bin, war es sehr interessant für mich, das nun einmal von der anderen Seite zu erleben. Glücklicherweise waren meine Kommilitonen sehr offen gegenüber meinen Vorschlägen, so entstand ein gutes Arbeitsklima. Um das Gesprochene noch von anderer Seite beurteilen zu lassen, ernannte ich einen Mitstudenten aus dem ersten Semester zu meinem „Regieassistenten", der mir beim Hören und Bewerten half.

Was uns oft graue Haare bescherte, war die Technik. Die Computer dachten sich immer wieder neue Rätsel und Kniffeleien aus, die wir dann zu lösen bzw. zu beseitigen hatten. Oft saßen wir wegen Kleinigkeiten stundenlang vor dem PC und verstanden das System einfach nicht mehr. Einmal fehlten die Mikros und wir konnten nicht aufnehmen, ein anderes Mal war der Studioschlüssel unauffindbar, und ich musste vierzig Minuten mit der U-Bahn fahren, um bei einem Dozenten den Schlüssel zu holen, dann machten die Computer wieder Faxen, und wir waren am Verzweifeln. [...] Sehr viel Spaß machte das Aufnehmen der Geräusche. Das „Ziehen an einer Wasserpfeife" erzeugten wir beispielsweise mit Strohhalm und Wasserglas und versetzten Atemzügen an zwei Mikrofonen. Das Geräusch „Fass öffnet seinen Deckel" entstand durch zwei Holzbrettchen, die über einem leeren Mülleimer auseinandergeschoben wurden. Den Sound für „Fass bewegt sich im Ölteppich" erzeugten wir mit einem nassen Waschlappen. Bis tief in die Nacht saßen wir im Studio und dachten uns Geräusche aus. Natürlich konnten wir nicht alle selbst produzieren, daher verwendeten wir auch „fertige" Geräusche von einer CD. [...]

Für mich war es eine tolle Erfahrung, dass alle Leute, die ich um Mithilfe bat, so hilfsbereit waren und mit Begeisterung in die Sache einstiegen.

Ohne die Mithilfe meiner Kommilitonen wäre dieses Projekt nicht zu realisieren gewesen. Wir haben uns durch unsere individuellen Fähigkeiten im Team wunderbar ergänzt und sind durch die gemeinsame Arbeit richtig zusammengewachsen.

(2004)

[1] **Imagination:** bildliche Vorstellung

1 Julia Stärk schildert am Anfang ihres Textes, welche Bedeutung Hörspiele in ihrer Kindheit gehabt haben. Ist es bei euch ähnlich gewesen? Sprecht darüber.

2 Was benötigt man für eine Hörspielproduktion? Stellt die einzelnen Aufgabenbereiche und die technische Ausrüstung, die der Text nennt, stichwortartig zusammen.

3 Was heißt es für die Autorin, miteinander im Team zu arbeiten? Warum ist „Feedback" für eine Hörspielproduktion so wichtig? Erstellt mithilfe des Textes Richtlinien für gute Teamarbeit und konstruktives Feedback.

4 Geräusche sind neben dem Sprechtext die wichtigsten Elemente eines Hörspiels. Notiert in übersichtlicher Form die Tipps zur Geräuscheherstellung, die sich im Text finden.

5 Die „Geräusche-Werkstatt“ zeigt euch, wie ihr bestimmte Geräusche mit einfachen Mitteln selbst herstellen könnt. Überlegt darüber hinaus, wie man

- Schritte einer Person,
- eine Menschenmenge,
- den Eintritt in ein Zimmer,
- das Rauschen des Meeres,
- Regen oder
- das Laufen eines Menschen/mehrerer Menschen

nachahmen kann.
Stellt euch gegenseitig eure Lösungen vor. Welche Mittel sind besonders geeignet?

6 Diskutiert, wie man die Geräusche in dem Ausschnitt von „Krieg der Welten“ am besten nachahmen könnte. Wiederholt eure Lesung des Hörspiels und versucht dabei, selbst hergestellte Geräusche einzubauen.

So gehst du vor

Geräusche-Werkstatt

Viele Geräusche lassen sich mit einfachen Mitteln täuschend echt nachahmen. Die folgenden Beispiele lassen sich mit ein wenig Fantasie und Experimentierfreude variieren und ergänzen. Das Geräusch „stimmt“, wenn man sich bei geschlossenen Augen ein Bild dazu vorstellen kann.

Wind	Ziehe ein Stück Seidenstoff über Weichholzplatten. Je schneller man den Stoff zieht, desto stärker erscheint der Wind.
Donner	Schüttle eine dünne Blechplatte oder einen großen Karton.
Feuer	Zerdrücke langsam Zellophanpapier oder nutze eine leere Streichholzschachtel (für ein kleines gemütliches Kaminfeuer).
Pferdegetrappel	– Schlage zwei halbe Kokosnussschalen zusammen. – Schlage mit zwei Emaillebechern (Öffnung zeigt dabei nach unten) auf den Boden.
Explosion	– Blase fest in das Mikrofon hinein. – Stich mit einer Nadel in einen gut aufgeblasenen Luftballon und bringe ihn zum Platzen.
Flugzeugmotor	Halte einen Fön vor das Mikrofon und bewege dazwischen eine Pappe hin und her.
Türknarren	– Bewege eingerostete Scharniere. – Drehe einen Korkenzieher aus einem Stück Holz heraus.
Vogelgezwitscher	Reibe mit einem nassen Korken auf einer Glasflasche herum.
…	…

3. Eine Ballade in ein Hörspiel verwandeln: „Die Bürgschaft" von Friedrich Schiller

Unentbehrlich für ein gelungenes Hörspiel ist eine packende Geschichte, die die Fantasie der Hörer, das „Kino im Kopf", aktiviert. Man kann sich solch eine Geschichte selbst ausdenken. Eine andere Möglichkeit ist die Umarbeitung einer literarischen Vorlage. Auch „Krieg der Welten" lehnt sich ja an einen Roman an. Dramatische Kurzgeschichten oder Balladen eignen sich besonders als Vorlagen für kurze Hörspiele, weil sie genug Stoff bieten, der sich mit Worten und Geräuschen ideal darstellen lässt. Dabei geht es weniger darum, den Text nahezu wortgetreu umzusetzen, sondern darum, seinen Inhalt ansprechend in eine neue Form zu „gießen".

Friedrich Schillers berühmte Ballade „Die Bürgschaft" ist einer dieser geeigneten Texte. Im Kapitel „‚Wer wagt es ...' – Schillers Balladen" findet ihr den Text der Ballade (S. 190 ff.) und Aufgaben, die euch helfen, sie zu verstehen.

Über die Gattung „Ballade" erfahrt ihr mehr auf S. 201.

1 Lest die Ballade und bearbeitet die dazugehörigen Aufgaben 1–5 auf S. 193.

2 Überlegt, wie man diesen Text als Hörspiel umsetzen könnte. Berücksichtigt dabei auch die Aussage der Ballade und folgende Aspekte:

- In wie viele Szenen kann man den Text einteilen?
- Welche Rollen sind zu verteilen?
- Wie müssen die Personen sprechen?
- Kann man noch zusätzliche Stimmen einbauen und inhaltliche Einzelheiten dazuerfinden?
- An welchen Stellen kann der Balladentext übernommen, an welchen Stellen muss er verändert oder ergänzt werden?
- Welche Geräusche sind notwendig?
- Sind Musikeinspielungen sinnvoll?
- Sollte es einen Erzähler geben?

Bildet Gruppen, welche einzelne Szenen des Hörspiels schreiben. Hilfestellung dazu gibt euch der Werkzeugkasten „Ein Hörspiel verfassen und produzieren" auf S. 339.

3 Fasst eure Ideen in einem Hörspielmanuskript für alle Szenen zusammen.

Ihr könnt so beginnen:

Szene	Rolle/ Stimme	Sprechtext	Sprechanweisung	Geräusch, Musik, Blenden
1	ERZÄHLER	Der Gewaltherrscher Dionysos regiert mit aller Härte über sein Land. Das Volk leidet, viele politische Gegner wurden bereits hingerichtet. Angst und Schrecken erfüllen die Menschen. Damon, ein junger, aufrechter Mann, will dem Treiben nicht mehr untätig zusehen und entscheidet sich zu handeln.	sachlich	leise, düstere Hintergrundmusik
	–	–	–	abruptes Ende der Musik, entfernte Stimmen, leise Schritte
	DAMON	Heute muss es geschehen. Ich werde tun, was ich tun muss – der Tyrann soll uns nie mehr quälen ... Meinen Dolch verstecke ich unter dem Gewand.	raue, männliche Stimme, entschlossen, nach innen gesprochen	Ein Dolch wird aus einer Dolchscheide gezogen.

4 Nehmt das Hörspiel nun im **Team** auf. Verteilt zuvor die Aufgabenbereiche (Regisseur, Verantwortliche für die Technik wie Aufnahmegerät, PC und CDs, die Stimmen sowie eine Gruppe, die für die Geräusche zuständig ist) und sucht euch einen ruhigen Raum, der eine gute Akustik bietet.

So gehst du vor

Ein Hörspiel verfassen und produzieren

Inhaltlich sollte ein Hörspiel ein **überschaubares Geschehen** mit **wenigen Personen** und **straffer Handlungsführung** wiedergeben, um die Sendedauer nicht zu lang werden zu lassen.
In seiner **Gestaltung** muss ein Hörspiel allein mit akustischen Mitteln auskommen. Diese müssen das Geschehen für den Hörer „sichtbar" machen. Zentrales Gestaltungsmittel ist das **gesprochene Wort**, das als **Dialog**, **Monolog** oder **Erzähltext** erscheinen kann. Die einzelnen **Stimmen** sollten gut zu unterscheiden sein und Gefühle und Gedanken der Personen vermitteln können.
Hinzu kommen **Geräusche**, die die Handlung veranschaulichen und den Sprechtext unterstützen. Die Geräusche kann man selbst herstellen oder auf Tonträgern besorgen. Mit **Musikeinspielungen** lassen sich einzelne Szenen **überbrücken**, Dialoge **untermalen** oder immer wiederkehrende Situationen kennzeichnen (**Leitmotive**). Orts- und Szenenwechsel werden durch **Ein-** bzw. **Ausblende**, **Überblende** (Ende und Anfang von zwei Szenen laufen ineinander über) oder einfache **Pausen** verdeutlicht. Akustisch hervorgehobene **Rückblenden** erlauben die Einbindung vergangenen Geschehens.

Projektideen rund um das Thema Hörspiel

- „P.A.U.L. D. 8" enthält weitere Textbeispiele (z. B. in dem Kapitel „Von Grenzsituationen und ungewöhnlichen Ereignissen – Kurzgeschichte und Novelle", S. 62 ff.), die geeignete Vorlagen für Hörspiele sein könnten. Erstellt von Texten eurer Wahl Hörspielfassungen und vergleicht eure Produkte. Welches hat die Eigenart der Vorlage am besten umgesetzt? Gibt es neue Akzente im Vergleich zum Original? Welche Möglichkeiten bieten eure Hörspiele, die dem gedruckten Text fehlen? Wenn ihr möchtet, könnt ihr einer anderen Klasse eure Arbeiten präsentieren.
- Die Rundfunkanstalten der ARD bieten ein vielseitiges Hörspielprogramm, z. B. der WDR in Köln oder der NDR in Hannover. Viele der Produktionen werden in sendereigenen Studios aufgenommen. Recherchiert, welche Sendehäuser es in eurer Nähe gibt und welches Programm sie haben. Manchmal besteht auch die Möglichkeit, solche Hörspielstudios zu besuchen. Vielleicht ergibt sich hier die Gelegenheit, vor Ort die Produktion eines Hörspiels live zu erleben.
- Stellt euch gegenseitig Hörspiele vor, die ihr selbst einmal gehört habt oder noch hört. Analysiert in Kleingruppen mithilfe der erarbeiteten Kriterien, ob die Hörspiele gutes „Kopfkino" bieten. Erstellt aufgrund eurer Ergebnisse eine Liste mit empfehlenswerten Hörspielen.

Üben, wiederholen und mehr …

In diesem Kapitel erhältst du vor allem Material, um Wichtiges aus den letzten Schuljahren zu wiederholen. Das betrifft zum Beispiel die Wortarten, die Satzglieder und die Nebensätze/Gliedsätze.
Auch aus dem Bereich der Rechtschreibung findest du Übungsmaterial. Wähle den Schwerpunkt aus, der dir besondere Schwierigkeiten bereitet, und übe ihn wiederholt. Zunächst erfährst du jedoch etwas darüber, wie du Informationen, die du mündlich bekommst, stichwortartig festhalten kannst und welche Möglichkeiten es gibt, ein Protokoll zu schreiben.

Wolfgang Borchert – Ein Dichterporträt

- **Trümmerliteratur**/Kahlschlagliteratur → Leid, **Tod**, Neuanfang, **Hoffnung**
- viele Texte in Schulbüchern (Kurzgeschichten)
- 20.5.1921 geb. in Hamburg, **Vater** Volksschullehrer, zurückhaltend gegenüber Wolfgang – **Mutter** Heimatschriftstellerin, künstlerisch interessiert

REGEL

Verbindungen aus einem **Nomen/ Substantiv** und einem **Verb** werden in der Regel getrennt geschrieben.

Beispiel: Pauline möchte gerne **Fahrrad fahren.**

REGEL

Das **Reflexivpronomen** ist ein Pronomen, welches sich in der Regel auf das Subjekt eines Satzes bezieht. Deshalb nennt man es auch rückbezügliches Fürwort.

Beispiel: **Jule** hat **sich** erkältet und besorgt **sich** ein Medikament.
(Jule ↑ Subjekt; sich ↑ Reflexivpronomen; sich ↑ Reflexivpronomen)

REGEL

Temporalsatz	Zeitpunkt, Zeitdauer	als; nachdem; bevor; wenn; während; sobald	*Nachdem wir uns die Ausstellung angesehen hatten, gingen wir in die Stadt.*
Kausalsatz	Ursache, Begründung	weil; da	*Weil es schon spät war, hatten wir nur noch eine Stunde Zeit.*

1. Zuhören und Informationen verarbeiten

Zuzuhören und einem Vortrag oder einem Gespräch Informationen zu entnehmen gehört zu den Situationen in der Schule, die dir fast in jeder Unterrichtsstunde begegnen. Im Folgenden erhältst du einige Informationen, wie du Wichtiges in Form eines Stichwortzettels oder als Protokoll festhalten kannst, um es später wieder zur Verfügung zu haben.

Informationen gezielt heraushören

Manchmal ist es so, dass du, wenn du einen Text hörst, bereits ein ganz bestimmtes Informationsbedürfnis hast und deshalb weißt, worauf du besonders achten willst. So kann es z. B. von Bedeutung für dich sein, bei einem Referat über das Leben eines Autors die wichtigsten Lebensdaten stichwortartig zu notieren und ihnen zentrale Ereignisse zuzuordnen. Vielleicht willst du auch etwas zu seinen wichtigsten Werken oder zu seinem Charakter erfahren.

1 In diesem Buch findet ihr einige Texte, mit denen ihr üben könnt, Informationen zu einem vorher festgelegten Bereich stichwortartig aufzuschreiben.

- Lasst euch den Text „Friedrich Schiller – Stationen seines Lebens“ (S. 180 f.) vorlesen und notiert stichwortartig die dort genannten Lebensdaten. Verwendet dafür Spiegelstriche:
  – …
  – …
  Ordnet diesen Daten die entsprechenden Ereignisse zu und stellt gegebenenfalls eine sinnvolle Reihenfolge her. Fasst eure Ergebnisse abschließend in einer übersichtlichen Tabelle zusammen.

Friedrich Schiller	
Lebensdaten	**Ereignisse**
…	…

- Lasst euch in gleicher Weise den Text „Friedrich Schiller und das 21. Jahrhundert“ (S. 178 f.) vorlesen und tragt während des Vorlesens stichwortartig zusammen, was ihr über den Charakter des Dichters erfahrt. Auch hier könnt ihr zunächst wieder mit Spiegelstrichen arbeiten. Ordnet anschließend zu zweit oder in der Gruppe die Stichworte und benutzt sie, um in einem kurzen mündlichen Vortrag die Ergebnisse zusammenzutragen.
- Lasst euch den Text „Ein guter Lehrer“ (S. 106 f.) vorlesen und schreibt stichwortartig heraus, welche Merkmale eines guten Lehrers darin genannt werden. Überarbeitet zu zweit oder in der Gruppe anschließend eure Stichworte, sodass ihr eine übersichtliche Darstellung erhaltet und die Aussagen in einem mündlichen Vortrag wiedergeben könnt.

2 Wählt aus der Fernsehzeitung eine Informationssendung aus und legt vorab fest, welche Erwartungen der Titel und die Kurzbeschreibung in euch wecken. Schreibt anschließend auf, auf welche Fragen ihr gern Antworten hättet und auf welche möglichen Informationsbereiche ihr deshalb besonders achten wollt. Macht euch während des Zuschauens Notizen.

3 Ordnet eure Stichworte in einem weiteren Schritt in Form einer Mindmap. Legt dazu Informationsbereiche für die sogenannten Astbegriffe fest und ordnet diesen die Einzelinformationen zu. Weitere Hilfen findet ihr in dem folgenden Werkzeugkasten.

So. 19:30 **ZDF**

Terra Y
Dädalus und Ikarus

REPORTAGE Die spannende Reportage spürt den sagenhaften Gestalten nach, führt den Zuschauer an historische Stätten und versucht, Erklärungen zu finden.

4 Informiert eure Mitschülerinnen und Mitschüler in einem mündlichen Vortrag und mithilfe eurer Mindmap über die Fernsehsendung.

So gehst du vor

Eine Mindmap anlegen

Bei einer Mindmap handelt es sich um eine sogenannte „Gedankenlandkarte", mit der ihr die euch zur Verfügung stehenden Informationen zu einem Thema aus einer Fernsehsendung, einem Vortrag oder unterschiedlichen Texten in besonderer Weise ordnen könnt.

So geht ihr am besten vor:

1. Schreibt in die Mitte eines Blattes das **Thema** und rahmt es ein.
2. Zeichnet von diesem zentralen Begriff Linien nach außen, an deren Ende die Informationsbereiche geschrieben werden. Man spricht auch von **Oberbegriffen** oder **„Astbegriffen"**, weil sie wie Äste von dem zentralen Thema abweichen.
3. Von den Oberbegriffen zweigen nun weitere Linien ab, an deren Ende die Einzelinformationen stichwortartig vermerkt werden. Bei diesen Linien kann man auch von „Zweigen" sprechen, bei den Begriffen am Ende dieser Linien auch von **„Zweigbegriffen"**.

Ganz wichtig ist, dass ihr die Mindmap sehr sorgfältig anlegt, damit ihr sie euch gut einprägen könnt. Übersichtlich wird eine Mindmap auch dadurch, wenn ihr für die „Astbegriffe" und „Zweigbegriffe" **unterschiedliche** Farben verwendet.

Einen Stichwortzettel anlegen

Oft kommt es darauf an, einem Vortrag oder einer Fernsehsendung zunächst einmal die wichtigsten Informationen zu entnehmen, um dann weiter damit arbeiten zu können. Ein Schüler hat sich zu einem ca. 45-minütigen Bericht im Fernsehen über den Dichter Wolfgang Borchert folgende Stichworte gemacht:

1 Schaut euch den Stichwortzettel des Schülers genau an. Wie ist er im Einzelnen vorgegangen? Berücksichtigt vor allem, wie er versucht hat, das Problem zu lösen, in kurzer Zeit Informationen aufnehmen und festhalten zu müssen.

2 Wenn ihr, während ihr etwas hört, einen Stichwortzettel anlegt, solltet ihr anschließend die notierten Informationen ordnen, sodass ihr weiter damit arbeiten könnt. Überlegt, auf welche unterschiedliche Weise der Schüler die Stichworte systematisieren könnte.

3 Versucht zu zweit, zu dem Stichwortzettel eine Systematisierung vorzunehmen, indem ihr die Informationsbereiche (Oberbegriffe) festlegt und z. B. eine Mindmap (s. S. 343) erstellt.

4 Benutzt die Mindmap für einen kurzen mündlichen Vortrag.

Wolfgang Borchert – Ein Dichterporträt

- **Trümmerliteratur**/Kahlschlagliteratur → Leid, **Tod**, Neuanfang, **Hoffnung**
- viele Texte in Schulbüchern (Kurzgeschichten)
- 20.5.1921 geb. in Hamburg, **Vater** Volksschullehrer, zurückhaltend gegenüber Wolfgang – **Mutter** Heimatschriftstellerin, künstlerisch interessiert
- Bocherts Kindheit? Wenig bekannt
- 1928 Volksschule
- 1932 Oberrealschule, verlässt Schule mit 17 Jahren
- zunächst Buchhändler → Lehre ohne Abschluss (1940) – und Schauspieler (ab 1939)
- mit 17 Jahren erste Gedichte → Verhaftung 1940 durch Geheime Staatspolizei ???
- ab 1941 Wehrdienst → Feldpostbriefe (Sinnlosigkeit des Krieges angeprangert) → Verurteilung zum Tod → „Begnadigung" → „Bewährung" an der Front → weitere Anschuldigungen wegen „Wehrkraftzersetzung"
- 1942 Krankheit, Verwundung → Rückkehr nach Hamburg → wieder Verhaftung (Berlin)
- ab 1945 schwer krank in Hamburg
- von 1940 bis 1945 Gedichte
- nach Kriegsende: berühmte Kurzgeschichten → zerstörte Menschen, zerstörte Landschaften, aber auch Hoffnung!
- Theaterstück (Hörspiel) „Draußen vor der Tür" → Anklage gegen die Sinnlosigkeit des Krieges → Parallelen zu seinem eigenen Schicksal ???
- 20.11.1947 Tod in Hamburg, Folge der Erkrankungen und Verwundungen, sehr sensibler Mensch → zerbrochen am Krieg (!)

Ein Protokoll anfertigen

In den Übungen zuvor ging es darum, dass ein Zuhörer oder eine Zuhörerin Notizen für sich selbst gemacht hat. Das Ziel eines Protokolls – z. B. eines Stundenprotokolls – ist es, ein Geschehen für andere zusammenzufassen.

1 Schau dir die folgenden Auszüge aus zwei Protokollen zu einer Stunde an, in der es um Wolfgang Borcherts Kurzgeschichte „Nachts schlafen die Ratten doch“ ging. Worin gleichen sie sich, worin liegen die Unterschiede?

Protokoll der Stunde vom 14.03.20..

Ort:	Städtisches Gymnasium Köln
Zeit:	7:50–8:35 Uhr
Anwesende:	Klasse 8d, Frau Stein
Abwesend:	Maja Wetter
Protokollant:	Michael Wein
Thema der Stunde:	Wolfgang Borchert: „Nachts schlafen die Ratten doch“

1. Zunächst wurde die Kurzgeschichte vorgelesen und die Schülerinnen und Schüler äußerten sich zu ihren ersten Eindrücken.
   Genannt wurde u. a.:
   - die sehr traurige Stimmung am Anfang,
   - die Notlage des Jungen,
   - die veränderte Situation am Schluss,
   - die Hilfsbereitschaft des Mannes.

2. Im weiteren Verlauf der Stunde wurde der Text in Gruppenarbeit gegliedert. Dabei wurden verschiedene Vorschläge gemacht. Schließlich einigte sich die Klasse auf diese Gliederung:

Z. 1–16:	Kennzeichnung der trostlosen Umgebung
Z. 17–137:	Der Dialog zwischen dem Jungen und dem Mann
Z. 138–146:	Die veränderte Situation am Schluss

3. Danach wurden der Textbeginn und das Textende miteinander verglichen. Im Einzelnen wurden folgende Aspekte genannt:

Textbeginn	Textende
...	...

4. ...

Köln, den 14.3.20.. *Michael Wein*

Protokoll der Stunde vom 14.03.20..

Ort:	Städtisches Gymnasium Köln
Zeit:	7:50–8:35 Uhr
Anwesende:	Klasse 8d, Frau Stein
Abwesend:	Maja Wetter
Protokollantin:	Lea Kühne
Thema der Stunde:	Wolfgang Borchert: „Nachts schlafen die Ratten doch“

Zu Beginn der Stunde las Frau Stein die Kurzgeschichte „Nachts schlafen die Ratten doch“ vor, und die Schülerinnen und Schüler sollten ihre Eindrücke wiedergeben. Einige meinten, dass die Geschichte sehr trostlos wirke, andere fanden jedoch auch, dass etwas Hoffnung darin stecke. Jonas meinte, dass der Textanfang und das Ende sehr auffällig seien.

Im weiteren Verlauf lasen alle den Text im Deutschbuch durch, und in Gruppen versuchten die Schüler anschließend, ihn zu gliedern. Dabei kamen verschiedene Vorschläge heraus.
Eine Gruppe schlug vor, den Text in vier Abschnitte zu untergliedern:

1. Textbeginn
2. Das Gespräch zwischen dem Mann und dem Jungen bis zu seiner Aussage „Nachts schlafen die Ratten doch“
3. Der weitere Gesprächsverlauf
4. Die Beschreibung der Umgebung am Schluss

Eine andere Gruppe schlug vor, den Dialog zwischen dem Mann und dem Jungen stärker zu untergliedern. Im Klassengespräch einigten sich die Schüler schließlich zunächst auf folgende grobe Unterteilung, die an der Tafel festgehalten wurde:

Z. 1–16:	Kennzeichnung der trostlosen Umgebung
Z. 17–137:	Der Dialog zwischen dem Jungen und dem Mann
Z. 138–146:	Die veränderte Situation am Schluss

Eine genauere Untersuchung des Gesprächsaufbaus soll in der nächsten Stunde erfolgen.

Danach ging es um einen Vergleich des Textanfangs und des Schlusses. In einer Tabelle wurden die sprachlichen Auffälligkeiten gegenübergestellt. Maike wies vor allem auf die vielen Sprachbilder hin ...

Köln, den 14.3.20.. *Lea Kühne*

2 Es gibt verschiedene Protokollarten. Häufig kommen das Verlaufsprotokoll und das Ergebnisprotokoll vor. Versuche, die Begriffe zu erklären, und ordne sie den Protokollauszügen zu.

3 Wie könnte das erste Protokoll sprachlich noch weiter verkürzt werden?

4 Sprecht über die Vor- und Nachteile der beiden Protokollarten.

5 Verfasst zu einer der kommenden Deutschstunden ein Protokoll nach einem der Muster. Berücksichtigt auch die Informationen in der Zusammenfassung auf S. 347.

Zuhören und Informationen verarbeiten

Nicht nur in der Schule, aber dort ganz besonders häufig erlebst du die Situation, genau zuhören zu müssen und dir wichtige Informationen zu notieren. Dabei gibt es verschiedene Möglichkeiten:

1. Informationen gezielt heraushören

Manchmal ist es so, dass du bereits vorher weißt, zu welchen Bereichen du Informationen haben möchtest. Hier kommt es also darauf an, gezielt hinzuhören und stichwortartig die Informationen aufzuschreiben, die du benötigst.

2. Einen Stichwortzettel anlegen und die Informationen ordnen

Häufiger ist es so, dass du sehr viele Informationen präsentiert bekommst, die du zunächst ungeordnet und stichwortartig aufschreibst. Dabei kannst du mit Spiegelstrichen (– ...) und anderen grafischen Zeichen arbeiten. Etwas, das dir besonders wichtig erscheint, kannst du unterstreichen oder mit einem Ausrufezeichen (!) versehen. Informationen, die eng zusammengehören, kannst du mit einem Pfeil → verbinden oder du kannst deutlich vermerken, dass dir noch etwas unklar geblieben ist (???).

Der Stichwortzettel hilft dir jedoch nur, wenn du ihn anschließend weiterbearbeitest. So kannst du z. B. Oberbegriffe festlegen und diesen Oberbegriffen einzelne Informationen, die vielleicht über deinen Zettel verteilt sind, zuordnen. Manchmal bietet es sich auch an, eine Mindmap zu erstellen, um die Informationen schnell wieder zur Verfügung zu haben.

3. Ein Protokoll anfertigen

In der Schule begegnet dir häufig das Stundenprotokoll. Wichtig ist, dass ein Protokoll einen „Kopf" erhält und unterschrieben wird. Wenn du mit einem PC arbeitest, erstellst du am besten eine Formatvorlage, die du immer wieder benutzen kannst. Man unterscheidet vor allem zwei Protokollarten:

1. Das Ergebnisprotokoll

Bei einem Ergebnisprotokoll werden kurz der Inhalt einer Stundenphase und die wichtigsten Ergebnisse genannt. Dabei können dir z. B. Tafelbilder helfen.

2. Das Verlaufsprotokoll

Ein Verlaufsprotokoll ist viel ausführlicher. Hier werden neben den Inhalten der Stundenphase und den Ergebnissen auch einzelne Gesprächsbeiträge (auch mit Namen) wiedergegeben.

Wenn du ein Protokoll anfertigen sollst, befrage deinen Lehrer oder deine Lehrerin vorab, welches Thema behandelt und wie dieses Thema in der Stunde untergliedert werden soll. Auf diesem Weg erhältst du gewissermaßen eine „Tagesordnung". So eine Tagesordnung erhalten beispielsweise die Teilnehmer von Konferenzen, die es oft auch in der Schule gibt, in der Regel vor der jeweiligen Sitzung.

2. Wortarten

Wortarten im Überblick

Man unterscheidet Wortarten, die im Satzzusammenhang ihre Form **verändern**, und solche, die sich **nicht verändern**. Man spricht auch von **flektierbaren** und **nicht flektierbaren** Wortarten.

Wortarten, die flektierbar sind	
Wortart	**Beispiel**
Verb (Zeitwort, Tätigkeitswort)	trinken, ich trinke
Nomen/Substantiv (Namenwort, Hauptwort)	Hund, Liebe
Artikel (Geschlechtswort, Begleiter)	
bestimmter Artikel	der, die, das
unbestimmter Artikel	ein, eine, ein
Adjektiv (Eigenschaftswort)	klein, (ein) kleines (Kind)
Pronomen (Fürwort)	
Personalpronomen (persönliches Fürwort)	ich, mir, du, ihm
Possessivpronomen (besitzanzeigendes Fürwort)	mein, dein, euer
Demonstrativpronomen (hinweisendes Fürwort)	dieser, jener, der
Relativpronomen (bezügliches Fürwort)	der, welcher
Reflexivpronomen (rückbezügliches Fürwort)	sich, mich
Interrogativpronomen (fragendes Fürwort)	wer? wessen?
Indefinitpronomen (unbestimmtes Fürwort)	jemand, niemand, man[1]
Numerale (Zahlwort)	zwei, hundert, der Dritte, die dritte Frau

Wortarten, die nicht flektierbar sind	
Wortart	**Beispiel**
Adverb (Umstandswort)	heute, oben, samstags, manchmal
Präposition (Verhältniswort)	vor, an, in, zwischen
Konjunktion (Bindewort)	
nebenordnende Konjunktion	und, oder, sowie, sowohl ... als auch
unterordnende Konjunktion	weil, als, dass
Interjektion (Ausrufewort)	oh!, au!

Alle nicht flektierbaren Wortarten werden auch unter dem Begriff **Partikeln** zusammengefasst.

[1] Die Indefinitpronomen „man“ und „etwas“ sind nicht flektierbar, ebenso einige Zahlwörter.

Wie Tarzan im Urwald

Im „Pader Kletter Park" geht's über wackelige Holzbrücken und lange Seilrutschen

von SABINE KAUKE

Paderborn. Stephanie Reker legt ihren Kopf in den Nacken und zeigt auf eine hölzerne Plattform, die sich an einen dicken Baumstamm schmiegt. „Das ist die höchste." Satte zwölf Höhenmeter trennen den Kletterer an diesem luftigen Standort von Mutter Erde.

Doch der neue „Pader Kletter Park", der momentan im Naherholungspark Fischteiche entsteht, will nicht nur ein Eldorado für mutige Indiana-Jones-Fans oder Profis sein. „Spaß und Freude an der Bewegung im Freien stehen im Vordergrund", sagt Geschäftsführerin Reker. Und am 3. Juni geht es endlich los.

Vier Parcours unterschiedlicher Schwierigkeitsgrade, die sich immer wieder auf verschiedenen Höhen queren, schlängeln sich durch den grünen Stadtwald: Über wackelige Brücken mit teilweise (gewollt) schiefen Brettern und extragroßen Lücken, über baumelnde Reifen oder auch einmal ganz Tarzan-like per Tau – allerdings mit Gurt statt mit Lendenschurz – bewegen sich die Kletterer von Plattform zu Plattform. Ein besonderer Clou ist der Rutschen-Parcours über das Wasser: Vom Festland führt eine 70 Meter lange Seilrutsche auf die kleinere Insel des Kahnteiches. Für den Rückweg besteht dann die Wahl zwischen erneuter Rutsche, die eine Plattform höher startet, und einem Fußweg per Netz. „Das ist ein reiner Fun-Parcours", lacht Geschäftsführer Christian Dalhoff (30). Für viel Spaß soll auch das Schlauchboot sorgen, das auf Seilen durchs Gehölz gleiten wird.

Ob Kinder, Anfänger oder Könner: Die Kletterer, gesichert durch Gurte und ausgestattet mit Helmen, werden sowohl in der Höhe als auch am festen Boden durchgängig

von Trainern und Scouts betreut. Sechs Mitarbeiter werden immer vor Ort sein, unterstreichen die Geschäftsführer das Prinzip des Einzelbucher-Geschäfts. Schwergewichte können ebenfalls hoch hinaus: Gurte und Seile verkraften bis zu sieben Tonnen. „Wir schreiben Sicherheit groß". Reker betont, dass ihre Anlage vor Inbetriebnahme auf eigenen Wunsch vom TÜV geprüft wurde.

Der Kletterpark ist freitags ab 16 Uhr sowie samstags und sonntags ab 10 Uhr bis zur Dämmerung geöffnet. Während der Schulferien geht es auch werktags um 10 Uhr los. Die Betreiber wollen den wetterabhängigen Saisonbetrieb auch im Winter „situativ" öffnen, ebenso für individuelle Veranstaltungen: „Wir haben schon Anfragen von Firmen für Betriebsfeiern", sagt Reker. Für Erwachsene kostet der dreistündige Kletterspaß 21 Euro, für Studierende sowie Schüler 18 Euro. Sondertarife gibt's für Schulklassen und Gruppen.

(Neue Westfälische; bearbeitet)

1 Um welche Textart, die typisch für eine Zeitung ist, handelt es sich hier?

Wenn du unsicher bist, schau im Kapitel „‚Dahinter steckt ein kluger Kopf' – Zeitungsleser wissen mehr" auf S. 259 nach.

2 Welche Wortarten sind mit folgenden Umschreibungen gemeint?

- Diese Wortart zeigt eine Zugehörigkeit oder einen Besitz an.
- Mit dieser Wortart wird das Prädikat gebildet.
- Mit dieser nicht flektierbaren Wortart wird häufig ein Geschehen näher gekennzeichnet (Ort, Zeit, Art und Weise, ...).
- Wenn du Eigenschaften näher kennzeichnen willst, benötigst du diese Wortart.
- Mit dieser Wortart wird auf eine Person oder einen Gegenstand besonders hingewiesen.
- Diese Wortart leitet einen Attributsatz/Relativsatz ein.
- Mit dieser Wortart kennzeichnest du Strecken, Größen oder Mengen näher.
- Diese Wortart steht stellvertretend für Personen oder Gegenstände.
- Mit dieser Wortart wird z. B. ein Adverbialsatz eingeleitet.
- Diese Wortart benötigst du als Verbindung zwischen aufgezählten Wörtern, Wortgruppen oder Sätzen.
- Diese Wortart kennst du „bestimmt" und „unbestimmt".
- Damit kannst du zeitliche, räumliche oder ursächliche Verhältnisse wiedergeben. Die Wortart steht oft vor einem Nomen/Substantiv und kann mit einem Artikel verschmolzen sein.
- Diese Wortart beinhaltet Ausrufe.

3 Übertrage die folgenden zwei Tabellen in dein Heft und schreibe die unterstrichenen Wörter aus dem Zeitungstext auf S. 349 in die passenden Spalten. Die Ziffern in den Spalten geben dir an, wie viele Wörter jeweils einzutragen sind.

Nomen/Substantiv	**Verb**	**Adjektiv**	**Adverb**	**Präposition**	**Personalpronomen**
9	7	10	12	9	3

Possessivpronomen	**Demonstrativpronomen**	**Relativpronomen**	**nebenordnende Konjunktion**	**unterordnende Konjunktion**	**Numerale**
2	2	5	4	1	3

Unter die Lupe genommen – das Reflexivpronomen

REGEL

Das **Reflexivpronomen** ist ein Pronomen, welches sich in der Regel auf das Subjekt eines Satzes bezieht. Deshalb nennt man es auch rückbezügliches Fürwort.

Beispiel: **Jule** hat **sich** erkältet und sorgt **sich** um ihre Gesundheit.
(↑ Jule: Subjekt; ↑ sich: Reflexivpronomen; ↑ sich: Reflexivpronomen)

1 Schreibe die folgenden Sätze ab und unterstreiche jeweils das Subjekt und das Reflexivpronomen, das sich auf das Subjekt bezieht.

- Die Klasse 8c freut sich diesmal besonders auf den Wandertag.
- Habt ihr euch schon einmal überlegt, wie anstrengend so ein Kletterparcours ist?
- Wir können uns aber auch gut vorstellen, wie interessant der Ausflug wird.
- Erinnert ihr euch noch an die letzte Wanderung durch den Habichtswald?
- Daran erinnere ich mich nicht besonders gern, weil es so langweilig war!
- Vier Parcours schlängeln sich durch den grünen Stadtwald.
- Die Schülerinnen und Schüler verhalten sich auf dem Gelände äußerst diszipliniert und bedanken sich anschließend bei den Organisatoren.

2 Schreibe die folgenden Sätze in dein Heft und trage die fehlenden Reflexivpronomen ein.

- Leonas hat ______ in der letzten Sportstunde am Arm verletzt, weil er ______ beim Sprung auf die Bodenmatte nicht richtig abgerollt hat.
- Bei dem Versuch, die Situation im Strafraum zu klären, behinderten ______ der Verteidiger und der Torwart gegenseitig.
- Wenn wir ______ wiedersehen, werden wir ______ verändert haben.
- Ihr solltet ______ beim nächsten Mal besser absprechen, damit nicht wieder solche Missverständnisse entstehen.
- Ein altes Sprichwort sagt: Was ______ liebt, das neckt ______.
- Wenn man ______ gut versteht, wird man ______ nach einem kleinen Streit schnell wieder vertragen.
- Hast du ______ schon einmal gefragt, warum es immer so schnell zu Konflikten zwischen dir und deiner Schwester kommt?
- Kümmere ______ darum!

3 Welche Sätze in dem Zeitungstext auf S. 349 enthalten ein Reflexivpronomen?

Unter die Lupe genommen – die unterschiedlichen Aufgaben eines Adjektivs

REGEL

Ein **Adjektiv** kann im Textzusammenhang **unterschiedliche Aufgaben** übernehmen.

1. Es kann als **Attribut** ein Nomen/Substantiv näher erklären und ist damit Teil eines Satzglieds.

   Beispiel: Der **aufgeregte** Junge muss von einem Helfer begleitet werden.

2. Ein Adjektiv kann als **adverbiale Bestimmung (Adverbiale)** ein Geschehen näher kennzeichnen.
   In diesem Fall bildet es ein eigenes Satzglied.

   Beispiel: Der Junge erzählt **aufgeregt** von seinem Abenteuer.

3. Das Adjektiv kann auch zusammen mit den Hilfsverben *sein*, *werden* oder *gelten als* das Subjekt eines Satzes näher kennzeichnen. In diesem Fall bildet es das **Satzglied Prädikativum**.

   Beispiel: Der Junge ↑ Subjekt ist ↑ Hilfsverb **aufgeregt** ↑ Prädikativum.

1 Schreibe die folgenden Sätze in dein Heft, unterstreiche die Adjektive und schreibe in Klammern hinter die Sätze, welche Aufgabe die Adjektive jeweils übernehmen: Attribut, adverbiale Bestimmung oder Prädikativum? Manchmal sind auch mehrere Adjektive in den Sätzen enthalten.

- Der Eintrittspreis für den Erlebnispark ist durchaus angemessen.
- Immerhin erhält jeder einen individuellen Begleiter.
- Die Trainerin legt den Kopf in den Nacken und zeigt auf eine hölzerne Ebene.
- Vorsichtig klettern die Schüler von Plattform zu Plattform.
- Der Parcours, der gerade erst eröffnet worden ist, gilt als sicher.
- Die Betreiber wollen den wetterabhängigen Saisonbetrieb auch im Winter zugänglich machen.
- Wenn es jedoch zu kalt wird, bleibt der Parcours geschlossen.
- Heute ist es angenehm warm und die Klasse 8c wandert vergnüglich durch den grünen Stadtwald zu dem Parcours.
- Weil dieses Ziel so attraktiv ist, entscheiden sich die Schülerinnen und Schüler dafür, auch den kommenden Wandertag dort zu verbringen.

2 Schaut euch noch einmal die Reportage auf S. 349 an und bestimmt gemeinsam die Aufgaben der dort verwendeten Adjektive.

3. Aktiv und Passiv

Schulfest am Heinrich-Heine-Schulzentrum

Auch in diesem Jahr wird am Heinrich-Heine-Schulzentrum wieder ein großes Schulfest gefeiert. Dafür müssen sich allerdings alle auf ein gemeinsames Thema einigen. Am Anfang gibt es einige Auseinandersetzungen, weil mehrere Vorschläge der Schüler, wie z. B. „Risikosportarten", „Boygroups" oder „Superstars", von den Lehrern einstimmig abgelehnt werden. Schließlich einigen sich aber doch alle auf das Thema „Leben im Mittelalter", das von den meisten dann auch akzeptiert wird.
Nun geht es an die Vorbereitungen, bei denen viele verschiedene Punkte berücksichtigt werden müssen. Zunächst wird ein passender Termin gesucht, der sich nicht mit anderen wichtigen Ereignissen wie Wandertagen, Klassenfahrten oder Praktika überschneidet. Dann wird der organisatorische Rahmen abgesprochen. Damit möglichst viele verschiedene Attraktionen zustande kommen können, wird beschlossen, dass jede Klasse sich eine besondere Aktivität oder eine Präsentation zum Thema „Leben im Mittelalter" überlegen soll. Die Klassenlehrer übernehmen die Aufsicht, ansonsten soll aber möglichst viel von den Schülern selbst organisiert werden. Wenn Kosten entstehen, werden diese durch Eintrittsgelder oder Spenden ausgeglichen. Auch der Förderverein wird notfalls angesprochen. Mit viel Engagement und Ideenreichtum beginnen die Schüler die Vorbereitungen. Die Ergebnisse werden mit großer Spannung erwartet.

1 Suche aus dem Text alle Verbformen heraus, ordne sie nach Aktiv- und Passivformen und übertrage sie in eine Tabelle. Hilfen findest du im folgenden Regelkasten.

REGEL

Aktiv und Passiv (Genus verbi)

- Wenn bei einer Handlung der **Handelnde** oder **Ausführende** im Mittelpunkt steht, benutzt man meistens das **Aktiv**.

  Beispiel: Die Klasse 8a wählt ein besonders interessantes Thema für das Schulfest aus.

- Stehen aber stattdessen der **Vorgang** oder das **Geschehen** selbst im Mittelpunkt, kann man auch das **Passiv** verwenden.

  Beispiel: Das Schulfest wird von allen mit viel Engagement vorbereitet.

- Wenn der „Täter" unbekannt ist oder man ihn nicht nennen möchte, braucht man ihn nicht mit anzugeben (**täterloses Passiv**).

  Beispiel: Das Schulfest wird mit viel Engagement vorbereitet.

- Das Passiv wird gebildet durch eine flektierte (gebeugte) **Form des Verbs „werden"** und das **Partizip II** eines Verbs (z. B. abgesprochen, organisiert, vorbereitet).

Durch die Verwendung des Passivs können Texte, die überflüssige Täterangaben enthalten, verkürzt werden. Andererseits können Texte mit vielen Passivformen auch recht lang und umständlich wirken. Daher bietet sich eine Verwendung des Passivs nicht immer an.

2 Untersuche anhand der folgenden Beispielsätze, wie der Satzbau bei der Umformung vom Aktiv ins Passiv verändert werden muss. Welche Satzglieder müssen umgeformt werden?

Aktiv: Die meisten akzeptieren das Thema „Leben im Mittelalter“.

Passiv: Das Thema „Leben im Mittelalter“ wird von den meisten akzeptiert.

REGEL

Umformung vom Aktiv ins Passiv

Bei der Umformung vom Aktiv ins Passiv wird das **Akkusativobjekt des Aktivsatzes** (Frage: Wen oder was?) zum **Subjekt des Passivsatzes** (Frage: Wer oder was?).

Beispiel:

Alle Schüler bereiten gemeinsam das Schulfest (Akk.-Obj.) vor. → Das Schulfest (Subjekt) wird von allen Schülern gemeinsam vorbereitet.

3 Ermittle in den Sätzen zu Aufgabe 5 mithilfe der Kasusfrage „Wen oder was?“ das jeweilige Akkusativobjekt.

4 Forme nun die Sätze vom Aktiv ins Passiv um und schreibe sie in dein Heft. Erfrage danach zur Kontrolle auch das Subjekt des Passivsatzes und unterstreiche es.

5 Überlege, bei welchen Beispielsätzen die Umformung ins Passiv sinnvoll ist und bei welchen das Aktiv besser geeignet ist. Begründe jeweils deine Entscheidung.

- Das Heinrich-Heine-Schulzentrum feiert ein Schulfest.
- Manche Schüler machen einige eher ungewöhnliche Themenvorschläge.
- Schließlich akzeptieren alle das Thema „Leben im Mittelalter“.
- Schüler und Lehrer suchen einen passenden Termin.
- Überschneidungen mit anderen wichtigen Ereignissen vermeiden sie dabei.
- Jede Klasse bereitet ein besonderes Angebot vor.
- Die Kosten kann teilweise auch der Förderverein übernehmen.
- Ansonsten müssen die Schüler niedrige Eintrittsgelder verlangen oder Spenden erbitten.

REGEL

Die Bildung der Tempusformen im Passiv

Das Passiv wird gebildet durch eine flektierte (gebeugte) **Form des Verbs „werden"** und das **Partizip II** eines Verbs (z. B. abgesprochen, organisiert, vorbereitet).

	Aktiv	**Passiv**
Präsens	Ich *organisiere* ein Fest.	Ein Fest ***wird*** (von mir) ***organisiert***.
Präteritum	Ich *organisierte* ein Fest.	Ein Fest ***wurde*** (von mir) ***organisiert***.
Perfekt	Ich *habe* ein Fest *organisiert*.	Ein Fest ***ist*** (von mir) ***organisiert worden***.
Plusquamperfekt	Ich *hatte* ein Fest *organisiert*.	Ein Fest ***war*** (von mir) ***organisiert worden***.
Futur I	Ich *werde* ein Fest *organisieren*.	Ein Fest ***wird*** (von mir) ***organisiert werden***.

6 Schreibe aus dem folgenden Text alle Verbformen heraus, die im Passiv stehen. Bestimme dann das Tempus der Passivformen.

Das diesjährige Schulfest

Mit großer Spannung wurde auch in diesem Jahr wieder das Schulfest am Heinrich-Heine-Schulzentrum erwartet. Viel ist im Vorfeld gemunkelt worden über die angeblich unsichere Finanzierung, da ja schon bei den ersten Planungen ganz unterschiedliche Vorschläge gemacht worden waren. Viel ist auch geredet worden über das zeitweise umstrittene Thema „Leben im Mittelalter", das zunächst vor allem von denjenigen Schülern kritisiert wurde, deren eigene Vorschläge vorher abgelehnt worden waren. Alle Probleme wurden aber schließlich früh genug gelöst, sodass die Besucher sich uneingeschränkt auf die Zeitreise ins Mittelalter freuen konnten.

Und es war wirklich eine abenteuerliche Welt voller Überraschungen, in die die Gäste eintauchen konnten:

Kaum betreten sie das Schulgebäude, treffen sie auf Bauern und Handwerker, Ritter und Jungfrauen. Sie werden von Händlern umworben, von Bettlern angefleht und von Straßenräubern bedroht. Fahrendes Volk zieht durch die Gänge, Jongleure lassen die Bälle fliegen, atemberaubende akrobatische Kunststücke werden vorgeführt. In der Aula werden abwechselnd Szenen aus der Artussage und Stabpuppenspiele aufgeführt. Natürlich gibt es auch eine Fülle an Informationen über das angeblich „finstere" Mittelalter: Überall im Schulgebäude werden auf Stellwänden verschiedene Themen wie „Leben auf der Burg", „Essen und Trinken" oder „Das Handwerk im Mittelalter" präsentiert.

Es war ein rundum gelungenes Fest, das wohl allen gut gefiel. Vor allem wurden die Gäste von der Begeisterung der Schüler angesteckt, die mit viel Engagement ihre Ideen umsetzten. Auch in den nächsten Jahren werden am Heinrich-Heine-Schulzentrum Schulfeste zu einem bestimmten Thema stattfinden. Sicherlich werden auch diese Veranstaltungen genauso begeistert angenommen werden wie das diesjährige Schulfest.

7 Forme die folgenden Sätze vom Aktiv ins Passiv um und schreibe sie in dein Heft. Achte dabei darauf, dass du die Tempusform (Zeitstufe) der Verben nicht veränderst. Schreibe das Tempus jeweils in Klammern hinter den Satz.

Beispiel: Schüler und Lehrer luden viele Gäste ein. → Viele Gäste wurden (von Schülern und Lehrern) eingeladen. (Präteritum)

- Manche Schüler hatten eigene, teilweise sehr originelle Vorschläge eingebracht.
- Einige Lehrer hatten die Themenvorschläge der Schüler als unpassend kritisiert.
- Ein Herold rief die Namen derjenigen Lehrer aus, die der König zu Rittern geschlagen hatte.
- Während in den Gängen Händler die Besucher umwarben, unterhielten auf dem Schulhof Gaukler die Gäste.
- Obwohl der Lehrer die Hexen vorher ermahnt hatte, erschreckten sie einige Kleinkinder.
- Weil aber viele Klassen auch Süßigkeiten und Getränke anboten, konnten die Eltern ihre weinenden Kinder wieder trösten.
- Vor allem ältere Besucher haben die bunten Kostüme der Schüler gelobt.
- Das Engagement der Schüler haben fast alle gewürdigt.
- Die 10. Klasse führt auf dem Schulhof ein atemberaubendes Turnier durch, bei dem der Klassenlehrer als erfolgreichster Ritter einige Schüler vom Pferd wirft.
- Im nächsten Jahr wird die Klasse 8a das Thema „Leben im Jahr 2222" vorschlagen.

8 Überarbeite den folgenden Text, indem du einzelne Sätze vom Aktiv ins Passiv umformulierst. Überlege dir vorher, bei welchen Sätzen dies sinnvoll ist, und begründe deine Ansicht.

Planung des Schulfestes

Schüler und Lehrer des Heinrich-Heine-Schulzentrums bereiten gerade das für den nächsten Juli geplante Schulfest vor. Im letzten Monat haben Schüler und Lehrer gemeinsam das Thema „Leben im Jahr 2222" festgelegt. Dafür steuern wieder alle Klassen eigene Beiträge bei, wobei die Verantwortlichen der Fantasie der Teilnehmer fast keine Grenzen gesetzt haben. Eine Klasse plant eine „Weltraum-Disco", eine andere bereitet eine Aufführung mit dem Thema „Eine Schulstunde im Jahr 2222" vor, wieder eine andere gestaltet ein „Jugendzimmer im Jahr 2222". Die Lehrer beurteilen das diesjährige Motto recht unterschiedlich: Während einige den Vorschlag gleich begeistert aufgenommen haben, kritisieren manche die Themenwahl als ungeeignet. Trotzdem bereiten inzwischen alle gemeinsam das große Ereignis vor, damit sie den Gästen wieder ein unvergessliches Erlebnis bieten.

4. Satzglieder

Satzglieder im Überblick

REGEL

Sätze bestehen nicht aus aneinandergereihten Einzelwörtern, sondern aus Satzgliedern, die häufig umgestellt werden können.
Die folgende Übersicht fasst die wichtigsten Satzglieder und die Fragen, auf die sie eine Antwort geben, zusammen:

Satzglied	Satzgliedfrage	Beispiel
Subjekt	Wer oder was?	**Der Reporter** eilt zum Ort des Geschehens.
Prädikat/ Prädikatsklammer	Was tut/ was geschieht?	Wichtige Ereignisse **werden** im Bild **festgehalten**.
Prädikativum	Wer oder was ist das Subjekt? Als was gilt jemand?	Markus Meier ist **Reporter der „Neuen Westfälischen“**. Er gilt **als seriös**.
Objekt		
Akkusativobjekt	Wen oder was?	Der Reporter interviewt **die Politikerin**.
Dativobjekt	Wem?	Sie reicht **ihm** ihre Visitenkarte.
Genitivobjekt	Wessen?	Er ist sich **seiner Fehler** bewusst.
Präpositionales Objekt	Woran? An was? ...	Er erinnert sie **an die Abmachung**.
Adverbiale		
Temporaladverbiale	Wann? Wie oft? Wie lange?	Ein Reporter ist **beinahe täglich** unterwegs.
Kausaladverbiale	Warum? Weshalb?	Manche Prominente drängen sich **aus Geltungssucht** Reportern regelrecht auf.
Modaladverbiale	Wie? Auf welche Art und Weise?	Zu einem guten Reporter gehört, dass er **sorgfältig** recherchiert.
Lokaladverbiale	Wo?	Prominente lassen sich gern **auf dem roten Teppich** ablichten.
Instrumentaladverbiale	Womit? Mit welchem Mittel?	Inzwischen fotografieren alle Bildreporter **mit Digitalkameras**.

1 Bestimme in den folgenden Zeitungsnachrichten die unterstrichenen Satzglieder.

Kabeljau mit dritten Zähnen

Ein Holländer hatte sich während einer Angeltour auf der Nordsee übergeben müssen und hatte dabei sein künstliches Gebiss verloren. In den Nachrichten hörte er von einem Angler aus Amsterdam; der hatte einen Kabeljau gefangen, in dessen Magen sich ein Gebiss befand. Der Holländer nahm mit dem Sender Kontakt auf und besuchte schließlich den Angler. Die Zähne passten ihm tadellos.

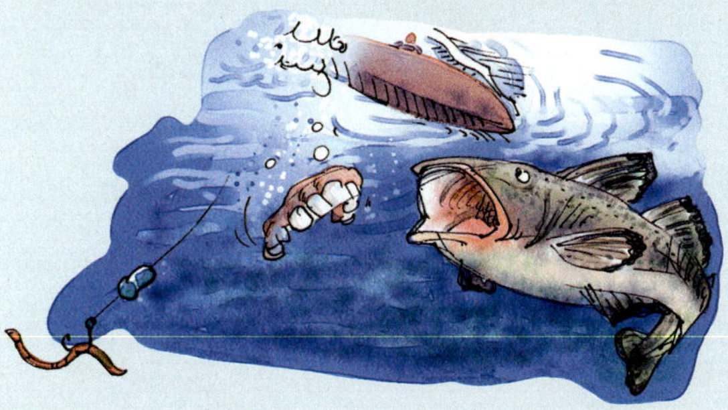

Junge reiste um die halbe Welt

Peter Kerry, 14-jähriger Brite, hat sich mithilfe der Kreditkarte seiner Eltern kurzentschlossen nach Malaysia abgesetzt. Nach einem Streit mit seinem Vater kaufte er heimlich ein Ticket und flog nach Kuala Lumpur. Dann reiste er fast 500 Kilometer weiter bis an die Grenze zu Singapur. Von einem Hotel aus rief er schließlich seine Mutter an, um ihr zu sagen, dass er kein Geld mehr habe.

Was alles vom Himmel fällt ...

Ein Eisblock, der offenbar aus einer Flugzeugtoilette stammte, hat das Dach einer Schule in Kalifornien durchschlagen und beinahe einen Lehrer getroffen. Der Eisblock landete genau auf dem Pult, doch stand der Lehrer zufällig etwas weiter weg.

Neun Tage im Schnee überlebt

Ein in der Türkei verschollener amerikanischer Offizier und sein zehnjähriger Sohn haben tagelang Schnee und Eis trotzen können, weil der 37-jährige Oberstleutnant bei der US-Luftwaffe ein Überlebenstraining erfolgreich absolviert hatte. Wegen dichten Schneetreibens verloren er und sein Sohn Matthew die Orientierung. Als es dunkel wurde, baute der Offizier ein schützendes Iglu. Am nächsten Tag suchten sie Zuflucht in einer Höhle in der Nähe. Feste Nahrung gab es nicht. Ihren Durst stillten sie mit Schnee, den sie im Mund auftauten.

In etwa zwei Kilometern Entfernung von der Höhle stieß der Vater dann auf eine Waldhöhle. Dort fanden ihn schließlich Bergbauern.

Schneeriese

Das nordjapanische Dorf Okura ist Heimat des größten Schneemanns der Welt. Der eisige Geselle, den die Dorfbewohner in zehntägiger Arbeit bauten, ist 29,43 Meter hoch. 30 000 Tonnen Schnee waren notwendig, um die riesige Figur zu errichten.

Unter die Lupe genommen – das Attribut

REGEL

Attribute

Die Attribute gehören zu den **Satzgliedteilen**, weil sie Satzglieder, die aus einem Nomen (Bezugsnomen)/Substantiv (Bezugssubstantiv) gebildet werden, ergänzen. Sie können nur zusammen mit dem Bezugsnomen/Bezugssubstantiv umgestellt werden.

Attribut	Beispiel
Adjektivattribut	die **seriöse** Reporterin
Genitivattribut	die Reporterin **der Neuen Westfälischen**
Präpositionales Attribut	die Reporterin **mit der sensiblen Spürnase**
Apposition	Maja Meierdiek, **eine Reporterin des Tagesanzeigers**, ...
Attributsatz/Relativsatz	Maja Meierdiek, **die einen Bericht zum Thema „Jobs für Jugendliche“ verfasst hat**, ...

1 Im folgenden Bericht fehlen diese Attribute:

- bei der es sich um eine weniger giftige Art handelte
- gehörigen
- 24-jähriger
- verletzte

Schreibe den Bericht mit den Attributen auf.

Rauchen ist ungesund

Ein Kölner bekam einen Schrecken, als er sich aus einem Automaten Zigaretten holen wollte. Nachdem er Geld hineingeworfen und in den Schacht gefasst hatte, wurde er nämlich gebissen. Übeltäter war eine Vogelspinne. Der Raucher konnte nach Stunden aus dem Krankenhaus entlassen werden. Wie das Tier in den Automaten gelangen konnte, ist unklar. Bewiesen wurde jedoch erneut, dass Rauchen ungesund ist.

2 Bestimme in den folgenden beiden Zeitungsnachrichten die unterstrichenen Attribute.

400 Jahre alte Münzen

Den größten Münzschatz Mecklenburg-Vorpommerns entdeckten im Jahre 1995 Archäologen in Aklam. Bei Ausschachtungsarbeiten bargen sie insgesamt 2 200 Silbermünzen, die aus dem 16. und 17. Jahrhundert stammten. Der wertvolle Schatz war in der Nische einer alten Kellermauer verborgen.

Geisterschiff auf dem Ozean

Ein australischer Langustenfischer kann eine Geschichte erzählen, die jeder als Seemannsgarn abtun würde. Diese kuriose Geschichte ist jedoch wahr. Im Jahr 1994 machte sich sein Boot, ein 25 000 Euro teurer Kutter, im Hafen von Perth selbstständig, nachdem sich die Festmacherleine gelöst hatte. Ohne dass es jemand bemerkte, trieb das herrenlose Boot aus dem Hafen. Sieben Monate später tauchte der Kutter vor der Küste Mosambiks auf, die 8 000 Kilometer von Perth entfernt ist. Das Boot des Australiers war völlig unbeschädigt. Eine Strömung hatte es dorthin getrieben.

5. Keine Nebensache – Nebensätze

Auf den nächsten Seiten könnt ihr noch einmal das Thema „Nebensätze“ wiederholen. Ihr erfahrt, welche unterschiedlichen Arten von Nebensätzen es gibt, was diese leisten und wie man Nebensätze verwenden kann, um Texte stilistisch „eleganter“ und informativer zu gestalten.

1 Tragt zusammen, was ihr zum Thema „Nebensätze“ noch aus den letzten Schuljahren wisst. Erinnert euch daran,

- woran man einen Nebensatz erkennen kann,
- welche unterschiedlichen Arten von Nebensätzen es gibt,
- wie sie eingeleitet werden,
- warum man Nebensätze auch Gliedsätze nennt,
- wie eine Verbindung aus einem Nebensatz und einem Hauptsatz genannt wird,
- was bei der Zeichensetzung zu beachten ist.

Die Texte und Ideen auf den folgenden Seiten haben Schülerinnen und Schüler einer Klasse 8 für eine Klassenzeitung zusammengetragen.

Kurioses aus der Welt der Tiere – Attributsätze/Relativsätze

Geckofüße

1 Welche Aufgabe übernehmen Relativsätze im Textzusammenhang sehr häufig? Schau dir den folgenden Beispielsatz an.

- Geckos, die ein feuchtes Klima lieben, haben muskuläre Saugnäpfe an den Füßen.

2 Übertrage den Satz in dein Heft und versuche, die Funktion (Aufgabe) des Relativsatzes, der oft ein Attributsatz ist, durch Unterstreichen und durch einfache grafische Elemente zu verdeutlichen.

3 Bilde aus dem Satzgefüge in Aufgabe 1 einen einfachen Hauptsatz bzw. eine Satzreihe. Inhaltlich soll das Gleiche ausgedrückt werden.

4 Formuliere die nachfolgende, an eine Auflistung erinnernde Beschreibung in einen zusammenhängenden Text um. Verwende dabei vor allem Relativsätze/ Attributsätze. Versieh anschließend die Relativsätze mit einer Wellenlinie, kreise die Relativpronomen ein und unterstreiche die Hauptsätze.

Freeclimber – die Geckos

- Geckos sind tropische Echsen, sie kommen auf der Jagd nach Insekten oft auch in Wohnungen.
- Sie sind echte „Freikletterer" und können Wände erklimmen, die müssen allerdings ein wenig uneben sein.
- Geckos können auch kopfüber an der Decke hängen.
- Geckos haben kräftige Saugnäpfe an den Füßen, sie geben ihnen Halt.
- Sie besitzen außerdem winzige Borsten, sie können sich in jede Unregelmäßigkeit der Oberfläche einkrallen.
- Geckos, sie kommen vor allem in Südostasien vor, sind gern gesehene Besucher in den Wohnungen der Einheimischen.
- Mancher Tourist dürfte sich jedoch auch angesichts der Tiere erschrocken haben, sie fühlen sich in feuchten Badezimmern wohl.
- Sie sind interessant anzusehen, halten lästige Insekten wie Moskitos in Schach.
- Etwas lästig ist der laute „Gecko"-Ruf, diesem Ruf verdanken die Tiere ihren Namen.
- Auch andere Echsen geben zischende Laute von sich, mit ihnen ist der Gecko verwandt.
- Jedoch nur Geckos haben eine richtige „Stimme".

5 Im folgenden Text fehlen vier Relativsätze/ Attributsätze. Schreibe den Text neu auf und trage die Nebensätze an den passenden Stellen ein. Sie stehen in vertauschter Reihenfolge unter dem Text.

Welches Tier kann in zwei Richtungen gleichzeitig sehen?

Das Chamäleon ist eine seltsame, bedächtige Tierart. Seine Augen befinden sich an der Spitze kleiner Türmchen; sie können unabhängig voneinander in jede Richtung bewegt werden. Ein Auge mag gerade nach oben gerichtet sein und Ausschau nach Nahrung halten, während das andere die Geschehnisse am Boden beobachtet. Das Chamäleon besitzt noch eine andere Eigentümlichkeit. Die Zehen haben sich zu leistungsfähigen Klammern entwickelt. Zudem kann das Chamäleon seine Farbe ändern. Haut und Körperzeichnung passen sich seiner Umgebung an; beim Klettern in den Bäumen ist es nur schwer zu entdecken.
Wenn das Chamäleon Beute erspäht, schießt es seine Zunge auf das Opfer ab. Die Beute haftet an der Zunge und wird rasch ins Maul gezogen. Der Vorgang dauert nur einen Sekundenbruchteil.

– die lang und klebrig ist
– die die Form von Kegeln haben
– die Äste und Zweige fest im Griff halten
– die vorwiegend auf Bäumen nach Insekten jagt

Chamäleon

6 Ein Text, der zu viele Relativsätze enthält, ist oft schwer zu verstehen. Überarbeite dementsprechend den folgenden Text.

Der Trick der Eidechsen

Eidechsen, die über eine Methode, die sehr kurios ist, verfügen, um Raubtieren zu entwischen, sind Tiere, die z. B. im Mittelmeerraum, der über ein trockenes, warmes Klima verfügt, leben. Zunächst verstecken sie sich im Gestrüpp, das oft dornig ist, und schützen sich auf diese Weise. Doch wenn sie am Schwanz gepackt werden, haben sie noch eine weitere Möglichkeit, die ihnen bleibt, zu entfliehen. Ein bestimmter Schwanzknochen, der besonders schwach ist, bricht sehr leicht ab, und das Tier, das die Eidechse, die dem Tod geweiht schien, packen wollte, steht ohne Beute da. Mit der Zeit wächst der Eidechsenschwanz nach.

Waldeidechse

Die Meinungsecke – Adverbialsätze

1 Erkläre anhand der folgenden Beispielsätze den Zusammenhang zwischen dem Satzglied adverbiale Bestimmung und einem Adverbialsatz.

- Weil beim letzten Wandertag das Wetter so schlecht war, musste einiges abgesagt werden.
- Wegen des schlechten Wetters musste beim letzten Wandertag einiges abgesagt werden.

2 Mit welcher Wortart wird der Adverbialsatz eingeleitet und mit dem Hauptsatz verknüpft? Mit welcher Wortart beginnt die einfache adverbiale Bestimmung in diesem Fall?

3 Was wird sowohl im Adverbialsatz als auch in der adverbialen Bestimmung inhaltlich zum Ausdruck gebracht?

4 Nennt in den folgenden Meinungsäußerungen zum Thema „Wandertag“ einige Adverbialsätze und erläutert, was inhaltlich darin zum Ausdruck gebracht wird.

MEINE MEINUNG

Wandertage sind unbedingt notwendig, weil dadurch die Klassengemeinschaft gestärkt wird. Das kann z. B. geschehen, indem man gemeinsam entscheidet und dann alles plant.
(Jonas K.)

Obwohl ich persönlich gern in einen Vergnügungspark fahre, halte ich dieses nicht für ein sinnvolles Ziel. Wir machen ja nicht wirklich etwas gemeinsam. Außerdem steht man an manchen „Attraktionen“ so lange an, dass kaum noch Zeit für anderes zur Verfügung steht.
(Marie B.)

Während des letzten Wandertags haben wir ein Technikmuseum besucht. Das fand ich so interessant, dass ich eine Woche später noch einmal mit meinem Freund und meiner Familie da war. Es kommt also auf das Ziel an.
(Lukas D.)

Dorthin, wo wir am letzten Wandertag waren, würde ich jederzeit wieder hinfahren, nämlich zu den Lippeseen. Dort kann man unter Anleitung Wasserski laufen. Davon waren alle begeistert. Wenn also das Ziel gut ist, ist auch der Wandertag gut.
(Gunnar R.)

Falls ein Schulhalbjahr sehr kurz ist, sollte man den Wandertag ausfallen lassen. Manche tun allerdings so, als ob davon eine gute Klassengemeinschaft abhinge. Von einem Tag?! Das kann doch nicht sein.
(Sylvie M.)

Wandertage machen nur Sinn, wenn die Schülerinnen und Schüler über das Ziel selbst bestimmen können. Während unsere Nachbarklasse in einem Vergnügungspark war, mussten wir fünf (!) Stunden durch den Sander Forst wandern. Das war natürlich nicht unsere Idee.
(Anna D.)

Da wegen der Schulzeitverkürzung angeblich zu wenig Zeit zum Lernen zur Verfügung steht, wird in einigen Bundesländern über die Streichung der Wandertage nachgedacht. Das finde ich überhaupt nicht gut!
(Ella D.)

Von Wandertagen halte ich nichts. Sie finden doch meistens nur statt, damit Lehrer ihre Wanderwut austoben können. Anstatt dass wir mal in eine schöne Stadt fahren, steht bei denen immer nur „Natur erleben“ auf dem Programm. Natur habe ich jeden Morgen, bevor ich in die Klasse komme. Ich fahre nämlich immer mit dem Fahrrad.
(Judith L.)

Wandertage sollten nicht für die ganze Schule an einem Termin stattfinden, weil einige Ziele oft völlig überfüllt sind. Als wir im letzten Winter unseren Schneewandertag hatten, war die Schlittschuhhalle völlig ausgebucht. Es müsste für jede Klasse ein individueller Termin möglich sein. Wenn z. B. gerade keine Klassenarbeiten geschrieben werden oder das Wetter gut ist, kann sich dann eine Klasse spontan für einen Wandertag entscheiden.
(Sinem T.)

5 Kennzeichne die verwendeten Adverbialsätze mit dem entsprechenden Fachausdruck. Wenn du unsicher bist, orientiere dich an der folgenden Übersicht:

Adverbialsätze im Überblick			
Adverbialsatz	**Aussage über**	**Konjunktion**	**Beispiel**
Temporalsatz	Zeitpunkt, Zeitdauer	als; nachdem; bevor; wenn; während; sobald	Nachdem wir uns die Ausstellung angesehen hatten, gingen wir in die Stadt.
Kausalsatz	Ursache, Begründung	weil; da	Weil es schon so spät war, hatten wir nur noch eine Stunde Zeit.
Konditionalsatz	Bedingung, Voraussetzung	wenn; falls; sofern	Wenn die Eishalle überfüllt ist, macht das Schlittschuhlaufen keinen Spaß.
Konsekutivsatz	Folge	sodass; dass; so ..., dass	Im Vergnügungspark waren so viele Schüler, dass man überall lange warten musste.
Finalsatz	Absicht, Zweck	damit; dass; auf dass	Das Ziel sollte von den Schülern selbst bestimmt werden, damit alle motiviert sind mitzumachen.
Konzessivsatz	Einräumung; ein Grund, der nicht zählt	obgleich; obwohl	Obwohl es regnete, mussten wir durch den Sander Forst wandern.
Modalsatz	Art und Weise	indem; dadurch, dass	Dadurch, dass alle an der Entscheidung beteiligt waren, gab es keine Unstimmigkeiten.
Adversativsatz	Gegenteil	während; anstatt dass	Die 8d verbrachte den Wandertag in der Turnhalle, während wir den Regen „genossen“.
Komparativsatz	Vergleich	als; wie; als ob; als wenn	Unser Lehrer tat so, als ob er uns gar nicht gehört hätte.
Lokalsatz	Ort, Richtung	wo; wohin; woher[1]	Geh vorsichtig dorthin, wo du die Markierung siehst.

[1] Der Lokalsatz ist der einzige Adverbialsatz, der nicht mit einer Konjunktion, sondern mit einem W-Fragewort eingeleitet wird. Von seiner Leistung her ist er ein Relativsatz/Attributsatz: Geh vorsichtig zu dem Ort, an dem du die Markierung siehst.

6 Wenn ihr die näheren Umstände eines Geschehens – z. B. Begründung, Zeit, Folge usw. – wiedergeben wollt, könnt ihr das mithilfe einer adverbialen Bestimmung oder eines Adverbialsatzes tun. Formt wie in dem Beispielsatz in Aufgabe 1 auf S. 362 einige Adverbialsätze aus den Meinungstexten in einfache adverbiale Bestimmungen um. Vergleicht in jedem Einzelfall, welche Formulierung euch sinnvoller erscheint.

7 Schreibt selbst einen Text, in dem ihr eure Meinung zum Thema „Gestaltung eines Wandertags" zum Ausdruck bringt. Überlegt, an welchen Stellen ihr sinnvoll mit Adverbialsätzen arbeiten könnt.

8 Übertragt die folgende Tabelle in euer Heft und füllt die Lücken aus. Überlegt zunächst gemeinsam, welche Ausdrücke sich entsprechen. Am besten schreibt ihr zunächst zu jedem Paar zwei Beispielsätze auf.

Konjunktionen, die einen Adverbialsatz mit dem Hauptsatz verbinden	Präpositionen, mit denen eine adverbiale Bestimmung beginnen kann
Als wir ankamen, war es dunkel.	**Bei** unserer Ankunft war es dunkel.
bevor (wir essen, ...)	?
?	**trotz**
weil	?
?	**zum Zwecke** (der Erholung)
während (wir laufen, ...)	?
?	**durch** (regelmäßiges Üben)
nachdem (wir gewandert waren, ...)	?

Die Abteilung Vermischtes – Subjekt-, Objekt-, indirekter Fragesatz, ...

Subjekt- und Objektsatz

1 Nebensätze/Gliedsätze können auch die Rolle eines Subjekts oder Objekts übernehmen. Weist dieses anhand der folgenden Satzgefüge nach, indem ihr die passenden Satzgliedfragen stellt.

- Mich freut, dass du so ausgeglichen bist.
- Die Lehrerin erwartet, dass sich alle beteiligen.

2 Formt die Nebensätze/Gliedsätze in einfache Satzglieder um. Welche Formulierung gefällt euch jeweils besser?

3 Bestimmt in den folgenden Satzgefügen jeweils die Aufgabe des Nebensatzes/Gliedsatzes (Subjekt oder Objekt?) und formt diesen in ein einfaches Satzglied um.

- Die Klasse 8d setzt sich dafür ein, dass der Wandertag stattfindet.
- Dass es regnet, stört niemanden.
- Schließlich hat jeder dafür gesorgt, dass er wetterfeste Kleidung dabei hat.
- Auch dass die Klasse sich im Wald verlaufen hat, findet keiner schlimm.
- Lediglich der Klassenlehrer befürchtet, dass es zu früh dunkel wird.
- Am Schluss sind alle froh darüber, dass sie den Zug noch rechtzeitig erreichen.
- Dass der nächste Wandertag eventuell ausfallen soll, führt zu Protesten.

Der indirekte Fragesatz

1 Nebensätze/Gliedsätze können auch indirekte Fragesätze sein. Versucht, anhand der folgenden Beispielsätze den Begriff zu klären.

- Der Klassensprecher stellt die Frage, ob der nächste Wandertag nicht in einem Vergnügungspark stattfinden könne.
- Anne wollte wissen, wie teuer so eine Fahrt sei.

2 Formt die indirekten Fragesätze in direkte Fragesätze um. Wann wird ein indirekter Fragesatz mit der Konjunktion **ob** eingeleitet und wann mit einem **W-Fragewort**? Erklärt auch, warum die Verbform im indirekten Fragesatz oft im Konjunktiv steht.

3 Formt die folgenden direkten Fragen in indirekte Fragesätze um. Der Redebegleitsatz bildet in diesem Fall den Hauptsatz. Das Verb steht in der Regel wie bei der indirekten Rede im Konjunktiv.

- Lukas stellt die Frage: „Wann beginnt eigentlich der Wandertag?“
- Anna erwiderte: „Hast du dir das gestern nicht notiert?“
- Lukas antwortet mit der Frage: „Hast du noch nie etwas vergessen?“
- Anna fragte: „Warum bist du eigentlich immer so empfindlich?“

4 Schreibt den folgenden Witz neu auf, formuliert die indirekten Fragesätze dabei in direkte Fragesätze um. Welche Form erscheint euch sinnvoller?

Eine staatstragende Rolle

Ein Lehrer fragt seinen Kollegen, wie es denn bei ihm zu Hause zugehe. Der antwortet: „Meine Familie ist straff organisiert wie ein Staat. Meine Frau ist Finanzministerin, unsere Oma ist die Präsidentin und meine Tochter ist die Außenministerin.“ Der Lehrer will nun wissen, ob sein Kollege auch eine staatstragende Rolle innehabe. Der antwortet: „Ich bin das Volk!“

5 Arbeitet nun umgekehrt. Formuliert in dem folgenden Witz den direkten Fragesatz in einen indirekten Fragesatz um und beurteilt auch hier die verschiedenen sprachlichen Formen.

Auf den Versuch kommt es an

Ein sehr reicher Mann fragt am Ende seines Lebens einen Pastor: „Erhalte ich das ewige Leben, wenn ich der Kirche 1 Million Euro spende?“ Der Geistliche antwortet: „Ich weiß es nicht, aber ich würde es an Ihrer Stelle einmal ausprobieren!“

REGEL

- Ein **direkter Fragesatz** kann auch als Nebensatz/Gliedsatz **in indirekter Weise** wiedergegeben werden. Aus einer direkten **Entscheidungsfrage** (Ja-/Nein-Frage) wird dann ein Nebensatz, der mit der Konjunktion **ob** eingeleitet wird.

  Sie fragte ihn: „Hast du gegessen?“
  Sie fragte ihn, ob er gegessen habe.

- Aus einer **Ergänzungsfrage** (W-Frage) wird ein Nebensatz, der mit einem **W-Fragewort** eingeleitet wird.

  Er fragte: „Wie lange dauert es noch?“
  Er fragte, wie lange es noch dauere.

- Da der indirekte Fragesatz oft eine indirekte Rede darstellt, steht die Verbform in der Regel in einer Form des Konjunktivs (s. dazu auch S. 214 ff.).

Komplexe Satzgefüge

Das Komma in komplexen Satzgefügen, s. S. 396 ff.

1 Satzgefüge können auch aus einem Hauptsatz und mehreren Nebensätzen/Gliedsätzen bestehen, die voneinander abhängen. Man spricht in diesem Fall von komplexen Satzgefügen.
Übertragt das folgende Satzgefüge in euer Heft, unterstreicht den Hauptsatz und verseht die Gliedsätze mit verschiedenfarbigen Wellenlinien.

- Nachdem das Ziel, über das sich die Klasse zunächst nicht einigen konnte, festgelegt war, begann die konkrete Planung der Fahrt.

2 Welche grafische Darstellung passt zu dem Satzgefüge?

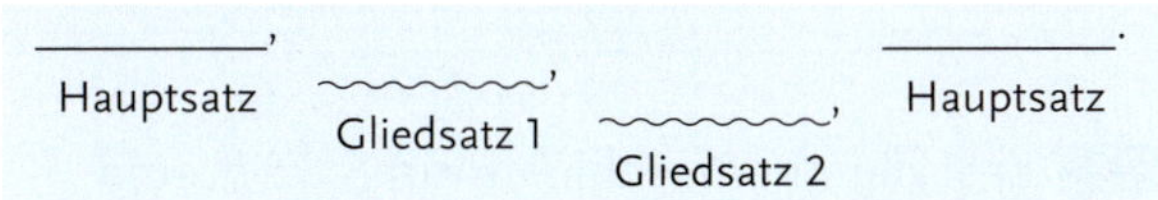

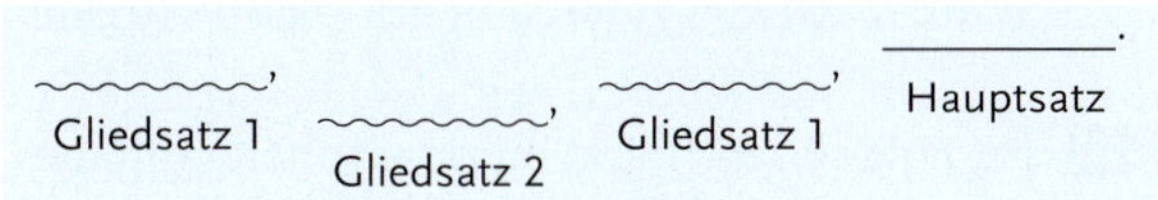

3 Übertragt die folgenden komplexen Satzgefüge in euer Heft und versucht wie in Aufgabe 2, den Aufbau grafisch darzustellen. Setzt anschließend die Kommas.

- Der Besuch im Technikmuseum lohnte sich vor allem auch deshalb weil die Führung die die Klassenlehrerin vorab gebucht hatte die Schülerinnen und Schüler zu begeistern wusste.
- Dass sie jedoch anschließend ein Handwerk das sie frei wählen konnten in einem kurzen Text beschreiben sollten fanden die meisten nicht gut.
- Sie waren nämlich der Meinung dass eine Klassenfahrt die natürlich keine Vergnügungsreise sein solle dennoch nicht mit einer solchen Hausarbeit verbunden sein dürfe.

Verkürzte Nebensätze/Gliedsätze

1 In vollständigen Nebensätzen/Gliedsätzen steht immer eine konjugierte Form am Schluss. Vergleicht diesbezüglich die beiden folgenden Sätze. Was hat sich im zweiten Beispielsatz geändert?

- Anstatt dass sie zu einem Vergnügungspark fuhren, entschloss sich die Klasse zu einem Museumsbesuch.
- Anstatt in einen Vergnügungspark zu fahren, entschloss sich die Klasse zu einem Museumsbesuch.

2 Verkürzt die folgenden Nebensätze/Gliedsätze wie in dem Beispiel oben. Für welche Variante würdet ihr euch jeweils entscheiden?

- Im Technikmuseum trafen sich zunächst alle am Eingang, damit der konkrete Ablauf besprochen werden konnte.
- Die Schülerinnen und Schüler versprachen, dass sie sich in Ruhe die Führung anhören wollten.
- Die Museumsführerin hielt ihren Vortrag, ohne dass sie auch nur einmal unterbrochen wurde.
- In der Seilerei wurden einige dazu aufgefordert, dass sie selbst ein Seil drehten.
- Der pensionierte Handwerksmeister bat die Schüler darum, dass sie für die gedrehten Seile einen geringen Geldbetrag zahlten.
- Am Schluss äußerten viele die Meinung, dass sie noch nie ein so interessantes Museum besucht hätten.

Das Komma bei Infinitivgruppen, s. S. 394 f.

Übungen

1 Der folgende Einleitungs- und Schlussteil einer Inhaltsangabe enthält ausschließlich einfache Hauptsätze. Gestalte den Text stilistisch eleganter, indem du mit Satzgefügen oder auch einfachen adverbialen Bestimmungen arbeitest.

Die Kurzgeschichte, auf die sich der Text bezieht, findest du auf S. 75 ff.

Wolfgang Borchert: Nachts schlafen die Ratten doch – Eine Inhaltsangabe

Die Kurzgeschichte „Nachts schlafen die Ratten doch“ wurde unmittelbar nach dem Zweiten Weltkrieg geschrieben. Der Autor ist Wolfgang Borchert. Sie handelt von einem kleinen Jungen und einem alten Mann. Der Junge bewacht in den Trümmern einer zerstörten Stadt seinen verschütteten Bruder. Der Mann möchte ihm neue Hoffnung geben. Das gelingt ihm.

[...]

Gerade in einer Zeit größter Not sind die Menschen auf gegenseitige Hilfe angewiesen. Außerdem müssen sie neuen Lebensmut erhalten. Denn sie benötigen eine Perspektive. Das verdeutlicht diese Kurzgeschichte.

2 Mit Nebensätzen/Gliedsätzen, vor allem Adverbialsätzen, und adverbialen Bestimmungen kannst du bei einer Inhaltsangabe den zeitlichen und ursächlichen Zusammenhang der Handlungsteile deutlich machen. Füge in den folgenden Auszug aus dem Hauptteil der Inhaltsangabe zu Borcherts Kurzgeschichte die passenden Relativpronomen, Konjunktionen und W-Fragewörter ein. Übertrage den Text dazu in dein Heft.

[...] [redacted] er in der Schule gelernt hat, [redacted] sich Ratten auch von Toten ernähren, sitzt Jürgen – so heißt der Junge in der Kurzgeschichte – in den Trümmern seines Elternhauses, [redacted] durch eine Bombe zerstört wurde. [redacted] ein ärmlich gekleideter Mann erscheint, reagiert der Junge zunächst verängstigt. Dem Erwachsenen gelingt es jedoch im Verlauf eines Gesprächs, [redacted] Jürgen langsam seine Zurückhaltung aufgibt. Dem Mann geht es vor allem darum, zu erfahren, [redacted] der Junge in den Trümmern sitzt.

Zunächst stellt er einige Fragen, [redacted] [redacted] dieser eher abweisend antwortet. Schließlich erfährt der Mann jedoch, [redacted] der Junge auf seinen toten Bruder aufpasst, [redacted] dieser nicht von Ratten gefressen wird. [redacted] er das Kind aus dieser deprimierenden Lage befreien will, erfindet der Mann eine Notlüge. Er sagt ihm, [redacted] Ratten nachts schliefen und er ruhig nach Hause gehen könne. [...]

3 Lest die Kurzgeschichte auf S. 75 ff. und schreibt eine Fortsetzung der Inhaltsangabe.

4 Im Folgenden findet ihr eine Inhaltsangabe zu dem Jugendbuch „Der gelbe Vogel“ von Myron Levoy. Überarbeitet den Text, indem ihr die vielen Hauptsätze an geeigneten Stellen zu Satzgefügen verknüpft oder einfache adverbiale Bestimmungen daraus macht. Achtet auch auf die Zeichensetzung, die ihr gesondert auf S. 389 ff. üben könnt.

Myron Levoy: Der gelbe Vogel – Eine Inhaltsangabe

Naomi Kirschenbaum ist die Tochter eines französischen Widerstandskämpfers. Er ist in dem von Deutschen besetzten Frankreich von den Nationalsozialisten vor ihren Augen erschlagen worden. Die beiden haben noch erfolglos versucht, belastende Pläne vor dem Eindringen der Gestapo (Geheime Staatspolizei) zu vernichten. Das geschah während des Zweiten Weltkriegs.

Das seelisch völlig verstörte Mädchen lebt nun,

etwa vier Jahre später, mit ihrer Mutter in New York. Alan, ein jüdischer Nachbarsjunge, übernimmt die Aufgabe, sich um sie zu kümmern und ihr zu helfen. Seine Eltern haben ihn darum gebeten. Das gelingt ihm zunächst auch. Er gewinnt ihr Vertrauen und befreit sie aus ihrer Isolation. Dazu dient ihm seine Bauchrednerpuppe Charlie. Naomi und Alan freunden sich an.

Seinen Kameraden gegenüber verschweigt er diese Freundschaft. Er fürchtet um seine Anerkennung. Sie sollen nicht erfahren, dass er sich mit einem „verrückten Mädchen" abgibt. Naomis Heilungsprozess schreitet gut voran. Sie kann sogar wieder die Schule besuchen. Es kommt jedoch zu einer dramatischen Situation. Ein Mitschüler reagiert aggressiv und rassistisch auf Naomi. Alan prügelt sich deshalb mit ihm. Naomi verfällt im Angesicht der Gewalt erneut in einen Schockzustand. Sie flüchtet in einen Kohlenkeller. Anschließend wird sie in eine psychiatrische Klinik eingeliefert.

5 Übertragt die folgende Filmbeschreibung in euer Heft und bestimmt die unterschiedlichen Nebensätze/Gliedsätze. Setzt auch die fehlenden Kommas.

„Der mit dem Wolf tanzt" – Eine Filmbeschreibung

Der Film „Der mit dem Wolf tanzt" in dem Kevin Costner die Hauptrolle spielt erzählt die Geschichte eines amerikanischen Mannes der seine Heimat und seine Liebe in einem fremden Land findet.

Da er seinen außerordentlichen Mut im amerikanischen Bürgerkrieg bewiesen hat darf sich Lieutenant John J. Dunbar einen Traum erfüllen den er sein Leben lang gehegt hat. Er möchte nämlich Dienst an der Grenze zum Indianerland leisten obwohl damit zahlreiche Gefahren verbunden sind von denen er sich jedoch nicht abhalten lässt. Durch eine schicksalhafte Kette von Ereignissen gelangt er in ein abgelegenes Fort in der Prärie Dakotas. Sein Pferd und ein neugieriger Wolf sind dabei seine einzigen Gefährten bis ihn die Sioux (Indianerstamm) entdecken.

Dass die Indianer zunächst sehr misstrauisch sind versteht Dunbar. Als er ihnen jedoch seinen Mut und seine Menschlichkeit beweist wird er im Stamm akzeptiert sodass es schließlich sogar zu einer innigen Freundschaft mit den Indianern kommt.

Am Ende fällt er eine Entscheidung die ihn fast verzweifeln lässt weil er sich wieder von den Indianern trennen muss. Gelernt hat er jedoch dass das Bild der Weißen von den Indianern völlig falsch ist.

6 Verfasst in ähnlicher Weise eine Beschreibung zu einem Film, den ihr kürzlich gesehen habt.

6. s-Laute

Die folgenden Aufgaben und Übungen sollen dir Gelegenheit geben, das, was du in den letzten Schuljahren zur Schreibweise der s-Laute gelernt hast, zu wiederholen und zu vertiefen. Viele der Aufgaben sind Vorschläge. Wenn du feststellst, dass du im Umgang mit den s-Lauten noch unsicher bist, findest du Wiederholungen von Regeln und Übungen, die dir helfen.
Ihr könnt auch in Partner- oder Kleingruppenarbeit eigenständig weitere Übungsaufgaben entwickeln, die ihr dann anderen Gruppen zur Bearbeitung vorlegt. So nehmt ihr einen neuen Blickwinkel bei der Auseinandersetzung mit Sprache ein, und viele Zusammenhänge erscheinen euch eindeutiger. Berücksichtigt bei diesem Vorgehen, dass ihr die richtigen Lösungen für eure Aufgaben zur Kontrolle bereithalten müsst.

1 Schreibe den folgenden Text in Teilen ab und setze die passenden s-Laute ein. Ihr könnt euch auch Abschnitte des Textes gegenseitig diktieren. Begründet anschließend die Schreibweise einiger s-Laute.

Das Wi■en um die Entwicklung des Menschen

Vor einigen Jahrhunderten glaubte man, da Gott die Menschen an einem ein-zigen Tag erschaffen habe und da■ Adam und Eva als die ersten Menschen auf der Welt genauso ausgesehen hätten wie alle später geborenen Menschen auch – nur nackt. Erst durch Entdecker und Forscher wie Christoph Kolumbus oder Charles Darwin änderte sich die Sichtwei■e von der Entstehung der Welt und damit auch von der Entwicklung des Menschen.

Schon Kinder wi■en heute, da■ die frühesten Vorfahren des Menschen ganz anders aussahen als wir. Sie hatten einen behaarten Körper, einen breiten Mund und wulstige Knochen über den Augen. Auf Abbildungen sieht man sie zum Teil mit Fellen bedeckt oder nur einen Knochen bei sich tragend. Diese Darstellungen wecken in uns die Vorstellung, da■ der Mensch dem Affen zu diesem Zeitpunkt sehr ähnlich war.

Charles Darwin (1809–1882)

Der englische Wi■enschaftler Charles Darwin beeinflu■te das Wi■en um die Entwicklungsgeschichte des Menschen ganz entscheidend. Darwin hat durch seine genauen Beobachtungen und seine Fähigkeit, aus dem, was er entdeckte, die richtigen Schlu■folgerungen zu ziehen, un■er heutiges Weltbild geprägt. Darwin, der 1809 geboren wurde, hatte schon als Kind ein sehr gro■es Intere■e an Pflanzen und Tieren. Obwohl er, und das mag für viele ein Trost sein, ein schlechter Schüler war und sich lieber seinen Intere■en hingab, als zu lernen, studierte er später Medizin und Theologie und widmete sich inten■iv der Geologie und Biologie. Be■onders intere■ante und wichtige Entdeckungen in

die■en Bereichen machte er auf seiner mehrjährigen Forschungsrei■e zu den Galápagos-In■eln im Pazifischen Ozean. Dort fand er heraus, da ein und die■elbe Vogelart auf den verschiedenen In■eln jeweils unterschiedliche Schnabelformen besa■.
Er schlu■folgerte daraus, da■ sich die Schnäbel der Vögel im Verlauf der Generationen der auf der jeweiligen In■el gegebenen Nahrung angepa■t hatten. Seine gewonnenen Erkenntnis■e veröffentlichte er 1859 in seinem Buch „Über die Entstehung der Arten“. Darin erläuterte er seine Theorie der Vererbung. Diese Au■agen lö■ten damals starke Kontrover■en aus und waren lange Zeit sehr umstritten, da sie das Bild des Menschen als Gottes Ebenbild und damit als Krone der Schöpfung ins Wanken brachten.
Die Menschen empfanden unser heutiges Wi■en um die■e Zusammenhänge als Gotte■lä■terung. Erst viele Jahre nach Darwins Tod, er starb 1882, setzten sich seine Gedanken durch. Heute gilt er als Begründer der sogenannten Evolutionstheorie und als einer der bedeutendsten Biologen der Geschichte.

2 Ein s-Laut kann gesummt oder gezischt gesprochen werden. Man spricht demnach von einem **stimmhaften** oder **stimmlosen** s-Laut. Suche aus dem Text Beispiele für beide Bereiche heraus, schreibe sie in eine Tabelle und markiere den s-Laut. Finde jeweils fünf weitere Beispiele, die du ergänzend in die Tabelle einträgst.

3 Suche zu den folgenden Wörtern Wortverwandte, bei denen du einen stimmhaften s-Laut hörst.

Beispiel: das Los – Lose, losen, lösen, Lösung, Erlösung

- die Laus –
- sie hausten –
- er bremste –
- das Eis –

4 Bilde zu den folgenden Infinitiven jeweils die 1. Person Plural Präteritum. Achte dabei besonders auf die Schreibweise des s-Lautes.

niesen • verreisen • fräsen • brausen • speisen • blasen

Beispiel: niesen – sie niesten

5 Schreibe zu den folgenden Wörtern möglichst viele Wortverwandte auf.

groß • Muße • Floß • mäßig • Süße • fließen

Beispiel: groß – Größe, Größenwahn, Großgrundbesitzer, Größenverhältnisse, Mindestgröße

6 Übertrage die folgende Tabelle in dein Heft und schreibe die angegebenen Verbformen in die passenden Spalten. Ergänze die fehlenden Verbformen und erkläre die unterschiedliche Schreibweise der s-Laute.

fließen • er goss • sie misst • sprießen • es reißt • lassen

Infinitiv	3. Person Singular Präsens	3. Person Singular Präteritum
fließen	es fließt	es floss
...	...	...

7 Die Schreibweise einiger Wörter kann man nicht durch eine Regel erklären oder ableiten. Man muss sich die Schreibweise einprägen. Bilde mithilfe der folgenden Merkwörter jeweils einen Satz.

bereits • Hast • fest • bis • Bus • fast • meistens • Atlas • Zirkus • Kaktus

8 Merke dir, dass die Silbe **-nis** am Ende eines Nomens/Substantivs immer mit einfachem **s** geschrieben wird.
Bilde aus den folgenden Verben Nomen/Substantive, die mit dieser Silbe enden, und schreibe sie in dein Heft. Markiere die Endsilbe.

- kennen –Kennt**nis**
- erlauben –
- sparen –
- sich ereignen –
- ergeben –

9 Bilde zu den Nomen/Substantiven die Pluralformen. Was ändert sich bei der Schreibweise des s-Lautes?

10 In dem folgenden Buchstabenquadrat sind waagerecht und senkrecht mehr als 15 Wörter mit einem s-Laut versteckt. Darunter befinden sich auch einige Fremdwörter. Übertrage die Wörter in dein Heft und markiere die s-Laute.

D	E	L	I	K	A	T	E	S	S	E	P
G	T	Q	B	P	Ä	A	S	A	B	I	A
K	L	W	L	O	S	E	N	U	Z	S	S
M	O	O	S	S	Ü	Ü	D	S	G	B	T
G	L	A	S	Y	H	P	G	E	R	R	E
M	U	S	K	A	T	N	U	S	S	E	T
P	A	S	S	A	G	I	E	R	W	C	E
A	T	L	A	S	J	K	H	Z	Z	H	N
N	X	A	M	F	A	S	S	A	D	E	D
M	A	S	S	A	G	E	K	L	O	R	O
R	A	F	F	I	N	E	S	S	E	B	S
I	N	T	E	R	E	S	S	A	N	T	E

11 Diktiert euch gegenseitig die folgenden Diktate.

Gold gegen Geldscheine

Für Gold konnte man im Mittelalter fast jede Ware eintauschen, es wurde zum Tauschmittel und Wertmaßstab. Da größere Mengen Gold sich kaum transportieren ließen, baute man Schatzhäuser, in denen die Besitzer ihr Gold lagern konnten. Dafür bekamen sie ein Papier, auf dem der Wert des hinterlegten Goldes verzeichnet war. Das war das erste Papiergeld. Jeder, der diese Scheine besaß, konnte das Papier irgendwann in Gold zurücktauschen.

Mit dem Rad zu Fuß

Die ersten brauchbaren Fahrräder waren Laufräder. Sie hatten noch keine Pedale. Man musste sich abwechselnd mit dem rechten und linken Fuß vom Boden abstoßen. Das wirklich Neue an dieser Erfindung war das lenkbare Vorderrad. Obwohl man mit dieser Laufmaschine schon recht schnell vorankam, gab es an ihr noch eine Menge zu verbessern.

Tolle Tage

Extra für die Karnevalszeit werden in einigen Städten jedes Jahr ein Prinz und eine Prinzessin gewählt. Von einem prächtig geschmückten Wagen aus wirft das Paar den Zuschauern am Straßenrand Bonbons, Blumen und Konfetti zu. Außerdem wird in manchen Orten auch jedes Jahr ein Kinderprinzenpaar gewählt.

7. Lang ausgesprochene Vokale

Die folgenden Aufgaben und Übungen sollen dir Gelegenheit geben, das, was du in den letzten Schuljahren zur Schreibweise lang ausgesprochener Vokale gelernt hast, zu wiederholen und zu vertiefen. Auch hier sind die Wiederholungen und Übungen als Angebote, die dir zu einem sicheren Umgang mit diesem Rechtschreibbereich verhelfen sollen, zu verstehen. Ebenso denkbar ist ein gemeinsames Arbeiten in Gruppen.

Warum ist die Schule doof?

Die Mehrzahl aller Schülerinnen und Schüler antwortet auf die Frage, wie sie die Schule finden, einhellig und ohne lange zu überlegen, mit einem Wort: „Doof." Diese Charakterisierung scheint zur Schule ebenso zu gehören wie die grüne Tafel, die Kreide, das Einmaleins oder das Alphabet. Die „Doofheit" der Schule wird nur noch von der „Doofheit" der Hausaufgaben übertroffen. Es scheint so, als ob fast jeder lieber auf die eigene Schulzeit zurückblickt, als in ihr zu stecken. Später erinnern sich Erwachsene an einige Dinge recht gern und mit einem Schmunzeln. So hört man von Streichen oder lustigen Versprechern. Die Tatsache, dass man in der Schule auch etwas lernt, spielt offensichtlich eine weniger große Rolle. Dass Kinder die Schule häufig als „doof" empfinden, scheint fast so etwas wie ein Naturgesetz zu sein. Kinder betreten diese Institution morgens gegen acht und verlassen sie am späten Mittag nach vielen Stunden Unterricht, beseelt von dem Gedanken, dass sie endlich vorbei ist. Auf die Frage, was die Kinder an der Schule am meisten stört, antwortet die Mehrzahl, dass die Menge der Hausaufgaben zu groß sei. Darüber hinaus reagieren Kinder sehr empfindlich auf jede Form von Ungerechtigkeit in der Benotung und Behandlung durch ihre Lehrer. Aber: Ist die Schule denn wirklich so „doof"? Wenn man Kinder nach ihrer ersten spontanen Aussage weiter befragt, geben viele zu, dass sie eigentlich nicht so ungern zur Schule gehen. Auch ein Großteil der befragten Lehrer ist von ihrem Beruf überzeugt und würde ihn wieder wählen.
Viele Kinder haben erkannt, dass es wichtig ist, etwas zu lernen, da sie zunehmend spüren, welche große Bedeutung dem Wissen in unserer Gesellschaft zukommt. Wer viel weiß, wird auch im späteren Leben, also im Beruf, mit hoher Wahrscheinlichkeit erfolgreich sein.

1 Der Text enthält eine Reihe von Wörtern mit lang ausgesprochenem Vokal mit unterschiedlicher Schreibweise. Ordne diese Wörter zu Gruppen. Übernimm dazu die folgende Tabelle in dein Heft und vervollständige sie. Markiere die gedehnten Vokale. Finde jeweils fünf Beispiele, die du ergänzend in die Tabelle einträgst.

einfacher langer Vokal ohne Dehnungszeichen	h nach langem Vokal (Dehnungs-h)	verdoppelter Vokal	ie
Schule …	Mehrzahl …	doof …	viel …

Wörter mit lang ausgesprochenem Vokal ohne Dehnungszeichen

1 In Wörtern, die einer anderen Sprache entlehnt sind, schreibt man den lang ausgesprochenen i-Laut sehr häufig mit einfachem **i** im Wortstamm. Bilde mithilfe der folgenden Wörter sinnvolle Sätze und kennzeichne jeweils die Schreibweise des i-Lautes.

Devisen • Termin • Kino • Benzin • Turbine • Tarif • Krise • Bibel • Stativ • Violine • Friseur • Bibliothek • Mine • Spiritus • Stil • Maschine

2 Sortiere die folgenden Buchstabenfolgen der verwürfelten Wörter und schreibe sie anschließend in dein Heft.

TELIE
KIROSI
LETVIN
PITPATE
INIBIK
MUVIS

3 Schreibe die folgenden Wörter in dein Heft. Sortiere sie alphabetisch und finde jeweils ein passendes Reimwort, das ebenfalls kein Dehnungszeichen besitzt.

Tüte • geboren • stur • Tran • Nation • Spur • Schnur • Zone • hören • Ton • Qual

4 Die Wörter *wieder* und *wider* haben eine unterschiedliche Bedeutung: *wieder* (im Sinne von „noch einmal“ oder „zurück“, z. B. das Wiedersehen) und *wider* (im Sinne von „gegen“, z. B. widerspiegeln): Bilde mit beiden Bedeutungen jeweils zehn unterschiedliche zusammengesetzte Verben und Nomen/Substantive, die du anschließend in sinnvolle Sätze einbaust. Unterstreiche dabei *wieder* und *wider*. Nimm gegebenenfalls ein Wörterbuch zu Hilfe.

Der Buchstabe h als Dehnungszeichen

1 Der Buchstabe **h** dient bei vielen lang ausgesprochenen Vokalen als Dehnungszeichen. Finde zu den Wörtern mit lang gesprochenem Vokal jeweils ein passendes Reimwort, das ein **h** als Dehnungszeichen enthält. Markiere es farbig.

Beispiel: Krone – (dem) Sohne

Kran –
Flur –
spülen –
bequem –
Schwan –

2 Finde zehn weitere Beispiele für Wörter, die ein Dehnungs-h enthalten. Schreibe sie in dein Heft und kennzeichne jeweils das Dehnungs-h.

3 Vom Dehnungs-h kann man das **silbentrennende h**, das den Anfang einer Silbe bildet und gesprochen werden kann, unterscheiden. Bilde zu den folgenden Infinitiven jeweils die 3. Person Plural Präsens und die 3. Person Plural Präteritum. Übernimm dazu die Tabelle in dein Heft und trage deine Ergebnisse ein.

nähen • flehen • fliehen • ruhen • stehlen • mähen • wählen

Infinitiv	3. Person Plural Präsens	3. Person Plural Präteritum
nähen …	sie nähen …	sie nähten …

Wörter mit doppeltem Vokal

Die Vokalverdopplung ist ein weiteres Längenzeichen.

1 Finde zu den folgenden Wörtern mit doppeltem Vokal jeweils ein passendes Reimwort, das ebenfalls einen doppelten Vokal enthält, und bilde mit beiden Sätze. Diese können auch unsinnig oder witzig sein.

Tee • Aal • Meer • Idee • Fee • Speer • Haare • Tournee • Püree

Beispiel: Tee – Kaffee
Ben trinkt zum Kaffee auch manchmal gerne Tee.

2 Man muss zwischen **paar** (im Sinne von „einige") und **Paar** (im Sinne von „zwei, die zusammengehören") unterscheiden. Bilde mit beiden Bedeutungen jeweils fünf unterschiedliche sinnvolle Sätze. Unterstreiche dabei *paar* und *Paar*.

Beispiel:

- Das **Paar** aus Lettland erhielt beim Eiskunstlauf von den Punktrichtern die höchsten Wertungen.
- Auch ein **paar** Tropfen Altöl können schon zur Verschmutzung des Grundwassers beitragen.

Wörter mit ie

Die meisten Wörter mit lang ausgesprochenem i-Laut werden mit **ie** geschrieben.

1 In dem folgenden Buchstabenquadrat sind mehr als zwanzig Wörter versteckt, bei denen der lang ausgesprochene i-Laut mit **ie** geschrieben wird. Schreibe sie in dein Heft und achte dabei auf die Groß- und Kleinschreibung.

F	H	I	E	R	C	F	I	D	A	O	G	H	S	S
L	I	E	B	E	V	R	T	I	E	R	W	P	T	C
I	E	X	U	Q	B	I	D	E	W	P	I	H	H	H
E	B	K	P	S	N	E	H	L	S	K	E	A	J	M
G	Y	N	Ö	W	O	D	O	E	F	L	D	N	K	I
E	D	I	E	B	E	E	R	M	T	P	E	T	L	E
N	V	E	S	C	H	I	E	N	E	E	R	A	O	R
Q	F	R	I	E	R	E	N	K	Z	H	G	S	P	E
V	I	E	L	R	P	H	W	R	I	T	O	I	Ü	N
M	E	L	O	D	I	E	S	I	P	W	L	E	B	G
C	B	B	K	L	A	V	I	E	R	S	E	J	K	I
E	R	Z	I	E	H	E	N	C	U	Q	N	K	L	E
D	I	E	N	E	N	Ä	B	H	L	I	E	G	E	B
A	G	M	Z	T	Ü	Z	I	E	M	L	I	C	H	E
Z	I	E	R	D	E	S	W	N	V	I	E	R	B	L

2 Schreibe zu den folgenden Nomen/Substantiven jeweils das entsprechende Verb auf. Was fällt dir auf?

Kasse • Addition • Export • Telefon • Kontrolle • Spaziergang • Marsch • Rasur • Regierung • Ruine • Frisur • Import • Probe • Diskussion • Dirigent • Gummi • Studium • Buchstabe • Subtraktion • Diktat

Beispiel: Kasse – kassieren

3 Bilde zu den folgenden Infinitiven jeweils die 1. Person Singular Präteritum. Präge dir die Schreibweise der Verbformen ein, die immer einen lang ausgesprochenen i-Laut, der **ie** geschrieben wird, enthalten.

rufen • vermeiden • laufen • blasen • heißen • stoßen • preisen • schreiben • schlafen • fallen • treiben • schweigen • steigen

Beispiel: rufen – ich rief

Texte zum Üben

Hier kannst du allein arbeiten (du schreibst Teile des Textes in dein Heft) oder zu zweit (ihr diktiert euch den Text abwechselnd abschnittweise).

Die Entst■ung der Sch■le

Fr■er lernten die M■dchen von der Mutter und die Jungen vom V■ter. Es war s■r lange Zeit üblich, dass die Kinder das übern■men, was ihre Eltern t■ten. So wurde zum Beispiel der S■n des Schm■ds ebenfalls Schm■d. Die Tochter erlernte dag■gen von der Mutter die F■igkeiten und Kenntnisse, die sie für ihr sp■teres Leben ben■tigte: kochen, n■en, putzen, Kinder h■ten und ■nliches. Die Eltern g■ben das, was sie wussten und konnten, d■rekt an ihre Nachkommen weiter. So hatte jede Familie ihren Familienber■f. Die Frauen waren in der Landwirtschaft t■tig und kümmerten sich auch noch um den Haushalt und die Kinder. Zud■m bestimmte die Geb■rt den Platz innerhalb der Gesellschaft. Wurde man in eine bestimmte Schicht hineingeb■ren, bl■b man auch dort.

Die Kinder begannen schon in jungen J■ren mit der Mitarbeit bei den Eltern. Ihr Alltag untersch■d sich kaum von dem der Eltern, sie arbeiteten den ganzen T■g mit und gingen nicht zur Sch■le. Aus d■sem Grund spricht man heute häufig davon, dass es in fr■eren J■rhunderten keine echte Kindheit gegeben habe.

Die Fr■ge, warum die Bedeutung der Bildung erkannt wurde und die Ansprüche in diesem Bereich zun■mend anst■gen, ist nicht leicht zu beantworten.

Im Verlauf der Zeit änderte sich das Zusamml■ben der Menschen. Durch bedeutende Erfindungen wie den B■chdruck, den mechanischen W■bst■l oder die Eisenb■n entstanden zum Beispiel neue Ber■fe, aus kleinen Handwerksbetr■ben entwickelten sich Fabr■ken, und

Mädchenklasse (um 1923)

die Menschen zogen in gr■ße Städte, um dort zu arbeiten. Zud■m wurden B■cher m■r Menschen zugänglich und Bildung war nicht m■r nur allein ein Status, den der Adel für sich in Anspruch n■men konnte.

Immer m■r Menschen erkannten, dass es ungerecht ist, wenn Bildung nur bestimmten Menschen bzw. Schichten zukommt, die durch ihren Wissensvorsprung die anderen ausnutzen können. Sie verlangten m■r Bildung für alle. Obw■l dieser Kampf für eine Sch■le für alle schon vor v■len Hundert J■ren begann, wurden die ersten Sch■len als st■tliche Einrichtungen erst vor ungef■r 200 Jahren, zunächst in den gr■ßeren Städten und anschl■ßend auf dem Land, gegründet.

Vor ca. 100 J■ren wurde der Bes■ch der Sch■le mit der Einf■rung der Sch■lpflicht für alle verbindlich. Obw■l die Bildung gerade den unteren Bevölkerungsschichten nutzen sollte, w■rten sich diese gegen die Einf■rung der Sch■len, weil ihnen damit die Kinder als Arbeitskraft genommen wurden. Gemessen an der Schw■re der körperlichen Arbeit war die Sch■le für die Kinder ■ne Zweifel einfacher.

8. Nominalisierungen/ Substantivierungen

Im Deutschen können Verben, Adjektive und alle anderen Wortarten im Satz als Nomen/Substantiv verwendet werden. Sie werden nominalisiert bzw. substantiviert und müssen entsprechend großgeschrieben werden. Mithilfe der folgenden Übungen kannst du testen, wie sicher du im Umgang mit den Nominalisierungen/Substantivierungen bist.

1 In dem folgenden Text sind alle Wörter großgeschrieben, die Satzzeichen sind gesetzt. Finde die im Text enthaltenen Nominalisierungen/ Substantivierungen und schreibe sie heraus.

FASZINATION FEUER

DAS FEUER IST FÜR MENSCHEN ETWAS AUFREGENDES UND BESONDERES. SCHON FÜR KLEINE KINDER GEHT VON STREICHHÖLZERN EINE FASZINIERENDE WIRKUNG AUS UND AUCH ERWACHSENE KÖNNEN STUNDEN AN EINEM HOLZKOHLEGRILL ODER EINEM LAGERFEUER ZUBRINGEN UND DEM LODERN UND ZÜNGELN DER FLAMMEN ZUSEHEN. FÜR DIE ERSTEN MENSCHEN HATTE DAS FEUER NICHTS REIZVOLLES. SIE BEKAMEN ANGST, WENN EIN BLITZ IN EINEN BAUM EINSCHLUG UND DIESER IN DER FOLGE FEUER FING. FEUER WAR FÜR SIE ETWAS GEHEIMNISVOLLES, EINE GÖTTLICHE MACHT. SO WIRD IN DER GRIECHISCHEN MYTHOLOGIE PROMETHEUS VON DEN GÖTTERN DAFÜR BESTRAFT, DASS ER DIESEN DAS FEUER GERAUBT UND DEN MENSCHEN GEBRACHT HAT. DIE MENSCHEN LERNTEN ERST VERHÄLTNISMÄSSIG SPÄT, MIT DEM FEUER UMZUGEHEN. DASS SIE ES SICH ZUNUTZE GEMACHT HABEN, KANN ALS EINER DER GRÖSSTEN FORTSCHRITTE DER MENSCHHEIT ANGESEHEN WERDEN.

UNHEIMLICH BLEIBT DAS FEUER VIELEN MENSCHEN ABER DENNOCH. DAS LIEGT VOR ALLEM AN DER GROSSEN MACHT, DIE VON IHM AUSGEHT. DIESE WIRD

DEM MENSCHEN ANGESICHTS EINES AUSBRECHENDEN VULKANS BESONDERS DEUTLICH VOR AUGEN GFÜHRT. EIN GANZER BERG, DER FEUER SPEIT, IST ETWAS BESONDERS BEEINDRUCKENDES. BILDER, DIE VON EINEM FLUGZEUG AUS VON EINEM VULKANKRATER GEMACHT WERDEN, SIND SEHR IMPOSANT, WEIL MAN ANGESICHTS DER MENGE GLÜHENDER UND BRODELNDER LAVA DAS GEFÜHL HAT, IN DAS INNERE DER ERDE ZU BLICKEN.

NEBEN VIELEN MITTLERWEILE ERLOSCHENEN VULKANEN GIBT ES ABER IMMER NOCH EINE RECHT HOHE ANZAHL AKTIVER VULKANE, DIE VON VULKANOLOGEN, WISSENSCHAFTLERN, DIE SICH INTENSIV MIT DEN VULKANEN BESCHÄFTIGEN UND AUSEINANDERSETZEN, BEOBACHTET WERDEN. DURCH IHRE VORHERSAGEN KÖNNEN SICH MENSCHEN, DIE IN DER NÄHE EINES VULKANS LEBEN, RECHTZEITIG IN SICHERHEIT BRINGEN, WENN EIN AUSBRECHEN DROHT.

DOCH VULKANE GIBT ES NICHT NUR AUF DER ERDE, SONDERN AUCH TIEF UNTEN IM MEER. AUCH SIE STOSSEN LAVA UND SCHWARZE RAUCHWOLKEN AUS. DIES IST ANGESICHTS DER TATSACHE, DASS SIE VON WASSER UMGEBEN SIND, ETWAS BESONDERS ERSTAUNLICHES. DURCH DAS AUFTAUCHEN VON VULKANEN AUS DER TIEFE DES MEERES SIND EINIGE INSELN ENTSTANDEN. TROTZ DER VERSCHIEDENHEIT DER VULKANE VEREINT SIE DIE EIGENSCHAFT, DASS SIE ENTSTEHEN, WEIL HEISSE MASSE AUS DEM ERDINNEREN NACH OBEN DRÄNGT.

DIESE MASSE BEZEICHNET MAN ALS MAGMA. DER BEGRIFF STAMMT AUS DEM GRIECHISCHEN UND BEDEUTET ÜBERSETZT MASSE ODER BREI. DIE GEOLOGEN VERSTEHEN UNTER MAGMA DAS GESCHMOLZENE GESTEIN, DAS SICH IM ERDINNEREN BEFINDET. SOBALD DAS MAGMA AN DIE ERDOBERFLÄCHE DRINGT, HEISST ES LAVA. DIES IST EIN SCHWARZER, GLÜHENDER BREI, DER DURCH ABKÜHLEN STARR UND HART WIRD. LAVA KANN MAN AUF INSELN WIE LANZAROTE, ABER AUCH IM VULKANPARK IN DER EIFEL IN GROSSEN MENGEN BEGUTACHTEN.

2 Bestimme die ursprüngliche Wortart der in dem vorangegangenen Text enthaltenen Nominalisierungen/Substantivierungen.

3 Bilde mithilfe der folgenden Wörter je zwei Sätze, wobei du jedes Wort einmal in seiner ursprünglichen und einmal in seiner nominalisierten/substantivierten Form verwenden sollst.

glühen • kalt • stehen • besonders • schwimmen • dunkel • speziell • extrem • tauchen

Beispiel: glühen

Das Glühen des Rubins fiel dem Juwelier sofort ins Auge. – Die Kohlen glühen im Feuer des Grills.

4 Bilde je fünf Sätze mit nominalisierten/substantivierten Verben und Adjektiven. Verwende dabei unterschiedliche Begleiter.

5 Schreibe Abschnitte des folgenden Textes ab und setze die richtigen Buchstaben ein. Kennzeichne die Nominalisierungen/Substantivierungen sowie ihre Begleiter durch Unterstreichen.

Vulkane

Auch wenn durch einen Vulkan eine ■irekte Verbindung von der Erdoberfläche in das ■nnere der Erde gegeben ist, ist ein ■indringen durch den Krater in das Erdinnere nicht möglich. Vulkane sind ■assive Berge, die im ■esentlichen aus ■rkalteter, ■teinharter Lava bestehen. In einem ■ktiven Vulkan gibt es natürlich noch Magma, die aber in den Kammern und Gängen des Vulkans verborgen ist. Um in das Innere des Vulkans einzudringen, müsste man sich einen Weg durch das ■arte Gestein bahnen und würde dann auf die Erdkruste stoßen, die die Erde schützend umgibt, so wie die Schale ein Ei. Auf den Kontinenten ist diese Erdkruste 30 bis 50 Kilometer dick, im Ozean ist sie jedoch wesentlich dünner, nur ca. 7 Kilometer. Die Erdkruste ist ■rauschwarz und besteht genauso wie die Alpen aus Granit und einem Material namens Gneis. In der Kruste existieren viele verschiedene Steine, die für Mineralogen von Bedeutung sind. Diese Steine bieten aber auch für Ingenieure ■nteressantes und ■ufschlussreiches, da in ihnen auch Eisenerz, Kupfer oder Zink enthalten sein können.

Je tiefer die Erdkruste reicht, umso wärmer wird es. An ihrem unteren Ende sind Temperaturen von 400 bis 900 Grad erreichbar. Die nächste Schicht, die auf die Erdkruste nach ■nnen folgt, ist der Erdmantel. In ihm ist ein ■eicherer Stoff vorherrschend, das sogenannte Olivin. Auch im Erdmantel herrscht eine große Hitze von über 1400 Grad Celsius. Mit der nächsten Erdschale, dem äußeren Kern, nimmt die Hitze enorm zu, Temperaturen von bis zu 5000 Grad sind dort etwas ■ormales. Diese Zone besteht aus ■lüssigem Metall. Einige Tausend Kilometer weiter unten findet man schließlich das Zentrum der Erdkugel, den inneren Kern. Auch er besteht im ■esentlichen aus Eisen und Nickel wie der äußere Kern, doch ist die Masse hier nicht mehr ■lüssig, sondern sehr ■est, weil sich dort in den letzten über 4 Milliarden Jahren des ■estehens der Erde die schwersten Teile zusammengefügt haben.

REGEL

Nominalisierungen/Substantivierungen

Wenn Wörter wie Verben oder Adjektive in einem Satz als Nomen/Substantiv verwendet werden, müssen sie großgeschrieben werden. Sie werden nominalisiert/substantiviert; aus diesem Grund bezeichnet man sie auch als **Nominalisierungen** bzw. **Substantivierungen**.

Vor Verben, Adjektiven oder anderen Wortarten wie Partizipien (z. B.: das Verspielte), die als Nomen/Substantiv verwendet werden, steht häufig ein Begleiter: ein Artikel (**das B**esondere), eine Präposition mit eingeschlossenem Artikel (**im S**peziellen) oder eine Mengenangabe wie *alles, nichts, viel, wenig, manches* (**nichts G**utes). Fehlt der Begleiter, kann man ihn oft einsetzen.

9. Zusammen- und Getrenntschreibung

Diesen schwierigen Bereich der Rechtschreibung lernst du zunächst anhand einfacher und übersichtlicher Satzbeispiele kennen. Am Schluss findest du Übungsmaterial, mit dem du testen kannst, ob du in diesem Bereich sicherer geworden bist. Ganz wichtig ist, dass du dir nicht alles auf einmal vornimmst, sondern die Unterkapitel in bestimmten Zeitabständen übst.

REGEL

Bei der **Zusammen- und Getrenntschreibung** musst du unterscheiden, ob es sich bei einem Ausdruck um eine **Wortgruppe**, die getrennt geschrieben wird, oder um eine **Zusammensetzung** handelt.

Wortgruppe:	Du kannst mich **zu jeder Zeit** anrufen.
Zusammensetzung:	Du kannst mich **jederzeit** anrufen.

Oft kannst du bereits aus dem Satzzusammenhang und dem Lesefluss erkennen, ob es sich um eine Wortgruppe handelt oder um eine Zusammensetzung.

Ein wichtiger erster Tipp: Bei Zusammensetzungen liegt häufig die Betonung auf dem ersten Wortbestandteil. Bei einer Wortgruppe können alle Bestandteile betont sein.

Auf die Betonung und die Bedeutung kommt es an

1 Entscheide aus dem Satzzusammenhang heraus, wo es sich bei den folgenden Sätzen jeweils um eine Wortgruppe und wo es sich um eine Zusammensetzung handelt. Achte dabei auf die Betonung der Bestandteile. Du kannst nämlich „heraushören", ob es sich um eine Wortgruppe oder um eine Zusammensetzung handelt. Schreibe die Satzpaare in der richtigen Weise auf.

- Ich möchte dich unbedingt WIEDERSEHEN. Nach der Operation konnte er schnell WIEDERSEHEN.
- Der Schnee lag METERHOCH auf dem Dach. Der Schnee lag bestimmt EINENMETERHOCH auf dem Dach.
- Der Staub lag EINENFINGERDICK auf dem Regal. Er strich die Butter FINGERDICK aufs Brot.
- Nach der Fahrt möchte ich mich erst einmal RICHTIGAUSRUHEN. Das solltest du unbedingt RICHTIGSTELLEN, damit kein falscher Eindruck entsteht.

- Der Redner trat sehr SELBSTBEWUSST auf. Den Joghurt habe ich SELBSTHERGESTELLT.
- Der Schüler hat bei dem Referat FREIGESPROCHEN. Die Richterin hat den Angeklagten FREIGESPROCHEN.
- Bei NASSKALTEM Wetter sollte man lieber im Haus bleiben. Ist es draußen NASSUNDKALT, geht keiner gern aus dem Haus.
- Über den Witz hätte er sich KRANKLACHEN können. Du darfst nicht KRANKFAHREN, erhole dich lieber erst noch ein paar Tage.
- Wenn du so GROSSSCHREIBST, passt kaum etwas auf die Seite. Nominalisierte Adjektive musst du GROSSSCHREIBEN.
- Wir müssen uns wieder ZUSAMMENRAUFEN, um erfolgreich zu sein. Müsst ihr immer ZUSAMMENRAUFEN, könnt ihr nicht einmal ZUSAMMENSPIELEN?
- Kurz vor dem Ziel ist der Marathonläufer SCHWERGESTÜRZT. Die Deutscharbeit ist ihr nicht SCHWERGEFALLEN.
- Maja jubelt: „Die Arbeit ist mir SUPERGELUNGEN!“ Vincenz bemerkt: „Du bist ja auch SUPERSCHLAU!“
- Vor der letzten Mathearbeit haben Anne und Paul ZUSAMMENGELERNT. Am Detmolder Tor sind zwei Autos ZUSAMMENGESTOSSEN.
- VONANGSTERFÜLLT stand er allein im dunklen Tunnel. Sie rief ANGSTERFÜLLT die Polizei an.
- Er ist noch einmal DAVONGEKOMMEN. Die Erkältung ist DAVONGEKOMMEN, dass ich mir nicht die Haare geföhnt habe.
- Hast du das BEWUSSTGEMACHT oder ist es dir einfach so passiert? Ihr solltet euch BEWUSSTMACHEN, welche Konsequenzen euer Verhalten nach sich ziehen kann.

2 Verben können mit ursprünglichen Präpositionen und Adverbien und anderen Wörtern Zusammensetzungen bilden. Auch in diesem Fall liegt die Betonung meistens auf dem ersten Wortbestandteil. Bilde aus den Wörtern in der linken Spalte mit den Verben der rechten Spalte Zusammensetzungen. Formuliere mit den zehn Zusammensetzungen jeweils einen Satz. Achte darauf, dass der erste Bestandteil jeweils betont ist. Tauscht eure Beispielsätze aus und kontrolliert sie gegenseitig.

Präpositionen, Adverb, ...	**Verb**
abhanden-, abwärts-, an-, auf-, auseinander-, davon-, dazu-, dazwischen-, empor-, entzwei-, fort-, heraus-, herein-, hinaus-, hindurch-, hinein-, hinterher-, hinüber-, nebenher-, rückwärts-, überhand-, umher-, voraus-, vorlieb-, weiter-, wieder-, zurück-, zusammen-, zurecht-, zuvor-	kommen, gehen, fahren, reisen, legen, stehen, schlagen, laufen, werfen, nehmen, rennen, eilen, holen

3 Die entstandenen Ausdrücke können jedoch auch als Wortgruppe im Satzzusammenhang erscheinen. Welche Satzpaare aus Aufgabe 1 machen dies deutlich? Worauf liegt in diesem Fall die Betonung?

4 Was geschieht mit den Zusammensetzungen, wenn sie an den Satzanfang rücken? Schau dir die folgenden Satzpaare an und versuche, eine Regel zu formulieren.

- Ärgerlich ist es, wenn ein Täuschungsversuch auffällt.
  Auf fällt, dass er trotzdem noch eine so gute Note erhalten hat.
- Bei meinem letzten Urlaub ist mein Gepäck abhandengekommen.
  Abhanden kommt Gepäck am Flughafen manchmal dann, wenn es bei Zwischenlandungen umgeladen werden muss.

5 Stelle einige Sätze, die du in Aufgabe 2 formuliert hast, so um, dass die Zusammensetzung an den Anfang des Satzes rückt und somit zu einer Wortgruppe wird.

Vieles ist geregelt

Die Betonungsregel ist nur ein erster Tipp, der dir leider nicht in allen Fällen hilft. Es gibt jedoch einige einfache Regeln zur Getrennt- und Zusammenschreibung, die du dir leicht merken kannst.

Verbindungen aus einem Nomen/Substantiv und einem Verb

REGEL

Verbindungen aus einem **Nomen/Substantiv** und einem **Verb** werden in der Regel getrennt geschrieben.

Beispiel: Pauline möchte gerne **Fahrrad fahren**.

1 Bilde aus den folgenden Nomen/Substantiven und Verben sinnvolle Wortgruppen und schreibe sie auf.

Nomen/Substantiv	Verb
Rad, Auto, Hunger, Angst, Ski, Traktor, Feuer, Schuld, Not, Bus, Schlitten, Schlittschuh, Spaghetti, Pizza, Motorrad	fahren, laufen, fangen, essen, haben, leiden, backen, schlucken

2 Schreibe die folgenden Sätze in dein Heft und trage passende Wortgruppen aus Aufgabe 1 ein.

- Wenn du _____ _____ willst, solltest du unbedingt einen Helm tragen.
- Im nächsten Winterurlaub werde ich nicht nur _____ _____, sondern auch eine Eishöhle besichtigen.
- Wenn du _____ _____, anstatt das Auto zu benutzen, schützt du die Umwelt.
- Ich helfe dir, wenn du _____ _____.
- Willst du eine _____ _____, rufe „Pizza-Toni“ an.

3 Wie wird geschrieben, wenn die Verbindung aus einem Nomen und einem Verb zu einem Nomen, also nominalisiert wird? Schau dir die folgenden Sätze an und formuliere eine einfache Regel.

- Das Autofahren bekommt Anna gar nicht.
- Am Wochenende treffen sich Leonas und Ella zum Skilaufen.

REGEL

In einigen Fällen bilden ein **ursprüngliches Nomen/Substantiv und ein Verb eine Zusammensetzung**, weil das Nomen/Substantiv nicht als eigenständiges Wort angesehen wird.

Beispiele: kopfstehen – Ich stehe kopf.
leidtun – Es tut mir leid.

Vor das ursprüngliche Nomen/Substantiv kannst du in diesem Fall nicht das Wort **kein** setzen.

Wichtige Zusammensetzungen dieser Art sind: eislaufen, kopfstehen, leidtun, nottun, standhalten, stattfinden, stattgeben, teilhaben, teilnehmen.

In wenigen Fällen bleibt es dir überlassen, getrennt zu schreiben oder zusammenzuschreiben:
achtgeben/Acht geben
haltmachen/Halt machen
maßhalten/Maß halten
brustschwimmen/Brust schwimmen
marathonlaufen/Marathon laufen

4 Bilde zu den Zusammensetzungen in dem Regelkasten jeweils einen kurzen Satz wie in dem folgenden Beispiel.
Beispiel: leidtun – Es tut ihm leid.

REGEL

Wenn eine **Wortgruppe aus einem Nomen/Substantiv und einem Verb wie ein Adjektiv** gebraucht wird und z. B. als Attribut ein Nomen/Substantiv näher bestimmt, kannst du entscheiden, ob du getrennt schreibst oder zusammenschreibst.

Beispiel: Viele Schülerinnen und Schüler **fahren Fahrrad**.
Es sind **Fahrrad fahrende** Schülerinnen und Schüler.
Oder:
Es sind **fahrradfahrende** Schülerinnen und Schüler.

5 Formuliere wie in dem Regelkasten zu den folgenden Aussagen Sätze, in denen das Nomen/Substantiv näher erklärt wird.

- Einige Schülerinnen und Schüler wollten am Wandertag Ski laufen.
- In vielen Ländern leiden Menschen Not.
- Zahlreiche Umweltgifte können Krebs erzeugen.
- Im Zirkus treten manchmal Artisten auf, die Feuer schlucken.
- Viele Berufstätige fahren mit dem Auto zur Arbeit.

Verbindungen mit dem Hilfsverb *sein*

REGEL

Verbindungen mit dem Hilfsverb *sein* stellen eine Wortgruppe dar und werden immer getrennt geschrieben. Das gilt auch für Verbindungen mit dem Partizip I oder II des Hilfsverbs *sein*.

Beispiele: Gegen 17:00 Uhr werde ich mit der Arbeit **fertig sein**.
Jule ist bereits um 14:00 Uhr **fertig gewesen**.

1 Übertrage das folgende Gedicht in der richtigen Form in dein Heft.

WENNDUFORTBIST

WENNDUFORTBIST,
ISTNICHTSWIEESIST.
WENNDUFORTBIST,
ISTALLESNICHTS.

SEITDUWIEDERDABIST,
SEITDUWIEDERHIERBIST,
SEITDUNICHTMEHRFORTBIST,
SEITDUZURÜCKBIST,

ISTNICHTS,
WIEESWAR.
ISTALLES!

Verbindungen aus zwei Verben

REGEL

Verbindungen aus zwei Verben werden in der Regel **getrennt geschrieben**.

Beispiele: laufen lernen, schwimmen gehen, lesen üben
Sollen wir **schwimmen gehen**?

Die Getrenntschreibung bleibt auch bestehen, wenn sich die Form der Verben ändert.

Beispiel: Wir sind **schwimmen gegangen**.
Pauline entschloss sich dazu, **schwimmen zu gehen**.

1 Bilde aus den Verben der beiden Spalten sinnvolle Wortgruppen und formuliere damit jeweils einen Satz.

spielen, spazieren, schreiben, laufen, singen, sprechen, tanzen	gehen, üben, lernen, wollen, können, dürfen

REGEL

Verbindungen mit den Verben **lassen** und **bleiben** können auch zusammengeschrieben werden, wenn sich aus den beiden Wörtern eine neue Bedeutung ergibt.

Beispiel: Er ist auf der Bank **sitzen geblieben**.
Er ist im achten Schuljahr **sitzengeblieben/sitzen geblieben**.

Die Verbindung **kennenlernen/kennen lernen** kannst du zusammenschreiben oder getrennt schreiben.

2 Entscheide, in welchen Fällen die beiden Verben ihre ursprüngliche Bedeutung behalten haben und du somit getrennt schreiben musst und wo du wegen einer neuen, übertragenen Bedeutung auch zusammenschreiben kannst.

- Pauline würde morgens lieber noch im Bett LIEGENBLEIBEN.
  Die Arbeit ist mehrere Wochen LIEGENGEBLIEBEN.
- Du kannst mich doch nicht wie einen Gegenstand einfach STEHENLASSEN!
  Seine Tasche hat er an der Bushaltestelle STEHENGELASSEN.
- Viele bekannte Männer und Frauen sind einmal in der Schule SITZENGEBLIEBEN.
  Möchtest du noch etwas SITZENBLEIBEN oder sollen wir schon gehen?
- Im Stadtpark darf man Hunde nicht einfach LAUFENLASSEN.
  Wenn die Organisation perfekt ist, können wir alles einfach so LAUFENLASSEN.

Verbindungen aus einem vorangestellten Adjektiv und einem Verb

REGEL

1. Oft kannst du mithilfe der Betonungsprobe und aus dem Satzzusammenhang erschließen, ob ein Adjektiv und ein Verb, die nebeneinanderstehen, eine Wortgruppe oder eine Zusammensetzung bilden. Bei einer Wortgruppe liegt auch hier die Betonung auf allen Bestandteilen.

   Beispiele: Im Restaurant haben wir **himmlisch gespeist**.
   Das Auto ist **langsam gefahren**.

2. Zusammengeschrieben wird, wenn Adjektiv und Verb eine neue, übertragene Bedeutung ergeben.

   Beispiele: Der Auszubildende ließ sich zum wiederholten Mal **krankschreiben**.
   Aber:
   Du sollst niemals **krank arbeiten**.

   Das ist mir **schwergefallen** (hat Mühe bereitet).
   Aber:
   Er ist **schwer** (heftig) **gefallen**.

3. In einigen Fällen, in denen nur schwer zu entscheiden ist, ob es sich um eine Wortgruppe oder um eine Zusammensetzung handelt, kannst du getrennt schreiben oder zusammenschreiben. Die Betonungsprobe legt es oft nahe, zusammenzuschreiben.

   Beispiele: blankputzen/blank putzen, kaputtmachen/kaputt machen, glattschleifen/glatt schleifen, kleinschneiden/klein schneiden

1 Übertrage die folgenden Sätze in der richtigen Form in dein Heft.

- Über den Witz hätte er sich KAPUTT-LACHEN können.
- Ihr ist es nicht SCHWERGEFALLEN, die Prüfung zu bestehen.
- Unmittelbar nach seinem Tod wurde vorgeschlagen, den verstorbenen Papst HEILIGZUSPRECHEN.
- Wenn du Bratkartoffeln machst, musst du sie zunächst KLEINSCHNEIDEN.
- Er war stolz darauf, sein Fahrrad BLANK-GEPUTZT zu haben.
- Wer SCHNELLFÄHRT, kommt nicht immer als Erster ans Ziel.

Verbindungen mit einem Adjektiv oder Partizip als zweitem Bestandteil

REGEL

1. **Verbindungen mit einem Adjektiv oder Partizip** werden zusammengeschrieben, wenn diese Verbindung auch durch eine Wortgruppe umschrieben werden kann.

   Beispiele: butterweich – weich wie Butter
   jahrelang – einige Jahre lang
   milieubedingt – durch das Milieu bedingt

2. **Gleichrangige Adjektive**, die verbunden werden, werden ebenfalls zusammengeschrieben.

   Beispiele: blaugrau, feuchtwarm, taubstumm

3. **Verstärkt** der erste Teil die Bedeutung des Adjektivs oder **schwächt** er sie **ab**, wird ebenfalls zusammengeschrieben.

   Beispiele: bitterkalt, extrasüß, lauwarm, stockdunkel, uralt, superklug

4. Verbindungen aus einem Adjektiv (oder Adverb) mit einem Partizip, die als **Attribut** ein Nomen/Substantiv näher bestimmen, können in einigen Fällen sowohl als Wortgruppe als auch als Zusammensetzung angesehen werden. Entweder werden beide Bestandteile betont oder nur einer.

   Beispiele: ein klein geschnittenes/kleingeschnittenes Radieschen
   ein allein erziehender/alleinerziehender Vater
   ein selbst gebackener/selbstgebackener Kuchen
   ein schwer verständlicher/schwerverständlicher Vortrag

5. Ist der erste Bestandteil jedoch **gesteigert** oder **erweitert**, muss in alle Fällen getrennt geschrieben werden.

   Beispiele: ein äußerst klein geschnittenes Radieschen
   ein (noch) schwerer verständlicher Vortrag

6. Verbindungen des Wortes **nicht** mit Adjektiven können getrennt geschrieben oder zusammengeschrieben werden.

   Beispiele: behinderte und nicht behinderte/nichtbehinderte Schülerinnen und Schüler

1 Welche Regel aus dem Kasten oben hilft dir bei der Schreibweise folgender großgeschriebener Wörter? Übertrage die Sätze in dein Heft und schreibe jeweils die Ziffer dahinter.

- Die Party war SUPERLANGWEILIG und deshalb trafen sich die meisten Jugendlichen danach noch in einem URALTEN Lokschuppen. (?)

- Zur Abschlussfeier wollte er natürlich ein FRISCHGEBÜGELTES Hemd tragen. (?)
- Wegen der vielen niveaulosen Shows am Nachmittag sind viele Zuschauer FERNSEHMÜDE. (?)
- Leguane bevorzugen eine FEUCHT-WARME Umgebung. (?)
- Die Wärmeplatte besteht aus HITZE-BESTÄNDIGEM Material. (?)
- Die CD, die mir Jule zum Geburtstag geschenkt hat, ist BRANDAKTUELL. (?)
- ALLEINERZIEHENDE Elternteile haben es in unserer Gesellschaft nicht leicht. (?)
- Unser Deutschlehrer verfügt über eine LEICHTVERSTÄNDLICHE Ausdrucksweise. (?)
- Die Erklärungen unseres Mathelehrers sind manchmal sehr SCHWERVERSTÄNDLICH. (?)
- Die Brosche besitzt ein FEINGESCHLIFFENES Ornament. (?)

Übungen – Wissenswertes und Kurioses aus der Natur

1 Übertrage die folgenden Texte in der richtigen Form in dein Heft. Als erste Orientierungshilfe kannst du immer mit der Betonungsprobe arbeiten. Schau dir aber auch noch einmal die Regeln genau an.

Verstehen Papageien, was sie sagen?

Graupapageien sind die sprachbegabtesten Tiere überhaupt. Jedoch ist man allgemein der Meinung, dass sie nur einfach so DAHERPLAPPERN oder Kommandos AUSFÜHREN. Neue Forschungen zeigen aber, dass man Papageien auch DAZUBRINGENKANN, Gegenstände RICHTIG-ZUBENENNEN. Wenn das so stimmt, dann kann ein Papagei also doch eine geistige Verbindung zwischen einem Ding und einem Wort HER-STELLEN; er „weiß", was er sagt. Auf jeden Fall ist das Sprachgedächtnis von Papageien VERBLÜFFENDGENUG. Sie können bis zu 300 Wörter in ihren Sprachschatz AUFNEHMEN und auf Geheiß wiedergeben.

Was hat ein Holzfeuer mit Sonnenenergie zu tun?

Energie geht niemals verloren; sie kann aber ihre Form und ihre „Verpackung" ändern und sie kann gespeichert werden. Pflanzen brauchen Licht, um WACHSENZUKÖNNEN. Sie verwandeln Sonnenenergie und speichern sie. Als Nahrungsquelle sind sie dann eine Energiequelle für die Menschen und Tiere, die diese Pflanzen verzehren – und die DARINSTECKENDE Energie WIEDERVERWANDELN, zum Beispiel in Muskelkraft. Aber auch wenn wir einen Holzstoß entzünden, wird beim Verbrennen Energie FREIGESETZT, die zunächst einmal von der Sonne stammt.
So gesehen sind auch Kohle, Erdöl und Erdgas gespeicherte Sonnenenergie. All diese ENER-GIEGELADENEN Brennstoffe bestehen aus

den Überresten von Tieren und Pflanzen, die vor URLANGER Zeit gelebt haben und sich durch den ÜBERMÄSSIGEN Druck und die Hitze im ERDINNERN in eben diese Brennstoffe verwandelt haben.

LEBENSLANGE Tiergemeinschaft

Im Tierreich ist es eher die Ausnahme, dass Männchen und Weibchen EINLEBENLANGZUSAMMENBLEIBEN. Häufig kommt es vor, dass die Tiere bereits nach der ersten Paarung WIEDERAUSEINANDERGEHEN.
Treue Ehepaare gibt es zum Beispiel bei den Pinguinen. Bei den Kaiserpinguinen ist es sogar so, dass die Männchen MONATELANG auf das Ei AUFPASSEN und dabei an einem Ort STEHENBLEIBEN, während die Weibchen FORTSIND und nach Nahrung AUSSCHAUHALTEN. Erst kurz nach dem Schlüpfen der Jungen kehren die Weibchen zurück und ernähren nun ihr Junges mit FRISCHHERAUSGEWÜRGTEM Futter. Nun dürfen die abgemagerten Väter mit letzter Kraft zum Meer watscheln, um SCHWIMMENZUGEHEN und dabei für ihr leibliches Wohl zu sorgen. Wenn sie danach ihr LIEBGEWONNENES Weibchen WIEDERTREFFEN, geht das Ganze VONVORNELOS. Beim ZURÜCKKOMMEN erkennen sie nämlich ihren „Lebenspartner" problemlos wieder.

Sind Fledermausvampire Vorbilder für Dracula?

Die Sage von BLUTSAUGENDEN, fledermausartigen Gestalten gab es in Europa bereits ZUEINERZEIT, als Amerika noch nicht entdeckt war und man von dortigen „echten" Vampiren, den Fledermäusen, noch nichts wissen konnte.

Erkennen sich Tiere im Spiegel?

Bei Schimpansen und Gorillas haben Forscher folgenden ERKENNTNISGEWINNENDEN Versuch gemacht: Man hat schlafenden Tieren einen weißen Fleck auf die Stirn gemalt. Später ließ man die Affen in einen Spiegel blicken. Schimpansen und Gorillas, auch NICHTTRAINIERTE Tiere, griffen sich verwundert an den Kopf. Man kann DARAUSSCHLIESSEN: Die Tiere wussten, dass sie selbst es waren, die sie da im Spiegel sahen. Sie haben also im Gegensatz zu anderen Tieren ein Bewusstsein von sich selbst. Sie wissen, dass es sie gibt. Hunde hingegen wissen mit ihrem Spiegelbild überhaupt nichts ANZUFANGEN. Sie müssen ihre Artgenossen schon BESCHNÜFFELNKÖNNEN. Viele Forscher halten Delfine und Wale für jene Tiere, deren geistige Fähigkeiten der menschlichen Intelligenz am nächsten kommen. Allerdings ist es weitaus schwieriger, mit Delfinen zu „sprechen" als mit den uns verwandtschaftlich VIELNÄHERSTEHENDEN Menschenaffen.

10. Das Komma

Die Zeichensetzung, vor allem die Kommasetzung, bereitet vielen Schülern immer wieder Probleme. Ohne Punkt, Komma oder Fragezeichen jedoch könnten wir den Sinn von Sätzen häufig kaum verstehen. Um Kommas korrekt zu setzen, benötigen wir neben dem Sprachgefühl grammatisches Wissen. Im Folgenden könnt ihr die wichtigsten Regeln der Kommasetzung wiederholen und einüben.

Zeichensetzung hilft, Texte zu verstehen

Manfred Sestendrup (geb. 1952)

das komma
(reminiszenz an 1978)

beim schreiben
wie in der liebe
    hat paul brillant erkannt
ist die Wirkung kleinster Zeichen
bisweilen fulminant[1]

so wird der satz
    er will sie nicht
verändert wenn man ihn dann spricht
mit komma und in neuer sicht
heißt es nun schlicht
    er will, sie nicht

[1] **fulminant:** erheblich

1 Lies das Gedicht. Wie verändert die Kommasetzung die Bedeutung des Satzes „er will sie nicht“?

2 Übertrage die folgenden Sätze in dein Heft und überlege, an welchen Stellen Kommas gesetzt werden können. Wie verändert sich der Sinn des jeweiligen Satzes?

- Jan versprach seiner Freundin bald zu schreiben.
- Laura hofft zusammen mit den anderen Kindern einen Ausflug machen zu können.
- Die Klasse fasste den Entschluss im Jahr 2013 am Schüleraustausch teilzunehmen.
- Es gelang dem Kommissar nicht über den aktuellen Fall zu plaudern.
- Ich riet ihm die Wahrheit zu sagen.
- Die Frau bat mich sofort anzurufen.

3 Die folgenden Sätze sind Beispielsätze für fünf Grundregeln der Kommasetzung. Versuche, die Regeln abzuleiten.

- Ich mag Eis, Schokolade, Zuckerwatte und Kekse.
- Julian, kannst du mir bitte helfen?
- Unser Urlaub war so schön, weil wir viel erleben konnten.
- Felix kann italienisch sprechen, und zwar fließend.
- Ich freue mich darauf, euch in zwei Wochen wiederzusehen.

Das Komma bei Aufzählungen

REGEL

Das Komma steht zwischen **gleichrangigen Wörtern, Wortgruppen** oder **Nebensätzen**, wenn sie nicht durch *und* bzw. *oder* miteinander verbunden sind.

Beispiele: Ich mag Hunde, Katzen, Kaninchen und Igel.
Ich habe vorgeschlagen, dass Noah den Rasen mäht, dass du einkaufst und dass ich das Mittagessen koche.

Als **„gleichrangig"** bezeichnet man Wortgruppen, Nebensätze oder Wörter, zwischen die man häufig ein *und* setzen kann.

Beispiel: Der kalte, triste Winter dauert viel zu lang.
Der kalte und triste Winter dauert viel zu lang.

1 Schreibe die folgenden Sätze in dein Heft und setze die fehlenden Kommas ein.

- Caesar kam sah und siegte.
- Sie liest gerne Bücher von Tolkien Rowling Steinhöfel und Kästner.
- Sie kaufen vier Äpfel ein Päckchen Butter drei Eier zwei Bananen drei Flaschen Milch und einen Kasten Wasser.
- Der Hausmeister ärgert sich über den Müll die Schmierereien und die eingeworfene Fensterscheibe.
- Ob stürmisch oder windstill warm oder kalt bei Regen oder Sonne – wir genießen immer unseren Urlaub am Meer.
- Obwohl Felix im letzten Jahr bereits in München war obwohl Jana dort arbeitet und obwohl wir diese Stadt schon immer besuchen wollten konnten wir bis heute keinen gemeinsamen Ausflug organisieren.
- Vor einer Klassenarbeit sollte man üben üben und nochmals üben.
- Sie verreist immer mit der Bahn weil sie keine Staus mag entspannt reisen will und die Umwelt schonen möchte.
- Mit den Buchstaben a b c beginnt das Alphabet.
- Punkt Punkt Komma Strich – fertig ist das Mondgesicht!

2 Untersuche, ob es sich bei den Beispielen aus Aufgabe 1 um einzelne Wörter, Wortgruppen oder Nebensätze handelt, die aufgezählt und daher mit Komma abgetrennt werden. Kennzeichne die Sätze mit W (Wörter), WG (Wortgruppen) oder N (Nebensätze).

3 Sieh dir die folgenden Sätze genau an und versuche zu erklären, warum Kommas gesetzt werden und warum nicht.

- Mila und Hakan freuen sich über die gelungene gemeinsame Leistung.
  Die gelungene, sehr gut aufgenommene Theaterinszenierung wird in den kommenden Wochen noch mehrere Male zu sehen sein.
- Noch heute glauben einige Menschen an kleine grüne Marsmenschen.
  Junge, grüne Bananen sind noch nicht reif und schmecken nicht so gut wie gelbe.
- Auf der Karte des Eiscafés stehen die Preise für kleine, große, gemischte und doppelte Eisportionen.
  Im Sommer essen wir gerne ein großes gemischtes Eis.
- Das neue, anwenderfreundliche Programm schützt Ihren Computer vor unerwünschten Viren.
  Die neue deutsche Rechtschreibung ist nicht ohne Tücken.

REGEL

Wenn von zwei Adjektiven das zweite mit dem darauf folgenden Nomen/Substantiv eine **begriffliche Einheit** bildet, werden diese Adjektive nicht durch Komma getrennt. Es ist **nicht** möglich, die beiden Wörter mit einem *und* zu verknüpfen, da sich das erste Adjektiv als **Attribut** auf den folgenden Gesamtausdruck bezieht:

Beispiel:

Ich trage meine neuen [blauen Jeans].

Ich trage meine neuen, modernen [Jeans].

4 Entscheide, ob ein Komma zwischen die unterstrichenen Adjektive gesetzt werden muss.

Jagd auf das Riesenkaninchen

Aufgeregte englische Schrebergärtner in der Grafschaft Northumberland haben die Jagd auf ein angebliches Furcht einflößendes „Kaninchenmonster" eröffnet, das die berühmten üppigen Gemüsegärten der Gegend leer zu räumen droht. In der kleinen ländlichen Gemeinde Felton bei Newcastle wurden zwei Jäger angestellt, die das seltene kaum gesehene Nagetier mit „diabolisch geformten Ohren" und unersättlichem Appetit zur Strecke bringen sollen. Wie die „Times" am Freitag berichtete, räubert das schwarzbraune große Kaninchen nachts hemmungslos und in großen Mengen Lauch, Karotten, Steckrüben und Kohlköpfe aus den Gärten. Das geheimnisvolle gefräßige Kaninchen soll so groß wie ein Hund sein, nach anderen abweichenden Angaben sogar so groß wie ein Reh.

Das Komma in Satzreihen

REGEL

Die **Hauptsätze** einer **Satzreihe** werden wie Aufzählungen häufig durch Kommas getrennt, vor *und* bzw. *oder* steht jedoch **in der Regel** kein Komma. Um die Gliederung des gesamten Satzes jedoch deutlich zu machen und/oder Missverständnisse zu vermeiden, kann man auch hier als **Lesehilfe** zwischen den grammatisch vollständigen Hauptsätzen ein Komma setzen.

Beispiel: Nele fotografierte die Sehenswürdigkeiten(,) und ihre Freundin ging ins Freibad.

1 In drei der folgenden Satzreihen kann ein Komma Missverständnisse vermeiden oder die Satzstrukturen verdeutlichen. Schreibe die betreffenden Sätze mit Komma in dein Heft.

- Ich finde den einen Vorschlag nicht gut und ich kann mich mit dem anderen nicht anfreunden.
- Wir warten auf euch und die anderen nehmen den Bus.
- Sie traf sich mit seinem Bruder und dessen Freundin war eifersüchtig.
- Entweder ihr passt jetzt auf oder wir fangen von vorne an.
- Hannah sprach mit ihrer Trainerin und deren Freund musste lange auf sie warten.

Das Komma vor entgegensetzenden Konjunktionen

REGEL

Während Sätze mit nebenordnenden Konjunktionen wie *weder – noch, entweder – oder* und *sowohl – als auch* in der Regel kein Komma verlangen, **muss** vor *aber, sondern* (auch in *nicht nur – sondern auch*), *jedoch* oder *doch* (**Konjunktionen**, die einen **Gegensatz** ausdrücken) dieses Satzzeichen stets stehen.

1 Übernimm die Sätze in dein Heft und ergänze, wo nötig, die fehlenden Kommas.

- Liam trinkt einen eklig grünen jedoch leckeren Milchshake.
- Julia und Tamar kommen nicht nur aus derselben Stadt sondern auch aus derselben Straße.
- In den Sommerferien werden wir sowohl tauchen als auch schwimmen gehen.
- Heute ist Essen eine große Stadt doch das war nicht immer so.
- Wir gehen schwimmen oder lesen ein Buch am Strand.
- Sie kennen sich zwar seit der frühesten Kindheit aber sie mochten sich anfangs gar nicht.
- Weder der Arzt noch die Krankenschwester konnten sich die plötzliche Genesung der Patientin erklären.

Das Komma bei Anreden und Ausrufen

REGEL

Anreden, **Ausrufe** oder Ausdrücke, die eine **Stellungnahme** (eine Bewertung) des Schreibers/der Schreiberin **hervorheben** (*leider, ja?, bitte, danke, nein*) werden durch Komma abgetrennt.

Beispiele:
Julian, kannst du mir bitte helfen?
Ich kann mich nicht erinnern, leider.

Ausrufe werden durch **Interjektionen** (Empfindungs- und Ausrufewörter) wie *ach, oh, he* ausgedrückt.

Beispiel: Ach, Sie sind es!

1 Bestimme, ob es sich bei den folgenden Sätzen um Sätze mit Anrede, Ausruf oder Stellungnahme handelt. Übernimm die Sätze in dein Heft und versieh sie mit Kommas.

- Du stell dir das mal vor!
- Danke ich möchte keinen Kuchen.
- Du hast das Tor nicht getroffen schade.
- Oh das habe ich ganz vergessen!
- He was machen Sie denn da?
- Jan gibst du das bitte deiner Mutter?
- Ich möchte nicht mitmachen nein.

Das Komma bei Einschüben und nachgestellten Erläuterungen

REGEL

Einschübe oder **nachgestellte Erläuterungen** werden durch Komma vom übrigen Satz abgetrennt.

Beispiele:
Merle, **die Leseratte der Klasse**, möchte später selbst einmal Bücher schreiben.
Felix kann italienisch sprechen, **und zwar fließend**.

1 Einschübe und Nachträge lassen sich leicht aus einem Satz heraushören, weil sie durch Sprechpausen verdeutlicht werden. Versuche, die Sprechpausen in folgenden Beispielen durch langsames Lesen zu finden. Wo muss ein Komma stehen?

- Dieses Haus es ist sehr alt steht unter Denkmalschutz.
- Benny unser Hund ist sehr kinderlieb.
- Lea und Alexander treiben gerne Wintersport besonders Langlauf.
- Am Donnerstag und zwar um 14 Uhr geht es los.
- So mit einem Stapel Bücher beladen kam sie aus der Bibliothek.
- Wir beide du und ich kennen die Regeln.
- Dies eine Band zu gründen ist der größte Wunsch vieler junger Musiker.
- Sie schwimmt leidenschaftlich gern vor allem im Meer.

2 Übernimm den folgenden Text in dein Heft und setze die neun fehlenden Kommas. Berücksichtige auch Kommas bei möglichen Nebensätzen/Gliedsätzen.

Betrug statt Fluch

Auf eine Betrügerin ist eine 25-jährige Verkäuferin angestellt in einem Modegeschäft in Soest hereingefallen. Eine Frau etwa 40 Jahre alt und von mittlerer Größe so lauten die Polizeiangaben war am Freitag und zwar gegen 9 Uhr in dem Geschäft erschienen und hatte von einem Fluch gesprochen der über dem Geschäft liege. Bereitwillig ging die Verkäuferin auf das Angebot der Frau ein die mit 150 Euro dreimal um das Geschäft laufen und damit den Fluch vom Laden nehmen wollte. Zurück kam die Unbekannte mit dem Geld aber nicht.

REGEL

Ein wichtiges Beispiel für Zusätze oder Nachträge, die mit Komma abgetrennt werden, sind **mehrteilige Orts-, Wohnungs- und Zeitangaben**, z. B. Datumsangaben. In diesen Fällen ist es dir freigestellt, ob du am Ende des Zusatzes ein Komma setzt oder nicht.

Beispiele:
Paul Schmidt, Köln, Rheinstr. 1**(,)** ist der glückliche Gewinner.
Die Konferenz endet am Mittwoch, den 13. März**(,)** mit einer Sitzung im Großen Saal der Universität.

Das Komma bei Infinitivgruppen

a) Mit Hinweiswort angekündigte Infinitivgruppe

REGEL

Eine **Infinitivgruppe** umfasst ein Verb im **Infinitiv** (Grundform) mit der Partikel *zu* sowie weitere Wörter (**erweiterter Infinitiv**). Infinitivgruppen werden mit Komma vom übergeordneten Satz abgetrennt, wenn ein **Nomen/Substantiv** oder **ein anderes Wort** (*darauf, dazu, daran, damit*, häufig auch *es*) im übergeordneten Satz auf diese Gruppe **verweist**.

Beispiele: Sibel hatte die **Gelegenheit**, während einer Reise die USA kennenzulernen.
Ich denke nicht **daran**, das Haus zu verlassen.
Luca mag **es**, mit Freunden ins Kino zu gehen.

1 Übernimm die folgenden Sätze in dein Heft. Unterstreiche den Infinitiv (+ *zu*) mit einer geraden Linie, die Wörter, die ihn ergänzen, mit einer Wellenlinie und zeichne einen Kasten um das Wort im übergeordneten Satz, auf das sich die Infinitivgruppe bezieht. Setze anschließend die Kommas.

Beispiel: Ich hatte nie die Absicht, dieses Buch zu lesen.

- Die Kinder fanden die Idee mit den Eltern in den Urlaub zu fahren großartig.
- Ich habe den Versuch meinen Streckenrekord zu überbieten aufgeben müssen.
- Es ist gar nicht leicht Slalom zu fahren.
- Den Wunsch alt zu werden und gesund zu bleiben haben viele Menschen.
- Seinen Freund vom Bahnhof abzuholen daran hatte er gar nicht mehr gedacht.
- Die Behörden rechnen damit den Übeltäter bald gefasst zu haben.
- Mit der Ankündigung den Wettbewerb zu gewinnen erregte Maximilian großes Aufsehen.

b) Die eingeleitete Infinitivgruppe

REGEL

Wird die **Infinitivgruppe** mit **um**, **anstatt**, **statt**, **ohne**, **außer** und **als** eingeleitet, wird sie mit Komma(s) vom übergeordneten Satz abgetrennt.

Beispiele: Ich fahre in die Schweiz, **um** mich zu erholen.
Ich fahre, **um** mich zu erholen, in die Schweiz.

2 Setze die fehlenden Kommas.

- Ich bin nicht viele Tausend Kilometer weit gereist um dies zu erfahren.
- Außer in den Louvre zu gehen haben wir auch noch die Gelegenheit den Eiffelturm zu besteigen.
- Du findest immer Ausreden anstatt deine Aufgaben zu erledigen.
- Ohne den Fall richtig zu kennen fällen sie ein Urteil.
- Lisa geht in das Hallenbad um zu schwimmen.
- Es gibt nichts Schöneres als etwas gemeinsam zu unternehmen.
- Statt untätig zu sein engagierte er sich für den Umweltschutz.
- Leider hat er ein Smartphone gekauft ohne sich beraten zu lassen.

- Anstatt in die Berge zu fahren möchte ich in diesem Jahr am Strand spazieren gehen.
- Um ganz sicherzugehen schließe ich die Tür lieber zweimal ab.

c) Das Komma als Lesehilfe bei einfachen Infinitivgruppen

REGEL

Infinitivgruppen, die **nicht eingeleitet** werden oder auf die **kein** Wort im übergeordneten Satz hinweist, **können** mit Komma(s) abgetrennt werden, um als **Lesehilfe** die Gliederung des Satzes deutlich zu machen.

Beispiele: Der Installateur versuchte**(,)** das Wasserrohr zu reparieren.
Die Feuerwehrleute hofften**(,)** den Brand bald löschen zu können.
David versprach**(,)** seiner Freundin sofort nach der Ankunft zu schreiben.

3 Überprüfe die folgenden Sätze: *Kann* oder *muss* die Infinitivgruppe mit Kommas abgetrennt werden?

- Der Fernsehstar lehnte es ab fotografiert zu werden.
- Ich habe die Absicht ins Kino zu gehen.
- Sie plant in Heidelberg zu studieren.
- Ich glaube daran es schaffen zu können.
- Es ist verboten den Rasen zu betreten.
- Es ist meine Pflicht darauf hinzuweisen.
- Die beiden Passanten behaupten den Hund angeleint zu haben und leugnen ihn jemals aus den Augen gelassen zu haben.
- Den Dingen ihren Lauf zu lassen das ist auch keine Lösung.
- Im Unterricht sprechen wir Englisch um die Sprache besser zu beherrschen.
- Ich fühle mich verpflichtet dir beizustehen.

4 Übertrage den folgenden Text in dein Heft und setze die fehlenden Kommas. Manchmal ist es dir freigestellt, ob du ein Komma einfügst oder nicht.

Deutsche sind Bewegungsmuffel

Die Deutschen gehören zu den schlimmsten „Bewegungsmuffeln“ in Europa. Sie zeichnen sich dadurch aus besonders träge zu sein. Das haben neue Studien erwiesen. In diesen Umfragen gaben nur 21 Prozent der Deutschen an regelmäßig Sport zu treiben. In anderen europäischen Ländern liegt dieser Wert dagegen bei 42 Prozent. Nur wenige versuchen durch körperliche Betätigung fit zu bleiben. Anstatt zu laufen oder Fahrrad zu fahren sehen die Deutschen lieber fern. Sie verbringen ihre Freizeit eher in den eigenen vier Wänden als auf ausgedehnten Spaziergängen frische Luft zu tanken. Deshalb sind die Deutschen auch bei der Fettleibigkeit führend: 22 Prozent räumen ein großes Übergewicht zu haben. Damit liegen sie vier Prozentpunkte über dem europäischen Durchschnitt. Viele der deutschen Befragten haben jedoch den Wunsch wieder ihr Idealgewicht zu erreichen. Um dieses Ziel erreichen zu können müssten sie sich jedoch weitaus mehr bewegen als sonst.

Kommasetzung in einfachen und komplexen Satzgefügen

REGEL

Hauptsatz und **Nebensatz/Gliedsatz** werden durch Kommas voneinander getrennt. Der Nebensatz/Gliedsatz kann vor dem Hauptsatz stehen, dahinter oder in den Hauptsatz eingefügt sein. Hauptsatz und Nebensatz/Gliedsatz bilden zusammen ein **Satzgefüge**.
Nebensätze/Gliedsätze besitzen fast immer ein **Einleitungswort**, zum Beispiel eine **Konjunktion** (*als*, *weil*, *dass*, ...), ein **Relativpronomen** (*der*, *welcher*, ...) oder ein **W-Fragewort** (*wie lange*, ...).
Man erkennt einen Nebensatz/Gliedsatz daran, dass die finite (gebeugte) Verbform am Schluss steht. Ein Nebensatz/Gliedsatz kann außerdem nicht allein stehen.

Beispiele: Weil es stark schneit, wird sich der Zug leider verspäten.
Der Zug wird sich leider verspäten, weil es stark schneit.
Der Zug wird sich, weil es stark schneit, leider verspäten.

Mehr über Nebensätze erfährst du im Kapitel „Keine Nebensache – Nebensätze“ (S. 360 ff.).

1 Schreibe die folgenden Satzgefüge ab und setze die Kommas.

- Das Fahrrad das gestern entwendet wurde ist eben gefunden worden.
- Ich frage mich wie oft du diesen Witz noch erzählen willst.
- Dass wir uns im nächsten Jahr wiedersehen ist so gut wie sicher.
- Der Wecker klingelt um sechs Uhr damit wir den Zug noch rechtzeitig erreichen.
- Als Großvater achtzig wurde haben wir ein großes Fest gefeiert.
- Ich bin ein guter Volleyballspieler obwohl ich so klein bin.
- Wenn ihr euch anstrengt bekommt ihr eine Belohnung.
- Er rannte so schnell dass er als Zweiter ins Ziel kam.
- Emma sah aus als ob sie laut loslachen wollte.

REGEL

Das Komma trennt einen Nebensatz ab, der nicht von einem Hauptsatz, sondern von einem anderen Nebensatz grammatisch abhängt. In diesem Fall spricht man von einem **komplexen Satzgefüge**.

Beispiele:

Ich treibe gern Sport, (Hauptsatz (HS))
weil ich weiß, (Nebensatz 1 (NS 1))
dass ich so fit bleibe. (Nebensatz 2 (NS 2))

Obwohl das Buch, (NS 1)
das ich gerade lese, (NS 2)
sehr spannend geschrieben ist, (NS 1)
finde ich kaum Zeit zum Lesen. (HS)

2 In den folgenden Satzgefügen findest du mehrere Nebensätze. Übertrage die Sätze in dein Heft und ergänze die notwendigen Kommas. Entwirf zu mindestens zwei Beispielen ein Satzbauschema wie in dem Regelkasten auf S. 396 unten.

- Nachdem wir uns einige Male verlaufen hatten sodass wir befürchten mussten nicht mehr pünktlich anzukommen fand Jan einen Wegweiser.
- Die Fahrgäste legten die Schwimmwesten an die sie erhalten hatten bevor sie auf das Schiff gegangen waren.
- Das Gesetz schreibt vor dass man sich im Auto anschnallen muss wenn man losfährt.
- In der Jugendherberge empfing sie der Herbergsvater der ihnen nachdem sie über die Hausordnung aufgeklärt worden waren ihre Zimmer zeigte.
- Erdbeeren die obwohl sie noch nicht reif sind verzehrt werden schmecken nicht so gut wie reife.
- Lina bedauert dass sie Anna mit der sie seit Jahren sehr gut befreundet ist nur noch einmal in der Woche treffen kann.
- Der Zaun ist so hoch dass man Hilfe braucht wenn man über ihn klettern will.

REGEL

Ist ein Nebensatz in einen Hauptsatz eingefügt und wird der **Hauptsatz** mit einer nebenordnenden Konjunktion wie *und* bzw. *oder* **fortgesetzt**, steht vor dieser Konjunktion ein Komma.

Beispiel:
Johanna besitzt ein Klavier, das verstimmt ist, **und** kann Geige spielen.

3 Überlege, ob in den Sätzen vor dem *und* ein Komma stehen muss. Übertrage die Sätze mit den entsprechenden Kommas in dein Heft.

- Der Direktor lobte dass Miriam sich für das Projekt einsetzte und sie die anderen für die Sache begeistern konnte.
- Die Kerze brannte obwohl das elektrische Licht eingeschaltet war und niemand bemerkte es.
- Weil das Radio immer mehr vom Fernsehen verdrängt und das Internet immer populärer wird müssen sich die Radiomacher etwas Neues einfallen lassen.
- In seinem Film erzählt der Regisseur die Geschichte eines Mannes der das Lachen verlernt hat und er zeigt dessen Schicksal in ergreifenden Bildern.

4 Hier kannst du die Regeln der Kommasetzung noch einmal üben. Schreibe die folgenden Texte ab und setze die fehlenden Kommas ein.

„Der Narr der in den Himmel wollte"

Das Märchen „Der Narr der in den Himmel wollte" stammt aus Indien. Es handelt von dem vergeblichen Versuch einer Gruppe einfältiger Klosterbrüder mithilfe eines Stiers in den Himmel zu fliegen.

Das Oberhaupt eines Klosters in dem ausschließlich dumme Männer wohnen hat in einem Buch gelesen dass derjenige der zu Lebzeiten einen Teich anlegt nach dem Tod dafür belohnt wird. Deshalb beschließt er dieses zu tun.

Weil der fertiggestellte Teich in der Folgezeit mehrfach von einem unbekannten Wesen zerstört wird legt sich der Mann in einer Nacht auf die Lauer um die genaue Ursache hierfür he-

rauszufinden. Tatsächlich sieht er einen Stier der aus der Luft herabfliegt und das Ufer des Teichs aufwühlt. Er hält den Stier für ein himmlisches Geschöpf ergreift seinen Schwanz und fliegt mit ihm zu einem paradiesischen Ort. Weil er sich jedoch nach seinen Klosterbrüdern sehnt begibt er sich einige Tage später mithilfe des Stiers zur Erde zurück und berichtet von seinem Erlebnis. Die Klosterbrüder sind von seiner Erzählung so angetan dass sie beschließen in der folgenden Nacht ebenfalls mitzufliegen. Als der Stier kommt hängen sie sich in einer langen Kette an seinen Schwanz und werden auf diese Weise in die Luft getragen. Kurz bevor sie den paradiesischen Ort erreichen fragt einer aus der Kette den Ersten wie groß die Pfannkuchen gewesen seien die er dort gesehen habe. Dieser will mit den Händen die Größe andeuten und lässt dabei den Stier los; mit dem Ergebnis dass die gesamte Gruppe abstürzt.
(19 obligatorische Kommas, 2 mögliche)

Aesop
Der törichte Bock

Ein Fuchs fiel in einen tiefen Brunnen und wusste nicht wie er wieder herauskommen sollte. Da kam ein durstiger Ziegenbock zum Brunnen sah den Fuchs und fragte ihn ob das Wasser gut sei. Der aber verhehlte sein Missgeschick und sagte: „Oh das Wasser ist ausgezeichnet klar und wohlschmeckend komm nur auch herunter!" Da sprang der Bock ohne sich zu besinnen hinab. Als er nun seinen Durst gelöscht hatte fragte er den Fuchs: „Wie sollen wir aber wieder herauskommen?" Da sagte der Fuchs: „Oh das werde ich schon machen. Stelle dich auf deine Hinterbeine stemme die Vorderbeine gegen die Wand und mache deinen Hals lang. Dann werde ich über deinen Rücken und deine Hörner auf den Rand des Brunnens klettern und auch dir heraushelfen." Der Bock tat wie ihm befohlen war streckte sich aus und der Fuchs kletterte auf seine Hörner und sprang von dort mit einem gewaltigen Satz auf den Brunnenrand. Dort blieb er tanzte vor Freude und verhöhnte den Bock. Der aber machte ihm Vorwürfe dass er den Vertrag nicht eingehalten habe. Da sagte der Fuchs: „O Bock wenn du so viele Gedanken im Kopfe hättest wie Haare im Bart so wärst du nicht hinuntergestiegen ohne vorher zu untersuchen wie du wieder herauskönntest."
(19 Kommas)

Die Kommaregeln im Überblick

Das Komma ...	Regel	Beispiele
... in Aufzählungen	Das Komma steht zwischen zwei gleichrangigen, unverbundenen Wörtern und Wortgruppen.	Johanna isst am liebsten Nudeln, Salat, Äpfel und Eis. Er hoffte, den Zug zu erreichen, pünktlich anzukommen und seinen Termin einhalten zu können.
	Das Komma steht zwischen gleichrangigen, unverbundenen Sätzen (auch Nebensätzen/Gliedsätzen).	Heiko liest, Jonas döst, Anna sieht fern und meine Eltern sind ins Kino gegangen. Ich empfehle dieses Buch, weil es spannend geschrieben ist, weil es ein interessantes Thema hat und weil es nicht zu teuer ist.
	Das Komma steht vor entgegensetzenden Konjunktionen.	Es ist nicht nur sauber, sondern porentief rein.
... bei Anreden und Ausrufen	Anreden, Ausrufe oder Ausdrücke, die eine Stellungnahme des Schreibers/der Schreiberin verdeutlichen, werden durch Komma abgetrennt.	Holger, fährst du den Wagen in die Garage? Sie hat ihr Handy nicht eingeschaltet, leider.
... bei Einschüben und nachgestellten Erläuterungen	Einschübe oder nachgestellte Erläuterungen werden durch Komma vom übrigen Satz abgetrennt.	Dieses Haus, das älteste der Stadt, muss dringend renoviert werden. Ich benötige dringend Hilfe, und zwar schnell.
... bei Infinitivgruppen	Das Komma trennt in der Regel Infinitivgruppen vom übergeordneten Satz ab. Es muss gesetzt werden, wenn ein Wort im übergeordneten Satz auf die Infinitivgruppe hinweist. Es muss auch gesetzt werden, wenn die Infinitivgruppe mit *um zu*, *anstatt zu*, *ohne zu* ... eingeleitet wird.	Ich weise darauf hin, die Gurte anzulegen. Die Idee, das Klassenzimmer bunt zu streichen, finde ich gut. Sie trifft sich mit Freunden, um ein Theaterstück einzuüben.
... in Satzgefügen	Das Komma steht zwischen Haupt- und Nebensatz/Gliedsatz.	Ich bin müde, obwohl es noch gar nicht spät ist. Hanna fragt ihn, ob sie nicht etwas gemeinsam unternehmen wollten. Ich habe keine Ahnung, wohin dieser Weg führt.
	Das Komma steht zwischen Nebensätzen/Gliedsätzen, die voneinander abhängig sind.	Weil mir das Bild, das ich gestern im Museum gesehen habe, so gut gefallen hat, habe ich mir eine Postkarte mit diesem Motiv gekauft.

Anhang

Kleine Übungen zur Lernkontrolle – Lösungen

Stimmungen – In Gedichten sich selbst aussprechen (S. 38–61)

Seite 60, Aufgabe 1

Das lyrische Ich beklagt in dem Lied den Verlust eines Baumes, der für es seit der Kindheit eine große Bedeutung hatte und nun gefällt worden ist.

Seite 61, Aufgabe 2

Autorin des Liedes: Alexandra (Doris Nefedov) (1942–1969)
Titel des Liedes: „Mein Freund der Baum"
Erscheinungsjahr: 1968

Seite 61, Aufgabe 3

In dem Lied „Mein Freund der Baum", welches von Doris Nefedov, die den Künstlernamen Alexandra trug, geschrieben und gesungen wurde, geht es um ein lyrisches Ich, welches den Verlust eines Baumes beklagt, der für es seit der Kindheit eine große Bedeutung hatte und nun gefällt worden ist.

Seite 61, Aufgabe 4

Strophe 1:	Die Bedeutung des Baumes während der Kindheit des lyrischen Ichs (Vergangenheit)
Strophe 2:	Der Verlust des Baumes und die entgegengesetzten Reaktionen des lyrischen Ichs und anderer Menschen (Gegenwart)
Strophe 3:	Die Zukunft ohne den Baum und das Hoffen auf ein mögliches „Wunder" (Zukunft)

Seite 61, Aufgabe 5

abba cddc efe

Seite 61, Aufgabe 6

Ich wollt dich längst schon wiedersehn, mein alter Freund aus Kindertagen,	xx́xx́xx́xx́ xx́xx́xx́xx́x

Seite 61, Aufgabe 7

Es handelt sich um einen vierhebigen Jambus.

Seite 61, Aufgabe 8

Das Lied besteht aus **drei** Strophen, die jeweils **elf** Verse besitzen. Auf jede Strophe folgt ein **Refrain**, der aus **zwei** Versen besteht. Das Reimschema ist in den ersten acht Versen ein **umarmender Reim**. Dieses Schema wird in den letzten drei Versen unterbrochen, indem **zwei** sich reimende Verse einen einzelnen Vers umschließen. Es handelt sich hier also um einen unvollständigen umarmenden Reim, was darauf hinweisen könnte, dass die Beziehung zwischen dem lyrischen Ich und dem Baum zerstört ist. Im Refrain liegt ein **Paarreim** vor. Das Metrum ist durchgehend ein **Jambus**. Jeder Vers besitzt vier Betonungen. Dieses Metrum unterstützt die ruhige, melancholische Stimmung, die in dem Lied ausgedrückt wird.

Seite 61, Aufgabe 9

Die am häufigsten verwendete Art des sprachlichen Bildes ist die Personifikation. Auf diesem Weg verdeutlicht die Autorin die enge Verbindung zwischen dem lyrischen Ich und dem Baum, der stellvertretend für die Natur steht.

Von Grenzsituationen und ungewöhnlichen Ereignissen – Kurzgeschichte und Novelle (S. 62–89)

Merkmale der Kurzgeschichte und Erzählverhalten

Seite 89, Aufgabe 1

- Kurzgeschichten beginnen oft unvermittelt, ohne Einleitung.
- Ein Kennzeichen der Kurzgeschichte ist die Alltäglichkeit: Die handelnden Personen sind normale Menschen, die sich aber häufig in einer Ausnahmesituation befinden.
- Das erzählte Geschehen einer Kurzgeschichte beschränkt sich auf einen kurzen Zeitabschnitt; häufig ist es eine krisenhafte Situation im Leben eines oder mehrerer Menschen.
- Der Schluss der Kurzgeschichte ist meist offen gestaltet: Die Handlung ist häufig nicht zu Ende erzählt.
- Die Sprache der Kurzgeschichte ist in vielen Fällen auf den ersten Blick nüchtern und schlicht.

Seite 89, Aufgabe 2

- Beim auktorialen Erzählverhalten kann der Erzähler einen Ausblick auf das Ende der Handlung geben. Ebenso kann er wissen, was gleichzeitig an unterschiedlichen Orten passiert.
- Das personale Erzählverhalten ist dadurch gekennzeichnet, dass sich der Erzähler darauf beschränkt, das Geschehen aus der Sicht einer oder mehrerer beteiligter Personen zu erzählen. Er gibt dann nur das wieder, was die Person oder die Personen wahrnehmen könnte bzw. könnten.

Seite 89, Aufgabe 3

In dem Ausschnitt liegt ein personales Erzählverhalten vor. Man kann das daran erkennen, dass die Gedanken und Gefühle der handelnden Person wiedergegeben werden. So berichtet der Erzähler davon, dass sich in Jens Redluff die Spannung löst. Das ist eindeutig den Gefühlen von Jens Redluff zuzuordnen.

„Rund um die Schule" – Informieren und argumentieren (S. 102–125)

Seite 124, Aufgabe 1

Richtig sind die folgenden zwei Aussagen:

- Bei einer linearen Argumentation werden nur die Argumente angeführt, die den eigenen Standpunkt bei einer strittigen Frage unterstützen.
- Bei einer antithetischen Argumentation führt man sowohl Argumente an, die die Gegenseite stützen, als auch Argumente, die den eigenen Standpunkt stützen. Man beginnt dabei am besten mit den Argumenten der Gegenseite und führt dann die Argumente für den eigenen Standpunkt an.

Seite 124, Aufgabe 2

These: Ziel unserer Klassenfahrt sollte eine Großstadt sein.
Gegenthese: Ziel unserer Klassenfahrt sollte nicht eine Großstadt sein.

Seite 125, Aufgabe 3

Der Schüler/die Schülerin	Tom	Jan	Maja	Arian	Sophie	Janet
behauptet bloß	X					
belegt ein Argument mit einem Beispiel		X	X		X	
reiht Argumente ohne Steigerung aneinander		X				
steigert seine/ihre Argumente					X	
stellt einen Gegensatz her, entkräftet			X	X		X

Seite 125, Aufgabe 4

a) Berufung auf eine Untersuchung
b) Hinweis auf einen anerkannten Wert (Gesundheit)
c) Berufung auf eigene Erfahrung

d) Nennung eines Beispiels
e) Verweis auf eine Autorität
f) Berufung auf eigene Erfahrung
g) Hinweis auf einen anerkannten Wert (Gerechtigkeit)

Richtig zu schreiben kann man lernen (S. 126–147)

Seite 146, Aufgabe 1

die fertiggestellte Arbeit, ein einzigartiges Erlebnis, ein unermesslicher Reichtum, der verreiste Nachbar, ein einziges Mal, vielmals, jedes Mal, eine endlose Diskussion, eine entscheidende Situation

Seite 146, Aufgabe 2

- Die **V**orbereitung auf das Schulkonzert war immer etwas **B**esonderes.
- Langsames **L**aufen hat im Hinblick auf die Ausdauerleistung einen **h**ohen Trainingseffe**kt**.
- Ella war als **E**inzige in der Lage, das Gedicht fehlerfrei vorzutragen.
- Er bat **vi**elmals um Entschuldigung.
- Den Vorwurf, da**ss** sie ihren Freund im Stich gelassen hatte, ließ da**s** Mädchen nicht auf sich sitzen.
- Da**s** hatte sie n**ä**mlich noch nie getan.
- Passt es Ihnen zu diesem Term**in** oder haben Sie einen anderen Vorschlag für ein **T**reffen?
- Lieber wollte Leonas den Konta**kt** abbrechen, als sich noch **e**inmal in eine solche Situation bringen zu lassen.
- Seine En**t**scheidung stand unw**ie**derbringlich fest und er setzte sie gegen den W**i**derstand der Mehrheit durch.
- Bei der Analyse einer Filmszene kommt es vor allem auch auf die Ka**m**eraeinstellung und die Ka**m**eraperspe**kt**ive an.
- Der Darstellungssti**l** seiner Arbeit war wie immer sehr ansprechen**d**, nur das Schriftbild war eine Katastro**ph**e.
- Das laute **S**prechen ist eine gute Me**th**ode, um die Stimme zu schulen.

Seite 146, Aufgabe 3

Müllverbrennung
Müllverbrennung ist keine harmlose **A**ngelegenheit. Beim **V**erbrennen des Abfalls gelangen durch den Kam**in** Abgase in die **At**mos**ph**äre. Umweltgifte werden in Filtern und Rauchwaschanlagen zwar so weit wie möglich s**y**stematisch herausgefiltert. Dennoch kommen immer noch Reste von gefährlichen Scha**d**stoffen in die Luft. Umweltschützer meinen deshalb, da**ss** Verbrennungsanlagen da**s** Müllproblem nicht lösen können. Besser wäre die Me**th**ode, Müll von vornherein zu vermeiden.

Konrad Duden, Kaiser Wilhelm und die Rechtschreibung
Warum schreiben wir Wörter wie Vitam**in**e, **Th**ema, Sympa**th**ie, **Ch**arakterisierung, Trium**ph**, Stro**ph**e und Rhy**th**mus alle gleich, wenn wir sie richtig schreiben?
Die amtlichen, für die deutsche Sprache gültigen Regeln der Rechtschreibung sind eine ziemli**ch** neue Erfindung. Sie wurden erst vor etwas mehr als 110 Jahren für die deutschsprachigen Länder festgelegt und s**y**stematisch in Paragra**f**en (auch: Paragra**ph**en) gefasst.
Zuvor hatten Schreiber und Schriftsteller mehr oder weniger geschrieben, wie es ihnen passte.
Ein Originalbrief von Goethe beispielsweise wimmelt von Mer**k**würdigkeiten, die wir heute als Rechtschreibfehler betrachten würden. Für Goethe waren das natürli**ch** keine Fehler; für ihn gab es ja keine bindenden Regeln. [...]
Im Jahre 1901 wurde auf Initiat**i**ve von Konrad Duden die moderne Rechtschreibung in ihren Grun**d**zügen festgelegt. Beispielsweise fiel das „th" bei Wörtern wie „Thurm" und „That" weg. Seitdem heißt es „Turm" und „Tat". Nur das „th" bei „Thron" musste bleiben. Der deutsche Kaiser Wilhelm II. duldete es nicht, da**ss** an seinem Thron (mit „th"!) etwas ver**ä**ndert wurde.

Fata Morgana
„Fata" ist italienisch und heißt auf Deutsch „Fee". Nach alten Sagen hat die Fee Morgana Wanderer und Seeleute mit Tru**g**bildern get**äu**scht. Diese en**t**stehen tats**ä**chlich in der Natur. Manchmal liegt

kalte Luft über einer heißen Luftschicht am Boden. Dann wird Licht von einem weit entfernten Gegenstand an der Grenze dieser Luftschichten mehrfach abgelenkt. So entsteht eine Art Spiegelbild. Der Betrachter glaubt, er könne einen Baum oder See ganz nahe erkennen. Tatsächlich aber ist der Baum sehr weit weg.

„Wer wagt es …" – Schillers Balladen (S. 176–203)

Seite 203, Aufgabe 1

Johann Wolfgang von Goethe verwendete die Metapher „Ur-Ei", um zu verdeutlichen, dass in einer Ballade aus allen drei Großgattungen der Literatur (Epik, Dramatik, Lyrik) Elemente enthalten sind. Sie erzählt in Gedichtform eine Geschichte und enthält wie ein Theaterstück häufig Dialoge oder Monologe.

Seite 203, Aufgabe 2

Epische Elemente	Dramatische Elemente	Lyrische Elemente
Beginn einer erzählten Geschichte Angabe des Handlungsortes	beginnender Dialog zwischen dem Herrscher von Samos und dem ägyptischen König	Strophenform (Verssprache) Reimschema (Paarreim, umarmender Reim) Metrum (vierhebiger Jambus)

Seite 203, Aufgabe 3

b) Friedrich Schiller bringt in seiner Ballade zum Ausdruck, welch große Bedeutung das Prinzip der Freundschaft hat und welche Veränderungen hierdurch möglich sind.

Seite 203, Aufgabe 4

Bei einer Parodie handelt es sich um eine verzerrende, übertreibende oder verspottende **Nachahmung** eines literarischen Werks. Dabei wird oft die **Form** beibehalten, verändert wird jedoch der **Inhalt**. Durch die dadurch aufgebaute deutliche Abweichung entsteht ein **komischer** oder auch **kritischer** Effekt.

Wirklich, möglich, nur gedacht, gewünscht … – Der Modus einer Aussage (S. 204–221)

Seite 220, Aufgabe 1

- Wenn ich König von Deutschland wäre, würde ich nicht in einem Schloss wohnen (wohnte ich nicht in einem Schloss).
- Wenn auch am Sonntag in der Schule Unterricht stattfände, würde ich auswandern (wanderte ich aus).
- Würde ich im Lotto gewinnen, bekäme meine Oma ein neues Auto von mir.
- Wenn ich ein Profifußballer oder eine Profifußballerin wäre, würde ich bestimmt in Spanien spielen (spielte ich bestimmt).
- Wenn die Sommerferien drei Monate dauerten (dauern würden), wäre das die beste Idee der Schulpolitiker (würde sein).

Seite 220, Aufgabe 2

Der Konjunktiv II

Seite 220, Aufgabe 3

Der Konjunktiv II wird von den Tempusformen Präteritum oder Plusquamperfekt des Indikativs abgeleitet.

Seite 220, Aufgabe 4

Der Konjunktiv II
Der Konjunktiv II wird in der deutschen Sprache am häufigsten verwendet, um auszudrücken, dass ein Geschehen nicht wirklich, also nur gewünscht oder vorgestellt ist.

Außerdem muss man den Konjunktiv II in der indirekten Rede verwenden, wenn die Formen des Konjunktivs I und des Indikativs gleich (identisch) sind.
Manchmal wird der Konjunktiv II auch verwendet, wenn ein Sprecher eine besonders höflich gemeinte Aufforderung formuliert.

Seite 220, Aufgabe 5

Modalverb(en)

Seite 220, Aufgabe 6

Lukas antwortete auf die Frage, was er von einem getrennten Sportunterricht halte, das finde er nicht gut. Im Sportunterricht gebe es doch kaum noch typische Jungen- und Mädchensportarten. In ihrer Klasse gebe es z. B. mehrere Mädchen, die in einem Fußballverein trainierten (trainieren würden). Die spielten (würden spielen) richtig gut. Es könne ja sein, dass Jungen früher keine Lust gehabt hätten zu tanzen. Das habe sich doch auch etwas geändert. Sein Freund Jonas sei in ihrer Klasse und der sei seit Jahren in einem Tanzsportverein. Ihm sei es viel wichtiger, dass ihre Klassengemeinschaft gefördert werde. Das gelinge seiner Meinung aber nicht, wenn sie getrennt unterrichtet würden. Das sei zumindest seine Meinung. Außerdem gebe es an ihrer Schule doch genügend Arbeitsgemeinschaften außerhalb der Unterrichtszeit. Da könne sich jeder aussuchen, was er am liebsten mache.

Seite 221, Aufgabe 7

Der „Allgemeine Anzeiger“ informiert in seiner Wochenendausgabe darüber, dass es am Freitag wie in jedem Jahr den sogenannten „Girls' Day“ geben werde. Viele verschiedene Firmen öffneten (würden öffnen) ihre Pforten, um Mädchen unterschiedlichen Alters Einblicke in diverse Berufe zu geben. Dabei gehe es vor allem um solche Berufe, die überwiegend noch von Jungen gewählt würden. Zum ersten Mal finde gleichzeitig ein „Boys' Day“ statt. Das Angebot richte sich ganz speziell an Jungen, die Interesse zeigten (zeigen würden) für traditionelle Mädchen- und Frauenberufe.

Seite 221, Aufgabe 8

Die Tageszeitung berichtet in ihrer Ausgabe vom 31.5.2014,
- die Linienbusse des „Padersprinters“ könnten am Sonntag die Innenstadthaltestellen wegen einer ganztägigen Veranstaltung nicht anfahren. Als Ersatzhaltestellen **dienten** die Haltestellen „Westerntor“ und „Am Bogen“.
- am Mittwoch, den 9. Juli, **werde** das Jugendkulturzentrum „Multi Cult“ für Jugendliche im Alter von 13 bis 15 Jahren eine Fahrt in einen Safaripark anbieten. Einige Restplätze seien noch verfügbar. Anmeldungen **würden** über das Internet erbeten.
- ein Sportwagen sei aufgrund überhöhter Geschwindigkeit auf der Bundesstraße 1 ins Schleudern geraten und **sei** dann auf einem Kartoffelacker gelandet. Die Fahrerin **habe** sich dabei nicht verletzt und sei mit dem Schrecken davongekommen.

„Dahinter steckt ein kluger Kopf“ – Zeitungsleser wissen mehr (S. 242–265)

Erschließung eines Zeitungsberichts

Seite 265, Aufgabe 1a

Die Schülerinnen und Schüler sollen sich mit Regeln und Gefahren befassen, die das Internet und die neuen Kommunikationsstrukturen mit sich bringen können.

Seite 265, Aufgabe 1b

Die Workshops werden von Oberstufenschülern, vor allem von Informatik-Schülern, geleitet.

Seite 265, Aufgabe 1c

Die Aktion dauert von Montag, den 9.2.2014, bis Donnerstag, den 13.2.2014.

Seite 265, Aufgabe 1d

Fünftklässlern fehlt oft ein Unrechtsbewusstsein, wenn sie sich über andere lustig machen oder Bilder ins Internet stellen.

Seite 265, Aufgabe 2 Die Originalhauptschlagzeile lautet: „Schüler machen sich fit für das Netz“. Es sind aber auch andere Möglichkeiten denkbar.

Seite 265, Aufgabe 3 Beispiel:
„Safer Internet Day“ am Grabbe
Von Montag, den 9.2.2014, bis Donnerstag, den 13.2.2014, dauerte eine Aktion am Grabbe-Gymnasium zu mehr Sicherheit im Internet. Dabei zeigten Oberstufenschüler Schülern der Unterstufe Regeln und Gefahren, die mit den neuen Kommunikationsstrukturen verbunden sind. Zusätzlich fanden ein Vortrag einer Medienpädagogin und ein Info-Abend für Eltern statt.

Seite 265, Aufgabe 4 Der Schreibstil ist sachlich neutral. Der Zeitungsbericht enthält keine persönlichen Wertungen, es werden keine persönlichen Gefühle oder Eindrücke geschildert.

Seite 265, Aufgabe 5 Freie Aufgabe. Wichtig ist, dass ein persönlicher Standpunkt deutlich wird und dieser Standpunkt mit Argumenten belegt wird.

Die deutsche Sprache und ihre europäischen Verwandten – Aus Sprachvergleichen lernen (S. 304–325)

Wörter haben eine Geschichte

Seite 324, Aufgabe 1 Als Erbwort bezeichnet man Wörter, die sich aus der Zeit des Indoeuropäischen und Germanischen im deutschen Wortschatz erhalten haben. Demgegenüber sind Lehnwörter aus anderen Sprachen ins Deutsche übernommen worden. Im Unterschied zu Fremdwörtern ist ihre Herkunft in der Regel nicht mehr zu erkennen, so sehr haben sie sich in Schreibweise und Aussprache dem Deutschen angeglichen.

Seite 324, Aufgabe 2 Erbwörter: Schwester – drei – Nacht – Kuh
Lehnwörter: Büro – Keks – Wein – Fenster
Fremdwörter: Inliner – Portemonnaie – Judo – Kosmos

Seite 324, Aufgabe 3 Das Wort „Lehrer“ ist wie das zugehörige Verb „lehren“ bereits in ganz frühen Sprachstufen des Deutschen (Alt- und Mittelhochdeutsch) nachweisbar. Ursprünglich bedeutete „lehren“ „wissen machen“, „Lehre“ bezeichnete eigentlich ein Instrument, mit dem man im Handwerk hergestellte Dinge überprüfen konnte. Von hier aus entwickelte sich die heutige Bedeutung für „Lehrer“: Es ist jemand, der überprüft und unterrichtet.
Das Wort „Schüler“ wird von „Schule“ abgeleitet, einem Lehnwort aus dem Lateinischen und seit dem Mittelhochdeutschen Bestandteil des deutschen Wortschatzes. Das lateinische Wort „schola“ seinerseits ist aus dem Griechischen entlehnt worden. Ursprünglich bezeichnete es Zeiten der Ruhe und des Innehaltens. In solchen „Mußestunden“ konnte man sich dem Lernen und Studieren widmen, anstatt körperlich zu arbeiten.

Die Sprachen in der Sprache – Dialekte des Deutschen

Seite 324, Aufgabe 4 Die Karte zeigt die mundartlichen Varianten des Personalpronomens der dritten Person Singular Maskulinum im ehemaligen deutschen Sprachgebiet. Es lässt sich eine Nord-Süd-Teilung bei Aussprache und Schreibung des Pronomens feststellen: Während im Niederdeutschen das „he“ und ähnliche Formen vorherrschen, dominieren im Oberdeutschen das „er“ und seine regionalen Varianten. Im mitteldeutschen Bereich gibt es sowohl Varianten von „er“ als auch von „he“. In der deutschen Standardsprache hat sich das oberdeutsche „er“ durchgesetzt.
An der Karte wird deutlich, dass die niederdeutschen Dialekte eine gewisse Nähe zum Englischen haben, in dem das Personalpronomen „he“ die gleiche Schreibweise besitzt.

Seite 325, Aufgabe 5

Astronauten auf der ISS machen an Weihnachten einen Weltraum-Spaziergang

Washington. Die Astronauten auf der Raumstation ISS machen zum zweiten Mal an Weihnachten einen Weltraum-Spaziergang. Nur tun sie das nicht zum Vergnügen, sie müssen das Kühlsystem der Station reparieren. Das ist nun schon zwei Wochen kaputt. Für die Astronauten ist so ein Spaziergang hinaus in das Weltall etwas Besonderes. Das haben sie auf der ISS bis jetzt knapp 170 Mal gemacht. Die Raumstation gibt es schon seit rund 15 Jahren.

Seite 325, Aufgabe 6

Folgende Wörter in dem niederdeutschen Text zeigen eine deutliche Verwandtschaft mit dem Englischen: maakt (engl. make) – [Welt]ruum (engl. room) – twee (engl. two) – Weeken (engl. week) – is (engl. is) – givt (engl. give)

Sprachen vergleichen

Seite 325, Aufgabe 7

Das erste Beispiel zeigt, dass im deutschen Redebegleitsatz im Unterschied zum starren englischen Satzbaumuster Subjekt – Prädikat – Objekt (SPO) das typische Muster Prädikat – Objekt – Subjekt vorliegt. Im zweiten Satz wird deutlich, dass im deutschen Nebensatz das finite Verb in die letzte Position rückt, während im Englischen auch hier die Formel SPO gilt.

Seite 325, Aufgabe 8

Die drei „falschen Freunde" lauten „angel" (dt. ‚Engel'), „hell" (dt. ‚Hölle') und „who" (dt. ‚wer'). Sie werden deshalb so genannt, weil sie genauso geschrieben werden wie die deutschen Wörter „Angel" (u.a. Gerät für Fischfang) und „hell" (im Gegensatz zu „dunkel") bzw. eine Ähnlichkeit zum deutschen Fragewort „Wo" aufweisen. Beim Übersetzen solcher Wörter ins Deutsche muss man besonders darauf achten, dass sie in ihrer korrekten Bedeutung übertragen werden.

Textartenverzeichnis

Stichwortverzeichnis

Textquellenverzeichnis

Bei den mit einem * gekennzeichneten Titeln handelt es sich nicht um Originalüberschriften.

Aesop: Der törichte Bock. **398**
Nach: Ders.: Aesopische Fabeln, zusammengestellt und ins Deutsche übertragen von August Hausrath, München 1940; zit. nach: Wort und Sinn. Lesebuch für den Deutschunterricht 6, Paderborn 1975, S. 113

Am Mittwoch, dem 9. Juli, ... 221
Aus: Neue Westfälische, Ausgabe Paderborn vom 31.5.2014

Becker, Jürgen: Natur-Gedicht. **58**
Aus: Das Ende der Landschaftsmalerei, Suhrkamp Verlag, Frankfurt/M. 1974

Betrug statt Fluch. 393
Nach einer Meldung der dpa vom 31.3.2006

Boccaccio, Giovanni: Falkennovelle. **83**
Aus: Ders.: Das Decameron des Boccaccio, übersetzt von Ruth Macchi, Verlag Günther Edelbüttel-Marissal, Berlin/Hamburg 1958

Borchert, Wolfgang: Nachts schlafen die Ratten doch. **75**
Aus: Ders.: Das Gesamtwerk, hg. von B. Meyer-Marwitz, Rowohlt Verlag, Hamburg 1949

Britting, Georg: Brudermord im Altwasser. **72**
Aus: Erzählungen 1920–1936, Nymphenburger Verlagshandlung, München 1958

Carstensen, Richard: Daidalos und Ikaros. **292**
Aus: Die Sagen der Griechen und Römer, bearbeitet von Richard Carstensen, überarb. Neuauflage, Reutlingen 1990, S. 89 ff.

Das Wissen um die Entwicklung des Menschen. 370
Nach: Janßen, U./Steuernagel U.: Die Kinder-Uni 1. Forscher erklären die Rätsel der Welt, Deutscher Taschenbuch Verlag, München 2003

Deutsche sind Bewegungsmuffel. 395
Nach einer Meldung der dpa vom 10.4.2006

Die Entstehung der Schule. 376
Nach: Janßen, U./Steuernagel U.: Die Kinder-Uni 1. Forscher erklären die Rätsel der Welt, Deutscher Taschenbuch Verlag, München 2003

Die Linienbusse des „Padersprinters" ... 221
Aus: Neue Westfälische, Ausgabe Paderborn vom 31.5.2014

Diekhans, Johannes: Die „schwarze Kunst" – gestern und heute. **127**
(Originalbeitrag)

Diekhans, Johannes: Wenn ich ein Mädchen wär ... **207**
(Originalbeitrag)

Eichendorff, Joseph von: Abschied. **51**
Aus: Dietrich Steinbach (Hg.): Romantik. Lyrik mit Materialien, Stuttgart 1984, S. 11 f.

Engelmann, Christiana/Kaiser, Claudia: Friedrich Schiller und das 21. Jahrhundert. **178**
Aus: Dies.: Möglichst Schiller. Ein Lesebuch, Deutscher Taschenbuch Verlag, München 2004, S. 13 ff.

Engelmann, Christiana/Kaiser, Claudia: Schillers Entwicklungs- und Erziehungsballaden. **194**
Aus: Arbeitsheft Unterrichtspraxis. Reihe Hanser in der Schule, http://www.friedrich-schiller.de

Enzensberger, Hans Magnus: Nicht Zutreffendes streichen. **44**
Aus: Ders.: Gedichte 1950–1985, Suhrkamp Verlag, Frankfurt/M. 1986, S. 137

Erhardt, Heinz: Stiche. **140**
Aus: Das große Heinz-Erhardt-Buch, Fackelträger Verlag, Oldenburg o. J.

Erkennen sich Tiere im Spiegel? 388
Nach: Ders.: Das megadicke Buch des Wissens, Loewe Verlag, Bindlach 2005, S. 177 f.

Fähigkeiten erkennen. 282
Aus: www.machs-richtig.de

Faszination Feuer. 377
Nach: Janßen, U./Steuernagel U.: Die Kinder-Uni 1. Forscher erklären die Rätsel der Welt, Deutscher Taschenbuch Verlag, München 2003

Fata Morgana. 147
Aus: Bertelsmann Kinderlexikon, Wissen Media Verlag GmbH, Gütersloh/München 2005, S. 99

Folz, Jürgen: Der lateinische Einfluss auf das Germanische. **311**
Nach: Ders.: Schüler-Duden Wortgeschichte. Herkunft und Entwicklung des deutschen Wortschatzes, Bibliographisches Institut, Mannheim 1987, S. 39 ff.

Frank, Anne: Tagebuch (Auszüge). **150, 153, 155, 157, 158, 161, 162, 163, 165, 166, 167**
Aus: Dies.: Tagebuch. Fassung von Otto H. Frank und Mirjam Pressler, aus dem Niederländischen von Mirjam Pressler, Fischer Verlag, Frankfurt/M. 2001, S. 311 ff., 18 ff., 233, 278, 20 f., 64 f., 39, 41, 138, 139, 209, 286 f., 141 ff., 101 f., 157 f.

Fritz, Walter Helmut: Bäume. **57**
Aus: Ders.: Schwierige Überfahrt. Gedichte, Hoffmann und Campe Verlag, Hamburg 1976

Fuchs, Michael: Wolfgang Borchert. **94**
(Originalbeitrag)

Gaarder, Jostein: Sofie und Alberto unterhalten sich über die Renaissance.* **232**
Aus: Ders.: Sofies Welt, 11. Aufl., Deutscher Taschenbuch Verlag, München 2003, S. 234 f.

Geske, Matthias: Johannes Gutenberg. **224**
Aus: Ders.: Johannes Gutenberg, Anrich Verlag, S. 109 ff.

Gold gegen Geldscheine. 372
Aus: Treff Schülerbuch 1994, Velber Verlag, Seelze 1993

Groenewald, Peter/Rours, Harry/Würzner, Hans: Die Abwendung vom Mittelalter.* **233**
Aus: Dies.: Abenteuer: Literatur, Schroedel Verlag, Braunschweig 2004, S. 12

Grundlos geschlagen. 247
Aus: Lippische Landes-Zeitung vom 19.12.2005

Harbecke, Ulrich: Der dritte Mann. **194**
Aus: Christiana Engelmann/Claudia Kaiser (Hg.): Möglichst Schiller, Deutscher Taschenbuch Verlag, München 2004, S. 29

Harg, William M.: Der Retter.* **64**
Aus: Paul Nentwig: Die moderne deutsche Kurzgeschichte, Westermann Verlag, Braunschweig 1978, S. 74 ff.

Herde, Oliver H.: Polykrates, Tyrann von Samos. **196**
http://user.cs.tu-berlin.de/~ohherde/polykrat.htm

Huber, Andreas: Mädchen: Leben auf der weiblichen Überholspur. **218**
Aus: Ders.: Die Lebensweisheit der 15-Jährigen, Heinrich Hugendubel Verlag, Kreuzlingen 2003, S. 94 f.

Inkiow, Dimiter: Der arme Erfinder. **227**
Aus: Ders.: Das Buch erobert die Welt. Vom Schreiben und Büchermachen, Orell Füssli Verlag, Zürich/Wiesbaden 1990

Jagd auf das Riesenkaninchen. 391
Nach einer Meldung der dpa vom 7.4.2006

Jandl, Ernst: Ikarus. **296**
Aus: Achim Aurnhammer/Dieter Martin (Hg.): Mythos Ikarus, Reclam, Leipzig 1998, S. 148

Jandl, Ernst: My own song (mein eigenes Lied) **40**
Aus: Ders.: Der gelbe Hund. Selbstporträt des Schachspielers als tickende Uhr, Luchterhand Literaturverlag, München 1997, S. 223

Junge reiste um die halbe Welt. 358
Aus: Süddeutsche Zeitung, 27.2.1995

Kästner, Erich: Die Wälder schweigen. **56**
Aus: Ders.: Doktor Erich Kästners Lyrische Hausapotheke. Ein Taschenbuch, München 1988, S. 43

Koch, Howard: Krieg der Welten. **328**
Aus: Ders.: Invasion vom Mars; in: Dahlmüller, Götz/Hund, Wulf D./Kommer, Helmut: Kritik des Fernsehens. Handbuch gegen Manipulation, Suhrkamp Verlag, Frankfurt/M. 1973, S. 16 ff. (modernisiert)

Konrad Duden, Kaiser Wilhelm und die Rechtschreibung. 147
Nach: Nikolaus Lenz: Das megadicke Buch der cleveren Antworten, Loewe Verlag, Bindlach 2005, S. 299

Lebenslange Tiergemeinschaft. 388
Nach: Ders.: Das megadicke Buch des Wissens, Loewe Verlag, Bindlach 2005

Leimeier, Walter: Aufforderung. **205**
Aus: Ders.: Meine Träume – Meine Flügel, Verlag Walter Leimeier, o. O. 1983

Leserbrief: Eltern und Lehrer sind gefragt. 260
(Originalbeitrag)

Mädchen und junge Frauen seien einerseits ... 216
Nach: Huber, Andreas: Die Lebensweisheit der 15-Jährigen, Heinrich Hugendubel Verlag, Kreuzlingen 2003

Mai, Manfred: Wiedergeburt. **232**
Aus: Ders.: Geschichte der deutschen Literatur, Beltz & Gelberg, Weinheim 2004, S. 28

Malecha, Herbert: Die Probe. **66, 89**
Aus: Ders.: Die Probe. Die 16 besten Kurzgeschichten aus dem Preisausschreiben der Wochenzeitung „Die Zeit", Marion v. Schröder Verlag, Hamburg 1955, S. 21 ff.

Mit dem Rad zu Fuß. 372
Aus: Treff Schülerbuch 1994, Velber Verlag, Seelze 1993

Mörike, Eduard: Am Walde. **54**
Aus: Walther Killy (Hg.): Deutsche Lyrik von den Anfängen bis zur Gegenwart in 10 Bänden. Bd. 8. Gedichte 1830–1900, Deutscher Taschenbuch Verlag, München 2001, S. 29

Müllverbrennung. 146
Nach: Nikolaus Lenz: Das megadicke Buch der cleveren Antworten, Loewe Verlag, Bindlach 2005, S. 188 f.

Neun Tage im Schnee überlebt. 358
Aus: Hannoversche Allgemeine, 1.2.1995

Piontek, Heinz: Bäume. **59**
Aus: Ders. (Hg.): Lieb, Leid und Zeit und Ewigkeit. Deutsche Gedichte aus tausend Jahren, Albrecht Knaus Verlag, Hamburg/München 1981, S. 94

Pleticha, Heinrich: Friedrich Schiller – Stationen seines Lebens. **180**
Aus. Ders.: dtv junior Literatur Lexikon, Deutscher Taschenbuch Verlag/Cornelsen Verlag, 9. Aufl., Stuttgart/Berlin 1996

Pleticha, Heinrich: Hörspiel. **331**
Nach: Ders.: dtv junior Literatur-Lexikon, Cornelsen Verlag/Deutscher Taschenbuch Verlag, München 2004, S. 44 f. (gekürzt, Absätze eingefügt)

Pluta, Werner: Das Buch als Massenmedium – auch in Zukunft?* **239**
Aus: Bild der Wissenschaft, 8/2005, S. 106

Pluta, Werner: Die Bi-Galaxis. **238**
Aus: Bild der Wissenschaft, 8/2005, S. 104

POL-LIP: Pressebericht vom 18.12.2005. Kreis Polizei Lippe, Pressestelle. **246**
Aus: www.presseportal.de/polizeipresse/p_story.htx?firmaid=12727

POL-LIP: Presseberichte vom 27.4.2006. Kreis Polizei Lippe, Pressestelle. **247, 248**
Aus: www.presseportal.de/polizeipresse/p_story.htx?firmaid=12727

Radke, Frank: Anne Frank und ihre Zeit. **152**
(Originalbeitrag)

Radke, Frank: Syrien – Geschichte und politische Situation. **25**
(Originalbeitrag)

Raumausstatter/Raumausstatterin – Aufgaben und Tätigkeiten.* 283
Aus: http://www.machs-richtig.de/Berufe_finden/InfoBase/berufe.jsp?sy_id=4405

Reichardt, Hans: Die Ursprache Europas. **306**
Nach: Ders.: Die Germanen, Tessloff, Hamburg 1978, S. 4 ff.

Sachar, Louis: Holes. **319**
Cornelsen Verlag, Berlin, S. 22, S. 24 f.

Sachar, Louis: Löcher. Die Geheimnisse von Green Lake. **319**
Aus dem Englischen von Birgitt Kollmann, Beltz Verlag, Weinheim/Basel 2000, S. 32 f.
Schami, Rafik: Der Plan. **22**
Aus: Ders.: Eine Hand voller Sterne, Deutscher Taschenbuch Verlag, München 1995, S. 51 f., 82 f., 84 f.
Schami, Rafik: Der Streit. **18**
Aus: Ders.: Eine Hand voller Sterne, Deutscher Taschenbuch Verlag, München 1995, S. 6 ff., 12 f., 17 ff., 40
Schami, Rafik: Tumas unglaubliche Geschichten. **32**
Aus: Ders.: Erzähler der Nacht, Beltz und Gelberg, Weinheim/Basel/Berlin1995, S. 154 ff.
Schami, Rafik: Tumas zweites Leben. **29**
Aus: Ders.: Erzähler der Nacht, Beltz und Gelberg, Weinheim/Basel/Berlin 1995, S. 148 ff.
Schiller, Friedrich: Der Ring des Polykrates. **198, 203**
Aus: Dieter Schmidt (Hg.): Schillers Werke, Dritter Band, Insel Verlag o. J., S. 119 ff.
Schiller, Friedrich: Der Taucher. **183**
Aus: Dieter Schmidt (Hg.): Schillers Werke, Dritter Band, Insel Verlag o. J., S. 122 ff.
Schiller, Friedrich: Die Bürgschaft. **190**
Aus: Gerhard Fricke u. a. (Hg.): Sämtliche Werke, Bd.1, Hanser, München 1958, S. 352 ff.
Schnabel, Ernst: Ich und die Könige. **294**
Aus: Achim Aurnhammer/Dieter Martin (Hg.): Mythos Ikarus, Reclam, Leipzig 1998, S. 152 ff.
Schneeriese. 358
Aus: Neue Osnabrücker Zeitung, 13.3.1995
Schröer, Ilse: „Bücher" schon vor Gutenberg?* **236**
Aus: Ausstellungsführer für Kinder und Jugendliche, Gutenberg-Museum der Stadt Mainz, Mainz 2000, S. 8 ff. (gekürzt)
Schulordnung um 1900. 102
Aus: http://www.shs-linz.eduhi.at/Profil/Schulordnung/schulordnung%20alt.htm (19.3.2007)
Schulvereinbarung des Hardtberg-Gymnasiums, Bonn. 103
Aus: www.hardtberg-gymnasium.de
Sestendrup, Manfred: das komma. **389**
Aus: Ders.: Paul in Reimkultur. 50 neue Paul-Gedichte für die deutsche Welthungerhilfe. © m.sestendrup@t-online.de
Sick, Bastian: Weil das ist ein Nebensatz. **315**
Aus: Ders.: Der Dativ ist dem Genitiv sein Tod. Folge 2: Neues aus dem Irrgarten der deutschen Sprache, Kiepenhauer & Witsch, Köln 2005, S. 157 ff.
Sind Fledermausvampire Vorbilder für Dracula? 388
Aus: Nikolaus Lenz: Das megadicke Buch des Wissens, Loewe Verlag, Bindlach 2005, S. 158 f.
Stärk, Julia: Kopfkino. **334**
Aus: Dies.: Die Produktion des Hörspiels „Das Gurkenfass". Ein Erfahrungsbericht. www.mediaculture-online.de/fileadmin/bibliothek/staerk_erfahrungsbericht/staerk_erfahrungsbericht.html [2004] (29.1.2006, gekürzt)

Tolle Tage. 372
Aus: Treff Schülerbuch 1994, Velber Verlag, Seelze 1993
Tramitz, Christiane: Ein guter Lehrer. **106**
Aus: Dies.: Kindergeheimnisse. Die verborgenen Welten der Elf- bis Achtzehnjährigen, München 2003, S. 128 ff.

Uhland, Ludwig: Einkehr. **49**
Aus: Dietrich Steinbach (Hg.): Romantik. Lyrik mit Materialien, Stuttgart 1984, S. 13 f.

Verstehen Papageien, was sie sagen? 387
Aus: Nikolaus Lenz: Das megadicke Buch des Wissens, Loewe Verlag, Bindlach 2005, S. 179
Vulkane. 379
Nach: Janßen, U./Steuernagel U.: Die Kinder-Uni 1. Forscher erklären die Rätsel der Welt, Deutscher Taschenbuch Verlag, München 2003

Waldherr, Dorothea/Hiddemann, Ute: Die Geschichte der Tagebücher. **171**
Aus: Dies.: Textausgabe EinFach Deutsch, Schöningh Verlag, Paderborn, S. 199 ff.
Warum ist die Schule doof? 373
Nach: Janßen, U./Steuernagel U.: Die Kinder-Uni 1. Forscher erklären die Rätsel der Welt, Deutscher Taschenbuch Verlag, München 2003
Was alles vom Himmel fällt. 358
Aus: Neue Osnabrücker Zeitung, 23.3.1995
Was hat ein Holzfeuer mit Sonnenenergie zu tun? 387
Nach: Nikolaus Lenz: Das megadicke Buch des Wissens, Loewe Verlag, Bindlach 2005, S. 185 f.
Wegner, Bettina: Ach, wenn ich doch als Mann auf diese Welt gekommen wär. **206**
Aus: Dies.: Wenn meine Lieder nicht mehr stimmen, Rowohlt Taschenbuch Verlag, Reinbek 1979
Welche Motoren treiben Lokomotiven an? 139
Aus: Nikolaus Lenz: Das megadicke Buch der cleveren Antworten, Loewe Verlag, Bindlach 2005, S. 133 f.
Welches Tier kann in zwei Richtungen gleichzeitig sehen? 361
Nach: Klaus Jansen: Allgemeinwissen für Schüler. 555 Fragen und Antworten, Arena Verlag, Würzburg 2005, S. 116 f.
WENNDUFORTBIST. 384
(Originalbeitrag)
Wie Tarzan im Urwald. 349
Aus: Neue Westfälische, 5.5.2006
Woraus besteht Papier? 137
Nach: Nikolaus Lenz: Das megadicke Buch der cleveren Antworten, Loewe Verlag, Bindlach 2005, S. 197
Wörterbuchauszug „Kamin ..." 309
Aus: Schüler-Duden Wortgeschichte. Herkunft und Entwicklung des deutschen Wortschatzes, Bibliographisches Institut, Mannheim (angepasst an die RSR 2006)
Wörterbuchauszug „lehren", „Schule". 324
Aus: Schüler-Duden Wortgeschichte. Herkunft und Entwicklung des deutschen Wortschatzes, Bibliographisches Institut, Mannheim 1987, S. 304, 405 f.
Wörterbuchauszug „Saite ..." 131
Aus: Duden. Die deutsche Rechtschreibung, 24. Auflage, Bibliographisches Institut & F. A. Brockhaus AG, Mannheim 2006, S. 871

Ziegler, Reinhold: Die Brücke. **79**
Aus: Ders.: Der Straßengeher, Beltz & Gelberg, Weinheim 2001/© Reinhold Ziegler

Bildquellenverzeichnis

© A1PIX/Your Photo Today: S. 243 (o. r.); action press/Gutberlet, Erich: S. 223 (o.); akg-images GmbH: S. 49, S. 83, S. 147 (o.), S. 197, S. 234 (o., 4. v. o.), S. 291, S. 299, S. 302, S. 306; akg-images/Erich Lessing: S. 233, S. 234 (3. v. o.); akg-images/Cameraphoto: S. 294; alimdi.net: S. 147 (u.) (Harald Wenzel-Orf), S. 223 (r.) (Westend61/Markus Hermenau), S. 343 (Siepmann); Anne Frank House, Amsterdam: S. 170; © Sibylle Anneck: S. 326 (o. l., o. r., u. r.), S. 335 (o. l.); Archiv für Kunst und Geschichte, Berlin: S. 234 (u.); Arco Images GmbH: S. 361; Artothek: S. 39 (o.); BA-Geduldig: S. 54; Werner Bachmeier/VISUM: S. 128 (r.); © Wilfried Bahnmüller/Imagebroker/OKAPIA: S. 18 (u.); Matthias Berghahn/Verlagsarchiv Schöningh: S. 65, S. 93 (u.), S. 97 (u.), S. 105, S. 126, S. 129, S. 140, S. 230, S. 317, S. 354, S. 358, S. 389; BILD Titelseite vom 29.03.2006, Axel Springer Verlag: S. 254; © Bildagentur Huber: S. 20; BIOS Ruoso Cyril: S. 388; © Blanvalet/Random House: S. 175 (u. r.); © blickwinkel/M. Woike: S. 73; bpk – Bildagentur für Kunst, Kultur und Geschichte: S. 97 (o.), S. 127, S. 128 (l.), S. 136, S. 137, S. 156 (o. l.), S. 179 (L. Windstosser), S. 222 (2); © Stefanie Brandenburg: S. 277; Bridgeman Art Library Ltd. Berlin: S. 232; C KWFritz: S. 58; (c) Caro Fotoagentur: S. 180 (Andreas Muhs), S. 326 (u. l.) (Rupert Oberhaeuser); Cinetext Bildarchiv: S. 76, S. 331; © Rosemarie Clausen: S. 75; ddp images: S. 43 (Steffens), S. 329, S. 335 (Lukas Barth); Deutscher Taschenbuch Verlag, Coverillustration: Root Leeb: S. 16 (2), S. 17 (2), S. 28 (3), S. 37 (u./3); Deutscher Taschenbuch Verlag: S. 37 (o. l., r.), S. 175 (M. l.), S. 202 (M., r.), S. 369, S. 182; aus: Sharon Dogar, „Prinsengracht 263“ © by Thienemann Verlag in der Thienemann-Esslinger Verlag GmbH, Stuttgart. www.thienemann.de: S. 159 (o. M.); Flonline digitale Bildagentur GmbH/Aflo: S. 59; © Fischer Taschenbuch Verlag: S. 152, S. 159 (o. r., M. l.), S. 175 (o.), S. 175 (M. r.); Fotostudio Henke, Salzkotten/Verlagsarchiv Schöningh: S. 38, S. 63 (2), S. 91, S. 98, S. 103, S. 109, S. 116, S. 130, S. 205 (2), S. 209, S. 211, S. 214 (2), S. 216, S. 266, S. 267, S. 281, S. 282, S. 285, S. 288 (4), S. 289 (4), S. 338, S. 340, S. 341 (2); Gemeinnützige Hertie-Stiftung, Frankfurt: S. 120; Getty Images/Hulton Archive: S. 322; Getty Images/Ian O'Leary/Dorling Kindersley: S. 60; Gutenberg-Museum, Mainz: S. 228, S. 237 (3); M. Harvey/WILDLIFE: S. 360; Andreas Held/www.naturbildportal.de: S. 362; © Martina Hengesbach/JOKER: S. 280 (u.); © der hörverlag: S. 327 (o. l., u. r.); ImagebankWW2/NIOD: S. 156 (o. r.), S. 156 (u. l.), S. 162; Imago: S. 243 (u. l.) (pictureteam), S. 387 (Stefan Hässler); INTERFOTO: S. 51 (A. Koch), S. 85 (Sammlung Rauch); © jcsdu14 – Fotolia.com: S. 80; Reinhild Kassing/Verlagsarchiv Schöningh: S. 131, S. 385; Werner König: dtv-Atlas Deutsche Sprache. Grafiken von Hans-Joachim Paul. © 1978, 1994 Deutscher Taschenbuch Verlag, München: S. 314, S. 324; Marc Köppelmann, Paderborn: S. 257; Kunstmuseum Basel/VG Bild-Kunst, Bonn 2014: S. 39 (u.); „Lippische Landes-Zeitung“ vom 6.2.2014: S. 244; Illustration: Daniel Matzenbacher: S. 177; Nationaal Archief/Spaarnestad Photo/Het Leven/Photographer unknown: S. 156 (u. r.); Isolde Ohlbaum: S. 44; Werner Otto – Reisefotografie: S. 181; Photo by Anne Frank Fonds – Basel/Anne Frank House – Amsterdam/Getty Images: S. 148 (o. r.), S. 149 (o. r.), S. 153, S. 160 (2), S. 165, S. 172; Photo by Allard Bovenberg/Anne Frank Fonds – Basel/Anne Frank House – Amsterdam/Getty Images: S. 148 (l.); Photo by Frans Dupont/Anne Frank Fonds – Basel/Anne Frank House – Amsterdam/Getty Images: S. 150; picture alliance/Robert Harding World Imagery: S. 30 (r.); © picture-alliance/Fotoagentur Kunz: S. 35; picture alliance/akg-images: S. 39 (M.), S. 176, S. 229; Picture-Alliance GmbH: S. 45, S. 223 (u. l.) (ZB-Fotoreport/Waltraud Grubitzsch), S. 244 (3), S. 249, S. 270 (o.) (RIA Novosti), S. 283 (JOKER), S. 310 (United Archives/DEA), S. 332 (ZB), S. 370, S. 398 (Mary Evans Picture Library); picture alliance/dpa: S. 189, S. 206 (Archiv Troyke), S. 225, S. 240, S. 246, S. 253, S. 275, S. 280 (o.), S. 297, S. 325; picture-alliance/dpa/VG Bild-Kunst 2014: S. 159 (o. l.); plainpicture/apply pictures: S. 82; Für die deutsche Ausgabe: Josephine Poole/Anne Frank © 2005 Arena Verlag GmbH, Würzburg - Für die Originalausgabe: © 2005 Random House Children's Books, Text © Josephine Poole, 2005, Illustration © Angela Barett, 2005, Anne Frank Unterschrift © Getty Images, Hulton Archive: S. 159 (u.); Ruth Roeder/Chromorange/vario images: S. 243 (u. r.); Reinhard Rohlf, Paderborn: S. 349; © Rowohlt Verlag: S. 159 (u.); Ruetschi/Keystone Schweiz/laif: S. 243 (o. l.); Louis Sachar, 2010, Holes, Bloomsbury Publishing Plc.: S. 319 (l.); Rafik Schami: Eine Hand voller Sterne, Gulliver, Beltz & Gelberg 2013: S. 18 (o.); Sony Music Entertainment Germany GmbH: S. 327 (u. l.); Süddeutsche Zeitung Photo/Rue des Archives: S. 149 (u. l.); „Mit freundlicher Genehmigung der SWR Media Services GmbH. Die Hörbücher der SWRedition sind erhältlich bei www.audible.de.“: S. 327 (o. r.); Anja Tuckermann/Ein Volk, ein Reich, ein Trümmerhaufen © 2013 Arena Verlag GmbH; Würzburg, Coverillustration: Joachim Knappe: S. 175 (M. 2. v. l.)TV-yesterday: S. 139, S. 376; © ullstein bild: S. 30 (l.) (imagebroker.net/Egmont Strigl), S. 47 (Jazz Archiv Hamburg), S. 72, S. 102 (KPA), S. 149 (u. r.), S. 149 (o. l.) (SV-Bilderdienst), S. 234 (2. v. o.) (histopics), S. 236 (Heritage Images/The Print Collector), S. 290, S. 304 (Granger Collection); © vario images: S. 26; Andreas Venzke/Schiller und die Freiheit des Geistes © 2009 Arena Verlag GmbH, Würzburg, Coverillustration: Joachim Knappe: S. 202 (l.); © Verlag Schwarzkopf & Schwarzkopf: S. 278; Verlag Kiepenheuer & Witsch: S. 315; Verlagsgruppe Beltz – Julius Beltz GmbH & Co. KG: S. 29, S. 159 (M. r.), S. 175 (M. 3. V. l.), S. 175 (u. l.), S. 175 (u. 3. v. l.), S. 319 (r.); Aus: Versteckt wie Anne Frank. Überlebensgeschichten jüdischer Kinder, © 2013 der deutschsprachigen Ausgabe by Ravensburger Buchverlag Otto Maier GmbH, Die Originalausgabe erschien 2011 unter dem Titel „Ondergedoken als Anne Frank“ bei Em. Querido's Uitgeverij B.V., Amsterdam. Text copyright © 2011 Marcel van der Drift, Umschlaggestaltung: init. büro für gestaltung, Bielefeld: S. 175 (u. 2. v. l.); © Niels Wenstedt/Demotix/Corbis: S. 148 (u. r.); Werbespot Dacia, Agentur Nordpol+/Interpol+-Studios: S. 41 (8), S. 42 (2); Westend61/Martin Rietze: S. 377; Freimut Woessner: S. 104; Youngcom GmbH, München: S. 269; Zick, Jochen/Keystone: S. 270 (u.); ZMG Zeitungs Marketing Gesellschaft: Zeitungsqualitäten 2014. Frankfurt 2014: S. 242; weitere: Verlagsarchiv Schöningh.

Sollte trotz aller Bemühungen um korrekte Urheberangaben ein Irrtum unterlaufen sein, bitten wir darum, sich mit dem Verlag in Verbindung zu setzen, damit wir eventuell notwendige Korrekturen vornehmen können.

Eine Übersicht über die wichtigsten Methoden, die ihr in diesem Buch lernt:

So gehst du vor

Übersicht über die wichtigsten Methoden